Pellens
Aktionärsschutz im Konzern

Bochumer Beiträge
zur Unternehmungsführung
und Unternehmensforschung

Herausgegeben von

Band 45

Institut für Unternehmungsführung
und Unternehmensforschung
der Ruhr-Universität Bochum

Eine Aufstellung der in dieser Schriftenreihe erschienenen Bände finden Sie am Ende des Buches.

Bernhard Pellens

Aktionärsschutz im Konzern

Empirische und theoretische Analyse der Reformvorschläge der Konzernverfassung

GABLER

Die Deutsche Bibliothek – CIP-Einheitsaufnahme

Pellens, Bernhard :
Aktionärsschutz im Konzern : empirische und theoretische Analyse der Reformvorschläge der Konzernverfassung / Bernhard Pellens. – Wiesbaden : Gabler, 1994
(Bochumer Beiträge zur Unternehmungsführung und Unternehmensforschung ; Bd. 45)
Zugl.: Bochum, Univ., Habil.-Schr., 1993

NE: GT

Der Gabler Verlag ist ein Unternehmen der Verlagsgruppe Bertelsmann International.

Lektorat: Claudia Splittgerber

ISBN-13:978-3-409-13765-2 e-ISBN-13:978-3-322-86737-7
DOI:10.1007/978-3-322-86737-7

Geleitwort

Ausgangspunkt der Habilitationsschrift des Verfassers ist die bisher überwiegend unter Rechtswissenschaftlern geführte Diskussion über die Notwendigkeit und Ausgestaltung einer stärker an den Interessen der Aktionäre eines Mutterunternehmens orientierten Reform der Konzernverfassung. Die hieraus entstandenen Vorschläge zur Modifizierung der Konzernverfassung reichen von einer partiellen Übertragung einzelner Befugnisse der Hauptversammlung des Tochterunternehmens auf die Aktionäre des Mutterunternehmens bis hin zu einem generellen Verbot des Erwerbs von Mehrheitsbeteiligungen durch Kapitalgesellschaften und damit der Abschaffung des Konzerns. Die meisten Reformbestrebungen zum Aktionärsschutz im Konzern konzentrieren sich jedoch auf eine Zustimmungsbedürftigkeit der Hauptversammlung des Mutterunternehmens bei der Konzernbildung, -erweiterung und -auflösung, auf die Ausdehnung der Gewinnverwendungsrechte der Aktionäre eines Mutterunternehmens auf die ausgewiesenen Gewinne aller Konzernunternehmen sowie auf ihre Beteiligung an sämtlichen externen Eigenkapitalbeschaffungsmaßnahmen im Unternehmensverbund. Einzelne Reformvorschläge haben bereits in der Rechtsprechung und auch beim Gesetzgeber ersten Anklang gefunden.

Obwohl über 75 % der deutschen Aktiengesellschaften als Mutter- oder Tochterunternehmen in Konzernen eingebunden sind und damit von einer erheblichen praktischen Relevanz dieser Diskussion auszugehen ist, wird in der ökonomischen Literatur die Notwendigkeit von gesetzlichen Regulierungen zum Aktionärsschutz im Konzern bisher nur ansatzweise erörtert. Abgesehen vom Konzernrechnungswesen wird der Konzern in vielen Teildisziplinen der Betriebswirtschaftslehre als Erkenntnisobjekt noch vernachlässigt.

Vor diesem Hintergrund und aufgrund der Tatsache, daß selbst die Ausgestaltung des Aktionärsschutzes im Rahmen der Unternehmensverfassung einer unverbundenen Aktiengesellschaft unter den Wirtschaftswissenschaftlern umstritten ist, nähert sich der Verfasser den Fragen nach der Notwendigkeit erweiterter gesetzlicher Vorschriften zum Aktionärsschutz im Mutterunternehmen mit Hilfe ökonomisch-theoretischer Instrumente und umfangreicher eigener empirischer Untersuchungen. Dafür diskutiert er zunächst die vor allem in der rechtswissenschaftlichen Literatur entwickelten Reformansätze zur Intensivierung des Aktionärsschutzes im Mutterunternehmen. Dieser sehr breite Untersuchungsaufbau ist erforderlich, da der Verfasser kaum auf ökonomische Literaturaussagen und empirische Ergebnisse zu den Konzernfragen zurückgreifen kann. Im Verlauf der Arbeit rücken jedoch die beiden Fragen, ob den Aktionären des Mutterunternehmens das Verfügungsrecht über ein konzernweit ermitteltes Jahresergebnis und die konzernweite Kompetenz zur externen Eigenkapitalfinanzierung eingeräumt werden soll, in den Mittelpunkt seiner ökonomischen Analyse des Konzernrechts.

Die Arbeit ist damit fachlich sehr breit angelegt. Sie überspannt große Teile des Konzernrechts und aus der Betriebswirtschaftslehre vor allem die Fragen der Unternehmensverfassung, des Rechnungswesens, der klassischen Finanzierung und der neueren Kapitalmarkttheorie.

Das aus den empirischen Ergebnissen entstehende Bild über die Konzernstrukturen und die Überprüfung der praktischen Relevanz der vorgeschlagenen Regulierungen zum Aktionärsschutz im Konzern liefert insgesamt eine bisher für Deutschland nicht bekannte Zustandsbeschreibung des Managementverhaltens von Mutterunternehmen. Aber auch mit den Ergebnissen der anwendungsbezogenen ökonomischen Analyse des Konzernrechts bereichert der Verfasser den Kenntnisstand in diesem Forschungsgebiet um viele neue Argumente. Manchen Leser mag es zwar enttäuschen, daß er nicht zu eindeutigen Empfehlungen an den Gesetzgeber kommt. Er zeigt jedoch sorgsam auf, welche Fülle von Fragen noch zu klären sind, bevor eine diesbezügliche wissenschaftlich fundierte Empfehlung gegeben werden kann. Damit öffnet er den Blick für die Komplexität der Konzernmaterie und formuliert vielfältige noch zu erforschende Fragestellungen.

Walther Busse von Colbe

Vorwort

Die vorliegende Arbeit ist die geringfügig überarbeitete Fassung meiner Habilitationsschrift, die von der Fakultät für Wirtschaftswissenschaft der Ruhr-Universität Bochum im Sommersemester 1993 angenommen wurde.

Da die Problemstellung und der Aufbau der Untersuchung im einleitenden Kapitel beschrieben wird, möchte ich an dieser Stelle all den Personen danken, die mir bei der Anfertigung der Arbeit eine wesentliche Hilfestellung gegeben haben und hierfür dennoch weder im Text, im Quellen- und Literaturverzeichnis noch in den sonstigen Anmerkungen genannt sind.

Mein Doktorvater und akademischer Lehrer Herr Prof. Dr. Dres. h.c. Walther Busse von Colbe hat nicht nur durch intensive Unterstützung, Anregungen und Kritik wesentlich zum Zustandekommen dieser Arbeit beigetragen, sondern war während meiner gesamten Zeit an seinem Lehrstuhl ein permanenter Ratgeber von unschätzbarem Wert. Was Herr Busse von Colbe in fachlicher Hinsicht getan hat, hat Katharina in persönlichen Dingen geleistet. Sie hat sämtliche Entwürfe gelesen und mir in der Endphase auch jegliche sonstigen Arbeiten abgenommen, für die ich zuständig gewesen wäre. Was diese beiden damit "angerichtet" haben, mich bei dem Plan, Hochschullehrer zu werden, so tatkräftig zu unterstützen, werden später andere beurteilen. Ich möchte mich hierfür ganz herzlich bei beiden bedanken.

Mein besonderer Dank gilt weiterhin meinem akademischen Lehrer Herrn Prof. Dr. Dr. h.c. Dr. h.c. Dr. h.c. Dieter Schneider für wertvolle Anregungen zur methodischen Vorgehensweise einer ökonomischen Analyse des Rechts und für die Übernahme des Korreferats.

Aber auch viele Freunde und Kollegen haben mich, angefangen von der zeitraubenden Erhebung der Unternehmensdaten bis hin zu konstruktiven Diskussionen hinsichtlich der Problemstrukturierung unterstützt. So war die regelmäßige Hilfsbereitschaft von U. Linnhoff, K.-U. Schott und J. Schulte für mich sehr bedeutend. Die Erstellung des Druckexemplars hat vor allem Frau B. Korz und die unangenehme Aufgabe des Korrekturlesens haben J. Niemann, M. Ermers und B. Früh übernommen. Letztere haben sich auch bereit erklärt, für die noch verbliebenen formalen Fehler verantwortlich zu sein. Hierfür danke ich ihnen herzlich.

Dem Direktorium des Institus für Unternehmensführung und Unternehmungsforschung der Ruhr-Universität Bochum und dem Gabler Verlag bin ich für die Aufnahme der Arbeit in diese Schriftenreihe zu Dank verpflichtet.

Bernhard Pellens

Inhaltsverzeichnis

ERSTES KAPITEL

PROBLEMSTELLUNG, AUFBAU UND ABGRENZUNG DER UNTERSUCHUNG

ZWEITES KAPITEL

RECHTLICHE KONSEQUENZEN DER KONZERNBILDUNG FÜR DIE AKTIONÄRE DES MUTTERUNTERNEHMENS

DRITTES KAPITEL

BETRIEBSWIRTSCHAFTLICHE UND JURISTISCHE VORSCHLÄGE ZUR AUSDEHNUNG DES ANLEGERSCHUTZES IM MUTTERUNTERNEHMEN

VIERTES KAPITEL
EMPIRISCHE RELEVANZ DER VORSCHLÄGE ZUM AKTIONÄRSSCHUTZ IM MUTTERUNTERNEHMEN

Fünftes Kapitel
Ökonomische Ansätze zur Begründbarkeit eines erweiterten Anlegerschutzes im Konzern

Sechstes Kapitel
Auswirkungen der Reformvorschläge auf den Aktienmarkt als Kontrollmarkt

SIEBENTES KAPITEL

ZUSAMMENFASSUNG UND RECHTSPOLITISCHE SCHLUẞFOLGERUNGEN

Abbildungsverzeichnis

Abkürzungsverzeichnis

AAA	American Accounting Association
a.a.O.	am angegebenen Ort
Abb.	Abbildung
ABlEG	Amtsblatt der Europäischen Gemeinschaften
ABR	Accounting and Business Research
Abs.	Absatz
AcP	Archiv für die civilistische Praxis
ADHGB	Allgemeines Deutsches Handelsgesetzbuch
AG	Die Aktiengesellschaft
AICPA	American Institute of Certified Public Accountants
AktG	Aktiengesetz
API	Abnormal Performance Index
AR	Accounting Review
Aufl.	Auflage
BAV	Bundesaufsichtsamt für das Versicherungs- und Bausparwesen
BB	Betriebsberater
Bd.	Band
BFuP	Betriebswirtschaftliche Forschuns und Praxis
BG	Bilanzgewinn
BiRiLiG	Bilanzrichtlinien-Gesetz
BGBl.	Bundesgesetzblatt
BGHZ	Amtliche Sammlung der Entscheidungen des Bundesgerichtshofes in Zivilsachen; zitiert nach Band und Seite
BörsG	Börsengesetz
BörsZulV	Börsenzulassungs-Verordnung
bspw.	beispielsweise
CalifLRev	California Law Review
CAPM	Capital Asset Pricing Model
DB	Der Betrieb
DBW	Die Betriebswirtschaft
ders.	derselbe
dies.	dieselbe(n)
Diss.	Dissertation
DStR	Deutsches Steuerrecht

DVFA	Deutsche Vereinigung für Finanzanalyse und Anlageberatung
EA	Einzelabschluß
ed.	edition
EEV-Steuern	Steuern vom Einkommen, vom Ertrag und vom Vermögen
EG-RL	EG-Richtlinie
EG-RLEnt	Entwurf einer EG-Richtlinie
EU	unverbundenes Einzelunternehmen
EUmwG	Diskussionsentwurf eines Gesetes zur Bereinigung des Umwandlungsrechts
f. (ff.)	folgende Seite(n)
FASB	Financial Accounting Standards Board
GB	Geschäftsbericht
GjA	Gewinn je Aktie
GmbH	Gesellschaft mit beschränkter Haftung
GoB	Grundsätze ordnungsmäßiger Buchführung
GWB	Gesetz gegen Wettbewerbsbeschränkung
HGB	Handelsgesetzbuch
hrsg.	herausgegeben
Hrsg.	Herausgeber
HdK	Handbuch der Konzernrechnungslegung, hrsg. von K. Küting/C.P. Weber, 1989
HdWW	Handwörterbuch der Wirtschaftswissenschaften, hrsg. von W. Albers/K.E. Born/E. Dürr/H. Hesse/ A. Kraft/H. Lampert/K. Rose/H.-H. Rupp/H. Scherf/ K. Schmidt/W. Wittmann, 1977 ff.
h.M.	herrschende Meinung
HV	Hauptversammlung
HWB	Handwörterbuch der Betriebswirtschart, hrsg. von E. Grochla/W. Wittmann, 4. Aufl., 1974
HWF	Handwörterbuch der Finanzwirtschaft, hrsg. von H. E. Büschgen, 1976
HWO	Handwörterbuch der Organisation, hrsg. von E. Grochla, 2. Aufl., 1980; 3. Aufl., 1992
HWR	Handwörterbuch des Rechnungswesens, hrsg. von E. Kosiol/K. Chmielewicz/M. Schweitzer; 2. Aufl., 1981; 3. Aufl., 1993, hrsg. von K. Chmielewicz/M. Schweitzer

HWRev	Handwörterbuch der Revision, hrsg. von A.G. Coenenberg/K. von Wysocki, 1983; 2. Aufl., 1992
i.d.R.	in der Regel
IdW	Institut der Wirtschaftsprüfer in Deutschland e.V.
insb.	insbesondere
i.S.v.	im Sinne von
i.V.m.	in Verbindung mit
JFOA	Journal of Financial and Quantitative Analysis
JoA	Journal of Accountancy
JoAR	Journal of Accounting Research
JoB	Journal of Business
JoF	Journal of Finance
JoFE	Journal of Financial Economics
JoLE	Journal of Law and Economics
JoPE	Journal of Political Economy
JW	Juristische Wochenschrift
KAAG	Gesetz über Kapitalanlagegesellschaften
KA	Konzernabschluß
KGaA	Kommanditgesellschaft auf Aktien
MI	Minderheitenanteile an Tochterunternehmen
MitbestG	Mitbestimmungsgesetz
MU	Mutterunternehmen
NJW	Neue Juristische Wochenschrift
NotVo	Notverordnung
Nr., No.	Nummer
OR	Operation Research
Ord.	Ordentlich(er)
Ordo	Jahrbuch für die Ordnung von Wirtschaft und Gesellschaft
o.V.	ohne Verfasser
PublG	Publizitätsgesetz
Ref.Ent.	Referenten Entwurf
Reg.Ent.	Regierungs Entwurf
RG	Reichsgericht
RGZ	Amtliche Sammlung der Entscheidungen des Reichsgerichts in Zivilsachen; zitiert nach Band und Seite
Rn.	Randnummer

ROHG	Reichsoberhandelsgericht
ROHGZ	Amtliche Sammlung der Entscheidungen des Reichsoberhandelsgerichts in Zivilsachen; zitiert nach Band und Seite
S.	Seite(n)
SEC	Securities and Exchange Commission
Sp.	Spalte(n)
StuW	Steuer und Wirtschaft
Tab.	Tabelle
TU	Tochterunternehmen
Tz.	Textziffer
u.a.	und andere/unter anderm
UmwG	Umwandlungsgesetz
u.U.	unter Umständen
UWG	Gesetz gegen den unlauteren Wettbewerb
vgl.	vergleiche
Vorbem.	Vorbemerkung
WiSt	Wirtschaftswissenschaftliches Studium
WM	Wertpapiermitteilungen
WPg	Die Wirtschaftsprüfung
WuW	Wirtschaft und Wettbewerb
ZBB	Zeitschrift für Bankrecht und Bankwirtschaft
ZfB	Zeitschrift für Betriebswirtschaft
ZfbF	Schmalenbachs Zeitschrift für betriebswirtschaftliche Forschung
ZfhF	Zeitschrift für handelswissenschaftliche Forschung
ZfgK	Zeitschrift für das gesamte Kreditwesen
ZfO	Zeitschrift für Planung und Organisation
ZGR	Zeitschrift für Unternehmens- und Gesellschaftsrecht
ZgS	Zeitschrift für die gesamte Staatswissenschaft
ZHR	Zeitschrift für das gesamte Handels- und Wirtschaftsrecht
Ziff.	Ziffer
ZiP	Zeitschrift für Wirtschaftsrecht und Insolvenzrecht

Erstes Kapitel

Problemstellung, Aufbau und Abgrenzung der Untersuchung

I. Problemstellung

"Der Konzern ... gehört zu den Organisationsformen zweckgerichteten Handelns, die weder vom Recht erfunden wurden ..., noch aus dem Recht leben ..., sondern die sich aus dem Handeln phantasiebegabter Menschen entwickelt haben"[1]. Dies mag ein Grund dafür sein, daß sich "Konzerne als Zusammenschlüsse mehrerer rechtlich selbständiger Unternehmen zu einer wirtschaftlichen Einheit ... in den westlichen Industrieländern zu einer vorherrschenden Organisationsform großer und mittelgroßer Unternehmen" entwickelt haben und für "international tätige Unternehmen ... die praktisch allein relevante Organisationsform" darstellen[2].

Weil der Konzern aber auch die klassischen, auf die jeweilige Rechtsform eines Unternehmens abstellenden Regulierungssysteme des Gesellschaftsrechts sprengt, hat sich die deutsche Rechtsprechung und die Gesetzgebung mit Teilaspekten der Konzernproblematik seit der Entstehung von Konzernen vor ca. einhundert Jahren auseinanderzusetzen. Dennoch gibt es für den Unternehmensverbund bisher keine eigene Konzernverfassung, als "Vereinigungsmenge aus Regelungen für (Konzern-)beteiligte und aus weiteren Marktverfassungen, die ein Marktteilnehmer (Konzern) ... zu beachten hat"[3]. Hinsichtlich der Verfügungsrechte der Konzernbeteiligten bleiben auch nach der Konzernbildung weitgehend die Vorschriften der jeweiligen Konzernunternehmen bestehen, so daß keine gesetzliche Vertretung, keine generelle Konzernhaftung und auch keine eigenständigen Konzernorgane existieren. Trotz seiner überragenden wirtschaftlichen Stellung liegt damit über dem Konzern immer noch ein rechtlicher Grauschleier.

Rechtsprechung und Gesetzgebung haben bisher überwiegend nur die Notwendigkeit von Schutzmaßnahmen für die Minderheiten und Gläubiger der Tochterunternehmen gesehen, die dann auch mit der Aktiengesetzreform von 1965

---

1 Lutter (Organzuständigkeiten, 1985) S. 827.

2 Busse von Colbe (Konzernverfassung, 1988) S. 246. Vgl. zu empirischen Untersuchungen: Ordelheide (Konzern, 1986) S. 294 f.; Pahlke (Konzern, 1986) S. 82; Iber (Aktionärsstruktur, 1987) S. 125.

3 Schneider (Betriebswirtschaftslehre, 1987) S. 572. Ähnlich auch Gerum (Unternehmensverfassung, 1992) Sp. 2480.

kodifiziert wurden[4], so daß die rechtlichen Grauzonen heute insbesondere noch für die Verfügungsrechte der Anteilseigner des Mutterunternehmens gelten. Damit gewinnt die Kapitalbeteiligung an einer Aktiengesellschaft, die das Mutterunternehmen eines Konzerns ist, gegenüber der Beteiligung an einer einzelnen, konzernfreien Aktiengesellschaft für die Aktionäre des Mutterunternehmens mehrere Besonderheiten[5].

So führt die Konzernbildung zu erheblichen Kompetenzverschiebungen zwischen den Anteilseignern und dem Leitungsorgan des Mutterunternehmens[6] und lockert damit die strenge aktienrechtliche Verfügungsrechtsstruktur in vielerlei Hinsicht auf. Weil der Erwerb einer Mehrheitsbeteiligung und die anschließende Etablierung eines Konzernverhältnisses als organisatorische Maßnahme der Geschäftsführung gem. § 76 AktG grundsätzlich allein in den Kompetenzbereich des Vorstandes fällt und sich die in § 119 AktG genannten Entscheidungsrechte der Aktionäre auch weiterhin lediglich auf das Mutterunternehmen beziehen, werden die Konzernbildung, Konzernleitung und auch die Konzernauflösung dem unmittelbaren Kompetenzbereich der Anteilseigner entzogen[7].

Die aus der Konzernierung resultierenden Kompetenzverschiebungen zugunsten des Managements können sich auf sämtliche den Anteilseignern zustehenden Herrschafts-, Informations- und Vermögensrechte auswirken[8]. Sie konkretisieren sich insbesondere bei der Gewinnverwendung, da die anteiligen Erfolgsbeiträge der Tochtergesellschaften - zumindest wenn entsprechende Gewinnverwendungsbeschlüsse von der Konzernleitung herbeigeführt werden - den Anteilseignern der Mutterunternehmung nur in begrenztem Umfang bzw. überhaupt nicht zur Disposition stehen[9]. Aber auch bei der Außenfinanzierung durch Eigenkapitalaufnahme kann die Konzernleitung die nach den §§ 182 ff. AktG den Aktionären des Mutterunternehmens zustehende Kompetenz dadurch umgehen, daß sie z.B. Tochtergesellschaften an der Börse einführt und damit

---

4 Vgl. zu den Bemühungen im GmbH-Konzern: Emmerich/Sonnenschein (Konzernrecht, 1989) S. 359 ff. sowie die Beiträge in Hommelhoff/Selmer/Doralt/Roth (GmbH-Konzernrecht, 1986).

5 Vgl. hierzu bereits Mestmäcker (Konzerngewalt, 1958) S. 97 und später vor allem Lutter (Unternehmensverbindungen, 1974) S. 1 ff.; Lutter (Binnenstruktur, 1974) S. 347 ff.

6 Vgl. hierzu ausführlich Hommelhoff (Konzernleitungspflicht, 1982); Lehertshuber (Unternehmensvertragsrecht, 1986) S. 81 ff.

7 Vgl. Hommelhoff (Konzernleitungspflicht, 1982) S. 364 ff.; Emmerich/Sonnenschein (Konzernrecht, 1989) S. 105 ff.

8 Vgl. Lutter (Organzuständigkeiten, 1986) S. 837.

9 Vgl. zur Gewinnverwendung im Konzern: Busse von Colbe (Gewinnverwendung, 1987) S. 61 ff.; Lutter (Aktiengesetz, 1988) § 58, sowie die rechtstatsächliche Untersuchung von Linnhoff/Pellens (Ausschüttungspolitik, 1987) S. 987 ff.

zur Kapitalverwässerung innerhalb des Konzerns beiträgt[10]. Mit diesen Maßnahmen können bereits zwei Verfügungsrechte der Aktionäre eines Mutterunternehmens durch die Konzernorganisation eingeschränkt werden, die der Gesetzgeber bei der Reform des AktG 1965 als bedeutsame Mitgliedschaftsrechte der Aktionäre angesehen hat[11].

Die damit über die in der konzernfreien Aktiengesellschaft hinausgehende Trennung von Eigentum und Verfügungsgewalt im Mutterunternehmen ist aber nicht per definitionem für die Anteilseigner eines Unternehmens von Nachteil. Aus einer Übertragung von Verfügungsrechten auf ein mit Spezialwissen ausgestattetes Management können auch Effizienzvorteile entstehen, die den Aktionären zugute kommen. So könnte auch der bei einer Konzernorganisation zu verzeichnende Kompetenzzuwachs des Managements, z.B. durch eine Steigerung des Unternehmenswertes, für die Aktionäre des Mutterunternehmens vorteilhaft sein. Mit derartigen Effizienzvorteilen wird die Konzernbildung vom Management auch regelmäßig begründet[12].

Betrachtet man die Ergebnisse empirischer Untersuchungen, so zeigt sich jedoch, daß durch die Unternehmenskonzernierung häufig weder verbesserte Vermögens-, Finanz- und Ertragslagen im Konzernabschluß noch am Kapitalmarkt signifikante Kurswertsteigerungen des Mutterunternehmens meßbar werden[13]. Damit erscheint fraglich, ob die erwarteten Effizienzvorteile auch tatsächlich realisiert werden. Sie scheinen zumindest mit einem hohen Risiko verbunden und wesentlich vom Leitungsverhalten des Managements abhängig zu sein.

Löst man sich von der Vorstellung, daß der Vorstand und Aufsichtsrat des Mutterunternehmens bei der Konzernbildung und Konzernleitung im Interesse seiner Anteilseigner handelt, können die mit der Konzernbildung einhergehenden Kompetenzeinbußen der Aktionäre des Mutterunternehmens dazu führen, daß auch ihre Vermögensrechte beeinträchtigt werden. Denn dann könnte das Management die Kompetenzsteigerung auch dazu verwenden, seinen eigenen Nutzen bzw. den anderer Konzernbeteiligter (z.B. Gläubiger von Mutter- und Tochterunternehmen, Minderheiten im Tochterunternehmen) auf Kosten der Aktionäre des Mutterunternehmens zu steigern.

---

10 Vgl. Timm (Hauptversammlungskompetenzen, 1980) S. 127 ff.; Hirte (Bezugsrechtsausschluß, 1986) S. 162 ff.

11 Vgl. Kropff (Aktiengesetz, 1965) S. 75 ff., S. 305.

12 Vgl. Pausenberger (Konzerne, 1975) Sp. 2234 ff.; Kiser (Tochtergesellschaften, 1987) S. 39 ff.; Ordelheide (Konzern, 1986) S. 300 f.

13 Vgl. den Überblick zu deutschen und anglo-amerikanischen Untersuchungen bei Bühner (Unternehmenszusammenschlüsse, 1990) S. 6 ff.

Auf dieser Argumentationsebene setzen dann auch die vorwiegend von Rechtswissenschaftlern formulierten Forderungen nach einer Neuordnung des Kompetenzgefüges innerhalb einer Mutterunternehmung und vor allem nach zusätzlichen Anlegerschutzinstrumenten für dessen Aktionäre an[14]. Diese reichen von einem generellen Verbot des Beteiligungserwerbs durch Kapitalgesellschaften bis hin zu einer Übertragung sämtlicher Hauptversammlungsentscheidungen im Tochterunternehmen auf die Aktionäre des Mutterunternehmens. Die meisten Reformbestrebungen konzentrieren sich jedoch auf die angedeuteten Herrschaftsrechte hinsichtlich der Zustimmungsbedürftigkeit der Hauptversammlung des Mutterunternehmens bei der Konzernbildung, -erweiterung und -auflösung und der konzernweiten Gewinnverwendung und Eigenkapitalbeschaffung. Sie haben auch bereits durch das Holzmüller-Urteil des BGH[15] in der Rechtsprechung und in einem Diskussionsentwurf eines Gesetzes zur Bereinigung des Umwandlungsrechts (EUmwG)[16] beim Gesetzgeber ersten Anklang gefunden.

In der wirtschaftswissenschaftlichen Literatur wird die Notwendigkeit von gesetzlichen Regulierungen zur Absicherung der Vermögensrechte der Aktionäre eines Mutterunternehmens bisher nur ansatzweise diskutiert. Abgesehen vom Konzernrechnungswesen[17], wird der Konzern in vielen Teildisziplinen der Betriebswirtschaftslehre als Erkenntnisobjekt noch vernachlässigt[18]. Dies gilt vor allem für die Fachrichtungen der Wirtschaftswissenschaft, die sich mit theoretischen Begründungsansätzen bzw. empirischen Untersuchungen zur Unternehmungsverfassung auseinandersetzen[19]. Die Gefahr dieser Vorgehensweise wird aber bereits daran deutlich, daß viele neuere Vorschläge, wie z.B. die vollständige Übertragung der Gewinnverwendungkompetenz in unverbundenen Unternehmen auf die Aktionäre[20], bei Vernachlässigung der Konzernierungs-

---

14 Vgl. hierzu die Diskussion bei: Lutter (Binnenstruktur, 1974) S. 347 ff.; Hommelhoff (Konzernleitungspflicht, 1981); Timm (Hauptversammlungskompetenzen, 1980) S. 172 ff.; Lutter (Organzuständigkeiten, 1985) S. 825 ff., kritisch hierzu: Ebenroth (Konzernleitungskontrolle, 1987) S. 24 ff.

15 Vgl. BGH (BGHZ, 83) S. 122 ff.

16 Vgl. Bundesminister der Justiz (EUmwG, 1988).

17 Vgl. hierzu Busse von Colbe/Ordelheide (Konzernabschlüsse, 1984).

18 Vgl. so z.B. Chmielewicz (Forschungsschwerpunkte, 1984) S. 152 f. Zu einer ersten Zusammenstellung betriebswirtschaftlicher Konzernprobleme vgl. Theisen (Konzern, 1991).

19 Vgl. aber den Hinweis von Chmielewicz (Harmonisierung, 1991) S. 21, daß die "Konzern-AG ... andere Regelungen als die konzernfreie AG" benötigt.

20 Vgl. z.B. die stärker an den Aktionärsinteressen orientierten Vorschläge von Pütz/ Willgeroth (Beteiligungskapital, 1985) S. 85 ff.; Wagner (Ausschüttungskompetenzen, 1988) S. 210 ff., sowie Art. 50 im Entwurf einer 5. EG-Richtlinie über die Struktur der Aktiengesellschaft.

möglichkeit durch Ausweichhandlungen des Managements leicht umgangen werden können.

Vor dem "steinigen" Hintergrund, daß die Ausgestaltung des Aktionärsschutzes im Rahmen der Unternehmungsverfassung einer unabhängigen Aktiengesellschaft unter den Wirtschaftswissenschaftlern noch umstritten ist[21], hier vor allem über Maßnahmen zur Deregulierung des Gesellschaftsrechts nachgedacht wird[22] und darüber hinaus auch empirische Untersuchungen über die bestehenden Konzernstrukturen bisher kaum vorliegen[23], soll hier versucht werden, sich den Fragen nach der Notwendigkeit gesetzlicher Vorschriften zum Aktionärsschutz im Mutterunternehmen mit ökonomischem Instrumentarium zu nähern[24].

Denn solange über eine effiziente rechtliche Ausgestaltung der Organisationsform "Konzern" noch so wenige wirtschaftswissenschaftliche Erkenntnisse vorliegen, erscheinen die juristischen Forderungen nach einer Kodifizierung weiterer Anlegerschutzmaßnahmen im Unternehmensverbund möglicherweise verfrüht. Daher soll hier ein erster Schritt getan werden, sowohl die bestehenden Konzernrechtsstrukturen empirisch näher zu durchleuchten als auch Anhaltspunkte über die ökonomischen Auswirkungen zu gewinnen, die mit der bestehenden Konzernverfassung für die Aktionäre des Mutterunternehmens verbunden sind.

Erst im Anschluß hieran können dann die ökonomischen Konsequenzen, die aus den vorliegenden juristischen Reformvorschlägen für eine Intensivierung des Aktionärsschutzes im Mutterunternehmen zu erwarten sind, untersucht und auf ihre Begründetheit hin beurteilt werden. Obwohl hierfür zunächst noch sämtliche Bemühungen hinsichtlich der Verbesserung des Aktionärsschutzes in einem Mutterunternehmen berücksichtigt werden, rücken diejenigen Reformvorschläge in den Mittelpunkt der Untersuchung, denen in der juristischen und betriebswirtschaftlichen Literatur die größte Aufmerksamkeit geschenkt wird. Hierbei handelt es sich um das Verfügungsrecht der Aktionäre des Mutterunternehmens über ein konzernweit ermitteltes Jahresergebnis und die konzernweite Eigenkapitalveränderungskompetenz der Aktionäre des Mutterunternehmens.

---

21 Vgl. den Überblick bei Bohr/Drukarczyk/Drumm/Scherrer (Unternehmensverfassung, 1981) und Gerum (Unternehmensverfassung, 1992) Sp. 2480 ff.

22 Vgl. Albach/Corte/Firdwald/Lutter/Richter (Drei-Stufen-Modell, 1988) S. 23 ff.

23 Vgl. Pahlke (Konzern, 1986) S. 77 ff.; Iber (Aktionärsstruktur, 1987) S. 87 ff.

24 Vgl. Kirchner (Analyse des Konzernrechts, 1984) S. 223 ff.; Ordelheide (Konzern, 1986) S. 293 ff.; Busse von Colbe (Konzernverfassung, 1988) S. 245 ff.

II. Aufbau der Untersuchung

"Die Geschichte des Aktienrechts ist eine Geschichte seiner Reformen"[25] aufgrund eines sich verändernden Wirtschaftssystems. Damit ist zu erwarten, daß sich in der hundertjährigen Geschichte des Konzernrechts bzw. in der Diskussion über den Anlegerschutz im Konzern verschiedene Anhaltspunkte und Anregungen für die aktuelle Diskussion um eine Konzernverfassung finden lassen. Entsprechend beginnt das *Zweite Kapitel* im Anschluß an die Konzerndefinition (*I. Abschnitt*) mit einem in vier Phasen eingeteilten geschichtlichen Überblick über die vorwiegend von juristischen Argumenten geprägte Konzernrechtsdiskussion und die rechtstatsächliche Entwicklung von Konzernen (*II. Abschnitt*). Der Überblick soll den Zugang zu den hier gestellten Fragen erleichtern und das Zustandekommen des gegenwärtigen aktienrechtlichen Konzernrechts erklären. Die anschließende Gegenüberstellung der Kompetenzverteilung zwischen Management und Aktionären in der unverbundenen börsennotierten Aktiengesellschaft mit dem Kompetenzgefüge in einem börsennotierten Mutterunternehmen soll aufzeigen, wie sich die Herrschafts-, Informations- und Vermögensrechte der Aktionäre durch eine Konzernierung verändern können (*III. Abschnitt*). Die Darstellung der hieraus gegenüber einer konzernfreien Aktiengesellschaft resultierenden zusätzlichen Principal-Agent-Konflikte im Mutterunternehmen beenden das zweite Kapitel.

Vor dem Hintergrund des erweiterten Konfliktpotentials im Mutterunternehmen werden im *Dritten Kapitel* die vielfältigen und teilweise sehr weitgehenden Reformvorschläge für die Ausgestaltung einer neuen Konzernverfassung vorgestellt. Dabei konzentrieren sich die überwiegend von Rechtswissenschaftlern vorgetragenen Empfehlungen meist auf eine Stärkung der Aktionärsrechte im Mutterunternehmen, wogegen einige Wirtschaftswissenschaftler sich um eine Verbesserung der Rechenschaftslegung im Konzern bemühen. Weil bisher noch kein geschlossenes Verfassungskonzept für den Konzern formuliert worden ist und die vielfältigen in der Literatur zu findenden Reformbestrebungen bisher auch nur isoliert vorgetragen werden, soll hier eine systematische Gesamtdarstellung vorgenommen werden (*I. Abschnitt*).

Hinsichtlich der Systematisierung der zusätzlichen Mitwirkungsrechte der Aktionäre eines Mutterunternehmens wird auf die in der juristischen Literatur verwendete Untergliederung zurückgegriffen. Danach lassen sich die erweiterten Aktionärsrechte dem Prozeß der Konzernbildung, den Maßnahmen der Konzernleitung oder der Konzernauflösung zuordnen. Der unterschiedliche Konkre-

25 Wiethölter (Interessen, 1961) S. 35.

tisierungsgrad einzelner Maßnahmen wird daran deutlich, daß sie sich de lege lata bereits in Gesetzesauslegungen niedergeschlagen haben bzw. in Gesetzesentwürfen wiederzufinden sind.

Die Vorstellungen, den Aktionärsschutz im Mutterunternehmen durch veränderte bzw. zusätzliche Informationsinstrumente zu intensivieren, resultieren u.a. aus den Kritikpunkten, die gegenüber dem handelsrechtlichen Konzernrechnungswesen geäußert werden[26]. Entsprechend werden im *II. Abschnitt* vor allem handelsrechtliche aber auch börsenrechtliche Publizitätsinstrumente dargestellt, von denen eine verbesserte Rechenschaftslegung im Konzern erwartet wird. So könnten z.B. die in den letzten Jahren zusätzlich kodifizierten börsenrechtlichen Publizitätsvorschriften zum Zwischenbericht und zur Ad-hoc-Publizität bei einer entsprechenden konzernweiten Auslegung zu einer Intensivierung der Konzernrechenschaftslegung beitragen.

Würden sämtliche Reformvorschläge für die Konzernverfassung in gesetzliche Regelungen transformiert, wäre der rechtliche Mantel aller zum Konzern gehörenden Tochterunternehmen aus dem Blickwinkel der Aktionäre des Mutterunternehmens geöffnet. Die rechtliche Vielfalt im Unternehmensverbund würde für sie zu einer nahezu bedeutungslosen Hülle. Unter Berücksichtigung der bereits kodifizierten Schutzmechanismen für die Gläubiger des Mutter- und Tochterunternehmens, Arbeitnehmer und Minderheiten würde der Konzern damit eine der Aktiengesellschaft äquivalente Unternehmungsverfassung erhalten.

Weil die praktische Relevanz der konzernspezifischen Konfliktpotentiale und damit auch der einzelnen Reformvorschläge bisher noch weitgehend offen ist, soll den Konzernrechtsfragen im *Vierten Kapitel* mit Hilfe einer empirischen Untersuchung nachgegangen werden.

Ausgehend von einer Beschreibung der praktischen Bedeutung der Konzernbildung für börsennotierte Unternehmen, werden für ein ausgewähltes Sample aus Mutterunternehmen zunächst die Konzernstrukturen und die Verteilung der bilateralen Konzernverhältnisse innerhalb der Konzerne analysiert. Im Anschluß hieran wird ein zweites Unternehmenssample gebildet, das aus vergleichbaren unverbundenen börsennotierten Unternehmen besteht. Durch die Gegenüberstellung der Einzel- und Konzernabschlußdaten der Mutterunternehmen mit den Jahresabschlußzahlen unverbundener Gesellschaften lassen sich Anhaltspunkte dazu finden, inwiefern die Konzernierung für die Aktionäre des Mutter-

26 Vgl. Schildbach (Konzernrechnungslegung, 1989) S. 157 ff., 199 ff.; Pellens (Anlegerschutzinstrument, 1991) S. 493 f.; Faß (Konzernierung, 1991) S. 45 ff.

unternehmens tatsächlich zu einer Einschränkung der Verfügungsrechte beiträgt (*II. Abschnitt*). So liefert z.B. der Vergleich des Ausschüttungsverhaltens der Unternehmen beider Untersuchungsgruppen eine Beurteilung darüber, inwieweit die Aktionäre des Mutterunternehmens über die Gewinne von Tochterunternehmen de lege lata verfügen können und zeigt gleichzeitig die praktischen Konsequenzen, die mit den vorgeschlagenen Änderungen bei der Gewinnverwendungskompetenz im Mutterunternehmen verbunden sein können. Die Auswertung der Tagesordnungspunkte zu den jeweiligen Hauptversammlungen der Mutterunternehmen erlaubt darüber hinaus Aussagen, ob und gegebenenfalls in welchem Ausmaß die Aktionäre des Mutterunternehmens in den Prozeß der Konzernbildung bzw. -erweiterung involviert sind.

Die Hypothese, daß im Anschluß an eine Konzernbildung die Aktionäre des Mutterunternehmens auch hinsichtlich der Versorgung mit Unternehmensinformationen schlechter gestellt werden, soll mit Hilfe einer Kapitalmarktstudie im *III. Abschnitt* untersucht werden. Ein derartiges Untersuchungsdesign erlaubt - unter restriktiven Prämissen - zumindest Tendenzaussagen über die Wertschätzung von Unternehmensinformationen bei den aktuellen und potentiellen Aktionären von Mutterunternehmen und zeigt gleichzeitig auch, welche Bedeutung die Aktienmarktteilnehmer dem Einzelabschluß eines Mutterunternehmens noch beimessen.

Die abschließende Untersuchung der Gläubiger-Position im Konzern erscheint hilfreich, um die praktische Relevanz der in der betriebswirtschaftlichen Literatur unter dem Stichwort "Pyramiden-Effekt des Eigenkapitals"[27] häufig diskutierten Möglichkeit einer Risikoverlagerung von den Anteilseignern des Mutterunternehmens auf die Gläubiger von Mutter- und Tochterunternehmen zu überprüfen.

Das aus den empirischen Ergebnissen entstehende Bild über die praktische Relevanz der vorgeschlagenen Regulierungen liefert insgesamt zwar eine umfassende Zustandsbeschreibung des Managementverhaltens in Konzernen. Hinsichtlich der Reformbestrebungen können hieraus aber noch keine Handlungsempfehlungen für den Gesetzgeber abgeleitet werden. Aussagen über die ökonomische Rechtfertigung eines erweiterten Anlegerschutzes im Mutterunternehmen bedürfen zunächst eines Maßstabes, an dem die Auswirkungen alternativer institutioneller Arrangements beurteilt werden können[28].

---

27 Vgl. Schierenbeck (Pyramiden-Effekt, 1980) S. 249 ff.; Süchting (Finanzmanagement, 1989) S. 92 ff.

28 Vgl. Schneider (Investition, 1992) S. 645 ff. Zur Notwendigkeit der zusätzlichen Berücksichtigung außerökonomischer Begründungen: Elschen (Rechtsnormen, 1987) S. 234 ff.

Weil die angestrebten institutionellen Vorkehrungen zur intensiveren Berücksichtigung der Aktionärsinteressen im Rahmen der Unternehmungsverfassung auch Bestandteile der Wirtschaftsordnung werden würden, lassen sie sich nur vor dem Hintergrund der angestrebten Gesellschaftsordnung begründen. So stellt sich bei der Ausgestaltung des Ordnungsrahmens einer Wettbewerbswirtschaft regelmäßig die Frage, warum gesetzliche Regulierungen Vorrang vor freiwilligen vertraglichen Vereinbarungen zwischen den Beteiligten (Aktionäre und Management) haben sollen[29]. In diesen allgemeinen Kontext ist auch die vorliegende Problemstellung der Notwendigkeit weiterer gesetzlicher Vorkehrungen zum Anlegerschutz im Mutterunternehmen einzubinden.

Die Darstellung möglicher Begründungsansätze für weitere institutionelle Vorkehrungen zum Anlegerschutz im Mutterunternehmen erfolgt im *Fünften Kapitel*. Es liegt hier nahe, die Suche nach der Rechtfertigung in der juristischen Literatur zu beginnen, in der die zusätzlichen Anlegerschutzmaßnahmen formuliert sind (*I. Abschnitt*). Die hier vorzufindenden Argumentationsketten haben allesamt einen ähnlichen Aussagekern: Ausgehend von dem fest umrissenen Kompetenzgefüge in der unverbundenen Aktiengesellschaft wird regelmäßig festgestellt, daß durch eine Konzernbildung dem Management des Mutterunternehmens erhebliche zusätzliche Handlungsmöglichkeiten zur Verfügung stehen, ohne daß die Aktionäre weitere Kontrollinstrumente zur Vermögensabsicherung erhalten. Der hieraus latent entstehenden Gefahr einer Vermögensschädigung der Aktionäre des Mutterunternehmens soll dadurch begegnet werden, daß die Verfügungsrechte der Aktionäre des Mutterunternehmens durch analoge Anwendung der aktienrechtlichen Unternehmungsverfassung auf den gesamten Konzern ausgedehnt werden.

Diese auf potentiellen Schädigungsmöglichkeiten aufbauenden Begründungen erscheinen jedoch alleine kaum hinreichend, um den erweiterten Aktionärsschutz im Mutterunternehmen auch aus ökonomischen Gesichtspunkten zu rechtfertigen. Sie vernachlässigen zudem die in der wirtschaftswissenschaftlichen Literatur aufgestellte Hypothese, daß der Arbeitsmarkt für Manager, der Markt für Unternehmenskontrolle und insbesondere der Kapitalmarkt als Kontrollmarkt einer Interessendivergenz zwischen Management und Aktionären entgegenwirken können[30]. Damit können diese Kontrollinstrumente die Schädi-

---

29 Vgl. hierzu Busse von Colbe (Konzernverfassung, 1988) S. 253 f.; Schneider (Regulierungen, 1988) S. 185 ff.; Gerum (Unternehmensverfassung, 1992) Sp. 2493 f.

30 Vgl. den Überblick bei Ridder-Aab (Eigentumsrechte, 1981) 91 ff.; Schredelseker (Eigentümerkontrolle, 1975) S. 96 ff.

gungsmöglichkeiten der Aktionäre bereits bei der bestehenden Konzernordnung einschränken, so daß die Forderungen nach Regulierungen in ein verändertes Licht rücken.

Für die hier im Mittelpunkt stehenden börsennotierten Mutterunternehmen erscheint gerade die Einbeziehung der Funktionsweise des Aktienmarktes als Kontrollmarkt für ein von den Interessen der Aktionäre abweichendes Managementverhalten geboten. Weil zum einen die Wirkung der Konzernbildung auf den Aktienmarkt bisher noch unklar ist und zum anderen gesetzliche Regulierungen wiederum Rückwirkungen auf dessen Kontrollfunktion haben können, lassen sich hierüber die juristischen Begründungsansätze erweitern. Um dies zu untersuchen, müßten zunächst die erwarteten Kontrollmarktaufgaben aufgezählt werden. Zusätzlich wären die alternativen Verteilungsregeln von Verfügungsrechten im Konzern in Bezug auf die jeweilige Funktionserfüllung gegeneinander abzuwägen. Zu fragen ist dann, welche institutionelle Regelung zur Konzernverfassung die Funktionsfähigkeit der Aktienmärkte als Kontrollmärkte im Vergleich zu den bestehenden Regelungen insgesamt verbessern und damit zu einer effizienteren Kapitalallokation beitragen würde[31]. Für diese noch weitgehend offenen Fragen zur Begründung einer modifizierten Konzernverfassung kann auf verschiedene ökonomische Theorieansätze zurückgegriffen werden, die im *II. Abschnitt* auf ihre Eignung für die hier relevanten Fragen überprüft werden.

Hierbei stellt sich die Schwierigkeit, daß zwar vielfältige ökonomische Ansätze vorliegen, die unter Berücksichtigung möglicher Interessendivergenzen und asymmetrischer Informationsverteilung zwischen dem Management und den Aktionären auch Partialaussagen zur Ausgestaltung einer Konzernverfassung erlauben. Diese sind aber meist an einen Prämissenrahmen gebunden, der zu restriktiv erscheint, als daß sich hieraus konkrete Handlungsempfehlungen an den Gesetzgeber ableiten lassen. Damit steht man vor dem Dilemma, entweder "präzise" Aussagen mit geringer praktischer Relevanz zu erhalten oder "nur" sehr allgemeine Tendenzaussagen vorweisen zu können.

Die Diskussion der methodischen Ansätze verdeutlicht aber, daß als Vergleichsobjekt für eine ökonomische Analyse der bestehende Ordnungsrahmen und dessen Änderung durch die geforderten gesetzlichen Regulierungen gewählt werden sollte. Damit wird die Notwendigkeit einer vorherigen Analyse des status quo bestätigt. Nur anhand eines Vergleichs realisierbarer institutioneller

---

31 Vgl. allgemein zur Begründung von Regulierungen: Külp (Wohlfahrtsökonomik, 1982) S. 485; Gerum (Unternehmensverfassung, 1991) Sp. 2484 ff.

Vorkehrungen lassen sich Aussagen über die Zweckmäßigkeit der geforderten gesetzlichen Eingriffe treffen. Im Mittelpunkt der weiteren Untersuchung stehen daher die Auswirkungen, die von der Konzernbildung auf den Aktienmarktprozeß zu erwarten sind und deren Veränderungen bei einer Kodifizierung der geforderten zusätzlichen Regulierungen zum Aktionärsschutz im Mutterunternehmen.

Gilt die bisherige Untersuchung noch gleichgewichtig für alle Bemühungen hinsichtlich der Verbesserung des Aktionärsschutzes in einem Mutterunternehmen, so werden im *Sechsten Kapitel* lediglich noch diejenigen Reformvorschläge aufgegriffen und näher untersucht, denen in der juristischen und betriebswirtschaftlichen Literatur bisher die größte Aufmerksamkeit geschenkt wird: das Verfügungsrecht der Aktionäre des Mutterunternehmens über ein konzernweit ermitteltes Jahresergebnis (*III. Abschnitt*) und die konzernweite Eigenkapitalveränderungskompetenz der Aktionäre des Mutterunternehmens (*IV. Abschnitt*). Soll die rechtliche Vielfalt im Konzern bezogen auf diese Aktionärsrechte derart eingeschränkt werden, daß die Aktionäre des Mutterunternehmens hinsichtlich dieser Verfügungsrechte so gestellt werden, als sei der Konzern auch rechtlich ein Unternehmen?

Im Anschluß an eine allgemeine Darstellung der Kontrollfunktion des Aktienmarktes werden die möglichen Beeinträchtigungen, die durch eine Konzernbildung hier entstehen können, untersucht. Erst nach dieser Zustandsbeschreibung lassen sich Aussagen darüber ableiten, ob sich durch die konzernweite Gewinnverwendungskompetenz der Aktionäre des Mutterunternehmens seine Funktion als Kontrollmarkt verbessern wird. Hiervon könnte z.B. dann ausgegangen werden, wenn die Kompetenzänderung zu einer systematisch zunehmenden Marktlenkung von Risikokapital beiträgt, bzw. wenn sich die konzernspezifischen Risiken der Aktionäre reduzieren lassen.

Nach der gleichen Vorgehensweise wird anschließend die Frage nach den Auswirkungen einer konzernweiten Eigenkapitalveränderungskompetenz der Aktionäre des Mutterunternehmens analysiert. Als Musterbeispiel wird hier ein verlängertes Bezugsrecht bzw. Vorkaufsrecht der Aktionäre des Mutterunternehmens bei der Börseneinführung eines Tochterunternehmens herausgegriffen. Gerade hiervon wird in der anglo-amerikanischen Literatur ein positiver Effekt auf den Aktienmarktprozeß erwartet. Diese für den deutschen Aktienmarkt bisher nicht verifizierte Hypothese kann desweiteren auch mit Hilfe empirischer Daten überprüft werden. Ob das geforderte verlängerte Bezugsrecht der Aktionäre des Mutterunternehmens auf die Aktien des Tochterunternehmens den Marktprozeß positiv beeinflussen kann, wird zum Schluß dieses Kapitels untersucht.

Im abschließenden *Siebenten Kapitel* werden die Untersuchungsergebnisse zunächst thesenartig zusammengefaßt. Die anschließende Diskussion über die rechtspolitischen Schlußfolgerungen bezüglich einer konzernweiten Gewinnverwendungs- und Eigenkapitalveränderungskompetenz der Aktionäre des Mutterunternehmens erlauben zwar noch keine eindeutige Handlungsempfehlung an den Gesetzgeber, die Anlegerschutzmaßnahmen in gesetzliche Regulierungen zu transformieren. Sie zeigt aber zugleich, daß auch die bisher gegen eine Kodifizierung vorgebrachten Aussagen aus ökonomischen Überlegungen nicht abzuleiten sind.

III. Abgrenzung der Untersuchung

Im Mittelpunkt der folgenden Betrachtung stehen die Auswirkungen der Konzernbildung und der Reformbestrebungen zum Konzernrecht auf den Aktienmarkt. Folglich werden in den weiteren Untersuchungen nur die an der Spitze eines Konzerns stehenden, börsennotierten Gesellschaften berücksichtigt. Obwohl die Konzernbildung auch für die Aktionäre von nicht börsennotierten Gesellschaften zu faktischen Kompetenzänderungen führen kann, erscheint ihre Ausgrenzung sinnvoll, weil die meist geringere Aktionärsanzahl freiwillige vertragliche Vereinbarungen hinsichtlich der Konzernierung eher möglich werden läßt. Die Einführung nicht abdingbarer gesetzlicher Regulierungen, wie z.B. einer Zustimmungsbedürftigkeit der Hauptversammlung bei der Konzernbildung und -erweiterung, oder zusätzlicher Publizitätspflichten können für diese Gesellschaften sogar den Gestaltungsspielraum zur Lösung von Interessenkonflikten einschränken[32].

Auch Mutterunternehmen in der Rechtsform der GmbH werden daher im folgenden nicht berücksichtigt. Weil die Verfügungsrechte der Gesellschafter einer GmbH gem. §§ 45 ff. GmbHG deutlich von den Herrschafts-, Informations- und Vermögensrechten der Aktionäre abweichen, sind die ihnen entstehenden konzerntypischen Risiken auch kaum mit denen der Anteilseigner einer börsennotierten Aktiengesellschaft vergleichbar[33].

---

32 Vgl. so auch Albach/Corte/Firdwald/Lutter/Richter (Drei-Stufen-Modell, 1988) S. 36 f.

33 Vgl. hierzu Emmerich/Sonnenschein (Konzernrecht, 1989) S. 359 ff.; Deilmann (Entstehung des qualifiziert faktischen Konzerns, 1988) S. 29 ff.

Die Rechtsform der Tochterunternehmen kann für die mögliche Intensität der einheitlichen Leitung und damit für die Führungsorgane des Mutterunternehmens relevant sein, da z.B. dem Mehrheitsgesellschafter einer GmbH andere Leitungsbefugnisse zustehen als dem Mehrheitsaktionär einer Aktiengesellschaft. Auf die potentiellen Kompetenzeinschränkungen der Aktionäre des Mutterunternehmens hat sie unmittelbar jedoch keinen Einfluß, weil sie in Abhängigkeit von der Rechtsform des Tochterunternehmens keine differenzierten Mitwirkungsrechte in den Tochtergesellschaften erhalten. Eine Einschränkung der Untersuchung bezüglich der Rechtsform der Tochtergesellschaften erscheint daher nicht erforderlich. Lediglich auf die Besonderheiten aus dem Blickwinkel des Managements wird an den jeweiligen Stellen hingewiesen.

Mit der differenzierten Ausgestaltung der Unternehmungsverfassung einer Teilmenge der dem AktG unterliegenden Gesellschaften wird hier jedoch keineswegs Neuland betreten. So sind die anzuwendenden handelsrechtlichen Rechnungslegungsvorschriften z.B. von bestimmten Größenmerkmalen der Unternehmen (§§ 267, 293 HGB) und die börsenrechtlichen Vorschriften von der Börsennotierung abhängig. Seit Beginn der 80-er Jahre werden abgestufte Ausgestaltungen der Unternehmungsverfassung für Aktiengesellschaften intensiv diskutiert und haben auch bereits hinsichtlich der unverbundenen Gesellschaft zu Reformüberlegungen geführt, die sich z.B. im "Drei-Stufen-Modell" des Aktienrechts konkretisiert haben[34]. Hiernach sollen u.a. Maßnahmen zum Anlegerschutz im Rahmen der Unternehmungsverfassung einer Aktiengesellschaft stufenweise für private, dem Aktienmarkt nicht zugängliche, für offene, zum geregelten Aktienmarkt zugelassene und für Publikumsgesellschaften des amtlichen Handels ausgebaut werden.

34 Vgl. Albach/Corte/Firdwald/Lutter/Richter (Drei-Stufen-Modell, 1988) S. 33 ff. Ähnlich auch Chmielewicz (Führung und Überwachung, 1989) S. 167; Schneider (Pensionskassenkorporatismus, 1990) S. 317 ff.; Pütz/Willgeroth (Beteiligungskapital, 1985) S. 77 ff.

Zweites Kapitel

Konsequenzen der Konzernbildung für die Aktionäre des Mutterunternehmens

I. Zum Konzernbegriff

Gegenstand der Untersuchung ist der Zusammenschluß von Unternehmen in Form eines Konzerns[1]. Obwohl für einen Unternehmenszusammenschluß der Begriff des Konzerns zum alltäglichen Sprachgebrauch gehört, finden sich zu seiner inhaltlichen Auslegung teilweise noch sehr unterschiedliche Abgrenzungen. Daher soll zunächst eine Definition erfolgen. Der Begriff "Konzern" ist in Anlehnung an den englischen Begriff "concern" im deutschen Sprachraum wohl erstmals von Landesberger zur Abgrenzung von kapitalmäßig verflochtenen Unternehmensgemeinschaften gegenüber den damals ansonsten üblichen Kartellen verwendet worden[2].

Konstituierendes Merkmal des aktienrechtlichen Konzerns ist nach § 18 AktG die tatsächliche Ausübung der einheitlichen Leitung einer Aktiengesellschaft bzw. Kommanditgesellschaft auf Aktien über andere rechtlich selbständige Gesellschaften. Das die einheitliche Leitung ausübende Unternehmen wird im folgenden als Mutterunternehmen (MU), die einheitlich geleitete Gesellschaft als Tochterunternehmen (TU) bezeichnet[3].

Die aktienrechtlichen Konzernformen lassen sich in Abhängigkeit von der rechtlich zulässigen Intensität der Unternehmensverbindung wie folgt differenzieren[4]:

---

1 Zur Abgrenzung von Unternehmensverbindungen vgl. Pausenberger (Systematik von Unternehmenszusammenschlüssen, 1989) S. 621 ff.

2 Vgl. Landesberger (Industrie-Kartelle, 1902) S. 301. Von wirtschaftswissenschaftlicher Seite später die Beschreibungen von Liefmann (Konzerne, 1930) S. 275; Bühler (Konzerne, 1956) S. 242 ff.

3 Die Begriffe Mutter- und Tochterunternehmen werden in Anlehnung an § 290 HGB gewählt. Zu den Unterschieden zwischen der aktien- und handelsrechtlichen Terminologie vgl. Ulmer (Begriffsvielfalt, 1987) S. 635 ff.

4 Vgl. zur Häufigkeitsverteilung der unterschiedlichen Konzernverhältnisse: Pahlke (Konzern, 1986) S. 78 f., der für 1978 einem Anteil von 88,4 % für die faktischen Konzernverhältnisse zur Summe aller Konzernbeziehungen ermittelt.

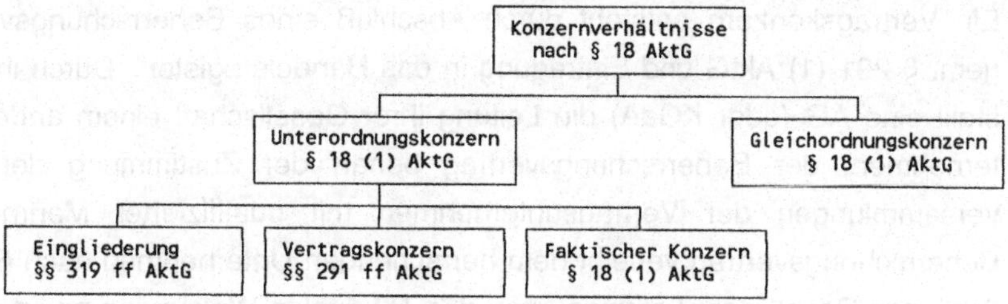

Abb. 1: Aktienrechtliche Konzernformen

Während bei einem Unterordnungskonzern die einheitliche Leitung über einen beherrschenden Einfluß gem. § 17 AktG durchgesetzt wird, unterstellen sich in einem Gleichordnungskonzern die Unternehmen der einheitlichen Leitung z.B. aufgrund eines vertraglich vereinbarten Gemeinschaftsorgans. Der in der Unternehmenspraxis wenig relevante Gleichordnungskonzern soll im folgenden jedoch nicht weiter behandelt werden[5].

Das konstituierende Merkmal der tatsächlich ausgeübten einheitlichen Leitung ist ein unbestimmter Rechtsbegriff und bisher weder eindeutig definiert noch feststellbar. Von ihr ist zwingend auszugehen, wenn eine Eingliederung (§ 319 f. AktG) vorgenommen oder gem. § 291 AktG ein Beherrschungsvertrag abgeschlossen wird.

Mit der Eingliederung liegt die intensivste Konzernierungsform vor[6]. Durch die vollständige Übertragung der Leitungsmacht auf die eingliedernde Gesellschaft (Hauptgesellschaft) kommt ihr eine der Verschmelzung ähnliche Wirkung zu[7]. Der Beschluß über die Eingliederung erfordert gem. § 320 (1) AktG einen Anteil von mindestens 95 % des Grundkapitals der eingegliederten Gesellschaft. Mit der Eintragung der Eingliederung in das Handelsregister haftet die Hauptgesellschaft gesamtschuldnerisch für die Verbindlichkeiten der eingegliederten AG und ist verpflichtet, einen die Kapitalrücklagen übersteigenden Bilanzverlust auszugleichen. Gleichzeitig verlieren eventuelle Minderheitsaktionäre in der eingegliederten Gesellschaft ihre Mitgliedschaftsrechte und die von ihnen gehaltenen Aktien verbriefen lediglich noch einen Anspruch auf eine Abfindung. Für die Eingliederung ist gem. § 319 (2) AktG die Zustimmung der Aktionäre des MU obligatorisch.

---

5 Vgl. Pausenberger (Konzerne, 1974) Sp. 2237 f. Zu den überwiegend nur in der Versicherungswirtschaft anzutreffenden Gleichordnungskonzernen vgl. Peiner (Konzernstrukturen, 1992) S. 920 ff.

6 Vgl. zur Eingliederung: Emmerich/Sonnenschein (Konzernrecht, 1989) S. 128 ff.

7 Vgl. Kropff (Aktiengesetz, 1965) S. 421.

Ein Vertragskonzern entsteht durch Abschluß eines Beherrschungsvertrages gem. § 291 (1) AktG und Eintragung in das Handelsregister[8]. Durch ihn unterstellt eine AG (oder KGaA) die Leitung ihrer Gesellschaft einem anderen Unternehmen; der Beherrschungsvertrag bedarf der Zustimmung der Hauptversammlungen der Vertragsunternehmen mit qualifizierter Mehrheit. Der Beherrschungsvertrag verleiht dem herrschenden Unternehmen nach § 308 (1) AktG das Recht, dem Leitungsorgan des TU direkte Weisungen zu erteilen, die vom Vorstand des TU gem. § 308 (2) AktG zu befolgen sind. Anders als bei der Eingliederung werden die Minderheitsaktionäre nicht zwangsweise aus der beherrschten Gesellschaft verdrängt, sondern können zwischen einer regelmäßigen Ausgleichszahlung (§ 304 (1) AktG) und einer Abfindung gem. § 305 AktG wählen. Die Gläubiger des TU sind durch verschiedene Regulierungen in den §§ 300 bis 307 AktG (Verlustübernahme und Sicherheitsleistung des herrschenden Unternehmens) geschützt, so daß ihnen aus der vertraglichen Konzernierung keine konzernspezifischen Kreditausfallrisiken drohen.

Schwieriger ist die Frage zu beantworten, unter welchen Bedingungen ein faktisches Konzernverhältnis anzunehmen ist. Hier wird, ausgehend von dem Vorliegen einer Mehrheitsbeteiligung (§ 16 AktG), vermutet, daß zwischen den Unternehmen ein Abhängigkeitsverhältnis gem. § 17 AktG besteht. Kann die Abhängigkeit nicht widerlegt werden, führt dies zur Vermutung der einheitlichen Leitung nach § 18 (1) AktG. Wenn die herrschende Unternehmung regelmäßig oberste Führungsaufgaben in der abhängigen Aktiengesellschaft wahrnimmt, kann die Leitungsvermutung kaum widerlegt werden, und es ist von einem faktischen Konzernverhältnis auszugehen. Für die Entstehung eines faktischen Konzernverhältnisses ist die Mehrheitsbeteiligung keine notwendige Voraussetzung, da das Abhängigkeitverhältnis auch dann entstehen kann, wenn z.B. ein Anteilspaket von weniger als 50 % gehalten wird, die restlichen Anteile breit gestreut sind bzw. deren Eigentümer wenigstens z.T. von ihrem Stimmrecht regelmäßig keinen Gebrauch machen.

Weil bei einem faktischen Konzernverhältnis weder für die Gläubiger des TU ein Haftungsdurchgriff noch für die Minderheiten eine regelmäßige Ausgleichszahlung im AktG institutionalisiert ist, hat bei der Ausübung der einheitlichen Leitung das Konzerninteresse hinter dem Eigeninteresse des TU zurückzustehen. So ist es der herrschenden Gesellschaft nach § 311 (1) AktG auch nur dann erlaubt, ein für das TU nachteiliges Rechtsgeschäft vorzunehmen oder Maßnahmen zu ihrem Nachteil zu ergreifen, wenn ein Nachteilsausgleich nach § 311 (1) AktG gewährt wird. Sämtliche vom MU veranlaßten bzw.

8 Vgl. zum Beherrschungsvertrag: Emmerich/Sonnenschein (Konzernrecht, 1989) S. 141 ff.

in dessen Interesse vorgenommenen Rechtsgeschäfte im TU sind von dessen Vorstand gem. §§ 312 - 314 AktG in einem Abhängigkeitsbericht zu dokumentieren, der regelmäßig vom Abschlußprüfer und vom Aufsichtsrat des TU zu prüfen ist[9].

Darüber hinaus werden die aus der rechtlichen Haftungsseparation zwischen Mutter- und Tochterunternehmen resultierenden Gläubigerrisiken in der Unternehmenspraxis häufig noch durch freiwillige Bürgschafts-, Patronats- und/oder andere Gewährleistungserklärungen des MU eingeschränkt[10]. In diesen Fällen liegt ein faktisches Konzernverhältnis mit einem zumindest partiellen faktischen Haftungsverbund vor, das jedoch nicht der Zustimmung der Aktionäre des MU bedarf.

Neben dem "einfachen" faktischen Konzernverhältnis ist durch die Rechtsprechung des BGH im Autokran-Urteil[11] für TU in der Rechtsform einer GmbH die Institution eines qualifiziert faktischen Konzernverhältnisses geschaffen worden[12]. Nach ersten Konkretisierungsversuchen wird von einem qualifiziert faktischen Konzern dann auszugehen sein, "wenn eine Gesamtbetrachtung ergibt, daß die Geschäftsführung der abhängigen Gesellschaft in ihrem Kern auf die Muttergesellschaft übergegangen ist"[13] und damit die Schutzmechanismen des Schadensersatzes, der Anfechtungs- bzw. Unterlassungsklage kaum noch greifen können. Liegen diese im Einzelfall zu prüfenden Voraussetzungen vor, stehen den Gläubigern des TU die Schutzinstrumente der §§ 302, 303 AktG und den Minderheitsgesellschaftern ein Abfindungsanspruch analog § 305 AktG zu. Inwiefern diese über den faktischen Konzern hinausgehende Konzernierungsform auch für TU in der Rechtsform einer Aktiengesellschaft zulässig ist, wird zur Zeit noch diskutiert[14]. Für die Anteilseigner des MU bringt der qualifiziert faktische Konzern damit ähnliche Konsequenzen wie der Vertragskonzern, ohne daß ihre Zustimmungserklärung für die Bildung dieser Unternehmungsverbindungsform erforderlich ist.

---

9 Vgl. zum Abhängigkeitsbericht: Rasner (Abhängigkeitsbericht, 1968) S. 1043 ff.

10 Vgl. Busse von Colbe (Konzernverfassung, 1988) S. 252. Zu den jeweiligen freiwilligen Sicherungsformen vgl. Kretschik (Gewinnverwendung, 1991) S. 246 ff.

11 Vgl. BGH (BGHZ, 95) S. 330 ff.

12 Vgl. Deilmann (Entstehung des qualifiziert faktischen Konzerns, 1988) S. 86 ff.; Lutter (qualifizierte faktische Konzern, 1990) S. 179 ff. Zur folgenden, den qualifiziert faktischen Konzern auslegenden Rechtsprechung des BGH im Tiefbau-Urteil, Video-Urteil und TBB-Urteil vgl. Bauder (Gesellschafterhaftung, 1993) S. 1103 ff.

13 Lutter (qualifizierte faktische Konzern, 1990) S. 183.

14 Zustimmend: Timm (Grundfragen, 1987) S. 977; Lutter (qualifizierte faktische Konzern, 1990) S. 185; ablehnend: Deilmann (Entstehung des qualifiziert faktischen Konzerns, 1988) S. 82 ff.

Anders als im AktG wird im HGB für die Erstellung eines Konzernabschlusses implizit von einer anderen Konzerndefinition ausgegangen. In Anlehnung an Art. 1 der 7. EG-Richtlinie und Art. 2 des Entwurfs der 9. EG-Richtlinie löst hier nicht nur die tatsächlich über ein anderes Unternehmen ausgeübte einheitliche Leitung (§ 290 (1) HGB) eine Konzernrechnungslegung aus, sondern für die Aufstellungs- bzw. Einbeziehungspflicht können bereits konzerntypische Merkmale (§ 290 (2) HGB) hinreichend sein[15]. Danach zählt ein Unternehmen unabhängig davon, ob die einheitliche Leitung tatsächlich ausgeübt wird, auch schon dann zum Konsolidierungskreis, wenn das MU die Mehrheit der Stimmrechte oder das Bestellungs- und Abberufungsrecht für die Mehrheit der Mitglieder des Verwaltungs-, Leitungs- oder Aufsichtsorgans besitzt.

Die weitergehende "Konzernabgrenzung" gem. § 290 HGB bringt gegenüber der aktienrechtlichen Definition zum einen den Vorteil, daß die an den genannten Kriterien orientierte Beherrschungsmöglichkeit leichter zu überprüfen ist als die tatsächliche Ausübung der einheitlichen Leitung. Zum anderen kann sie auch dadurch gerechtfertigt werden, als für diese Unternehmen die einheitliche Leitung jederzeit durch Vorstandsentscheidung des MU durchgesetzt werden kann. Würde man sich auf die tatsächliche Ausübung der einheitlichen Leitung gem. § 18 AktG beschränken, so könnten durch Ausweichhandlungen des Managements die hier zu diskutierenden Anlegerschutzmaßnahmen vermieden werden: Der Vorstand des MU könnte die TU trotz 100 %-iger Beteiligung an der "langen Leine" führen, um damit die tatsächliche Ausübung der einheitlichen Leitung zu widerlegen. Für die folgende Untersuchung wird daher die erweiterte Konzernabgrenzung des HGB herangezogen.

II. Geschichtliche Entwicklung der Konzernbildung und des Anlegerschutzes im Konzern

Mit dem folgenden geschichtlichen Überblick soll aufgezeigt werden, daß die Fragen nach dem Anlegerschutz im Konzern bereits seit nahezu einem Jahrhundert vor allem in der juristischen Literatur diskutiert werden. Dem geltenden Konzernrecht liegt damit bereits eine lange Entwicklungsgeschichte zugrunde. Daher ist zu erwarten, daß viele in der aktuellen Diskussion vorgetragene Argumente zum Anlegerschutz im Konzern bereits im älteren juristischen Schrifttum zu finden sind. Für das Verständnis und die Beurteilung der alternati

15 Vgl. zu den unterschiedlichen Abgrenzungen: Busse von Colbe/Chmielewicz (Bilanzrichtlinien-Gesetz, 1986) S. 326 ff.; Ulmer (Begriffsvielfalt, 1987) S. 623 ff.

ven Problemlösungsansätze sind hier daher möglicherweise wertvolle Anregungen zu finden[16].

Die folgende Darstellung der Entwicklungsphasen zum Kapitalanlegerschutz[17] im Konzernrecht der Aktiengesellschaft[18] lassen sich nach den jeweiligen Reformen der Unternehmungsverfassung für Aktiengesellschaften differenzieren. Es können folgende vier Abschnitte mit jeweils unterschiedlichen Diskussionsschwerpunkten unterschieden werden:

16 Vgl. so auch Lutter (Entwicklung des Konzernrechts, 1987) S. 445.

17 Vgl. Großfeld (Unternehmenskonzentration, 1968) S. 149 ff.; Hopt (Kapitalanlegerschutz, 1975) S. 16 ff.; Schwark (Anlegerschutz, 1979) S. 77 ff.; Koch (Anlegerschutzgedankens, 1980) S. 3 ff.

18 Vgl. Horn (Aktienrecht, 1979) S. 313 ff.; Hommelhoff (Konzernleitungspflicht, 1982) S. 15 ff.; Nörr (Entwicklung, 1986) S. 155 ff.; Emmerich/Sonnenschein (Konzernrecht, 1989) S. 4 ff.; Deilman (Konzerns, 1988) S. 19 ff.; Kohl (Aktienkonzern, 1991) S. 90 ff.

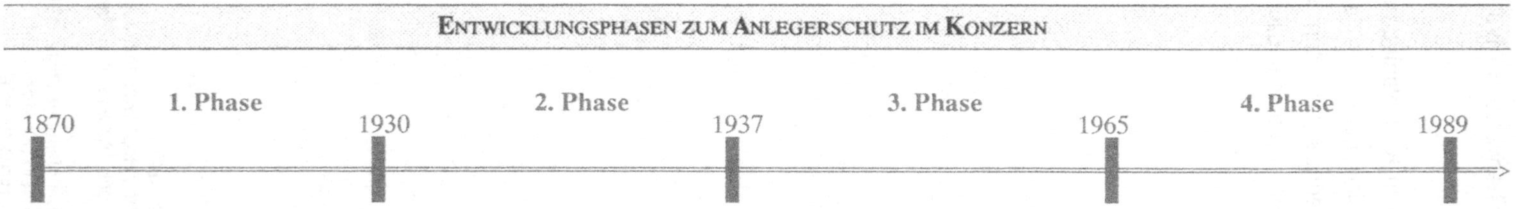

Problemaufbereitung	Konzernkodifikation	Recht der verb. Unternehmen	Recht der Aktionäre des MU
- 1881: erste Reichsgerichts-urteile zu Konzernrechtsfragen - 1896: Einführung des BörsG	- 1931: NotVO zum Aktienrecht -- erste Konzernkodifikation - 1937: Aktiengesetz	- 1965 Aktienrechtsreform -- Ansätze einer Konzernverfassung -- Schutz von Minderheiten im TU -- Schutz von Gläubigern im TU -- Konzernrechnungslegung	- 1975: BörsG - Reform - 1985: 4.u.7. EG-RL im HGB u. AktG - BGH - Urteile: -- 1982: Holzmüller-Urteil -- 1985: Autokran-Urteil - 1987: BörsG - Reform -- Zwischenberichte -- Ad-hoc-Publizität

Abb. 2: Entwicklungsphasen zum Anlegerschutz im Konzern

1. *Anlegerschutz im Konzern von 1870 bis 1929*

Die Problemerkennungsphase[19] war geprägt von der 1869 eingeführten Gewerbefreiheit und der anschließenden Aufhebung des staatlichen Konzessionszwangs für Aktiengesellschaften im Jahr 1870[20]. Die hierdurch an Attraktivität gewinnende Rechtsform der Aktiengesellschaft bzw. Kommanditgesellschaft auf Aktien läßt sich an der zunehmenden Zahl der in ihr geführten Unternehmen verdeutlichen. So stieg die Anzahl der Aktiengesellschaften von 1886 (=2.143) bis 1923 (=16.472) um mehr als 600 % an[21]. Begünstigt wurde diese Entwicklung auch durch die Möglichkeit der Aktiengesellschaften, die Refinanzierungsquellen der Wertpapierbörsen in Anspruch zu nehmen. Hieran änderte auch die Einführung von Zulassungsverfahren zum Börsenhandel und die Verabschiedung des BörsG von 1896 wenig, die als Reaktion auf Schwindelemissionen, unerwünschte Börsenspekulationen und umfangreiche Depotveruntreuungen von Banken angesehen wird[22]. Die zunehmende Bedeutung kommt in den Steigerungen der zum Börsenhandel zugelassenen Gesellschaften (1901 = 160 Industriegesellschaften; 1905 = 393 Industriegesellschaften und 1929 = 803 Gesellschaften[23]) deutlich zum Ausdruck.

Nach dem Willen des Gesetzgebers im Deutschen Reich von 1870 hatte sich die Aktiengesellschaft noch überwiegend an den Interessen der Aktionäre zu orientieren[24]. Daher war die Hauptversammlung als oberstes Geschäftsführungsorgan anzusehen, in der die Aktionäre gem. Art. 224 AD HGB ihre umfassenden Leitungsrechte, wie z.B. die Jahresabschlußfeststellung und Gewinnverwendung[25] und - die vorher der Konzessionsstelle zustehenden - Kon-

---

19 Vgl. zu einer ähnlichen Phasenabgrenzung für die Entwicklung des Konzernrechts: Hommelhoff (Konzernleitungspflicht, 1982) S. 15 ff.

20 Zur Geschichte und zur ersten gesetzlichen Kodifizierung des Aktienrechts im ADHGB von 1861 vgl. Lehmann (Entwicklung, 1885); zur Reform von 1870: Großfeld (Unternehmenskonzentration, 1968) S. 120 ff.; Raisch (Konzernrecht, 1974) S. 26 ff.; Horn (Aktienrecht, 1979) S. 313 ff.

21 Vgl. zu den statistischen Zahlen: Statistisches Reichsamt (Statistisches Jahrbuch, 1924) S. 185 f.; Deutsche Bundesbank (Bankwesen, 1976) S. 294.

22 Vgl. Schwark (Börsengesetz, 1976) 22 ff.; Weichert (Probleme des Risikokapitalmarktes, 1987) S. 134; zur Geschichte des deutschen Börsenrechts vgl. Bremer (Börsenrechts, 1969) S. 12 ff.

23 Vgl. Statistisches Reichsamt (Wirtschaft und Statistik, 1906) S. 222; Statistisches Reichsamt (Wirtschaft und Statistik, 1930) S. 141.

24 Vgl. Passow (Aktiengesellschaft, 1922) S. 471; Wiethölter (Interessen, 1961) S. 74 f.

25 Vgl. Gareis (Handelsrecht, 1909) S. 238 ff. Vgl. zu entsprechend hohen Ausschüttungsquoten Strömer (Ausschüttungspolitik, 1973) S. 8 f.

trollmaßnahmen ausübten[26]. Der seit der Gesetzesreform von 1870 zwingend vorgeschriebene Aufsichtsrat war aus dem Aktionärskreis zu wählen und verstand sich als ein an ihren Interessen ausgerichtetes Überwachungsorgan der Unternehmensleitung[27]. Wegen der meist überschaubaren Anzahl der Anteilseigner einer Aktiengesellschaft und der kodifizierten Individual- und Gruppenrechte, wie z.B. die Einführung eines gesetzlichen Bezugsrechtes für die Altaktionäre (§ 282 HGB 1897), wurde davon ausgegangen, daß sich potentielle Interessenkonflikte innerhalb der Aktiengesellschaft über die dominante Stellung der Aktionäre bei der Geschäftsführung meist problemlos lösen würden[28]. Für das Rechtsverhältnis der Aktionäre untereinander und gegenüber der Aktiengesellschaft galt das Vereinsprinzip, so daß den Anteilseignern bei der Ausübung ihrer Mitgliedschaftsrechte keine speziellen Rechtsnormen auferlegt wurden, sondern ihr Verhalten lediglich am Maßstab der "guten Sitten" gemessen wurde.

Verteilte sich der Aktienbesitz von Aktiengesellschaften bis dahin meist auf natürliche Personen oder Banken, so begann mit der Aufhebung des Konzessionszwangs auch ein Prozeß der Unternehmenskonzentration[29], der vor allem durch den Ausbau der Aktienbörsen als Refinanzierungsinstitutionen[30] und durch den Abbau von Doppelbesteuerungstatbeständen, wie z.B. der Einführung des Schachtelprivilegs im Jahre 1920, gefördert wurde[31]. Besonders Aktiengesellschaften und GmbH's wurden beliebte Partner von Unternehmenszusammenschlüssen, weil sie bereits mit einer einfachen Kapitalmehrheit weitgehend an den Konzernwillen angebunden werden konnten[32].

Weil hinsichtlich der Unternehmensverbindungen jegliche Gesetzesgrundlage, aber auch eindeutige juristische bzw. ökonomische Meinungsbilder noch fehlten[33], mußten die ersten Konzernrechtsstreitigkeiten von der Rechtsprechung meist über Analogieschlüsse aus den bereits bekannten Mehr- und Minder-

---

26 Vgl. Großfeld (Unternehmenskonzentration, 1968) S. 139 ff.; Hopt (Börsenrecht, 1977) S. 400. Moxter (Publizitätsvorschriften, 1962) S. 109 ff. zeigt auf, daß auch die Publizitätspflicht des Jahresabschluß überwiegend als Maßnahme des Anteilseignerschutzes gesehen wurde.

27 Vgl. Großmann (Unternehmensziele, 1980) S. 135 f.

28 Vgl. Roth (Unternehmensverfassung, 1976) S. 176 ff.; Großfeld (Unternehmenskonzentration, 1968) S. 141 f.

29 Vgl. Friedländer (Konzernrecht, 1927) S. 9 ff.

30 Vgl. Bremer (Börsenrechts, 1969) S. 42 ff.

31 Vgl. Bühler (Konzerne, 1956) S. 284 ff., S. 312 ff.; Fischer (Unternehmens-Konzentration, 1960) S. 15; Nörr (Entwicklung, 1986) S. 169.

32 Vgl. Großfeld (Unternehmenskonzentration, 1968) S. 22.

33 Vgl. zu ersten juristischen Untersuchungen Haussmann (Unternehmenszusammenfassung, 1926) und den Literaturüberblick bei Rasch (Konzernrecht, 1944).

heitskonflikten innerhalb einer Aktiengesellschaft gelöst werden. So ging es in den wohl ersten Konzernrechtsfällen z.B. um die Fragen, ob das Vermögen eines MU einer selbständigen TU übertragen werden dürfe (Ausgliederung), ob die Überlassung der Unternehmenstätigkeit an einen Dritten gegen Gewährung einer jährlich wiederkehrenden gleich hohen Dividende erlaubt, bzw. ob die Verpfändung des Gesellschaftsvermögens des MU für Schulden des TU zulässig sei[34]. Hiermit waren bereits zwei Problemkreise der Konzernbildung angesprochen, die bis zum AktG 1965 weitgehend ungelöst blieben. Zum einen ging es um die Frage, ab wann eine juristische Person, die ausschließlich den Weisungen eines Dritten unterworfen ist, ihr Wesen als rechtlich selbständiges Rechtssubjekt verliert und zum anderen, welche Konsequenzen aus der Konzernbildung für die Aktionäre der weisungsgebundenen Unternehmung resultieren.

Neben diesen, auf die Minderheitsproblematik im TU abstellenden Fragen, wurden aber auch erste Konfliktfälle zwischen den Aktionären des MU bei der Konzernierung bekannt. So wurde der bereits nach § 226 ADHGB grundsätzlich verbotene Erwerb von eigenen Aktien durch die Rechtsprechung auch auf Gesellschaften ausgeweitet, deren Aktien nahezu vollständig von der betrachteten Gesellschaft gehalten wurden[35]. Hiermit sollten auf der einen Seite die Aktionäre des MU vor einer eventuellen Vermögensaushöhlung ihrer Aktien und auf der anderen Seite auch die Konzerngläubiger vor der Gefahr einer Eigenkapitalverminderung im Unternehmensverbund geschützt werden.

Auch die Forderungen einzelner Aktionäre von MU auf weitreichende Zustimmungsbedürftigkeiten der Hauptversammlung bei der Konzernbildung und Konzernleitung bzw. nach einer konzernweiten Publizität konnten wegen des damals als dominant angesehenen Aktionärswillens über Gerichtsentscheide gegen den Willen der Unternehmensleitung durchgesetzt werden[36]. Neben dem gesonderten Ausweis von Mehrheitsbeteiligungen in der Bilanz[37] hatte sich das Reichsgericht auch mit der Frage nach dem Umfang der Berichtspflicht über die wirtschaftlichen Aktivitäten der in Mehrheitsbesitz stehenden Unternehmen auseinanderzusetzen[38]. Eine weitergehende Konzernpublizität wurde vom Reichsgericht jedoch wegen des noch fehlenden Problemverständnisses nicht verlangt. So begann in Deutschland die Diskussion über die Aufstellung eines

34 Vgl. ROHG (ROHGE, 22) S. 277 f.; RG (RGZ, 3) S. 123 ff.
35 Vgl. RG (RGZ, 108) S. 41 ff.; kritisch hierzu Friedländer (Konzernrecht, 1927) S. 146 f.
36 Vgl. Emmerich (Konzernbildungskontrolle, 1991) S. 304 und die dort angegebenen Quellen.
37 Vgl. RG (RGZ, 83) S. 172 ff.
38 Vgl. RG (RGZ, 15) S. 332 ff.

überwiegend als Managementinformationssystems dienenden Konzernabschlusses erst in den zwanziger Jahren[39].

Ebenso intensiv wie die gesellschaftsrechtlichen Fragen der Unternehmenszusammenschlüsse wurden die zunehmenden wettbewerbsrechtlichen Konsequenzen der steigenden Unternehmenskonzentration diskutiert[40]. Im Vordergrund stand hierbei die Frage, inwieweit z.B. innerhalb einer Interessengemeinschaft zwischen zwei Aktiengesellschaften getroffene Wettbewerbsabsprachen auch für deren TU bindend waren[41]. Diese wettbewerbsrechtliche Grundsatzdebatte ist hier von Interesse, da sie eine kontroverse Diskussion auslöste, die bis heute für die Fragen einer Konzernverfassung von Bedeutung geblieben ist. Zum einen ging es um die noch offene Definition eines Konzerns[42] und zum anderen um dessen konkrete gesellschaftsrechtliche Ausgestaltung.

Bereits 1910 haben einige Rechtswissenschaftler den Konzern - ohne ihn jedoch genau zu definieren - als "Organisationsform eines Unternehmens" bzw. als "Korporation sui generis" angesehen[43]. Diese Vorstellung führte dann auch zu der konsequenten Forderung, die Unternehmensgruppe gesellschaftsrechtlich wie eine rechtliche Einheit zu gestalten[44]. Obwohl dieser Gedanke einer "Konzernverfassung von oben"[45] vom Reichsgericht in verschiedenen Einzelentscheidungen sinngemäß aufgenommen wurde[46], konnte er sich schon wegen der kaum übersehbaren gesellschaftsrechtlichen Konsequenzen nicht generell durchsetzen. Aber auch der entgegengesetzte Vorschlag von Landau[47], das Konzernierungsproblem durch ein generelles Verbot des Aktienerwerbs durch juristische Personen zu lösen, fand vor allem in der Wirtschaftspraxis keine Zustimmung[48]. Konsensfähiger war in dieser Pro-

39 Vgl. die Beiträge von Bauer (Konzernbilanz, 1926) S. 485 ff.; Berg (Bilanzen, 1927) S. 508 ff.; Oberst (Konzernbilanz, 1930) S. 209 ff.; sowie die wohl erste Monographie von Hoffmann (Konzernbilanz, 1930).

40 Vgl. hierzu: Großfeld (Unternehmenskonzentration, 1968) S. 149 ff.; Emmerich/Sonnenschein (Konzernrecht, 1989) S. 10 ff.

41 Vgl. Liefmann (Kartelle, 1922) S. 203 f.; Kronstein (Juristische Person, 1931) S. 89 ff.

42 Vgl. Liefmann (Kartelle, 1922) S. 260; Passow (Konzern, 1925) S. 100; und jüngst wieder Ulmer (Begriffsvielfalt, 1987) S. 623 ff.

43 Vgl. Isay (Unternehmen, 1910) S. 96 ff. ; Friedländer (Konzernrecht, 1927) S. 43 ff.

44 Vgl. Isay (Unternehmen, 1910) S. 98 ff.

45 Vgl. zum Begriff: Ebenroth (Konzernleitungskontrolle, 1987) S. 15.

46 Vgl. RG (RGZ, 108) S. 41 ff. Kritisch Haussmann (Unternehmenszusammenfassung, 1926) S. 92 f.

47 Vgl. Landau (Aktiengesellschaft, 1906) S. 76 ff.

48 Vgl. zur Diskussion: Friedländer (Konzernrecht, 1927) S. 226 ff.; Großfeld (Unternehmenskonzentration, 1968) S. 149 f., S. 163 ff. Positiv hierzu von Hayek (Wettbewerbsordnung, 1952) S. 152 f.

blemerkennungsphase der Vorschlag von Friedländer[49], der den Konzern als einen reinen Zweckbegriff ansah, der eine nach Rechtsgebieten (z.B. Steuer-, Kartell- und Gesellschaftsrecht) differenzierte Abgrenzung erforderte. Nur so hätten auf absehbare Zeit die rechtlich gewünschten Konsequenzen für den Konzern realisiert werden können. Diese zum Ende der Problemaufbereitungsphase beginnenden Systematisierungsversuche der Konzernierungsfragen[50] wurden begleitet von einer tatsächlichen Entwicklung, die der Zielvorstellung des damaligen Aktienrechts zuwiderlief.

Seit den im BörsG von 1896 gesetzlich geregelten Schutzbestimmungen, die über eine Zentralisierung des Wertpapierhandels an den Aktienmärkten die Funktionsfähigkeit dieses Marktes erhöhen sollten, beteiligten sich auch zunehmend Kleinanleger an börsennotierten Aktiengesellschaften, die auf Empfehlung ihrer Bank Aktien kauften und verkauften, ohne eine dauerhafte Mitgliedschaft an der Gesellschaft anzustreben[51]. Weil die Kleinaktionäre, wie auch die stärker zunehmende Anzahl ausländischer Anleger, abgesehen von dem Gewinnausschüttungsinteresse, kaum Mitwirkungs- und Mitleitungsinteressen verfolgten und sich in der Hauptversammlung bereits durch Bankenrepräsentanten vertreten ließen[52], erschien die auf der Aktionärsdemokratie aufbauende Unternehmungsverfassung für Aktiengesellschaften überdenkenswert[53].

Diese Entwicklung als auch die seit dem Körperschaftsteuergesetz von 1925 endgültig festgeschriebene steuerliche Selbständigkeit der Aktiengesellschaft ließ Rathenau[54] wohl zu der Überlegung gelangen, daß mehr die Aktiengesellschaft als selbständiges Privatrechtssubjekt zu schützen sei als die Interessen ihrer Aktionäre[55]. Dies geschah in der Wirtschaftspraxis bereits insofern, als sich die Unternehmensleitungen vor der von ihnen gesehenen Gefahr einer Überfremdung durch die Ausgabe von Mehrstimmrechtsaktien bzw. Vorrats- und Schutzaktien zu schützen versuchten[56]. Um diese Bemühungen der Geschäftsführung zu legitimieren, sollte unter Zurückdrängung der Aktionärs- und

49 Vgl. Friedländer (Konzernrecht, 1927) S. 42 ff.
50 Vgl. hierzu auch: Passow (Konzern, 1925) S. 100 ff.
51 Vgl. Passow (Aktiengesellschaft, 1922) S. 333; bereits früher zur Gefahr: von Jehring (1877) S. 225 f. und zur Entwicklung: Wiethölter (Interessen, 1961) S. 316 ff.
52 Vgl. zur Zulässigkeit RG (RGZ, 118) S. 330 f.; Bremer (Börsenrechts, 1969) S. 35 f.; zur Kritik: Müller-Erzbach (Mitgliedschaft, 1948) S. 233 ff.
53 Vgl. Klein (Erwerbsgesellschaft, 1914) S. 83 f.
54 Vgl. Rathenau (Aktienwesen, 1917) S. 12 ff.
55 Vgl. so auch Hoffmann (Unternehmung, 1929) S. 163, der die Aktiengesellschaft vor überhöhten Dividendenzahlungen an die Aktionäre schützen wollte.
56 Vgl. Fischer (Rechtsschein, 1955) S. 101.

Hauptversammlungskompetenzen die Position der die Unternehmensinteressen adäquat berücksichtigenden Leitungsorgane deutlich gestärkt werden[57]. Wie mit einer derart gewandelten Unternehmungsverfassung die divergierenden Interessen der Unternehmensbeteiligten zum Ausgleich kommen sollten, blieb ebenso offen, wie die Frage, welche Motive die zu einem Kapitalgeber mit Residualanspruch degradierten Aktionäre zum Verbleib in der Gesellschaft bewegen konnten.

2. Anlegerschutz im Konzern von 1930 bis 1937

Die zweite Entwicklungsphase begann 1930 mit dem Entwurf eines Aktiengesetzes[58]. Diese Phase war geprägt von einer sich verstärkenden Entwicklung zur Publikumsaktiengesellschaft mit vielen Kleinaktionären. Die Kapitalakkumulation in den börsennotierten Aktiengesellschaften (1931 = 760 Unternehmen) führte aber auch zu einer weiteren Zunahme der Konzernierung durch Beteiligungserwerb[59]. So waren bereits 1927 rund 17 % aller 10.437 Aktiengesellschaften in Konzernen integriert, die insgesamt ca. 60 % des Nominalkapitals aller Aktiengesellschaften auf sich vereinten[60]. Ein besonders hoher Konzernierungsgrad war in den Wirtschaftszweigen des Bergbaus, der Eisen- und Stahlindustrie und der Elektroindustrie zu beobachten[61].

Die breite Streuung des Aktienkapitals und die steigende Bedeutung des Depotstimmrechts der Banken führte aber auch zu einer immer deutlicher werdenden faktischen Trennung von Eigentum und Verfügungsrecht[62]. Die gleichzeitig wachsende Zahl der Bankenvertreter in den Aufsichtsräten der Aktiengesellschaften trug dazu bei, daß die Geschäftsführung meist nur noch von den Banken kontrolliert wurde. Der hieraus resultierenden Interessenharmonie zwischen dem Management und den Banken standen vor allem die Kleinaktionäre machtlos gegenüber. Diese Entwicklung wurde auch durch die spektakulären Unternehmenszusammenbrüche während der Weltwirtschaftskrise von 1929, von denen auch große Konzerne nicht verschont blieben (z.B. der Versicherungskonzern Frankfurter-Allgemeine bzw. der Bankenkonzern National-

57 Vgl. kritisch: Haussmann (Aktienwesen, 1928) S. 27 ff.; zur Diskussion: Fischer (Rechtsschein, 1955) S. 101 ff.; Chmielewicz (Arbeitnehmerinteressen, 1975) S. 52 ff.

58 Vgl. Reichsjustizministerium (Aktiengesellschaften, 1930).

59 Vgl. Statistisches Reichsamt (Statistisches Jahrbuch, 1931) S. 255.

60 Vgl. Statistisches Reichsamt (Statistisches Jahrbuch, 1928) S. 108 ff.

61 Vgl. Hoffmann (Konzernbilanz, 1930) S. 11 f.

62 Vgl. hierzu bereits ausführlich Vogt (Handelsgesellschaften, 1858) S. 477 ff.; Mestmäker (Konzerngewalt, 1958) S. 24 ff. sowie die empirische Untersuchung für die USA von Berle/Means (Corporation, 1932) S. 66 ff.

bank[63]), nicht beeinträchtigt[64]. Sie förderte aber die von Rathenau vorgetragene Ansicht, daß Aktiengesellschaften als rechtlich selbständige Privatrechtssubjekte sich bei der Willensbildung stärker von den Zielen der Aktionäre zu lösen hätten und statt dessen verstärkt gesamtwirtschaftliche Interessen verfolgen sollten[65].

Aufbauend auf dieser Grundidee vom "Unternehmen an sich"[66] sind auch die Pläne von Planitz[67] zu verstehen, der einer "staatlichen Zentralstelle für das Aktienwesen" die Kontrolle der Unternehmensleitung übertragen wollte. Diese sollte die verschiedenen Interessen aller Unternehmensbeteiligten angemessen berücksichtigen und in die Zielvorgaben der Gesellschaften einfließen lassen. Die einsetzende kontroverse Diskussion über die Ausrichtung der Unternehmungsverfassung war auch für die Frage nach einer Weiterentwicklung des Konzernrechts von Bedeutung. Sie lenkte den Blickwinkel auf die Probleme des zulässigen Umfangs der einheitlichen Konzernleitung und der angemessenen Berücksichtigung der Eigeninteressen des TU. Verstärkt wurde diese Denkrichtung noch durch das zunehmende Interesse, das nun auch Rechts- und Wirtschaftswissenschaftler an den Konzernfragen entwikkelten, die nicht gleichzeitig als Kautelarjuristen den Unternehmen verbunden waren[68]. In den Vordergrund rückten damit die Fragen nach einer Konzernverfassung, die sich an den Schutzbedürftigkeiten der TU orientierte (Konzernverfassung von unten).

Die aus dem Aktiengesetzentwurf von 1930 resultierende Notverordnung über das Aktienrecht vom 19.09.1931 konnte die begonnene wissenschaftliche Diskussion wegen der gebotenen Eile, mit der sie verabschiedet werden mußte, nur ansatzweise berücksichtigen. Folglich war es auch kaum verwunderlich, daß anstelle einer grundlegenden Neuregelung der Unternehmungsverfassung bzw. einer Kodifizierung der Verhältnisse von Mutter- und TU innerhalb des Konzerns nur verschiedene Einzelfragen vom Gesetzgeber beantwortet wurden. So enthielt die Notverordnung zwar die Begriffe "abhängige Gesellschaft" (§ 226 (4) NotVO) bzw. "Konzerngesellschaft" (§ 260a NotVO), ohne sie jedoch näher zu definieren[69].

---

63 Vgl. Käfer/Münstermann (Konzernbilanzen, 1958) S. 44.
64 Vgl. Nörr (Entwicklung, 1986) S. 160 ff.
65 Vgl. Rathenau (Aktienwesen, 1917).
66 Vgl. der Begriff wurde später von Haussmann (Aktienwesen, 1928) S. 23 ff. geprägt.
67 Vgl. Planitz (Stimmrechtsaktie, 1922) S. 60 ff.
68 Vgl. Nörr (Entwicklung, 1986) S. 169 f.
69 Vgl. Schlegelberger/Quassowski/Schmölder (Aktienrecht, 1933) S. 40 ff.

Der Schwerpunkt der Gesetzesreform lag wegen der Erfahrungen aus der Weltwirtschaftskrise überwiegend in einer Ausweitung der geforderten Unternehmenspublizität (§§ 109-117) sowie der Einführung einer Pflichtprüfung durch unabhängige Prüfer (§§ 118-124). Diese war jedoch nicht mehr ausschließlich an den Interessen der Aktionäre ausgerichtet, sondern sollte auch für andere Unternehmensbeteiligte, den Staat und die Öffentlichkeit hilfreich sein. Insbesondere das konzernspezifische Berichtswesen wurde dahingehend ausgeweitet, daß Mehrheitsbeteiligungen und konzerninterne Forderungen und Verbindlichkeiten (§ 261a (1) NotVO) sowie konzerninterne Beteiligungserträge (§ 261 C (1) NotVO) im Jahresabschluß gesondert auszuweisen waren und daß gem. § 260a (2) NotVO im Geschäftsbericht über die Beziehungen zu abhängigen Gesellschaften zu berichten war[70]. Von der pflichtmäßigen Erstellung und Publizität einer Konzernbilanz wurde mit der Begründung, daß hierzu noch zu wenige gesicherte betriebswirtschaftliche Erkenntnisse vorlägen, Abstand genommen[71]. Eine entsprechende Ermächtigung, die es der Reichsregierung erlaubte, zu einem späteren Zeitpunkt von MU die Veröffentlichung einer Konzernbilanz zu verlangen, wurde aber in § 261d NotVO aufgenommen.

Neben den zusätzlichen Publizitätsanforderungen wurde das bereits durch die Rechtsprechung des Reichsgerichts dem abhängigen Unternehmen untersagte Recht, Aktien der herrschenden Gesellschaft zu erwerben, in § 226(4) NotVO kodifiziert[72]. Darüber hinausgehende Anlegerschutzmaßnahmen für die Aktionäre des MU, wie z.B. die Forderung nach einer generellen Zustimmungsbedürftigkeit der Hauptversammlung des MU bei Kapitalerhöhungen im TU[73] oder die Frage nach der Gewinnverwendung im Konzern[74], fanden u.a. wegen der sich ändernden Sichtweise hinsichtlich des Unternehmenszweckes und der hieraus abzuleitenden Unternehmensziele keine Beachtung in der Gesetzesreform.

Auch wenn die gesetzgeberischen Reformen noch weitgehend von der Blickrichtung einer "Konzernverfassung von oben" geprägt waren, setzte sich im Anschluß an die NotVO die Diskussion über eine angemessene Berücksichtigung der Interessen aller Unternehmensbeteiligten bei der Unternehmungsverfassung fort. Im Konzernrecht wurde insbesondere vom Deutschen Anwaltverein eine Änderung des Blickwinkels auf eine "Konzernverfassung von

70 Vgl. Schlegelberger/Quassowski/Schmölder (Aktienrecht, 1933) S. 154 ff.
71 Vgl. Nörr (Entwicklung, 1986) S. 180. Zu den Forderungen nach einer Konzernbilanz vgl. Bores (Bilanz, 1934) S. 114; Hannemann (Konzernbilanzen 1934) S. 82.
72 Vgl. Quassowski (Aktienrechtsnovelle, 1931) S. 2921 f.
73 Vgl. hierzu bereits Wieland (Handelsrecht, 1931) S. 383 f.
74 Vgl. Schlegelberger/Quassowski/Schmölder (Aktienrecht, 1933) S. 138 f.

unten" initiiert[75]. Auslöser dieser Diskussion war die Generalklausel in § 86 des Ministerialentwurfs zum Aktiengesetz von 1930, nach der für das Rechtsverhältnis der Aktionäre untereinander zwar grundsätzlich von einer Treuepflicht auszugehen war, die jedoch gerade im Konzernfall über einen Ausnahmetatbestand nicht zur Anwendung kommen sollte[76]. Damit galt für den Fall der Konzernierung, daß die Leitung des MU bei der Konzernführung das Konzerninteresse vor das Eigeninteresse des TU stellen konnte.

Auch in der betriebswirtschaftlichen Diskussion über das Konzernrechnungswesen war diese Richtungsänderung zu verspüren. So wollten Niklisch und Deahn die Konzernrechnungslegung vor allem als Informationsinstrument für das Management ausgestalten[77], während Hasenack mit einer konzernweiten Rechnungslegung insbesondere die Regierung informieren wollte[78]. In eine ähnliche Richtung können auch die Formulierungen von Bores gedeutet werden, der die Konzernbilanz als gemeinsames Informationsinstrument für Konzernleitung, Kreditgeber, Aktionäre und den Fiskus ansah und sie darüber hinaus auch als Grundlage für die Besteuerung heranziehen wollte[79].

Der Aktiengesetzgeber von 1937 stand dann auch deutlich unter dem Eindruck der kontroversen Diskussion über das Unternehmen an sich[80]. Entsprechend sind hier mehrere Vorschriften zu finden, die einen eindeutigen Kompetenzzuwachs der Unternehmensleitung beinhalteten. So wurde die Geschäftsführung gem. § 70 (1) AktG 1937 unter die eigenverantwortliche Leitung des Vorstandes gestellt, der die Aktiengesellschaft so zu leiten hatte, "wie das Wohl des Betriebes und seiner Gefolgschaft und der gemeine Nutzen von Volk und Reich es fordern". Die Hauptversammlung sollte über Maßnahmen der Geschäftsführung nach § 103 (2) AktG 1937 nur noch dann entscheiden können, wenn der Vorstand dies explizit verlangte. Auch die bisher allein den Aktionären zustehende Gewinnverwendungskompetenz wurde faktisch eingeschränkt. Zwar hatte die Hauptversammlung weiterhin über die Verwendung des Gewinnes zu entscheiden (§ 126 (1) AktG 1937), dieser konnte jedoch durch den Vorstand und Aufsichtsrat, die den Jahresabschluß gem. § 125 AktG 1937 festzustellen hatten, durch die Bildung stiller Reserven (§ 133 AktG 1937) bzw. offener Rücklagen

75 Vgl. Deutscher Anwaltverein (Aktienrechts, 1929) S. 149 ff.; Bd. 2, S. 75 ff.
76 Vgl. Fischer (Aktiengesetzes, 1955) S. 238.
77 Vgl. Nicklisch (konsolidierten Bilanz, 1932) S. 366; Daehn (Konzernbilanzen, 1934) S. 27.
78 Vgl. Hasenack (Unternehmung, 1943) S. 46.
79 Vgl. Bores (Konsolidierte Erfolgsbilanzen, 1935) S. 22 ff. Ähnlich auch Hannemann (Konzernbilanzen 1934) S. 26 ff.
80 Vgl. Fischer (Aktiengesetzes, 1955) S. 181 ff.; Wiedemann (Kapitalanlegerschutz, 1975) S. 1593.

(§ 131 (2) AktG 1937) weitgehend beeinflußt werden. Demgegenüber wurden die Möglichkeiten eines Bezugsrechtsausschlusses der Altaktionäre gegenüber dem vorherigen Rechtszustand insofern eingeschränkt, als hierfür nach § 153 (3) AktG 1937 eine 3/4-Mehrheit der Hauptversammlung erforderlich wurde.

In § 15 AktG 1937 wurde auch der Konzern erstmals kodifziert. Nach § 15 (2) AktG 1937 entstand ein Konzern, wenn ein rechtlich selbständiges Unternehmen aufgrund von Beteiligungsbesitz oder sonstiger Maßnahmen unmittelbar oder mittelbar unter den beherrschenden Einfluß eines anderen Unternehmens geriet. Diese an die Formulierung des § 226 (4) NotVO angelehnte Definition war nicht an eine bestimmte Beteiligungshöhe (z.B. Mehrheitsbesitz) gebunden[81]. Darüber hinaus konnte nach § 15 (1) AktG 1937 ein Konzern auch durch den Zusammenschluß rechtlich selbständiger Unternehmen, die zu wirtschaftlichen Zwecken unter eine einheitliche Leitung zusammengefaßt waren, entstehen[82]. Damit sollten je nach Sachverhalt auch die häufig aus wettbewerbsbeschränkenden Gründen gebildeten Interessengemeinschaften gesellschaftsrechtlich als Konzerne behandelt werden.

Trotz intensiver Bemühungen des Deutschen Anwaltvereins fanden sich im AktG 1937 noch keine gesetzliche Regelungen zur Sicherung des Eigeninteresses der TU. Die Forderungen nach einem verstärkten Schutz, z.B. bei der tatsächlichen Durchsetzung der Konzerninteressen, im TU einen Nachteilsausgleich zu initiieren bzw. bei fehlendem Nachteilsausgleich einen Leitungsdurchgriff zu untersagen, fanden nicht die erforderliche Zustimmung. Damit blieb es im Konzernrecht bei der Generalklausel des Ministerialentwurfs von 1930, so daß gem. § 101 (3) AktG 1937 das Konzerninteresse weiterhin vor dem Eigeninteresse des TU angesiedelt war[83].

Aber auch auf der Ebene des MU wurden den Aktionären keine wesentlichen Schutzinstrumente im Fall der Konzernbildung an die Hand gegeben. Abgesehen von dem konzernweiten Fragerecht der Aktionäre gem. § 112 (1) AktG 1937 und dem Stimmrechtsverbot für Aktien des MU in Händen des TU gem. § 114 (4) AktG 1937, waren gegenüber der NotVO keine Änderungen im Bereich des Aktionärsschutzes zu erkennen. Dies galt insbesondere für die bereits bei der Verabschiedung der NotVO teilweise geforderte Veröffentlichungspflicht

---

81 Vgl. Klausing (Aktien-Gesetz, 1937) S. 13 f.; kritisch dazu Rehbinder (Konzernaußenrecht, 1969) S. 35.

82 Vgl. hierzu schon Passow (Konzern, 1925) S. 105 ff.

83 Vgl. zur Rechtfertigung Schlegelberger (Aktienrechts, 1935) S. 22 f.

eines Konzernabschlusses[84]. Zwar wurde die Regierungsermächtigung zur Erstellung einer Konzernbilanz aus der NotVO im § 134 (4) AktG 1937 übernommen, jedoch wurde der Nutzen eines solchen Rechenschaftsinstruments noch stark angezweifelt[85]. So hieß es z.B. im Ausschuß für Aktienrecht der Akademie für Deutsches Recht: "Die Aufmachung einer solchen Konzernbilanz mag in einzelnen Fällen zweckmäßig und klarstellend sein. In den meisten Fällen würde sie eine Künstelei und ein Wirrwarr bedeuten"[86].

Insgesamt war in der zweiten Entwicklungsphase eine Tendenz zu verzeichnen, die Rechtsform der Aktiengesellschaft weniger attraktiv zu gestalten und auch die Konzernbildung einzudämmen. Dies sollte u.a. über die Vorschrift in § 7 AktG 1937 (Mindestanforderungen an das Grundkapital) und über die 1934 erlassenen Gesetze zur Umwandlung von Kapitalgesellschaften und zur Steuererleichterung bei der Umwandlung und Auflösung von Kapitalgesellschaften geschehen[87].

Auch im Börsenrecht wurden in der zweiten Entwicklungsphase keine weiteren Anlegerschutzmechanismen geschaffen. Wegen der sich ändernden Blickrichtung hin zum Eigeninteresse des Unternehmens wurde der Schutzbedürftigkeit der Aktionäre im Vergleich zu den anderen Unternehmensbeteiligten auch hier relativ wenig Aufmerksamkeit geschenkt[88].

3. *Anlegerschutz im Konzern von 1938 bis 1965*

Die dritte Entwicklungsphase des Anlegerschutzes im Konzern war von der Zerstörung der deutschen Industrie durch den Krieg, der anschließenden Zerschlagung der großen Konzerne der Montan- und Chemieindustrie durch die Alliierten, der Währungsreform von 1948 und dem folgenden Wiederaufbau eines funktionsfähigen Wirtschaftssystems gekennzeichnet[89]. War die Anzahl der Aktiengesellschaften Ende der 30-er Jahre bereits u.a. wegen der Mindestanforderungen an die Höhe des Grundkapitals nach § 7 AktG 1937 und der Umwandlungserleichterungen nach den UmwG(en) von 1934 bereits deutlich

---

84 Vgl. hierzu Bores (Konsolidierte Erfolgsbilanzen, 1935) und den Überblick bei Fuchs/Gerloff (Bilanz, 1954).

85 Vgl. Friedländer (Konzernrecht, 1954) S. 159 f.

86 Zitiert nach: o.V. (Konzernbilanzen, 1935) S. 326.

87 Vgl. Crisolli (Umwandlungsrechts, 1935) S. 172 ff., zum späteren Umwandlungsgesetz von 1956 bzw. zum Umwandlungs-Steuergesetz von 1957 vgl. Veith/Börnstein (Umwandlungsgesetz, 1958).

88 Vgl. Schwark (Anlegerschutz, 1979) S. 119 ff.

89 Vgl. Rasch (Entwicklungen, 1955) S. 534; Statistisches Bundesamt (Wirtschaft und Statistik, 1951) S. 343.

gesunken (1931 = 10.970; 1937 = 6.094 Aktiengesellschaften und KGaA[90]), so fiel sie bis zum Jahr 1950 auf 2.559 Gesellschaften[91]. Diese Anzahl blieb bis zum Jahr 1965 (2.508 Gesellschaften) nahezu unverändert[92].

Eine amtliche Untersuchung über das Eigentum am Kapital der deutschen Aktiengesellschaften ist nach dem 2. Weltkrieg erstmals 1956 vorgenommen worden. Sie verdeutlicht, daß von den 2.577 Gesellschaften noch 632 Unternehmen (= 24,5 %) mit 28 % des gesamten Nominalkapitals aller Aktiengesellschaften in Mehrheitsbesitz anderer Aktiengesellschaften standen[93]. Aus den amtlichen Statistiken wird aber auch deutlich, daß 515 Aktiengesellschaften (= 20 %) als Publikumsgesellschaften mit breit gestreutem Aktienkapital organisiert waren. Berücksichtigt man darüber hinaus, daß von den 2.577 Aktiengesellschaften im Jahre 1956 lediglich 652 Unternehmen an einer der deutschen Börsen (ohne West-Berlin) im amtlichen Handel bzw. geregelten Freiverkehr notiert waren (= 25 %), so waren nahezu 80% der börsennotierten Gesellschaften als Publikumsgesellschaften anzusehen[94].

Die wissenschaftliche Diskussion um die Weiterentwicklung der Unternehmungsverfassung hatte folglich von unterschiedlichen Typen einer Aktiengesellschaft auszugehen, wobei auch zunehmend nach der Konzerngebundenheit einer Gesellschaft zu differenzieren war[95]. Grundlage hierfür war auch weiterhin die kontroverse Diskussion, wie das Eigeninteresse der Aktiengesellschaft zu konkretisieren und mit den Interessen der sonstigen Unternehmensbeteiligten zu kombinieren war[96]. Obwohl unter den Rechtswissenschaftlern wieder zunehmend der Standpunkt vertreten wurde, den Anteilseignern im Rahmen der Unternehmungsverfassung eine stärkere Position einzuräumen[97], setzten sich die Gedanken nach einer Berücksichtigung vor allem auch der Arbeitnehmerinteressen - z.B. im Montan-Mitbestimmungsgesetz von 1951, im Betriebsverfas-

---

90 Vgl. Statistisches Reichsamt (Wirtschaft und Statistik, 1938) S. 199 ff.

91 Vgl. Statistisches Bundesamt (Wirtschaft und Statistik, 1954) S. 130.

92 Vgl. zur Entwicklung ab 1951: Statistisches Bundesamt (Unternehmen und Arbeitsstätten, 1951 ff.); Deutsche Bundesbank (Bankwesen, 1976) S. 294 f., S. 306.

93 Vgl. Statistisches Bundesamt (Wirtschaft und Statistik, 1957) S. 76 ff. Von einer noch intensiveren Konzernierung geht Bühler für das Jahr 1953 aus: Bühler (Konzerne, 1956) S. 292 ff.; ähnlich auch o.V. (Tendenzen zur Konzentration, 1957) S. 296.

94 Vgl. Deutsche Bundesbank (Bankwesen, 1976) S. 306.

95 Vgl. insbesondere Mestmäcker (Konzerngewalt, 1958) S. 122, der konstatiert, daß "die Grundsätze, die für die Verfassung der selbständigen Aktiengesellschaft gelten, ... durch das Konzernwesen weithin außer Kraft gesetzt" werden. Zur Notwendigkeit der Differenzierung später Albach/Corte/Friedwald/Lutter/Richter (Deregulierung des Aktienrechts, 1988) S. 33 ff.

96 Vgl. Chmielewicz (Arbeitnehmerinteressen, 1975) S. 53 ff.

97 Vgl. Fischer (Rechtsschein, 1955) S. 101 ff.; Mestmäker (Konzerngewalt, 1958) S. 12 ff.

sungsgesetz von 1952 und im MitbestG von 1976 - durch[98]. Mit diesen Gesetzen sollten die Interessen der Arbeitnehmer bei der Unternehmensleitung, z.B. durch von ihnen zu wählende Vertreter im Aufsichtsrat, stärkere Beachtung gewinnen.

Die Wiederaufnahme des amtlichen Börsenhandels in den Jahren 1945 bis 1952 und die erneut zunehmende Anzahl von börsennotierten Publikumsgesellschaften mit nahezu "rechtlosen" Aktionären führten aber auch zu einer Wiederbelebung des Gedankens einer verstärkten Aktionärsdemokratie mit zusätzlichen Minderheitsrechten[99]. Ausgangspunkt dieser Denkrichtung war die klassische Vorstellung, daß die Aktionäre die eigentlichen Träger der Aktiengesellschaft sind, so daß eine Kompetenzrückverlagerung vom Vorstand auf die Hauptversammlung z.B. bei der Gewinnverwendung dringend erforderlich sei[100]. Insbesondere Fischer konkretisierte die geforderte Ausweitung der Aktionärsdemokratie über eine:

- weitgehende Kompetenzrückverlagerung auf die Hauptversammlung,
- ausschließlich an den Interessen der Aktionäre ausgerichtete Aufsichtsratstätigkeit und eine
- Verstärkung der Auskunfts- und Minderheitenrechte[101].

Die in der Ausrichtung stärker am anglo-amerikanischen Gesellschaftsrecht orientierten Vorschläge von Mestmäker[102] und Wiethölter[103] sind als in der Tendenz gleichlautend zu werten. Auch sie plädieren für eine Rückbesinnung auf die aktienrechtlichen Vorschriften vor dem AktG 1937.

Die intensive Diskussion um den Kleinaktionärsschutz blieb nicht ohne Folgen für die Überlegungen zu einer Neuorientierung der Konzernverfassung. Die bisher noch offen gebliebenen Fragen nach einem qualifizierten Minderheiten- und Gläubigerschutz im TU rückten weiter in den Vordergrund[104]. Sie waren auch von großer praktischer Bedeutung geworden, da bei der Zerschlagung einzelner Konzerne ex post zu beobachten war, daß vor allem diese Konzernbeteiligten besonderen Gefahren ausgesetzt waren[105]. Damit setzte sich weitgehend die

---

98 Vgl. Chmielewicz/Großmann/Inhoffen/Lutter (Mitbestimmung, 1981) S. 136 ff.

99 Vgl. hierzu die Forderungen von Fischer (Aktiengesetzes, 1955) S. 221 ff.; Wiethölter (Interessen, 1961) S. 304 ff.

100 Vgl. Schmalenbach (Aktiengesellschaft, 1950) S. 33.

101 Vgl. Fischer (Aktiengesetzes, 1955) S. 222 ff.

102 Vgl. Mestmäker (Konzerngewalt, 1958) S. 209 ff.

103 Vgl. Wiethölter (Interessen, 1961) S. 304 ff.

104 Vgl. Rasch (Maßnahmen, 1957) S. 5 ff.; zum Gläubigerschutz im Tochterunternehmen vgl. bereits 1942 Filbinger (Konzernrecht, 1942).

105 Vgl. Flume (Mißachtung, 1957) S. 2.

"Konzernverfassung von unten" durch. Die in den ersten Entwicklungsphasen noch intensiv diskutierte Einheitstheorie des Konzerns mit einer "Konzernverfassung von oben" wurde von der h.M. in der Rechtswissenschaft abgelehnt[106].

Parallel hierzu haben sich insbesondere Wirtschaftswissenschaftler verstärkt mit den Anforderungen, die an eine aussagefähige konzernweite Rechenschaftslegung zu stellen sind, auseinandergesetzt[107]. Ausgangspunkt dieser Bemühungen war der Gedanke, daß der Konzernabschluß überwiegend das Management, die Gläubiger und den Staat und weniger die Anteilseigner des MU informieren sollte. Dabei setzte sich zunehmend die Vorstellung durch, daß der Konzern - zumindest wirtschaftlich - als ein einheitliches Unternehmen anzusehen ist. Aufbauend auf den anglo-amerikanischen Erfahrungen[108] wurden Vorschläge für ein in sich geschlossenes Konzernrechnungswesen erarbeitet[109].

Die nach dem 2. Weltkrieg von der alliierten Besatzungsbehörde für die Montanindustrie vorgeschriebene Pflicht zur Aufstellung von Konzernabschlüssen war stark vom anglo-amerikanischen Einfluß geprägt[110]. Obwohl die Zielsetzung der Konzernrechnungslegungspflicht wohl eher wirtschaftspolitischer Natur war, sorgte sie dafür, daß deutsche Unternehmungen erste Erfahrungen mit dem Konzernrechnungswesen machten[111]. Weil viele Unternehmen auch nach Auslaufen dieser Verpflichtung freiwillig die Konzernabschlußpublizität beibehielten, schien die Zeit für eine gesetzliche Verpflichtung von Seiten des deutschen Gesetzgebers gekommen.

Diese Entwicklung und die wirtschaftspolitische Zielformulierung, die börsennotierten Aktiengesellschaften als Kapitalsammelstelle vieler Kleinanleger zu fördern, um weite Kreise der Bevölkerung am Produktivvermögen der Volkswirtschaft zu beteiligen[112], führten über die Verabschiedung des KAGG im Jahr 1957 auch zu der den Anlegerschutz wieder stärker beachtenden Reform des

---

106 Vgl. Mestmäker (Konzerngewalt, 1958) S. 97; Rasch (Maßnahmen, 1957) S. 52 ff. Vgl. hierzu anders aus wirtschaftswissenschaftlicher Sicht: Eucken (Wirtschaftspolitik, 1952) S. 283, der für den Haftungsdurchgriff im Unternehmensverbund feststellt, daß eine "abhängige juristische Person, die faktisch nur eine Filiale darstellt, ...auch rechtlich als Filiale der herrschenden Firma behandelt werden" soll.

107 Vgl. den Literaturüberblick bei Böhm (Konzerngewinn, 1979) S. 26 ff.; Busse von Colbe/ Ordelheide (Konzernabschlüsse, 1993) S. 1 ff.

108 Vgl. hierzu Kohler (Consolidated, 1938) S. 64 ff.

109 Vgl. z.B. Fuchs/Gerloff (Bilanz, 1954); Käfer/Münstermann (Konzernbilanzen, 1958).

110 Vgl. Busse von Colbe/Ordelheide (Konzernabschlüsse, 1993) S. 4 ff.; Dreger (Konzernabschluß, 1969) S. 24 ff.

111 Vgl. Böhm (Konzerngewinn, 1979) S. 26.

112 Vgl. Kropff (Aktiengesetz, 1965) S. 14.

AktG von 1965[113]. Hier wurden gegenüber dem AktG 1937 die Interessen der Aktionäre und insbesondere der Kleinaktionäre und Minderheiten wieder etwas stärker berücksichtigt[114]. So sollte durch die Einschränkung der Bilanzierungs- und Bewertungswahlrechte[115], gekoppelt mit der Gewinnverwendungskompetenz der Hauptversammlung über wenigstens 50 % des Jahresergebnisses gem. § 58 AktG 1965, dem Dividendeninteresse der Aktionäre wieder zunehmend Rechnung getragen werden[116]. Auch das Auskunftsrecht der Aktionäre gem. § 131 AktG 1965 wurde insofern erweitert, als die Auskunftsverweigerung nicht mehr allein in das Ermessen des Vorstandes fiel, sondern an den abschließenden Kriterienkatalog des § 131 (3) AktG 1965 gebunden war. Darüber hinaus wurde das häufig kritisierte Depotstimmrecht der Banken in ein Vollmachtstimmrecht (§ 135 AktG 1965) umgewandelt. Damit mußten die Kreditinstitute vor jeder Hauptversammlung die Aktionäre zumindest informieren und ihnen Gelegenheit geben, anders lautende Weisungen zu erteilen[117]. Zu den besonders für Klein- und Minderheitsaktionäre geregelten Schutzinstrumenten gehörten die erweiterten Tatbestandsvoraussetzungen, die eine Anfechtung von Hauptversammlungsbeschlüssen erlaubten[118].

Die angestrebte Stärkung der Aktionärsposition innerhalb der Aktiengesellschaft ist jedoch bei der Überarbeitung des Konzernrechts nicht konsequent durchgehalten worden. Grundlegend reformiert wurde die wenig Zustimmung findende Konzernkodifikation in § 15 AktG 1937[119]. So war bereits im Regierungsentwurf, je nach Intensität der Unternehmensverbindungen, ein differenzierter Definitionskatalog in den §§ 15 ff. zu finden. Um unterschiedliche Rechtsfolgen an verschiedene Unternehmensverbindungen zu knüpfen[120], wurde zwischen in Mehrheitsbesitz stehenden Gesellschaften, abhängigen Gesellschaften und Konzernunternehmen unterschieden. Ein Konzern entstand nach dem Reg.Ent. nur durch die tatsächliche Ausübung der einheitlichen Leitung. Als Antwort auf die seit langem offen gebliebene Frage, wie weit die einheitliche Leitung im TU gehen darf, wurden die Rechtsinstitute der Eingliederung (§§ 319 ff. AktG 1965) und des Beherrschungsvertrages (§§ 291 ff. AktG 1965) geschaffen. Diese auf

---

113 Vgl. Wiedemann (Kapitalanlegerschutz, 1975) S. 1596.

114 Vgl. Würdinger (Konzernrecht, 1966) S. 11 f.; Kropff (Aktiengesetz, 1965) S. 14.

115 Vgl. Forster (Aktionärsschutz, 1964) S. 242 ff.; Gebhardt (Insolvenzprognose, 1980) S. 9 ff.

116 Zu den geringen Ausschüttungsquoten in der Nachkriegszeit vgl. Strömer (Ausschüttungspolitik, 1973) S. 8 f.; Zum Zusammenhang zwischen Ausschüttungsquote und Funktionsfähigkeit des Aktienmarktes: Stützel (Konzentration, 1960) S. 915 ff.

117 Vgl. Schwark (Anlegerschutz, 1979) S. 132

118 Vgl. Zankl (Minderheitsrechte, 1978) S. 1755 f.; Lehmann (Minderheitenrechte, 1983) S. 113 ff.

119 Vgl. Kropff (Aktiengesetz, 1965) S. 27.

120 Vgl. hierzu bereits: Friedländer (Konzernrecht, 1927).

Unternehmensverträgen beruhenden Konzernverhältnisse gestatteten es dem MU bei der Ausübung der einheitlichen Leitung, das Eigeninteresse des TU dem Konzerninteresse unterzuordnen. Als Schutzmaßnahmen für die außenstehenden Minderheitsaktionäre wurde ein vom MU abzugebendes Abfindungsangebot bzw. eine Garantiedividende vorgesehen. Durch einen generellen Haftungsverbund zwischen den Konzerngesellschaften sollten die Gläubiger des TU vor dem Vermögensverlagerungsrisiko geschützt werden.

Neben den vertraglich abgesicherten Konzernverhältnissen wollte die Bundesregierung ursprünglich keine weiteren Konzernformen rechtstatsächlich gestatten[121]. Daher war in § 284 Ref.Ent. von 1959 auch eine strikte Erfolgshaftung des herrschenden Unternehmens für sämtliche Weisungen an die abhängige Gesellschaft vorgesehen[122]. Die Kritik aus der Wirtschaftspraxis und die Abkehr von dem Gedanken einer Schutzbedürftigkeit des TU an sich[123], führten dann zu der Regelung in §§ 300 ff. Reg.Ent. Damit war es dem herrschenden Unternehmen zwar weiterhin untersagt, das verbundene Unternehmen zu einem nachteiligen Rechtsgeschäft anzuhalten, gestattete die Nachteilszufügung aber bei gleichzeitiger Gewährung eines äquivalenten Ausgleichs, so daß die am TU beteiligten außenstehenden Minderheiten und Gläubiger möglichst schadlos gestellt wurden. Mit dieser Regelung konnte die einheitliche Leitung - wenn auch gegenüber dem Vertragskonzern formaljuristisch eingeschränkt - auch in einem faktischen Konzernverhältnis an den Konzerninteressen orientiert werden[124]. Bei der Umsetzung dieser Regelung in §§ 311 - 318 AktG 1965 wurde als zusätzliches Schutzinstrument für die Beteiligten des TU noch der jährlich vom Vorstand des abhängigen Unternehmens gem. § 312 AktG 1965 aufzustellende Abhängigkeitsbericht eingeführt[125].

Die mit der Aktienrechtsreform von 1965 kodifizierte Konzernverfassung berücksichtigt die Mitwirkungsinteressen der Aktionäre des MU an der Konzernbildung und Konzernleitung nur teilweise. Sowohl die gem. §§ 291 ff. AktG 1965 abgeschlossenen Unternehmensverträge als auch die Eingliederung gem. §§ 319 ff. AktG 1965 bedürfen einer Zustimmung der Hauptversammlung des MU mit qualifizierter Mehrheit. Damit war sowohl die Bildung eines Vertragskonzernverhältnisses als auch die Eingliederung in den Kompetenzbereich der

---

121 Vgl. Immenga (Gesellschaften, 1978) S. 279 f.; Emmerich/Sonnenschein (Konzernrecht, 1989) S. 322.

122 Vgl. Immenga (Gesellschaften, 1978) S. 279 ff.

123 Vgl. Flume (Diskussionsbeitrag, 1959) S. F 41 ff.

124 Vgl. Luchterhand (Leitungsmacht, 1970) S. 1 ff.

125 Vgl. Kropff (Rechtsverhältnis, 1967) S. 2148 ff., S. 2204 ff. Zum Abhängigkeitsbericht: Büchner (Unternehmen, 1967) S. 32 ff; Rasner (Abhängigkeitsbericht, 1968) S. 1043 ff.

Aktionäre gelegt worden. Für die faktische Konzernbildung wurde - möglicherweise wegen der erst später eingeführten generellen Zulässigkeit - eine Zustimmungsbedürftigkeit der Hauptversammlung des MU nicht vorgesehen. Darüber hinaus wurde, vor allem für die Aktionäre des MU, das Auskunftsrecht nach § 131 AktG 1965 ausgeweitet[126] und auch die konzernweite Rechenschaftslegung in Form einer Konzernbilanz und Konzern-Gewinn- und Verlustrechnung gem. §§ 329 ff. AktG 1965 vorgeschrieben[127]. Der nach §§ 329 ff. AktG 1965 aufzustellende Konzernabschluß folgt der Idee, daß der Konzern als wirtschaftliche Einheit anzusehen ist[128]. Diese Abbildungskonvention, nach der im Konzernabschluß alle Konzernunternehmen wie unselbständige Betriebsstätten darzustellen sind (Fiktion der rechtlichen Einheit), beinhaltet den wichtigsten Konsolidierungsgrundsatz[129].

Der dem Konzernabschluß zugrundeliegende Gedanke der wirtschaftlichen Einheit wurde aber weder für die Eingliederung, den Vertragskonzern noch für den faktischen Konzern bei den sonstigen Aktionärsrechten der Anteilseigner des MU, wie z.B. der Gewinnverwendung nach § 58 AktG 1965 und den Kapitalveränderungskompetenzen gem. §§ 182 ff. AktG 1965, angewandt. Obwohl zumindest im Eingliederungs- bzw. Vertragskonzern auch die sonstigen Konzernbeteiligten (z.B. Gläubiger und Arbeitnehmer) von der Gültigkeit der Einheitstheorie ausgehen können, blieb es hier bei einer Kompetenzabgrenzung, die der rechtlichen Selbständigkeit aller Konzerngesellschaften den Vorrang einräumte.

4. *Anlegerschutz im Konzern von 1966 bis 1989 und weitere Entwicklungen*

Die weiterhin zunehmende Konzernbildung, die durch grenzüberschreitende Unternehmensverbindungen multinationale Konzerne entstehen ließ, in Verbindung mit den bei der Aktienrechtsreform von 1965 noch offen gebliebenen Fragen nach einer Konzernverfassung für den faktischen Konzern[130] und den Problemen der Kompetenzverlagerung im Unternehmensverbund zugunsten des Managements des MU, stand im Mittelpunkt der vierten Entwicklungsphase.

---

126 Vgl. Ebenroth (Auskunftsgegenstandes, 1970) S. 104 ff.

127 Vgl. Kropff (Aktiengesetz, 1965) S. 453 f.

128 Vgl. hierzu von Wysocki (Konzernrechnungslegung, 1969); Busse von Colbe (Konzernabschluß, 1966) S. 269 ff., S. 308 ff., S. 350 ff.

129 Vgl. Busse von Colbe/Ordelheide (Konzernabschlüsse, 1993) S. 28 ff.

130 Vgl. zur Kritik an den Regelungen des § 311 AktG 1965: Immenga (Konzernierung, 1975) S. 259 f.

Während die Anzahl der Aktiengesellschaften von 1965 (2.508 Unternehmen) bis 1989 (2.373 Unternehmen) ebenso wie die Zahl der börsennotierten Gesellschaften (1965: 627; 1989: 486) deutlich absank[131], war bei der Konzernverflechtung seit Beginn der vierten Phase eine unverändert zunehmende Entwicklung zu verzeichnen. So ermittelt Ordelheide aus einer Stichprobe von 10 % aller im Jahr 1983 als Aktiengesellschaft organisierten Unternehmen, daß 75,7 % dieser Gesellschaften entweder als MU oder TU einem Konzern angehören. Hochgerechnet auf die Grundgesamtheit aller Aktiengesellschaften schätzt er einen Konzernierungsgrad zwischen 68 % und 83 %[132].

Die zunehmende internationale Wirtschaftsverflechtung trug dazu bei, daß viele Konzerne durch grenzüberschreitende Akquisitionen zu multinationalen Gebilden wurden[133]. Dies wirft auch die Frage auf, nach welchen Rechtsregeln diese Gebilde zu behandeln sind. Für die in der Europäischen Gemeinschaft angesiedelten Unternehmen hat, bedingt durch die sich abzeichnende Schaffung eines EG-Binnenmarktes, seit Mitte der 80-er Jahre eine weitere Konzernierungswelle begonnen[134]. Durch den Erwerb von Mehrheitsbeteiligungen an Unternehmen in verschiedenen EG-Ländern und der anschließenden Etablierung eines faktischen Konzernverhältnisses soll die Präsenz eines Konzerns in allen Mitgliedstaaten erreicht werden, um die Wettbewerbsposition im sich vergrößernden Markt zu sichern[135].

Diese internationale Konzernierungswelle, die beabsichtigte Schaffung eines EG-Binnenmarktes und die nach Art. 53 (3) g des EWG-Vertrages angestrebte Gleichwertigkeit des Gesellschaftsrechts haben auf breiter Front die wissenschaftliche Diskussion um die Konzernverfassung und die Frage nach dem Anlegerschutz im Konzern beeinflußt. Die Harmonisierungsbestrebungen tragen aber auch dazu bei, daß nationale Weiterentwicklungen - z.B. im Konzernrecht - vor ihrer Umsetzung künftig einer EG-weiten Akzeptanz bedürfen, was wegen

---

131 Vgl. zur Trendwende bei den börsennotierten Gesellschaften im Jahr 1985: Iber (Aktionärsstruktur, 1987) S. 7 ff.; Döhrmann (Underpricing, 1990) S. 1 ff.

132 Vgl. Ordelheide (Konzern, 1986) S. 294 f.; für mitbestimmte Aktiengesellschaften im Jahr 1979: Gerum/Richter/Steinmann (Unternehmenspolitik, 1981) S. 346 f.; zu etwas niedrigeren Konzentrationswerten vgl. Pahlke (Konzern, 1986) S. 62; Iber (Aktionärsstruktur, 1987) S. 124 f. Zu ähnlichen Konzentrationsdaten von MU in der Rechtsform der GmbH: Hansen (Gesellschafter größerer GmbH, 1980) S. 99 ff. Vgl. zu den Konzernierungstendenzen in den Niederlanden: Slagter (Niederlanden, 1992) S. 2 ff., wonach von 370 Aktiengesellschaften lediglich 73 Gesellschaften (19,7 %) als unverbundene Unternehmen organisiert sind.

133 Vgl. zu den empirischen Zahlen: Mrotzek (Auslandsinvestitionen, 1989) S. 14 ff.

134 Vgl. Behrens/Fischer (Tiger und Löwen, 1988) S. 38 ff; Hirn (Temperatur, 1990) S. 104 ff.

135 Vgl. Töpfer (Euro-Audit, 1990) S. 29; Kartte (Giganten, 1989) S. 15.

der verschiedenen Sichtweisen, insbesondere des angelsächsischen Rechts[136] und des in anderen EG-Ländern nur vereinzelt geregelten Konzernrechts[137], problematisch zu werden scheint.

In der aktienrechtlichen Diskussion schienen die Fragen nach einem qualitativen Minderheiten- und Gläubigerschutz im Vertragskonzern durch die Aktienrechtsreform von 1965 weitgehend gelöst. Daher wurde nach äquivalenten Regelungen für den faktischen Konzern gesucht[138]. So wurde z.B. vom BGH mit dem Autokran-Urteil[139] für TU in der Rechtsform der GmbH die Institution des qualifizierten faktischen Konzerns eingeführt[140]. Diese - von der Intensität der einheitlichen Leitung und der damit verbundenen Berücksichtigung des Eigeninteresses des TU her zwischen dem faktischen Konzern und dem Vertragskonzern gelegene - Konzernform führt zu analogen Schutzmechanismen für die Gläubiger der TU wie im aktienrechtlichen Vertragskonzern (§§ 302, 303 AktG). Eventuelle Minderheitsgesellschafter im TU erhalten analog zu § 305 AktG ein Abfindungsrecht. Damit führt auch bereits ein qualifiziert faktisches Konzernverhältnis zu einer äquivalenten Rechtsbehandlung wie der aktienrechtliche Vertragskonzern, so daß die Haftungsseparation im Unternehmensverbund künftig von der Auslegung dieser Konzernbeziehung abhängig sein wird[141].

Parallel hierzu versuchten insbesondere Rechtswissenschaftler das Konzernphänomen grundsätzlicher zu durchdringen und hierbei vor allem auch die Interessen der Aktionäre des MU zu beachten[142]. Die Versuche, dem Konzern

---

136 Vgl. z.B. Wiedemann (Minderheitenschutz, 1968); Großfeld (Kleinaktionärs, 1985) S. 5.

137 Vgl. Apelt (Company Law, 1984); Vanetti (Konzerne, 1989) S. 396 ff.; Guyon (Frankreich, 1991) S. 218 ff.; Irujo (Konzerne, 1991) S. 289 ff.; Slagter (Niederlanden, 1992) S. 1 ff.

138 Vgl. Lutter (Binnenstruktur, 1974) S. 347 ff.

139 Vgl. BGH (BGHZ, 95) S. 330 ff.; zur Diskussion und auch zur Frage der Übertragung auf den aktienrechtlichen Konzern: Emmerich (Autokran-Urteil, 1987) S. 213 ff.

140 Vgl. hierzu das diese Richtung bestätigende Tiefbau-Urteil des BGH (BGHZ, 107) S. 7 ff. und das viel weitergehende und nahezu jede faktische Konzernbeziehung als qualifiziert faktisches Konzernverhältnis klassifizierende Video-Urteil des BGH (Video-Urteil, 1991) S. 2176 ff. Im Grundsatz zustimmend: Hommelhoff (Konzernpraxis, 1992) S. 309 ff. Kritisch: Lehmann (ökonomische Legitimation, 1992) S. 201 ff.; Timm (Entwicklungen, 1992) S. 213 ff.; Flume (Video-Urteil, 1992) S. 25 ff.

141 Vgl. zur neuen Konkretisierung des unbestimmten Rechtsbegriffs im TBB-Urteil des BGH: Bauder (Gesellschafterhaftung, 1993) S. 1103 ff., wonach nun wiederum nur dann von einem qualifiziert faktischem Konzernverhältnis auszugehen ist, wenn die Intensität der einheitlichen Leitung eine Isolierbarkeit von Schädigungen nicht mehr ermöglicht. Ähnlich auch für den aktienrechtlichen Konzern: Lutter (qualifizierte faktische Konzern, 1990) S. 179 ff.

142 Vgl. Mestmäker (Konzerngewalt, 1958) S. 113 ff.; Schneider (Mitverwaltungsrechte, 1976) S. 1 ff. und insbesondere die Beiträge von Lutter (Binnenstruktur, 1974) S. 347 ff.; Lutter (Unternehmensverbindung, 1974) S. 1 ff.; Lutter (Konzernrecht der Bundesrepublik, 1976) S. 152 ff.

eine alle wesentlichen Einzelfragen regelnde Unternehmungsverfassung überzustülpen, gingen meist von der Fiktion einer Rechtseinheit aus, die bereits 1910 u.a. von Isay vertreten wurde[143]. Die Organzuständigkeit im Konzern sollte äquivalent zur Einzelgesellschaft verteilt werden, so daß der Vorstand des MU ihn zwar eigenverantwortlich zu leiten habe, sämtliche Grundentscheidungen im Konzern aber von der Hauptversammlung des MU zu treffen seien[144]. Obwohl diese Sichtweise vielfach kritisiert wurde[145], haben mehrere Rechtswissenschaftler die Idee aufgegriffen und sich um eine konkrete Ausgestaltung bemüht[146].

Die bereits in der ersten Entwicklungsphase mehrfach formulierte Vorstellung, den Konzern als Organisationsform eines einheitlichen Unternehmens anzusehen, ist in anderen Rechtsgebieten schon weit verbreitet. So ist sie z.B. im Arbeits- und Mitbestimmungsrecht teilweise schon gesetzlich verankert oder durch die Rechtsprechung festgeschrieben und kann in der juristischen Literatur hier wohl als h.M. angesehen werden[147]. Aber auch im Steuerrecht gewinnt diese Vorstellung im Rahmen der angestrebten Vereinheitlichung des EG-Steuerrechts verstärkt an Bedeutung[148].

Die betriebswirtschaftliche Diskussion des Unternehmensverbundes ist bisher noch stärker auf Planungs-, Organisations-, Kontroll- und Rechnungslegungsfragen im Konzern ausgerichtet[149] und beschäftigt sich noch wenig mit den ökonomischen Konsequenzen der neueren rechtswissenschaftlichen Vor-

---

143 Vgl. Pohmer (Konzerngestaltungen, 1964) S. 64.

144 Vgl. Lutter (Binnenstruktur, 1974) S. 361 ff.

145 Vgl. Ebenroth (Konzernleitungskontrolle, 1987) S. 28 ff.

146 Vgl. Timm (Hauptversammlungskompetenzen, 1980) S. 172 ff.; Timm (Konzernspitze, 1980); Semmler (Aufsichtsrates, 1980); Hommelhoff (Konzernleitungspflicht, 1982).

147 Vgl. zum Mitbestimmungsrecht: Chmielewicz/Großmann/Inhoffen/Lutter (Mitbestimmung, 1981) S. 158 ff.; Lutter (Mitbestimmung, 1975); Theisen (Konzern, 1991) S. 261 ff.; zum Arbeitsrecht: Konzen (Arbeitsverhältnisse, 1987) S. 566 ff.; Stuhrmann (Konzernvordienstzeiten, 1988) S. 2348 ff; Windbichler (Arbeitsrecht, 1989).

148 Vgl. zu den bereits bestehenden körperschaftsteuerlichen, gewerbesteuerlichen und umsatzsteuerlichen Organschaften: Knobbe-Keuk (Unternehmenssteuerrecht, 1985) S. 499 ff., S. 558 ff. und zum Schachtelprivileg bei der Vermögensteuer: Schneider (Steuerbilanzen, 1978) S. 192 f.; zu weitergehenden Forderungen Harms/Küting (Konzernbesteuerung, 1982) S. 445 ff.; Küting (Einheitsbesteuerung, 1990) S. 489 ff.; Scheffler (Besteuerung, 1991) S. 701 ff.; Herzig/Dautzenberg (Steuergestaltung, 1992) S. 1 ff.

149 Vgl. z.B. Pausenberger (Konzerne, 1974) Sp. 2234 ff.; Busse von Colbe/Müller (Planungs- und Kontrollrechnung, 1984); Sigle (Konzerngestaltungspolitik, 1986) S. 313 ff.; Schierenbeck (Pyramiden-Effekt, 1980) S. 249 ff.; von Werder (Organisationsstruktur, 1986); Scheffler (Konzern, 1990) S. 174; Theisen (Konzern, 1991) S. 235 f., die auch ausdrücklich auf die Vernachlässigung der Konzernproblematik in der Betriebswirtschaft hinweisen.

schläge zur Konzernverfassung[150]. Ist das Interesse der Betriebswirtschaftslehre an der Entstehung der 5. EG-RL zur Unternehmungsverfassung der Aktiengesellschaft noch deutlich zu erkennen[151], so bleibt der Entwurf einer 9. EG-RL über eine Konzernverfassung hier bisher wenig beachtet[152]. Lediglich bei der Entstehung und späteren Umsetzung der 7. EG-RL zum Konzernabschluß haben sich verstärkt auch Wirtschaftswissenschaftler um eine Verbesserung der Rechenschaftslegung im Konzern bemüht[153].

In der wirtschaftspolitischen Literatur werden auch weiterhin überwiegend die Konsequenzen der Unternehmenskonzernierung für den Wettbewerbsprozeß auf Gütermärkten untersucht[154]. Weil die Konzernbildung hier im Ergebnis durchweg negativ beurteilt wird, konzentrieren sich diese Denkrichtungen meist darauf, die Unternehmensverbindungen zu verhindern. In diesem Zusammenhang wird z.B. auch das in der ersten Entwicklungsphase bereits vorgeschlagene generelle Verbot der Stimmrechtsausübung durch juristische Personen bzw. das Verbot eines Beteiligungserwerbs durch juristische Personen diskutiert[155]. Eine Auseinandersetzung mit den juristischen Vorschlägen zur Refom der Konzernverfassung unterbleibt auch hier weitgehend.

Über Gesetzesreformen bzw. über die BGH-Rechtsprechung ist der Anlegerschutz in der börsennotierten Aktiengesellschaft in der vierten Entwicklungsphase jedoch mehrfach und an verschiedenen Stellen modifiziert worden.

Die wieder zunehmende Bedeutung des amtlichen Börsenverkehrs und die nach Art. 67 des EWG-Vertrages zu beseitigenden Beschränkungen im EG-weiten Kapitalverkehr veranlaßten den Bundesminister für Wirtschaft, eine unabhängige Sachverständigenkommission zur Diskussion von Verbesserungs-

---

150 Vgl. jedoch die Ansätze bei Kirchner (Überlegungen, 1985) S. 214 ff.; Ordelheide (Konzern, 1986) S. 293 ff.; Busse von Colbe (Konzernverfassung, 1988) S. 245 ff.; Theisen (Konzernunternehmungslehre, 1988) S. 279 ff.; aus Gläubigersicht: Posner (Corporations, 1976); Kirchner (Analyse des Konzernrechts, 1986); Schwieters (Insolvenzrecht, 1989) S. 213 ff.; Debus (Konzernrecht, 1990) S. 41 ff.

151 Vgl. Chmielewicz (5. EG-Richtlinie, 1984) S. 393 ff.; vgl. auch den Überblick bei Chmielewicz (Harmonisierung, 1991) S. 15 ff.

152 Vgl. zur allgemeinen Beschreibung des Forschungsdefizites: Chmielewicz (Forschungsschwerpunkte, 1984) S. 152 f.

153 Vgl. z.B. die Empfehlungen der Schmalenbach-Gesellschaft: Busse von Colbe/ Reinhardt (Konzernabschlüssen, 1987); sowie den Literaturüberblick bei Lanfermann (Konzernabschluß, 1991) S. 335.

154 Vgl. Böhm (Marktwirtschaft, 1966) S. 75 ff.; Lenel (Konzentration, 1968); Kübler/ Schmidt (Konzentration, 1988); Fehl/Oberender (Unternehmensverfassung, 1986) S. 137 ff.

155 Vgl. Böhm (Unternehmenszusammenfassung, 1976) S. 149 ff.; Fehl/Oberender (Unternehmensverfassung, 1986) S. 142 ff.

vorschlägen im Börsenwesen zu bestellen[156]. Diese hielt, in Anlehnung an den vielfach kritisierten Referentenentwurf zum BörsG aus dem Jahre 1967[157], ebenfalls eine stärkere Beachtung des Anlegerschutzes bei der Börsenzulassung für notwendig und forderte nach der Zulassungserteilung von den Unternehmen eine regelmäßige Publizität in Form von Quartalsberichten[158]. Als weitere Schutzmaßnahmen sollten Insider-Regeln sowie Händler- und Beraterrichtlinien vorgesehen werden[159]. Letzteren Forderungen der Sachverständigenkommission haben sich bisher ca. 80 % der börsennotierten Unternehmen und nahezu alle Kreditinstitute freiwillig unterworfen[160]. Die Ausgestaltung von effizienten Insider-Regelungen stand auch bei der Schaffung eines gleichwertigen EG-Kapitalverkehrsrechts im Vordergrund[161].

Durch mehrfache Reformierungen des Börsengesetzes wurde dann auch der Außenschutz der Aktionäre mit dem Ziel, hierdurch eine Verbesserung der Funktionsfähigkeit des Aktienmarktes zu erreichen, weiterentwickelt. Obwohl z.B. mit der Reform des BörsG von 1975 wichtige Anlegerschutzvorschriften in den §§ 36 und 37 (Wertpapierzulassung), § 38 (Prospektpublizität), §§ 45 bis 49 (Prospekthaftung), § 88 (unrichtige Prospektangaben) und § 89 (Verführung zur Börsenspekulation) eingeführt bzw. verstärkt wurden, entsprach diese Reform nicht dem von der Börsensachverständigenkommission geforderten Umfang[162]. Speziell für die Aktionäre eines Konzernunternehmens brachte die Börsenreform 1975 keine zusätzlichen Veränderungen.

Erst durch die Transformation der das Börsenrecht betreffenden EG-RL im Jahre 1986 wurden Konzerntatbestände in das BörsG aufgenommen[163]. Sowohl die Angabepflicht von Anteilseignern, deren Kapitalanteil ≥ 20 % ausmacht, als auch die Bekanntgabe von beherrschten und herrschenden Unternehmen (§ 19 BörsZulV) sollten die Transparenz der Anteilseignerstruktur erhöhen und z.B. deren Konsequenzen auf künftige Gewinnverwendungsentscheidungen der Hauptversammlung verdeutlichen. Auch die Publizitätsvorschriften nach § 44 a BörsG (Ad-hoc-Publizität) und § 44 b BörsG i.V.m. § 56 BörsZulV (Zwischenberichterstattung) können bei entsprechender Auslegung eine konzernweite Sichtweise fördern.

---

156 Vgl. Bremer (Börsensachverständigenkommission, 1972) S. 898 ff.
157 Vgl. Bundesminister der Wirtschaft (Referentenentwurf, 1968).
158 Vgl. Schwark (Börsengesetz, 1976) S. 34.
159 Vgl. Hopt/Will (Insiderrecht, 1973) S. M 100 ff.
160 Vgl. Schreib (Schnell und flexibel, 1987) S. 221 ff.
161 Vgl. Schwark (Börsengesetz, 1976) S. 45 f.; Hopt (Europäisches, 1991) S. 18 ff.; Schörner (Insiderhandels, 1991) S. 27 ff.
162 Vgl. Schwark (Börsengesetz, 1976) S. 36 ff.
163 Vgl. Schäfer (Börsenrechts, 1987) S. 953 ff.; Schwark (Kapitalmarktrecht, 1987) S. 2041 ff.

Mit der gesetzlichen Legitimierung einer delokalisierten Börse brachte die Börsennovelle von 1989 eine Abkehr von dem Prinzip der Präsenzbörse, an der das Aktiengeschäft zentralisiert wird. Inwiefern die hierin gesehene Funktionseinbuße des Aktienmarktes tatsächlich eintritt, ist bisher noch offen[164].

Anders als im Börsenrecht, fand die rechtswissenschaftliche Diskussion um die Schutzbedürftigkeit der Minderheitsaktionäre des MU mit der Holzmüller-Entscheidung des BGH Eingang in die aktienrechtliche Rechtsprechung[165]. Hier sah der BGH die Notwendigkeit einer Zustimmung der Hauptversammlung des MU bei der Ausgliederung der wertvollsten Teile des Gesellschaftsvermögens auf eine TU, die der Vorstand über § 119 (2) AktG auch dann einholen muß, wenn die Satzung den Erwerb von TU bzw. die Ausgliederung wesentlicher Teile des Betriebsvermögens generell erlaubt[166]. War die Konzernbildungskompetenz der Hauptversammlung des MU im Holzmüller-Fall nur für die Ausgliederung zu entscheiden, so verdeutlicht die Urteilsbegründung die sich ändernde Sichtweise der Rechtsprechung auch für die wirtschaftlich gleichgelagerten Fälle des Beteiligungserwerbs zur Konzernbildung[167].

Auch wenn die Fragen nach einer Konzernleitungskompetenz der Hauptversammlung des MU vom BGH bisher nicht zu entscheiden waren, so lassen die Formulierungen des BGH in der Urteilsbegründung auch hier vermuten, daß der Anlegerschutz im Konzern sinnvoll und wirksam nur in der Weise erreicht wird, "daß die Aktionäre der Obergesellschaft Anspruch darauf haben, bei grundlegenden, für ihre Rechtsstellung bedeutsamen Entscheidungen in der TU über ihre Hauptversammlung so beteiligt zu werden, wie wenn es sich um eine Angelegenheit der Obergesellschaft selbst handelte"[168]. Inwiefern sich diese vor allem auf die Vorschläge von Lutter[169] zurückgehende Position des BGH auch bei künftigen Gesetzesreformen durchsetzen wird, ist bisher noch weitgehend offen. Das im Entstehungsprozeß befindliche Gesetz zur Bereinigung des Um-

164 Vgl. Schwark (Reform, 1990) S. 22 ff. Eher positiv hinsichtlich der Kapitalmarktfunktionen: Süchting (Funktionsfähigkeit, 1989) 158 f.

165 Vgl. BGH (BGHZ, 83) S. 122 ff.

166 Vgl. zustimmend: Geßler (Rücklagenbildung, 1985) S. 771; Hirte (Bezugsrechtsausschluß, 1986) S. 179; Lutter (Organzuständigkeiten, 1985) S. 825 ff.; Wiedemann (Unternehmensgruppe, 1988) S. 50 ff; ablehnend: Beusch (Aktiengesellschaft, 1984) S. 1; Martens (Entscheidungsautonomie, 1983) S. 377; Semmler (Verwaltungsbefugnis, 1983) S. 1566; Ebenroth (Konzernobergesellschaft, 1988) S. 1 ff.; zurückhaltend: Rehbinder (Konzernleitungspflicht, 1983) S. 92 ff.; Westermann (Aktienkonzernrecht, 1986) S. 421.

167 Vgl. BGH (BGHZ, 83) S. 124 f.

168 BGH (BGHZ, 83) S. 124.

169 Vgl. Lutter (Binnenstrukur, 1974).

wandlungsrechts[170] und die noch ausstehende 5. und 9. EG-RL über die Struktur der Aktiengesellschaft bzw. über das Konzernrecht werden zeigen, inwiefern diese Tendenzen, den Konzern als reine Organisationsform eines einheitlichen Unternehmens anzusehen, auch vom Gesetzgeber übernommen werden.

Für die Rechenschaftslegung von Konzernen ist die Vorstellung, den Konzern als Rechtseinheit anzusehen, seit der Aktienrechtsreform von 1965 implizit in § 331 (2) AktG 1965 als Konsolidierungsgrundsatz festgeschrieben[171]. Die Transformation der 7. EG-RL, die gemeinsam mit der 4. und 8. EG-RL 1985 in das Dritte Buch des HGB umgesetzt wurde, kodifiziert die Fiktion der rechtlichen Einheit des Konzerns als Grundsatz ordnungsmäßiger Konsolidierung explizit in § 297 (2) HGB[172]. Inwiefern die Transformation der EG-Rechnungslegungsrichtlinien dem Anspruch eines verbesserten Anlegerschutzes speziell im Konzern gerecht werden, ist bisher noch offen. Mit der Einführung des Weltabschlußprinzips (§ 294 (1) HGB), der erfolgswirksamen Kapitalkonsolidierung (§ 301 i.V.m. § 309 HGB) und der Equity-Bewertung (§ 312 HGB) hat sich die Rechenschaftslegung im Konzern zwar möglicherweise verbessert; dieser Tendenz stehen die vielfältigen Bilanzierungs-, Bewertungs- und Konsolidierungswahlrechte, die eine Vergleichbarkeit selbst von Konzernen der gleichen Branche kaum ermöglichen, entgegen[173]. Diese Einschränkungen gelten um so mehr, wenn Bilanzierungswahlrechte grundsätzlich als Umgehungsmöglichkeit ordnungsgemäßer Rechnungslegung gesehen werden[174].

Insgesamt hat sich der nach §§ 290 ff. HGB aufzustellende Konzernabschluß vom aktienrechtlichen Konzernrecht nicht nur durch die Abbildungskonvention der Fiktion der rechtlichen Einheit, sondern auch durch die Einbeziehungskriterien gem. § 290 HGB weiter entfernt[175]. So ist die Abgrenzung zwischen im Konzernabschluß einbezogenen Unternehmen und der Umwelt nicht mehr eindeutig an rechtlichen Kriterien orientiert, sondern stufenweise an wirtschaftlichen Verbindungsintensitäten ausgerichtet[176].

---

170 Vgl. zum Diskussionsentwurf des Bundesministeriums der Justiz Bundesanzeiger (1988) Nr. 214 a. Zum Referentenentwurf vgl. Ganske (Referentenentwurf, 1992). Vgl. hierzu die Beiträge in ZGR, Heft 3, 1993.

171 Vgl. Busse von Colbe/Ordelheide (Konzernabschlüsse, 1993) S. 28 ff.

172 Vgl. Busse von Colbe/Chmielewicz (Bilanzrichtlinien-Gesetz, 1986) S. 289 ff.

173 Vgl. Busse von Colbe (Rechnungslegungsvorschriften, 1987) S. 117 ff.; Schildbach (Konzernrechnungslegung, 1989) S. 157 ff.; Krehl (Konzernbilanzanalyse, 1989) S. 114 f.

174 Vgl. Schneider (Investition, 1992) S. 645 ff; zur Beseitigung der Wahlrechte vgl. auch die Bemühungen des IASC (Financial, 1990) S. 1 ff.

175 Vgl. Ulmer (Begriffsvielfalt, 1987) S. 623 ff.

176 Vgl. Busse von Colbe (Konzernabschluß, 1985) S. 761 ff.

5. *Zusammenfassung*

Die vier Entwicklungsphasen unterscheiden sich deutlich in der Sichtweise, welche Stellung dem Aktionär bzw. der General- oder Hauptversammlung als dem Organ der Aktionäre im Rahmen der Unternehmungsverfassung zukommen soll. Darüber hinaus wurden Gesetzesreformen nach dem "Reparaturgedanken" immer dann gefordert, wenn unter den jeweiligen Regulierungen für eine Personengruppe ex post häufig Schädigungen zu beobachten waren[177]. Je nach präferiertem Blickwinkel differiert auch die Sichtweise nach dem Umfang des Regelungsbedarfs im Konzern. Die Schwerpunkte des ersten und vierten Entwicklungsabschnitts liegen in der Ausgangsforderung, ein verstärkt an den Interessen der Aktionäre orientiertes Gesellschaftsrecht zu schaffen. Entsprechend wurden die offenen Rechtsfragen bei den Unternehmenszusammenschlüssen auch überwiegend aus dem Blickwinkel des MU und dessen Aktionären gesehen (Konzernverfassung von oben).

In der zweiten und dritten Entwicklungsphase wird die Dominanz des Anlegerschutzgedankens und die hieraus resultierende Forderung nach einer umfassenderen Aktionärsdemokratie stark bezweifelt. Statt dessen rückt die Schutzbedürftigkeit des Unternehmens an sich in den Vordergrund und damit auch die Forderung nach einer von den Aktionärsinteressen unabhängigeren und mit zunehmenden Kompetenzen ausgestatteten Unternehmensleitung. Sie sollte die Vorstellungen aller Unternehmensbeteiligten und auch öffentliche Interessen bei der Unternehmensführung angemessen berücksichtigen. Diese veränderte Blickrichtung führte auch zu einer Neuorientierung im Konzernrecht und zwar zu einer "Konzernverfassung von unten", bei der die Schutzbedürftigkeit des TU und dessen Beteiligten im Vordergrund stehen.

Diese Entwicklung hat dazu geführt, daß der Konzern de lege lata je nach Rechtsgebiet entweder als Einheitsunternehmen oder als rechtliche Vielfalt angesehen wird. Die hieraus resultierenden Disharmonien zwischen Konzernrecht, Konzernabschluß und Konzernwirklichkeit machen die Forderungen nach der Vereinheitlichung der rechtlichen Sichtweise verständlich.

Für die weitere Untersuchung ist vom bestehenden Gesellschafts- und Börsenrecht und von der bereits durch die BGH-Rechtsprechung manifestierten Rechtsfortentwicklung auszugehen. Es soll im folgenden aufgezeigt werden, welche Veränderung bei der Kompetenzverteilung zwischen den Organen eines

177 Vgl. Kirchner (Ökonomische Analyse, 1983) S. 146.

MU bei der Konzernbildung, Konzernleitung und Konzernauflösung im Vergleich zu einer rechtlich und wirtschaftlich selbständigen Aktiengesellschaft de lege lata vorliegt und welche zusätzlichen Risiken für die Aktionäre eines MU hieraus resultieren können.

III. Kompetenzgefüge im Konzern als Ursache einer veränderten Rendite-Risiko-Position der Aktionäre

1. Rechtsstellung der Aktionäre in der börsennotierten Aktiengesellschaft

Das AktG 1965 grenzt die Aufgaben und Zuständigkeiten des Vorstandes, Aufsichtsrates und der Hauptversammlung klar voneinander ab. Damit stehen die Organe einer Aktiengesellschaft hinsichtlich ihrer Zuständigkeiten nebeneinander. Der Vorstand ist gesetzlicher Vertreter der Gesellschaft (§ 78 AktG); seine Vertretungsbefugnis kann nach außen nicht begrenzt werden (§ 82 (1) AktG). Er ist zur Geschäftsführung befugt (§ 77 AktG) und hat die Aktiengesellschaft unter eigener Verantwortung zu leiten (§ 76 AktG)[178]. Zu seinen Aufgaben zählt die Verwaltung des gesamten Gesellschaftsvermögens und damit auch die Verwaltung von Beteiligungen an anderen Unternehmen[179]. Im Innenverhältnis ist der Vorstand an den durch die Satzung gem. § 23 (3) AktG festgelegten Gegenstand des Unternehmens gebunden[180].

Der von den Aktionären und Arbeitnehmern zu wählende Aufsichtsrat bestellt den Vorstand (§ 84 AktG) und überwacht dessen Geschäftsführung gem. § 111 AktG[181]. Er ist selbst nicht zur Geschäftsführung befugt. Die Satzung oder der Aufsichtsrat selbst kann jedoch bestimmen, daß einzelne Geschäfte des Vorstandes seiner Zustimmung bedürfen (§ 111 (4) AktG)[182]. Verweigert der Aufsichtsrat seine Zustimmung, kann auf Anfrage des Vorstandes die Hauptversammlung nach § 111 (4) AktG mit qualifizierter Mehrheit eine Genehmigung erteilen.

Diese grob skizzierte Kompetenzabgrenzung zwischen Vorstand und Aufsichtsrat ist am Leitbild einer Publikumsgesellschaft orientiert und läßt für den

---

178 Vgl. Mertens (Aktiengesetz, 1989) § 76.
179 Vgl. Timm (Konzernspitze, 1980) S. 8.
180 Vgl. Barz (Aktienrechtsreform, 1966) S. 39 ff.
181 Vgl. Lutter/Krieger (Aufsichtsrats, 1989) S. 89 ff.
182 Vgl. Biener (Aufsichtsrat, 1977) S. 490 f.; Götz (Zustimmungsvorbehalte, 1990) S. 634 ff.

Kompetenzbereich der Aktionäre wenig Spielraum[183]. So vermittelt die Aktie auch kein unmittelbares Eigentum am Gesellschaftsvermögen, sondern lediglich die Mitgliedschaft in der Aktiengesellschaft[184]. Der Begriff der Mitgliedschaft umschreibt das Rechtsverhältnis, bestehend aus Rechten und Pflichten gegenüber der Gesellschaft und den anderen Anteilseignern[185], die obligatorisch durch das Aktiengesetz bzw. die Satzung den Aktionären eingeräumt werden. Die Pflichten gegenüber der Gesellschaft lassen sich nach Haupt- (Aufbringung der Einlage gem. § 54 AktG) und Nebenpflichten (§ 55 AktG) unterteilen[186], während die Rechte nach Vermögens-, Herrschafts- und Informationsrechten differenziert werden[187]:

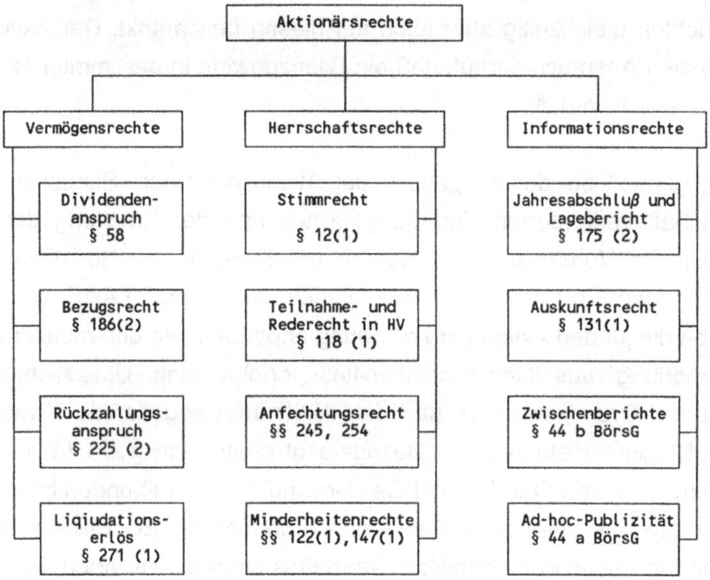

Abb. 3: Aktionärsrechte börsennotierter Aktiengesellschaften

183 Vgl. Kropff (Aktiengesetz, 1965) S. 14 ff.
184 Vgl. Würdinger (Aktienrecht, 1981) S. 50.
185 Vgl. Kraft (Aktiengesetz, 1988) § 11, Rn. 11.
186 Vgl. Würdinger (Aktienrecht, 1981) S. 47.
187 Vgl. Kraft (Aktiengesetz, 1988) § 11, Rn. 11.

Die Satzung der Aktiengesellschaft kann den Aktionären darüber hinausgehende Kompetenzen nur dann einräumen, wenn das AktG explizit eine diesbezügliche Öffnungsklausel enthält[188].

a) Vermögensrechte

Die Anteilsquote eines Aktionärs errechnet sich aus dem Verhältnis vom Nennbetrag seiner Aktien zum Grundkapital. Diese Quote bestimmt den Anteil am Gewinn (§ 60 AktG) und am Restvermögen, das bei einer Liquidation der Gesellschaft gem. § 271 AktG verbleibt, und wird auch zur Berechnung des Bezugsrechts herangezogen. Das bedeutendste mitgliedschaftliche Vermögensrecht ist die Gewinnbeteiligung in Form der Dividende (§ 58 (4) AktG)[189]. Der Anspruch ist gem. § 58 (5) AktG auf den förmlich festgestellten Bilanzgewinn gerichtet, gleichzeitig aber auch auf diesen beschränkt. Der Aktionär hat jedoch keinen Anspruch darauf, daß ein Bilanzgewinn in bestimmter Höhe oder überhaupt erzielt wird[190].

Das Bezugsrecht bei der Ausgabe neuer Aktien dient dem Schutz des in der Mitgliedschaft verkörperten Vermögenswertes und der Erhaltung der Beteiligungsquote im Verhältnis der Aktionäre untereinander[191]. Bei einer Kapitalerhöhung gegen Einlage folgt das Bezugsrecht aus § 186 (1) AktG, wonach den Aktionären die jungen Aktien zur Zeichnung angeboten werden müssen. Bei der Kapitalerhöhung aus Gesellschaftsmitteln erfolgt eine Umschichtung von Rücklagen in Grundkapital, so daß den Aktionären sogenannte "Gratisaktien" gem. § 212 AktG zustehen. Das Bezugsrecht greift nach § 221 (4) AktG auch bei der Emission von Wandel- und Gewinnschuldverschreibungen bzw. Genußrechten i.V.m. mit einer bedingten Kapitalerhöhung[192]. Ein Bezugsrechtsausschluß bedarf neben dem formellen Erfordernis einer qualifizierten Mehrheit der Hauptversammlung[193] auch noch der sachlichen Rechtfertigung und kann gem. § 255 AktG von jedem Aktionär angefochten werden[194].

---

188 Vgl. Kraft (Aktiengesetz, 1988) § 23, Rn. 82 ff.

189 Vgl. Lutter (Aktiengesetz, 1988) § 58, Rn. 79.

190 Vgl. Laske (Unternehmensinteresse, 1979) S. 173 ff.; kritisch dazu: Westermann (Zweck der Gesellschaft, 1972) S. 523 ff.

191 Vgl. Lutter (Aktiengesetz, 1988) § 186, Rn. 7 ff.

192 Vgl. hierzu die Holzmann-Entscheidung des BGH (Holzmann-Urteil) S. 1134 ff.

193 Vgl. Lutter (Bezugsrechtsausschlusses, 1979) S. 401 ff.

194 Vgl. hierzu: BGH (BGHZ, 71) S. 974 ff.; Schockenhoff (Gesellschaftsinteresse, 1988) S. 16 ff. Vgl. zur empirischen Relevanz des Bezugsrechtsausschlusses Girgensohn/ Calmbach (Kapitalerhöhungen, 1980) S. 430 ff.

Das Vermögensrecht auf das verbleibende Guthaben bei der Liquidation gem. § 271 (1) AktG schützt den Aktionär bei der Auflösung der Gesellschaft. Das nach Befriedigung der Gläubiger verteilbare Restvermögen ist entsprechend der Anteilsquote an die Aktionäre in Geld auszuzahlen. Hiermit eng verbunden ist das Vermögensrecht auf Kapitalrückzahlung bei einer ordentlichen Kapitalherabsetzung gem. § 225 (2) AktG[195].

b) Herrschaftsrechte

Die Herrschaftsrechte dienen der Durchsetzung der Vermögensrechte der Aktionäre und sind das "Korrelat der Beteiligung des Aktionärs am Gesellschaftsvermögen"[196]. Sie werden von den Aktionären in der Hauptversammlung wahrgenommen und beziehen sich auf gesetzlich und statutarisch vorgesehene Einfluß-, Finanz- und Strukturentscheidungsrechte[197]. Mit den Entscheidungsrechten der Aktionäre ist die Kompetenzverteilung gegenüber dem Vorstand und dem Aufsichtsrat in der Aktiengesellschaft genau festgelegt.

Das Stimmrecht gem. § 12 (1) AktG ist das bedeutendste mitgliedschaftliche Mitwirkungsrecht der Aktionäre und dient ihnen zur Verwaltung der geleisteten Einlagen[198]. Es wird nach den Nennbeträgen der Aktien ausgeübt, wobei Mehrfachstimmrechte - anders als Höchststimmrechte - grundsätzlich nach § 12 (2) AktG unzulässig sind[199]. Der Aktionär kann sein Stimmrecht in den Schranken des § 117 AktG frei ausüben und es gem. §§ 134 (2), 135 AktG durch einen mit schriftlicher Vollmacht legitimierten, durch Rechtsgeschäft mit Dritten bestimmten oder von seinem gesetzlichen Vertreter ausüben lassen[200].

Das Recht auf Teilnahme an der Hauptversammlung gem. § 118 (1) AktG dient der persönlichen Ausübung des Stimmrechts und Auskunftsrechts des Aktionärs. Es umfaßt auch das Recht, sich zu Wort zu melden, sachliche Ausfüh

195 Vgl. die Auflistung rechtstatsächlicher Beispiele bei Iber (Aktionärsstruktur, 1987) S. 286 ff.

196 Henn (Aktienrechts, 1987) S. 462; Mestmäcker (Konzerngewalt, 1958) S. 11.

197 Vgl. Lutter (Organzuständigkeiten, 1985) S. 837; Grunewald (Entscheidungskompetenz, 1990) S. 133 f., untergliedert in regelmäßig wiederkehrende Entscheidungen, Grundlagenzuständigkeiten und Sonderentscheidungen.

198 Vgl. Würdinger (Aktienrecht, 1981) S. 50.

199 Vgl. zum beabsichtigten Verbot auch von Höchststimmrechten eines Aktionärs in Art. 33 der 5. EG-RL: Wiesner (Höchststimmrechts, 1991) S. R55 ff.

200 Vgl. Eckardt (Aktiengesetz, 1974) § 134 (2), Rn. 31 ff., § 135, Rn. 12 ff.

rungen zu machen und Anträge zu Tagesordnungsgegenständen zu stellen[201]. Das Teilnahmerecht kann durch die Satzung weder beschränkt noch entzogen werden.

Die Anfechtungsmöglichkeit gem. § 245 AktG ist das Rechtsmittel des Aktionärs zur Durchsetzung seiner Rechte. Voraussetzungen zur Anfechtung sind, daß der Aktionär in der Hauptversammlung vertreten ist, daß seine Aktionärseigenschaft bei der Beschlußfassung der Hauptversammlung vorliegt und daß seine Mitgliedschaft in der Gesellschaft für die Dauer des folgenden Rechtsstreits andauert[202]. Für alle Einfluß-, Finanz- und Strukturentscheidungsrechte des Aktionärs wird der Grundsatz von Treu und Glauben gem. § 242 BGB als Mißbrauchsschranke anerkannt[203].

Eng mit den Anfechtungsrechten verbunden sind die Minderheitsrechte, die sich inhaltlich als aktive Einwirkungsrechte und passive Sperrminoritätsrechte unterscheiden lassen[204]. Aktive Einwirkungsrechte geben den Minderheitsaktionären die Möglichkeit, ihre Vorstellungen gegen den Willen anderer Aktionäre in der Gesellschaft durchzusetzen, wie z.B. den Anspruch auf eine 4 %-ige Dividende vom Nennbetrag gem. § 254 AktG. Bedeutsamer sind die passiven Sperrminoritätsrechte, die als Spiegelbilder von qualifizierten Mehrheitserfordernissen der Verhinderung verschiedener Hauptversammlungsbeschlüsse dienen.

Die geringe persönliche Präsenz der Aktionäre in den Hauptversammlungen[205] sowie die seltenen Fälle von Anfechtungs-, Feststellungs- und Unterlassungsklagen[206] verdeutlichen, daß zumindest die Aktionäre von Publikumsgesellschaften diesen unmittelbaren Mitwirkungsrechten bisher keine große Bedeutung beimessen[207].

---

201 Vgl. Eckardt (Aktiengesetz, 1974) § 118, Rn. 13.
202 Vgl. Hüffer (Aktiengesetz, 1974) § 245, Rn. 23 ff.
203 Vgl. Müller (Mißbrauch, 1973) S. 142.
204 Vgl. Lehmann (Minderheitenrechte, 1983) S. 113 ff.; Zankl (Minderheitsrechte, 1978) S. 1755 f.
205 Vgl. Frizen (Publikums-Aktiengesellschaft, 1981) S. 279 f.; Christians (Aktionär, 1990) S. 47 ff.; Schneider (Pensionskassenkorporatismus, 1990) S. 321.
206 Vgl. Hirte (Aktionärsklagen, 1989) S. 267 ff.
207 Vgl. Mertens (Aktionär, 1990) S. 51 ff.; vgl. hierzu auch die empirischen Daten bei Henn (Rechte, 1964) S. 31 und Frizen (Publikums-Aktiengesellschaft, 1981) S. 277 ff.

c) Informationsrechte

Der nach § 175 (2) AktG jedem Aktionär zur Einsicht bereitzustellende handelsrechtliche Jahresabschluß und Lagebericht[208], ergänzt durch das Auskunftsrecht gem. § 131 (1) AktG, soll ihm die Kenntnis aller Umstände ermöglichen, die er zur Ausübung seiner Mitgliedschaftsrechte im Rahmen der Hauptversammlung benötigt[209]. Außerhalb der Hauptversammlung kann das Auskunftsrecht nicht ausgeübt werden. Die Auskunft ist vom Vorstand der Gesellschaft zu geben und erstreckt sich auf alle Angelegenheiten des Unternehmens, die für die Kontroll-, Vermögens- und Gewinninteressen des Aktionärs von Bedeutung sind[210]. Der Vorstand kann die Auskunft nur bei Vorliegen der in § 131 (3) AktG abschließend aufgezählten Tatbestände verweigern.

Neben diesen Informations- und Kontrollrechten der aktuellen Aktionäre sind für börsennotierte Gesellschaften im Börsenrecht weitere Informationsinstrumente für die aktuellen und auch potentiellen Anteilseigner kodifiziert[211]. Insbesondere mit der Transformation der drei das Börsenrecht betreffenden EG-Richtlinien[212] in das deutsche Recht wurden die Publizitäts- und Verhaltenspflichten des Managements von im amtlichen Handel und im geregelten Freiverkehr notierten Gesellschaften nach Erteilung der Zulassung erweitert[213]. Neben der Pflicht zur regelmäßigen Aufstellung und Publizität eines Zwischenberichtes gem. § 44 b BörsG[214] ist noch die Ad-hoc-Publizität gem. § 44 a Abs. 1 S. 1 BörsG (künfig § 16 WpHG)[215] als innerperiodisches Informationsinstrument zum Anlegerschutz vorgesehen. Nach dem Entwurf eines WpHG wird das Management künftig auch dazu verpfichtet, Änderungen in der Anteilseignerstruktur zu veröffentlichen. Nach den §§ 33 und 34 WpHG i.V.m. § 28 WpHG wird eine öffentliche Mitteilung erforderlich, sobald ein Aktionär durch Erwerb, Veräußerung oder auf sonstige Weise 5 %, 10 %, 25 %, 50 % oder 75 % der Stimmrechte erreicht, überschreitet oder unterschreitet.

---

208 Vgl. Baetge/Fischer/Paskert (Lagebericht, 1989).

209 Vgl. Kort (Informationsrecht, 1987) S. 46 ff.; Reuter (Auskunftsrecht, 1988) S. 2618.

210 Vgl. Schmidt (Gesellschaftsrecht, 1986) S. 642; Zöllner (Aktiengesetz, 1988) § 131, Rn. 18.

211 Vgl. zur Übersicht Schwark (Kapitalmarktrecht, 1987) S. 2041 ff.

212 Vgl. Europäische Gemeinschaft (14. EG-Richtlinie, 1980); Europäische Gemeinschaft (15. EG-Richtlinie, 1979); Europäische Gemeinschaft (16. EG-Richtlinie, 1982).

213 Vgl. hierzu allgemein Schwark (Kapitalmarktrechte, 1987) S. 2041 ff.; Schäfer (Börsenrechts, 1987) S. 953 ff.

214 Vgl. Körbich (Zwischenberichten, 1989) S. 1477 ff.; Busse von Colbe/Reinhardt (Zwischenberichterstattung, 1989); Bridts (Zwischenberichtspublizität, 1990.); Baetge/Schlösser (Zwischenberichterstattung, 1993) S. 226 ff.

215 Vgl. Pellens (Ad-hoc-Publizitätspflicht, 1991) S. 62 ff.

2. *Veränderung der Rechtsstellung der Aktionäre des Mutterunternehmens durch Konzernbildung*

Wird vom Vorstand einer Aktiengesellschaft im Rahmen der Geschäftsführung gem. § 76 AktG, ggf. mit Zustimmung des Aufsichtsrates gem. § 111 (4) AktG, eine Mehrheitsbeteiligung erworben bzw. durch Ausgründung einzelner, nicht wesentlicher Vermögensgegenstände eine Neugründung vorgenommen[216] und anschließend ein faktisches Konzernverhältnis nach § 18 (1) AktG etabliert[217], so verändern sich die aktienrechtlichen Herrschafts- und Vermögensrechte der Aktionäre des MU hierdurch nicht unmittelbar. Weil sich die Aktionärsrechte nach Art und Umfang nicht auf einzelne Vermögensgegenstände selbst beziehen, sondern unabhängig von der Vermögenszusammensetzung der Gesellschaft sind, erhalten sie auch keine Mitgliedschaft an der erworbenen bzw. ausgegliederten Gesellschaft. Entsprechend können die Aktionäre auch auf die Konzernleitung und Konzernauflösung keinen unmittelbaren Einfluß ausüben. Trotz der beschriebenen rechtlichen Schutzmechanismen, die sich in der vierten Entwicklungsphase herausgebildet haben, verändert sich materiell-rechtlich die Kapitalbeteiligung an der Aktiengesellschaft, die jetzt MU eines Konzerns geworden ist, gegenüber der Beteiligung an der vormals konzernfreien Gesellschaft[218].

Der Umfang der Veränderung differiert je nach gewähltem bilateralen Konzernverhältnis zwischen Mutter- und TU[219]. Die jetzt von der Gesellschaft gehaltenen Mitgliedschaften an den TU werden grundsätzlich vom Vorstand des MU wahrgenommen. Die Herrschafts- und Vermögensrechte der Aktionäre des MU können dadurch ausgehöhlt werden, wie im folgenden gezeigt wird.

a) Potentielle Aushöhlung der Herrschaftsrechte

Die mit der Konzernbildung verbundenen Kompetenzverschiebungen zugunsten des Managements können sich auf nahezu sämtliche Herrschaftsrechte der Aktionäre des MU niederschlagen[220]. Wie an der nachstehenden Abbildung deutlich wird, können hiervon sowohl Struktur-, Einfluß- als auch Finanzentscheidungsrechte betroffen sein.

---

216 So bei der Neuorganisation großer deutscher Konzerne wie z.B. des Daimler-Benz und RWE-Konzerns, vgl. Reinhard (Ausgliederung, 1990) S. 1 ff.

217 Vgl. zum Phasenplan bei der Konzernbildung: Schneider (Konzernverfassung, 1986) S. 1994 f.

218 Vgl. Lutter (BGHZ, 1987) S. 453.

219 Vgl. Hommelhoff (Konzernleitungspflicht, 1982) §§ 14 - 16.; Emmerich/Sonnenschein (Konzernrecht, 1989) S. 26 ff. Vgl. zu betriebswirtschaftlichen Argumenten bei der Wahl der Konzernform: Küting (Unternehmenspolitische Aspekte, 1980) S. 375 ff.

220 Vgl. Hirte (Bezugsrechtsausschluß, 1986), der von einem Kompetenzverlust "in die Tiefe des Konzerns" spricht, S. 157.; Trescher (Unternehmensverfassung, 1989) S. 64.

Aktienrechtliche Zuständigkeit der Aktionäre des Mutterunternehmens im Konzern

Organzuständigkeit im:	Mutterunternehmen	Tochterunternehmen ohne (bzw. mit) Minderheiten (MI)
Strukturentscheidungen		
Satzungsänderungen §§ 179 ff.	HV mit 3/4 Mehrheit	HV = Vorstand MU (+MI); wegen Teilübereinstimmung der Satzung indirekt HV des MU
Auflösung und Abwicklung §§ 262 ff.	HV mit 3/4 Mehrheit	HV = Vorstand MU (+MI)
Unternehmensverträge §§ 291 ff.	HV mit 3/4 Mehrheit	HV = Vorstand MU (+MI); teilweise über HV des MU (BGH)
Eingliederung §§ 319 f.	HV mit 3/4 Mehrheit	HV = Vorstand MU (+MI); teilweise über HV des MU (BGH)
Verschmelzung §§ 339 ff.	HV mit 3/4 Mehrheit	HV = Vorstand MU (+MI); teilweise über HV des MU (BGH)
Vermögensübertragung §§ 359 ff.	HV mit 3/4 Mehrheit	HV = Vorstand MU (+MI); teilweise über HV des MU (BGH)
Einflußentscheidungen		
Wahl des Aufsichtsrates (AR) § 101	HV mit einfacher Mehrheit	HV = Vorstand MU (+MI)
Geschäftsführung bei § 119 (2)	HV mit einfacher Mehrheit	HV = Vorstand MU (+MI)
Entlastung des AR § 120	HV mit einfacher Mehrheit	HV = Vorstand MU (+MI); teilweise über HV des MU durch Entlastung über einheitliche
Entlastung des Vorstandes § 120	HV mit einfacher Mehrheit	HV = Vorstand MU (+MI); Leitung anhand des Informationsrechtes gem. §§131, 337(4)
Bestellung von Sonderprüfern § 142	HV mit einfacher Mehrheit	HV = Vorstand MU (+MI)
Bestellung der Abschlußprüfer § 318 HGB	HV mit einfacher Mehrheit	HV = Vorstand MU (+MI); teilweise indirekt über HV des MU
Finanzentscheidungen		
Gewinnverwendung §§ 58, 174	HV mit einfacher Mehrheit	HV = Vorstand MU (+MI)
Kapitalerhöhung §§ 182 ff.	HV mit 3/4 Mehrheit	HV = Vorstand MU (+MI); bei Bezugsrechtsausschluß eventuell auch HV des MU (BGH)
Kapitalherabsetzung §§ 222 ff.	HV mit 3/4 Mehrheit	HV = Vorstand MU (+MI)

Abb. 4: Kompetenzverteilung im aktienrechtlichen Konzern

aa) Strukturentscheidungsrechte

Die von den Aktionären in der Hauptversammlung über ihr Stimmrecht zu fällenden Strukturentscheidungen umfassen die Festlegung und Änderung der Satzung (§ 23 i.V.m. §§ 179 - 181 AktG), die Auflösung der Gesellschaft (§§ 262, 263 AktG), den Abschluß von Unternehmensverträgen (§ 293 AktG), die Eingliederung (§ 319 AktG) bzw. Verschmelzung (§§ 339 - 341 AktG) und die Vermögensübertragung gem. §§ 359 - 368 AktG und bedürfen allesamt einer qualifizierten Mehrheit des vertretenen Grundkapitals.

Wegen der zwingenden Zuständigkeitsordnung in der Aktiengesellschaft werden die Strukturentscheidungen im TU vom Vorstand des MU als Vertreter der Anteilsmehrheit und eventuell vorhandenen Minderheitsgesellschaftern des TU getroffen. In seinem Entscheidungsverhalten ist der Vorstand jedoch an die Statuten des MU gebunden. So beschränkt der in der Satzung des MU gem. § 23 (3) Nr. 2 AktG festgelegte Unternehmensgegenstand das Tätigkeitsfeld des Vorstandes[221]. Der Erwerb eines TU mit einem vom MU abweichenden Tätigkeitsfeld wird als eine mittelbare Erweiterung der Tätigkeit des MU angesehen und würde daher eine faktische Satzungsänderung beinhalten[222]. Folglich muß der Gegenstand des gesamten Konzerns durch die Satzungsformulierung des MU abgedeckt sein, so daß eine von den Statuten des MU abweichende Tätigkeit des TU der vorherigen Satzungsänderung und damit nach § 179 AktG der Zustimmung der Hauptversammlung des MU bedarf[223]. Daß neben der Tätigkeitsübereinstimmung auch die Konzernbildung selbst in der Satzung des MU für zulässig erklärt werden muß und damit die Zustimmung der Hauptversammlung des MU erfordert, ist wenig umstritten[224]. Von daher verwundert es auch kaum, daß die statutarischen Gegenstandsbeschreibungen häufig sehr weit formuliert sind und den Erwerb von Beteiligungen bzw. die Gründung von TU beinhalten[225].

Beim Abschluß von Unternehmensverträgen, bei der Eingliederung, Verschmelzung und Vermögensübertragung des TU ist für die Kompetenzzuständigkeit der Hauptversammlung des MU nach dem Vertragspartner zu differenzieren. Ist das MU selbst Partner derartiger Verträge, so muß die Hauptver-

221 Vgl. Timm (Konzernspitze, 1980) S. 87 ff.
222 Lutter (Holdingprobleme, 1981) S. 216 ff.
223 Vgl. Westermann (Organzuständigkeiten, 1984) S. 361 f.
224 Vgl. Kropff (Konzernleitungspflicht, 1984) S. 130; Würdinger (Aktienrecht, 1981) S. 273.
225 Vgl. Ebenroth (Konzernleitungskontrolle, 1987) S. 31, nach dem häufig z.B. folgender Wortlaut verwandt wird: "Die Gesellschaft ist berechtigt, Beteiligungen gleicher oder verwandter Art zu erwerben oder Tochtergesellschaften zu gründen." Kritisch dazu: Barz (AktG, 1970) § 23, Rn. 11.

sammlung des MU mit 2/3 Mehrheit zustimmen[226]. Werden derartige Verträge vom TU mit anderen Konzernunternehmen oder Konzernfremden geschlossen, so ist von einer Zustimmungsbedürftigkeit der Hauptversammlung des MU bisher nur dann auszugehen, wenn einer der Vertragspartner bereits in einem Vertragskonzernverhältnis zum MU steht[227]. Nach der Rechtsprechung des BGH im Holzmüller-Fall[228] und bereits früher im Hoesch-Fall[229] ist darüber hinaus von einer Zustimmungsbedürftigkeit der Hauptversammlung des MU für Unternehmensverträge eines TU mit Dritten - auch bei faktischen Konzernverhältnissen - immer dann auszugehen, wenn hierdurch die Struktur des MU nachhaltig verändert wird[230]. Für wesentliche Strukturänderungen im Konzern, die durch Unternehmensverträge des TU mit Dritten eintreten, geht Lutter davon aus, daß der Vorstand des MU sie so abzuwickeln hat, als würden die Maßnahmen im MU selbst durchgeführt[231].

In der Auflösung eines TU wird vom Aktiengesetz und bisher auch vom BGH kein Eingriff in die Mitgliedschaftsrechte der Anteilseigner des MU gesehen. Hier bleibt es daher bei der aktienrechtlichen Kompetenzabgrenzung, wonach diese Strukturentscheidung im TU allein vom Vorstand des MU und eventuellen Minderheiten getroffen wird.

Insgesamt ist damit für den Umfang der Strukturentscheidungsrechte der Aktionäre des MU im Fall der Konzernbildung festzuhalten, daß sie sich bei Vertragskonzernen direkt (Unternehmensverträge gem. §§ 291 ff) und bei faktischen Konzernverhältnissen - zumindest wenn sie zu wesentlichen Strukturänderungen im MU führen - indirekt (Satzungsänderung gem. §§ 179 - 181 AktG) auch auf Entscheidungen im TU erstrecken. Diese aus dem AktG bzw. durch Rechtsfortbildung entwickelte Kompetenzverlängerung auf die Hauptversammlung des MU gilt jedoch nicht für die Entscheidungsbefugnis bei der Auflösung eines TU.

---

226 Vgl. Rehbinder (Unternehmensverbindungen, 1977) S. 581 ff.
227 Vgl. zu dieser Diskussion: Säcker (Aktionäre, 1988) S. 271 ff.; Ebenroth/Parche (Vertragskonzern, 1989) S. 640; Heckschen (Unternehmensvertrag, 1989) S. 1275; zur Zulässigkeit: Geßler (Aktiengesetz, 1976) § 291, Rn. 54 ff.
228 Vgl. BGH (BGHZ, 83) S. 122 ff.
229 Vgl. BGH (BGHZ, 82) S. 188 ff.
230 Vgl. auch Koppensteiner (Aktiengesetz, 1988) § 293, Rn. 40.
231 Vgl. Lutter (Organzuständigkeiten, 1985) S. 849 f.

bb) Einflußentscheidungsrechte

Erfordern die Strukturentscheidungen im TU teilweise noch die Mitwirkung der Hauptversammlung des MU, so gilt dies in weitaus geringerem Umfang bei den Einflußentscheidungen. De lege lata können wegen der einfachen Mehrheitserfordernisse sämtliche Einflußentscheidungen im TU allein vom Vorstand des MU gefällt werden. Durch die vom Vorstand des MU unmittelbar (z.B. bei einem TU in der Rechtsform der GmbH) oder mittelbar über die Wahl der Kapitalvertreter des Aufsichtsrates zu wählenden Mitglieder der Geschäftsführung des TU läßt sich im Konzern eine nahezu beliebige personelle Verflechtung zwischen den Gesellschaften erzeugen. So lassen sich Konstellationen beobachten, in denen ein Vorstandsmitglied des MU gleichzeitig als Vorstandsvorsitzender des TU (Vorstands-Doppelmandate) tätig wird und ein anderes Vorstandsmitglied des MU dem Aufsichtsrat des TU vorsteht[232]. Obwohl derartige personelle Verflechtungen im Konzern möglicherweise die Rechtsfolgen eines qualifizierten faktischen Konzerns mit dem Entstehen eines Haftungsverbundes zwischen den Konzernunternehmen auslösen[233], führen sie dazu, daß die unterhalb des MU angesiedelte Unternehmensgruppe von einem sich nahezu ausschließlich selbst kontrollierenden Konzernmanagement geführt wird[234]. Sofern der Aufsichtsrat des MU mit der Konzernbildung auch als Überwachungsorgan des gesamten Konzerns tätig wird und damit auch indirekt die Leitung der TU kontrolliert[235], ist dies auch für die Kompetenzen der Aktionäre des MU von Bedeutung. Mit der Entlastung des Aufsichtsrates des MU gem. § 120 AktG entscheiden sie dann auch über die Zweckmäßigkeit der gesamten Konzernüberwachung. Von einer Pflicht zur Konzernüberwachung des Aufsichtsrates des MU wird aber regelmäßig nur in einem zentral organisierten Konzern ausgegangen, so daß bei einer dezentralen Konzernstruktur die Entlastungserklärung der Aktionäre des MU weitgehend auf die Überwachungstätigkeit im MU beschränkt bliebe[236].

---

232 So z.B. bei Daimler-Benz AG, Veba AG, Thyssen AG, RWE AG. Vgl. von Werder (Vorstands-Doppelmandate, 1989) S. 37 f.; Säcker (Mehrfachfunktionen, 1987) S. 59 ff.; vgl. die rechtstatsächlichen Untersuchungen bei Gerum/Richter/Steinmann (Unternehmenspolitik, 1981) S. 345 ff.; Albach/Kless (Personelle Verflechtungen, 1982) S. 959 ff.; Holtmann (Personelle Verflechtungen, 1989) S. 89 ff.; Decher (Personelle Verflechtung, 1990) S. 20 ff.

233 Vgl. Hoffmann-Becking (Gesellschafterschutz, 1986) S. 570 ff.; Säcker (Mehrfachfunktionen, 1987) S. 59; kritisch dazu: Lutter (qualifizierte faktische Konzern, 1990) S. 183; differenziert: Decher (Personelle Verflechtung, 1990) S. 219 f.

234 Vgl. Bernhard (Vorstandsstrukturen, 1986) S. 8.

235 Vgl. so die Forderung von Semler (Aufsichtsrates, 1980) S. 202 ff. und Götz (Zustimmungsvorbehalte, 1990) S. 646.

236 Vgl. Hommelhoff (Konzernleitungspflicht, 1982) S. 188 ff.; Semler (Aufsichtsrates, 1980) S. 112 f., der den Umfang einer Konzernüberwachungspflicht vom Konzernverhältnis abhängig macht. Vgl. so auch Lutter (Aufsichtsrat, 1984) S. 43 ff.

Der Zentralisierungsgrad des Konzerns bzw. das Konzernverhältnis ist auch für den Umfang der nach § 120 AktG zu entlastenden Vorstandstätigkeit entscheidend. Zumindest in einem zentral geleiteten Konzern muß sich der Vorstand des MU von der Hauptversammlung auch bezüglich der Konzernleitung eine Entlastung erteilen lassen[237]. Ansonsten wäre es kaum zu erklären, warum der Gesetzgeber bei der Aktienrechtsreform von 1965 das eng mit der Entlastung verbundene Auskunftsrecht gem. § 131 AktG auch auf Beziehungen zu TU ausgedehnt[238] bzw. vorgeschrieben hat, daß die Offenlegung des Konzernabschlusses der Entlastungserteilung zeitlich vorangestellt ist[239]. Damit können die Aktionäre des MU in diesen Fällen auch indirekt über die Zweckmäßigkeit der Leitung des TU entscheiden. In einem dezentral geführten Konzern wird davon ausgegangen, daß der Vorstand des MU nur eingeschränkt für die Konzernleitung verantwortlich sei[240]. Dann könnte jedoch die Hauptversammlung des MU in einer ihr unzweckmäßig erscheinenden Führung der TU keinen Grund für die Entlastungsverweigerung des eigenen Vorstandes sehen.

Weil die von der Hauptversammlung einseitig abgegebene Entlastungserklärung eine Entscheidung über die Zweckmäßigkeit und nicht über die Gesetzmäßigkeit der Vorstands- und Aufsichtsratstätigkeit darstellt[241], ist es für den Aktionärsschutz im MU von Bedeutung, inwiefern der Schadensersatzanspruch bei einer Sorgfaltspflichtverletzung der Vorstandsmitglieder gem. § 93 (2) AktG durch die Konzernbildung eingeschränkt werden kann[242]. Auch hier ist wiederum nach der Konzernorganisation zu differenzieren. Zumindest in einem dezentral organisierten Konzern, in dem das Management des TU weitgehend autonom und eigenverantwortlich agiert, ist nicht von einer Organhaftung des Vorstandes des MU gem. § 93 (2) AktG für die Geschäftsführung des TU auszugehen[243]. Da auch eine - dem US-amerikanischen double derivate suit vergleichbare - Schadensersatzklage der Aktionäre des MU gegen den Vorstand des TU im AktG nicht vorgesehen ist[244], bleiben die Aktionäre in derartigen Fällen auf die Durchsetzung ihrer Interessen durch den Vorstand und Aufsichtsrat des MU angewiesen.

---

237 Vgl. Hommelhoff (Konzernleitungspflicht, 1982) S. 194 f.
238 Vgl. Lutter (Binnenstruktur, 1974) S. 357.
239 Vgl. Kropff (Aktiengesetz, 1965) S. 167.
240 Vgl. so für faktisch gebundene TU: Hommelhoff (Konzernleitungspflicht, 1982) S. 194 ff.
241 Vgl. Eckardt (Aktiengesetz, 1976) § 120, Rn. 1.
242 Vgl. Mertens (Aktiengesetz, 1989) § 93, zum Durchsetzungsverlangen der Aktionäre gem. § 147 AktG, vgl. Eckardt (Aktiengesetz, 1976) § 147, Rn. 90 ff.
243 Vgl. Hommelhoff (Konzernleitungspflicht, 1982) S. 210.
244 Vgl. Großfeld (Unternehmenskonzentration, 1968); Bühring-Uhle/Nelle (Konzernklage, 1989) S. 41 ff.

Vollständig dem Einfluß der Hauptversammlung des MU entzogen sind die Einflußentscheidungen der Bestellung von Sonderprüfungen gem. § 142 AktG und Fragen der Geschäftsführung gem. § 119 (2) AktG im TU. Dies gilt grundsätzlich auch für die Wahl des Abschlußprüfers gem. § 318 HGB. Weil im Konzern aus organisatorischen Gründen häufig eine Prüfungsgesellschaft mit der Jahresabschlußprüfung sämtlicher Konzerngesellschaften betraut wird, kann es zumindest zu einer mittelbaren Entscheidungskompetenz der Hauptversammlung des MU kommen.

Insgesamt zeigt sich, daß auch bei den Einflußentscheidungen die Konzernbildung dazu beitragen kann, daß eine Kompetenzverlagerung von der Hauptversammlung des MU auf den Vorstand stattfindet. Zumindest in einem dezentral organisierten Konzern mit ausschließlich faktisch verbundenen TU kann sich der Vorstand und Aufsichtsrat des MU teilweise der unmittelbaren Kontrolle durch die Hauptversammlung bzw. der Verantwortung gegenüber den Aktionären entziehen[245].

cc) Finanzentscheidungsrechte

Durch die Ausgliederung bzw. den Erwerb einer Mehrheitsbeteiligung und die anschließende Etablierung eines Konzernverhältnisses können insbesondere die Finanzentscheidungsrechte der Hauptversammlung des MU materiell ausgehöhlt werden. Dies gilt nahezu gleichermaßen für die Gewinnverwendungsentscheidungen gem. §§ 58, 174 AktG, Kapitalerhöhungsmaßnahmen gem. §§ 182 - 221 AktG und die Kapitalherabsetzungen nach §§ 222 - 241 AktG.

Um die Anteilseigner einer Aktiengesellschaft vor einer unangemessenen Gewinneinbehaltung seitens des Managements zu schützen, sieht § 58 (2) AktG vor, daß ihnen grundsätzlich mindestens 50 % des im handelsrechtlichen Jahresabschluß ermittelten Jahresüberschusses zur Gewinnverwendungsentscheidung zu überlassen sind[246]. Auch nach einer faktischen bzw. vertraglichen Konzernbildung bleibt die Gewinnverwendungskompetenz der Hauptversammlung des MU auf das im Einzelabschluß des MU ausgewiesene Jahresergebnis beschränkt[247]. Die Gewinnermittlung und die Gewinnverwendungsentscheidung in den TU werden von dessen Organen (Vorstand, Aufsichtsrat und Hauptver-

245 Vgl. Bernhard (Vorstandsstrukturen, 1986) S. 8.
246 Vgl. Kropff (Aktiengesetz, 1965) S. 74; Chmielewicz (Gewinnverwendung, 1991) S. 229 ff.
247 Zu den verschiedenen Erfolgskonzeptionen im Konzern vgl. Ordelheide (Konzern, 1986) S. 302 ff.

sammlungen) mit einfacher Mehrheit und folglich regelmäßig vom Vorstand des MU getroffen[248]. Mit Hilfe dieses Kompetenzzuwachses kann die Konzernleitung über entsprechende Gewinnverwendungsbeschlüsse in den TU eine extensive Rücklagenpolitik im Konzern betreiben[249].

Neben der Gewinnverwendungskompetenz hat die Konzernleitung im Rahmen der einheitlichen Leitung noch die Möglichkeit, über konzerninterne Geschäftsbeziehungen und/oder über die Verlagerung von Geschäften mit Dritten zwischen den Konzerngesellschaften, die erzielten Gewinne eines Geschäftsjahres bei den Konzernunternehmen zu beeinflussen bzw. zwischen ihnen zu verschieben[250]. Über beide Maßnahmen kann das Management des MU einen nahezu beliebigen Einfluß auf die bei den einzelnen Konzerngesellschaften ausgewiesenen Jahresergebnisse und auf die Höhe des den Anteilseignern des MU und TU zur Ausschüttung bereitzustellenden Betrages ausüben.

Anhand eines Beispiels sollen die Variationsmöglichkeiten veranschaulicht werden, die sich der Konzernleitung allein bei der Gewinnverwendung gem. § 58 AktG bieten[251]. Ein ausschließlich aus Aktiengesellschaften bestehender faktischer Konzern sei wie folgt organisiert:

---

248 Vgl. hierzu bereits Schlegelberger/Quassowski/Schmölder (Aktienrecht, 1933) S. 154 ff.; Lutter (Binnenstruktur, 1974) S. 361 ff.

249 Vgl. Lutter (Aktiengesetz, 1988) § 58, Rn. 38 ff.; Hefermehl/Bungeroth/Geßler/Kropff (Aktiengesetz, 1984) § 58, Rn. 8 ; Busse von Colbe (Gewinnverwendung, 1987) S. 61 ff.

250 So z.B. die Würzburger Hofbräu AG, die erst durch den Verkauf von Gegenständen des Anlagevermögens an Tochterunternehmen mit hohen Gewinnen, den Jahresfehlbetrag in Höhe des Eigenkapitals im Einzelabschluß ausgleichen konnte. Vgl. Würzburger Hofbräu AG (Geschäftsbericht 1982/83) S. 15 ff.

251 Vgl. Linnhoff/Pellens (Ausschüttungspolitik, 1987) S. 990 f.; Lutter (Aktiengesetz, 1988) § 58, Rn. 38 ff.

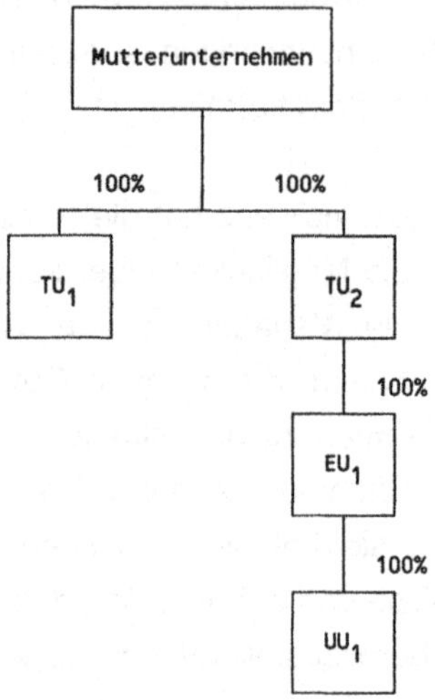

Abb. 5: Mehrstufige Konzernorganisationsform

Weiter sei angenommen, daß konzerninterne Geschäftsbeziehungen nicht vorliegen und damit über die einheitliche Leitung Gestaltungsspielräume bei der Gewinnverteilung auf einzelne Konzerngesellschaften nicht wahrgenommen werden. Es sei zeitkongruente Gewinnvereinnahmung unterstellt[252]. Zunächst sei angenommen, daß in Übereinstimmung mit § 58 (2) AktG der Hauptversammlung jeweils 50% des Jahresüberschusses zur Verfügung gestellt werden. Der Bilanzgewinn wird in voller Höhe an die jeweilige Muttergesellschaft ausgeschüttet. Die Unternehmen erzielen aus ihren Geschäften mit konzernfremden Gesellschaften folgenden Jahresüberschuß (JÜ) in Geldeinheiten (ohne Beteiligungserträge): MU 3000, TU_1, TU_2, EU_1 und UU_1 jeweils 1000 im Unternehmensverbund, insgesamt also 7000 GE. Die Unternehmensleitung der MU stellt der Hauptversammlung dann folgenden Betrag (BG) zur Verfügung:

$$BG_{MU} = \sum_{i=1}^{n} JÜ_i \times Q_{EA}{}^j = 2.187{,}50 \text{ GE, mit:}$$

$JÜ_i$ = Jahresergebnis der Konzerngesellschaft;
Q_{EA} = Gewinnverwendungsquote der jeweiligen Hauptversammlung (hier = 0,5 = 50%)
j = Konzernstufe (j=1=MU; j=2=TU; j=3=EU; j=4=UU).

252 Vgl. Busse von Colbe/Ordelheide (Konzernabschlüsse, 1993) S. 439 ff.; Meilicke (Dividendenansprüche, 1990) S. 9 f.

Der Betrag von 2.187,50 GE entspricht 31,25 % des vom Konzern durch Geschäfte mit Dritten insgesamt erzielten Jahresüberschusses; 68,75 % des im Konzern erwirtschafteten Jahresüberschusses werden in Form von Rücklagen - auf die Konzerngesellschaften verteilt - einbehalten.

Wird durch einen vom Vorstand des MU gem. § 58 AktG herbeigeführten Hauptversammlungsbeschluß in den TU eine volle Thesaurierung des in TU erwirtschafteten Ergebnisses erreicht, so reduziert sich die Ausschüttung des MU auf 1.500 GE oder rund 21 % des Konzernergebnisses.

Durch eine vorherige Gewinnverlagerung auf die TU kann das Management den der Hauptversammlung des MU zur Verwendung zu stellenden Betrag noch weiter vermindern oder gar einen Verlustausweis erzeugen[253]. Obgleich die Aktionäre des MU im vorliegenden Fall die alleinigen Anteilseigner des gesamten Konzerns sind, kann ihnen ein wesentlich größerer Teil als 50 % des Jahresüberschusses des Konzerns als Gewinnverwendungsbetrag vorenthalten werden. Umgekehrt kann die Sachverhaltsgestaltung vom Management aber auch dazu genutzt werden, im MU einen Gewinn auszuweisen und an die Aktionäre auszuschütten, obwohl der Konzern insgesamt einen Verlust erwirtschaftet hat[254]. So können z.B. Vermögensgegenstände an TU zu einem über dem Buchwert liegenden Preis veräußert werden und - um nicht gegen die Schutzvorschriften der §§ 311 - 318 AktG zu verstoßen - anschließend zum Verkaufspreis vom MU zurückerworben werden. Der entstehende Gewinn im MU kann zu Ausschüttungszwecken frei verwendet werden[255].

Dieser Spielraum der Gewinnausweispolitik im Konzern wird tendenziell vergrößert, je ausgeprägter das MU eine Holdingfunktion übernimmt, je mehr die wirtschaftlichen Aktivitäten des Konzerns mit Dritten auf TU verlagert werden oder je mehr Stufen die Konzernorganisation aufzuweisen hat. Fallen durch entsprechende Konzernorganisation erhebliche Teile des Konzerngewinns bei Enkel- oder Urenkelgesellschaften an, kann dieser Gewinn durch die auf den

---

253 Vgl. hierzu bereits ansatzweise: Hannemann (Konzernbilanzen, 1934) S. 27; Mestmäker (Konzerngewalt, 1958) S. 272.

254 Vgl. Ordelheide (Konzernerfolgskonzeptionen, 1987) S. 979 f. So z.B. bei der Würzburger Hofbräu (Geschäftsbericht, 1982) und der Bleyle KG: o.V. (Verstrickte Garne, 1987) S. 50.

255 Zum Zwischengewinnrisiko: Ordelheide (Konzernerfolgskonzeptionen, 1987) S. 979 f.; Busse von Colbe (Konzernverfassung, 1988) S. 252.

einzelnen Stufen stattfindenden Ausschüttungsentscheidungen mehrfach gefiltert werden und entsprechend geringer im Jahresabschluß der Obergesellschaft zum Vorschein kommen[256].

Durch eine entsprechende Gewinnverteilungspolitik auf TU kann die Konzernleitung auch das Anfechtungsrecht eines Hauptversammlungsbeschlusses gem. § 254 (1) AktG, nach dem die Minderheitsaktionäre des MU einen Anspruch auf eine Dividende in Höhe von mindestens 4 % auf den Nennwert ihrer Aktien geltend machen können, weitgehend leerlaufen lassen.

Die Möglichkeit der Rücklagenbildung im Konzern durch Gewinnthesaurierung bei TU und Gewinnverlagerung durch konzerninterne Geschäftsbeziehungen und die damit verbundene Beeinträchtigung der Gewinnverwendungskompetenz der Hauptversammlung des MU wird kaum bestritten und auch vom BGH in der Urteilsbegründung zum Holzmüller-Fall zumindest ansatzweise erkannt[257].

Die Zuständigkeitsordnung der Organe des MU ändert sich im Anschluß an eine Konzernierung substantiell auch bei den Entscheidungen über die Eigenkapitalausstattung des Konzerns. Obwohl im AktG über verschiedene Regulierungen gesichert ist, daß die individuelle Anteilsquote eines einzelnen Aktionärs (Nennwert seiner Aktien/Grundkapital) nicht ohne dessen Zustimmung z.B. durch Managemententscheidungen verändert werden kann[258], greifen diese Schutzmechanismen im Anschluß an eine Konzernbildung nur noch eingeschränkt. Wird der Konzern aus dem Blickwinkel der Aktionäre des MU als ein einheitliches Unternehmen angesehen, dem sie ihr Kapital zur Verfügung gestellt haben, so lassen sich vielfältige Gestaltungsmöglichkeiten des Managements des MU zur Beeinflussung der individuellen konzernweiten Anteilsquote [Nennwert seiner Aktien/(Grundkapital$_{MU}$ + Grundkapital$_{MI}$)] und damit der Anteilseignerstruktur feststellen. Die Maßnahmen zur Eigenkapitalveränderung lassen sich hinsichtlich der Zustimmungserfordernis bzw. Beteiligung des Aktionärs des MU wie folgt systematisieren:

---

256 Siehe als Beispiel die Erläuterung des Unterschiedes zwischen den Jahresüberschüssen des Einzelabschlusses und der Konzernabschlüsse der Thyssen AG (Geschäftsbericht 1986) S. 53.

257 Vgl. Bundesministerium der Justiz (Unternehmensrechtskommission, 1980) Rn. 1289; BGH (BGHZ, 83) S. 124 f.

258 So wird z.B. das Bezugsrecht des Aktionärs vom Gesetzgeber als eines der "wirtschaftlich wichtigsten Mitgliedschaftsrechte" angesehen. Vgl. Kropff (Aktiengesetz, 1965) S. 305.

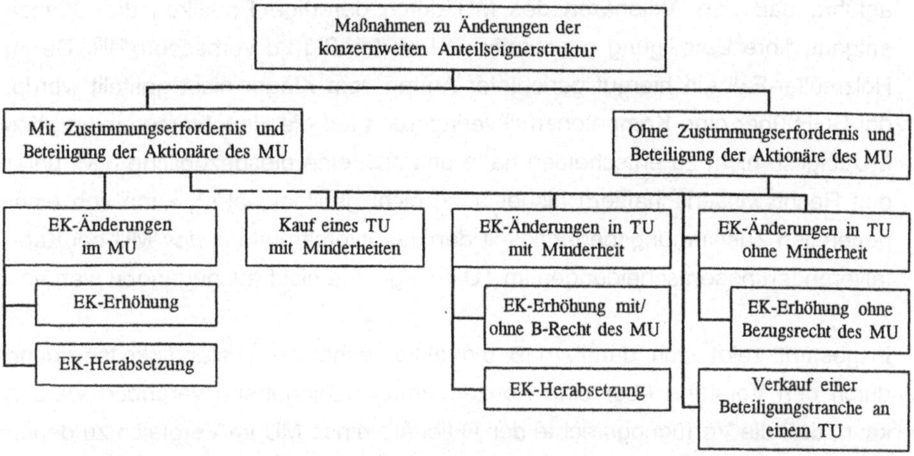

Abb. 6: Maßnahmen zur Eigenkapitalaufnahme im Konzern

Wird der Zuständigkeitsregelung für Maßnahmen der Kapitalherabsetzung im TU - wie auch den Auflösungsbeschlüssen - bisher kaum materielle Bedeutung zugemessen, so ist dies anders für Kapitalerhöhungsentscheidungen im TU. Insbesondere wenn im TU die Kapitalerhöhung unter Ausschluß des Bezugsrechts gem. § 186 (3) AktG zur Aufnahme Dritter beschlossen wird oder wenn bei einem börsennotierten TU das Bezugsrecht des MU ganz oder teilweise an Dritte veräußert wird, so kann dies auch mittelbare Rückwirkungen auf die Mitgliedschaft der Aktionäre des MU haben[259]. An einem Konzern, der vorher z.B. ausschließlich aus 100 %-igen TU bestand und damit allein von den Aktionären des MU getragen wurde, können auf diese Weise ohne Zustimmung der Aktionäre weitere Anteilseigner beteiligt werden[260]. Gleiches gilt auch für den Fall, daß vom Vorstand direkt eine Beteiligungstranche an einem TU an Dritte veräußert wird[261]. Neben den möglichen Vermögensverschiebungen zuungunsten der Aktionäre des MU und den Konsequenzen, die aus der dann notwendigen Berücksichtigung der Minderheitsinteressen resultieren, erhält das Management hiermit die Möglichkeit, gestaltend auf die Aktionärsstruktur des Konzerns einzuwirken[262].

---

259 Vgl. hierzu Timm (Hauptversammlungskompetenzen, 1980) S. 183 f.; Hirte (Gesellschaftsinteresse, 1990) S. 374 f., der hierin meist den Grund für einen Bezugsrechtsausschluß sieht. Vgl. zur Kapitalerhöhung in der GmbH unter Ausschluß des Bezugsrechts: Priester (Bezugsrecht, 1980) S. 1925 ff.

260 Vgl. Semler (Verwaltungsbefugnis, 1983) S. 1573.

261 Vgl. bereits Wieland (Handelsrecht, 1931) S. 383; Timm (Konzernspitze, 1980) S. 138 ff.

262 Vgl. so z.B. die Vorstellung des Hoechst-Finanzvorstandes, o.V. (Strukturierung, 1991) S. 16. Zur Diskussion in den USA vgl. Eisenberg (Corporation, 1976) S. 213 ff.

Auch diese potentielle Kompetenzaushöhlung der Hauptversammlung des MU wurde vom BGH im Holzmüller-Fall gesehen, wenn er in der Urteilsbegründung anführt, daß den Aktionären des MU durch derartige Praktiken die Chance entgeht, "ihre Beteiligung quantitativ und wertmäßig zu verbessern"[263]. Da im Holzmüller-Fall ein hierauf gerichteter Antrag vom Kläger nicht gestellt wurde, der BGH über eine Kompetenzrückverlagerung auf die Hauptversammlung des MU folglich nicht zu entscheiden hatte und sich eine diesbezügliche h.M. unter den Rechtswissenschaftlern bisher auch nicht gebildet hat[264], kann von einer generellen Zustimmungsbedürftigkeit der Hauptversammlung des MU bei Kapitalveränderungsentscheidungen im TU de lege lata nicht ausgegangen werden.

Insgesamt zeigt sich damit, daß die aktienrechtliche Zuständigkeitsordnung durch den Vorstand über eine Konzernierung dahingehend verändert werden kann, daß die Verfügungsrechte der Aktionäre eines MU im Vergleich zu denen einer konzernfreien Aktiengesellschaft materiell weitgehend eingeschränkt werden. Der Vorstand erhält durch die Konzernbildung einen Kompetenzzuwachs, der seinen Leitungsspielraum wesentlich erweitert. So bietet sich ihm im Konzern die Möglichkeit, z.B. zusätzliches Eigenkapital, das ihm die Aktionäre des MU verweigern würden, über eine Kapitalerhöhung im TU von Dritten oder durch eine extensive Konzernrücklagenpolitik zu beschaffen.

b) Veränderung der Informationsrechte

Den aus der Konzernbildung resultierenden Einschränkungen der Verfügungsrechte der Aktionäre des MU hat der Gesetzgeber bisher überwiegend durch zusätzliche Informations- und Kontrollinstrumente zu begegnen versucht[265]. Die Anteilseigner eines MU sollen hierdurch die Möglichkeit erhalten, den erweiterten Handlungsspielraum des Konzernmanagements zu kontrollieren. So wird ihnen über den Offenlegungsanspruch aus §§ 20 f. AktG im Rahmen der Hauptversammlung ein Auskunftsrecht über Angelegenheiten des MU, Transaktionen zwischen Mutter- und TU (§ 131 Abs. 1 AktG) und über die isolierte wirtschaftliche Entwicklung aller im Konzernabschluß konsolidierten Gesellschaften (§ 337 Abs. 4 AktG) zugestanden um z.B. eine fundierte Entscheidung über die

---

263 BGH (BGHZ, 83) S. 125.
264 Vgl. Ebenroth (Konzernleitungskontrolle, 1987) S. 40 f.
265 Vgl. Kropff (Akiengesetz, 1965) S. 14 ff.

Entlastung von Vorstand und Aufsichtsrat treffen zu können[266]. Zu den umfassendsten gesetzlich geregelten Schutzmaßnahmen der Anteilseigner gehört seit der Aktienrechtsreform von 1965 das im Regelfall mit Beginn der Konzernierung zusätzlich zu publizierende Rechenschaftsinstrument des Konzernabschlusses.

In einer konzernfreien Aktiengesellschaft werden aus dem Jahresabschluß nicht nur die beschriebenen Rechtsfolgen abgeleitet, sondern er ist auch als Rechenschaftsinstrument für die Darstellung der wirtschaftlichen Lage heran zuziehen[267]. Er soll folglich u.a. den aktuellen Aktionären als Informationsbasis dienen, damit diese die Aktivitäten des Managements kontrollieren, ihre Herrschaftsrechte ausüben und zusätzlich auch ihre Anlageentscheidung überprüfen können. Zur Aufgabenerfüllung hat der Gesetzgeber die dem Jahresabschluß zugrundeliegenden Abbildungskonventionen weitgehend in §§ 238 - 289 HGB standardisiert.

Mit dem Erwerb bzw. der Gründung einer TU erhält das Management zu dem beschriebenen Kompetenzzuwachs bei der Aufteilung der Verfügungsrechte gegenüber den Aktionären die Möglichkeit, durch vielfältige Sachverhaltsgestaltungen zwischen MU und TU, die im Einzelabschluß ausgewiesene Vermögens-, Finanz- und Ertragslage erheblich zu variieren[268] und damit die an die Aktionäre regelmäßig zu gebenden Informationen weitgehend zu beeinflussen. Diese vielfältigen Gestaltungsspielräume haben z.B. in den USA dazu beigetragen, daß auf die Informationen des Einzelabschlusses eines MU gänzlich verzichtet werden kann, wenn von der Verwaltung ein Konzernabschluß veröffentlicht wird[269]. In der Bundesrepublik Deutschland besteht der Gesetzgeber auch weiterhin auf der Publikation des Einzelabschlusses[270], weil dieser formaljuristisch für die Rechtsbeziehung zwischen Gesellschaft und Aktionären relevant bleibt[271]. Auch bei der Transformation der 4. und 7. EG-RL konnte auf

266 Vgl. hierzu Ebenroth (Auskunftsgegenstandes, 1970) S. 104 ff.; Kort (Informationsrecht, 1987) S. 52 ff.; zur einschränkenden Rechtsprechung: Reuter (Auskunftsrecht, 1988) S. 2618. Vgl. zu einem aktuellen Beschluß des LG Berlin über das konzernweite Auskunftsrecht eines Aktionärs der Allianz AG: Ebenroth/Wilken (Auskunftsrecht, 1993) S. 1818 ff.

267 Vgl. zu den gesetzlichen Jahresabschlußaufgaben: Stützel (Bilanztheorie, 1967) S. 314 ff.; von Wysocki/Halbinger (Bilanz, 1981) Sp. 162; Egner (Bilanzen, 1981) S. 13 ff. Ausführlich zur Kontrollfunktion Moxter (Publizitätsvorschriften, 1962) S. 86 ff.; Hartmann-Wendels (Rechnungslegung, 1991) S. 140 ff.

268 Vgl. Münstermann (Konsolidierte Bilanzen, 1957) S. 348; Pfleger (Sachverhaltsgestaltung, 1982) S. 2145 ff.; Busse von Colbe/Ordelheide (Konzernabschlüsse, 1993) S. 16 ff.

269 Vgl. Bartholomew/Brown/Muis (Konzernabschlüsse, 1981) S. 147; kritisch dazu: Moonitz (Consolidated Statements, 1944) S. 9.

270 Vgl. jedoch im Gegensatz dazu die Siemens AG, die seit 1990 den Einzelabschluß im Geschäftsbericht nicht mehr publiziert und ihn nur noch auf gesonderte Anfrage verschickt.

271 Vgl. Kropff (Aktiengesetz, 1965) S. 437.

die Publizität des Einzelabschlusses nicht verzichtet werden, da ein diesbezügliches Wahlrecht in den EG-RL nicht vorgesehen war.

Weil zumindest die Vertragskonzernunternehmen, aber auch die 100%-igen TU vom Konzernmanagement aufgrund der nicht gebotenen Berücksichtigung von Minderheitsinteressen durch vielfältige Sachverhaltsgestaltungen als bilanzpolitischer Puffer für den Einzelabschluß des MU verwendet werden können, ist für die Rechenschaftslegung des MU auch die Vermögens-, Finanz- und Ertragslage der TU zu berücksichtigen. Dies wollte der Gesetzgeber durch die Pflicht zur Aufstellung und Publizität eines Konzernabschlusses erreichen.

Inwiefern die Aktionäre durch den Konzernabschluß hinsichtlich der Informationsversorgung den Anteilseignern einer konzernfreien Aktiengesellschaft gleichgestellt werden sollten, läßt sich aus den Gesetzesbegründungen nicht entnehmen. So heißt es z.B. in der Begründung zum RegE des AktG 1965 auch nur, daß die Aktionäre durch den Konzernabschluß "den für ihre rechtlichen Verhältnisse maßgebenden Jahresabschluß der Obergesellschaft mit anderen Augen betrachten"[272].

Folgt man der Gesetzesbegründung zum AktG 1965, so sollten die bei der Konzernbildung gesehenen Kompetenzänderungen zwischen Leitung und Anteilseignern durch entgegengesetzte Kontrollmöglichkeiten zumindest teilweise kompensiert werden[273]. Ob die vom MU zu publizierenden Einzel- und Konzernabschlüsse den Anteilseignern einen äquivalenten Informationsstand vermitteln, wie ihn die Aktionäre einer konzernfreien Aktiengesellschaft durch den Jahresabschluß erhalten, wird auch nach der Transformation der 7. EG-RL in deutsches Recht (§§ 290-315 HGB) nur wenig diskutiert[274].

Der Konzernabschluß nach §§ 290-314 HGB bildet die wirtschaftliche Entwicklung grundsätzlich aller Konzernunternehmen in einer zusammengefaßten Rechnung ab[275]. Als "Einzelabschluß des Konzerns" ist er gem. § 297 Abs. 3 HGB nach der Fiktion der rechtlichen Einheit aufzustellen. Diese Abbildungskonvention führt dazu, daß in ihm das MU und alle konsolidierten TU derart zusammengefaßt werden, als seien sie ein rechtlich einheitliches Unter-

---

272 Kropff (Aktiengesetz, 1965) S. 453.

273 Vgl. hierzu die Begründung zum RegE des AktG 1965 bei: Kropff (Aktiengesetz, 1965) S. 14 ff.

274 Vgl. hierzu Busse von Colbe (Rechnungslegungspflichten, 1987) S. 117 ff.

275 Vgl. zu den unterschiedlichen Konzernabgrenzungen nach AktG und HGB: Ulmer (Begriffsvielfalt, 1987) S. 623 ff.

nehmen[276]. Die Äquivalenz zur Abbildung eines Einzelabschlusses ist in § 298 Abs. 1 HGB kodifiziert. Obwohl hiermit für den Konzernabschluß grundsätzlich auch die in den §§ 246 ff. HGB für den Einzelabschluß vorgeschriebenen Grundsätze ordnungsmäßiger Bilanzierung (GoB) gelten[277], führen einige Konsolidierungsgrundsätze zu einer abweichenden Konkretisierung der GoB im Konzernabschluß. So erfahren z.B. das Realisationsprinzip und der Vollständigkeitsgrundsatz durch die Anwendung der Equity-Bewertung für assoziierte Unternehmen, die Bilanzierungspflicht von aktivischen latenten Steuern, die Einbeziehungsverbote bzw. -wahlrechte gem. §§ 295, 296 HGB eine veränderte Ausprägung als im Jahresabschluß eines unverbundenen Unternehmens.

Werden diese gegenüber einem Einzelabschluß veränderten Abbildungsregelungen in der Literatur durchweg noch positiv für den Aussagegehalt eines Konzernabschlusses gedeutet, so können die vielfältigen Konsolidierungswahlrechte in den §§ 290 ff. HGB eine ordnungsgemäße Rechenschaftslegung beeinträchtigen[278]. Darüber hinaus liegt dem Konzernabschluß nach §§ 290 ff. HGB anders als dem Konzernbegriff nach § 18 AktG keine eindeutige Abgrenzung zwischen Konzern und Umwelt zugrunde, sondern es wird von einem stufenweisen Übergang ausgegangen[279]. Ob eine derart unscharf ausgestattete Abgrenzung der Rechenschaftseinheit für die Beurteilung der Managementaktivitäten hilfreich ist, kann in Frage gestellt werden. Zumindest läßt sie den Aussagewert des Konzernabschlusses von dem eines Jahresabschlusses einer unverbundenen Gesellschaft abrücken[280].

Auch wenn sich aus den Konzernabschlüssen z.B. für die Anteilseigner und Gläubiger des Konzerns entscheidungsrelevante Informationen ableiten lassen[281] und damit der Informationswert der handelsrechtlichen Konzernabschlüsse hier nicht angezweifelt werden soll, bleibt dennoch zu fragen, ob sie der komplexen Konzernstruktur gerecht werden, damit die Aktionäre eines MU die Geschäftsführung, vergleichbar zu den Anteilseignern eines unverbundenen Unternehmens, kontrollieren können[282]. Durch die Abbildungsregel der Fiktion der rechtlichen Einheit aller Konzerngesellschaften werden die Anteilseigner dazu verleitet, bei der Beurteilung der Vermögens-, Finanz- und Ertragslage des

276 Vgl. Busse von Colbe/Ordelheide (Konzernabschlüsse, 1993) S. 28 ff.

277 Vgl. Ordelheide (Konzernerfolgskonzeption, 1987) S. 982 ff.

278 Vgl. Faß (Konzernierung, 1991) S. 145 f.

279 Vgl. Busse von Colbe (Equitymethode, 1986) S. 249 ff.

280 Vgl. Klein (Konzernbilanzpolitik, 1989); Piltz (Erfahrungen, 1989).

281 Vgl. Busse von Colbe (Informationswert von Konzernabschlüssen, 1969) S. 87 f.; Müller (Konzernabschluß, 1988) S. 35, sowie die empirische Untersuchung von Pellens (Informationswert, 1989) S. 264 f.

282 Vgl. so auch Fischer (Kapitalstruktur, 1989) S. 257 f.

MU vornehmlich auf den Konzernabschluß zurückzugreifen und die dahinter stehende rechtliche Vielfalt des Konzerns zu ignorieren. Die Vernachlässigung der rechtlichen Vielfalt im Konzern ist indes aus dem Blickwinkel der Aktionäre des MU nur dann zu akzeptieren, wenn der konzerninternen Verteilung der gesamten wirtschaftlichen Aktivitäten keine Bewandtnis zukommt. Dies ist jedoch aus mehreren Gründen zu bezweifeln:

- Je mehr die wirtschaftlichen Aktivitäten von TU ausgeführt werden, umso mehr sind die Verfügungsrechte der Aktionäre des MU eingeschränkt. Den Umfang dieser Verfügungsrechtseinschränkungen können die Einzel- und Konzernabschlüsse eines MU alleine nicht verdeutlichen.
- Weil die Verwaltung des MU bei der Konzernleitung gem. § 311 AktG das Eigeninteresse der faktischen TU stärker als bei Vertragskonzernunternehmen bzw. eingegliederten Gesellschaften zu beachten hat, kann sie nicht für die wirtschaftliche Entwicklung aller TU gleichermaßen verantwortlich gemacht werden. Der Konzernabschluß kann dann für die Überprüfung der ordnungsgemäßen Geschäftsführung durch die Aktionäre des MU und damit für deren Entlastungserteilung gem. § 120 AktG nur eingeschränkt relevant sein.
- Die Konzernverhältnisse zwischen Mutter- und Tochterunternehmen sind auch bei der Risikoeinschätzung der Konzernaktivitäten von Bedeutung, da das MU nur mit Vertragskonzerngesellschaften bzw. eingegliederten Gesellschaften einen gesetzlich erzwungenen Haftungsverbund eingeht.

Der nach der Fiktion der rechtlichen Einheit aufgestellte handelsrechtliche Konzernabschluß kann diese - für die Aktionäre des MU bedeutsamen - konzernspezifischen Besonderheiten nicht berücksichtigen. Von daher liefert er zwar Informationen über den gesamten Unternehmensverbund, ohne daß jedoch Differenzierungen hinsichtlich der bilateralen Konzernverhältnisse innerhalb der Gruppe möglich sind.

Neben den vorwiegend auf Gesellschafterinteressen abstellenden handelsrechtlichen Rechnungslegungsvorschriften wird der Konzerntatbestand auch bei den primär für alle Aktienmarktteilnehmer konzipierten börsenrechtlichen Informationsinstrumenten insofern berücksichtigt, als die Zwischenberichterstattung vom MU gem. § 44 b (1) BörsG i.V.m. § 56 BörsZulV auch auf Konzernebene vorgenommen werden kann[283]. Auch wenn dem konzernweiten Zwischenbericht - ebenso wie dem Konzernabschluß selbst - die fehlende Möglichkeit einer Differenzierung zwischen den einzelnen Konzerngesellschaften anhaftet, so berücksichtigt er doch zumindest die wirtschaftlichen Aktivitäten der TU[284].

Inwiefern unter die in § 44 a BörsG (künftig § 16 WpHG) vorgeschriebe Ad-hoc-Publizitätspflicht auch konzernweite Tatbestände fallen, ist offen[285]. Nach § 44 a (1) S. 1 BörsG sind vom Emittenten zugelassener Wertpapiere alle Tatsachen unverzüglich zu veröffentlichen, die in seinem Tätigkeitsbereich eingetreten sind und dem Publikum nicht bekannt sind, wenn sie wegen der Auswirkungen auf die Vermögens- und Finanzlage oder den allgemeinen Geschäftsverlauf des Emittenten zu einer erheblichen Kursänderung zugelassener Aktien führen können oder, im Fall zugelassener Schuldverschreibungen, die Fähigkeit des Emittenten, seinen Verpflichtungen nachzukommen, beeinträchtigen können. Auch der Börsenvorstand ist über die zu veröffentlichenden Tatsachen unverzüglich zu unterrichten. Dieser kann die Unternehmen von der Veröffentlichungspflicht nach § 44 a (1) S. 2 BörsG befreien, wenn diesen hierdurch ein nicht zu rechtfertigender Nachteil droht.

Insgesamt folgt hieraus, daß die Publizitätspflichten eines MU durch eine Konzernbildung deutlich ausgeweitet werden, so daß die Aktionäre des MU auch Informationen über die wirtschaftlichen Aktivitäten des gesamten Konzerns erhalten. Die Frage, ob das erweiterte Auskunftsrecht gem. § 131 (1) AktG, der nach §§ 290 ff. HGB zusätzlich zu erstellende Konzernabschluß und die zusätzlichen börsenrechtlichen Informationsinstrumente für eine äquivalente Informationsversorgung ausreichen, soll hier noch nicht beantwortet werden. Sie wird im vierten Kapitel wieder aufgegriffen.

---

283 Hierfür plädieren Busse von Colbe/Reinhard (Zwischenberichterstattungen, 1989) S. 5 f. Nach einer Untersuchung von 70 Aktiengesellschaften (= 66,4 % des im amtlichen Handel notierten Aktienkapitals), die gem. § 44 b BörsG zur Veröffentlichung eines Zwischenberichtes im ersten Halbjahr 1989 verpflichtet waren, publizieren 59 Unternehmen (= 84 %) ihre Daten zumindest teilweise auch auf Konzernebene. Vgl. Benzler (Zwischenbericht, 1990) S. 16 ff. Zu ähnlichen Ergebnissen Coenenberg/Bridts (Zwischenberichtspublizität, 1992) S. 190 f.

284 Vgl. zur Aufstellung des Konzern-Zwischenberichtes Busse von Colbe/Reinhard (Zwischenberichterstattungen, 1989) S. 42 ff.

285 Vgl. zu dieser Auslegung Pellens (Ad-hoc-Publizität, 1991) S. 65. Weniger restriktiv dagegen: Heidmeier (Ad-hoc-Publizität, 1992) S. 110 ff.

3. *Änderungen in der Rendite-Risiko-Position*

Die mit Beginn der Konzernierung zu verzeichnenden Kompetenzverlagerungen von der Hauptversammlung auf den Vorstand tragen zu einer weiteren Abkoppelung des Eigentums von den Verfügungsrechten bei, die für die Aktionäre des MU trotz der erweiterten Publizitätspflichten des MU von Bedeutung sein kann[286]. Diese Konstellation kann es dem Management ermöglichen - neben der gesetzlich geforderten Berücksichtigung der Interessen von Minderheitsaktionären, Arbeitnehmern und Gläubigern im TU - bei der Konzernleitung auch weniger die Interessen der Aktionäre als vielmehr seine eigenen Ziele zu verfolgen[287].

Sofern die Zielvorstellungen der verschiedenen Konzernbeteiligten nicht miteinander harmonieren, können im Unternehmensverbund gegenüber einer Einzelgesellschaft damit zusätzliche Konfliktpotentiale entstehen. Lassen sich darüber hinaus die Managementhandlungen im Konzern wegen der veränderten Kontrollinstrumente möglicherweise auch weniger effizient beobachten, so bedeutet dies für die Aktionäre des MU, daß ihre Kapitalbeteiligung mit zusätzlichen Risiken ausgestattet ist. Die aus einer Interessenpluralität resultierenden potentiellen Konflikte können zusätzliche Verteilungsfragen innerhalb des Konzerns aufwerfen und vor allem zu einer ineffizienten Ressourcenallokation innerhalb der Unternehmensgruppe beitragen[288].

Weil von derartigen Interessenkollisionen bereits regelmäßig in der konzernfreien Aktiengesellschaft ausgegangen wird[289], ist zu erwarten, daß diese im Unternehmensverbund eine weitere Dimension gewinnen[290]. Dies gilt sowohl für die klassischen Eigner-Manager-Konflikte[291] und Eigner-Gläubiger-Kon-

---

286 Vgl. zu empirischen Untersuchungen über die Auswirkungen der Verfügungsrechtsänderungen in einer Einzelgesellschaft: Coenenberg/Schmidt/Werhand (Entscheidungswirkungen, 1983) S. 321 ff.; Bühner (Rendite-Risiko-Effekte, 1984) S. 812 ff.; Kaulmann (Property rights, 1987), S. 162 ff.

287 Vgl. Schneider (Investition, 1992) S. 614 ff.; Ridder-Aab (Eigentumsrechte, 1980) S. 14 ff.; Wagner (Aktionäre, 1986) S. 24 f.

288 Vgl. so schon für die Einzelunternehmung die Voraussetzungen von Berle/Means (Corporation, 1932) S. 112 ff.

289 Vgl. Chmielewicz (Unternehmensverfassung, 1984) S. 16 ff.; Jensen/Smith (Stockholder, 1985) S. 95 ff.; Swoboda (Kapitalmarkt, 1987) S. 53 ff.

290 Vgl. Ordelheide (Konzernerfolgskonzeption, 1987) S. 975 ff.

291 Vgl. hierzu für die Einzelunternehmung: Jensen/Smith (Stockholder, 1985) S. 102 f.; Swoboda (Kapitalmarkt, 1987) S. 53 f.; Pfaff (Gewinnverwendungsregelungen, 1989) S. 42 ff.; Hartmann-Wendels (Integration, 1990) S. 228 ff.; Wosnitza (Unterinvestitionsproblem, 1990) S. 947 ff.

flikte[292] als auch für im Konzern möglicherweise zusätzlich entstehende $Eigner_{MU}$-$Eigner_{TU}$-Konflikte[293]. Die im Vergleich zur Einzelgesellschaft im Konzern zusätzlich entstehenden potentiellen Risiken für die Aktionäre des MU sollen im folgenden dargestellt werden.

a) Risiken aus zusätzlichen Manager-Eigner-Konflikten

Die aus der Spezialisierung und Arbeitsteilung entstandene Trennung von Eigentum und Verfügung über das Eigentum an einem Unternehmen kann dazu beitragen, daß das Management bei der Geschäftsführung auch Entscheidungen fällt, die zwar seinen eigenen Nutzen bzw. den anderer Unternehmensbeteiligter erhöhen, aber nicht im Interesse der Aktionäre liegen[294]. Derartige Managementhandlungen, die zum Nachteil der Anteilseigner erfolgen, werden um so leichter möglich, je weniger marktmäßige bzw. gesetzliche Kontroll- und Sanktionsmechanismen greifen, je weniger Anreizsysteme den Aktionären an die Hand gegeben werden, mit denen sie den Vorstand zu einer aktionärsfreundlichen Geschäftspolitik motivieren können und je breiter z.B. das Aktienkapital des MU gestreut ist[295], weil dann die einzelnen Aktionäre kaum Anreize für eine intensive Kontrolle erhalten. Aktionärsschädigende Handlungen können mit unterschiedlichen Managementinteressen begründet werden, die sich wie folgt differenzieren lassen[296].

aa) Veränderung des Überinvestitionsrisikos im Konzern

Sofern das Management einer Aktiengesellschaft das eigene Einkommen über eine gem. § 86 (2) AktG am frei verwendbaren Jahresüberschuß bemessene Gewinnbeteiligung steigern kann, wird der Vorstand möglicherweise dazu neigen, anstehende Investitionsprojekte nach dem Gewinnkriterium zu beurteilen[297]. Ein solches Managementverhalten kann aus dem Blickwinkel der Aktionäre dann zu einer Überinvestition im Unternehmen führen, wenn die Anteilseigner durch eine Investition der gleichen Risikoklasse außerhalb der

292 Vgl. Debus (Konzernrecht, 1990) S. 9 ff., der diese Probleme für den Unternehmensverbund unter der Prämisse einer Manager-Eigner-Interessenharmonie behandelt.

293 Vgl. Kirchner (Analyse des Konzernrechts, 1984) S. 230 ff. und den Ausblick bei Debus (Konzernrecht, 1990) S. 158 ff.

294 Vgl. hierzu die Diskussion bei Ridder-Aab (Eigentumsrechte, 1980) S. 70 ff.

295 Vgl. Jensen/Smith (Stockholder, 1985) S. 100 f., die z.B. von einer Steigerung der Agency-Kosten bei Publikumsgesellschaften gegenüber Personengesellschaften ausgehen. Kritisch hierzu Swoboda (Kapitalmarkt, 1987) S. 63 f.

296 Vgl. Swoboda (Kapitalmarkt, 1987) S. 53 f.; Pfaff (Gewinnverwendungsregelungen, 1989) S. 42 ff.

297 Vgl. zu diesen Methoden Busse von Colbe/Laßmann (Betriebswirtschaftstheorie, 1990) S. 23 f. Zur Problematik Laux (Tantiemesysteme, 1975) S. 611 ff.

Gesellschaft eine höhere Rendite erzielen können[298]. Die restriktive Gesetzesformulierung in § 86 (1) AktG, die für eine Gewinnbeteiligung des Managements einen Anteil am Jahresgewinn der Gesellschaft vorsieht und andere Berechnungsgrundlagen nur bedingt zuläßt[299], behindert unternehmensindividuelle anreizverträglichere Entlohnungssysteme[300]. Weil die Verfügungsrechte der Aktionäre, dem Unternehmen finanzielle Mittel zu entziehen, i.d.R. auf den Bilanzgewinn beschränkt sind, können sie das Überinvestitionsrisiko auch durch Kapitalentzug nur beschränkt eingrenzen[301].

Im Anschluß an eine Konzernbildung kann sich für die Aktionäre des MU das Risiko von Überinvestitionen aufgrund der aktienrechtlichen Kompetenzverteilung durch verschiedene Tatbestände verändern. Partizipiert z.B. der Konzernvorstand durch Vorstands-Doppelmandate auch an den Jahresergebnissen der TU gem. § 86 (2) AktG, so steigern Gewinnverlagerungen auf TU trotz anschließender Gewinnthesaurierung bei den TU die Managementtantieme, vermindern die Kapitalentzugsrechte aller Konzernanteilseigner[302] und erhöhen den Handlungsspielraum des Konzernvorstandes.

Aber auch bei fehlender personeller Verflechtung im Konzern kann sich das Überinvestitionsrisiko über die Verminderung der Gewinnverwendungsrechte der Aktionäre erhöhen, wenn der Arbeitsvertrag des Vorstandes des MU eine Konzernerfolgsbeteiligung vorsieht, die sich am Jahresergebnis des Konzernabschlusses bzw. an anderen konzernweiten Erfolgsgrößen orientiert. Eine Vergütung des Vorstandes des MU in Abhängigkeit von konzernweiten Erfolgsgrößen ist in der Bundesrepublik Deutschland durchaus üblich[303]. Die Konzernleitung kann durch eine vom Einzelabschluß des MU abweichende erfolgsteigernde Konzernabschlußpolitik das eigene Einkommen erhöhen, ohne daß sich die wirtschaftliche Leistungsfähigkeit der Unternehmensgruppe verändert hat und ohne daß zusätzliche Kapitalentzugsrechte der Aktionäre geschaffen

---

298 Vgl. Ballwieser/Schmidt (Unternehmensverfassung, 1981) S. 645 ff.; Wagner (Ausschüttungskompetenzen, 1988) S. 212 ff.; Schneider (Investition, 1992) S. 636 f.

299 Vgl. Hefermehl (Aktiengesetz, 1984) § 86 , Tz. 7; zur rechtstatsächlichen Relevanz unterschiedlicher Bezugsgrößen vgl. Kienbaum (Vergütungsstudie, 1987); Schwalbach (Managervergütung, 1990) S. 13 f.

300 Vgl. hierzu Laux (Tantiemesysteme, 1975) S. 597 ff.

301 Vgl. bereits Berle (Revolution, 1954) S. 35 ff.; Jensen (Takeovers, 1986) S. 323; Wagner (Ausschüttungskompetenzen, 1988) S. 213 f.

302 Vgl. die empirischen Ergebnisse von Linnhoff/Pellens (Ausschüttungspolitik, 1987) S. 994 ff., die ein derartiges Managementverhalten zumindest bei großen Publikumsgesellschaften vermuten lassen.

303 Vgl. zur Zulässigkeit nach § 86 AktG: Mertens (Aktiengesetz, 1989) § 86, Rn. 9. Zur Bedeutung Kienbaum (Vergütungsstudie, 1987), nach der die erfolgsabhängige Entlohnung des Vorstandes des MU regelmäßig an konzernweite Erfolgsgrößen gebunden ist.

werden. Weil die Gewinnverwendungskompetenz im TU beim Vorstand des MU liegt, gilt das Überinvestitionsrisiko im Unternehmensverbund gleichermaßen für den faktischen und den vertraglich abgesicherten Konzern.

bb) Zusätzliche Möglichkeiten zum Managementkonsum im Konzern

Zusätzlich zum Überinvestitionsrisiko besteht für die Aktionäre einer konzernfreien Aktiengesellschaft die Gefahr, daß das Management nicht nur eigene finanzielle Einkommensinteressen verfolgt, sondern über die Unternehmensleitung auch ihre nichtpekuniären Interessen, wie z.B. Macht- und Statusstreben bzw. Konsum nichtgeldlicher Vorteile, befriedigt. Derartig motivierte Managementhandlungen, die den Einsatz von Unternehmensressourcen erfordern, ohne daß sie zur Steigerung des Marktwertes des Eigenkapitals der Gesellschaft beitragen, liegen nicht im Interesse der Anteilseigner[304]. So können z.B. insbesondere die von vielen Wirtschaftsmagazinen jährlich ermittelten Unternehmensrankings, die sich meist ausschließlich an den Umsatzzahlen orientieren, das Management dazu verleiten, sein Statusstreben weniger über eine Effizienzsteigerung, als vielmehr über eine Umsatzmaximierung zu befriedigen[305].

Die Möglichkeiten des nichtpekuniären Managementkonsumes lassen sich durch eine Konzernbildung aus dem Blickwinkel des Vorstandes des MU möglicherweise verbessern und erhöhen damit das potentielle Anlagerisiko der Aktionäre. Weil das Management durch eine Konzernorganisation zusätzliche Verfügungsrechte erhält, läßt sich deren Statusstreben z.B. nach Umsatzmaximierung durch Erwerb neuer TU[306] vor allem dann leichter realisieren, wenn den Aktionären keine weiteren Anreiz- bzw. Kontroll- und Sanktionsmechanismen zur Verfügung stehen.

Da das Geschehen in den TU dem unmittelbaren Einfluß der Aktionäre weitgehend entzogen ist, die Organhaftung des Vorstandes des MU gem. § 93 AktG zumindest in einem dezentral organisierten faktischen Konzern nicht die Aktivitäten des TU umfaßt und auch der Selbstfinanzierungsspielraum durch eine extensive Rücklagenpolitik erhöht werden kann, fehlen den Aktionären des MU im Vergleich zu denen einer konzernfreien Aktiengesellschaft zusätzliche Sank-

304 Vgl. Jensen/Meckling (Agency Costs, 1976) S. 305 ff.

305 Vgl. Jensen (cash flow, 1986) S. 323 ff.; zu verschiedenen Managementzielen Wenger (Schutzrechten, 1989) S. 452 f.

306 Vgl. so z.B. Spindler (Kapitalmarktrisiko, 1985) S. 37, der hierin eine Ursache für die anhaltende Konzernierung sieht.

tionsmechanismen. Die Kontrolle der Managementhandlungen, z.B. in einem international diversifizierten Konzern, soll den Aktionären zwar durch die Veröffentlichung eines Konzernabschlusses erleichtert werden[307], hierbei ist indes zu beachten, daß die bilanzpolitischen Spielräume im Konzernabschluß eine derartige Kontrolle erschweren[308] und daß eine Kontrolle anhand des Einzel- und Konzernabschlusses auch zusätzliche Kosten für die Aktionäre verursacht.

cc) Veränderung des risikoscheuen Investitionsverhaltens

Als weitere Ursache des Manager-Eigner-Konflikts im Einzelunternehmen wird die aus dem Blickwinkel der Aktionäre bestehende Gefahr eines zu risikoscheuen Investitionsverhaltens des Vorstandes gesehen[309]. Die Eigenkapitalgeber werden i.d.R. nur einen gewissen Teil ihres gesamten Vermögens in Aktien anlegen. Das Einkommensrisiko aus diesem Vermögensanteil können sie darüber hinaus noch durch eine breit gestreute Portefeuillebildung reduzieren.

Ist die Einkommensunsicherheit des Managements hinsichtlich dessen Arbeitseinkommens dagegen von der wirtschaftlichen Entwicklung der von ihm geführten Gesellschaft und damit vom gesamten Unternehmensrisiko abhängig, so ist zu erwarten, daß der Vorstand aus dem Blickwinkel der Aktionäre häufig eine zu risikoscheue Unternehmenspolitik verfolgt[310].

Durch eine vom Vorstand vorgenommene Konzernbildung kann sich dieses Konfliktpotential verändern[311]. Wenn die Konzernleitung durch eine gezielte Unternehmensdiversifizierung bzw. durch eine Ausgliederung besonders risikoreicher Investitionen in TU[312], mit denen kein Haftungsverbund besteht, das gesamte Konzernrisiko zu vermindern sucht[313], sichert dies den Einkommens-

307 Vgl. so bereits zur Regierungsbegründung des AktG von 1965: Kropff (Aktiengesetz, 1965) S. 453.

308 Vgl. Schneider (Investition, 1992) S. 656 f., der bereits bei der Erstellung des Einzelabschlusses einen zu hohen bilanzpolitischen Spielraum des Managements für eine ordnungsgemäße Rechenschaftslegung sieht.

309 Vgl. Jensen/Meckling (Kapitalmarkt, 1976) S. 349 ff.; Easterbrook (Dividends, 1984) S. 653; Fama/Jensen (Agency Problems, 1983) S. 329 ff.

310 Vgl. Ballwieser/Schmidt (Unternehmensverfassung, 1981) S. 669 ff.; Schildbach (Jahresabschluß, 1986) S. 74; zur Veränderung der Risikoeinstellung des Managements bei unterschiedlichen Erfolgslagen vgl. Kahnemann/Tversky (Prospect, 1979) S. 268 f.

311 Vgl. Amihud/Lev (Risk, 1981) S. 605 ff., die eine Konzernbildung aus dem Wunsch nach Risikoreduzierung für das amtierende Management begründen.

312 Vgl. Bühner (Unternehmensteilbereichen, 1986) S. 2341 ff.

313 Vgl. Bühner (Unternehmensdiversifikation, 1983) S. 1023 ff.

strom des Managements. Weil die Aktionäre - in der Modellwelt des CAPM - aber durch die eigene Portefeuillebildung das durch quantitative Wahrscheinlichkeiten meßbare unsystematische Unternehmensrisiko bereits weitgehend wegdiversifizieren können, liegt diese Unternehmensstrategie nicht zwingend in ihrem Interesse.

Werden nach der Konzernbildung risikoreichere Einzelinvestitionen durchgeführt, vermindert sich das Einkommensrisiko der Konzernleitung auch dann, wenn diese Investitionen von TU vorgenommen werden, deren Verlustrisiken vom MU im Fall der Haftungsseparation nicht zu übernehmen sind. Für die Anteilseigner ergeben sich auch dann noch keine Veränderungen aus der Konzernbildung, solange sich gegenüber der Ausgangssituation das Gesamtrisiko der Unternehmensgruppe nicht verändert.

Lediglich wenn die Risikoneigung des Managements nach der Konzernbildung insgesamt steigt und das Konzernrisiko über dem vorherigen Risiko des Einzelunternehmens liegt, würde die Konzernbildung zu einer Angleichung der Risikoeinstellungen zwischen Aktionären und Management führen. Die Konzernleitung könnte hierbei ihr eigenes Einkommensrisiko insofern vermindern, als die risikoreichen Investitionen z.B. von faktisch verbundenen ausländischen TU vorgenommen werden, deren Verluste nicht auf das MU durchschlagen und die auch im Konkursfall nicht aus Reputationsgründen vom MU abzusichern sind. Ob durch die Konzernbildung eine derartige Steigerung der Risikobereitschaft des Leitungsorgans zu verzeichnen ist, ist bisher noch unklar.

b) Risiken aus zusätzlichen Eigner-Eigner-Konflikten

Neben den Manager-Eigner-Konflikten können die Eigner-Eigner-Konflikte im Unternehmensverbund dann eine neue Dimension gewinnen, wenn an TU noch Minderheiten beteiligt sind[314]. Im Einzelunternehmen konzentrieren sich die Eigner-Eigner-Konflikt meist auf Verteilungsfragen, z.B. zwischen Mehrheits- und Minderheitsanteilseigner bzw. Alt- und Neuaktionären[315]. Aus diesen Verteilungsfragen können dann Effizienzwirkungen resultieren, wenn z.B. aufgrund der potentiellen Konflikte zwischen Alt- und Neuaktionären eine Kapitaler-

---

314 Vgl. Debus (Konzernrecht, 1990) S. 193 ff.
315 Vgl. Schildbach (Jahresabschluß, 1986) S. 74.

höhung unter Ausschluß des Bezugsrechtes gem. § 186 (3) AktG nicht durchgesetzt werden kann und damit Investitionen nicht mehr finanzierbar sind[316].

Bleiben nach dem Erwerb eines TU an diesem noch Minderheitsaktionäre beteiligt oder werden durch eine Kapitalerhöhung unter Ausschluß des Bezugsrechtes des MU bzw. durch Verkauf einer Beteiligungstranche neue Minderheiten im TU geschaffen, können hieraus für die Aktionäre des MU zusätzliche Risiken entstehen. Auch wenn in der juristischen Literatur bisher meist das schutzwürdige Interesse der Minderheiten im Vordergrund steht[317], so ist die Existenz bzw. die Schaffung von Minderheiten in TU auch für die Aktionäre des MU von Interesse.

Die Konflikte, die z.B. durch eine Kapitalerhöhung in TU unter Ausschluß des Bezugsrechts des MU gem. § 186 (3) AktG auftreten, liegen auf der gleichen Ebene, wie die in einer konzernfreien Aktiengesellschaft. Sie können für die Aktionäre des MU aber insofern bedeutungsvoller werden, als sie wegen der Kompetenzteilung im Konzern hierauf de lege lata keinen unmittelbaren Einfluß nehmen können und auch der Gleichbehandlungsgrundsatz gem. § 53 a AktG zwischen den Aktionären von MU und TU nur eingeschränkt gilt[318]. Die Existenz von Minderheitsgesellschaftern in faktischen TU und deren Streben nach einer Marktwertmaximierung ihres Unternehmens kann neben den Verteilungsfragen aber auch Effizienzminderungen für den gesamten Konzern bzw. für das MU zur Folge haben. Dies gilt z.B. dann, wenn besonders risikoreiche Investitionen wegen der Schutzklausel in § 311 (1) AktG vom MU nicht auf das TU übertragen werden können, obwohl hier größere Synergiepotentiale zu erwarten sind.

Je nach Beteiligungshöhe der Minderheiten und Konzernverhältnis zwischen MU und TU können sich die eventuell divergierenden Interessen der jeweiligen Anteilseignergruppen unterschiedlich auswirken. Besteht zwischen den Gesellschaften z.B. ein faktisches Konzernverhältnis, so hat das Konzernmanagement das Eigeninteresse des TU gem. § 311 AktG grundsätzlich vorrangig vor dem Konzerninteresse zu berücksichtigen[319]. Die Beachtung des Eigeninteresses

---

316 Vgl. Myers/Majulf (Corporate Financing, 1984) S. 187 ff.; Milde (Dividendenhöhe, 1990) S. 335; zu gleichen Problemen beim Gang an die Börse vgl. Uhlir (Börse, 1989) S. 2 ff.

317 Vgl. Lehmann (Minderheitenrechte, 1983) S. 113 ff.; Rehbinder (Minderheiten- und Gläubigerschutz, 1986) S. 85 ff.; zu wirtschaftlichen Konsequenzen der Minderheitsaktionäre: Kirchner (Analyse des Konzernrechts, 1984) S. 249 f.; Debus (Konzernrecht, 1990) S. 196 ff.

318 Vgl. Lutter/Zöllner (Aktiengesetz, 1968) § 53a, Rn. 44 ff.

319 Vgl. Emmerich/Sonnenschein (Konzernrecht, 1989) S. 323 f.

des TU wird faktisch zunehmen, je höher die Minderheitenanteile sind oder wenn sie sich auf weniger Personen verteilen, da dann die Gefahr der Inanspruchnahme von Minderheitsrechten zunimmt. In durch Beherrschungsvertrag verbundenen TU mit Minderheiten muß diesen gem. § 304 (1) AktG eine angemessene Garantiedividende zugesichert werden, die dazu führen kann, daß selbst bei einer Verlustsituation des TU die Aktionäre des MU in gleicher Höhe auf Gewinnansprüche in ihrer Gesellschaft verzichten müssen[320].

c) Risiken aus zusätzlichen Eigner-Gläubigern-Konflikten

Auch wenn von dem beschriebenen Konfliktpotential zwischen den jeweiligen Anteilseignergruppen einerseits und der Konzernleitung und den Aktionären des MU andererseits abstrahiert wird, können Interessenpluralitäten zwischen Eignern und Gläubigern bestehen bleiben. Diese werden meist aus dem Blickwinkel der Gläubiger gesehen und beschreiben die Gefahren von Managementhandlungen, die über eine Vermögens- bzw. Risikoverschiebung zu Lasten der Gläubiger den Nutzen der Eigner erhöhen[321]. Das Risiko der Gläubiger wird vor allem in der Möglichkeit einer Verminderung der Haftungsmasse - z.B. durch Ausschüttungen aus Gewinnrücklagen - gesehen, die nach Abschluß des Kreditvertrages, durch weitere Fremdkapitalaufnahme finanziert werden kann. Auch hinter einer tatsächlich risikoreicheren Investitionspolitik, als sie bei der Kreditaufnahme vereinbart wurde, verbergen sich spezielle Gläubigerrisiken.

Diese Gläubigerrisiken hängen im Konzern auch davon ab, ob es sich beim Schuldner um ein Mutter- oder Tochterunternehmen handelt und ob ein rechtlicher bzw. faktischer Haftungsverbund zwischen Mutter- und Tochterunternehmen besteht[322]. So können für die Gläubiger des MU durch die Konzernbildung gegenüber der Einzelgesellschaft zusätzliche Zwischengewinn- und Kapitalstrukturrisiken zum Vorschein kommen[323].

---

320 Vgl. Schneider (Konzernfinanzierung, 1984) S. 511 ff.

321 Vgl. hierzu Smith/Warner (Financial Contracting, 1979) S. 117 ff.; Drukarczyk (Verschuldung, 1981) S. 307 ff.; Rudolph (Kreditsicherheiten, 1984) S. 34 ff.; Ewert (Rechnungslegung, 1986) S. 12 ff.; Hartmann-Wendels (Dividendenpolitik, 1986) S. 210 ff.; Pfaff (Gewinnverwendungsregelungen, 1989) S. 48 ff.

322 Zum Vergleich der Konzernhaftungsregeln in den USA und der BRD vgl. Drücke (Haftung, 1990). Zur ökonomischen Analyse des Haftungsverbundes vgl. Schwieters (Insolvenzrecht, 1989) S. 224 ff.; Debus (Konzernrecht, 1990).

323 Vgl. Ordelheide (Konzernerfolgskonzeption, 1987) S. 978 ff.; Debus (Konzernrecht, 1990) S. 11 ff.

Das Zwischengewinnrisiko resultiert aus dem Blickwinkel der Gläubiger aus der Möglichkeit, daß die aus konzerninternen Lieferungen entstehenden Gewinne des MU dessen handelsrechtliche Ausschüttungsbemessungsgrundlage erhöhen, ohne daß diese Gewinne aus der Wirtschaftseinheit Konzern vom restlichen Produktions- und Absatzrisiko befreit sind. Das Zwischengewinnrisiko gilt gleichermaßen für Gewinne aus Down-stream- und Up-stream-Lieferungen und ist auch weitgehend unabhängig vom Konzernverhältnis zwischen Mutter- und Tochterunternehmen.

Einem zusätzlichen Kapitalstrukturrisiko sind die Gläubiger des MU dann ausgesetzt, wenn die von ihnen gewährten finanziellen Mittel vom MU z.B. für eine Eigenkapitalerhöhung im TU verwendet werden[324]. Melden Mutter- und Tochterunternehmen Konkurs an, besteht für die Gläubiger des MU das Problem der strukturellen Nachrangigkeit ihrer Forderungen[325], da sie keinen Anspruch an die Konkursmasse des TU stellen können[326].

Für die Gläubiger von in faktischen Konzernverhältnissen stehenden TU können zusätzliche Risiken aus Vermögensverlagerungen zwischen MU und TU daher resultieren, daß z.B. konzerninterne Geschäfte nicht zu üblichen Marktbedingungen abgewickelt werden. So können die TU z.B. im Rahmen von Konzernumlagen dazu verpflichtet werden, Zahlungen an das MU zu erbringen, denen keine äquivalenten Leistungen gegenüberstehen[327]. Für die Gläubiger des TU vermindert sich hiermit der Haftungsfond. Wegen des Haftungsverbundes im Vertragskonzern besteht für die Gläubiger hier kein zusätzliches Vermögensverlagerungsrisiko.

Sofern die Kreditgeber je nach Ausgestaltung des Konzernverhältnisses ihr zusätzliches Risiko antizipieren und mit höheren Zinsforderungen bzw. entsprechenden Sicherheiten oder mit einer Kreditrationierung zu begegnen versuchen[328], wird dies wiederum auch Rückwirkungen auf den Residualanspruch der Aktionäre des MU haben[329]. Dies gilt insbesondere dann, wenn es den

324 Vgl. Schierenbeck (Pyramiden-Effekt, 1980) 254 ff.; Schneider (GmbH-Konzernen, 1986) S. 135, der in diesem Zusammenhang von einer "Eigenkapitalpyramide" spricht. Zu Messungsproblemen vgl. Schneider (Unternehmenskontrolle, 1992) S. 39 ff.

325 Vgl. Schneider (Konzernfinanzierung, 1984) S. 503.

326 Vgl. ähnlich im Fall der gleichzeitigen Vergleichsanträge der Klöckner-Werke AG und der Klöckner-Stahl und Klöckner-Edelstahl. Hier sollen lediglich die Gläubiger des MU und die der beiden TU auf 60 % ihrer Forderungen verzichten, während die Gläubiger der sonstigen Konzerngesellschaften keinen Forderungsverzicht zu erbringen haben.

327 Vgl. zu den alternativen Formen Pfleger (Sachverhaltsgestaltungen, 1982) S. 2145 ff.

328 Vgl. Süchting (Kapitalkosten-Funktionen, 1970) S. 340 f.

329 Vgl. hierzu die Untersuchung von Debus (Konzernrecht, 1990).

Gläubigern gelingt, sich gegen diese Risiken unangemessen hoch zu schützen[330].

In der betriebswirtschaftlichen Literatur werden bereits verschiedene Lösungsvorschläge zur Vermeidung der Interessenkonflikte zwischen Management, Anteilseignern und Gläubigern in der Einzelgesellschaft, z.B. über die Ausgestaltung von Arbeitsverträgen für das Management[331], durch eine Stärkung der Aktionärsrechte[332], eine Verbesserung der Funktionsfähigkeit des Kapital- und Managermarktes[333], über Rechnungslegung[334] bzw. Gewinnverwendungskompetenzen[335] diskutiert. Demgegenüber wird den aus der Konzernbildung zusätzlich resultierenden Konfliktpotentialen bisher nur wenig Aufmerksamkeit geschenkt[336].

d) Renditeerwartungen

Die Organisationsform des Konzerns kann aber auch Effizienzvorteile erzeugen, so daß die Aktionäre ihren Kompetenzverlust durch eine Steigerung des Unternehmenswertes honoriert bekommen. Mit derartigen Effizienz- und Strategievorteilen wird die Konzernbildung vom Management regelmäßig begründet[337]. Für die Frage, inwiefern ein Rendite-Risiko-Vorteil für die Aktionäre des MU entsteht, ist jedoch zu berücksichtigen, daß sie - zumindest bei der Konzernierung zweier Börsengesellschaften - durch eine individuelle Portefeuille-Bildung mit den Aktien beider Gesellschaften bereits Diversifikationsvorteile erzielen können, so daß aus der Konzernbildung mit dem Ziel der Unternehmensdiversifikation kaum Vorteile zu erwarten sind[338]. Für sie ist der Beteiligungserwerb durch das Management und die anschließende Etablierung

---

330 Vgl. Posner (Corporation, 1976) S. 502.

331 Vgl. Ballwieser/Schmidt (Unternehmensverfassung, 1981) S. 645 ff.; Smith/Watts (Incentive, 1982) S. 139 ff.; Laux (Grundprobleme, 1988) S. 24 ff.; Horst/ Schmidt/ Terberger (Risikoaufteilung, 1982) S. 942 ff.

332 Vgl. Eisenberg (Shareholders, 1969) S. 1 ff.

333 Vgl. Ridder-Aab (Eigentumsrechte, 1980) S. 91 ff.

334 Vgl. Zimmermann (Allocations, 1979) S. 504 ff.; Hax (Rechnungslegungsvorschriften, 1988) S. 187 ff.; Ordelheide (Konzernerfolgskonzeption, 1988) S. 269 ff.

335 Vgl. Jensen (Takeovers, 1988) S. 21 ff.; Pfaff (Gewinnverwendungsregelungen, 1989).

336 Vgl. erste Ansätze hierzu von Kirchner (Analyse des Konzernrechts, 1984) S. 223 ff.; Kirchner (Überlegungen zum Konzernrecht, 1985) S. 214 ff.; Ordelheide (Konzernerfolgskonzeptionen, 1987) S. 975 ff.; Busse von Colbe (Konzernverfassung, 1988) S. 245 ff.

337 Vgl. Pausenberger (Konzerne, 1975) Sp. 2234 ff.; Kiser (Tochtergesellschaften, 1987) S. 39 ff.; Ordelheide (Konzern, 1986) S. 300 f.

338 Vgl. Lewellen (Conglomerate Merger, 1971) S. 521 ff.; Süchting, (Finanzmanagement, 1989) S. 91.

eines faktischen Konzernverhältnisses[339] nur dann vorteilhaft, wenn durch das Konzernverhältnis auch finanzielle Synergievorteile[340] und/oder konzernspezifische Risiko- bzw. Vermögensverschiebungen zwischen Minderheitsgesellschaftern und/oder Gläubigern des TU und den Anteilseignern des MU zugunsten letzterer realisiert werden.

Für die Beantwortung der Frage, ob die Konzernbildung bzw. Konzernorganisation aus dem Blickwinkel der Aktionäre des MU überhaupt entscheidungsrelevant ist, kann möglicherweise auf die Ergebnisse der vielfältigen empirischen Untersuchungen zur Vorteilhaftigkeit von Unternehmensakquisitionen zurückgegriffen werden. Diese Untersuchungen gehen der Frage nach, welchen Einfluß der Erwerb einer Mehrheitsbeteiligung auf die Aktienrendite der übernehmenden bzw. übernommenen Gesellschaft ausübt[341].

So werden z.B. in der Untersuchung von Bühner[342] die Kapitalmarktreaktionen auf 90 im Zeitraum von 1973 bis 1985 beim Bundeskartellamt gem. § 23 (2) Nr. 2 S. 3 GWB gemeldeten Unternehmenszusammenschlüsse in Form von Konzernierung ausgewertet. Ausgehend von der Prämisse, daß Informationen über den Erwerb einer Mehrheitsbeteiligung für die Aktienpreisbildung relevant sind, lautet die zu überprüfende Fragestellung: Wie bewerten aktuelle und potentielle Aktionäre der am Zusammenschluß beteiligten Gesellschaften die Unternehmensverbindung? Als Beurteilungsmaßstab für die Bewertung der Akquisition durch die Anteilseigner werden die sich am Aktienmarkt um den Veröffentlichungszeitpunkt widerspiegelnden Aktienkursbewegungen herangezogen. Diese werden jedoch nicht in ihrer absoluten Höhe betrachtet, sondern sie werden vor der Auswertung um allgemeine Marktbewegungen bereinigt. Als Bereinigungsmodell wird auf das von Sharp entwickelte Marktmodell zurückgegriffen[343].

---

339 Im Fall eines vertraglichen bzw. qualifiziert faktischen Konzernverhältnisses läßt sich der Vergleich mit der Portefeuille-Bildung durch die Aktionäre nicht mehr vornehmen, da die Konzernierung hier zu einem Haftungsverbund zwischen MU und TU führt.

340 Vgl. Sautter (Unternehmensakquisitionen, 1989) S. 210 ff.

341 Vgl. Bühner (Marktreaktionen, 1983) S. 330 ff.; Bühner/Spindler (Synergieerwartungen, 1986) S. 601 ff.; Bühner (Reaktionen des Aktienmarktes, 1990) S. 295 ff.; sowie den Überblick zu anglo-amerikanischen Untersuchungen bei Bühner (Unternehmenszusammenschlüsse, 1990).

342 Vgl. Bühner (Reaktionen des Aktienmarktes, 1990) S. 295 ff.

343 Vgl. Sharpe (Portfolio Analysis, 1963) S. 277 ff. Vgl. zu alternativen Bereinigungsmodellen: Brown/Warner (Performance, 1980) S. 213 ff.

Für einen Zeitraum von 24 Monaten vor bis 24 Monate nach Meldung des Unternehmenszusammenschlusses beim Bundeskartellamt kommt Bühner, ebenso wie die Mehrzahl vergleichbarer anglo-amerikanischer Untersuchungen, zu dem Ergebnis, daß der arithmetische Mittelwert der bereinigten monatlichen Aktienrenditen der übernehmenden (übernommenen) Gesellschaften signifikant negative (positive) Werte annimmt[344]. Die Anteilseigner der erwerbenden Gesellschaften erleiden durch den Unternehmenszusammenschluß über den Untersuchungszeitraum eine kumulierte bereinigte Rendite von -9,38 %, wogegen die Aktionäre des übernommenen Unternehmen einen bereinigten Renditezuwachs von insgesamt 27,09 % erhalten[345].

Als Erklärungsgründe für diese von den Kapitalmarktteilnehmern vorgenommene Bewertung des Unternehmenszusammenschlusses führt Bühner u.a. einen zu hohen Kaufpreis der Beteiligung bzw. eine Selbstüberschätzung des Managements der akquirierenden Gesellschaft an[346]. Neben diesen Managementfehlern können die negativen Entwicklungen der bereinigten Aktienrenditen der erwerbenden Unternehmen aber möglicherweise auch über die hiermit verbundenen zusätzlichen Verfügungsrechtseinschränkungen und/ oder die erwartete Beeinträchtigung in der Informationsversorgung erklärt werden.

Diese Interpretationen stehen jedoch allesamt unter dem Vorbehalt der Gültigkeit der implizit unterstellten Untersuchungsprämissen, daß z.B. während des Untersuchungszeitraumes keine überlappenden sonstigen Unternehmensereignisse eingetreten sind[347]. Bei einem mit 48 Monaten überaus langen Untersuchungszeitraum ist mit einer hohen Wahrscheinlichkeit von derartigen überschneidenden Ereignissen, wie z.B. Kapitalerhöhungen und Dividendenänderungen, auszugehen. Vor allem aber, wenn die Prämisse der über den Untersuchungszeitraum angenommenen Stationarität der Regressionskoeffizienten aufgehoben wird, lassen sich die Resultate auch in anderer Weise deuten. So könnten sich für die übernehmenden Unternehmen die Abhängigkeiten vom Marktgeschehen durch den Zusammenschluß verändert haben. Wenn z.B. angenommen wird, daß durch die Akquisition das MU einen verminderten ß-Faktor erhält, wäre die bereinigte negative Renditeentwicklung als An-

---

344 Vgl. Bühner (Reaktionen des Aktienmarktes, 1990) S. 300 ff.; zu den Ergebnissen anglo-amerikanischer Untersuchungen: Bühner (Unternehmenszusammenschlüsse, 1990) S. 24.

345 Vgl. Bühner (Reaktionen des Aktienmarktes, 1990) S. 314.

346 Vgl. Bühner (Reaktionen des Aktienmarktes, 1990) S. 314; zu Erklärungsversuchen vgl. Franke/Hax (Kapitalmarkt, 1988) S. 407.

347 Vgl. Wright/Groff (Information, 1986) S. 92 f.

passungsprozeß auf das verminderte Marktrisiko der Gesellschaft zu interpretieren. Die Anteilseigner passen dann lediglich ihre Renditeforderung an die veränderte Ausgangssituation an und stehen dem Zusammenschluß möglicherweise sogar indifferent gegenüber. In gleicher Weise lassen sich die positiven bereinigten Renditen der Aktionäre der übernommenen Unternehmen bei einem gegenüber dem Kapitalmarkt gestiegenen Risiko interpretieren. Die hieraus resultierende Steigerung des ß-Faktors wäre als höhere Renditeforderung der Aktionäre zu deuten, ohne daß generelle Aussagen über die Vorteilhaftigkeit möglich sind. Hierauf gerichtete Erklärungsversuche werden in den vorliegenden Untersuchungen jedoch nicht vorgenommen.

4. Zusammenfassung

Werden die mit der Konzernbildung für die Anteilseigner des MU verbundenen Konsequenzen zusammengefaßt, so lassen sich bisher vor allem die aus der Kompetenzverschiebung resultierenden Gefahren eines Managementverhaltens, das nicht an den Rendite-Risiko-Zielen der Aktionäre orientiert ist, und nur vage Hoffnungen auf entsprechende Marktwertsteigerungen beobachten. Es liegt daher nahe, die Frage nach einer Neuordnung des Kompetenzgefüges innerhalb des Konzerns zu stellen.

Entsprechend wird die Verfügungsrechtsstruktur im Konzern auch unter den Rechtswissenschaftlern weiterhin intensiv diskutiert. Durchweg unter Vernachlässigung der Informationsrechte der Aktionäre haben sich hierbei zwei entgegengesetzte Meinungsbilder herauskristallisiert. Diese differieren hinsichtlich der grundsätzlichen Annahmen über die Existenz und die Konsequenzen derartiger zusätzlicher Interessenpluralitäten im Unternehmensverbund.

Auf der einen Seite wird den zusätzlichen Konfliktpotentialen im Konzern keine große praktische Bedeutung beigemessen, so daß auch keine Notwendigkeit einer Reform bzw. einem Ausbau der Konzernverfassung gesehen wird[348]. Auf der anderen Seite halten einige Rechtswissenschaftler die bestehende aktienrechtliche Konzernverfassung aus dem Blickwinkel der Anteilseigner des MU für

---

348 Vgl. Beusch (Rücklagenbildung, 1987) S. 25 ff.; Werner (Aktienrecht, 1990) S. 1 ff., sowie die zusammenfassende Diskussion bei Ebenroth (Konzernleitungskontrolle, 1987) S. 24 ff.

unbefriedigend[349]. Sie gehen meist implizit von einer aus den Verfügungsrechtseinschränkungen resultierenden Möglichkeit der Verletzung der Aktionärsinteressen aus und versuchen durch Einzelregelungen den Individualschutz der Anteilseigner - i.d.R. über Analogieschlüsse aus der Unternehmungsverfassung der konzernfreien Aktiengesellschaft - zu verbessern. Diese einzelnen Vorschläge zu einer Veränderung des Kompetenzgefüges im Unternehmensverbund werden im folgenden dritten Kapitel erörtert.

349 Vgl. z.B. Lutter (Binnenstruktur, 1974); Timm (Konzernspitze, 1980); Hommelhoff (Konzernleitungspflicht, 1982); Götz (Konzernobergesellschaft, 1984); Schneider (Mitverwaltungsrechte, 1976), sowie die zusammenfassende Diskussion bei Lutter (Organzuständigkeit, 1985); Emmerich/Sonnenschein (Konzernrecht, 1989).

Drittes Kapitel

Betriebswirtschaftliche und juristische Vorschläge zur Ausdehnung des Anlegerschutzes im Mutterunternehmen

In den aufgezeigten Kompetenzverlagerungen zwischen Hauptversammlung und Vorstand des MU bei der Konzernbildung, Konzernleitung und Konzernauflösung werden - meist unter Vernachlässigung der erweiterten konzernweiten Publizitätspflichten - die Ursachen für die zusätzlichen Risiken der Kapitalbeteiligung eines Aktionärs des MU gesehen. Dies hat dazu geführt, daß vielfältige, insbesondere von Rechtswissenschaftlern formulierte Reformvorschläge innerhalb des Konzernrechts vorliegen. Dabei steht vor allem die Schutzwürdigkeit der Aktionäre des MU im Blickpunkt des Interesses und damit die Schaffung einer Konzernverfassung von oben.

Die hierbei angestrebte Unternehmungsverfassung für den Konzern soll dazu beitragen, durch die Schaffung einer rechtlichen Ordnung dem Konzern die erforderliche allgemeine gesellschaftsrechtliche Akzeptanz zu geben[1]. Die einzelnen Reformvorschläge differieren rechtsdogmatisch danach, ob der Konzern eher als Organisationsform eines einheitlichen Unternehmens oder eher als "Polarität zwischen Einheit des Ganzen und Vielheit der Glieder"[2] anzusehen ist.

Entsprechend dieser Differenzierung lassen sich die Reformvorschläge danach systematisieren, ob eine unmittelbare Modifizierung der Verfügungsrechte der Aktionäre des MU im Konzern angestrebt wird oder ob bereits die Ausweitung bzw. Intensivierung bestehender konzernweiter Informations- bzw. Kontrollinstrumente der Aktionäre für einen effizienten Anlegerschutz im Unternehmensverbund ausreichen. Die Reformvorschläge zur Verbesserung der Rechtsstellung der Aktionäre des MU sollen im folgenden dargestellt werden.

---

1 Vgl. Lutter (Entwicklung des Konzernrechts, 1987) S. 368.

2 Raiser (Konzernbildung, 1964) S. 51.

I. Vorschläge zu einer Veränderung des Kompetenzgefüges zwischen Aktionären und Management

1. *Konzernbildungs- und Konzernerweiterungskompetenz*

Erfordert die vertragliche Konzernbildung (Beherrschungsvertrag und Eingliederung) bereits nach § 293 und § 319 (2) AktG die Zustimmung der Hauptversammlung des MU mit qualifizierter Mehrheit, so fällt die Bildung eines faktischen Konzerns grundsätzlich in den Kompetenzbereich des Vorstandes (§ 76 AktG) und bedarf eventuell der Zustimmung des Aufsichtsrates gem. § 111 (4) AktG. Von einer Zustimmungsbedürftigkeit der Hauptversammlung des MU ist auch nach dem Holzmüller-Urteil lediglich dann auszugehen, wenn der "wertvollste Teil des Gesellschaftsvermögens" in ein TU ausgegliedert wird.

a) Vorschläge in der Literatur

In der betriebswirtschaftlichen und vor allem in der juristischen Literatur sind bisher mehrere Vorschläge bzgl. einer Kompetenzrückverlagerung auf die Hauptversammlung des MU bei der Konzernbildung unternommen worden, die auf unterschiedliche Weise begründet werden[3].

Lutter[4] und Timm[5] sehen den Konzern grundsätzlich als Organisationsform eines einheitlichen Unternehmens und wollen die aktienrechtliche Zuständigkeitsverteilung der Organe einer konzernfreien Aktiengesellschaft analog auf den Konzern anwenden. Dieser wäre folglich vom Vorstand des MU zu leiten, wobei die Grund- bzw. Strukturentscheidungen von der Hauptversammlung des MU zu fällen wären. Damit kommen beide zu dem Ergebnis, daß wie im Vertragskonzern auch bei der faktischen Konzernbildung von einer generellen Zustimmungsbedürftigkeit der Hauptversammlung des MU auszugehen ist.

Hommelhoff[6] sieht im Unternehmensverbund weniger die Organisationsform eines Unternehmens, sondern versucht, die rechtliche Vielfalt und die verschiedenen Konzernformen explizit zu berücksichtigen. Auch wenn seine Unter-

---

3 Vgl. Lutter (Binnenstruktur, 1974); Timm (Hauptversammlungskompetenzen, 1980); Hommelhoff (Konzernleitungspflicht, 1982); für den GmbH-Konzern: Schneider (Mitverwaltungsrechte, 1976). Vgl. die Begründung im Holzmüller-Urteil des BGH (BGHZ, 83) S. 122 ff.

4 Vgl. Lutter (Organzuständigkeiten, 1985) S. 829 ff.

5 Vgl. Timm (Konzernspitze, 1980) S. 11.

6 Vgl. Hommelhoff (EG-Konzernrichtlinien, 1988), zu den folgenden Seitenangaben im Text: Hommelhoff (Konzernleitungspflicht, 1982).

suchung der Frage nachgeht, ob bzw. inwieweit der Vorstand des MU in Abhängigkeit vom zugrundeliegenden Konzernverhältnis zur einheitlichen Leitung des gesamten Konzerns verpflichtet ist (S. 35 ff.), sind die Ergebnisse für die Frage nach der Konzernbildungskompetenz von Interesse.

Ausgehend von § 76 (1) i.V.m. § 23 (2) AktG leitet Hommelhoff eine allgemeine Pflicht des Vorstandes des MU zur Vornahme der einheitlichen Leitung immer dann ab, wenn der statutarische Unternehmenszweck des MU eine reine Beteiligungsverwaltung im Sinne einer passiven Vermögensverwaltung nicht explizit für zulässig erklärt (S. 43 ff.). Dies gelte grundsätzlich und unabhängig von der Konzernform zwischen Mutter- und Tochterunternehmen. Die häufig in den Unternehmensstatuten vorzufindende Beteiligungsklausel allein reiche jedoch nicht dazu aus, den Vorstand von der konzernweiten Leitungspflicht zu entbinden, sondern erlaube es ihm lediglich, sich bei der Konzernleitung auf die Vorgabe der Unternehmenspolitik und die Koordination der Finanz- und Investitionspolitik zu beschränken. Eine Entbindung von der Konzernleitungspflicht ist nach Hommelhoff aus dem Recht des MU nur dann zulässig, wenn zwischen Mutter- und Tochterunternehmen ein "Entherrschungsvertrag"[7] analog zu § 293 (1) AktG vorliegt, der einer qualifizierten Mehrheit der Hauptversammlung des MU bedarf (S. 80 ff.). Darüber hinaus könne die Einschränkung der Konzernleitungspflicht nur noch aus dem Recht des TU resultieren.

Im Eingliederungskonzern (S. 153) stehen der Leitungspflicht keine gesetzlichen Inhaltsbeschränkungen durch das Recht des TU entgegen. Weil außenstehende Aktionäre nicht vorhanden und die Gläubiger durch eine gesamtschuldnerische Mithaftung der Konzernspitze gesichert sind, braucht die Überlebensfähigkeit des TU nicht gewährleistet zu werden. Damit stehen einer zentralen Leitung dieser Gesellschaften keine gesetzlichen Regelungen entgegen. Auch im Vertragskonzern (S. 148 ff.) liegen nur geringfügige gesetzliche Inhaltsbeschränkungen vor, die überwiegend aus der gesetzlichen Forderung nach einer - über die Konzernzugehörigkeit hinaus andauernden - Existenzfähigkeit des TU resultieren[8]. Diese sind nach Hommelhoff jedoch nicht von so weitreichender Bedeutung, daß sie eine zentralistische Konzernleitung durch das Management des MU beeinträchtigen könnten. Damit sei im Eingliederungs- und Vertragskonzern eine Leitungsdelegation aus dem Recht der TU nur insoweit erforderlich, wie dies auch in einem Einheitsunternehmen für zulässig angesehen werden würde (S. 214 ff.).

---

7 Vgl. Geßler (Beherrschungsverträge, 1979) S. 925.
8 Vgl. Geßler (Bestandsschutz, 1976) S. 433 ff.

Im faktischen Konzern seien aus dem Recht des TU jedoch erhebliche Einwände gegen eine weitgehende einheitliche Leitung durch den Konzernvorstand vorzubringen (S. 109 ff.). Im Fall einer Beteiligung von Minderheitsgesellschaftern und der nicht konzernweit abgesicherten Gläubiger, gehe das Eigeninteresse des TU dem Konzerninteresse vor. Dies sei bei der Ausübung der einheitlichen Leitung zu beachten, so daß für die TU nachteilige Rechtsgeschäfte nur dann von der Konzernspitze angewiesen werden dürfen, wenn für TU in der Rechtsform der Aktiengesellschaft der Nachteil gem. § 311 (1) AktG äquivalent ausgeglichen wird bzw. wenn für als GmbH geführte TU die Minderheitsgesellschafter ihre Zustimmung erteilt haben. Dieses gesetzliche Selbstbestimmungsrecht des TU steht folglich einer umfassenden Konzernleitungspflicht des Managements des MU entgegen, so daß nach Hommelhoff im faktischen Konzern nur eine dezentrale Konzernleitung zulässig erscheint, die sich auf einzelne unternehmerische Vorgaben wie z.B. Investitionspolitik und Produktionsmengen beschränken muß. Ob diese Einschränkungen in der Leitungsintensität bei einem faktischen Konzernverhältnis durch einen faktischen Haftungsverbund, z.B. durch Bürgschaften oder Patronatserklärungen des MU, aufgehoben werden können, ist aus den Ausführungen Hommelhoffs nicht zu entnehmen.

Weil das AktG für den faktischen Konzern keine Angaben über die Notwendigkeit einer konzernverfassungsrechtlichen Rechtsgrundlage enthalte, wird diese Form der Konzernbildung als organisatorische Maßnahme gem. § 76 (1) AktG bisher in den alleinigen Kompetenzbereich des Vorstandes gelegt (S. 369 f.). Daß im faktischen Konzern wegen des Trennungsprinzips ein Risikodurchschlag, abgesehen von § 311 (1) AktG, nicht stattfindet, ist nach Hommelhoff keine Begründung dafür, daß eine Rechtsgrundlage nicht erforderlich ist (S. 365 ff.). Vielmehr ließe sich die Notwendigkeit einer gesetzlichen Regelung nur über den Vergleich mit dem Risiko- und Leitungsumfang anderer Konzernformen beurteilen. Im Vertragskonzern bestehen für das MU neben dem Verlustrisiko der im TU investierten Vermögensgegenstände (Grundrisiko) noch die Zusatzrisiken in Form des Verlustausgleichs, der regelmäßigen Sicherheitsleistung an die außenstehenden Anteilseigner und der Gewährung des Gläubigerschutzes nach § 303 AktG bei Beendigung des Unternehmensvertrages.

Im faktischen Konzern existieren für das MU neben dem Grundrisiko keine weiteren Zusatzrisiken[9]. Dieser Risikounterschied kann nach Hommelhoff jedoch durch die beschriebene unterschiedliche Intensität bei der Ausübung der einheitlichen Leitung kompensiert werden (S. 378). Im Anschluß an eine Gegenüberstellung des Umfanges des Risikodurchschlages und der einheitlichen Steuerbarkeit kommt er zu dem Ergebnis, daß das allerdings nicht näher definierte "gewichtete Gesamtrisiko der Konzernspitze" im faktischen Konzern wenigstens so hoch einzuschätzen sei wie im Vertragskonzern (S. 381). Damit sollten die Vorschriften der §§ 291 (2), 293 (2) und 319 (1), (2) AktG analog für den faktischen Konzern gelten, so daß auch hier eine Zustimmungsbedürftigkeit der Hauptversammlung des MU mit qualifizierter Mehrheit gegeben wäre (S. 387 f.). Die folgende konzernverfassungsrechtliche Ausgestaltung seines Analogieschlusses (S. 400 ff.) führt im Ergebnis dazu, daß vom MU als konzernbildender Organisationsakt eine einseitige Konzernierungserklärung abzugeben sei, die mindestens die konzerninterne Aktivitätsaufteilung, den Dezentralisierungsgrad und die Beteiligungsquote des MU enthalten müsse. Sie bedürfe - analog zu den sonstigen Unternehmensverträgen - der Zustimmung der Hauptversammlung des MU mit qualifizierter Mehrheit und wäre im Handelsregister einzutragen (S. 414).

Obwohl die weitreichenden konzernverfassungsrechtlichen Konsequenzen des Vorschlages von Hommelhoff in der juristischen Literatur heftig umstritten sind[10], die Ermittlung des "gewichteten Gesamtrisikos" im Detail kaum nachzuvollziehen ist und sich der von ihm vorgenommene Analogieschluß wohl auch auf Gemeinschaftsunternehmen i.S.v. § 310 HGB und auf maßgebliche Beteiligungen nach § 311 HGB äquivalent übertragen ließe, bietet er eine erste juristische Begründung für die Zustimmungsbedürftigkeit der Hauptversammlung bei der Konzernbildung.

Ausgangspunkt der Konzernrechtsuntersuchung von Lehertshuber[11] ist neben der Schutzbedürftigkeit der Minderheitsaktionäre im TU (S. 7 ff.) die von ihm - vor allem wegen der Funktionseinbußen der Verfügungsrechte der Hauptversammlung des MU bei der Gewinnermittlung (S. 97 ff.) und Gewinnverwendung

9 Anders im qualifiziert faktischen Konzern, wo zumindest auch eine gesamtschuldnerische Mithaftung gegenüber den Gläubigern des TU besteht. Vgl. Lutter (qualifizierte faktische Konzern, 1990) S. 179 ff.

10 Kritisch: Rittner (Konzernorganisation, 1983) S. 295 ff.; Koppensteiner (Konzernleitungspflicht, 1983) S. 230 ff.; Ebenroth (Konzernleitungskontrolle, 1987) S. 26 f.; Grunewald (Entscheidungskompetenzen, 1990) S. 133 ff.; zustimmend: Schneider (Konzernleitung, 1981) S. 249 ff.; Rehbinder (Konzernleitungspflicht, 1983) S. 464 ff.

11 Vgl. Lehertshuber (Unternehmensvertragsrecht, 1986). Die folgenden Seitenangaben im Text beziehen sich auf diese Quelle.

(S. 122 ff.) - für notwendig erachtete Schaffung zusätzlicher Schutzinstrumente für die Aktionäre des MU.

Ohne sich explizit auf die Argumente der Entstehungsgeschichte des AktG 1965 zu beziehen, fordert auch Lehertshuber, die Möglichkeit der faktischen Konzernbildung zu verhindern und statt dessen nur die vertragliche Konzernierung als legitimierte Form zur Durchsetzung der einheitlichen Leitung für zulässig zu erklären. Anders als in der Aktienrechtsdiskussion schlägt er jedoch einen Automatismus zum Vertragskonzern bei Erreichen einer Stimmenmehrheit in der Hauptversammlung des Beteiligungsunternehmens vor (S. 166 ff.). Das Konzernverhältnis werde gleichfalls automatisch beendet, wenn z.B. durch Beteiligungsverkauf die Stimmenmehrheit verloren ginge. Für die Beendigung der Konzernzugehörigkeit fordert Lehertshuber eine die Vermögensposition der Aktionäre sichernde Abfindung vom MU analog zu §§ 296, 297 AktG (S. 177 ff.).

Wie der Konzernvertrag auszusehen hat, bleibt - bis auf wenige Konkretisierungsansätze - bei Lehertshuber jedoch unklar. Orientieren sich die Schutzinstrumente der Minderheiten im TU weitgehend an den Regelungsmechanismen der Art. 228 ff. des Vorschlages eines Statuts für die Europäische Aktiengesellschaft, so hält er eine Zustimmungsbedürftigkeit der Hauptversammlung für die Konzernbildung nicht für erforderlich (S. 173 f.). Der den bisherigen Vertragskonzern konstituierende Beherrschungsvertrag verlangt nach § 293 (2) AktG zwar eine qualifizierte Mehrheit der Hauptversammlung des MU, diese Zustimmungsbedürftigkeit erscheint Lehertshuber wenig sinnvoll, weil sie im Konzernierungsprozeß relativ spät angesiedelt ist[12] und damit eine effiziente Kontrolle durch die Aktionäre nicht mehr zuläßt (S. 174). Um ein wirksames Kontrollinstrument für die Aktionäre des MU zu schaffen, fordert er, bereits den Beteiligungserwerb von der vorherigen Genehmigung der Hauptversammlung abhängig zu machen (S. 174). Sowohl eine hierauf gerichtete Begründung als auch eine weitere Konkretisierung z.B. der Frage, ab welcher Beteiligungshöhe eine solche Zustimmungsbedürftigkeit einsetzt, unterbleibt aber.

---

12 So auch Wiedemann (Abfindungsrecht, 1978) S. 487 f.; Behrens (Übernahmeangebote, 1975) S. 440 ff.

b) Vorschläge im Rahmen der Harmonisierung des europäischen Gesellschaftsrechts

Teilweise noch dem AktG 1965 folgend, berücksichtigt der Entwurf einer 9. EG-RL[13] vor allem die Schutzwürdigkeit der außenstehenden Aktionäre und Gläubiger des TU[14]. Die darüber hinaus für erforderlich gehaltene Interessenwahrung der Arbeitnehmer des TU soll zu einer auch über das bisherige deutsche Konzernmitbestimmungsrecht hinausgehenden Kompetenz der Arbeitnehmer führen[15]. Auch wenn im Entwurf der 9. EG-RL die Notwendigkeit nach einem generellen Anlegerschutz für die Aktionäre des MU nicht explizit formuliert wird, so führt die Gesamtkonzeption dennoch zu einer Veränderung der Rechtsstellung der Aktionäre des MU und mittelbar auch zu einer Kompetenzrückverlagerung auf die Hauptversammlung des MU bei der Konzernbildung.

Die in Art. 2 zu findende Definition eines TU orientiert sich an der Formulierung des Art. 1 der 7. EG-RL zur Konzernrechnungslegung und geht anders als § 18 AktG vom "Control-Concept" als konstituierendem Merkmal eines TU aus. Folglich reicht i.d.R. eine einfache Mehrheitsbeteiligung aus, um ein Mutter-Tochter-Verhältnis zu etablieren, womit das TU als eine unter dem Einfluß des MU stehende Gesellschaft angesehen wird. Ein Konzernverhältnis im Sinne des § 18 AktG kann lediglich durch den Abschluß eines Beherrschungsvertrages (Art. 13-22 9. EG-RL), durch einseitige Konzernierungserklärung des MU bei einer Beteiligungsquote 90 % (Art. 33 - 37a), durch spezielle nationale Regelungen, die äquivalent zu den Vorschriften der Art. 14 - 32 sind, oder über einen Gleichordnungskonzern (Art. 40 - 41) entstehen, der nach Art. 13 ff., 33 und 40 auch eine qualifizierte Mehrheit in der Hauptversammlung des MU erfordert.

Die Zulässigkeit eines faktischen Konzerns nach aktienrechtlichem Vorbild kann wegen der Formulierungen in Art. 6 - 12 angezweifelt werden[16]. Wird kein Konzernvertrag zwischen Mutter- und Tochterunternehmen geschlossen, so vermeidet der Richtliniengeber nicht nur die Bezeichnung "Konzernunternehmen", sondern sieht für die Beteiligten des TU auch derart strenge Schutzinstrumente vor, daß sich das MU nach dem Vorschlag meist auf eine reine Beteiligungsverwaltung beschränken müßte. Die Dominanz des Eigeninteresses des TU wird an der regelmäßigen Veröffentlichungspflicht eines Sonderberichtes (Art. 7

---

13 Vgl. Europäische Gemeinschaften (9. EG-Richtlinie, 1985) S. 446 ff.; zur Entwicklung: Lutter (Europäisches Gesellschaftsrecht, 1984), zuletzt Hommelhoff (EG-Konzernrichtlinie, 1988) S. 125 ff. Die folgenden Art.-Angaben im Text beziehen sich auf diesen Entwurf.

14 Vgl. zur Begründung: Europäische Gemeinschaften (9. EG-Richtlinie, 1985) S. 447.

15 Vgl. Wienke (Konzernrecht, 1985) S. 889.

16 Kritisch hierzu Hommelhoff (EG-Konzernrichtlinie, 1988) S. 130 ff.

(5))[17] und an der auf Antrag der Minderheitsaktionäre, Gläubiger und Arbeitnehmer des TU (Art. 8 (1)) möglich werdenden vielfältigen gerichtlichen Eingriffe nach Art. 11 deutlich. So bietet Art. 11 (1) bei einer Mißachtung des Eigeninteresses des TU neben dem Unterlassungsanspruch, den Anspruch auf Rückabwicklung schädlicher Maßnahmen bis hin zur einstweiligen Amtsenthebung von Vorstand und Aufsichtsrat des TU bzw. die Verpflichtung zur Abgabe eines angemessenen Übernahmeangebotes an die Aktionäre des TU[18]. Damit sich anbahnende oder bestehende Mutter-Tochter-Verhältnisse den Aktionären der beteiligten Unternehmen rechtzeitig bekannt werden, ist in Art. 3 eine Mitteilungspflicht vorgesehen, die bei einer Beteiligungshöhe von 10 % beginnt und bei einer Veränderung der Beteiligungsquote von 5 % jeweils neu ausgelöst wird.

Sollte es bis zur Verabschiedung der 9. EG-RL bei diesem Regelungskatalog bleiben und damit eine faktische Konzernbildung derart eingeschränkt werden[19], so würden die Fragen bzgl. der Verfügungsrechte der Aktionäre des MU im faktischen Konzern dadurch beantwortet, daß sie rechtstatsächlich weitgehend irrelevant werden würden. Inwiefern dieser Problemlösungsansatz den tatsächlichen Konzernverhältnissen in der Wirtschaftspraxis gerecht wird und betriebswirtschaftlich sinnvoll ist, bleibt dahingestellt[20].

c) Vorschlag im EUmwG

Mit dem im November 1988 vom Bundesministerium der Justiz vorgelegten Diskussionsentwurf eines Gesetzes zur Bereinigung des Umwandlungsrechts (DEUmwG)[21] begann der Reformprozeß, daß bisherige Umwandlungsgesetz mit dem alten Verschmelzungsrecht und einem neuen, die Umsetzung der 6. EG-RL[22] beinhaltenden, Spaltungsrecht zusammenzufassen[23]. Rechtsformübergreifend soll für alle Kapital- und Personengesellschaften, Genossenschaften und teilweise auch für eingetragene Vereine und Stiftungen die Verschmelzung, Auf- und Abspaltung, Ausgliederung, Vermögensübertragung und

17 Vgl. Maul (Abhängigkeitsbericht, 1985) S. 1749 ff.
18 Kritisch zu diesen Sanktionen: Immenga (Gesellschaften, 1978) S. 281 ff.
19 Vgl. hierzu auch den Versuch des deutschen Gesetzgebers, den faktischen Konzern bereits bei der Aktienrechtsreform von 1965 rechtstatsächlich zu verbieten. Siehe: Immenga (Gesellschaften, 1978) S. 279 ff.
20 Vgl. zur juristischen Kritik Hommelhoff (EG-Konzernrichtlinie, 1988) S. 132.
21 Vgl. Bundesministererium der Justiz (DEUmwG, 1988).
22 Vgl. Europäische Gemeinschaften (6. EG-Richtlinie, 1982).
23 Vgl. Lutter (Umwandlung, 1990) S. 402 ff.

der Rechtsformwechsel teilweise neu geregelt werden[24]. Dieser Diskussionsentwurf der seit Juni 1992 in teilweise stark veränderter Form als Referentenentwurf eines Gesetzes zur Bereinigung des Umwandlungsrechts (EUmwG)[25] vorliegt, greift bei den jeweiligen Vertragstypen auch in das bestehende Kompetenzgefüge zwischen Aktionären und Management ein und trägt hier u.a. zu einer teilweisen Rückverlagerung der Konzernbildungskompetenz auf die Hauptversammlung des MU bei.

Insbesondere der Regelungsentwurf zum zweiten Buch (Ausgliederung zur Aufnahme bzw. Neugründung) ist hier von Interesse, da die Ausgliederung zur Neugründung bzw. zur Aufnahme häufig als Instrument zur Konzernbildung aus einem Einzelunternehmen bzw. zur Konzernumstrukturierung herangezogen wird[26]. Ist nach der Rechtsprechung des BGH im Holzmüller-Urteil bisher von einer Zustimmungsbedürftigkeit der Hauptversammlung des MU nur im Fall der Ausgliederung des "wertvollsten Teils des Gesellschaftsvermögens" zur Neugründung auszugehen, so gehen die Vorschriften in §§ 193 ff. EUmwG weit darüber hinaus.

Nach § 125 i.V.m. § 13 EUmwG hat die Hauptversammlung de lege ferenda grundsätzlich bei jeder den Regeln des Umwandlungsrechts unterliegenden Ausgliederung mit qualifizierter Mehrheit des bei der Beschlußfassung vertretenen Grundkapitals zuzustimmen. Vorab ist den Aktionären gem. § 127 EUmwG ein umfassender Spaltungsbericht vorzulegen, in dem die Ausgliederung rechtlich und wirtschaftlich zu erläutern und zu begründen ist[27].

Die generelle Zustimmungsbedürftigkeit der Hauptversammlung bei Spaltungsmaßnahmen kann jedoch vom Management auch nach dem EUmwG umgangen werden, wenn z.B. die Ausgliederung nicht in Form der Sonderrechtsnachfolge nach den Bestimmungen des EUmwG, sondern nach den bestehenden Regulierungen der Einzelübertragung erfolgt[28]. Eine materielle Abgrenzung, welche Ausgliederungen im Wege der Einzelübertragung und damit ohne Zustimmung der Hauptversammlung erfolgen können, und welche in Form der Sonderrechtsnachfolge nach den Bestimmungen des EUmwG vorzunehmen

---

24 Vgl. Hoffmann-Becking (Gesellschafterschutz, 1990) S. 482 ff.

25 Vgl. Ganske (Referentenentwurf, 1992); zur Diskussion vgl. die Beiträge im Heft 3 der ZGR, 1993.

26 So z.B. jüngst die Umstrukturierung der Daimler-Benz AG und der RWE AG. Vgl. Reinhardt (Ausgliederung, 1990) S. 1 ff.

27 Vgl. hierzu zustimmend Hommelhoff (Umstrukturierungen, 1993) S. 462 f.

28 Vgl. Ganske (Referentenentwurf, 1992) Teil C, S. 178, kritisch hierzu Hommelhoff (Umstrukturierungen, 1993) S. 456.

sind, enthält der Referentenentwurf nicht[29]. Stattdessen wird in § 141 EUmwG für übertragende Aktiengesellschaften davon ausgegangen, daß eine Minderheit von 5 % der Aktionäre verlangen kann, daß die Übertragung der Vermögensgegenstände nach den Regeln des Umwandlungsrechts durchgeführt wird. Um von diesem Recht Gebrauch machen zu können, müßten insbesondere die Aktionäre von Publikumsgesellschaften vorab über die Ausgliederungsvorhaben, die im Wege der Einzelübertragung erfolgen sollen, informiert werden[30].

Offen ist bisher, ob die Vorschriften der §§ 123 (3) EUmwG auch die Auslegung erlauben, jeden Konzernbildungsakt - zumindest auf Verlangen der nach § 141 EUmwG erforderlichen 5 %-igen Aktionärsminderheit - von der vorherigen Zustimmung der Hauptversammlung abhängig zu machen. Weil zu den Vermögensgegenständen auch Bankguthaben und liquide Mittel zählen können, könnte auch der Beteiligungserwerb an einem bestehenden Unternehmen als Ausgliederung zur Aufnahme im Sinne des § 123 (3) Nr. 1 EUmwG gedeutet werden und folglich in den Grenzen des § 141 EUmwG von der vorherigen Genehmigung der Hauptversammlung abhängig gemacht werden[31].

Diese weite Auslegung kann nach Hirte[32] damit gerechtfertigt werden, daß immer, wenn Vermögen auf TU ausgegliedert wird, dieses dem unmittelbaren Kontrollbereich der Anteilseigner entzogen wird und damit eine Kapitalverwässerung im MU stattfinden kann. Wegen dieser potentiellen Beeinträchtigung der Aktionärsrechte erfordere jeder Beteiligungserwerb analog zu § 186 (3) AktG nicht nur die Zustimmung der Hauptversammlung des MU, sondern auch eine besondere sachliche Begründung[33].

---

29 Nach dem Diskussionsentwurf von 1988 war die Zustimmungsbedürftigkeit nach § 204 DEUmwG in Anlehnung an § 52 (1) AktG nur dann entbehrlich, wenn die übertragenden Vermögensgegenstände abzüglich übertragener Verbindlichkeiten unter 10 % des Grundkapitals der ausgliedernden Gesellschaft liegen. Für deutsche Aktiengesellschaften mit einer durchschnittlichen Grundkapitalquote (Grundkapital/Bilanzsumme) von ca. 10 % hätte dies bedeutet, daß, wenn nicht zur selben Zeit auch Verbindlichkeiten auf die ausgegliederte Gesellschaft übertragen werden, der Schwellenwert für die Zustimmungsbedürftigkeit der Hauptversammlung ein Prozent des Vermögens betragen hätte. Demgegenüber hätte die Zustimmungsbedürftigkeit der Hauptversammlung umgangen werden können, wenn in Höhe der Vermögensausgliederung gleichzeitig auch eine Übertragung von Fremdkapital erfolgt wäre. Vgl. hierzu Lutter (Umwandlung, 1990) S. 402; Krieger (Konzern, 1990) S. 527.

30 Vgl. zu dieser Forderung Hommelhoff (Umstrukturierungen, 1993) S. 456. Zustimmend Ganske (Bereinigung des Umwandlungsrechts, 1993) S. 26

31 Vgl. so zum Diskussionsentwurf schon kritisch: Krieger (Konzern, 1990) S. 527 f.; o.V. (EUmwG, 1990) S. 545 f. Zustimmend: Hirte (Umwandlungsgesetzes, 1990) S. 374. Nach dem Referentenentwurf jüngst hierzu Teichmann (Spaltung, 1993) S. 402 f.

32 Vgl. Hirte (Bezugsrechtsausschluß, 1986) S. 185 ff.

33 Vgl. zur Notwendigkeit einer besonderen sachlich Rechtfertigung von Umstrukturierungsbeschlüssen Hommelhoff (Umstrukturierungen, 1993) S. 458 f.

Um zu vermeiden, daß auch "die weniger bedeutsamen Ausgliederungen" über § 141 EUmwG von der vorherigen Beschlußfassung der Hauptversammlung abhängig gemacht werden können, schlägt Hommelhoff als Abgrenzungskriterium vor, ähnlich wie im Diskussionsentwurf von 1988 enthalten, immer dann von einer Zustimmungsbedürftigkeit der Hauptversammlung auszugehen, wenn der "Nettowert der zu übertragenden Vermögensteile (nach den Bilanzwerten)" bzw. teilweise nach "wahren Werten" gleich bzw. größer 25 % (bei Unternehmen, die über den Größenschwellen des § 267 (3) HGB liegen gleich bzw. größer 10 %) ausmacht[34]. Für große börsennotierte Gesellschaften mit Bilanzsummen zwischen 4 und 33 Mrd. DM (z.B. VIAG, Daimler Benz) würde dies bedeuten, daß Vermögensgegenstände zwischen 0,4 und 3,3 Mrd. DM ohne Zustimmung der Aktionäre im Wege der Einzelübertragung ausgegliedert werden könnten.

Neben dieser Kompetenzverlagerung auf die Hauptversammlung des MU bei der Konzernbildung und Konzernerweiterung enthielt der Diskussionsentwurf zum UmwG von 1988 auch noch weitere Vorschriften, die bisher nicht eindeutig festgelegte Rechtsfolgen zugunsten der Aktionäre und ihrer Verfügungsgewalt regelten[35]. So sah § 388 (2) DEUmwG vor, daß auch die Verschmelzung eines vertraglich gebundenen TU mit einem anderen Konzernunternehmen bzw. mit Dritten die qualifizierte Mehrheit in der Hauptversammlung des MU erfordere[36]. Dies hätte eine Kompetenzausweitung der Hauptversammlung des MU in die Tiefe des Unternehmensverbundes hinein nach sich gezogen, auf die im Referentenentwurf mit der Begründung verzichtet wurde, daß erst "wenn eine allgemeine Lösung für die im Konzernrecht auftretenden Fragen gefunden worden ist"[37], hierzu entsprechende Regulierungen vorgenommen würden[38].

Faßt man die dargestellten Vorschläge bezüglich der Kompetenzaufteilung der Organe einer Aktiengesellschaft bei der faktischen Konzernbildung und Konzernerweiterung zusammen, so zeigt sich, daß entweder eine Rückverlagerung der Konzernbildungskontrolle auf die Hauptversammlung des MU (Lutter, Timm,

34 Hommelhoff (Umstrukturierungen, 1993) S. 456; ähnlich auch Teichmann (Spaltung, 1993) S. 403 f., der bis zu einer Übertragung von weniger als 10 % (bzw. absolut 10 bis 20 Mio. DM) des Vermögens die nicht zustimmungsbedürftige Einzelübertragung erwägt. Kritisch zu sämtlichen numerischen und/oder relationalen Regelungen: Zöllner (Bemerkungen, 1993) S. 338.

35 Vgl. Hommelhoff (Gesellschafterbeschlüsse, 1990), S. 447 ff.; Hoffmann-Becking (Gesellschafterschutz, 1990) S. 482 ff.

36 Vgl. Krieger (Konzern, 1990) S. 538; zum geltenden Recht: Koppensteiner (1987) Vorb. § 291, Rn. 35 ff.

37 Ganske (Referentenentwurf, 1992) Teil C, S. 16.

38 Zur der weiterhin positiven Einstellung des Bundesjustizministeriums hinsichtlich einer derartigen Kompetenzverlagerung auf die Hauptversammlung des MU vgl. Ganske (Referentenentwurf, 1992) Teil C, S. 106.

Hommelhoff, Hirte, EUmwG) oder weitergehend sogar die Abschaffung der nach § 18 (1) AktG zulässigen faktischen Konzernbildung (Lehertshuber und bei restriktiver Auslegung auch nach der 9. EG-RLEnt) vorgeschlagen wird. Bei den letztgenannten Ansätzen werden die Fragen nach der Kompetenz in einem faktischen Konzernverhältnis dahingehend beantwortet, daß die Problemstellung irrelevant wird. Die dargestellten Vorschläge sind in der Literatur, entweder wegen der generell nicht für existent gehaltenen Regelungsbedürftigkeit oder wegen der Unpraktikabilität, die z.B. in der vorherigen Zustimmungsbedürftigkeit der Hauptversammlung bei größeren Akquisitionen gesehen wird, heftig kritisiert worden[39].

2. *Konzernleitungskompetenz*

Wie oben aufgezeigt wurde, läßt es die strenge Kompetenzaufteilung zwischen Vorstand, Aufsichtsrat und Hauptversammlung im AktG nicht zu, daß die Finanzentscheidungsrechte der Hauptversammlung des MU unmittelbar auf die TU ausgedehnt werden. Im folgenden sollen die in der betriebswirtschaftlichen und juristischen Literatur diskutierten Vorschläge, die sich um eine konkrete Ausgestaltung der Kompetenzverteilung bei den Finanzentscheidungsrechten im Konzern bemüht haben, kurz dargestellt werden. Sie beziehen sich vor allem auf die Fragen nach der Gewinnverwendungskompetenz gem. §§ 58, 174 AktG und den Eigenkapitalveränderungsrechten gem. §§ 182 ff. AktG im Konzern.

a) Änderungen der Gewinnermittlung und der Gewinnverwendungskompetenz

Insbesondere die Verfügungsrechtsänderungen bei der Gewinnverwendung im Konzern werden seit Beginn der 80-er Jahre von einigen Rechts- und Wirtschaftswissenschaftlern wieder intensiv diskutiert[40]. Im Rahmen dieser Diskussion sind verschiedene Ansätze zur materiellen Rückverlagerung der Gewinnverwendungskompetenz im Konzern auf die Hauptversammlung des MU erarbeitet worden. Die hier vorzustellenden Vorschläge lassen sich danach differenzieren, ob die gesehenen Regelungslücken über eine Rechtsfortbildung bei der Auslegung des § 58 (2) AktG zu einer konzernweiten Gewinn-

---

39 Vgl. repräsentativ für die Kritik: Ebenroth (Konzernleitungskontrolle, 1987), Grunewald (Entscheidungskompetenz, 1990) S. 133 ff.

40 Vgl. den Überblick bei Goerdeler (Rücklagenbildung, 1986) S. 229 ff.; Busse von Colbe (Gewinnverwendung, 1987) S. 65 ff.; Kohl (Aktienkonzern, 1991) S. 20 ff.; Kretschik (Gewinnverwendung, 1991) S. 42 ff.; Faß (Konzernierung, 1991) S. 82 ff. Vgl. zum Problem bereits früher Hannemann (Konzernbilanzen, 1934) S. 26 f.

verwendung ausgefüllt werden können oder ob Gesetzesänderungen bei der Gewinnermittlung eines MU unter Beibehaltung des § 58 (2) AktG erforderlich sind.

aa) Rechtsfortbildung bei der Gewinnverwendung

Die erste Gruppe von Autoren wählt den Ansatz, durch eine teleologische Auslegung der Kompetenzverteilung des § 58 AktG einer möglichen Beeinträchtigung des Gewinnanspruchs der Aktionäre von MU durch eine Ausweitung des Pflichtenrahmens des Vorstandes und Aufsichtsrates zu begegnen. Die bei der Gewinnverwendung im Unternehmensverbund gesehene Regelungslücke wird folglich unter Beibehaltung der gesetzlichen Vorschriften zur Gewinnermittlung und -verwendung durch Rechtsfortbildung geschlossen[41].

Anknüpfend an die Urteilsbegründung des BGH im "Holzmüller-Urteil" und unter Rückgriff auf die anfänglichen Überlegungen von Lutter[42], nach denen Vorstand und Aufsichtsrat des MU für den Konzern als Einheit verantwortlich sind und folglich der Verpflichtung unterliegen, den § 58 AktG auch im Hinblick auf den Gesamtkonzern einzuhalten, hat Götz seinen Vorschlag zur angemessenen Berücksichtigung der Konzernproblematik im Rahmen des § 58 AktG ausgearbeitet[43].

Danach soll die Konzernverwaltung dazu verpflichtet werden, die einheitlich geleiteten TU zu einer Gewinnausschüttung in der Höhe zu veranlassen, daß die Hauptversammlung des MU zumindest über 50 % des Ergebnisses vom MU und aller in ihrem Eigentum befindlichen Mehrheitsbeteiligungen abzüglich der den außenstehenden Minderheiten zustehenden Gewinne verfügen kann. Verluste von TU könnten regelmäßig den zur Disposition der Hauptversammlung stehenden Betrag nur dann schmälern, wenn zu den Konzerngesellschaften ein Eingliederungs- bzw. Vertragskonzernverhältnis bestünde. Verluste von faktischen Konzernunternehmen seien lediglich über eine entsprechende Abschreibung des Beteiligungsansatzes im MU mittelbar zu berücksichtigen. Weil Götz explizit nicht auf ein konsolidiertes Ergebnis zurückgreifen möchte, können

41 Vgl. Lutter (Binnenstruktur, 1974), S. 347 ff.; Martens (Entscheidungsautonomie, 1983) S. 577 ff.; Götz (Konzernobergesellschaft, 1984) S. 93; Geßler (Rücklagenbildung, 1985) S. 261 f.; Lutter (BGHZ, 1987) S. 327 ff.; Lutter (Aktiengesetz, 1988) § 58, Rn. 38 ff. Kritisch zur Frage einer Regelungslücke: Thomas (Rücklagenbildung, 1985) S. 365 ff.; Westermann (Aktienkonzernrecht, 1986) S. 421 ff.; Goerdeler (Rücklagenbildung, 1986) S. 229 ff.; Beusch (Rücklagenbildung, 1987) S. 25; Ebenroth (Konzernleitungskontrolle, 1987) S. 42 ff.; Beckmann (Rücklagenbildung, 1989) S. 940 ff.; Werner (Aktienrecht, 1990) S. 9 ff.

42 Vgl. Lutter (Binnenstruktur, 1974) S. 347 ff.

43 Vgl. zum folgenden Abschnitt: Götz (Konzernobergesellschaft, 1984) S. 85 ff.

konzerninterne Gewinne bzw. Verluste grundsätzlich nicht beachtet werden. Die für die Gewinnverwendung des MU zu bestimmenden Einzelergebnisse aller TU sollten nach den Vorschriften der §§ 264 ff. HGB ermittelt werden.

Um die Verwaltung an diese Rechtsfortbildung zu binden, schlägt Götz als Sanktionsmechanismen je nach Sachverhalt die drohende Nichtigkeit des Jahresabschlusses gem. § 256 (1) 4 AktG bzw. die analoge Anwendung der §§ 258 ff. AktG vor.

In teilweiser Übereinstimmung mit Götz entwickelt auch Geßler[44] die Ansätze des BGH im Holzmüller-Urteil - jedoch nur für den Vertragskonzern - weiter. Das Recht der Verwaltung des MU zur Rücklagenbildung in den TU ermögliche die Verlagerung von Vermögenssubstanz auf TU und schmälere damit die Aussichten der Aktionäre des MU auf Gewinnausschüttungen. Weil die Rücklagenbildung eine der wichtigsten Grundentscheidungen im TU sei, müßten die Aktionäre des MU hieran genauso beteiligt werden wie an einer entsprechenden Entscheidung im MU. Die Auslegung Geßlers führt zu dem Ergebnis, daß sich die Verwaltung des MU die von den TU in die Rücklagen eingestellten Beträge bei der Ermittlung nach § 58 (2) AktG anrechnen lassen muß. Geßler sieht ebenso wie Götz als Sanktionsmechanismus für die Verwaltung die Nichtigkeit des festgestellten Jahresabschlusses gem. § 254 (1) 4 AktG. Eine Übertragung seines Vorschlages auf faktische Konzernverhältnisse hält er aber nicht für zulässig.

Die wohl konkreteste konzernweite Auslegung des § 58 wird von Lutter mit seinem Anrechnungsmodell vorgeschlagen[45]. Ausgangspunkt der Überlegungen von Lutter sind die gesetzlich kodifizierten Kompetenzverteilungen im Konzern, nach denen die Hauptversammlung des MU keine unmittelbaren Mitspracherechte in den TU hat und § 58 (2) AktG die Verfügungsrechte von Vorstand und Hauptversammlung auf das Jahresergebnis der Gesellschaft beschränkt[46]. Grundannahme seiner Überlegungen ist die von ihm schon mehrfach vertretene Auffassung, daß der Konzern als Organisationsform eines einheitlichen Unternehmens anzusehen sei[47]. Wenn aber Vermögen des MU mit dem Ziel der Erwirtschaftung von Erträgen auf TU ausgegliedert wird, gäbe es

44 Vgl. zum folgenden Teil: Geßler (Rücklagenbildung, 1985) S. 257 ff.; Geßler (Gewinnabführungsverträge, 1985) S. 18 ff.

45 Vgl. Lutter (Rücklagenbildung, 1987) 327 ff.; Lutter (Aktiengesetz, 1988) § 58, Rn. 38 ff.; die folgenden Rn.-Angaben im Text beziehen sich auf diese Quelle. Zur weiteren Konkretisierung des Anrechnungsmodells vgl. Kohl (Aktienkonzern, 1991) S. 199 ff.

46 Vgl. Lutter (Rücklagenbildung, 1987) S. 335.

47 Vgl. schon Lutter (Binnenstruktur, 1974) S. 347 ff.

keinen Grund, warum der Rechtsgedanke des § 58 (2) AktG nicht auch auf das unmittelbare Jahresergebnis des gesamten Konzerns anwendbar sein sollte. Wegen der in § 58 AktG festgeschriebenen Kompetenzverteilung könne die hieraus abzuleitende Rechtsfolge daher nur lauten, daß Vorstand und Aufsichtsrat des MU den Einzelabschluß zwar ohne Beachtung des Konzernsachverhalts feststellen können, dies aber nicht dürfen, ohne ihre Pflichten zur ordnungsmäßigen und sorgfältigen Geschäftsführung und Überwachung zu verletzen (Rn. 41).

"Vorstand und Aufsichtsrat einer Aktiengesellschaft als Konzernspitze dürfen nach § 58 Abs. 2 AktG im Jahresabschluß dieser AG nicht mehr Gewinnrücklagen bilden, als sie hätten bilden können, wären ihre Konzerngesellschaften in Wirklichkeit ein unausgegliederter Teil von ihnen selbst gewesen (Fiktion der Einheit). Darüber hinausgehende Gewinnrücklagen können nur mit Zustimmung der Hauptversammlung nach §§ 58 Abs. 3, 174 AktG gebildet werden."[48]

Obwohl diese Formulierung vermuten läßt, daß auch Lutter grundsätzlich eine Modifizierung der Gewinnermittlung zum Zwecke der Gewinnverwendung im MU präferiert, versucht er mit seiner Kommentierung zum § 58 AktG dem Ziel, den Aktionären des MU eine Gewinnverwendungskompetenz über die im Konzern insgesamt erwirtschafteten Gewinne zu sichern, über eine Einschränkung der Gewinneinbehaltungsmöglichkeiten von Vorstand und Aufsichtsrat eines MU mit Hilfe eines Anrechnungsmodells näher zu kommen.

Nach diesem Anrechnungsmodell kann der Vorstand eines MU maximal den kleineren Betrag aus $JE^{\#}$, das wie folgt aus den Daten des Einzelabschlusses des MU ermittelt wird:

$$JE^{\#} = 0{,}5\ (JE_{MU} - VV_{MU} - EGesR_{MU}),\ \text{mit:}$$

$JE^{\#}$	=	Zur Gewinnverwendung des Vorstandes verfügbares Ergebnis auf der Basis der Daten des MU,
JE	=	Jahresergebnis im Einzelabschluß,
VV	=	Verlustvortrag im Einzelabschluß,
EGesR	=	Einstellung in die gesetzliche Rücklage,
MU	=	Mutterunternehmen

und JE^{+}, das aus den Jahresergebnissen aller Konzernunternehmen über :

48 Lutter (Rücklagenbildung, 1987) S. 340.

$$JE^+ = 0{,}5\,[\sum_{i=1}^{n} (JE_i - VV_i - EGesR_i)] - \sum_{i=2}^{n} EGewR_{TUi}\text{, mit:}$$

JE^+ = Zur Gewinnverwendung des Vorstandes verfügbares Ergebnis auf der Basis der Konzerndaten,
$EGewR_{TU}$ = Einstellung in die Gewinnrücklagen der TU,
i = Laufindex über die Konzernunternehmen; i = 1 => MU; 2 bis n => TU,

errechnet wird, in die Gewinnrücklagen des MU einstellen, d.h. $EGewR_{MU}$(max.) = min. $\{JE^\#;JE^+\}$.

Weist z.B. das MU im Einzelabschluß ein verwendbares Jahresergebnis von (JE_{MU} - VV_{MU} - $EGesR_{MU}$=) 100 GE aus, so daß $JE^\#$ = 50 GE, und wird konzernweit ein Jahresergebnis nach Abzug der Korrekturgrößen (VV_i und $EGesR_i$) von 150 GE erwirtschaftet, von dem 50 GE in die anderen Gewinnrücklagen bei den TU eingestellt worden sind (JE^+= 25 GE), so könnte der Vorstand des MU noch maximal (min $\{JE^\#$=50; JE^+=25$\}$=) 25 GE in die eigenen Rücklagen einstellen. Er müßte der Hauptversammlung folglich einen Betrag von ([JE_{MU} - VV_{MU} - $EGesR_{MU}$ =] 100 GE - 25 GE=) 75 GE zur Ausschüttung anbieten. Dies entspricht 50 % der im Konzern insgesamt erwirtschafteten Jahresergebnisse.

Die Anrechnung der bereits von TU gebildeten Rücklagen beim MU gälte unabhängig von der Rechtsform und vom Sitz des TU für alle Konzernunternehmen gem. § 18 (1) AktG (Rn. 44 f.). Lediglich wenn z.B. ausländische Gesetzesregelungen eine mehr als 50 %-ige Rücklagenbildung fordern, dürfte der über 50 % hinausgehende Rücklagenanteil des TU bei der Gewinnverwendung im MU unberücksichtigt bleiben[49]. Geprägt von dem Gedanken der Fiktion einer rechtlichen Einheit, fordert Lutter zusätzlich, die konzerninternen Gewinne nicht in die Berechnungsgrundlage JE^+ einzubeziehen (Rn. 54 ff.). Dies wäre sogar zwingend erforderlich, um Doppelrechnungen in JE^+ aufgrund konzerninterner Gewinnausschüttungen zu vermeiden. Eine entsprechende Regelung für Zwischenverluste wird zwar nicht ausdrücklich formuliert, sie wäre nach der oben zitierten Aussage von Lutter aber ebenso angebracht wie auch die Eliminierung sonstiger konzerninterner Aufwendungen und Erträge und die erfolgswirksame Berücksichtigung der Verrechnung des Unterschiedsbetrages aus der Kapitalkonsolidierung[50].

Trotz der Eliminierung von Zwischenerfolgen aus den Jahresergebnissen der einzelnen Konzerngesellschaften liefern die Gestaltungsspielräume zur kon-

49 Vgl. Lutter (Rücklagenbildung, 1987) S. 335.
50 Auch bei dem Konkretisierungsversuch von Kohl (Aktienkonzern, 1991) S. 235 f. bleiben Zwischenverluste und sonstige konzerninterne Aufwendungen und Erträge unerwähnt.

zerninternen Gewinnverlagerung dem Management des MU noch mannigfaltige Möglichkeiten, einer durch das Anrechnungsmodell gewünschten konzernweiten Gewinnverwendung auszuweichen. Wird gegenüber dem Ausgangsbeispiel z.B. vom JE_{MU} durch Investitionsverlagerungen auf TU oder durch den TU nicht in Rechnung gestellte Verwaltungsarbeiten 50 GE auf die TU verschoben, so beträgt das verwendbare Ergebnis des MU (JE_{MU} - VV_{MU} - $EGesR_{MU}$) lediglich noch 50 GE und $JE^{\#}$ = 25 GE. Auf der Basis der Konzerndaten beträgt das verwendbare Ergebnis (JE_i - VV_i - $EGesR_i$) unverändert 150 GE. Werden in den TU nun sämtliche Gewinne thesauriert, so müßte der Vorstand des MU bei konsequenter Anwendung des Anrechnungsmodells (min $\{JE^{\#}=25;\ JE^{+}=-25\}=$) - 25 GE der eigenen Gewinnrücklagen auflösen und den Aktionären zur Gewinnausschüttung anbieten. In derartigen Fällen wird von Lutter jedoch lediglich gefordert, daß $JE^{+} = 0$ gesetzt wird und Vorstand und Aufsichtsrat des MU keine eigenen Rücklagen mehr im MU bilden können. Von einer Pflicht zur Auflösung der Gewinnrücklagen im MU sei aber nicht auszugehen. Im Gegensatz zum Ausgangsbeispiel (75 GE) können die Aktionäre des MU nun jedoch nur über 50 GE verfügen.

Wie das Beispiel aufzeigt, wird damit die fingierte rechtliche Einheit des Konzerns im Anrechnungsmodell dann zugunsten der Einzelabschlußdaten des MU aufgegeben, wenn die Höhe des verwendbaren Jahresergebnisses des MU kleiner als 50 % des im Unternehmensverbund insgesamt verwendbaren Ergebnisses ist:

$$(JE_{MU} - VV_{MU} - EGesR_{MU}) < 0,5\ [\sum_{i=1}^{n} (JE_i - VV_i - EGesR_i)].$$

Das Anrechnungsverfahren kann auch dann nicht greifen, wenn z.B. das MU ein negatives Jahresergebnis erwirtschaftet, im Konzern insgesamt aber ein verfügbarer Jahresüberschuß vorliegt, der jedoch in den TU thesauriert wird[51]. Wenn demgegenüber im Konzern insgesamt z.B. wegen negativer Jahresergebnisse einzelner TU ein kleineres Ergebnis als im MU erwirtschaftet wird, so können Gewinnausschüttungen erforderlich werden, die über dem Konzernergebnis liegen.

Für die praktische Umsetzung empfiehlt Lutter der Unternehmensverwaltung, bei der Berechnung der konzernweiten Daten (JE^{+}) entweder den nach §§ 290 ff. AktG aufzustellenden Konzernabschluß heranzuziehen oder über eine

51 Vgl. so auch bei Kohl (Aktienkonzern, 1991) S. 238 f.

Nebenrechnung zum Einzelabschluß des MU das zugrunde zu legende Konzernergebnis zu ermitteln (Rn. 55 ff.).

Anders als Götz und Geßler sieht Lutter bei einem Verstoß gegen die Rechtspflichten die Gültigkeit des festgestellten Einzelabschlusses gem. § 256 (1) 4 AktG nicht gefährdet. Weil die Verwaltung jedoch ihre Pflichten verletzt, bieten sich den Aktionären des MU dennoch verschiedene Sanktionsmechanismen. Neben der Möglichkeit einer Entlastungsverweigerung gem. § 120 AktG kann jeder Aktionär die Verwaltung auf Unterlassung in Anspruch nehmen oder eine Feststellungsklage erheben. Darüber hinaus hält Lutter auch eine analoge Anwendung der §§ 258 ff. AktG für zulässig, nach der Aktionäre, die zusammen 5 % des Grundkapitals bzw. Aktien im Nennwert von einer Mio. DM halten, eine Sonderprüfung auf Unterbewertungen im Einzelabschluß des MU beantragen können (Rn. 46 ff.).

Diese Rechtsfortbildung des § 58 (2) AktG zur Gewinnverwendung im Unternehmensverbund ist in der juristischen Literatur bisher meist kritisch kommentiert worden[52]. Sie kann bisher auch nicht als h.M. angesehen werden, so daß eine Änderung der bestehenden Rechtslage bei der Gewinnverwendungskompetenz im Konzern wohl erst über eine Gesetzesänderung realisiert werden kann[53].

bb) Gesetzliche Änderung der Gewinnermittlung

Nach der Begründung zum AktG 1965 sollen die Aktionäre des MU anhand des handelsrechtlichen Konzernabschlusses u.a. die Angemessenheit der Gewinnausschüttung ihrer Gesellschaft beurteilen können[54]. Darüber hinaus soll auch der Konzernabschluß dem Management wichtige Anhaltspunkte für eine maximale Ausschüttung liefern und somit verhindern, daß konzerninterne Gewinne an die Konzerneigner ausgeschüttet werden[55]. Hierauf aufbauend berücksichtigt die zweite Autorengruppe noch stärker die wirtschaftliche Einheit des Konzerns und möchte der möglichen Beeinträchtigung der Verfügungsrechte der Aktionäre durch unangemessene Rücklagenbildung im Konzern mit Hilfe einer Gesetzesänderung begegnen. Die Gewinnverwendungskompetenz im

---

52 Vgl. zuletzt Werner (Aktienrecht, 1990) S. 9 ff. Zu offenen Fragen vgl. Kretschik (Gewinnverwendung, 1991) S. 36 ff.

53 Vgl. Werner (Gewinnverwendung, 1985) S. 935 ff.; Westermann (Aktienkonzernrecht, 1986) S. 442; Goerdeler (Rücklagenbildung, 1986) S. 229 ff.

54 Vgl. Kropff (Aktiengesetz, 1965) S. 437.

55 Vgl. Ordelheide (Externes Rechnungswesen, 1984) S. 257; kritisch dazu Lutter (Aktiengesetz, 1988) § 58, Rn. 60.

Konzern sollte sich unabhängig von den Ergebnissen der Einzelgesellschaften an dem vom Konzern insgesamt erwirtschafteten Ergebnis orientieren[56]. Folglich zielen diese Ansätze auch weniger auf eine Änderung der Gewinnverwendungskompetenz im MU als vielmehr auf die Einführung einer konzernweiten Gewinnermittlung, auf die dann unverändert § 58 (2) AktG anzuwenden ist.

Der wohl erste Vorschlag, der im Anschluß an die Aktienrechtsreform von 1965 für die Beurteilung der Angemessenheit der Gewinnausschüttung wieder unmittelbar auf ein konzernweites Ergebnis zurückgreift, wurde von Böhm formuliert[57]. Im Mittelpunkt seiner Untersuchung steht jedoch die Frage nach einer angemessenen Ausschüttung an die jeweiligen Minderheitsaktionäre eines Konzerns. Weil diese nach der Einheitstheorie gleichfalls Eigenkapitalgeber des Konzerns sind, sollte sich auch ihr Gewinnanspruch am Konzernergebnis orientieren. Als Verteilungsschlüssel könne der Anteil, den das TU am konsolidierten Eigenkapital im Konzernabschluß hält, dienen[58]. Auf dieser Grundlage soll dann die Gewinnverwendung für das MU und für alle TU beruhen.

Auch Pick[59] sieht die Gewinnermittlung und Gewinnverwendung im MU durch die Konzernbildung erheblich beeinträchtigt und versucht aufbauend auf dem Konsolidierungsgrundsatz der Äquivalenz[60], einen analogen Lösungsansatz für die im Einzelabschluß des MU vorzunehmende Erfolgsermittlung und Erfolgsverwendung zu entwickeln. Im Ergebnis führt sein Ansatz dazu, daß im Einzelabschluß des MU die Beteiligungen an TU differenziert nach dem jeweiligen Konzernverhältnis nach einer modifizierten Form der Equity-Methode zu bewerten sind.

Für Vertragskonzernunternehmen und eingegliederte Gesellschaften sei der Teil ihres Jahresergebnisses im MU als Ertrag zu realisieren, der nach Abzug von Zwischenerfolgen, Garantiedividenden für die Minderheiten und gesetzlicher bzw. statutarischer Rücklagenbildung verbleibt. Gleichfalls sei das um die gesetzlichen und statutarischen Rücklagenbildungen und um den Gewinnanteil der Minderheiten korrigierte Jahresergebnis der faktischen TU im Einzel-

---

56 Vgl. Böhm (Konzerngewinn, 1979) S. 102 ff.; Pick (Ausschüttungsregelung, 1985) S. 251 ff.; Lehertshuber (Unternehmensvertragsrecht, 1986) S. 151 ff.; Pausenberger (Meinungsspiegel, 1986) S. 368; Busse von Colbe (Gewinnverwendung, 1987) S. 61 ff.

57 Vgl. Böhm (Konzerngewinn, 1979) S. 102 ff.

58 Vgl. ähnlich auch Kirchner (Überlegungen, 1985) S. 233, der das Konzernergebnis nach dem Verhältnis der jeweiligen Unternehmenswerte zum Zeitpunkt der Aufnahme in den Konzern auf die Aktionäre von Mutter- und Tochterunternehmen aufteilen möchte.

59 Vgl. Pick (Ausschüttungsregelung, 1985) S. 255 ff.

60 Vgl. Busse von Colbe/Ordelheide (Konzernabschlüsse, 1993) S. 41 f.

abschluß des MU als Beteiligungsertrag auszuweisen. Eine Zwischenerfolgseliminierung hält Pick hier nicht für erforderlich, weil er diese Beträge wegen der nach § 311 AktG geforderten Beachtung des Eigeninteresses des TU als realisiert ansieht. Über diese korrigierten Jahresergebnisse der jeweiligen TU könne das Management des MU verfügen, so daß sie auch als Beteiligungserträge im Einzelabschluß des MU auszuweisen seien. Im Rahmen der Gewinnverwendung des MU erhielten dann die Aktionäre auch hierüber ein anteiliges Dispositionsrecht.

Der bereits oben dargestellte Vorschlag von Lehertshuber, nach dem jede Mehrheitsbeteiligung automatisch in ein Vertragskonzernverhältnis überführt wird[61], könnte auf die Erstellung und Publizität der Einzelabschlüsse der jeweiligen Konzerngesellschaften gänzlich verzichten. Vielmehr sollte aus den originären Buchhaltungszahlen aller im Unternehmensverbund stehenden Gesellschaften ein Einzelabschluß des Vertragskonzerns entwickelt werden. In diesen würden ausschließlich die mit Dritten abgewickelten Geschäfte aufgenommen. Kapital-, Lieferungs- und Leistungsverflechtungen zwischen den Unternehmen seien gegebenenfalls erfolgswirksam zu eliminieren. Dieser Jahresabschluß wäre, sofern ein Konzernunternehmen in der Rechtsform einer Kapitalgesellschaft organisiert ist, nach den Vorschriften der §§ 264 ff. HGB aufzustellen. Obwohl nach Lehertshuber auf diesen Einzelabschluß des Konzerns die entsprechenden Ausschüttungsregeln der §§ 58, 174 AktG anzuwenden sind, bleibt unklar, wie das Jahresergebnis auf die Anteilseigner der verschiedenen Konzerngesellschaften zu verteilen ist und wie sein Vorschlag bei grenzüberschreitenden Unternehmensverbindungen zu modifizieren wäre.

Weil bei den vorgestellten Vorschlägen noch vielfältige offene Fragen hinsichtlich der konkreten Ausgestaltung verbleiben, hat Busse von Colbe den von MU gem. §§ 290-314 HGB aufzustellenden Konzernabschluß auf seine Eignung als mittelbare Bemessungsgrundlage für die Gewinnverwendung gem. § 58 AktG hin überprüft[62]. Ausgangspunkt seiner Untersuchung ist das um etwaige Gewinn- bzw. Verlustvorträge korrigierte Konzernjahresergebnis abzüglich der Gewinn- bzw. zuzüglich der Verlustanteile von Minderheitsaktionären in TU. Der verbleibende Betrag sei zum einen um konzernspezifische Besonderheiten und zum anderen um Abweichungen in den Grundsätzen ordnungsmäßiger Buchführung zwischen Einzel- und Konzernabschluß zu modifizieren.

---

61 Vgl. zu den folgenden Ausführungen Lehertshuber (Unternehmensvertragsrecht, 1986) S. 151 ff.

62 Vgl. zum folgenden Busse von Colbe (Gewinnverwendung, 1987) S. 61 ff.

So seien nichtdisponible Gewinnbestandteile der TU, z.B. wegen statutarischer Vorschriften im TU, ausländischer Transferbeschränkungen[63], erhöhte Gewinneinbehaltungen in Gemeinschaftsunternehmen aus dem Ausgangsbetrag zu eliminieren. Die abweichenden Bilanzierungs- und Bewertungsregeln im Konzernabschluß umfassen insbesondere die Beteiligungsbewertung für assoziierte Unternehmen nach der Equity-Methode gem. § 312 HGB, die Aktivierung aktivischer latenter Steuern und die Möglichkeit der erfolgsneutralen Verrechnung des Unterschiedsbetrages aus der Kapitalkonsolidierung nach §§ 301 f. i.V.m. § 309 (2) HGB. Auch ihre Auswirkungen auf das Konzernergebnis wären für die Ermittlung des verwendbaren Betrages zu berücksichtigen. Für die Frage nach der Behandlung der Umrechnungsergebnisse im Konzernabschluß greift Busse von Colbe auf die äquivalenten Grundsätze ordnungsmäßiger Buchführung für Fremdwährungsgeschäfte im Einzelabschluß zurück und schlägt eine entsprechende weitere Korrektur des für die Gewinnverwendung disponiblen Betrages vor.

Der auf diese Weise korrigierte Konzernerfolg bilde die Richtschnur für die Gewinnverwendung nach § 58 (2) AktG. Wegen der bestehenden rechtlichen Unternehmensgrenzen und der noch fehlenden Konzernverfassung sei dieser Betrag noch mit den rechtlichen Ausschüttungsmöglichkeiten im MU abzustimmen. Liegt z.B. der den Aktionären zur Verfügung stehende korrigierte Konzernerfolg über dem Jahresergebnis des MU, müsse das Management durch entsprechende Auflösung frei verfügbarer Gewinnrücklagen im MU den eigenen Bilanzgewinn auffüllen. Sind nicht genügend Rücklagen im MU vorhanden, wäre der Betrag als Gewinnvortrag in Rechnung zu stellen und die Verwaltung müsse durch eine entsprechende Ausübung der einheitlichen Leitung in den TU, diese zu einer Gewinnausschüttung an das MU anhalten. Ist der Konzernerfolg niedriger als das Ergebnis des MU, erfolge aus Konzernsicht eine Ausschüttung aus Gewinnrücklagen, die auf frei verfügbare Rücklagen im Konzernabschluß beschränkt werden solle[64].

Wollte man sich dem Vorschlag von Busse von Colbe anschließen[65], so wäre u.a. noch zu klären, welche Korrektur die von § 18 (1) AktG abweichende Ab-

---

63 Vgl. z.B. für TU in Griechenland: Beusch (Rücklagenbildung, 1987) S. 39.

64 Von daher überzeugt auch die Kritik von Kohl (Aktienkonzern, 1991) S. 258 an diesem Vorschlag wenig, wonach der Konzernabschluß nicht unmittelbar als Ermittlungsgrundlage verwendet werden soll, um die mit seiner Erstellung verbundene Fiktion der rechtlichen Einheit nicht zur Rechtstatsächlichkeit werden zu lassen.

65 Vgl. so ansatzweise § 110 des dänischen Aktiengesetzes und § 2 des schweizerischen Aktiengesetzes, die für Gewinnausschüttungen des MU die Existenz eines entsprechend positiven Konzernergebnisses voraussetzen.

grenzung des Konsolidierungskreises gem. § 290 HGB gegebenenfalls erfordert[66], wie die Ergebnisse der nicht konsolidierten TU berücksichtigt werden sollen, ob die gegenüber dem Einzelabschluß zusätzlichen bilanzpolitischen Spielräume bei der Ermittlung des Konzernergebnisses beibehalten werden sollten und wer den Konzernabschluß festzustellen hat[67].

Sofern die Konkretisierungsanforderungen an ein ausschüttungsfähiges Jahresergebnis aus dem handelsrechtlichen Einzelabschluß übernommen werden, könnten die GoB als Maßstab für die erforderlichen Umgestaltungsmaßnahmen des Konzernrechnungswesens herangezogen werden. Im Ergebnis würde das Konzernergebnis damit die gleiche Rechtssicherheit aufweisen wie das Jahresergebnis eines unverbundenen Unternehmens. Darüber hinaus wäre noch zu klären, ob diese Regelungen z.B. auch für Minderheitsaktionäre von Zwischenholdings bzw. TU gelten sollen. Dieser Lösungsansatz würde jedoch dazu beitragen, daß der bisher überwiegend zu Informationszwecken dienende Konzernabschluß nun auch gleichzeitig eine Ausschüttungsbemessungsfunktion erhält und diese Doppelaufgabe zur Beeinträchtigung der bisherigen Funktion beitragen könnte[68].

b) Eigenkapitalveränderungskompetenz

In seiner Konzernrechtsuntersuchung beschäftigt sich Timm[69] mit der Frage, ob über §§ 293 (1), 319 (2) AktG hinaus eine Mitwirkungskompetenz der Hauptversammlung des MU bei der Konzernbildung und insbesondere bei Konzernleitungsfragen besteht (S. 46). Für die hier darzustellenden Vorschläge nach einer Kompetenzrückverlagerung bei den Finanzentscheidungen im Konzern auf die Aktionäre des MU enthält die Arbeit von Timm mehrere Empfehlungen.

Ausgehend von der Zwecksetzung der Aktiengesellschaft, die er im Umkehrschluß aus §§ 291 ff. AktG insbesondere in den Elementen einer grundsätzlich autonomen Geschäftsführung und der ausschließlichen Nutzenstiftung für die Aktionäre sieht, muß die Unternehmensstruktur durch die Hauptversammlung z.B. in den Statuten gem. § 23 (2) AktG festgelegt werden. Jeder Eingriff in die

---

66 Vgl. Ulmer (Begriffsvielfalt, 1987) S. 623 ff.

67 Vgl. Ordelheide (Konzernerfolgskonzeption, 1987) S. 986; hierzu Kretschik (Gewinnverwendung, 1991) S. 54 ff.

68 So lehnt Piltz (Gewinnverwendungspolitik, 1988) S. 650 f., hiermit die Ausschüttungsbemessungsfunktion des Konzernabschlusses ab.

69 Vgl. Timm (Konzernspitze, 1980); die folgenden Seitenangaben im Text beziehen sich auf diese Quelle. Vgl. auch Timm (Hauptversammlungskompetenzen, 1980) S. 172 ff.

so festgelegte Unternehmensstruktur bedürfe daher auch gem. § 179 (2) AktG der vorherigen Zustimmung einer qualifizierten Mehrheit der Hauptversammlung (S. 61 ff.). Durch eine enge Auslegung des Begriffs Unternehmensstruktur kommt Timm zu dem Ergebnis, daß neben den aktienrechtlichen Zuständigkeiten der Aktionäre gem. §§ 119 (2), 179, 291 ff., 261 AktG u.a. auch die Entscheidungen:

- über die Aufgaben einzelner unternehmerischer Funktionen bzw. deren Verselbständigung in TU und
- über Kapitalbeschaffungsmaßnahmen im Konzern, soweit sich hieraus Rückwirkungen auf die Beteiligungsstruktur im MU ergeben können,

in den unmittelbaren Kompetenzbereich der Hauptversammlung des MU fallen (S. 68). Damit können auch Maßnahmen der Konzernleitung in die Unternehmensstruktur eingreifen, so daß zumindest eine interne Mitwirkungspflicht der Aktionäre des MU aus § 23 (3) i.V.m. § 179 (2) AktG oder aus § 186 (3) AktG in Betracht komme (S. 69).

Die Antwort auf die hier relevante Frage nach der Zuständigkeit der Hauptversammlung des MU bei der Konzernleitung und hier insbesondere bei den Finanzentscheidungen leitet Timm aus § 186 (3) AktG ab (S. 72 ff.). Das Bezugsrecht diene dem Aktionär als Schutzinstrument zur Sicherung seiner Beteiligungsquote und zur anteiligen Vermögenserhaltung. Ein Bezugsrechtsausschluß bedürfe daher neben der qualifizierten Mehrheit in der Hauptversammlung auch einer besonderen sachlichen Rechtfertigung im Gesellschaftsinteressse, die vom Vorstand nach § 186 (4) 2 AktG schriftlich gegenüber der Hauptversammlung vorzutragen sei. In Anlehnung an Wiedemann[70] und Lutter[71] sieht Timm in den materiellen Schranken des § 186 (3) AktG eine allgemein notwendige Verhaltensweise des Vorstandes auch für ähnliche Tatbestände, die in die Beteiligungsstruktur eingreifen können. Folglich sei es dem Management ohne sachliche Rechtfertigung und deren Überprüfung hinsichtlich der Angemessenheit nicht erlaubt, neue Mitgliedschaften zu schaffen und bestehende zu stärken bzw. schwächen.

Darüber hinaus erfordere z.B. auch der Gleichbehandlungsgrundsatz des § 53 a AktG für die nach § 71 c AktG notwendige Veräußerung eigener Aktien eine analoge Anwendung des § 186 (3) AktG. Diese Verhaltensmaßstäbe für die Vorstandstätigkeit wendet Timm auch analog auf sämtliche Finanzentscheidungen im Rahmen der Konzernleitung an (S. 138 ff., 174 f.). Damit er-

70 Vgl. Wiedemann (Gesellschaftsrecht, 1980) S. 446; früher bereits Wieland (Handelsrecht, 1931) S. 383 f.

71 Vgl. Lutter (Theorie der Mitgliedschaft, 1980) S. 84 ff.

fordere die Sicherung der Einflußmöglichkeit und der Vermögenserhaltung der Aktionäre des MU, daß es dem Vorstand aus § 186 (3) AktG grundsätzlich untersagt sei,

- Anteile an einem 100 %-igen TU an Dritte zu veräußern bzw.
- über eine Kapitalerhöhung unter Ausschluß des Bezugsrechts Dritten die Möglichkeit zu schaffen, sich an einem TU zu beteiligen bzw. ihren Einfluß zu stärken (S. 138 ff., 174 f.).

Neben der sachlichen Rechtfertigung bedürfen derartige Finanzentscheidungen im TU grundsätzlich auch der Zustimmung durch die Hauptversammlung des MU mit qualifizierter Mehrheit. Ohne eine solche Billigung könnte der Vorstand anstehende Kapitalbeschaffungsmaßnahmen im TU nur über eine

- volle Übernahme durch das MU mit eventueller Finanzierung durch entsprechende Kapitalerhöhungen im MU (Refinanzierungsmodell) oder durch
- Weitergabe des vom MU nicht in Anspruch genommenen Bezugsrechts an dessen Aktionäre (Weitergabemodell)

vornehmen (S. 175). Obwohl nach seiner Auffassung beide Modellansätze dem Vermögensschutzinteresse der Aktionäre gerecht würden, hält er das Refinanzierungsmodell für effizienter, weil nur hiermit die bestehenden Beteiligungsstrukturen im Konzern gesichert werden können und damit die Intensität der Konzernherrschaft nicht beeinträchtigt werde (S. 175, 205).

Zu ähnlichen Ergebnissen kommt auch Hirte[72] in seiner Untersuchung über die materiellen und formellen Anforderungen an einen Bezugsrechtsausschluß gem. § 186 (3) AktG. Nach seiner Vorstellung ist das Schutzinstrument des § 186 (3) AktG, das die Aktionäre vor allem vor der Gefahr einer unmittelbaren Veränderung ihrer jeweiligen Beteiligungsquote bewahren soll, auf alle Formen der Kapitalerhöhung gem. §§ 182 ff. AktG in einer konzernfreien Aktiengesellschaft gleichermaßen anzuwenden (S. 98 f., 125 f.).

Er sieht in der Konzernierung und der damit einhergehenden Verfügungsrechtseinschränkung der Aktionäre des MU zugunsten des Managements inhaltlich eine der einer Kapitalerhöhung äquivalente Veränderung der Beteiligung. Entsprechend versucht Hirte die Anforderungen des Bezugsrechtsausschlusses gem. § 186 (3) AktG analog auf Fragen der Konzernbildung und -leitung zu übertragen (S. 155 ff.).

---

72 Vgl. Hirte (Bezugsrechtsausschluß, 1986). Die folgenden Seitenangaben im Text beziehen sich auf diese Quelle.

Die Konzernbildung bzw. Konzernerweiterung sei folglich nur zulässig, wenn neben der qualifizierten Mehrheit in der Hauptversammlung des künftigen MU vom Vorstand auch eine Rechtfertigung durch einen im Gesellschaftsinteresse liegenden sachlichen Grund vorgebracht werde (S. 172 ff.). Eine Differenzierung danach, ob die Konzernbildung durch Beteiligungserwerb bzw. Ausgliederung erfolgt, erscheint ihm nicht angebracht, weil aus dem Blickwinkel der Aktionäre die Verluste der Herrschaftsrechte in beiden Fällen äquivalent seien (S. 162 ff.). Solange jedoch die Summe des innerhalb der letzten fünf Jahre ausgegliederten Vermögens bzw. des für Beteiligungskäufe aufgewendeten Vermögens nicht mehr als 25 % des Gesellschaftsvermögens ausmache, könne aufgrund der Geringfügigkeit auf die Zustimmungsbedürftigeit der Hauptversammlung des MU verzichtet werden (S. 180 f.). Den Schwellenwert für die Geringfügigkeit von 25 % des Gesellschaftsvermögens leitet Hirte in Anlehnung an §§ 179 (2), 202 AktG ab.

Weil auch Maßnahmen im Rahmen der Konzernleitung, wie z.B Kapitalerhöhungen im TU durch Sacheinlage des MU, erneut zu einer inhaltlichen Beeinträchtigung der Beteiligung von Aktionären am MU führen können, sieht er auch hier - neben der Zustimmungsbedürftigkeit der Hauptversammlung - das Erfordernis einer Rechtfertigung durch einen im Gesellschaftsinteresse liegenden sachlichen Grund und der Angemessenheit analog § 186 (3) AktG (S. 175 ff.). Wird die Kapitalerhöhung im TU unter Ausschluß des Bezugsrechts zur Aufnahme Dritter vorgenommen oder wird vom MU eine Beteiligungstranche an Dritte veräußert, seien neben den Herrschaftsinteressen möglicherweise auch Vermögensinteressen der Aktionäre des MU berührt[73]. Daher müsse hier zusätzlich noch analog § 255 (2) AktG die Angemessenheit des Ausgabebetrages bzw. des Verkaufspreises geprüft werden (S. 184 f., 260).

Im Ergebnis geht Hirte (S. 258 ff.) damit teilweise über die Forderungen von Timm hinaus, weil er jede Kapitalerhöhung im TU, auch wenn sie vom MU voll übernommen wird, in den Anwendungsbereich des § 186 (3) AktG einbezieht. Auch die von Timm noch für zulässig gehaltene Weitergabe des Bezugsrechts an die Aktionäre des MU hält Hirte wegen der dann bestehenden Gefahr einer Beeinträchtigung der Herrschaftsrechte nicht für ein äquivalentes Schutzinstrument und lehnt sie grundsätzlich ab (S. 186 ff.).

---

73 Vgl. so auch jüngst Baums (Vorzugsaktien, 1993) S. 21 ff.

3. *Konzernauflösungskompetenz*

Mit der Frage nach einer Zustimmungsbedürftigkeit der Hauptversammlung des MU bei der Beendigung eines Konzernverhältnisses analog §§ 262 ff. AktG haben sich die Rechts- und Wirtschaftswissenschaftler bisher nur mittelbar im Rahmen der dargestellten Vorschläge zur Rückverlagerung der Finanzentscheidungsrechte auseinandergesetzt. So wurde von Timm[74] und Hirte[75] die Veräußerung eines Anteilspaketes an einem TU zumindest dann von der Zustimmung der Hauptversammlung des MU mit qualifizierter Mehrheit abhängig gemacht, wenn hierdurch die Herrschaftsstruktur zwischen Mutter- und Tochterunternehmen verändert wird.

Gegen eine solch weite Auslegung der Zustimmungsbedürftigkeit wird eingewandt, daß auch der Verkauf von sonstigen Vermögensgegenständen nur dann nicht in den üblichen Geschäftsführungsbereich des Vorstandes nach § 76 AktG falle, wenn gem. § 361 AktG hiermit das gesamte Gesellschaftsvermögen veräußert werde. Die analoge Anwendung des § 361 AktG würde bedeuten, daß zumindest der Verkauf eines TU, das bisher die gesamten Konzernaktivitäten auf sich vereint, der Zustimmung der Hauptversammlung bedürfe. Für andere Sachverhalte würde die Schadensersatzpflicht des Vorstandes gem. § 93 AktG im Fall der Berechnung eines unangemessenen Verkaufspreises als Schutzmechanismus ausreichen[76]. Andererseits könnte gerade der Verkauf einer solchen Beteiligungstranche, durch die das Konzernverhältnis aufgelöst wird, unter die von Timm und Hirte gesehenen Strukturveränderungen fallen, die eine Zustimmung der Hauptversammlung des MU erst recht erforderlich machen.

Aus dem 9. EG-RLEnt wird deutlich, daß bei der Beendigung eines Vertragskonzernverhältnisses überwiegend auf die Schutzwürdigkeit der Minderheitsaktionäre des TU zu achten ist. Diese sollen daher auch nach Art. 30 des 9. EG-RLEnt im Fall der Auflösung des Konzernverhältnisses einen einmaligen Vermögensausgleich für Wertverluste erhalten, die das TU während der Vertragsdauer erlitten hat[77]. Anhaltspunkte darüber, inwiefern eine Schutzbedürftig

---

74 Vgl. Timm (Hauptversammlungskompetenzen, 1980) S. 181 ff.

75 Vgl. Hirte (Bezugsrechtsausschluß, 1986) S. 182 ff.

76 Vgl. Ebenroth (Konzernleitungskontrolle, 1987) S. 48.

77 Kritisch hierzu im Vergleich zur aktienrechtlichen Regelung: Hommelhoff (EG-Konzernrichtlinie, 1988) S. 141 f.

keit der Aktionäre des MU bei der Konzernauflösung gesehen und damit auch deren Zustimmung erforderlich wird, sind aus dem Entwurf der 9. EG-RL nicht zu entnehmen.

II. Vorschläge zur Stärkung der Informations- und Kontrollmöglichkeiten

Die bisher dargestellten Vorschläge beschränken sich überwiegend darauf, den Risiken eines vom Aktionärsinteresse abweichenden Managementverhaltens im Konzern über eine Ausweitung der Verfügungsrechte der Aktionäre des MU auch auf Entscheidungen im TU zu begegnen. Geleitet von der Idee einer Intensivierung der Aktionärsdemokratie im Konzern, wird versucht, die Unternehmungsverfassung der Aktiengesellschaft weitgehend auf den Konzern zu übertragen.

Alternativ hierzu wird in der betriebswirtschaftlichen Literatur aber auch vereinzelt vorgeschlagen, den Anlegerschutz im Unternehmensverbund über die Schaffung zusätzlicher Informations- und Kontrollmechanismen für die Aktionäre des MU zu verbessern[78]. Diese Ansätze gehen überwiegend davon aus, daß den Verfügungsrechtseinschränkungen im Konzern - auch unter Beibehaltung der rechtlichen Vielfalt - bereits dann wirksam begegnet werden kann, wenn die Aktionäre über effiziente Informations- und Kontrollmechanismen verfügen können.

1. Handelsrechtliche Informations- und Kontrollinstrumente

Die nach der Transformation der 7. EG-RL weiterhin bestehende Disharmonie zwischen Konzernwirklichkeit (rechtliche Vielfalt) und Konzernrechnungslegung (Fiktion der rechtlichen Einheit) hat dazu beigetragen, daß in der neueren betriebswirtschaftlichen Literatur eine Grundsatzdiskussion um den handelsrechtlichen Konzernabschluß begonnen hat. Neben der kritischen Auseinandersetzung über die vielfältigen Konsolidierungswahlrechte[79], wird erörtert, ob z.B. zusätzliche Informationen über die Konzernstruktur bereits aus der gemeinsamen Auswertung des Einzel- und Konzernabschlusses zu gewinnen sind,

---

78 Vgl. Schildbach (Jahresabschluß, 1989) S. 157 ff., S. 199 ff.; Pellens (Anlegerschutzinstrument, 1991) S. 490 ff.

79 Vgl. z.B. Ordelheide (Kapitalkonsolidierung, 1987) S. 292 ff.; Busse von Colbe (Rechnungslegungsvorschriften, 1987) S. 117 ff.

oder ob hierfür die Konsolidierungsgrundsätze stärker an die Konzernwirklichkeit anzunähern sind[80].

Wenn es für die Aktionäre des MU aufgrund der Kompetenzverschiebungen von Bedeutung ist, wie sich die Konzernaktivitäten auf Mutter- und Tochterunternehmen verteilen, könnte versucht werden, über eine gemeinsame Analyse des Einzel- und Konzernabschlusses eines MU zusätzliche Informationen über die zusammengefaßte Entwicklung mehrerer Tochtergesellschaften des Konzerns herauszufiltern. Derartige Versuche sind bereits Mitte der 70-er Jahre von Mohnfeld und Lohse angedeutet worden[81].

Mohnfeld wollte durch einfache Differenzbildung der Daten der Konzernbilanz und der Bilanz der Muttergesellschaft die "wichtigsten" Konzernbilanzpositionen nach ihrer Verteilung auf Mutter- und Tochterunternehmen segmentieren, um hieraus Aussagen über die Kapitalstruktur und Liquiditätslage einzelner Konzernteile zu gewinnen. Lohse verwandte das Instrumentarium des Differenzabschlusses zur Analyse der Auslandsaktivitäten multinationaler Konzerne, indem er die nach dem AktG 1965 von einigen Konzernen (z.B. Bayer AG, Hoechst AG und BASF AG) veröffentlichten Inlandskonzern- und Weltabschlüsse einander gegenüberstellte.

Die teilweise wenig differenzierten Angaben im Einzel- und Konzernabschluß nach AktG 1965 bezüglich der konzerninternen Beziehungen führten jedoch zu erheblichen Zuordnungsproblemen, so daß aus diesen Daten auch nur sehr eingeschränkte Aussagen über die Konzernstrukturen abzuleiten waren. Diese Ermittlungsprobleme sind nach der Umstellung der Jahresabschlüsse auf das BiRiLiG teilweise beseitigt worden, so daß nunmehr zumindest grobe Anhaltspunkte für die Verteilung der Konzernaktivitäten auf Mutter- und Tochterunternehmen aus der gemeinsamen Auswertung des Einzel- und Konzernabschlusses zu gewinnen sind[82].

So läßt sich aus der Differenz zwischen den Positionen des Konzernabschlusses und den gleichartigen Posten des Einzelabschlusses der Muttergesellschaft näherungsweise feststellen, welchen Anteil alle konsolidierten TU zusammen an der Vermögens-, Finanz- und Ertragslage des Konzerns haben. Ergebnis

---

80 Vgl. Schildbach (Jahresabschluß, 1989) S. 157 ff.; Pellens (Anlegerschutzinstrument, 1991) S. 490 ff.; Faß (Konzernierung, 1991) S. 75 ff.

81 Vgl. Mohnfeld (Konzernbilanzen, 1975) S. 194 ff.; Lohse (Analyse, 1977) S. 225 ff.

82 Vgl. die Beispielrechnung für den Bayer-Konzern bei Pellens (Anlegerschutzinstrument, 1991) S. 495 ff.

einer derartigen Disaggregation ist die Bildung eines Partialkonzernabschlusses ohne das MU, in dem die Vermögensgegenstände, Eigenkapitalpositionen, Rückstellungen und Verbindlichkeiten sowie die Aufwendungen und Erträge aller konsolidierten Tochtergesellschaften zusammengefaßt abgebildet werden.

Wegen der dem Konzernabschluß zugrundeliegenden Konsolidierungsverfahren können die Tochtergesellschaften in dem zu bildenden Partialkonzernabschluß jedoch nur derart dargestellt werden, als seien sie alle gemeinsam ein rechtlich einheitliches Unternehmen. Folglich sind in ihm grundsätzlich alle konzerninternen Geschäfte zwischen den TU untereinander und zwischen den TU und dem MU eliminiert.

Durch die pauschale Trennung von MU und der Summe aller TU können jedoch die unterschiedlichen Konzernverhältnisse einzelner TU zum MU nicht mehr explizit berücksichtigt werden. Das Informationsbedürfnis einer nach Haftungsverhältnissen differenzierten Rechenschaftslegung ist hiermit folglich nicht zu befriedigen. Weil die Konsequenzen der bilanzpolitischen Sachverhaltsgestaltungen zwischen den Konzernunternehmen und die Bedeutung einzelner TU für die Risikoverteilung im Unternehmensverbund jedoch überwiegend davon abhängig sind, welches Konzernverhältnis zum MU besteht, wäre es notwendig, daß der Partialkonzernabschluß aller TU noch nach den Konzernverhältnissen differenziert werden könnte. Dies würde bedeuten, daß jeweils ein Partialkonzernabschluß

- für die TU, zu denen ein vertraglicher oder faktischer Haftungsverbund (z.B. qualifiziert faktische Tochterunternehmen) besteht und
- für die TU, gegenüber denen eine Haftungsseparation besteht,

vorliegt. Eine derart differenzierte Rechenschaftslegung würde die rechtliche Vielfalt innerhalb des Konzerns zwar stärker verdeutlichen; sie ist aus dem handelsrechtlichen Einzel- und Konzernabschluß allerdings nicht ableitbar. Auch die Angabepflichten zum Anteilsbesitz gem. § 313 (2) Nr. 4 HGB erstrecken sich nicht auf die Form des Konzernverhältnisses[83]. Eine diesbezügliche Forderung kann folglich nur an die Adresse der Unternehmen oder des Gesetzgebers gerichtet werden.

In diese Richtung zielen wohl auch die Überlegungen von Schildbach[84]. Er versucht, die Konsolidierungsgrundsätze für einen ausschließlich der Informationsvermittlung dienenden Konzernabschluß in Abhängigkeit vom Konzern-

83 Vgl. Gschrei (Berichterstattung, 1990) S. 1587 ff.

84 Vgl. Schildbach (Jahresabschluß, 1989) S. 162 ff. Die folgenden Seitenangaben im Text beziehen sich auf diese Quelle.

verhältnis zwischen MU und TU zu differenzieren. Weil das MU und die vertraglich gebundenen TU vom Gesetzgeber bzw. von der Rechtsprechung bereits weitgehend wie ein einheitliches Unternehmen behandelt werden, seien die Abbildungskonvention der Fiktion der rechtlichen Einheit und die hierauf aufbauenden Konsolidierungsgrundsätze der §§ 290 ff. HGB für den Vertragskonzern folgerichtig (S. 162).

Für die im faktischen Konzernverhältnis (S. 162 ff.) stehenden TU seien diese Konsolidierungsgrundsätze aber wenig geeignet. Weil hier die einheitliche Leitung wegen der Einschränkungen aus § 311 AktG weniger intensiv erfolgen muß und weil regelmäßig von einer Haftungsseparation zwischen MU und TU auszugehen sei, seien z.B. die Konsolidierungsmaßnahmen der Schuldenkonsolidierung (S. 205 ff.) und der Zwischenerfolgseliminierung (S. 199 ff.) nicht zwingend erforderlich. Dies gelte erst recht für die nach § 310 HGB quotal zu konsolidierenden Gemeinschaftsunternehmen und für die nach § 312 HGB nach der Equity-Methode zu bewertenden assoziierten Gesellschaften. Im Ergebnis lassen sich seine Grundsatzüberlegungen wohl so interpretieren, daß im Konzernabschluß lediglich noch das MU und alle vertraglich gebundenen TU einzubeziehen sind. Die Konsolidierung faktischer TU erscheint ihm wegen der gesetzlich bisher noch weitgehend anerkannten Selbständigkeit dieser TU wenig sinnvoll. Ob darüber hinaus einzelne Konsolidierungsmaßnahmen modifiziert werden sollen, bleibt offen.

Wird die Forderung der Aktionäre nach einer konzernweiten Rechnungslegung bereits seit langem als Selbstverständlichkeit angesehen, so ist von einem Auskunftsrecht nach § 131 AktG in die Tiefe des Konzerns bisher nur eingeschränkt auszugehen. Eine Auskunftspflicht des Vorstandes eines MU nach § 131 (1) S. 2 AktG ist lediglich dann gegeben, wenn die geforderte Information zur Beurteilung eines Tagesordnungspunktes in der Hauptversammlung des MU erforderlich ist und wenn es sich um eine Angelegenheit der MU bzw. um eine rechtliche und geschäftliche Beziehung zu verbundenen Unternehmen handelt. Angelegenheiten des TU selbst unterliegen nicht der Auskunftspflicht des Vorstandes des MU, so daß von einem Fragerecht in die TU hinein nicht auszugehen ist[85].

Wird von den Aktionären des MU zur Verfügung gestelltes Kapital in TU investiert, wovon bei Holdingstrukturen gänzlich auszugehen ist, so erscheint die Eingrenzung des § 131 (1) S. 2 AktG kaum nachvollziehbar. Für die Beurteilung

85 Vgl. Ebenroth/Wilken (Auskunftsrecht, 1993) S. 1819.

der Vorstands- und Aufsichtsratstätigkeit muß der Aktionär z.B. wissen, in welche TU die Mittel geflossen sind und insbesondere wo sie dort investiert werden. Für vertraglich gebundene und qualifiziert faktische TU ist darüber hinaus davon auszugehen, daß sämtliche Entscheidungen im TU vom Vorstand des MU getroffen werden bzw. in dessen Verantwortungsbereich fallen. Da hier auch die rechtliche Selbständigkeit der TU aus dem Blickwinkel der Aktionäre des MU aufgrund des Haftungsverbundes nahezu bedeutungslos ist, erscheint die Differenzierung im Auskunftsrecht kaum gerechtfertigt. Aber auch für im faktischen Konzernverhältnis stehende TU ist die Notwendigkeit der Auskunftseinschränkung zu Hinterfragen. Letztendlich tragen die Aktionäre des MU gemeinsam mit den Minderheitsgesellschaftern im TU das wirtschaftliche Risiko der Gesellschaft, so daß kaum einzusehen ist, warum ihr Auskunftsrecht über die Angelegenheiten des TU im Vergleich zu dem der Minderheiten eingeschränkt werden soll.

2. Börsenrechtliche Informations- und Kontrollinstrumente

Auch im deutschen Börsenrecht bedürfen noch einzelne dem allgemeinen Anlegerschutz dienende Informations- und Kontrollinstrumente einer Auslegung, inwiefern der Konzerntatbestand explizit zu berücksichtigen ist. Dies gilt insbesondere für die Ausgestaltung der innerperiodischen Veröffentlichungspflichten in Form des Zwischenberichtes gem. § 44 b BörsG und der Ad-hoc-Publizität gem. § 44 a (1) S. 1 BörsG.

Ist die Ausgestaltung einer konzernweiten Zwischenberichterstattung vom MU gem. § 44 b (1) BörsG i.V.m. § 56 BörsZulV bereits mehrfach konkretisiert und von vielen Unternehmen auch schon praktiziert worden[86], so ist die Ausgestaltung der Ad-hoc-Publizität noch weitgehend offen.

Auch die von der Bundesregierung gem. § 44 a (2) BörsG erlassene Rechtsverordnung über Art und Form der vorgeschriebenen Veröffentlichung (§ 70 BörsZulV) hilft bei der Auslegung des § 44 a (1) BörsG nicht weiter, da hier lediglich vorgeschrieben wird, daß die Veröffentlichung in deutscher Sprache und in mindestens einem Börsenpflichtblatt zu erfolgen hat. Den Mitteilungen der

---

86 Vgl. Körbich (Zwischenberichten, 1989) S. 1477 ff.; Busse von Colbe/Reinhardt (Zwischenberichterstattungen, 1989); Bridts (Zwischenberichtspublizität, 1990); sowie die empirische Untersuchung von Benzler (Zwischenbericht, 1990) S. 16 ff. Coenenberg/Bridts (Zwischenberichtspublizität, 1992) S. 190 f. und Baetge/Schlösser (Zwischenberichterstattung, 1993) S. 231 ff.

Börsenvorstände zufolge, verfahren die Unternehmen bei der Ad-hoc-Publizität bisher sehr restriktiv[87]. So wird der Börsenvorstand regelmäßig erst dann informiert, wenn so erhebliche Tatsachen, wie z.B. ein außergerichtlicher Vergleichsversuch oder unmittelbare Konkursreife, eingetreten sind, so daß dieser sich meist gezwungen sieht, mit einer vorübergehenden Kursaussetzung zu reagieren. Auch der Börsenvorstand wird von sich aus bisher nur dann tätig, wenn bekannt wird, daß Unternehmen z.B. über die wirtschaftliche Entwicklung lediglich ausgewählte Personengruppen informieren.

Die Ad-hoc-Publizitätpflicht ist nach der Zielsetzung des Gesetzgebers als Ergänzung zu den regelmäßig zu veröffentlichenden Jahresabschlüssen und Lageberichten sowie zur Zwischenberichterstattung anzusehen[88]. Als Maßnahme zum Anlegerschutz soll sie sicherstellen, daß der Kapitalmarkt auch zwischen den Abschlußstichtagen des Jahresabschlusses und Zwischenberichtes über wichtige Unternehmensereignisse unverzüglich informiert wird und steht in engem Zusammenhang mit der bevorstehenden Transformation der Insider-Richtlinie in das WpHG[89]. Zusammen mit den sonstigen Publizitätsvorschriften und dem künftigen Bundesaufsichtsamt für den Wertpapierhandel soll die Ad-hoc-Publizität nach § 44a BörsG (künftig § 16 WpHG) dazu beitragen, daß die "Wertpapiermärkte ihre Funktion der effizienten Allokation der Ressourcen erfüllen"[90].

Der Rückgriff auf den handelsrechtlichen Jahresabschluß und Lagebericht wirft jedoch auch hier die Frage auf, ob von einer Einzel- oder Konzernbetrachtung auszugehen ist. Ob aus der Formulierung "in seinem Tätigkeitsbereich" zu schließen ist, daß lediglich Tatsachen aus dem unmittelbaren Unternehmensbereich des MU zu publizieren sind, ist zu bezweifeln. Entscheidend ist, welche Tätigkeitsabgrenzung heranzuziehen ist.

Wegen der teilweise dominanten wirtschaftlichen Bedeutung der TU für den Konzern und damit auch für die Entwicklung des MU erscheint es angebracht, auch Tatsachen, die sich auf Unternehmensereignisse in TU beziehen, unter § 44 a Abs. 1 BörsG zu subsumieren. Dies würde bedeuten, daß die Abgrenzung nicht an der rechtlichen Einheit sondern vielmehr an der wirtschaftlichen Einheit Konzern auszurichten wäre. Problematisch wird die Gestaltung, wenn in

---

87 Vgl. Bundesministerium der Finanzen (Diskussionsentwurf, 1993) S. 7, wonach seit 1986 lediglich sechs Tatsachen gem. § 44a BörsG gemeldet wurden.

88 Vgl. Gesetzentwurf der Bundesregierung (Börsenzulassungs-Gesetz, 1985) S. 16.

89 Vgl. Baumbach/Duden/Hopt (Handelsgesetzbuch, 1989) S. 1416 f. sowie Bundesministerium der Finanzen (Diskussionsentwurf, 1993), S. 2 ff.

90 Bundesministerium der Finanzen (Diskussionsentwurf, 1993) S. 2.

einem Konzern mehrere Gesellschaften ihre Aktien an der Börse notieren lassen, wie dies z.B. im Daimler Benz-Konzern (Daimler Benz und AEG) der Fall ist. Hier können z.B. Tatsachen in TU auftreten, die für das TU erhebliche Kursänderungen zur Folge haben können, für die Entwicklung des MU aber - wegen der geringen Bedeutung des TU für den Konzern - von untergeordneter Bedeutung sind. In diesen Fällen wäre lediglich der Vorstand des TU zur Ad-hoc-Publizität verpflichtet. Trifft die Tatsache den gesamten Konzern gleich stark, so daß erhebliche Kursänderungen der Aktien von Mutter- und Tochterunternehmen zu erwarten sind, müßten beide Vorstände unverzüglich hierüber publizieren. Gleiches gilt für Ereignisse im MU. Für Tatsachen aus Gesellschaften, an denen eine Minderheitsbeteiligung vorliegt, gilt dann eine Ad-hoc-Publizitätspflicht für den Vorstand des MU, wenn diese wesentliche Teile des Konzernvermögens ausmachen. Damit erscheint auch bei der Ad-hoc-Publizität gem. § 44 a BörsG eine auf den Konzernabschluß (§§ 290-314 HGB) und Konzernlagebericht (§ 315 HGB) gerichtete Sichtweise geboten[91].

III. Zusammenfassung

Die mannigfaltigen Reformvorschläge hinsichtlich der Kompetenzen und der Publizitätsinstrumente der aktuellen Aktionäre eines MU sowie zu allgemeinen Anlegerschutzmaßnahmen erstrecken sich über sämtliche Verfügungsrechtsbereiche und lassen sich wie folgt zusammenfassen:

---

91 Vgl. Pellens (Ad-hoc-Publizitätspflicht, 1991) S. 65.

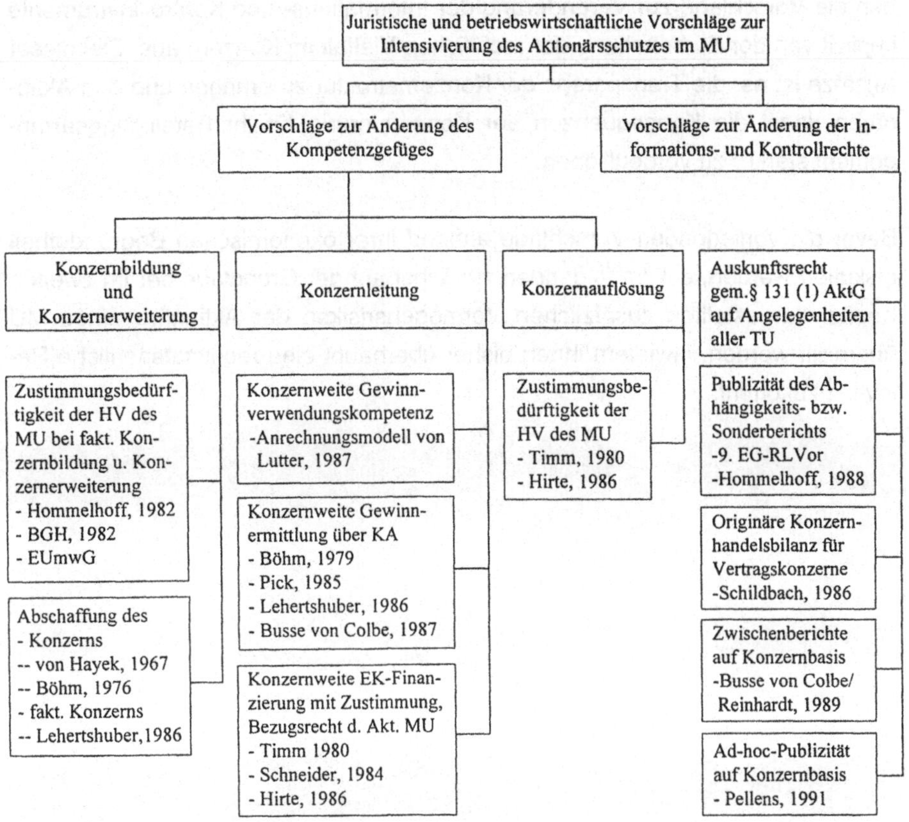

Abb. 7: Reformvorschläge zum Aktionärsschutz im MU

Weil die Reformvorschläge teilweise von unterschiedlichen Grundannahmen über die Zielsetzung der zu schaffenden Konzernverfassung ausgehen, werden sie bisher meist isoliert dargestellt und diskutiert. Würden die bisher unabhängig voneinander vorgetragenen Ansätze zur Veränderung des Kompetenzgefüges im Konzern allesamt kodifiziert, so wäre das Ergebnis, daß der Konzern hinsichtlich der Stellung der Aktionäre des MU gesellschaftsrechtlich als eigenständige Rechtsform anzusehen wäre, dessen Unternehmungsverfassung weitgehend der einer konzernfreien Aktiengesellschaft entsprechen würde[92]. Die Grundidee, die viele dieser Vorschläge in punkto Intensivierung der Aktionärsdemokratie gemeinsam haben und die auch zu Beginn der Konzernent-

92 Vgl. so bereits Isay (Unternehmen, 1910) S. 96 ff.; kritisch zu dieser Vorstellung: Hommelhoff (EG-Konzernrichtlinie, 1988) S. 150.

wicklung vereinzelt angestrebt wurde, würde eine aktive Teilnahme der Aktionäre an den Entscheidungsprozessen im MU erfordern[93]. Demgegenüber gehen die Vorschläge zur Veränderung der Informations- und Kontrollinstrumente implizit von der Beibehaltung der rechtlichen Vielfalt im Konzern aus. Ziel dieser Ansätze ist es, die Transparenz der Konzernstruktur zu erhöhen und den Aktionären damit die Konsequenzen der Konzernierung für ihr Beteiligungsarrangement stärker zu verdeutlichen.

Bevor die vorliegenden Vorschläge anhand ihrer ökonomischen Begründetheit diskutiert werden, soll im folgenden zunächst auf der Grundlage der im zweiten Kapitel dargestellten zusätzlichen Vermögensrisiken der Aktionäre eines MU überprüft werden, inwiefern ihnen bisher überhaupt eine rechtstatsächliche Relevanz zukommt.

---

93 Kritisch dazu Mertens (Aktionär, 1990) S. 51 ff.

Viertes Kapitel

Empirische Relevanz der Vorschläge zum Aktionärsschutz im Mutterunternehmen

I. Aufbau der empirischen Untersuchung

Mit der folgenden empirischen Untersuchung soll zunächst die praktische Relevanz der betriebswirtschaftlichen und juristischen Reformvorschläge zu einer stärker an den Interessen der Aktionäre eines MU ausgerichteten Konzernverfassung analysiert werden. Vor dem Hintergrund der im zweiten Kapitel beschriebenen zusätzlichen Vermögensrisiken der Aktionäre des MU und unter Berücksichtigung der erweiterten Publizitätspflichten eines MU, wird die Untersuchung auf drei Ebenen vorgenommen.

Ausgehend von einer Zustandsbeschreibung über die Konzernierungsintensitäten und Konzernstrukturen der deutschen börsennotierten Unternehmen soll in einem ersten Schritt analysiert werden, ob das Management - trotz der veränderten Kompetenzteilung im Konzern - die Aktionäre des MU bereits in dem Maße an der Konzernbildung und Konzernleitung beteiligt, als seien sie die Anteilseigner einer gedachten rechtlichen Einheit. Hiervon wäre zumindest teilweise auszugehen, wenn die Verfügungsansprüche der Aktionäre, die aus den Jahresabschlußzahlen einer Einzelgesellschaft ermittelt werden, in einem MU anhand der konzernweiten Daten bestimmt werden. Durch die Gegenüberstellung der Einzel- und Konzernabschlußzahlen von ausgewählten MU sowie aus den Tagesordnungspunkten der jeweiligen Hauptversammlungen des MU sollen hierüber erste Anhaltspunkte gewonnen werden.

In einem zweiten Schritt wird die vom Gesetzgeber bei der Reform des AktG 1965 formulierte Aussage untersucht, daß die Anteilseigner eines MU mit Hilfe der zusätzlichen, gesetzlich kodifizierten Informations- und Kontrollinstrumente auch konzernweit die Managementhandlungen überwachen können und ihr Informationsstand insgesamt dem der Aktionäre einer konzernfreien Gesellschaft vergleichbar ist[1]. Diese oben bereits diskutierte und in den juristischen Argumentationsketten meist vernachlässigte Hypothese soll mit Hilfe einer Kapitalmarktuntersuchung empirisch überprüft werden[2].

---

1 Vgl. Kropff (Aktiengesetz, 1965) S. 15.
2 Vgl. S. 64 ff.

Um Anhaltspunkte darüber zu erhalten, wie sich das tatsächliche Eigner-Gläubiger-Verhältnis durch die Konzernierung verändert, soll in einem dritten Schritt die Gläubigerposition im Unternehmensverbund derjenigen im unverbundenen Unternehmen gegenübergestellt werden. Wie oben angedeutet, kann die Konzernbildung auch zu zusätzlichen Gläubigerrisiken führen, die je nach Antizipation der Gläubiger wiederum Rückwirkungen auf die Aktionärsposition haben können. Daher soll auch untersucht werden, inwiefern die Gläubiger im Konzern ihre potentiellen Risiken auszugleichen versuchen und welche Rückwirkungen hierdurch auf die Stellung der Anteilseigner des MU möglich sind.

1. Einbezogene Mutter- und Einzelunternehmen

Um den angestrebten Vergleich zwischen börsennotierten MU und konzernfreien Gesellschaften vornehmen zu können, werden zunächst die am Ende der vierten Entwicklungsphase (1.1.1989) an einer der acht deutschen Wertpapierbörsen im amtlichen Handel bzw. geregelten Markt notierten 465 Gesellschaften auf ihre Anteilseignerstruktur hin überprüft[3]. Hierbei wird jedoch auf die Einbeziehung von Banken und Versicherungen wegen ihrer kaum vergleichbaren Tätigkeit und vor allem wegen ihrer rechtlichen Sonderstellung verzichtet[4]. Unter Beachtung dieser Auswahlkriterien ergibt sich zum 1.1.1989 folgendes Bild:

Lediglich von 28 Unternehmen (= 7,7 %) der insgesamt 362 deutschen börsennotierten Industrie-, Verkehrs- und Handelsgesellschaften ist zu vermuten, daß sie als wirtschaftlich und rechtlich selbständige Einzelgesellschaften organisiert sind (unverbundene Aktiengesellschaften). Diese Vermutung stützt sich auf die Tatsache, daß diese Gesellschaften für das Geschäftsjahr 1989 zum einen nicht nach §§ 290 ff. HGB zur Aufstellung eines Konzernabschlusses verpflichtet sind und zum anderen auch nicht als verbundenes Unternehmen in einen anderen Konzernabschluß einbezogen werden. Von den verbleibenden 334 Unternehmen (= 92 %) werden 78 Gesellschaften als wirtschaftlich unabhängige MU (= 21,6 %) und 256 Gesellschaften als TU entweder in- oder ausländischer MU (= 70,7 %) geführt. Diese für 1988 beobachteten Häufigkeitszahlen gehen über die von Ordelheide für 1983 ermittelten Verflechtungs-

---

3 Vgl. Statistisches Bundesamt (Geld und Kredit, 1988) S. 9 ff. Die Überprüfung der Anteilseignerstruktur wurde vorgenommen mit: Commerzbank (Wer gehört zu wem, 1989); Hoppenstedt (Aktiengesellschaften, 1989).

4 Vgl. zur unterschiedlichen Rechnungslegung von Banken: Süchting (Bankbetriebe, 1981) Sp. 109 ff.; Krumnow (Kreditinstitute, 1991) S. 360 ff. und Versicherungen: Biermann (Versicherungsunternehmen, 1991) S. 569 ff.

intensitäten aller Aktiengesellschaften noch deutlich hinaus und verdeutlichen die enorme Bedeutung der Konzernbildung für börsennotierte deutsche Gesellschaften[5].

Die aktienrechtlichen Kompetenzverteilungsregeln und ebenso die vorgeschlagenen Reformen bei der Konzernverfassung sind vor allem von dem Leitbild der Publikumsgesellschaft geprägt[6], bei der die Aktionäre von der Geschäftsführung nahezu vollständig ausgeschlossen sind. Um weitgehend sicherzustellen, daß die empirische Untersuchung diesen Sachverhalt angemessen berücksichtigt, sollen von den 28 konzernfreien Einzelunternehmen für die weitere Untersuchung nur die Gesellschaften berücksichtigt werden, bei denen mindestens 25 % des börsennotierten Aktienkapitals breit gestreut sind[7]. Dieses Auswahlkriterium wurde noch von 18 wirtschaftlich unabhängigen Einzelunternehmen erfüllt, die in der weiteren Untersuchung ausgewählten MU gegenübergestellt werden[8].

Um das an die strenge aktienrechtliche Kompetenzverteilung gebundene Managementverhalten der Einzelgesellschaften mit dem Leitungsverhalten des Vorstandes von MU z.B. hinsichtlich der Gewinnverwendung und der Publizität von Unternehmensinformationen konfrontieren zu können, werden aus den 78 deutschen börsennotierten MU 18 Vergleichsgesellschaften ausgewählt. Hierbei ist zu bedenken, daß die konzernfreien Unternehmen, gemessen am Umsatz und am börsennotierten Nennkapital, regelmäßig zu den "kleineren" Börsengesellschaften zählen. Als Vergleichsunternehmen kommen daher weniger die großen, multinationalen Publikumsgesellschaften als vielmehr kleinere MU in Frage. Werden als Vergleichskriterien der Konzernumsatz und die Höhe des börsennotierten Nennkapitals gewählt, so lassen sich noch ähnliche MU finden[9]. Weitere Kriterien, wie z.B. Branchenzugehörigkeit und Bilanzsumme, können jedoch bei der Auswahl der MU nicht berücksichtigt werden, da sich ansonsten die Schnittmenge aus MU und unverbundenen Unternehmen weiter vermindern würde. Für die folgende Gegenüberstellung der Ausschüttungspolitik und des Informationsstandes der Aktionäre stehen damit neben den 18 kon-

---

5 Vgl. Ordelheide (Konzern, 1986) S. 294 f.

6 Vgl. Kropff (Aktiengesetz, 1965) S. 14.

7 Die Grenze des in Streubesitz befindlichen Grundkapitals wurde auf 25 % gelegt, um sicherzustellen, daß selbst wenn mehrheitlicher Familienbesitz vorliegt oder vorhandene Großaktionäre zusammenarbeiten, eine qualifizierte Mehrheit nur unter Mitwirkung einzelner "Kleinaktionäre" zustande kommen kann. Vgl. zu ähnlichen Abgrenzungskriterien: Coenenberg/Schmidt/Werhand (Entscheidungskriterien, 1983) S. 329 f.; Bühner (Unternehmensdiversifikation, 1983) S. 1024.

8 Vgl. die Unternehmensliste im Anhang 1.

9 Vgl. die Unternehmensliste im Anhang 1.

zernfreien Aktiengesellschaften auch 18 zumindest weitgehend vergleichbare MU zur Verfügung.

2. Untersuchungszeitraum

Um Verzerrungen insbesondere durch ein verändertes Konzernrechnungslegungsrecht zu vermeiden, werden nur Jahresabschlußdaten untersucht, die nach den neuen Vorschriften des HGB 1985 aufgestellt worden sind[10]. Weil für alle ausgewählten 36 Unternehmen erst ab dem Geschäftsjahr 1988 bzw. 1988/89 Einzel- und Konzernabschlüsse nach HGB 1985 vorliegen, scheiden Geschäftsjahre vor 1988 für die weitere Untersuchung aus.

Wegen der auch weiterhin anhaltenden Konzernierungswelle deutscher Unternehmen, kann das ausgewählte Unternehmenssample von Einzel- und Mutterunternehmen lediglich für einen Zeitabschnitt von drei Jahren konstant gehalten werden. Damit kann sich die Untersuchung auch nur über die Geschäftsjahre 1988, 1989 und 1990 erstrecken. Dieser dreijährige Untersuchungszeitraum erscheint aber zumindest hinreichend, um Tendenzaussagen über das Managementverhalten in beiden Unternehmensgruppen vornehmen zu können. Für eine statistische Absicherung der Ergebnisse und für Aussagen, wie sich z.B. die Managementhandlungen unter unterschiedlichen volkswirtschaftlichen Eckdaten verändern, ist der gewählte Zeitraum allerdings kaum ausreichend.

3. Merkmale der untersuchten Konzerne

Obwohl die Einschränkungen in den Verfügungsrechten der Aktionäre des MU bereits mit der Konzernbildung und damit mit dem Erwerb bzw. der Ausgliederung eines TU einsetzen, kann der Handlungsspielraum des Managements mit steigender Anzahl der TU und mit zunehmender Konzerntiefe weiter zunehmen[11]. Daher wird für jedes MU die Anzahl der insgesamt gem. § 290 HGB zum Unternehmensverbund gehörenden Tochtergesellschaften und die Konzerntiefe festgestellt[12]. Diese Angaben vermitteln einen ersten Anhaltspunkt

---

10 Vgl. zu den Auswirkungen der Änderung der Rechnungslegungsvorschriften durch das BiRiLiG auf die Unternehmensbeurteilung: Haindl (Vergleichbarmachung, 1986) S. 1691 sowie die empirische Untersuchung von Pellens/Linnhoff (Unternehmensbeurteilung, 1989) S. 128 ff.

11 Vgl. S. 58 ff.

12 Die folgenden Angaben werden aus Geschäftsberichtsangaben der MU für das Jahr 1988 bzw. 1988/89 und aus Befragungsergebnissen abgeleitet.

über das Potential des Kompetenzzuwachses des Managements der Konzernspitze.

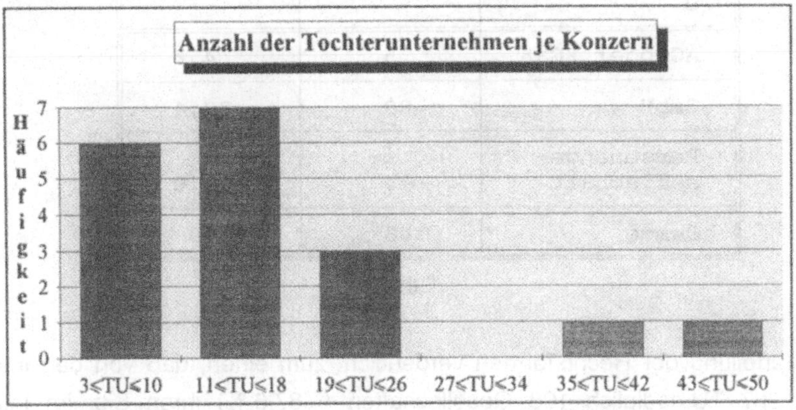

Abb. 8: Anzahl der TU in den jeweiligen Konzernen

Die Anzahl aller TU der 18 untersuchten Gesellschaften (287 TU) liegt zwischen 3 (Markt- und Kühlhallen AG) und 44 (Goldschmidt AG). Vergleicht man diese Häufigkeitsverteilung mit der Anzahl der TU großer deutscher Konzerne[13], so zeigt sich, daß bei den hier untersuchten MU - an dieser Zahl gemessen - insgesamt noch ein relativ geringer Konzernierungsgrad zu beobachten ist.

Die Auswertung der Geschäftsberichte hinsichtlich der Konzerntiefe ergibt, daß zumindest 12 MU (= 66 %) den Konzern über mindestens drei Ebenen organisiert haben, so daß sich hier die Verfügungsrechte der Aktionäre des MU durch die gewählte Konzernstruktur möglicherweise noch stärker einschränken lassen.

Neben der Anzahl der TU geben deren Rechtsform, deren bilaterales Konzernverhältnis zum MU und insbesondere deren, z.B. über ein Größenkriterium gemessene, Bedeutung weitere Anhaltspunkte über die Konzernstruktur und damit auch über den möglichen Umfang der materiellen Kompetenzveränderung für die Aktionäre des MU im Konzern. Betrachtet man zunächst die Häufigkeitsverteilung der Rechtsformen von TU sowie die bilateralen Konzernverhältnisse zwischen MU und TU, so ergeben sich für die deutschen konsolidierten TU folgende Ergebnisse[14]:

---

13 Vgl. hierzu Pellens (Informationswert, 1989) S. 112.

14 Weil grenzüberschreitende Beherrschungsverträge bzw. Eingliederungen kaum möglich sind, muß auf eine vergleichbare Darstellung für die ausländischen TU hier ebenso verzichtet werden, wie auf die Auswertung der nicht konsolidierten deutschen TU, über deren Rechtsform regelmäßig keine Informationen von den untersuchten MU zu erhalten waren. Vgl. Bayer (Beherrschungsvertrag, 1988).

Rechtsform der TU	Absolut	in %
AG oder KGaA	5	4,6
GmbH	89	82,4
Personengesellschaft	14	13,0
Summe	108	100

Tab. 1

Die Verteilung der Rechtsformen verdeutlicht zum einen, daß von den insgesamt 287 TU lediglich 108 Gesellschaften (= 37,6 %) ihren Sitz im Inland haben. Obwohl die hier untersuchten Unternehmensgruppen noch zu den "kleineren" Konzernen gehören, sind auch sie regelmäßig bereits als multinational tätige Gesellschaften anzusehen. Zum anderen geht aus den Daten in Tab. 1 hervor, daß die Rechtsform der GmbH mit 82 % aller inländischen TU eine dominierende Stellung einnimmt[15]. Diese läßt sich u.a. damit erklären, daß das MU als Gesellschafter der GmbH über § 46 Nr. 5 GmbHG direkt die Geschäftsführer bestimmen und ihnen über § 37 (1) GmbHG auch unmittelbar Weisungen in Geschäftsführungsangelegenheiten erteilen kann, womit die Durchsetzung der einheitlichen Leitung im Vergleich zu einem aktienrechtlichen TU erleichtert wird.

Von den TU, die in der Rechtsform einer Personengesellschaft organisiert sind (14 Fälle), werden 12 Gesellschaften als GmbH & Co. KG geführt. Lediglich zwei TU werden in der Rechtsform der OHG geführt.

15 Die Dominanz dieser Rechtsform erklärt sich bereits aus der Häufigkeitsverteilung der GmbH zur AG bzw. KGaA. Vgl. zur Häufigkeitsverteilung von AG bzw. KGaA zur GmbH: Statistisches Bundesamt (Unternehmen, 1990) S. 125.

Konzernformen	Absolut	in %
Eingliederung	0	0
Vertragskonzern-verhältnis	23	21,3
Faktisches Kon-zernverhältnis	85	78,7
Summe	108	100

Tab. 2

Die Verteilung der bilateralen Konzernformen fällt eindeutig zugunsten der faktischen Konzernverhältnisse (= 79 %) aus[16]. Warum die MU, die in 76 dieser 85 Fälle eine Beteiligungsquote von 100 % vorweisen und über den Abschluß von Unternehmensverträgen eine körperschaft- und gewerbesteuerliche Organschaft realisieren könnten[17], dennoch auf einen Beherrschungs- bzw. Gewinnabführungsvertrag verzichten, kann u.a. mit den haftungsrechtlichen Folgen derartiger Verträge begründet werden. Daß speziell in Konzernverhältnissen ohne Gewinnabführungsvertrag die Gestaltungsspielräume des Managements des MU bei der Gewinnverwendung in TU zunehmen, könnte ein weiterer Grund für die Dominanz dieser Konzernierungsform sein. Bei den 23 vertraglichen Konzernverhältnissen liegen gleichzeitig Beherrschungs- und Gewinnabführungsverträge vor[18].

Um die Bedeutung der hier zunächst noch ausgeklammerten Eigner_{MU}-Eigner_{TU}-Konfliktpotentiale zu verdeutlichen, werden die untersuchten Konzerne noch auf ihrer Anteilseignerstruktur hin untersucht. Von den 18 Konzernen sind in 4 Fällen keine Minderheitsbeteiligungen im Konzernabschluß festzustellen, so daß hier sämtliche TU zu 100 % von den MU gehalten werden. Der durchschnittliche Eigenkapitalanteil (Minderheitenanteile / Konzerneigenkapital ohne Minderheitenanteil) der außenstehenden Minderheiten in den restlichen Unternehmensgruppen beträgt 2,23 % (1988), 3,05 % (1989) und 4,25 % (1990).

---

16 Vgl. zu ähnlichen Ergebnissen: Pahlke (Konzern, 1986) S. 78 f., der für 1978 einen Anteil von 11,6 % (Vertragskonzernverhältnisse/Summe aller Konzernunternehmen) ermittelt.

17 Vgl. zu den Voraussetzungen einer körperschaft- und gewerbesteuerlichen Organschaft: Knobbe-Keuck (Unternehmenssteuerrecht, 1991) S. 638 ff., S. 705 ff.

18 Zur Zulässigkeit von Beherrschungs- und Gewinnabführungsverträgen zwischen einer AG und GmbH analog § 291 AktG vgl. Emmerich (GmbH-Gesetz, 1986) Rn. 218 ff.

Aus der Relation Konzernumsatz zu Umsatz des MU läßt sich grob die Größe der TU und damit deren wirtschaftliche Bedeutung für den Konzern messen[19].

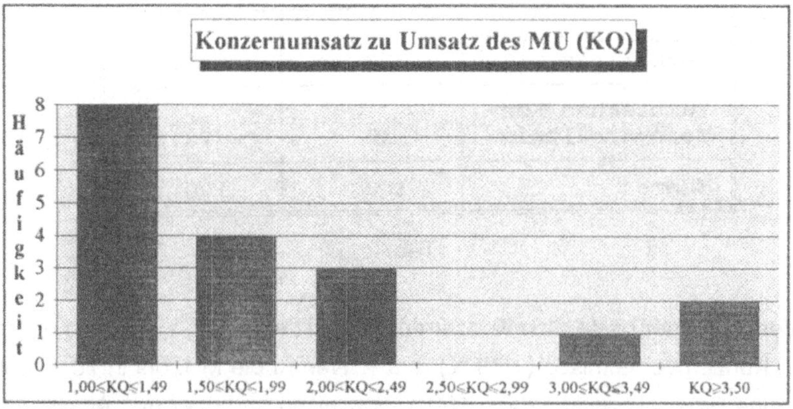

Abb. 9: Konzernumsatz zu Umsatz des MU

In Abb. 9 zeigt sich die Heterogenität der wirtschaftlichen Bedeutung einzelner TU für die hier untersuchten Konzerne. So schwankt der Quotient aus Konzernumsatz zu Umsatz des MU zwischen 110 % (Boss AG) und 890 % (Gildemeister AG). In den sechs Konzernen, in denen die Umsatzquote über 200 % liegt, fallen folglich mindestens 50 % der gesamten wirtschaftlichen Aktivitäten in TU an, die überwiegend nur vom Management des MU gesteuert und kontrolliert werden und damit dem unmittelbaren Kompetenzbereich der Aktionäre des MU entzogen sind.

Insgesamt zeigt die Konzerncharakterisierung, daß sich unter den hier ausgewählten MU auf der einen Seite sehr stark konzernierte Gesellschaften befinden, auf der anderen Seite im folgenden aber auch Unternehmen untersucht werden, deren wirtschaftliche Aktivitäten noch stark auf das jeweilige MU konzentriert sind.

II. Einschränkung der Verfügungsrechte

1. Zielsetzung der Untersuchung

In einem ersten Schritt soll mit Hilfe der publizierten Jahresabschlußzahlen der MU sowie der Tagesordnungspunkte zu den Hauptversammlungen überprüft

19 Vgl. zur Aussagefähigkeit von Größenkriterien: Busse von Colbe (Unternehmensgröße, 1974) Sp. 567.

werden, in welchem Umfang das Konzernmanagement den Kompetenzzuwachs bisher ausnutzt, bzw. inwieweit die Aktionäre des MU an den Einfluß-, Finanz- und Strukturentscheidungen innerhalb des Konzerns beteiligt werden. Hierbei soll insbesondere die empirische Relevanz der bereits vorgestellten Reformvorschläge für eine Konzernverfassung von oben, die sich auf die Problembereiche einer Zustimmungsbedürftigkeit der Hauptversammlung des MU bei der Konzernbildung und Konzernfinanzierung sowie auf eine Gewinnverwendungskompetenz der Aktionäre des MU auf Konzernebene konzentrieren, untersucht werden.

2. Beteiligung an der Konzernbildung und Konzernerweiterung

Für die Beantwortung der Frage nach der tatsächlichen Einbeziehung der Hauptversammlung bei der Konzernbildung bzw. Konzernerweiterung wird auf den nach § 285 Nr. 11 HGB grundsätzlich im Anhang zu publizierenden Anteilsbesitz und dessen Veränderung gegenüber dem Vorjahr, die Veränderung des Konsolidierungskreises sowie auf die jeweiligen Tagesordnungen der Hauptversammlungen zurückgegriffen. Von einer tatsächlichen Teilnahme der Aktionäre des MU an der Konzernbildung könnte immer dann ausgegangen werden, wenn der erstmalige Erwerb einer Mehrheitsbeteiligung und die anschließende Etablierung eines faktischen Konzernverhältnisses[20] auch Gegenstand der Tagesordnung der jeweiligen Hauptversammlung im MU ist[21]. Auch für den Fall, daß der Vorstand die Hauptversammlung über den Erwerb einer Mehrheitsbeteiligung nur explizit informieren möchte, ohne daß die Einholung einer Zustimmung der Aktionäre beabsichtigt ist, wäre dies als Tagesordnungspunkt gesondert bekannt zu machen[22]. Folglich läßt sich aus den Tagesordnungspunkten sowie aus der Auswertung des Anteilsbesitzes feststellen, welche Mehrheitsbeteiligungen im Geschäftsjahr erworben worden sind und in welchem Maße die Hauptversammlung hieran beteiligt wurde.

Weil alle hier untersuchten MU im Geschäftsjahr 1988 bzw. 1988/89 bereits mehrere Mehrheitsbeteiligungen halten und folglich als Konzern organisiert sind, lassen sich aus den ausgewerteten Daten über den erstmaligen Konzernbildungsakt und der hierbei eventuell erfolgten Teilnahme der Hauptversammlung keine Angaben machen.

---

20 Die Bildung vertraglicher Konzernverhältnisse bzw. die Eingliederung wird hier nicht untersucht, da sie gem. § 293 AktG bzw. § 319 (2) AktG de lege lata bereits von der Zustimmung der Hauptversammlung abhängig ist.

21 Vgl. Eckardt (Aktiengesetz, 1974) § 124, Rn. 1 ff.

22 Vgl. Eckardt (Aktiengesetz, 1974) § 124, Rn. 8 ff.

Zu der in der juristischen Literatur aufgestellten Forderung, jeden Erwerb einer Mehrheitsbeteiligung mit anschließender Etablierung eines Konzernverhältnisses von der vorherigen Zustimmung der Hauptversammlung des erwerbenden Unternehmens abhängig zu machen[23], erlauben die ausgewerteten Angaben der untersuchten Gesellschaften jedoch einige Aussagen. Von den 18 ausgewählten MU haben mindestens 12 Gesellschaften (66 %) in einem der drei Geschäftsjahre eine oder mehrere Mehrheitsbeteiligungen erworben[24], die in den Konzernabschluß des Folgejahres einbezogen wurden. Für diese Gesellschaften ergibt die Auswertung der Tagesordnungspunkte zu den jeweiligen Hauptversammlungen, daß in keinem Fall die Aktionäre in eine vorherige Beschlußfassung zum Beteiligungserwerb involviert waren. Folglich sind diese Geschäfte allein vom Vorstand, gegebenenfalls mit Zustimmung des Aufsichtsrates, vorgenommen worden. Auch wenn dieses Ergebnis bei der derzeitigen Rechtslage kaum verwundert, so erscheint die Tatsache bemerkenswert, daß auch eine explizite Information der Aktionäre nach Beteiligungserwerb wohl nur in einem Fall zu beobachten ist[25].

3. Beteiligung bei der Gewinnverwendung

Zur Beurteilung des Gewinnverwendungsverhaltens der ausgewählten MU werden zunächst aus den veröffentlichten Einzelabschlüssen die Beträge ermittelt, die vom Management gem. § 58 i.V.m. § 174 AktG in die Gewinnverwendungskompetenz der Hauptversammlung gestellt werden. Anhand einer Gegenüberstellung dieser Zahlen mit den äquivalenten Daten der Einzelgesellschaften kann beurteilt werden, ob sich das Ausschüttungsverhalten von MU auf der Basis der Einzelabschlüsse und von Einzelgesellschaften signifikant unterscheidet. Anschließend wird überprüft, in welchem Umfang die Aktionäre des MU auch über die im Konzern erwirtschafteten Ergebnisse verfügen können oder ob die Gewinne der TU durch eine entsprechende Rücklagenpolitik des Konzernmanagements erst gar nicht in den Verfügungsbereich der Hauptversammlung des MU gelangen. Hieraus lassen sich Anhaltspunkte darüber

---

23 Vgl. Hirte (Bezugsrechtsausschluß, 1986) S. 185 ff.; Krieger (Konzern, 1990) S. 527; sowie zumindest für die Ausgliederung den EUmwG des Bundesministers der Justiz (EUmwG, 1988).

24 Bei drei Gesellschaften lassen sich aus den Angaben über den Beteiligungsbesitz und aus den Tagesordnungspunkten der Hauptversammlung keine Hinweise über einen Erwerb weiterer Mehrheitsbeteiligungen entnehmen.

25 Vgl. Boss (Geschäftsbericht, 1989).

gewinnen, inwieweit das Konzernmanagement die Aktionäre des MU bei der Gewinnverwendung als Anteilseigner des Konzerns ansieht.

Als Gewinnverwendungsbetrag wird folgende Größe angesehen:

$$A = BG^{EA} - GV^{EA}, \text{ mit}$$

A = Gewinnverwendungsbetrag, über den die Aktionäre verfügen;
BG^{EA} = Bilanzgewinn im Einzelabschluß;
GV^{EA} = Gewinnvortrag aus dem Vorjahr im Einzelabschluß.

Die Subtraktion des GV^{EA} ist notwendig, weil diese Beträge den Anteilseignern bereits in früheren Geschäftsjahren vom Management zur Verfügung gestellt wurden und sie deshalb auch nicht in die Berechnung des Ausschüttungsbetrages gem. § 58 (2) AktG eingehen. Der Gewinnverwendungsbetrag der Aktionäre (A) kann von den tatsächlich gezahlten Dividenden dann abweichen, wenn aus dem Vorjahr ein GV^{EA} existiert und/oder von der Hauptversammlung nicht der volle BG^{EA} zur Ausschüttung freigegeben wird, sondern als GV^{EA} auf das nächste Jahr vorgetragen, in die Rücklagen eingestellt oder anderweitig gem. § 58 (3) AktG verwendet wird. A bildet folglich den Richtwert zur Messung der tatsächlichen Kompetenzverteilung zwischen Management und Aktionären hinsichtlich der erzielten Jahresüberschüsse.

Die Bezugsgröße zur Ermittlung der Kompetenzverteilung bei der Gewinnverwendung ergibt sich in Anlehnung an § 58 (2) AktG für Einzelabschlüsse wie folgt:

$$JE^{EA*} = JE^{EA} - VV^{EA} - EGR^{EA}, \text{ mit}$$

JE^{EA*} = Zur Gewinnverwendung verfügbares Ergebnis
JE^{EA} = Jahresergebnis im Einzelabschluß
VV^{EA} = Verlustvortrag im Einzelabschluß
EGR^{EA} = Einstellung in die gesetzliche Rücklage.

Damit läßt sich die in den Kompetenzbereich der Aktionäre fallende Gewinnverwendungsquote bestimmen:

$$Q^{EA} = A / JE^{EA*}.$$

Um die Gewinnverwendungsquoten (Q^{EA}) verschiedener Unternehmen vergleichbar zu machen, werden Jahresfehlbeträge, auch wenn sie mit den Rücklagen verrechnet werden, einheitlich als Verlustvortrag behandelt. Durch Subtraktion dieses fiktiven Verlustvortrages bei der Festlegung der JE^{EA*} erhöht sich in dem (den) Folgejahr(en) dann ceteris paribus die Gewinnverwendungsquote, über die die Aktionäre verfügen.

Für die Berechnung der Mittelwerte (μ in %) und Streuungen (σ in %) der Gewinnverwendungsquoten beider Untersuchungssamples werden Bilanzverluste gleich Null gesetzt, weil ein Bilanzverlust als Verlustvortrag in die Gewinnverwendungsquoten der Folgejahre eingeht. Damit können sich bei positiven Jahresergebnissen wegen § 58 (2) AktG folglich nur Gewinnverwendungsquoten von Null oder mindestens 50 % ergeben, falls nicht eine zusätzliche statutarische Rücklagenbildung gem. § 58 (2) Satz 2 AktG vorgesehen ist. Gewinnverwendungsquoten über 100 % zeigen, daß den Aktionären ein höherer Betrag als JE^{EA*} bereitgestellt wird, so daß offene Rücklagen für eine Dividendenzahlung aufgelöst werden. Die Ergebnisse dieser Untersuchung sind für die drei Geschäftsjahre in der folgenden Tabelle dargestellt.

Angaben in %			1988	1989	1990
EU	EA	$\mu(Q^{EA})$	69,0	73,3	77,9
		$\sigma(Q^{EA})$	21,3	21,5	22,8
MU	EA	$\mu(Q^{EA})$	70,0	73,6	76,9
		$\sigma(Q^{EA})$	21,1	19,3	21,6

Tab. 3

Werden die Kennzahlenwerte der Einzelgesellschaften mit denen der MU auf der Basis der Einzelabschlußdaten verglichen, so zeigen sich kaum Unterschiede in den Mittelwerten. Die zwischen 69 % (EU, 1988) und 77,9 % (EU, 1990) schwankenden Mittelwerte sind auch mit den Ergebnissen von Untersuchungen nach altem Rechnungslegungsrecht vergleichbar[26]. Ein mit Hilfe des T-Testes vorgenommener Mittelwertvergleich ergibt, daß die Hypothese: *Die Mittelwerte der Gewinnverwendungsquoten von Einzel- und Mutterunternehmen entstammen Grundgesamtheiten mit gleichen Mittelwerten*, in den untersuchten Geschäftsjahren mit α = 0,25 nicht falsifiziert werden kann[27]. Hieraus kann gefolgert werden, daß das Management von Einzel- und Mutterunternehmen, wenn bei letzterem der Einzelabschluß zugrunde gelegt wird, eine vergleichbare Gewinnverwendungspolitik betreibt. Auch die Streuungen der jeweiligen Mittelwerte unterscheiden sich für beide Untersuchungsgruppen kaum voneinander.

---

26 Vgl. Linnhoff/Pellens (Ausschüttungspolitik, 1987) S. 997; Monopolkommission (Hauptgutachten, 1988) S. 285 ff. Zum internationalen Vergleich von Ausschüttungsquoten vgl. Ziemann (Dividendenpolitik, 1993) S. 138 f.

27 Vgl. zum Verfahren: Diehl/Kohr (Durchführungsanleitung, 1977) S. 1 ff.

Um jedoch einen Eindruck davon zu bekommen, in welchem Umfang die Aktionäre eines MU auch über das von TU erwirtschaftete Jahresergebnis verfügen können, wurde die Gewinnverwendungsquote (Q) für MU zusätzlich auch auf der Basis von Konzernabschlußdaten ermittelt[28].

Weil die nach §§ 290 ff. HGB aufzustellenden Konzernabschlüsse jedoch teilweise nach anderen GoB als die Einzelabschlüsse zu erstellen sind, soll zur Festlegung von Q^{KA} das Konzernergebnis (JE^{KA*}) weitgehend an die GoB der Einzelabschlüsse angepaßt werden. Ziel dieser Angleichung ist eine materielle Annäherung des Konzernergebnisses an die Bilanzierungs- und Bewertungsregeln des Einzelabschlusses, so daß der korrigierte Konzernerfolg weitgehend mit der Größe vergleichbar ist, die das MU im Einzelabschluß erzielt hätte, wenn sämtliche Konzerngesellschaften auch eine rechtliche Einheit bilden würden, d.h. fusioniert worden wären. Nach dieser Korrektur sind die Konzernergebnisse materiell mit den Ergebnissen der untersuchten Einzelgesellschaften vergleichbar. Mit der folgenden Berechnungsweise soll diese Angleichung erfolgen[29]:

$$JE^{KA*} = JE^{KA} \pm JE^{MI} - VV^{KA} - EGR^{KA} - EQE - AfA^{GW} - WUE, \text{ mit}$$

JE^{KA*}	=	Zur Gewinnverwendung verfügbares Konzernergebnis;
JE^{KA}	=	Jahresergebnis im Konzernabschluß;
JE^{MI}	=	Ergebnisanteile der Minderheiten;
VV^{KA}	=	Verlustvortrag im Konzernabschluß;
EGR^{KA}	=	Einstellung in gesetzl. Rücklagen von MU und TU;
EQE	=	Ergebnisse der nach der Equity-Methode bewerteten Unternehmen;
WUE	=	Erfolgswirksam verrechnete Umrechnungsgewinne, bzw. erfolgsneutral verrechnete Umrechnungsverluste;
AfA^{GW}	=	Anteilige Abschreibung erfolgsneutral verrechneter Goodwills.

28 So der Vorschlag von Busse von Colbe (Gewinnverwendung, 1987) S. 61 ff.; Lutter (Aktiengesetz, 1988) § 58, Rn. 38 ff.

29 Vgl. zu den Vorschlägen zum Umfang der erforderlichen Korrekturen des Konzernergebnisses, damit dieses auch für die Gewinnausschüttung verwendet werden kann: Busse von Colbe (Gewinnverwendung, 1987) S. 72 ff.; Bovermann (Umrechnung, 1988) S. 350 ff.; Kretschik (Gewinnverwendung, 1991) S. 49 ff.

Vom JE^{KA} sind die Gewinn- (bzw. Verlust-)anteile der Minderheitsbeteiligten in TU (JE^{MI}) zu subtrahieren (bzw. zu addieren). Die regelmäßig aus den Einzelabschlüssen der TU übernommenen und gegebenenfalls noch durch Konsolidierungsmaßnahmen korrigierten Beträge stehen den Minderheiten von TU zu und können folglich nicht in die Gewinnverwendungskompetenz der Aktionäre des MU gelegt werden. Wie bereits im Einzelabschluß, würden auch die Konzernverlustvorträge (VV^{KA}) und die Einstellungen in die gesetzlichen Rücklagen von Mutter- und Tochterunternehmen (EGR^{KA}) nicht zur Gewinnverwendungsdisposition der Aktionäre des MU bereitstehen, wenn § 58 AktG auf den Konzernabschluß anzuwenden wäre.

Mit der Korrektur um EQE erfolgt eine erste Bewertungsanpassung der Rechnungslegungsunterschiede zwischen Einzel- und Konzernabschluß. Beteiligungen an assoziierten Unternehmen sind im Konzernabschluß gem. § 312 HGB grundsätzlich nach der Equity-Methode zu bewerten[30], wogegen im Einzelabschluß die historischen Anschaffungskosten der Beteiligung die Bewertungsobergrenze bilden. Hiernach geht in das Konzernergebnis das anteilige Jahresergebnis des assoziierten Unternehmens gegebenenfalls vermindert (erhöht) um Abschreibungen (Auflösungen) der Bestandteile eines aktivischen (passivischen) Unterschiedsbetrages gem. § 312 (2) HGB und eventuell korrigiert um Zwischenerfolge zwischen Konzernunternehmen und assoziierten Gesellschaften gem. § 312 (5) HGB ein.

Im Einzelabschluß werden diese Beteiligungen gem. § 253 HGB nach dem Anschaffungs- bzw. Niederstwertprinzip bilanziert, so daß hier grundsätzlich nur die vom assoziierten Unternehmen an das MU ausgeschütteten Gewinne erfolgserhöhend bzw. eventuelle Verluste über eine Beteiligungsabschreibung erfolgsmindernd verbucht werden dürfen. Weil das Ergebnis der Equity-Bewertung (EQE) in der Konzern-Gewinn- und Verlustrechnung gem. § 312 (4) HGB gesondert auszuweisen ist, können die hieraus resultierenden materiellen Ergebnisunterschiede zwischen Konzern- und Einzelabschluß näherungsweise aus dem Konzernergebnis eliminiert werden.

Positive Equityergebnisse (EQE) werden vom ausgewiesenen Konzernerfolg abgezogen, negative EQE werden demgegenüber nicht korrigiert, da bei Verlusten des assoziierten Unternehmens auch im Einzelabschluß eine erfolgswirksame Abschreibung des Beteiligungsbuchwertes möglich sein kann. Die

30 Vgl. Busse von Colbe (Equitymethode, 1986) S. 249 ff.; Küting/Zündorf (§ 312, 1989) S. 1517 ff.; Bentler (Equitymethode, 1991) S. 30 ff.

Subtraktion der positiven EQE kann jedoch im Vergleich zur Bilanzierung in einem Einzelabschluß zu Verzerrungen führen, wenn das Beteiligungsunternehmen einen Teil des Gewinnes ausschüttet. Die Gewinnausschüttungen werden im Einzelabschluß erfolgswirksam vereinnahmt; mit der Korrektur um EQE werden auch sie aus dem Konzernerfolg eliminiert. Die hier damit tendenziell zu hoch vorgenommene Korrektur des Konzernerfolges läßt sich nicht vermeiden, weil die einzelnen Equity-Fortschreibungskomponenten nicht gesondert ausgewiesen werden.

Die erfolgsneutrale Verrechnung des Firmenwertes nach § 309 Abs. 1 HGB, die Kapitalkonsolidierung bei Interessenzusammenführung gem. § 302 HGB bzw. die erfolgsneutrale Währungsumrechnung[31] kann zu Verstößen gegen den GoB der Bilanzkongruenz führen[32]. Sie wären daher in einem Konzernabschluß, der nach den gleichen Bilanzierungsregeln wie ein Einzelabschluß erstellt wird, nicht zulässig. Im Einzelabschluß sind z.B. erworbene Firmenwerte nach § 255 (4) HGB entweder im Jahr des Erwerbs oder über die Nutzungsdauer erfolgswirksam zu verbuchen. Weil die im Konzernabschluß erfolgsneutral mit den Rücklagen verrechneten Geschäftswerte im Anhang anzugeben sind, können diese Beträge für den hier zu bestimmenden Konzernerfolg nachträglich erfolgswirksam verbucht werden (AFA^{GW}). Dabei wird von einer Nutzungsdauer analog zu § 255 (4) HGB von vier Jahren ausgegangen[33].

Die Methodenvielfalt bei der Währungsumrechnung der Jahresabschlüsse ausländischer TU für die Einbeziehung in den Konzernabschluß kann dazu beitragen, daß die Abbildungsweise der wirtschaftlichen Aktivitäten im Konzernabschluß materiell von der eines Einzelabschlusses abweicht[34]. Um diese Unterschiede zu eliminieren, werden im Konzernabschluß die Veränderungen der erfolgswirksam (erfolgsneutral) verrechneten bilanziellen Umrechnungsgewinne (Umrechnungsverluste) für die Ermittlung eines verwendbaren Konzernerfolges korrigiert. Weil Umrechnungsgewinne im Einzelabschluß nach dem Realisationsprinzip grundsätzlich erst dann ausgewiesen werden dürfen, wenn sie sich durch Transformation in DM realisiert haben, werden die im Geschäftsjahr erfolgswirksam verrechneten Umrechnungsgewinne über WUE vom Konzerner-

---

31 Vgl. Busse von Colbe (Umrechnung, 1985) S. 155 f.

32 Vgl. Heinen (Handelsbilanzen, 1986) S. 175 f.; Schneider (Steuerbilanzen, 1978) S. 70, der die Bilanzkongruenz als "buchhalterische Selbstverständlichkeit" ansieht. Vgl. zu den möglichen Verletzungen des Kongruenzprinzips im handelsrechtlichen Konzernrechnungswesen: Busse von Colbe (Kongruenzprinzip, 1992) S. 125 ff.

33 Vgl. Busse von Colbe/Reinhard (Ergebnis je Aktie, 1988) S. 148, die jedoch von einer 10-jährigen Abschreibungsdauer ausgehen.

34 Vgl. Busse von Colbe (Umrechnung, 1985) S. 155 f.

gebnis abgezogen. Umrechnungsverluste sind im Einzelabschluß nach dem Imparitätsprinzip bereits dann erfolgswirksam zu verbuchen, wenn sie, ohne daß eine Transaktion in DM stattgefunden hat, z.B. durch Wechselkursänderungen künftig zu erwarten sind[35]. Die im Konzernabschluß erfolgsneutral verrechneten Umrechnungsverluste des Geschäftsjahres werden daher, soweit aus den Angaben ersichtlich, ebenfalls über WUE aus dem Konzernerfolg herausgerechnet.

Obwohl der in dieser Form korrigierte Konzernerfolg (JE^{KA*}) zusätzlich durch die mit Hilfe der publizierten Daten nicht zu korrigierenden Auswirkungen der Quotenkonsolidierung gem. § 310 HGB und der Einbeziehungsverbote (§ 295 HGB) bzw. -wahlrechte (§ 296 HGB) von einem gedachten Einzelabschluß des MU - z.B. nach Fusion aller TU - abweichen kann, liefert er Näherungslösungen über das Gewinnverwendungsverhalten des Managements der Konzernspitze.

Auf der Basis der angepaßten Konzernabschlußzahlen läßt sich nun näherungsweise feststellen, in welchem Umfang die Aktionäre der untersuchten MU auch über die Gewinne der TU verfügen könnten, wenn ihr Gewinnverwendungsrecht auf ein konzernweites Ergebnis ausgedehnt würde. Die Gewinnverwendungskompetenz der Hauptversammlung eines MU ermittelt sich dann aus :

$$Q^{KA} = A \,/\, JE^{KA*}$$

In der folgenden Tabelle 4 sind Mittelwerte (μ in %) und Streuungen (σ in %) der Q^{KA} für die untersuchten MU zusammengestellt.

Angaben in %			1988	1989	1990
MU	KA	$\mu(Q^{KA})$	55,5	54,4	55,2
		$\sigma(Q^{KA})$	26,7	24,8	25,5

Tab. 4

Weil die Mittelwerte der Q^{KA} in den untersuchten Geschäftsjahren über 50 % liegen, ist im Durchschnitt auch auf der Basis der korrigierten Konzernerfolgsgrößen davon auszugehen, daß die Gewinnverwendungsregel des § 58 (2) AktG vom Management auch auf Konzernebene eingehalten wird und die Aktionäre der Mutterunternehmen über mindestens 50 % des Konzernerfolges verfügen können.

35 Vgl. Langenbucher (Umrechnung, 1991) S. 545 ff.

Interessante Ergebnisse zeigen sich, wenn die Mittelwerte der Konzerngewinnverwendungsquoten (Q^{KA}) mit den Zahlen der Einzelabschlüsse (Q^{EA}) verglichen werden. Hierbei wird deutlich, daß die Q^{KA} durchschnittlich um 17 % unter den Q^{EA} liegen und sich damit wesentlich von den Gewinnverwendungsquoten auf der Basis der Einzelabschlußdaten von MU und folglich auch von den Zahlen der Einzelunternehmen unterscheiden. Eine mit Hilfe des T-Testes durchgeführte Überprüfung der Hypothese, daß die Mittelwerte der Gewinnverwendungsquoten von MU auf der Basis der Konzernabschlußdaten und von Einzelunternehmen sich nicht unterscheiden, ergab deren Widerlegung. Statt dessen ist davon auszugehen, daß die aus Konzerndaten ermittelten Mittelwerte von Q^{KA} signifikant kleiner sind als die Q^{EA} der Einzelunternehmen.

Die wenig über 50 % liegenden Mittelwerte von Q^{KA} und die Streuungswerte von durchschnittlich 26 % lassen vermuten, daß zumindest einzelne untersuchte MU auch weniger als die in § 58 (2) AktG festgelegten 50 % auf Konzernbasis den Aktionären zur Gewinnverwendung anbieten. Um dies zu überprüfen, werden die Gewinnverwendungsquoten für die unterschiedlichen Untersuchungsgruppen in folgende Größenklassen eingeordnet:

absolute Häufigkeiten		Einzelunternehmen	Mutterunternehmen	
		EA	EA	KA
1988	Q<25%	0	0	3
	25%≤Q<50%	1	0	7
	Q=50%	2	1	0
	50%<Q<100%	12	13	7
	Q=100%	3	4	1
	Q>100%	0	0	0
1989	Q<25%	0	0	2
	25%≤Q<50%	0	0	6
	Q=50%	3	0	0
	50%<Q<100%	12	17	10
	Q=100%	3	1	0
	Q>100%	0	0	0
1990	Q<25%	0	0	2
	25%≤Q<50%	1	0	5
	Q=50%	1	2	0
	50%<Q<100%	12	11	10
	Q=100%	4	5	1
	Q>100%	0	0	0

Tab. 5

Von den Einzel- bzw. Mutterunternehmen auf der Basis der Einzelabschlüsse (108 Beobachtungen) liegen in den drei Geschäftsjahren lediglich 2 Beobachtungen (= 1,9 %) z.B. wegen der Bildung statutarischer Rücklagen knapp unter 50 %. Für MU auf der Grundlage der Konzerndaten (54 Beobachtungen) ist eine Gewinnverwendungsquote Q^{KA} < 50 % jedoch in 25 Fällen (= 46,3 %) zu verzeichnen. Für diese MU kann festgestellt werden, daß die Konzernleitung ihre Aktionäre nicht in dem Maße an der Gewinnverwendung beteiligt, wie sie dies tun müßte, wenn sämtliche konsolidierten TU fusioniert wären oder wenn die Gewinnverwendungsregel des § 58 (2) AktG konzernweit gelten würde[36]. Besonders deutlich werden die Veränderungen im Ausschüttungsverhalten in den sieben Fällen (= 13,0 %), in denen die Gewinnverwendungsquote unter 25 % liegt.

Das Ausmaß der Einbußen in der Gewinnverwendungskompetenz der Aktionäre der MU läßt sich auch quantitativ erfassen. Alle MU, die weniger als 50 % des korrigierten Konzernergebnisses den Hauptversammlungen zur Verwendung angeboten haben, hätten bei einer am Konzernergebnis orientierten Gewinnverwendung mindestens (Q^{KA} = 50 %) folgende Beträge zusätzlich bereitstellen müssen:

1988 : ca. 41 Mio. DM;
1989 : ca. 124 Mio. DM;
1990 : ca. 29 Mio. DM.

In Relation zu den vom Management dieser MU tatsächlich zur Verfügung gestellten Beträgen (A), hätten die Aktionäre bei einer konzernweiten Geltung des § 58 AktG über eine um 33 % (1988), 37 % (1989) und 24 % (1990) höhere Gewinnausschüttung entscheiden können.

Gewinnverwendungsquoten über 100 % und damit Ausschüttungen aus den Rücklagen sind bei allen untersuchten Gesellschaften unabhängig von der Berechnungsgrundlage in keinem Geschäftsjahr festzustellen. Folglich ist auch für die hier untersuchten MU eine über dem korrigierten Jahresergebnis des Konzerns (JE^{KA*}) liegende Ausschüttung in keinem Geschäftsjahr zu beobachten[37].

---

36 Vgl. zu ähnlichen Ergebnissen für ein anderes Unternehmenssample und unter Berücksichtigung der aktienrechtlichen Rechnungslegungsvorschriften von 1965: Linnhoff/ Pellens (Ausschüttungspolitik, 1987) S. 1000 ff.

37 Vgl. so jedoch einzelne Unternehmen in der Untersuchung von Linnhoff/Pellens (Ausschüttungspolitik, 1987) S. 1002 ff.

4. *Einschränkung in der Eigenkapitalveränderungskompetenz*

Von einer Einschränkung der Eigenkapitalveränderungskompetenz der Aktionäre des MU wird in der juristischen Literatur speziell dann ausgegangen, wenn das Management ohne Zustimmung der Hauptversammlung des MU die bestehende Mitgliedschaftsstruktur im Konzern erheblich verändert. Dies kann z.B. dann gelten, wenn eine Beteiligungstranche an einem TU veräußert wird bzw. durch eine Eigenkapitalerhöhung in einem TU unter Ausschluß des eigenen Bezugsrechtes gem. § 186 (3) AktG, meist in Kombination mit einer Börseneinführung, neue Minderheiten im Konzern aufgenommen und damit die konzernweiten Anteilsquoten einzelner Aktionäre [Nennwert ihrer Aktien/($Grundkapital_{MU}$+ $Grundkapital_{MI}$)] verändert werden[38].

Um Aussagen über die allgemeine empirische Relevanz eines derartigen Managementverhaltens treffen zu können, wird zunächst bei den hier untersuchten 18 MU nach entsprechenden Veränderungen des Konzerneigenkapitals gesucht. Ausgangspunkt hierfür bildet die nach § 285 Nr. 11 HGB zu veröffentlichende Aufstellung des Anteilsbesitzes, in der neben dem Anteil am Kapital des TU auch deren gesamtes Eigenkapital und Ergebnis des letzten Geschäftsjahres anzugeben ist. Anhand der Veränderungen des Anteilsbesitzes können sowohl Maßnahmen der Eigenkapitalbeschaffung in TU, die zu einer Veränderung der Beteiligungsquote geführt haben, als auch die unmittelbare Veräußerung einer Beteiligungstranche kontrolliert werden. Weitere Anhaltspunkte über einen eventuellen Verkauf von Beteiligungstranchen an verbundenen Unternehmen liefern der nach § 268 (2) HGB zu erstellende Anlagespiegel und die Anhangsangaben über den Konsolidierungskreis. Über einen Vergleich dieses Datenmaterials soll im folgenden die rechtstatsächliche Bedeutung der vorgeschlagenen Reformen bei den Eigenkapitalveränderungsrechten der Anteilseigner eines MU überprüft werden.

Für das ausgewählte Sample von MU lassen sich im Untersuchungszeitraum sowohl absolute Eigenkapitalerhöhungen in TU als auch Veränderungen in der Beteiligungsquote des MU beobachten. Ebenso kann auch häufig die gesamte Veräußerung von einzelnen TU (Anteilen an verbundenen Unternehmen) fest

---

38 Vgl. S. 62 f.

gestellt werden. Die hier interessierende Fallkonstellation, daß sich bei einer Eigenkapitalerhöhung im TU die Beteiligungsquote des MU vermindert und sich folglich die Minderheitenanteile am Konzerneigenkapital relativ erhöhen, kann nur in vier Fällen beobachtet werden. In allen anderen Fällen ist zu vermuten, daß sich die jeweiligen MU an den durchgeführten Kapitalerhöhungen in den TU zumindest ihrer Beteiligungsquote entsprechend beteiligt haben[39]. Dabei erklärt sich in drei Fällen die verminderte Beteiligungsquote durch die Bildung eines Gemeinschaftsunternehmens, an dem neben dem MU nun auch noch konzernfremde Gesellschaften beteiligt waren[40]. Weil diese Gemeinschaftsunternehmen i.d.R. nicht mehr unter der einheitlichen Leitung des MU stehen, kommt dieser Sachverhalt einer Konzernauflösung nahe und ist folglich wohl kaum unter die dargestellten Reformvorschläge zu subsumieren.

Lediglich in einem Fall (Computer 2000) konnte beobachtet werden, daß bei unverändertem Stammkapital eine Beteiligungstranche an einem GmbH-TU an Dritte abgegeben wurde und dennoch das Mutter-Tochter-Verhältnis bestehen blieb. Aus den Tagesordnungspunkten der entsprechenden Hauptversammlung des MU sind keine Anhaltspunkte darüber zu bekommen, ob die Aktionäre der MU an dieser Maßnahme zur Veränderung des Konzerneigenkapitals beteiligt wurden. Eine Zustimmungsbedürftigkeit der Anteilseigner des MU wäre hier aber auch bei einer Kodifizierung der erweiterten Hauptversammlungskompetenzen des MU bei Konzernumstrukturierungen insofern kaum notwendig gewesen, als die veräußerte Beteiligungstranche von 80 TDM Stammkapital weniger als 1 % des gezeichneten Kapitals der Computer 2000 betrug.

Wird das Untersuchungsdesign für die Fragestellung nach den Möglichkeiten des Managements zur Kapitalverwässerung im Konzern jedoch auch auf die restlichen 60 deutschen börsennotierten MU ausgedehnt, so zeigt sich, daß seit Mitte der 80-er Jahre insbesondere die Börseneinführung von TU als Variante der Konzerneigenkapitalbeschaffung unter Ausschluß der Mitwirkungsrechte

39 Vgl. hierzu auch die geringen Veränderungen der Kennzahl "Minderheitenanteile/Konzerneigenkapital ohne Minderheiten" auf S. 113.

40 Vgl. so z.B. bei der VDO, die eine Beteiligung an einem brasilianischen TU durch Aufnahme eines Partners auf 50 % reduzierte. Vgl. VDO (Geschäftsbericht, 1989) S. 26.

der Aktionäre des MU an Bedeutung gewinnt[41]. So haben einige große MU mehrere ihrer TU an in- und ausländischen Börsen eingeführt und damit dem Konzern neue Eigenkapitalquellen geöffnet, ohne daß die Aktionäre des MU an dem Entscheidungsprozeß beteiligt wurden. In der folgenden Tabelle 6 sind die bis Ende 1991 bekannt gewordenen Börseneinführungen von deutschen TU und die jeweiligen Emissionsbedingungen chronologisch aufgelistet[42]:

41 Vgl. so auch Urban (Kurspotential, 1992) S. B 8.

42 Die Informationen wurden aus den jeweiligen Börsenprospekten und den folgenden Quellen zusammengestellt: o.V. (Eigenkapitalzufuhr, 1984) S. 15; o.V. (Billigtochter, 1990) S. 16; o.V. (B.U.S, 1990) S. 13 ff.; o.V. (Papierhandel, 1990) S. 23; o.V. (Agiv, 1990) S. 17; o.V. (AM-Leben-Aktie, 1991) S. 7; o.V. (Flender, 1991) S. 7; o.V. (Eigenkapitalzufuhr, 1984) S. 15. Vgl. zu einer ähnlichen Zusammenstellung: Hertel (Börseneinführung, 1991) S. 77 ff. Zu weiteren Absichten anderer Konzerne vgl. Karsch (Konzern-Töchter, 1993) S. 22 ff. Speziell für den Viag-Konzern: Obermeier (Konzernunternehmen, 1993) S. 312.

Börseneinführungen von Minderheitsbeteiligungen an Tochterunternehmen

Monat / Jahr	MU	TU	Kapitalanteil (Stimmanteil) Vorher Nachher	Markt-form	Form	Aktien-gattung	Bezugs-recht	Eigenkapitalzu-fuhr (real/nom) in Mio.DM	Gez. Kap.(MU)/ EK im Konzern in Mio.DM vor Transaktion
04/84	Metallge-sellschaft	Kolben-schmidt	100 % 62,5 % (100 %) (62,5 %)	a.H.	KEoBR	StA	kBR aber bZ	96 an TU / 30	240 / 638,3
05/84	AGIV	C.Schenk	55 % 50,1% (55 %) (50,1 %)	g.M.	KEoBR	StA	kBR und ksI	6,4 an TU / 2	80 / 235,5
05/87	Metallge-sellschaft	MMC	100 % 63,3 % (100 %) (63,3 %)	To-ronto	KEoBR	StA	kBR aber bZ	7,2 can$ / 6	280 /1.032
06/87	Rhein-metall	Jagen-berg	84 % 67 % (84 %) (84 %)	a.H.	KEoBR	VA	kBR und ksI	67,5 an TU / 15	135 / 596,7
01/90	Kaufhof	Kaufhalle	100 % 75 % (100 %) (75 %)	a.H.	KEoBR	StA	kBR und ksI	231 an TU / 35	396 /1.241
01/90	Metallge-sellschaft	B.U.S.	100 % 57,8 % (100 %) (75,1 %)	g.M.	KEoBR	StA VA	kBR aber bZ[2] kBR aber bZ	108,9an TU / 17 108,0an TU / 20	320 /2.031,9

Tab. 6

Fortsetzung Tab. 6

Monat / Jahr	MU	TU	Kapitalanteil (Stimmanteil) Vorher Nachher	Markt-form	Form	Aktien-gattung	Bezugs-recht	Eigenkapitalzu-fuhr (real/nom) in Mio.DM	Gez. Kap.(MU)/ EK im Konzern in Mio.DM
04/90	Herlitz	HIT	100 % 60,3 % (100 %) (60,3 %)	g.M.	KEoBR BeVK	StA	kBR und ksI	25 an TU / 5 23 an MU	100 / 261,7
09/90	AGIV	Kraftan-lagen-KAH	75 % 65 % (75 %) (65 %)	a.H.	BeVK	StA	kBR und ksI	61,6 an MU / 7	110 / 846,8
07/91	AGIV	Barmag	85 % 55 % (85 %) (55 %)	a.H.	BeVK	StA	kBR und ksI	93 an MU / 15	130 /1.073,7
08/91	AM-Bet.	AM-Leben.	100 % 75 % (100 %) (75 %)	a.H.	BeVK	StA	kBR und ksI	480 an MU / 30	233,8/2.586
12/91	Dt.Babcock	Flender	95,4 % 64,7 % (95,4%) (64,7 %)	a.H.	KEoBR	StA	kBR aber bZ[3]	148,5 an TU/ 23	350 / 635,2

Legende:

a.H. = amtlicher Handel; g.M. = geregelter Markt;
KEoBR = Börseneinführung über Kapitalerhöhung im TU ohne Bezugsrecht des MU =>Liquide Mittel zum TU;
BeVK = Börseneinführung durch Verkauf einer Beteiligungstranche des MU => Liquide Mittel zum MU;
StA = Stammaktien; VA = Vorzugsaktien;
kBR = kein Bezugsrecht der Aktionäre des MU;
bZ = bevorzugte Zuteilung der Aktionäre des MU wird angekündigt;[2)] auf ca. 50 %; [3)] auf ca. 16 %;
ksI = keine sonstigen Informationen über bevorzugte Behandlung der Aktionäre des MU;

Tab. 6

Wie aus der Übersicht hervorgeht, ist diese Form der Beschaffung zusätzlichen Konzerneigenkapitals erstmals von der Metallgesellschaft AG praktiziert worden[43]. Hier hat der Vorstand am 19.04.1984 ein 100 %-iges TU (Kolbenschmidt AG) durch Verringerung der eigenen Beteiligung auf 62,5 % in den amtlichen Börsenhandel eingeführt, ohne die vorherige Zustimmung der eigenen Hauptversammlung einzuholen und ohne den Aktionären des MU ein Bezugsrecht auf diese Neuemission des TU einzuräumen[44]. In veränderter Weise wurde am 25.01.1990 der vormals in 100 %-igem Anteilsbesitz der Metallgesellschaft AG stehende Teilkonzern B.U.S. Berzelius Umwelt Service AG durch eine Kapitalerhöhung im Umfang von 16,5 Mio. DM Stammaktien und 20 Mio. DM Vorzugsaktien unter Ausschluß des eigenen Bezugsrechts in den Geregelten Markt eingeführt, ohne die Aktionäre der Metallgesellschaft an dem Entscheidungsprozeß zu beteiligen[45]. Die Beteiligungsquote der Metallgesellschaft sank durch diese Kapitalerhöhung auf 75,2 % des stimmberechtigten Kapitals, so daß noch eine qualifizierte Mehrheit an dem Teilkonzern verblieb. Die Aktionäre der Metallgesellschaft wurden mittelbar an der Kapitalerhöhung in der B.U.S. beteiligt, da ihnen ein Vorzeichnungsrecht im Umfang von 50 % des an der Börse eingeführten Kapitals zugestanden wurde[46].

Wird der aus der Börseneinführung eines TU resultierende Zufluß finanzieller Mittel in Relation zum gesamten vorherigen Konzerneigenkapital gesetzt, so ist in sieben der in Tabelle 6 genannten Fälle (= 63 %) der Schwellenwert gem. § 204 EUmwG von 10 % überschritten. Für die Börseneinführung dieser sieben TU hätten die im dritten Kapitel formulierten Reformvorschläge zur Eigenkapitalveränderungskompetenz im Konzern gegriffen, so daß eine Zustimmungsbedürftigkeit der Hauptversammlung des MU analog zu § 186 (3) AktG erforderlich gewesen wäre. Besonders deutlich werden die Einschränkungen der Verfügungsrechte der Aktionäre des MU hinsichtlich der Eigenkapitalbeschaffungsmaßnahmen im Konzern bei der Börseneinführung der Kaufhalle (Kaufhof), HIT (Herlitz), AM-Beteiligungs-Aktiengesellschaft (AM-Leben) und der Flender (Dt. Babcock), wo durch die Aufnahme neuer Aktionäre im TU das Konzerneigenkapital um rund 20 % erhöht wurde.

---

43 Vgl. zur Strategie des Managements der Metallgesellschaft AG: Forster (Börseneinführung, 1991) S. 10 ff.

44 Vgl. kritsch dazu: o.V. (Geteilte Töchter, 1984) S. 457. Bezogen auf einen Fall innerhalb der Kolbenschmidt AG vgl. o.V. (Bezugsrecht, 1989) S. 118.

45 Vgl. Dresdner Bank (Neuemission, 1990) S. 1 ff.; o.V. (B.U.S., 1990) S. 13 ff. Vgl. zur Begründung: Forster (Börseneinführung, 1991) S. 17 ff.

46 Vgl. o.V. (Erste Notiz, 1990) S. 18. Zu der Forderung nach einem 100 %-igen Vorkaufsrecht der Aktionäre des MU vgl. Timm (Konzernspitze, 1980) S. 175.

5. *Zusammenfassung der Ergebnisse*

Aus den Untersuchungsergebnissen lassen sich insgesamt folgende Aussagen über das Leitungsverhalten des Managements im Konzern und damit auch über die Beteiligung der Aktionäre des MU an Struktur-, Einfluß- und Finanzentscheidungen in den TU ableiten:

Von dem in der juristischen Literatur geforderten aktiven Engagement der Aktionäre am Erwerb von Mehrheitsbeteiligungen bzw. der Einbeziehung von Beteiligungsgesellschaften in ein faktisches Konzernverhältnis kann bisher rechtstatsächlich wohl kaum ausgegangen werden. Diese Entscheidungen werden in den hier untersuchten Gesellschaften ausschließlich vom Vorstand (§ 76 AktG) - gegebenenfalls unter Mitwirkung des Aufsichtsrates - getroffen. Die Aktionäre werden selbst über die erfolgte Akquisition neuer TU nur in wenigen Fällen explizit in der Hauptversammlung informiert.

In gleicher Weise wird auch der von einigen Rechts- und Wirtschaftswissenschaftlern formulierten Forderung, den Aktionären des MU eine Gewinnverwendungskompetenz über die im Konzern insgesamt erwirtschafteten Gewinne zuzugestehen, von den hier untersuchten Konzernen nicht entsprochen. Die Gegenüberstellung der Gewinnverwendungsquoten von Einzel- und Mutterunternehmen zeigt, daß die Aktionäre von MU zwar in gleicher Weise am Erfolg des Einzelabschlusses partizipieren, wie dies auch die Anteilseigner von Einzelgesellschaften tun, daß sie jedoch in wesentlich geringerem Umfang über die Erfolge der zum Konzern gehörenden TU verfügen können. Insgesamt bei der Hälfte der untersuchten Unternehmen betreibt das Konzernmanagement in den betrachteten Geschäftsjahren eine extensive Rücklagenpolitik in den TU, die teilweise weit über den in § 58 (2) AktG genannten Schwellenwert von 50 % hinausgeht. In diesen Fällen wird die Konzernorganisation vom Management u.a. auch intensiv als Umgehungsmöglichkeit der Selbstfinanzierungsbeschränkung aus § 58 (2) AktG genutzt.

Von einer praktischen Relevanz der Reformvorschläge zur Eigenkapitalveränderungskompetenz der Aktionäre des MU ist bei den untersuchten 18 Unternehmen nur in einem Fall auszugehen. Eine Erweiterung des Untersuchungssamples auf alle 78 börsennotierten MU zeigt jedoch, daß eine Variante der Eigenkapitalbeschaffung im Konzern in den letzten Jahren an Bedeutung gewonnen hat. Durch eine Kapitalerhöhung im TU unter Ausschluß bzw. Verzicht des Bezugsrechts des MU werden Aktien von TU neu an der Börse eingeführt, um damit dem Konzern zusätzliches Eigenkapital zuzuführen, ohne daß die Aktionäre des MU an der Eigenkapitalveränderung beteiligt werden. Dabei erreicht die Eigenkapitalzufuhr in wenigen Beispielfällen bis zu 20 % des vorherigen Konzerneigenkapitals.

III. Veränderung des Informationsstandes

1. Zielsetzung der Untersuchung

Da der mit der Konzernbildung dem Management zukommende Kompetenzzuwachs sich bei externen Eigenkapitalveränderungen und insbesondere bei der Gewinnverwendung auch empirisch feststellen läßt, soll im folgenden der Frage nachgegangen werden, ob die Aktionäre des MU über die von MU zusätzlich zu publizierenden Unternehmensinformationen zumindest das Ausmaß ihrer faktischen Verfügungsrechtseinschränkungen und damit die Handlungen des Konzernmanagements kontrollieren können.

Aus den vorstehenden Untersuchungsergebnissen könnte gefolgert werden, daß zumindest die hier untersuchten Einschränkungen der Verfügungsrechte der Aktionäre eines MU von jedem aktuellen und potentiellen Anteilseigner - wenn auch teilweise mit erheblichen Kontrollkosten - nachvollzogen werden können. Dies gilt um so mehr, als die Aktionäre neben den oben ausgewerteten Unternehmensdaten u.a. zusätzlich noch auf das Auskunftsrecht gem. § 131 AktG als Informationsquelle zurückgreifen können.

Hieraus jedoch allgemein zu folgern, daß die Aktionäre eines konzerngebundenen Unternehmens ausreichend mit Unternehmensinformationen versorgt werden, erscheint wegen der im zweiten Kapitel angeführten Vorbehalte gegenüber den Grundsätzen ordnungsmäßiger Konsolidierung verfrüht. Zur Überprüfung dieser Hypothese bedarf es eines Referenzpunktes, bei dessen Erreichen von einer hinreichenden Informationsversorgung der Anteilseigner eines MU auszugehen ist. Als Referenzgrößen könnten die Informations- und Kontrollmöglichkeiten dienen, die den Anteilseignern einer aktienrechtlichen Einzelgesellschaft zustehen. Von einem annähernd äquivalenten Informationsstand könnte folglich dann ausgegangen werden, wenn die Aktionäre über die wirtschaftlichen Aktivitäten des MU und des gesamten Konzerns in dem Maße informiert werden, daß sie insgesamt z.B. zu einer vergleichbaren Güte in der Rendite- und Risikoeinschätzung ihrer Gesellschaft gelangen wie die Aktionäre von Einzelgesellschaften mit den ihnen zur Verfügung gestellten Unternehmensinformationen. Diese weiter gefaßte Hypothese, daß die Anteilseigner eines MU durch die ihnen zur Verfügung stehenden Publizitätsinstrumente einen vergleichbaren Informationsstand wie die Aktionäre einer Einzelgesellschaft besitzen, soll im folgenden überprüft werden.

Weil der Gesetzgeber regelmäßig mit Beginn der Konzernbildung vom Management zusätzlich vor allem die Aufstellung und Veröffentlichung eines Konzernabschlusses und Konzernlageberichts fordert, soll sich die weitere Untersuchung auf dieses Rechenschaftsinstrument beschränken. Damit gehen die nach § 44 b BörsG zu veröffentlichenden Zwischenberichte, die sich gem. § 56 BörsZulVo auch auf konsolidierte Daten beziehen und die auch den Informationsgehalt der Jahresabschlüsse beeinflussen können[47], ebenso wenig in die Untersuchung ein wie die unregelmäßigen Ad-hoc-Veröffentlichungen nach § 44 a BörsG bzw. sonstige freiwillig publizierte Unternehmensnachrichten[48]. Die Begrenzung auf den Einzel- und Konzernabschluß kann damit begründet werden, daß der Gesetzgeber hierin das "wesentlichste" bzw. "geeignetste" zusätzliche Informations- und Kontrollinstrument für die Aktionäre eines MU sieht[49].

2. *Ansätze zur Messung eines vergleichbaren Informationsstandes*

Für die im folgenden zu prüfende Hypothese, daß die Anteilseigner eines MU durch die zusätzliche Auswertung der Konzernabschlüsse einen nahezu vergleichbaren Informationsstand erhalten, wie ihn die Aktionäre einer Einzelgesellschaft durch den Jahresabschluß besitzen, kann möglicherweise auf Untersuchungsmethoden zur Ermittlung der Informationswirkung von Rechnungslegungsdaten auf den Aktienkurs zurückgegriffen werden[50]. Mit Hilfe derartiger Kapitalmarktstudien sind bereits mehrfach Fragen nach dem Einfluß von Änderungen, z.B. umfassender gesetzlicher Rechnungslegungsvorschriften[51], spe-

---

47 Vgl. hierzu Keller/Möller (Zwischenberichterstattung, 1993) S. 35 ff.

48 Zu empirischen Untersuchungen über konzernweite Zwischenberichte vgl. Benzler (Zwischenbericht, 1990); Coenenberg/Bridts (Zwischenberichtspublizität, 1992) S. 174 ff.; Baetge/Schlösser (Zwischenberichterstattung, 1993) S. 226 ff.

49 Vgl. Kropff (Aktiengesetz, 1965) S. 15, 435 ff.

50 Vgl. Coenenberg/Berndsen (Empirische Forschung, 1981) Sp. 569 ff., und den Literaturüberblick bei May (Informationsverarbeitung, 1991) S. 315 ff.

51 Vgl. bezogen auf die Änderung der Rechnungslegungsänderungen durch das AktG 1965 Coenenberg/Möller(Aktienrechtsreform, 1979) S. 438 ff.

zieller Bilanzierungsmethoden[52] oder Segmentierungsangaben im Jahresabschluß[53], auf das Aktienmarktgeschehen untersucht worden[54].

Als Beurteilungsmaßstab für die Informationsstandbewertung durch die Anteilseigner werden die sich am Aktienmarkt um den Veröffentlichungszeitpunkt der zu untersuchenden Information widerspiegelnden Aktienkursbewegungen herangezogen. Diese Kursänderungen werden jedoch nicht in ihrer absoluten Höhe betrachtet, sondern werden mit Hilfe des von Sharpe entwickelten Marktmodells um allgemeine Marktbewegungen bereinigt[55].

Der Rückschluß von einer beobachteten bereinigten Aktienkursänderung auf eine spezielle Unternehmensinformation steht jedoch unter dem Vorbehalt der Gültigkeit des verwendeten Kapitalmarktmodells und der angenommenen Beziehung, wie die Jahresabschlußinformationen in Wahrscheinlichkeitsverteilungen über die Aktienrenditen transformiert werden. Damit ist bei Verwendung des CAPM als Kapitalmarktmodell z.B. davon auszugehen, daß sämtliche Marktteilnehmer zu den gleichen Erwartungen über die Rendite-Risiko-Kombination eines Wertpapiers gelangen[56]. Darüber hinaus ist für den Untersuchungszeitraum davon auszugehen, daß eine Stationarität der Regressionskoeffizienten gegeben ist und die Ergebnisse nicht durch andere, sich zeitlich überschneidende Unternehmensereignisse beeinträchtigt werden[57].

Auch wenn davon ausgegangen wird, daß das den Kapitalmarktuntersuchungen zugrundeliegende Aktienpreisbildungsmodell empirisch bestätigt ist[58], muß darüber hinaus unterstellt werden, daß die Marktteilnehmer die Rechnungslegungsdaten in gleicher Weise zur Bildung der Wahrscheinlichkeitsverteilung über die Aktienrendite heranziehen, wie dies im folgenden angenommen wird[59].

---

52 Vgl. bezogen auf das Abschreibungsverfahren Strong/Meyer (Asset, 1987) S. 643 ff.; bezogen auf die Bewertung des Vorratsvermögens Stevenson (LIFO, 1987) S. 306 ff.

53 Vgl. Foster (Sub-Earnings, 1975) S. 283 ff.; Ballwieser (Informationsökonomie, 1985) S. 52 ff.

54 Vgl. hierzu auch den Überblick bei May (Informationsverarbeitung, 1991) S. 315 ff.

55 Vgl. Sharpe (Portfolio Analysis, 1963) S. 277 ff. Vgl. zu alternativen Bereinigungsmodellen: Brown/Warner (Performance, 1980) S. 213 ff.

56 Vgl. hierzu ausführlich Schneider (Investition, 1992) S. 536 ff.

57 Vgl. Coenenberg/Möller (Aktienrechtsreform, 1979) S. 447; Wright/Groff (Information, 1986) S. 92 f.

58 Zur empirischen Überprüfung: Möller (Bilanzkennzahlen, 1986) S. 97 ff.; Frantzmann (Marktrisikos, 1990) S. 67 ff. Zum Vergleich alternativer Verfahren: Brown/Warner (Performance, 1980) S. 205 ff.

59 Vgl. den Überblick bei Möller (Bilanzforschung, 1983) S. 285 ff.; Coenenberg (Jahresabschlußinformation, 1984) S. 307 ff.; Lev (Analysis, 1974); May (Informationsverarbeitung, 1991) S. 313 ff. Kritisch hierzu: Schmidt (Rechnungslegung, 1982) S. 728 ff.; Wagner (Kapitalmarkt, 1982) S. 749 ff.; Ballwieser (Jahresabschlußverbesserungen, 1982) S. 772 ff.; Schneider (Gewinnermittlung, 1983) S. 1059 ff.

Nur dann läßt sich mit Hilfe einer Kapitalmarktstudie überprüfen, ob die ausgewählten Jahresabschlußdaten von Einzelgesellschaften und die äquivalenten Konzernabschlußzahlen von MU für die Aktienpreisbildung gleichermaßen relevant sind[60]. Trifft dies zu, könnte die Hypothese, daß die Anteilseigner eines MU durch die Auswertung der Konzernabschlußdaten einen nahezu vergleichbaren Informationsstand erhalten, wie ihn die Aktionäre einer Einzelgesellschaft durch den Jahresabschluß besitzen, für die ausgewählten Jahresabschlußkennzahlen nicht abgelehnt werden[61]. Weil empirische Untersuchungen zur Überprüfung dieser speziellen Hypothese bisher nicht vorliegen[62], ist die Durchführung einer eigenen Kapitalmarktstudie erforderlich.

3. *Aufbau der Untersuchung*

Der Untersuchungsaufbau der folgenden Kapitalmarktstudie orientiert sich weitgehend an den bereits vorliegenden empirischen Untersuchungen von Brandi[63], Berndsen[64] und Coenenberg/Möller[65], da in diesen Studien die Relevanz von bestimmten Rechnungslegungsdaten bereits nachgewiesen wurde, so daß hier lediglich ein Relevanzvergleich von Jahres- und Konzernabschlußdaten vorgenommen werden muß. Es wird davon ausgegangen, daß sich der Aktienpreisbildungsprozeß mit dem Kapitalmarktmodell empirisch hinreichend erklären läßt. Die Renditeerwartung eines Wertpapiers ($E(R_{it})$) erklärt sich hiernach als abhängige Variable der erwarteten Marktrendite ($E(R_M)$) über einen linearen Zusammenhang[66]. Als Surrogat für die empirisch nicht zu beobachtenden Renditeerwartungen werden die mit dem Kapitalmarktmodell beschriebenen Zusammenhänge zwischen der Unternehmensrendite und der Marktrendite über beobachtete Ex-post-Renditebeziehungen geschätzt.

Mit Hilfe der linearen Regressionsanalyse wird aus empirischen Kapitalmarktdaten für jedes untersuchte Unternehmen folgender Zusammenhang hergestellt:

60 Vgl. Schneider (Investition, 1992) S. 543 ff., der diese Annahmen als "zwei nicht überprüfbare methodologische (Glaubens-)Vorentscheidungen" ansieht (S. 545).

61 Vgl. Möller (Informationseffizienz, 1985) S. 513.

62 In den vorliegenden empirischen Untersuchungen, in denen die Informationswirkung deutscher Rechnungslegungsdaten überprüft wird, sind bisher ausschließlich Einzelabschlußzahlen verwendet worden. In Untersuchungen mit anglo-amerikanischen Daten wird hingegen ausschließlich auf Konzernabschlußzahlen zurückgegriffen.

63 Vgl. Brandi (Informationswirkungen, 1977).

64 Vgl. Berndsen (Unternehmenspublizität, 1979) S. 238 ff.

65 Vgl. Coenenberg/Möller (Aktienrechtsreform, 1979) S. 438 ff.

66 Vgl. zur Beschreibung des Kapitalmarktmodells: Sharpe (Portfolio Analysis, 1963) S. 277 ff.; Fama (Finance, 1976) S. 63 ff.

$$R_{it} = a_i + \beta_i R_{Mt} + U_{it}, \text{ mit:}$$

R_{it} = Aktienrendite des Unternehmens (i) zum Zeitpunkt (t);
a_i und β_i = unternehmensspezifische Regressionskoeffizienten;
U_{it} = Residuen; nicht durch die Marktrendite erklärbarer Teil der Unternehmensrendite.

Für die über den Beobachtungszeitraum mit Hilfe der Regressionsanalyse geschätzten Parameter a_i und β_i wird unterstellt, daß sie zumindest während des Regressionszeitraums konstant sind[67]. Abweichungen (U_{it}) zwischen den tatsächlich beobachteten Renditen und den aufgrund des Marktmodells erwarteten Renditen können dann auftreten[68]:

- als zufällige Differenzen, da die künftigen Markt- und Unternehmensrenditen, deren Beziehungen durch das Marktmodell erklärt werden, nicht bekannt sind. Diese zufälligen Abweichungen führen dazu, daß E (U_{it}) = 0 ist;
- als Ergebnis eines Anpassungsprozesses auf neue Unternehmensinformationen, die eine Veränderung der Wahrscheinlichkeitsverteilung über die Aktienrendite des Unternehmens zur Folge haben. Nach der Anpassungszeit ist von Residuen mit einem E (U_{it}) = 0 auszugehen.

Anhand der Entwicklung dieser um Markteinflüsse bereinigten Rendite U_{it} soll die Relevanz der Jahres- bzw. Konzernabschlußdaten für den Aktienpreisbildungsprozeß überprüft werden.

a) Bereinigung der Aktienrenditen

Für die Bestimmung der jeweiligen Regressionsgeraden sind die beobachteten Aktienrenditen der untersuchten Gesellschaften, die Marktrenditen und der Regressionszeitraum festzulegen. Die relevanten Aktienrenditen werden aus den wöchentlich erhobenen Aktienkursen aller Unternehmen über:

$$R_{it} = (P_{it+1} - P_{it} + D_{it} + BR_{it}) / P_{it}, \text{ mit:}$$

R_{it} = Aktienrendite des Unternehmens (i) für den Zeitraum t bis t+1;
P_{it}; P_{it+1} = Preis der Aktie (i) in (t) bzw. (t+1);
D_{it} = Dividenden incl. Steuergutschrift aus Aktie (i) im Zeitraum t bis t+1;
BR_{it} = Bezugsrechte etc. aus Aktie (i) im Zeitraum t bis t+1,

67 Vgl. zu empirischen Arbeiten, die die Stationarität der ß-Faktoren untersuchen: Levy (Stationary, 1971) S. 55 ff.; Brealy/Mayers (Corporate Finance, 1988) S. 176 ff.; Winkelmann (Aktienbewertung, 1984) S. 89 ff.

68 Vgl. Berndsen (Unternehmenspublizität, 1979) S. 263.

ermittelt[69]. Für die Renditeberechnung werden die Bruttodividenden ebenso wie alle Sonderzahlungen (z.B. Bezugsrechte mit ihrem Wert am letzten Tag der Bezugsrechtsnotierung) berücksichtigt[70].

Darüber hinaus muß auch die Entwicklung der Marktrendite (R_{Mt}) bekannt sein. Weil die Marktrendite weder empirisch zu beobachten noch aus gegebenen Kapitalmarktdaten zu berechnen ist[71], muß ein Surrogat für R_M gefunden werden. Über die Veränderung eines veröffentlichten Aktienindexes kann eine Renditegröße ermittelt werden, die näherungsweise als Marktrendite interpretiert werden kann[72]. Obwohl sich die aus verschiedenen regelmäßig publizierten Aktienindizes gebildeten Marktrenditen kaum unterscheiden[73], wird für die weitere Untersuchung der F.A.Z.-Aktienindex ausgewählt, weil nach einer Untersuchung von Rodewald[74] der F.A.Z.-Aktienindex, ebenso wie der Index des Statistischen Bundesamtes, das Kapitalmarktgeschehen weitgehend zuverlässig abbildet[75]. Damit wird - vergleichbar den Aktienkursen - der wöchentlich am zweiten Börsentag erhobene F.A.Z.-Aktienindex zur Renditeberechnung für R_{Mt} herangezogen[76].

Vor der Durchführung muß noch der Regressionszeitraum festgelegt werden. Weil auf der einen Seite über den Schätzzeitraum konstante Koeffizienten a_i und $ß_i$ unterstellt werden, auf der anderen Seite die bisher vorliegenden empirischen Kapitalmarktuntersuchungen den Nachweis einer mittelfristigen Stationarität dieser Faktoren aber nicht erbringen[77], wird hier von einem kurzfristigen - einjährigen - Schätzzeitraum ausgegangen[78].

Die Relevanz der Rechnungslegungszahlen kann nur an Ereignissen gemessen werden, die unmittelbar um den Veröffentlichungstermin eintreten. Daher kön-

69 Vgl. zur Aktienrenditeberechnung: Süchting (Finanzmanagement, 1989) S. 347. Die Aktienkurse wurden vom Bankhaus Trinkaus & Burkhardt zur Verfügung gestellt. Es werden die Kursnotierungen der Frankfurter Wertpapierbörse oder der jeweiligen Heimatbörse am zweiten Börsentag jeder Woche erhoben.

70 Vgl. Rodewald (Wertpapierplanung, 1974) S. 96 ff.

71 Vgl. Roll (Pricing, 1977) S. 129 ff.; Möller (Bilanzkennzahlen, 1986) S. 67.

72 Vgl. Möller (Bilanzkennzahlen, 1986) S. 68 ff.; Frantzmann (Marktrisikos, 1990) S. 67 ff.; von ihnen wird gleichzeitig auch die Repräsentativität der verschiedenen Aktienindizes getestet.

73 Vgl. Frantzmann (Marktrisikos, 1990) S. 73; Döhrmann (Underpricing, 1990) S. 245 f.

74 Vgl. Rodewald (Wertpapierplanung, 1974) S. 105 ff.

75 Zur Berechnung und Zusammensetzung vgl. Erlenbach (F.A.Z.-Aktienindex, 1982).

76 Vgl. Coenenberg/Möller (Aktienrechtsreform, 1979) S. 447. Die Indexwerte wurden von der Frankfurter Allgemeinen Zeitung bereitgestellt.

77 Vgl. Levy (Stationarity, 1971) S. 55 ff.; Brealy/Mayers (Corporate Finance, 1988) S. 176 ff.; Winkelmann (Aktienbewertung, 1984) S. 89 ff.

78 So auch Brandi (Informationswirkungen, 1977) S. 135; Berndsen (Unternehmenspublizität, 1979) S. 273 f., der darüber hinaus auch einen dreijährigen Schätzzeitraum verwendet.

nen die Jahresabschlußzahlen der Geschäftsjahre 1989 und 1990 jeweils auf ihre Aktienpreisbildungsrelevanz im folgenden Jahr hin analysiert werden. Für die Analyse der Preisbildungsrelevanz von Jahresabschlußdaten des Geschäftsjahres 1989 (1990) beginnt der einjährige Regressionszeitraum in der Woche der Bilanzsitzung des Aufsichtsrates im Jahr 1988 (1989) und endet eine Woche vor der Bilanzsitzung im Jahr 1989 (1990). Damit fallen die zu untersuchenden Anpassungsreaktionen nicht in den Regressionszeitraum und für jedes untersuchte Jahr stehen 51 Wochenrenditen für jedes Unternehmen zur Verfügung. Der Zeitraum genügt mit jeweils 51 Merkmalsausprägungen auch den an eine Regressionsanalyse zu stellenden statistischen Anforderungen[79].

Mit den Aktienrenditen, der Marktrendite und dem Regressionszeitraum stehen alle notwendigen Daten für die Renditebereinigung zur Verfügung. Für jedes Unternehmen wird jährlich eine Regressionsanalyse durchgeführt, mit deren Hilfe der unternehmensspezifische Anteil aus den wöchentlich erhobenen Aktienrenditen ausgefiltert werden soll[80].

Voraussetzung für die Validität der folgenden Analyseresultate ist, daß sich mit dem Marktmodell, in dem der F.A.Z.-Aktienindex als R_M verwendet wird, der Renditebildungsprozeß zumindest näherungsweise bestimmen läßt. Die Güte der für alle Unternehmen mit Hilfe der wöchentlichen Aktienrenditen durchgeführten Regressionen kann u.a. anhand des Bestimmtheitsmaßes (R^2) überprüft werden[81].

	1988 - 1989		1989 - 1990	
	MU	EU	MU	EU
Mittelwert von R^2	0,33	0,27	0,31	0,25
Standardabweichung von R^2	0,21	0,19	0,26	0,17

Tab. 7

79 Vgl. Backhaus/Erichson/Plinke/Schuchard-Ficher/Weiber (Analysemethoden, 1987) S. 40 f.
80 Die Regressionsanalysen werden mit dem Fortran-Programm MARFO durchgeführt. Vgl. Erichson (MARFO, 1982).
81 Vgl. Backhaus/Erichson/Plinke/Schuchard-Ficher/Weiber (Analysemethoden, 1987) S. 13 f.

Die Mittelwerte des Bestimmtheitsmaßes der Regression liegen in den 2 untersuchten Jahren zwischen 0,25 und 0,33. Folglich lassen sich mit der Marktrendite lediglich rund 29 % der Streuung von R_{it} erklären. Dieser relativ geringe Erklärungsgehalt gilt für die Einzelunternehmen in noch stärkerem Maße als für die Konzerngesellschaften und ist bei der späteren Interpretation der Untersuchungsergebnisse zu beachten.

Die zwischen 0,17 und 0,26 liegenden Standardabweichungen von R^2 lassen zumindest für einzelne Unternehmen vermuten, daß zwischen den Markt- und Unternehmensrenditen kein signifikanter Zusammenhang besteht. Mit dem F-Test kann eine Aussage darüber getroffen werden, ob die Hypothese abzulehnen ist, daß kein Zusammenhang zwischen der abhängigen Variablen (R_i) und der unabhängigen Variablen (R_M) besteht[82]. Hiervon ist dann auszugehen, wenn der aus den untersuchten Daten abgeleitete F-Wert größer ist als der theoretische F-Wert, der sich bei einem vorgegebenen Signifikanzniveau ergibt. Dieser nimmt bei einem Stichprobenumfang von 51 Wochen bei einem Regressor (R_M) und für die Vertrauenswahrscheinlichkeit $\alpha = 0{,}95$ einen Wert von 4,03 an[83]. Als kritische Größe für R^2 ergibt sich damit ein Wert von $R^2 \geq 0{,}0759$. Dieser kritische Wert wird in allen vorgenommenen Regressionsanalysen auch auf der Basis der Einzelunternehmen noch überschritten. Folglich kann zumindest mit 95 %-iger Wahrscheinlichkeit davon ausgegangen werden, daß die Hypothese nicht zu unrecht abgelehnt wird, so daß ein signifikanter Zusammenhang zwischen der am F.A.Z.-Aktienindex gemessenen Entwicklung der Marktrendite und der Aktienrendite der einzelnen Gesellschaften angenommen werden kann[84].

Der um Markteinflüsse bereinigte unternehmensspezifische Anteil (U_{it}) an der Aktienrendite läßt sich als Residualgröße aus der Regression über:

$$U_{it} = R'_{it} - R_{it}\text{, mit:}$$

R'_{it} = tatsächlich realisierte Aktienrendite des Unternehmens i zum Zeitpunkt t
R_{it} = geschätzte Aktienrendite ($a_i + \beta_i R_{Mt}$) des Unternehmens i zum Zeitpunkt t

berechnen[85].

---

82 Vgl. Backhaus/Erichson/Plinke/Schuchard-Ficher/Weiber (Analysemethoden, 1987) S. 27 f.

83 Abgeleitet aus: Kreyszig (Statistische Methoden, 1979) S. 436.

84 Bei einem Signifikanzniveau von $\alpha = 0{,}99$ ist für zwei Einzelunternehmen von einem signifikanten Zusammenhang zwischen Markt- und Unternehmensrendite nicht mehr auszugehen.

85 Vgl. Brandi (Informationswirkungen, 1977) S. 40 f.; Berndsen (Unternehmenspublizität, 1979) S. 275; zu verfeinerten Verfahren der Renditebereinigung: Fama/ Fisher/ Jensen/ Roll (Information, 1969) S. 3 ff.; Foster (Sub-Earnings, 1975) S. 283 ff.

b) Hypothesenbildung über das Anlegerverhalten

Eine Informationswirkung von bestimmten Rechnungslegungsdaten aus Einzel- bzw. Konzernabschlüssen kann an den U_{it} nur dann festgestellt werden, wenn:

- bekannt ist, welche Rechnungslegungsdaten von den Anlegern für die Erwartungsbildung der Aktienrendite herangezogen werden und
- in welcher Weise die Aktionäre diese Rechnungslegungsdaten für die Bildung der Wahrscheinlichkeitsverteilung über die Aktienrendite verwenden[86].

In den oben angesprochenen empirischen Kapitalmarktuntersuchungen mit Rechnungslegungsdaten wird festgestellt, daß insbesondere Erfolgsgrößen, wie der um außerordentliche Einflußfaktoren bereinigte Jahresüberschuß bzw. Bilanzgewinn, und Renditegrößen, wie z.B. Gesamtkapitalrentabilität, für die Erwartungsbildung der Anleger von Bedeutung sind[87]. Ein Konzernbilanzgewinn wird wegen der fehlenden Ausschüttungsbemessungsfunktion des Konzernabschlusses häufig nicht oder aber in gleicher Höhe wie im Einzelabschluß ausgewiesen. Damit kann die Informationsrelevanz des Konzernabschlusses an dieser Untersuchungsvariable kaum sinnvoll gemessen werden, und es verbleiben somit lediglich Kennzahlen, wie z.B. Gesamtkapitalrentabilität und die hier herangezogene, aus dem Konzernjahresergebnis abgeleitete Kennzahl "Bereinigter Gewinn je Aktie" (GjA)[88].

Neben der als entscheidungsrelevant angesehenen Kennzahl muß auch der Zusammenhang zwischen Kennzahlenwert und Renditeerwartungsbildung der Aktionäre bekannt sein. Weil das tatsächliche Erwartungsbildungsmodell aller Marktteilnehmer bisher unbekannt und folglich empirisch nicht überprüfbar ist, muß diese Interaktion über Annahmen geschlossen werden[89]. Im weiteren wird davon ausgegangen, daß die Kapitalmarktteilnehmer dann zu einer positiven (negativen) Veränderung der Renditeerwartung einer Aktie gelangen, wenn für GjA gilt[90]:

---

86 Vgl. Schneider (Investition, 1992) S. 545.

87 Vgl. Coenenberg/Möller (Aktienrechtsreform, 1979) S. 450 f.; Coenenberg (Jahresabschlußinformation, 1984) S. 307 ff.; Sahling (Ausschüttungsänderung, 1981).

88 Vgl. zur Berechnung aus Einzel- und Konzernabschlüssen: Busse von Colbe/Reinhard (Ergebnis je Aktie, 1988) S. 141 ff.

89 Vgl. Schneider (Investition, 1992) S. 545. Zu experimentellen Untersuchungen zum Anlegerverhalten vgl. Weber/Camerer (Anlegerverhalten, 1992) S. 131 ff.

90 So auch z.B. Brandi (Informationswirkungen, 1977); Coenenberg/Möller (Aktienrechtsreform, 1979) S. 451; zu anderen Klassifikationsmodellen: Foster (Sub-Earnings, 1975) S. 285 f.; Coenenberg/Schmidt/Werhand (Entscheidungswirkungen, 1983) S. 335.

$$\text{Gruppe 1: } (GjA_{it} - GjA_{it-1}) - (GjA_{Dt} - GjA_{Dt-1}) > 0 \text{ ;}$$

$$\text{Gruppe 2: } (GjA_{it} - GjA_{it-1}) - (GjA_{Dt} - GjA_{Dt-1}) \leq 0 \text{ , mit:}$$

GjA_{it} = Gewinn je Aktie des Unternehmens (i) zum Zeitpunkt (t) bzw. (t-1);
GjA_{Dt} = Durchschnittlicher Gewinn je Aktie aller untersuchten Unternehmen zum Zeitpunkt (t) bzw. (t-1).

Sofern diese - aus den Untersuchungen von Brandi, Berndsen und Coenenberg/Möller übernommenen - Beziehungen zwischen Jahresabschlußzahlen und Renditeerwartungsbildung der Anteilseigner auch für die hier untersuchten Gesellschaften gelten, ist für Unternehmen der ersten (zweiten) Gruppe zu erwarten, daß sich während des Anpassungsprozesses positive (negative) bereinigte Aktienrenditen beobachten lassen.

Zur Ermittlung der vergleichenden Relevanz der Jahresabschlußdaten werden die Einzel- und Mutterunternehmen jeweils getrennt untersucht. Damit erfolgt die beschriebene Gruppenbildung der Einzelunternehmen nach der aus den Jahresabschlüssen gebildeten Klassifikationsvariable GjA und die Einteilung der MU nach den aus Konzernabschlußdaten abgeleiteten GjA. Diese vier Gruppen können auch als hypothetische Wertpapierportefeuilles angesehen werden, die anhand der Kennzahlenveränderung zusammengestellt werden.

Für jedes Portefeuille, in das die Aktien gleichgewichtet eingehen[91], kann ein "Abnormal Performance Index" (API) und damit die Relevanz der publizierten Jahresabschlußkennzahl wie folgt ermittelt werden[92]:

$$API_{Pn} = \frac{1}{m} \sum_{i=1}^{m} \left[\prod_{t=1}^{n} (1 + U_{it}) \right].$$

Der API_{Pn} mißt für jedes der vier gebildeten Portefeuilles die durchschnittliche bereinigte Aktienrenditeentwicklung der hierin enthaltenen m Unternehmen über den festzulegenden Untersuchungszeitraum von n Perioden.

In Abhängigkeit von den zu testenden Hypothesen ist noch der Untersuchungszeitraum festzulegen[93]. Für den hier angestrebten Relevanzvergleich von Jahres- und Konzernabschlußdaten hat der Beobachtungszeitraum der Aktienrendi-

91 Zu anderen Portefeuillegewichtungen: Möller (Bilanzkennzahlen, 1986) S. 205 ff.
92 Vgl. Ball/Brown (Accounting, 1968) S. 159 ff.; Foster (Analysis, 1986) S. 403 ff.; Möller (Bilanzkennzahlen, 1986) S. 199 ff. Zu einem Überblick über andere Performancemaße vgl. Spindler (Kapitalmarktrisiko, 1985) S. 33 ff.
93 Vgl. Bowman (Understanding, 1983) S. 562 f.

ten vor dem frühestmöglichen Veröffentlichungstermin der Jahresabschlußzahlen zu beginnen und kurze Zeit danach zu enden. Unter der Voraussetzung einer halbstrengen Kapitalmarkteffizienz[94] gehen die neuen Gewinnziffern in diesem Zeitraum in die Renditeeinschätzung der Anleger ein und lösen die zu analysierenden Anpassungsprozesse aus. Als frühestmöglicher Veröffentlichungszeitpunkt wird hier in Anlehnung an die vorliegenden empirischen Arbeiten der Termin der Bilanzsitzung des Aufsichtsrates festgelegt[95]. Der Untersuchungszeitraum erstreckt sich von 5 Wochen vor der Aufsichtsratssitzung bis 12 Wochen danach[96].

Um der Gefahr sich überschneidender Unternehmensinformationen und deren potentiellen Auswirkungen auf den Aktienpreis weitgehend zu begegnen, werden mit Hilfe der Tagesordnungspunkte der Hauptversammlungen solche Unternehmen herausgefiltert, bei denen - neben der Entlastungserteilung und Gewinnverwendung - weitere von den Aktionären zu treffende Entscheidungen wie z.B. Kapitalerhöhungen oder Unternehmensverträge anstehen[97]. Daher kann bei den verbleibenden Gesellschaften davon ausgegangen werden, daß sonstige Unternehmensereignisse für die Aktienpreisbildung während des Untersuchungszeitraums vernachlässigt werden können.

Sofern die Stationarität der über den einjährigen Regressionszeitraum ermittelten ß-Faktoren gilt und dennoch im Untersuchungszeitraum $U_{it} \neq 0$ zu beobachten sind, kann davon ausgegangen werden, daß diese überwiegend durch die beschriebenen Anpassungsprozesse verursacht sind. Deckt sich die Publikation neuer Unternehmensdaten wie z.B. die Veröffentlichung der Jahresabschlußzahlen zeitlich mit dem zu beobachtenden Anpassungsprozeß, so wird angenommen, daß die Anteilseigner durch diese Daten zu einer veränderten Einschätzung der unternehmensspezifischen Situation gelangen, so daß aus ihren Entscheidungen die Entwicklung der beobachteten U_{it} zu erklären ist. Der

---

94 Vgl. Schneider (Investition, 1992) S. 543 ff.; zur empirischen Überprüfung vgl. den Überblick bei Möller (Informationseffizienz, 1985) S. 501 ff.

95 Vgl. Coenenberg/Möller (Aktienrechtsreform, 1979) S. 451. Die Termine der jeweiligen Aufsichtsratssitzungen wurden zusammen mit weiteren Daten von den untersuchten Gesellschaften erfragt.

96 Vgl. Berndsen (Unternehmenspublizität, 1979) S. 280; Coenenberg (Jahresabschlußinformation, 1984) S. 313 ff.

97 Vgl. Foster (Accounting, 1980) S. 57 f.

API_{Pn} kann daher als fiktive Überrendite interpretiert werden, die ein Anleger während des Untersuchungszeitraums hätte realisieren können, hätte er die Informationen bereits vor dem ersten angenommenen Veröffentlichungszeitpunkt erhalten[98].

Der gewählte Untersuchungsaufbau kann abschließend für die Klassifikationsvariable GjA wie folgt dargestellt werden:

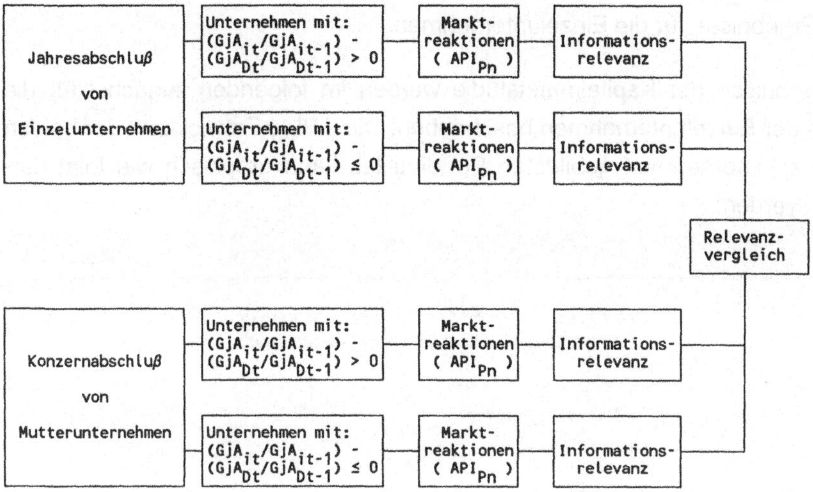

Abb. 10: Untersuchungsaufbau der Kapitalmarktstudie

Er soll zur Überprüfung der folgenden Hypothese dienen:
Die untersuchten Konzernabschlußzahlen besitzen für die Anteilseigner eines MU eine vergleichbare Informationsrelevanz für die Bildung ihrer Renditeerwartungen wie die äquivalenten Jahresabschlußzahlen für die Aktionäre von Einzelunternehmen.

Diese Hypothese kann dann nicht endgültig falsifiziert werden, wenn die jeweiligen API_{Pn}-Kurven für beide Unternehmensgruppen im Beobachtungszeitraum nahezu identisch verlaufen. Bei einem unterschiedlichen Verlauf der jeweiligen API_{Pn}-Kurven wären ceteris paribus für den Vergleich der Rechnungslegungssysteme die Höhe der jeweiligen API_{Pn}-Werte und auch die Dauer des zu beobachtenden Anpassungsprozesses entscheidend. Sind z.B. für die Unternehmensgruppe, die einen Konzernabschluß publiziert, bei gleicher Anpassungsdauer niedrigere API_{Pn}-Werte zu beobachten als für die Gruppe der Einzelun-

98 Vgl. Kleine-Doepke (Rechnungslegung, 1978) S.145 f., sowie die explizite Beschreibung anhand eines Entscheidungsmodells bei Marshall (API, 1975) S. 103 ff.

ternehmen, so ist eine geringere Relevanz der Konzernabschlußdaten zu vermuten. Hieraus könnte dann auf eine höhere Nützlichkeit von Jahresabschlußdaten der Einzelgesellschaften im Vergleich zu den Konzernabschlußdaten der MU geschlossen werden[99].

4. Untersuchungsergebnisse

a) Ergebnisse für die Einzelunternehmen

Die Ergebnisse der Kapitalmarktstudie werden im folgenden zunächst für die Gruppe der Einzelunternehmen beschrieben. Die API_{Pn}-Entwicklung der beiden aus Einzelunternehmen gebildeten Portefeuilles kann graphisch wie folgt dargestellt werden:

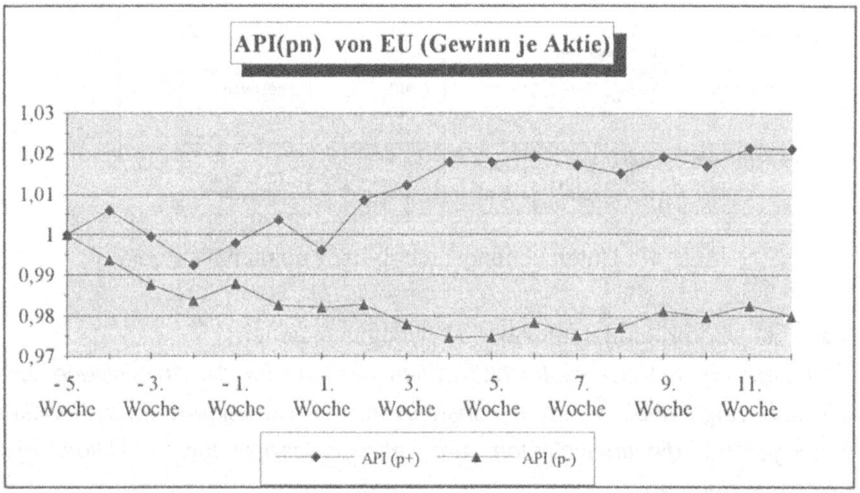

Abb. 11: API-Entwicklung von Einzelunternehmen

Die Kurvenverläufe der API_{Pn}-Werte zeigen, daß sich die nach der relativen Veränderung des GjA gebildeten Portefeuilles im 17 Wochen umfassenden Untersuchungszeitraum absolut nur geringfügig in der bereinigten Rendite unterscheiden[100]. Dieses Ergebnis ist u.a. auf den relativ hohen Anteil der Fehlklassifikationen zurückzuführen, die bei einer Ex-post-Renditebetrachtung der

99 Vgl. Coenenberg/Möller (Aktienrechtsreform, 1979) S. 444.

100 Vgl. die ähnlichen Ergebnisse bei Coenenberg/Möller (Aktienrechtsreform, 1979) S. 451 f. Zu größeren Differenzen in den API_{Pn}-Werten vgl. Berndsen (Unternehmenspublizität, 1979) S. 284 ff.

untersuchten Einzelunternehmen zu verzeichnen sind. Die mit GjA vorgenommene Gruppenzuordnung ist für fünf Unternehmen (= 14 %) mit positiver GjA- und negativer API-Entwicklung (Fehler 1. Art) und für sieben Gesellschaften (= 19 %) mit negativer GjA- und positiver API-Veränderung (Fehler 2. Art) ex post nicht korrekt (=insgesamt 33 % Fehlklassifikationen).

Die bereinigte Aktienrendite über den gesamten Untersuchungszeitraum beträgt für die API_{P+}-Unternehmen 2,11 % und für die in API_{P-} eingruppierten Werte -2,01 %. Diese Ergebnisse sind weitgehend mit den Untersuchungsresultaten von Brandi und Coenenberg/Möller vergleichbar. Sie zeigen insgesamt recht geringe Renditedifferenzen, die nur knapp über den Transaktionskosten liegen, die bei Anwendung der beschriebenen Anlagestrategie anfallen würden. Hieraus ist zu schließen, daß entweder die Preisbildungsrelevanz der analysierten Jahresabschlußkennzahl recht gering ausfällt, oder daß der Kapitalmarkt eine höhere Informationseffizienz als vermutet aufweist, so daß die Rechnungslegungsdaten teilweise bereits vor dem Untersuchungsbeginn von den Kapitalmarktteilnehmern antizipiert und damit auch in den Aktienpreisbildungsprozeß eingeflossen sind. Der an dieser Renditedifferenz gemessene Informationsnutzen der untersuchten Jahresabschlußkennzahl ist damit insgesamt recht gering[101].

Obwohl die absoluten Renditedifferenzen nur dürftig ausfallen, lassen sich ab der ersten Woche nach der Bilanzsitzung des Aufsichtsrates Unterschiede in den Kurvenverläufen beobachten. Für die API_{P+}-Werte beginnt ein von dem Erwartungswert spürbar abweichender Kurvenverlauf in der zweiten Woche nach der Bilanzsitzung des Aufsichtsrates und endet bereits drei Wochen danach. Bei den API_{P-}-Werten beginnt der erwartete Anpassungsprozeß bereits vier Wochen vor der Aufsichtsratssitzung. Ab der dritten Woche nach der Bilanzsitzung des Aufsichtsrates sind hier kaum noch Anpassungsreaktionen zu verzeichnen.

Um festzustellen, ob die Renditeunterschiede zumindest eine statistische Signifikanz aufweisen, werden die Veränderungen der API_{Pn} mit Hilfe des T-Testes geprüft[102]. Mit $\alpha = 0{,}1$ ist davon auszugehen, daß die über den gesamten Untersuchungszeitraum ermittelten Renditemittelwerte nicht aus Grundgesamtheiten mit gleichen Mittelwerten stammen, sondern daß die API_{P+}-Gruppe höhere Renditemittelwerte aufweist als die in API_{P-} klassifizierten

101 Vgl. Coenenberg/Möller (Aktienrechtsreform, 1979) S. 451 ff.
102 Vgl. Diehl/Kohr (Durchführungsanleitung, 1977) S. 33 ff.

Unternehmen. Damit kann zumindest von statistisch signifikanten Renditeunterschieden ausgegangen werden. Diese Ergebnisse sollen im folgenden mit den Resultaten der MU verglichen werden.

b) Ergebnisse für die Mutterunternehmen

Auch die API_{Pn}-Entwicklung der über die relative Änderung von GjA_{KA} gebildeten Portefeuilles aus MU läßt sich graphisch wie folgt darstellen:

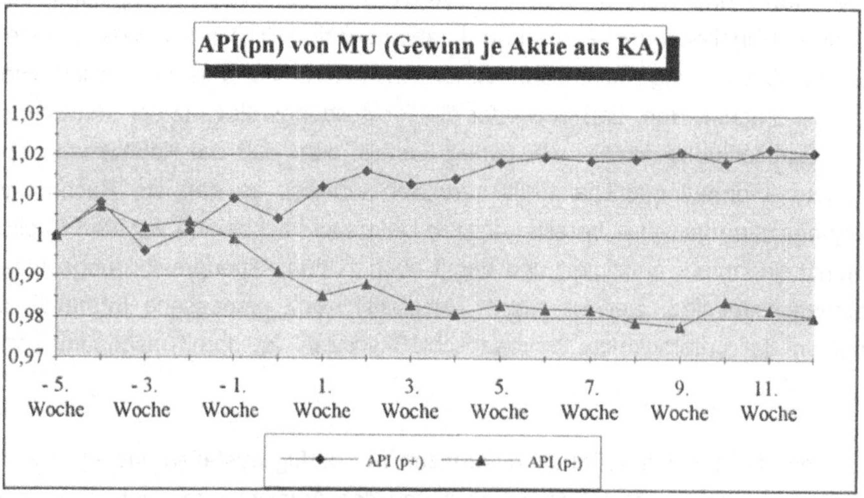

Abb. 12: API-Entwicklung von MU mit Konzernabschlußdaten

Betrachtet man die API_{Pn}-Kurvenverläufe, so fällt wiederum auf, daß nur geringfügige absolute Renditeunterschiede zu beobachten sind. Dieses Ergebnis läßt sich auch hier durch den hohen Anteil der Fehlklassifikationen erklären, die bei einer Ex-post-Renditebetrachtung der untersuchten MU zu verzeichnen sind. Die mit GjA_{KA} vorgenommene Gruppenzuordnung ist für acht Unternehmen (22 %) mit positiver GjA_{KA}-Entwicklung und für sechs Gesellschaften (17 %) mit negativer GjA_{KA}-Veränderung im nachhinein nicht korrekt (= insgesamt 39 %).

Bis zwei Wochen vor der Bilanzsitzung des Aufsichtsrates verlaufen die API_{Pn}-Kurven nahezu identisch. Erst ab diesem Zeitpunkt laufen die bereinigten Aktienrenditen, wenn auch auf einem geringen absoluten Niveau, bis zur Woche der Bilanzsitzung auseinander. Für die in API_{P+} eingruppierten Unternehmen ergibt sich über den gesamten Untersuchungszeitraum von 17 Wochen eine bereinigte Rendite von 2,09 %, wohingegen sich für die API_{P-}-Werte ein bereinigter Betrag von - 1,99 % errechnet. Obwohl auch hier der absolute Renditeunterschied zwischen den gebildeten Portefeuilles insgesamt gering ausfällt und die Ergebnisse folglich nicht für eine beachtliche Preisbildungsrelevanz der relativen Veränderung von GjA_{KA} sprechen, sind die Mittelwertunterschiede mit $\alpha = 0{,}1$ statistisch signifikant.

Um aufzuzeigen, daß die wenig überzeugenden Ergebnisse für MU nicht durch den zugrundegelegten Jahresabschluß verursacht sind, sollen noch kurz die Resultate dargestellt werden, die sich ergeben, wenn die MU anstelle über die relative Veränderung von GjA_{KA} mit Hilfe von GjA_{EA} (Gewinn je Aktie aus dem Einzelabschluß) ex-ante klassifiziert werden.

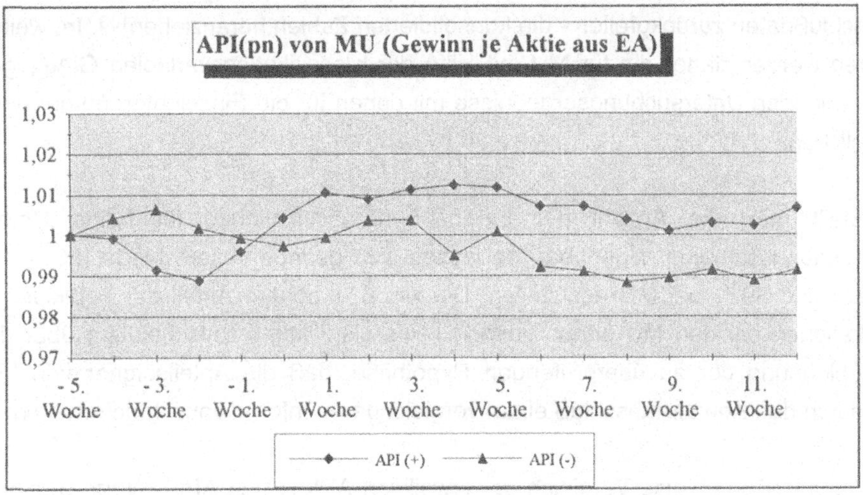

Abb. 13: API-Entwicklung von MU mit Einzelabschlußdaten

Betrachtet man diese API_{Pn}-Kurvenverläufe, so ist festzustellen, daß die bisher beobachteten bereinigten Renditeunterschiede noch weiter abnehmen. Im Vergleich zur vorstehenden Untersuchung mit GjA_{KA} hat sich auch der Anteil der Fehlklassifikationen deutlich erhöht. In der mit GjA_{EA} vorgenommenen Gruppenzuordnung ist für 12 Unternehmen (33 %) mit positiver GjA_{EA}-Entwicklung und für sieben Gesellschaften (19 %) mit negativer GjA_{EA}-Veränderung ex post ein nicht erwarteter Renditeverlauf festzustellen (= insgesamt 53 %).

Von einer unterschiedlichen Renditeentwicklung der beiden API_{Pn}-Kurven ist nur in acht Untersuchungszeiträumen (-4., -3., -1., 0., 2., 4., 5. und 9. Woche) auszugehen. In vier Wochen ist dieser unterschiedliche Verlauf zudem noch entgegengesetzt zur erwarteten Entwicklung (-4., -3., 2. und 5. Woche). Für die in API_{P+} eingruppierten Unternehmen ergibt sich über den gesamten Untersuchungszeitraum von 17 Wochen lediglich eine bereinigte Rendite von 0,63 %, wohingegen sich für die API_{P-}-Werte ein bereinigter Betrag von - 0,81 % errechnet. Der geringe absolute Renditeunterschied zeigt, daß der von MU publizierten Einzelabschlußkennzahl GjA_{EA} am Kapitalmarkt kaum noch eine Preisbildungsrelevanz zugesprochen werden kann. Entsprechend können für die beiden API_{Pn} auch keine statistisch signifikanten Mittelwertunterschiede festgestellt werden. Dieses Ergebnis bestätigt die bereits mehrfach in der betriebswirtschaftlichen Literatur vorgetragene Hypothese, daß die Kapitalmarktteilnehmer - sofern sie überhaupt zur Unternehmensbeurteilung auf Jahresabschlußdaten zurückgreifen - die konsolidierten Zahlen heranziehen[103]. Im weiteren werden daher die für MU mit Hilfe der Klassifikationsvariablen GjA_{KA} gewonnenen Untersuchungsergebnisse mit denen für die Einzelunternehmen verglichen.

Stellt man die Anzahl der Ex-post-Fehlklassifikationen für beide Untersuchungssamples gegenüber, so lassen sich geringe Unterschiede (33 % bei EU und 39 % bei MU) feststellen. Der um 6 % höhere Anteil der Fehlklassifikationen bei den MU erlaubt jedoch keine signifikante Entscheidung über die Ablehnung der zu überprüfenden Hypothese, daß die Anteilseigner von MU durch den Konzernabschluß einen vergleichbaren Informationsstand erhalten.

Auch der paarweise Vergleich der jeweiligen API_{P+}- und API_{P-}-Werte aus beiden Auswertungen zeigt zu keinem Zeitpunkt signifikante Renditeunterschiede. Über den gesamten Zeitraum von 17 Wochen liegen die jeweiligen API_{P+}- (2,11 % für EU, 2,09 % für MU) und API_{P-}-Werte (-2,01 % für EU, -1,99 % für MU) sehr dicht beieinander, so daß nicht von einem unterschiedlichen Informationsnutzen aus dem Blickwinkel der Aktienmarktteilnehmer auszugehen ist.

Wird der gesamte Anpassungsprozeß beider Untersuchungen verglichen, so kann zwar festgestellt werden, daß die API_{Pn}-Kurven für MU auf der Basis der Konzernabschlußzahlen bereits geringfügig früher auseinanderlaufen (0. Woche) als die der Einzelunternehmen (1. Woche). Der gesamte Anpassungs-

103 Vgl. Busse von Colbe (Informationswert von Konzernabschlüssen, 1969) S. 87 ff.; Piltz (Erfahrungen, 1989); Pellens (Informationswert, 1989) S. 213 ff.

prozeß ist jedoch in beiden Samples bereits vier Wochen nach der Bilanzsitzung des Aufsichtsrates weitgehend abgeschlossen, so daß auch hier keine signifikanten Unterschiede festzustellen sind.

5. *Zusammenfassung der Ergebnisse*

Unter den aufgeführten Annahmen und unter dem Vorbehalt der nur eingeschränkt beobachteten statistischen Signifikanz lassen sich aus den Untersuchungsergebnissen folgende Aussagen über die Informationsversorgung der Anteilseigner von MU mit Unternehmensdaten ableiten:

Die Relevanz von Rechnungslegungsdaten für die Erwartungsbildung der Aktionäre zeigt sich anhand der zu beobachtenden Aktienpreisänderungen während des Veröffentlichungszeitraumes der Jahresabschlüsse (Einzelunternehmen) bzw. der Konzernabschlüsse (MU). Von einer Aktienpreisbildungsrelevanz der Einzelabschlußzahlen von MU ist dagegen kaum auszugehen.

Vergleicht man die Renditewirkungen der Jahresabschlußzahlen von Einzelunternehmen mit denen der Konzernabschlußzahlen von MU, so sind hier weder signifikante Unterschiede in der Länge des Anpassungsprozesses noch in der absoluten Höhe der bereinigten Renditeänderungen festzustellen. Aus dem Blickwinkel der jeweiligen Anteilseigner von MU scheinen daher die Konzernabschlußdaten der MU eine äquivalente Preisbildungsrelevanz zu besitzen wie die Jahresabschlußzahlen von Einzelunternehmen.

Diese Ergebnisse können unter Berücksichtigung der erwähnten Vorbehalte bei der Güte der Regressionsanalysen vorsichtig dahingehend interpretiert werden, daß sich insgesamt kein Unterschied im Informationsstand der beiden Aktionärsgruppen, bezogen auf Versorgung mit Rechnungslegungszahlen, feststellen läßt.

Die gewonnenen Resultate können jedoch weniger als abschließende Beurteilung des Informationsstandes der Anteilseigner eines MU gegenüber dem der Aktionäre von Einzelgesellschaften interpretiert werden, sondern sind vielmehr als erste Tendenzaussagen zu verstehen. Sie lassen aber vermuten, daß sich die Aktionäre von MU durch die zusätzlich publizierten Konzernabschlußdaten ähnlich gut über ihr Beteiligungsarrangement informiert glauben wie auch die Aktionäre von Einzelunternehmen. Die formulierte Hypothese eines vergleichbaren Informationsstandes beider Aktionärsgruppen kann durch die Untersuchungsergebnisse folglich nicht abgelehnt werden.

IV. Veränderung der Eigner-Gläubiger-Position

1. *Zielsetzung der Untersuchung*

Abschließend soll durch Gegenüberstellung der Einzel- und Mutterunternehmen untersucht werden, ob durch die Konzernbildung die häufig vermutete Risikoverlagerung von den Anteilseignern auf die Gläubiger empirisch festgestellt werden kann. Für die Aktionäre des MU böte die Konzernierung dann die Möglichkeit, ihre Rendite-Risiko-Position zu Lasten der Fremdkapitalgeber zu verbessern. Zum einen wird mit Hilfe der Einzel- und Konzernabschlußzahlen analysiert, ob der erwartete "Pyramiden-Effekt des Eigenkapitals" im Konzern auch empirisch beobachtbar ist[104], zum anderen soll überprüft werden, ob sich die Fremdkapitalgeber des Konzerns diese potentiellen Gefahren über eine Risikoprämie entgelten lassen. Durch Vergleich der Fremdkapitalkosten im Konzern mit denen von konzernfreien Einzelgesellschaften sollen hierüber Aufschlüsse gewonnen werden.

2. *Pyramiden-Effekt des Eigenkapitals*

In der betriebswirtschaftlichen und juristischen Literatur wird regelmäßig davon ausgegangen, daß sich das am Verschuldungsgrad (=Fremdkapital/ Eigenkapital) gemessene Kapitalstrukturrisiko durch eine über die Konzernbildung möglich werdende Täuschung der Gläubiger einseitig an die Präferenzen der Aktionäre anpassen läßt[105]. Diese Auffassung wird damit belegt, daß z.B. vom MU neu aufgenommenes Fremdkapital über eine Eigenkapitalerhöhung in das TU fließt und dort über die Verbesserung der Kapitalstruktur die Aufnahme weiteren Fremdkapitals ermöglicht, der die Fremdkapitalgeber in einem einheitlichen Unternehmen nicht oder nur durch eine erhöhte Risikoprämie auf den Zins zugestimmt hätten[106]. Diese Argumentation soll an folgendem Beispiel verdeutlicht werden[107]:

---

104 Vgl. Schierenbeck (Pyramiden-Effekt, 1980) S. 249 ff.; Schneider (Konzernfinanzierung, 1984) S. 504 ff.

105 Vgl. Schierenbeck (Pyramiden-Effekt, 1980) S. 249 ff.; Schneider (GmbH-Konzernen, 1986) S. 135; Fischer (Kapitalstruktur, 1989) S. 36 ff.; Süchting (Finanzmanagement, 1989) S. 92 f.; Debus (Konzernrecht, 1990) S. 14 ff.; Kretschik (Gewinnverwendung, 1991) S. 152 ff.; kritisch zur Meßbarkeit des Insolvenzrisikos anhand des bilanziellen Verschuldungsgrades Schneider (Bilanzanalyse, 1989) S. 637 ff.

106 Vgl. Schneider (GmbH-Konzernen, 1986) S. 135, der dies als Teleskopeffekt bezeichnet. Süchting (Finanzmangement, 1989) S. 92 ff.; Vollmer (Finanzierungskompetenzen, 1991) S. 98.

107 Vgl. S. 60f.

Es wird von einem über drei Stufen organisierten Konzern ausgegangen, der sich unmittelbar bzw. mittelbar in 100 %-igem Besitz des MU befindet. Die Fremdkapitalgeber bieten den Eignern/Managern eines jeden Unternehmens zu einem festen Zinssatz nur solange Kapital an, wie ein Verschuldungsgrad von eins nicht überschritten wird. Bei einem Eigenkapital des MU von 1.000 GE läßt sich dann durch eine mehrstufige Konzernorganisation folgendes Vermögen finanzieren:

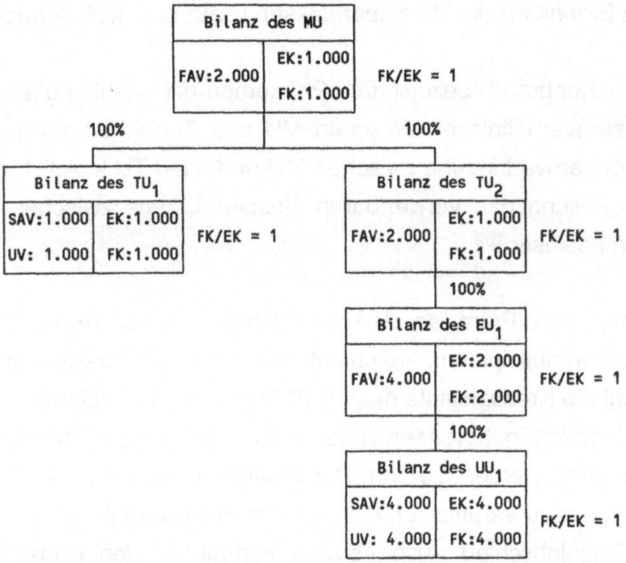

Abb. 14: Eigenkapitalpyramide im Konzern

Bei isolierter Betrachtung ist in jedem der rechtlich selbständigen Unternehmen die Forderung der Fremdkapitalgeber nach einem Verschuldungsgrad von eins realisiert. Dennoch können die Eigner/Manager des MU bei einem Eigenkapitaleinsatz von 1.000 GE über ein Bruttovermögen von 18.000 GE (= Vermögenssumme aller Konzernunternehmen) verfügen, von dem 10.000 GE zur Investitionsfinanzierung in Sachanlage- und Umlaufvermögen (SAV, UV) bereitstehen. Anders als in einem konzernfreien Unternehmen können die Eigner/Manager durch die Konzernbildung damit eine beliebige, ausschließlich an ihren eigenen Präferenzen orientierte Kapitalstruktur wählen, ohne daß sich die unterstellten festen Finanzierungskosten ändern.

Das zusätzliche Insolvenzrisiko der Konzerngläubiger wird deutlich, wenn z.B. angenommen wird, daß die Realinvestitionen im UU_1 fehlschlagen und das Unternehmen einen Überschuldungskonkurs anmelden muß, wobei die Konkursquote bei 10 % liegen soll. In diesem Fall könnten die Gläubiger von UU_1 von ihrem ursprünglichen Kreditbetrag (4.000 GE) noch eine Rückzahlung von 400 GE erwarten. Der Konkurs von UU_1 erfordert eine Beteiligungsabschreibung bei EU_1 in Höhe von 4.000 GE und löst damit ebenfalls einen Überschuldungskonkurs aus, der jedoch hier zu einer Konkursquote von null führt. Gleiches gilt auch für das TU_2 auf der ersten Konzernstufe, so daß die Fremdkapitalgeber von EU_1 und TU_2 ihr eingesetztes Kapital vollständig verlieren. Die auch im MU erforderliche Abschreibung an TU_2 führt zu einem Verlust in Höhe des gesamten Eigenkapitals, stellt aber dessen Gläubiger noch schadlos.

Dieses als "Flächenbrand" bezeichnete Phänomen gilt unabhängig von den bilateralen Konzernverhältnissen zwischen MU und TU[108]. So würde z.B. eine vertragliche Konzernverbindung zwischen MU und allen TU lediglich eine unterschiedliche Verteilung des verwertbaren Restvermögens zwischen den Konzerngläubigern auslösen[109].

Die hierbei unterstellte Prämisse, daß die Gläubiger dieses Kapitalstrukturrisiko im Konzern nicht antizipieren, erscheint zumindest für Kreditinstitute wenig realistisch. Weil die Kreditinstitute nach § 19 Abs. 2 Nr. 1 KWG angehalten sind, alle zu einem Konzern gehörenden Unternehmen als einen einheitlichen Kreditnehmer anzusehen, werden sie vom Bundesaufsichtsamt für das Kreditwesen bereits seit 1962 dazu verpflichtet, sich bei der Kreditvergabe gem. § 18 KWG neben dem Einzelabschluß auch - soweit verfügbar - den Konzernabschluß vorlegen zu lassen[110]. Ähnliches gilt auch für Versicherungsunternehmen, die Schuldscheindarlehen an Konzernunternehmen vergeben wollen[111]. Die Kapitalstruktur der gesamten Unternehmensgruppe würde im Konzernabschluß wie folgt abgebildet:

Konzernbilanz des MU		
SAV: 5.000	EK : 1.000	FK/EK = 9
UV: 5.000	FK : 9.000	

Abb. 15: Konzernbilanz des MU

108 Vgl. Schneider (Konzernfinanzierung, 1984); Ordelheide (Konzern, 1986) S. 300.
109 Vgl. Lutter (Insolvenz, 1984) S. 782 ff.
110 Vgl. Reischauer/Kleinhans (Kreditwesengesetz, 1963) § 18, Rn. 8.
111 Vgl. hierzu Bald u.a. (Leitfaden, 1992) S. 17.

Der unter der Fiktion der rechtlichen Einheit nach §§ 290 ff. HGB aufzustellende Konzernabschluß zeigt, unter der Prämisse, daß im Konzernabschluß keine von den Einzelabschlüssen losgelöste und erfolgserhöhende Bilanzpolitik vorgenommen wird, daß die gesamte Unternehmensgruppe ein konsolidiertes Vermögen von 10.000 GE besitzt, wovon lediglich 1.000 GE durch die Anteilseigner des MU aufgebracht werden. Der Verschuldungsgrad des gesamten Konzerns weist folglich einen Wert von 900 % auf und liegt damit deutlich über dem Koeffizienten im Jahresabschluß des MU. Hiervon ist immer dann auszugehen, wenn die Relation:

$$\sum_{i=1}^{n} FK_{TUi} / \sum_{i=1}^{n} (EK_{TUi} - EK_{TUi\ in\ t=0} + MI_{TUi}) > FK_{MU}/EK_{MU}$$, mit:

FK_{MU}; FK_{TU}	= Fremdkapital des MU bzw. TU;
EK_{MU}; EK_{TU}	= Eigenkapital des MU bzw. TU;
$EK_{TU\ in\ t=0}$	= Eigenkapital des TU zum Erwerbs- oder Ausgründungszeitpunkt;
MI_{TU}	= Anteile außenstehender Gesellschafter im TU;
i	= Laufindex über alle TU, mit n = Anzahl aller TU;

erfüllt ist.

Damit können die Konzerngläubiger aus den Einzelabschlüssen, dem konsolidierten Jahresabschluß und aus der Kenntnis über das Konzernverhältnis zwischen MU und TU bzw. der Konzernstruktur ihr Verlustrisiko näherungsweise ableiten. Weil von den Fremdkapitalgebern zumindest die Kreditinstitute (§ 19 Abs. 2 Nr. 1 KWG) den Unternehmensverbund im Rahmen der Kreditgewährung wie ein einheitliches Unternehmen ansehen, werden sie versuchen, sich gegen die "Flächenbrandgefahr" abzusichern. Dies kann z.B. darüber geschehen, daß sie die Konzernleitung zur Einhaltung bestimmter Kapitalstrukturforderungen auf Konzernebene drängen werden bzw. sich das zusätzliche Risiko durch höhere Zinssätze entgelten oder durch Kündigungs- und Mitspracherechte absichern lassen[112].

Sind die zusätzlich gewährten Informations- und Mitspracherechte mit Hilfe publizierter Daten kaum nachweisbar, so kann die Verwendung der beiden erstgenannten Sicherungsinstrumente näherungsweise anhand der publizierten Jahresabschlußzahlen nachvollzogen werden. Hierfür werden die Verschuldungsquoten und die Fremdkapitalkosten von MU anhand der Konzernabschlußzahlen mit den entsprechenden Werten von Einzelunternehmen anhand deren Jahresabschlüssen verglichen. Die Gegenüberstellung des Verschuldungsgrades wird für die untersuchten Einzel- und Mutterunternehmen in der folgenden Tabelle 8 vorgenommen.

112 Vgl. zu den Austauschmöglichkeiten Süchting (Finanzmanagement, 1989) S. 418 f.

			1988	1989	1990
MU	EA	μ(FK/EK)	2,14	2,21	2,04
		σ(FK/EK)	0,85	0,84	0,80
	KA	μ(FK/EK)	2,83	2,71	2,88
		σ(FK/EK)	1,26	1,16	1,22
EU	JA	μ(FK/EK)	2,87	2,73	2,93
		σ(FK/EK)	0,99	0,92	1,12

Tab. 8

In Tabelle 8 sind die Mittelwerte des bilanziellen Verschuldungsgrades (FK/EK)[113] der untersuchten MU auf der Basis der Einzel- und Konzernabschlüsse (EA, KA) und der Einzelunternehmen auf der Basis der Jahresabschlußzahlen (JA) dargestellt[114]. Aus der Gegenüberstellung wird deutlich, daß - wie bereits im Beispiel gezeigt - die Mittelwerte der Verschuldungsgrade von MU im Einzelabschluß (= 2,13 im Durchschnitt über alle Jahre) signifikant unter denen der FK/EK-Relationen im Konzernabschluß (= 2,81 im Durchschnitt über alle Jahre) liegen[115].

Wird aber der durchschnittliche Verschuldungsgrad der Einzelunternehmen (= 2,84 im Durchschnitt über alle Jahre) in den Vergleich einbezogen, so zeigt sich, daß diese Werte nahezu identisch mit den Koeffizienten der MU auf Konzernabschlußbasis sind[116]. Vergleichbare Sachverhalte sind auch für die Streu-

---

113 EK über § 266 HGB: Grundkapital - ausstehende Einlagen + offene (Konzern-)Rücklagen + Anteile anderer Gesellschafter - eigene Anteile + passivischer Unterschiedsbetrag aus der Konsolidierung + Sonderposten mit Rücklageanteil (ohne steuerliche Sonderabschreibungen gem. § 281 HGB); FK über § 266 HGB: Rückstellungen + Verbindlichkeiten + aktivisch abgesetzte erhaltene Anzahlungen + Rechnungsabgrenzungsposten. Der Sonderposten mit Rücklageanteil wird hier dem Eigenkapital zugerechnet, da im Verlustfall (Insolvenzrisiko aufgrund drohender Verschuldung), die Auflösung des Sonderpostens den Verlust in voller Höhe mindern würde.

114 Vgl. die durchweg höheren Verschuldungsgrade bei den Auswertungen der Deutschen Bundesbank (Monatsberichte, 1991) S. 20. Zu einem Vergleich der Kapitalstrukturen deutscher und US-amerikanischer Unternehmen siehe Francfort/Rudolph (Kapitalstrukturen, 1992) S. 1066 ff.

115 Für alle drei untersuchten Geschäftsjahre ist mit $\alpha = 0,1$ die gerichtete Alternativhypothese anzunehmen, daß die Verschuldungsgrade von MU im Einzelabschluß kleiner als im Konzernabschluß sind. Vgl. hierzu Diehl/Kohr (Durchführungsanleitung, 1977) S. 3 f.

116 Für alle drei untersuchten Geschäftsjahre ist mit $\alpha = 0,1$ die Nullhypothese anzunehmen, daß die Mittelwerte der Verschuldungsgrade von MU (Konzernabschluß) und von Einzelunternehmen (Jahresabschluß) aus Grundgesamtheiten mit gleichen Mittelwerten stammen. Vgl. hierzu Diehl/Kohr (Durchführungsanleitung, 1977) S. 3 f.

ungen der jeweiligen Mittelwerte zu verzeichnen. In den drei Geschäftsjahren kann für die untersuchten Gesellschaften damit gefolgert werden, daß das Management im Unternehmensverbund z.B. durch extensive Gewinnthesaurierungen in TU einen konzernweiten Verschuldungsgrad in der Höhe realisiert, wie ihn auch vergleichbare Einzelunternehmen aufweisen.

Insgesamt ist damit festzuhalten, daß der häufig beschriebene Pyramiden-Effekt des Eigenkapitals im Konzern bei den hier untersuchten MU nicht zu beobachten ist. Ungeachtet der bilateralen rechtlichen Konzernverhältnisse zwischen Mutter- und Tochterunternehmen und der damit verbundenen Risikoaufteilung zwischen den Gläubigern von Mutter- und Tochterunternehmen ist die Hypothese einer einseitigen Orientierung des Kapitalstrukturrisikos an den Präferenzen der Eigner/Manager des MU daher in Frage zu stellen.

3. *Fremdkapitalkosten*

Ob sich die Konzerngläubiger darüber hinaus auch noch durch einen Risikoaufschlag auf den Kreditzins gegen ihre potentiellen Vermögens- bzw. Zwischengewinnrisiken abzusichern versuchen, wird im folgenden analysiert. Durch Gegenüberstellung der Zinsaufwendungen zum zu verzinsenden Fremdkapital[117] lassen sich für die untersuchten Einzel- und Mutterunternehmen die Fremdkapitalkosten näherungsweise ermitteln.

117 Zinsaufwendungen: Zinsen und ähnliche Aufwendungen (ohne Zinsen an verbundenen Unternehmen); zu verzinsendes Fremdkapital: Anleihen + Verbindlichkeiten gegenüber Kreditinstituten + Wechselverbindlichkeiten + Verbindlichkeiten an Beteiligungsunternehmen + sonstige Verbindlichkeiten (ohne Steuerverbindlichkeiten). Die Vernachlässigung der Pensionsrückstellungen bei der Ermittlung des zu verzinsenden Fremdkapitals war notwendig, da der Zinsanteil der Rückstellungsbildung regelmäßig aus den Personalaufwendungen nicht zu ermitteln ist. Zinsaufwendungen an verbundenen Unternehmen und Verbindlichkeiten an verbundenen Unternehmen werden nicht berücksichtigt, um die Auswirkungen konzerninterner Kreditgeschäfte zu eliminieren.

Angaben in %			1988	1989	1990
MU	EA	μ(Z/FK)	11,0	11,1	11,4
		σ(Z/FK)	6,5	6,0	7,1
	KA	μ(Z/FK)	10,5	10,6	11,2
		σ(Z/FK)	4,9	4,8	5,0
EU	EA	μ(Z/FK)	10,7	10,5	11,1
		σ(Z/FK)	4,9	5,0	3,3

Tab. 9

Werden zunächst die Fremdkapitalkosten der MU betrachtet, so werden Mittelwertunterschiede lediglich in den Geschäftsjahren 1988 und 1989 von einem halben Prozentpunkt deutlich. Diese Zinssatzdifferenzen lassen sich jedoch möglicherweise durch die Werte einiger Unternehmen erklären, die eine zentrale Konzernfinanzierung betreiben, was an den hohen konzerninternen Forderungen und den hohen Verschuldungsgraden im Einzelabschluß deutlich wird. Obwohl die Zinsbelastung vom MU regelmäßig an die TU weitergegeben wird[118], scheinen die Gläubiger dieser MU eine höhere Zinsforderung auch tatsächlich durchsetzen zu können.

Bei der Einbeziehung der Fremdkapitalkosten von Einzelunternehmen ergeben sich ähnliche Resultate zur Analyse der bilanziellen Kapitalstruktur. Im Vergleich zu den Daten der MU auf Konzernbasis lassen sich keine signifikanten Unterschiede in den Mittelwerten und Streuungen feststellen[119]. Damit scheinen die Gläubiger bisher keine Differenzierung hinsichtlich der Zinsforderungen zwischen Konzernen und Einzelunternehmen vorzunehmen bzw. solche nicht durchzusetzen.

4. Zusammenfassung der Ergebnisse

Die empirische Analyse der Eigner-Gläubiger-Position im Konzern zeigt, daß zumindest die in der Literatur häufig vorgebrachte Möglichkeit einer Risikoverla-

118 So liegt für diese MU die aus Einzelabschlußzahlen ermittelte Relation "Zinsen aus verbundenen Unternehmen / Verbindlichkeiten aus verbundenen Unternehmen" auch deutlich über dem Mittelwert aller Unternehmen.

119 Für alle drei untersuchten Geschäftsjahre ist mit $\alpha = 0{,}1$ die Nullhypothese anzunehmen, daß die Mittelwerte der Verschuldungsgrade von MU (Konzernabschluß) und von Einzelunternehmen (Jahresabschluß) aus Grundgesamtheiten mit gleichen Mittelwerten stammen. Vgl. hierzu Diehl/Kohr (Durchführungsanleitung, 1977) S. 3 f.

gerung zwischen den Aktionären des MU und den Konzerngläubigern sich für die hier untersuchten 18 MU empirisch nicht beobachten läßt. Vielmehr scheint sich zu bestätigen, daß die Konzerngläubiger - wie auch in § 19 Abs. 2 Nr. 1 KWG gefordert - unabhängig vom jeweiligen Konzernverhältnis zwischen Mutter- und Tochterunternehmen den Konzern als ein einheitliches Unternehmen betrachten. Anhaltspunkte hierfür liefert ein Vergleich von Einzel- und Konzernabschlußzahlen der untersuchten MU mit den äquivalenten Jahresabschlußdaten der Einzelunternehmen. Bei einer solchen Vergleichsbasis zeigt sich, daß ihr am bilanziellen Verschuldungsgrad gemessenes Kapitalstrukturrisiko im Konzern nahezu identisch ist mit dem von konzernfreien Einzelgesellschaften.

Gleichfalls lassen sich auch keine signifikanten Unterschiede in den Fremdkapitalkosten zwischen MU auf Konzernabschlußbasis und unverbundenen Unternehmen nachweisen. Aus beiden Teilergebnissen könnte möglicherweise resultieren, daß es den Konzerngläubigern gelingt, das Konzernmanagement dazu anzuhalten, den Konzern hinsichtlich der Finanzierungspolitik insgesamt wie ein rechtlich einheitliches Unternehmen zu steuern.

Diese Finanzierungspolitik im Konzern hat neben der anscheinend nicht realisierbaren Risikoverlagerung noch weitere Konsequenzen für die Anteilseigner des MU. Einen vergleichbaren bilanziellen Verschuldungsgrad wie ihn auch die unverbundenen Unternehmen vorweisen, kann das Management nur durch entsprechende Eigenkapitalerhöhungen, vor allem im MU selbst oder durch eine extensive Thesaurierungspolitik im MU und/oder in TU realisieren. Wie die empirische Untersuchung im II. Abschnitt gezeigt hat, scheint das Management vor allem den letzteren Weg zu präferieren, da hierbei eine Zustimmungsbedürftigkeit der Hauptversammlung des MU nicht gegeben ist.

V. Abschließende Beurteilung und Eingrenzung der weiteren Untersuchung

Aus den dargestellten empirischen Ergebnissen kann auf der einen Seite geschlossen werden, daß die Aktionäre des MU bisher nicht an Eigenkapitalveränderungen in TU z.B. über ein verlängertes Bezugsrecht beteiligt werden und ihnen auch kein Verfügungsrecht über die in TU erwirtschafteten Gewinne vom Management zugestanden wird. Auf der anderen Seite ist aufgrund der Untersuchungsergebnisse aber auch zu vermuten, daß sich die Anteilseigner eines MU durch die zusätzlichen konzernweiten Publizitätsinstrumente über die Konzernentwicklung und damit über die Rendite-Risiko-Kombination ihrer Vermögensanlage im MU äquivalent zu den Aktionären einer unverbundenen Gesellschaft informiert sehen.

Auch wenn aus den empirischen Ergebnissen insgesamt nicht die Konsequenz gezogen werden sollte, daß ein weiterer Ausbau der Konzernverfassung generell entbehrlich ist, so machen sie doch deren Begründungsbedürftigkeit deutlich. Solange die Notwendigkeit einer Kompetenzerweiterung der Aktionäre des MU nicht allein dadurch gerechtfertigt werden soll, daß die im AktG und der Satzung formulierte Verteilung von Verfügungsrechten zwischen den Organen einer Aktiengesellschaft nicht z.B. durch eine Konzernbildung beliebig einseitig verändert werden dürfe, ist jede Regulierung wegen der mit Rechtsnormen generell verbundenen Einschränkung der Freiheit umfassend zu begründen. Daher soll im folgenden diskutiert werden, ob die vorliegenden Begründungsansätze für spezielle Änderungen der Konzernverfassung gerechtfertigt erscheinen.

Hierbei wird jedoch insofern eine Einschränkung der weiteren Untersuchung vorgenommen, als nicht mehr sämtliche vorgeschlagenen Regulierungsbestrebungen zur Konzernverfassung in die weitere Diskussion einbezogen werden. Diese Einengung erscheint zumindest dann gerechtfertigt, wenn der Aktionärsschutz im MU nicht dazu führen soll, den Konzern durch die Übertragung der aktienrechtlichen Unternehmungsverfassung insgesamt faktisch abzuschaffen[120]. Darüber hinaus ist zu beachten, daß sich die bisher isoliert vorgetragenen Vorschläge in ihrer Wirkung überschneiden können. So wäre z.B. zu fragen, warum die Konzernbildung, Konzernerweiterung und Konzernauflösung der Zustimmung der Aktionäre des MU unterworfen werden sollte, wenn die

---

120 Vgl. so auch Ordelheide (Konzernerfolgskonzeptionen, 1987) S. 983; Hommelhoff (EG-Konzernrichtlinie, 1988) S. 150; Teubner (Unitas Multiplex, 1991) S. 189 ff.

Vermögensrechte der Aktionäre des MU auch durch eine konzernweite Gewinnermittlung zum Zwecke der Gewinnverwendung oder ein Bezugsrecht auf die Anteile an TU hinreichend geschützt werden können. Sobald sich die Verfügungsrechte der Aktionäre des MU auch auf TU erstrecken, erscheint die Zustimmungsbedürftigkeit z.B. bei der Konzernbildung ebenso entbehrlich, wie bei einer gem. § 76 AktG vollzogenen Durchführung einer sonstigen Unternehmensinvestition.

Von daher erscheinen für die weitere Untersuchung insbesondere die Reformvorschläge interessant, die sich mit den Fragen nach einer Ausdehnung der Herrschaftsrechte der Aktionäre des MU auseinandersetzen. Die hiermit angestrebte erweiterte Aktionärskompetenz soll dazu beitragen, daß die Vermögensrechte der Aktionäre des MU konzernweit abgesichert werden.

Fünftes Kapitel

Ökonomische Ansätze zur Begründbarkeit eines erweiterten Anlegerschutzes im Konzern

Die gesetzliche Kodifizierung der dargestellten Reformvorschläge für eine Veränderung der Kompetenzverteilung zwischen Management und Aktionären in einem börsennotierten MU würde dazu führen, daß sich die in der Aktie eines MU gebündelten Herrschafts- und Vermögensrechte der Aktionäre im Fall der Konzernierung sukzessive auch auf sämtliche TU ausdehnen[1]. Diese Ausweitung der Verfügungsrechte der Aktionäre des MU würde im Ergebnis dazu beitragen, daß - wie bereits durch verschiedenen Regelungen zum Gläubiger- und Arbeitnehmerrecht - weitere Elemente der rechtlichen Vielfalt im Konzern materiell verlorengingen.

Obwohl eine diesbezügliche Änderung der Konzernverfassung noch nicht so weit führt, daß der aktienrechtliche Konzern damit insgesamt seine rechtliche Vielfalt verlöre[2], beinhalten diese Handlungsempfehlungen an den Gesetzgeber dennoch weitreichende Veränderungen der bestehenden Wirtschaftsordnung[3] und bedürfen von daher u.a. einer ökonomischen Begründung[4]. Im folgenden soll zunächst geprüft werden, welche Argumente für die Reformierung der Konzernverfassung in der überwiegend juristischen Literatur angeführt werden.

---

1 Vgl. die Abb. 4 auf S. 53.

2 Vgl. kritisch zu dieser Lösung: Ordelheide (Konzernerfolgskonzeptionen, 1987) S. 983; Hommelhoff (EG-Konzernrichtlinie, 1988) S. 150; Teubner (Unitas Multiplex, 1991) S. 189 ff.

3 Vgl. zur Begriffsabgrenzung: Schneider (Betriebswirtschaftslehre, 1987) S. 461; Schmidtchen (Ordnungstheorie, 1989) S. 164 f.

4 Vgl. Gäfgen (Beurteilung, 1981) S. 9 f.; zum Problem der Verknüpfung ökonomischer und nicht-ökonomischer Sachgerüste vgl. Kirchner (Ökonomie und Rechtswissenschaft, 1978) S. 75 ff.; Elschen (Rechtsnormen, 1987) S. 234.

I. Hinlänglichkeit der vorliegenden Begründungsansätze

Methodischer Ausgangspunkt der in der juristischen Literatur bisher vorzufindenden Begründungen für die angestrebte Kompetenzänderung im Konzern ist die im zweiten Kapitel (II. Abschnitt) vorgenommene Gegenüberstellung der Herrschafts- und Vermögensrechte der Aktionäre einer unverbundenen Aktiengesellschaft mit denen eines MU[5]. Die Ergebnisse derartiger Vergleiche, daß mit der Konzernbildung die Herrschaftsrechte der Aktionäre des MU deutlich eingeschränkt werden, so daß deren Vermögensinteressen nicht mehr genügend abgesichert sind, werden auf der einen Seite zur Rechtfertigung der allgemeinen Forderung nach einer gesetzlich geregelten Ordnung des Konzerns herangezogen[6]. Auf der anderen Seite dienen sie auch als Grundlage für situationsabhängige Analogieschlüsse, über die nur einzelne Regulierungen der aktienrechtlichen Unternehmungsverfassung auf den Konzern übertragen werden sollen[7].

Der - auch mit Hilfe der empirischen Untersuchung im vierten Kapitel - festgestellte Befund einer über die Kompetenzverteilung in der Aktiengesellschaft hinausgehenden Trennung von Eigentum und Verfügungsrecht im Konzern reicht jedoch allein kaum aus, um eine Reform der Konzernverfassung zu begründen. Dies gilt insbesondere dann, wenn auch die in der juristischen Literatur meist vernachlässigten konzernweiten Rechenschaftsinstrumente berücksichtigt werden, mit denen die Aktionäre des MU de lege lata über die wirtschaftliche Entwicklung des gesamten Unternehmensverbundes informiert werden. Solange nicht dargelegt wird, warum eine über die Gewaltenteilung in der unverbundenen Aktiengesellschaft hinausgehende Trennung von Eigentum und Verfügungsrecht abzulehnen ist bzw. zumindest weiterer - über die schon vorgesehenen Schutzmaßnahmen hinausgehender - Regulierungen bedarf, erscheinen diese Forderungen nicht hinreichend begründet. Dies gilt um so mehr, als nicht auszuschließen ist, daß die zusätzliche Übertragung von Verfügungsrechten auf das mit Wissensvorsprüngen bei der Unternehmensleitung ausge-

5 Vgl. so auch z.B. Lutter (Binnenstruktur, 1974) S. 347 ff.; Timm (Konzernspitze, 1980) S. 11; Hommelhoff (Konzernleitungspflicht, 1982) S. 367 ff.; Götz (Konzernobergesellschaft, 1984) S. 86; Lutter (Organzuständigkeiten, 1985) S. 825 ff.; Hirte (Bezugsrechtsausschluß, 1986) S. 155 ff.

6 Vgl. Lutter (Entwicklung des Konzernrechts, 1987) S. 368.

7 Vgl so z.B. Timm (Konzernspitze, 1980) S. 169 f.; Hommelhoff (Konzernleitungspflicht, 1982) S. 367 ff.; Hirte (Bezugsrechtsausschluß, 1986) S. 189 ff.; Gollnick (Gewinnverwendung, 1991) S. 79 ff.; ähnlich auch Lutter (Rücklagenbildung, 1987) S. 339, nach dem sich der Konzern von einem ungebundenen Unternehmen lediglich durch die "andere rechtliche Organisation" bei ansonsten im wesentlichen gleicher Struktur unterscheidet. Ähnlich, nur mit anderem Ergebnis: Ebenroth (Konzernleitungskontrolle, 1987) S. 38.

stattete Management z.B. von den Aktionären großer Publikumsgesellschaften positiv beurteilt wird. Nicht abdingbare gesetzliche Standardisierungen zur Konzernverfassung würden hier die Handlungsmöglichkeiten der Aktionäre bei der Suche nach geeigneteren Koordinationsformen sogar eingrenzen[8].

1. Analogieschlüsse aus dem AktG über situationsabhängige Aktionärsschädigungen

In der Literatur werden die Einschränkungen der Herrschaftsrechte regelmäßig in unmittelbarem Zusammenhang mit einer Beeinträchtigung spezieller Vermögensrechte der Aktionäre des MU gesehen[9]. Weil sich das Management durch eine Konzernierungsstrategie weitere Verfügungsrechte aneignen kann, besteht die Gefahr, daß es diese zu einer Unternehmenspolitik nutzt, die nicht den Vermögensinteressen der Aktionäre des MU entspricht. Vor dieser gegenüber der unverbundenen Aktiengesellschaft zunehmenden Gefahr einer Beeinträchtigung der Vermögensinteressen seien die Aktionäre des MU zumindest in bestimmten Unternehmenssituationen durch analoge Anwendung der aktienrechtlichen Regulierungen zu schützen[10].

Diese Forderung nach einem erweiterten Individualschutz der Aktionäre des MU vor der Gefahr einer Schmälerung ihrer Vermögensposition baut auf einer Kausalität zwischen Kompetenzverteilung und Risiko der Vermögensschädigung auf[11]. Eine situationsabhängige Begründung in der Weise, daß z.B. die Börseneinführung der B.U.S., einem TU der Metallgesellschaft, zu einem Vermögensverlust der Aktionäre der Metallgesellschaft geführt hat, weil diese kein Bezugsrecht auf die Aktien der B.U.S. erhalten haben und der Emissionskurs deutlich unter den ersten Börsennotierungen lag[12], geht jedoch von einer reinen Ex-

---

8 Vgl. Koch/Schmidt (Anlegerschutzes, 1981) S. 237; Schneider (Regulierungen, 1988) S. 198 f.; Hax (Vertragsgestaltung, 1991) S. 60.

9 Vgl. Götz (Konzernobergesellschaft, 1984) S. 86 ff.; Lutter (Entwicklung des Konzernrechts, 1987) S. 335 ff.; Henn (Aktienrechts, 1987) S. 462. So z.B. die Aufzählung zusätzlicher Konfliktpotentiale im Konzern auf S. 70 ff.

10 Vgl. Timm (Konzernspitze, 1980) S. 11; Hommelhoff (Konzernleitungspflicht, 1982) S. 378 ff.; Lutter (Organzuständigkeit, 1985) S. 852; Götz (Konzernobergesellschaft, 1984) S. 86; Hirte (Bezugsrechtsausschluß, 1986) S. 200 ff. Kritisch dazu Ebenroth (Konzernleitungskontrolle, 1987) S. 38 ff.

11 Zum Individualschutz vgl. Hopt (Regelung des Anlegerschutzes, 1976) S. G. 54 f.; Schwark (Anlegerschutz, 1979) S. 6; kritisch dazu Kübler (Transparenz, 1977) S. 87 f.; Koch/Schmidt (Anlegerschutzes, 1981) S. 235; Assmann (Anlegerschutzes, 1989) S. 52 ff.

12 Der Emissionspreis der Stammaktien (Vorzugsaktien) wurde mit 330 DM (270 DM) festgelegt, wogegen die erste Börsennotierung am 12. Februar 1990 bei 490 DM (371 DM) lag. Vgl. o.V. (B.U.S, 1990) S. 13 ff.

post-Betrachtung aus[13]. Sie vernachlässigt, daß sämtliche Managementhandlungen - auch die des Vorstandes der Metallgesellschaft bei der Festlegung des Emissionskurses - regelmäßig mit Unsicherheiten verbunden sind und damit ex post auch die für die Aktionäre des MU ungünstigste der für möglich gehaltenen Umweltlagen eintreten kann.

Die sich aus einer Ex-post-Sichtweise ergebenden Probleme bei der Festlegung des Schädigungstatbestandes hat Schneider bereits für den Fall der Auftragshandlung unter entscheidungslogisch handhabbarem Risiko in einem Roulette-Spiel aufgezeigt[14]. Wird ein solches Auftragsverhältnis darüber hinaus noch um Informationsrisiken ergänzt, so daß die beobachtbaren Ergebnisse der Managemententscheidungen noch von - im Planungskalkül nicht beachteten - Ex-post-Überraschungen geprägt sein können[15], werden Aussagen zum Vermögensschaden der Aktionäre allein aus den beobachteten Ex-post-Ergebnissen kaum möglich sein[16]. Für die Frage nach einem situationsabhängigen Vermögensschaden der Aktionäre des MU wäre daher von einer Ex-ante-Sicht der Beteiligten auszugehen, wobei auch die Erwartungen der Vertragspartner zu berücksichtigen sind[17].

So wäre im Fall der Börseneinführung eines TU ohne Bezugsrecht der Aktionäre des MU eine Schädigung der Aktionäre nicht schon allein aus der Gegenüberstellung des beobachtbaren Emissions- und des ersten Börsenkurses zu begründen, sondern es wären zusätzlich die Handlungserwartungen der Aktionäre des MU mit den Planungsdaten des Managements zu vergleichen[18]. Eine Aktionärsschädigung läßt sich dann nicht ohne weiteres nachweisen. Darüber hinaus sind insbesondere bei den situationsabhängigen Schädigungsthesen im MU die bestehende Schutzregelung z.B. des § 93 (2) und (3) AktG (Schadensersatz bei Verletzung der Sorgfaltspflicht) zu beachten, die z.B. im Rahmen der Börseneinführung eines TU mit einem nachweislichen Underpricing einen Schadensersatzanspruch an den Vorstand des MU auslösen können[19].

---

13 Vgl. so auch BGH (BGHZ, 83) S. 125; Lutter (Binnenstruktur, 1974) S. 359; Timm (Konzernspitze, 1980) S. 143. Zur Anwendung der Anfechtungsmöglichkeit nach § 255 (2) AktG vgl. Hirte (Bezugsrechtsausschluß, 1986) S. 260.

14 Vgl. Schneider (Betriebswirtschaftslehre, 1987) S. 556 f. Ähnlich hierzu auch Laux (Organisation, 1979) S. 252 ff.

15 Vgl. hierzu Schneider (Betriebswirtschaftslehre, 1987) S. 2 f.; Schneider (Kapitalanlagevorschriften, 1983) S. 7 ff.

16 Vgl. Schneider (Betriebswirtschaftslehre, 1987) S. 556 f.; Schwieters (Gläubigerschutz, 1989) S. 118 f.

17 Vgl. Schörner (Insiderhandelsverbot, 1991) S. 66.

18 Vgl. Schwieters (Gläubigerschutz, 1989) S. 118.

19 Vgl. Götz (Konzernobergesellschaft, 1984) S. 87.

2. *Regelungsbedarf wegen allgemeiner Schädigungsmöglichkeiten bei der Trennung von Eigentum und Verfügungsgewalt*

Löst man sich von der situationsabhängigen Schädigungshypothese und beschränkt sich auf die im Vergleich zur unverbundenen Aktiengesellschaft allgemein zunehmende Gefahr der Beeinträchtigung von Vermögensinteressen der Aktionäre[20], so gelangt man zu der Frage nach der generellen Zulässigkeit bzw. maximalen Ausprägung einer Trennung von Eigentum und Verfügungsgewalt[21]. Sobald jede potentielle Schädigungsmöglichkeit der Aktionäre eines MU durch das Management bereits als hinreichender Grund für eine Regulierung akzeptiert würde, käme dies im Ergebnis einem gesetzlichen Verbot einer über die in der unverbundenen Aktiengesellschaft hinausgehenden Trennung von Eigentum und Verfügungsgewalt gleich bzw. führte zu einem generellen Verbot einer solchen Trennung[22].

Die Konsequenzen einer Trennung von Eigentum und Verfügungsgewalt für die beteiligten Personen werden in der wirtschaftswissenschaftlichen Literatur bezogen auf die unverbundene Aktiengesellschaft bereits ausführlich diskutiert[23]. Obwohl hierzu auch umfangreiche Argumentationsketten und empirische Untersuchungen vorliegen[24], bleiben diese Ansätze in der juristischen Literatur zur Konzernverfassung bisher noch weitgehend unberücksichtigt[25]. Von daher verwundert es auch wenig, daß auf die Schädigungsvermutungen überwiegend mit Forderungen nach einer Ausweitung der Aktionärskompetenzen reagiert wird[26]. Daß derartige Veränderungen der Verfügungsrechte im MU eventuell auch mit negativen Folgewirkungen auf die Leistungsfähigkeit des MU und damit auch auf die Vermögensposition der Aktionäre verbunden sein können, wird in der juristischen Literatur meist nicht bedacht[27].

---

20 Vgl. so teilweise Timm (Konzernspitze, 1980) S. 43, 103, 121 f., 158, 201 ff.

21 Vgl. hierzu die wohl auf Berle/Means (Corporation, 1932) zurückzuführende Diskussion im Überblick bei Bohr/Drukarczyk/Drumm/Scherrer (Unternehmensverfassung, 1981); Schüller (ökonomische Theorie, 1983) S. 1 ff.; sowie zu empirischen Ergebnissen: Demsetz/Lehn (Corporate Ownership, 1985) S. 1172 ff.; Kaulmann (Property rights, 1987) S. 210 ff.

22 Vgl. Koch/Schmidt (Anlegerschutzes, 1981) S. 233.

23 Vgl. hierzu ausgehend von Berle/Means (Corporation, 1932) die Diskussion bei Galbraith (Industriegesellschaft, 1970) S. 50 ff.; Alchian (Management, 1969) S. 337 ff.; Ridder-Aab (Eigentumsrechte, 1980) S. 70 ff.; vgl. die rechtswissenschaftlichen Beiträge von Horn (Economic Analysis, 1976) S. 310 ff.; Schäfer/Ott (Analyse des Zivilrechts, 1986).

24 Vgl. den Überblick bei Kaulmann (Property rights, 1987).

25 Vgl. erste Ansätze bei Kirchner (Analyse des Konzernrechts, 1984); Kirchner (Ökonomische Überlegungen, 1985).

26 Vgl. Ebenroth (Konzernleitungskontrolle, 1987) S. 38.

27 Vgl. hierzu Ordelheide (Konzernerfolgskonzeptionen, 1987) S. 983; Busse von Colbe (Konzernverfassung, 1988) S. 253 f.

a) Vernachlässigung eventueller Spezialisierungsvorteile und direkter Kontrollanreize

Insbesondere die im dritten Kapitel dargestellten Vorschläge hinsichtlich einer Zustimmungsbedürftigkeit der Hauptversammlung des MU bei der Konzernbildung, -erweiterung und -auflösung können den Planungs-, Entscheidungs- und Kontrollablauf innerhalb der Konzerne beeinflussen und damit unmittelbare Auswirkungen auf die Leistungsfähigkeit der Unternehmen bzw. Konzerne haben. Für die Beurteilung der alternativen Rechtsregeln sollte die Möglichkeit einer veränderten Leistungsfähigkeit der Konzerne berücksichtigt werden.

Würde z.B. die vorgeschlagene Zustimmungsbedürftigkeit der Hauptversammlung des MU bei der Konzernbildung bzw. -erweiterung kodifiziert, so wären die Aktionäre des MU rechtzeitig vor der Entscheidungsfindung über die Managementplanungen zu informieren[28]. Die damit zwangsläufig verbundene höhere Transparenz interner Unternehmensplanungen verzögert anstehende Unternehmensakquisitionen und informiert potentielle Mitwettbewerber. Über deren Anpassungsverhalten kann sich dies negativ auf die wirtschaftliche Entwicklung des MU auswirken[29].

Darüber hinaus kann das konkrete Eingriffsrecht der Aktionäre in die Unternehmensplanung auch zu einer Risikoverlagerung zwischen den Aktionären und dem Management beitragen, so daß Rückwirkungen auf das Managementverhalten zu erwarten sind[30]. Ob der regelmäßige Begründungszwang das Management dazu bewegt, die Akquisitionspolitik zu reduzieren, nur risikolose Beteiligungen zu erwerben bzw. auch negative Anpassungsmaßnahmen im Arbeitseinsatz vorzunehmen[31] oder ob sich das Management durch die Zustimmungsbedürftigkeit der Hauptversammlung dazu veranlaßt sieht, sich bei der Unternehmensleitung stärker an den Interessen der Aktionären zu orientieren, ist bisher noch offen. Durch derartige Anpassungsmaßnahmen kann sich die Vermögensposition der Aktionäre des MU verändern, so daß unklar bleibt, ob die Neuverteilung des Kompetenzgefüges im MU tatsächlich zu verbesserten Anreizwirkungen für das Management beiträgt.

---

28 Vgl. so z.B. Ganske (Bereinigung des Umwandlungsrechts, 1993) S. 26.

29 Vgl. zur Problematik einer allgemeinen Planungspublizität: Kirchner (Ökonomische Analyse, 1983) S. 149 f. Zur Beachtung von derartigen Sekundäreffekten: Swoboda (Kapitalmarkt, 1987) S. 62.

30 Vgl. Schneider (Ausweichhandlungen, 1986) S. 174, der darauf hinweist, daß die mit Regulierungen verbundene Verlagerung von Unsicherheiten in der Diskussion regelmäßig vernachlässigt wird.

31 Vgl. Kirzner (Marktdynamik, 1988) S. 121 f.

Die in der juristischen Diskussion um die Konzernverfassung bisher weitgehend nicht beachteten ökonomischen Modellaussagen zur Trennung von Eigentum und Verfügungsrecht führen dazu, daß die asymmetrische Informationsverteilung und die unterschiedlichen Zielsetzungen zwischen Anteilseignern und Management zwar gesehen[32], die Auswirkungen auf die Spezialisierungsvorteile des Managements und die Wirkungsmechanismen der Kontrollinstrumente, die den Aktionären auch nach einer Konzernbildung verbleiben bzw. neu zugehen, aber regelmäßig vernachlässigt werden[33]. Sofern Kontrollmechanismen in die juristische Diskussion um die Konzernverfassung überhaupt eingehen, beziehen sich die Aussagen meist nur auf die veränderten Kontrollfunktionen des Aufsichtsrates des MU[34].

Hinsichtlich einer direkten Aktionärskontrolle[35] im MU wird unterstellt, daß sich die Kosten-Nutzen-Relation der Aktionäre eines MU für eine aktive Kontrolle wegen der zunehmenden Informationsasymmetrie und der damit steigenden Informations- und Kontrollkosten gegenüber derjenigen in einer unverbundenen Aktiengesellschaft verschlechtert. Diese schon in der unverbundenen börsenorientierten Aktiengesellschaft insgesamt geringen Anreize für direkte Aktionärskontrollen würden sich durch die regelmäßig zunehmende Komplexität der Organisationsabläufe im Konzern und die daraus folgende Steigerung der Informations- und Kontrollkosten noch vermindern[36]. Dies gälte um so mehr, als für die Aktionäre einer Publikumsgesellschaft der Kontrollaufwand in Relation zu ihrem Kapitaleinsatz sehr hoch sei und mit abnehmendem Kapitalanteil auch das Free-rider-Problem bei der direkten Kontrolle zunähme[37].

Bezogen auf die Zustimmungsbedürftigkeit der Hauptversammlung des MU bei den Unternehmensakquisitionen stellt sich damit z.B. die Frage, ob die beste

---

32 Vgl. so auch Ebenroth (Konzernleitungskontrolle, 1987) S. 38 ff.

33 Vgl. zu einer Auflistung unterschiedlicher Kontrollmechanismen für Kapitalgeber einer unverbundenen Aktiengesellschaft: Spremann (Finanzierung, 1990) S. 612 ff.

34 Vgl. hierzu Semmler (Aufsichtsrats, 1980) S. 103 ff.; Lutter (Entwicklung des Konzernrechts, 1987) S. 353 ff.

35 Vgl. zur Differenzierung zwischen interner Aktionärskontrolle z.B. über Stimmrechte in der Hauptversammlung (= direkte interne Kontrolle), Kontrollorgane wie den Aufsichtsrat (= indirekte interne Kontrolle) und externer Aktionärskontrolle z.B. über Kontrollmärkte: Schredelseker (Eigentümerkontrolle, 1975) S. 96 ff.; Immenga (Aktionärsinteressen, 1971) S. 27 ff.; Ridder-Aab (Eigentumsrechte, 1980) S. 83 ff.; Jehle (Managementkontrolle, 1982) S. 1066 ff.

36 Vgl. zum Zusammenhang zwischen Aktivitätsniveau und zusätzlichen Informationskosten: Schredelseker (Eigentümerkontrolle, 1975) S. 136 ff.

37 Vgl. so die Argumentation für eine ungebundene Aktiengesellschaft bei Ridder-Aab (Eigentumsrechte, 1980) S. 86 ff.

henden Anreize für die Aktionäre des MU überhaupt ausreichen, um aus ökonomischen Gesichtspunkten eine Reform der bestehenden Konzernverfassung vorzunehmen.

b) Vernachlässigung externer Kontrolle über Kontrollmärkte

Ob bzw. welche zusätzlichen Kontrollwirkungen im MU von den externen Kontrollinstrumenten, wie vor allem von einem Wettbewerb auf dem Markt für Manager[38], vom Kapitalmarkt (Eigen- bzw. Fremdkapitalmarkt) und vom Wettbewerb auf den Gütermärkten, auf das Managerverhalten ausgehen[39], wird in der Diskussion um eine Konzernverfassung meist vernachlässigt[40]. Damit ist noch weitgehend offen, wie sich die Konzernbildung und die damit einhergehenden Veränderungen in den Verfügungsrechten der Aktionäre des MU insgesamt auf die Funktionsweise dieser Kontrollmärkte niederschlagen[41].

So können auch im Anschluß an die Konzernierung die Rahmenbedingungen auf dem konzerninternen und dem externen Arbeitsmarkt ein von den Interessen der Aktionäre abweichendes Managementverhalten einengen[42]. Wenn z.B. für die Mitarbeiter des mittleren und gehobenen Managements auf dem unternehmensinternen Arbeitsmarkt genügend Anreizsysteme bestehen, daß sie um die knappen Vorgesetztenstellen konkurrieren, so können sie u.a. auch versuchen, ineffiziente Managementleistungen im Konzern aufzuspüren und diese den Aktionären zu signalisieren. Die eigenen Karrierechancen können sich hierdurch verbessern.

38 Vgl. hierzu Kirzner (Wettbewerb, 1978) S. 50 ff., der insbesondere im Wettbewerb der Manager um die Führungspositionen eine Institution zur Interessenangleichung von Management und Aktionären sieht.

39 Vgl. zu den einzelnen Kontrollmärkten: Ridder-Aab (Eigentumsrechte, 1980) S. 91 ff.; Picot/ Michaelis (Unternehmensverfassung, 1984) S. 259 ff., die hierin effiziente Surrogate direkter Eigentümerkontrolle sehen. Zur unterschiedlichen Diziplinierungsstärke vgl. James (Managerial Efficiency, 1984) S. 211 ff.; Niedernhuber (Ausschüttungsregelungen, 1988) S. 157 ff. Kritisch zur Funktionsweise: Moxter (Präferenzstruktur, 1964) S. 6 ff.; Schneider (Unternehmenskontrolle, 1992) S. 44 ff.; Wenger (Managementanreize, 1987) S. 217 ff. Zur empirischen Relevanz in der BRD: Kaulmann (Property rights, 1987) S. 65 ff.; Lenel (Unternehmenskontrolle, 1987) S. 146 f.

40 Vgl. zur möglichen Beeinträchtigung des Kreditmarktes als Kontrollmechanismus im Konzern: Löffler (Finanzintermediär, 1991) S. 93 ff.

41 Vgl. zu ersten Ansätzen insbesondere Williamson (Economic, 1985); Williamson (Antitrust, 1987); Williamson (economic organization, 1988) S. 65 ff., der durchweg von positiven Auswirkungen ausgeht. Kritisch dagegen Röpke (Unternehmenswachstum, 1990) S. 157 ff.; Löffler (Finanzintermediär, 1991) S. 130 ff.

42 Vgl. hierzu Fama (Agency, 1980) S. 293 ff. Kritisch zu den Voraussetzungen fehlender asymmetrischer Informationsverteilung zwischen den Marktteilnehmern und einer an den Interessen der Aktionäre festgelegten Besetzungs- und Entlohnungsmodalität vgl. Ballwieser/Schmidt (Unternehmensverfassung, 1981) S. 673 f.; Wenger (Managementanreize, 1987) S. 215 ff.; Schörner (Insiderhandelsverbot, 1991) S. 203 ff.

Wenn auch der eigene Marktwert eines Managers von seinen bisherigen Leistungen abhängig wäre und diese an den Vermögensinteressen der Aktionäre beurteilt würden, könnte auch über den externen Arbeitsmarkt ein diskretionäres Managementverhalten eingeschränkt werden. Nur die Manager könnten durch einen Unternehmenswechsel eine individuelle Nutzensteigerung realisieren, die sich bei ihren bisherigen Aktivitäten vorwiegend an den Interessen der Aktionäre orientiert haben[43].

Unbeachtet bleibt in der Konzernrechtsdiskussion bisher auch, daß den Anteilseignern eines börsengehandelten MU auch nach der Konzernbildung das Verfügungsrecht einer Veräußerung ihrer Unternehmensanteile am Kapitalmarkt verbleibt. Folglich werden sie die aus der Konzernierung entstehenden zusätzlichen Risiken eines Managementverhaltens, das sich nicht an ihren Vermögensinteressen orientiert, bei der Bildung der Renditeerwartung berücksichtigen. Verliert die Aktie des MU durch die Konzernierung z.B. ihre Vorteilhaftigkeit im Vergleich zu alternativen Anlageformen, werden sie ihre Anteilspapiere veräußern. Der entstehende Kursdruck auf Aktien des MU kann einerseits die Finanzierungsrestriktionen des Managements verengen (Aktienmarkt als Kontrollmarkt[44]) und andererseits die Gefahren einer Unternehmensübernahme (Markt für Unternehmenskontrolle[45]) erhöhen. Diese dem Management drohenden Anpassungsmaßnahmen der Aktionäre können dazu beitragen, daß sich das Management bei der Zielvorgabe für die Konzernleitung nicht zu weit von den Vermögensinteressen der Anteilseigner entfernt[46]. Damit hängt die Notwendigkeit der geforderten Mitbestimmungsmöglichkeiten für die Aktionäre des MU bei der Konzernbildung und Konzernleitung u.a. auch von der Funktionsfähigkeit der bestehenden Kontrollmärkte ab.

Die Einbeziehung der externen Kontrollmärkte für die Untersuchung der Reformbestrebungen zur Konzernverfassung erscheinen aber nicht nur wegen ihrer unmittelbaren Auswirkungen auf das Konfliktpotential zwischen Aktionären und Managern in einem MU (Individualschutz) geboten. Die sich z.B. auf dem

43 Vgl. Fama (Agency, 1980) S. 298 ff.

44 Zum Aktienmarkt als Kontrollmarkt vgl. Schredelseker (Eigentümerkontrolle, 1975) S. 96 ff.; Ridder-Aab (Eigentumsrechte, 1980) S. 104 ff.

45 Zum Markt für Unternehmenskontrolle vgl. Manne (Corporate Control, 1965) S. 110 ff.; Lenel (Unternehmenskontrolle, 1987) S. 143 ff.; Schmidt (Übernahmeangeboten, 1987) S. 180 ff.; Adams (Unternehmenskontrolle, 1989) S. 333 ff.; kritisch zur Kontrollwirkung: Mertens (Übernahmeangeboten, 1990) S. 252 ff.; Schneider (Unternehmenskontrolle, 1992) S. 44 ff.

46 Vgl. so Ridder-Aab (Eigentumsrechte, 1980) S. 104 ff. Zu den notwendigen Voraussetzungen: Picot/Michaelis (Unternehmensverfassung, 1984) S. 261 ff.; Kallfass (Großunternehmen, 1989) S. 136 f.; Schneider (Unternehmenskontrolle, 1992) S. 45 ff.

Aktienmarkt realisierenden Preise für Unternehmensanteile spiegeln die Erwartungen sämtlicher Marktteilnehmer wider und bündeln das gesamte am Markt verfügbare Wissen bezogen auf die erwartete Entwicklung der jeweiligen Unternehmen[47]. Die sich einstellenden Aktienkurse beeinflussen damit auch Emissionsbedingungen für neue Unternehmensanteile und hierüber die finanzielle Ausstattung der Gesellschaften mit Risikokapital.

Von daher erfüllt der Aktienmarkt neben den Sekundärmarkt- gleichzeitig auch Primärmarktaufgaben[48]. Bezogen auf diese Primär- bzw. Emissionsmarkteigenschaften hat er vor allem eine Kapitalaufbringungs- und Kapitallenkungsfunktion und trägt insofern zur volkswirtschaftlichen Ressourcenallokation bei[49].

Die angestrebte Reformierung der in der Aktie gebündelten Verfügungsrechte führt nun zu einer materiellen Veränderung der auf dem Aktienmarkt als Sekundärmarkt gehandelten Produkte. Folglich sind Rückwirkungen auf den Preisbildungsprozeß und das Handelsvolumen möglich[50], die sich dann auch auf die Primärmarkteigenschaften niederschlagen können. Ob diese Anpassungsprozesse insgesamt zu einer Funktionsverbesserung des Aktienmarktes beitragen (Funktionenschutz) und folglich die Kapitalausstattung und Kapitallenkung beeinflussen, wäre von Bedeutung und sollte bei der Analyse der möglichen Auswirkungen einer modifizierten Konzernverfassung ebenso berücksichtigt werden[51].

Die möglichen Auswirkungen, die alternative Anlegerschutzmaßnahmen für unverbundene Einzelunternehmen auf die Kapitalmarktfunktionen ausüben, stehen bei manchen ökonomischen[52] aber auch bei einigen rechtswissenschaftlichen[53] Untersuchungen schon im Vordergrund. So wird hinsichtlich der

---

47 Vgl. von Hayek (Verwertung des Wissens, 1952) S. 111 ff.; von Hayek (Sinn des Wettbewerbs, 1952) S. 138 ff., der hierin eine wesentliche Aufgabe von Marktpreisen sieht.

48 Vgl. Süchting (Funktionsfähigkeit, 1989) S. 155.

49 Vgl. Schacht (Kapitalmarktaufsicht, 1980) S. 39 ff.; Koch/Schmidt (Anlegerschutzes, 1981) S. 236; Niedernhuber (Ausschüttungsregelungen, 1987) S. 82 f.

50 Vgl. Stützel (Risikoallokation, 1981) S. 210 f., zu dieser Sichtweise bezogen auf ein Insiderhandelsverbot: Schörner (Insiderhandelsverbot, 1991) S. 142 ff.

51 Vgl. zu den sonstigen Voraussetzungen: Niedernhuber (Ausschüttungsregelungen, 1981) S. 84 f.; Koch/Schmidt (Anlegerschutzes, 1981) S. 235 ff.

52 Vgl. Koch/Schmidt (Anlegerschutzes, 1981) S. 235 f., die den Individualschutz im Zusammenhang mit dem Funktionenschutz sehen. Pütz/Willgeroth (Beteiligungskapital, 1985) S. 23 ff.; Wenger (Managementanreize, 1987) S. 219 ff.; Wagner (Ausschüttungskompetenzen, 1988) S. 210 ff.; Niedernhuber (Ausschüttungsregelungen, 1988); Schörner (Insiderhandelsverbot, 1991) S. 142 ff.

53 Vgl. Hopt (Kapitalanlegerschutz, 1975) S. 9 ff.; Wiedemann (Kapitalanlegerschutz, 1975); Kübler (Transparenz, 1977) S. 87 f.; Assmann (Anlegerschutzes, 1990) S. 61 f.; Schneider (Pensionskassenkorporatismus, 1990) S. 317.

Gewinnverwendungskompetenz in der unverbundenen Aktiengesellschaft z.B. teilweise davon ausgegangen, daß ein Verfügungsrecht der Aktionäre auf 100 % des erzielten Jahresüberschusses zuzüglich aller frei verwendbaren Rücklagen zu einer umfangreicheren Kapitalmarktlenkung von Risikokapital beitrage[54], womit eine stärkere Berücksichtigung der Aktionärsinteressen bei der Unternehmensleitung erforderlich werden kann[55].

Ob bzw. wie sich derartige Aussagen verändern, wenn von einer Einzel- auf eine Konzernbetrachtung übergegangen wird, ist bisher nicht diskutiert worden, so daß hierfür nicht auf vorliegende Untersuchungsergebnisse zurückgegriffen werden kann. Die Vernachlässigung der Konzernproblematik erscheint um so verwunderlicher, als der Konzern für Publikumsgesellschaften die dominante Organisationsform darstellt und das Management nahezu allen für die unverbundene Aktiengesellschaft bisher vorgeschlagenen Reformen durch verschiedene Konzernformen ausweichen kann[56]. Selbst die von Pütz/Willgeroth vorgeschlagene Zwangsausschüttung des gesamten Jahresüberschusses würde, wegen des von ihnen vorgesehenen Ausnahmetatbestandes im Fall eines einstimmigen Votums der Hauptversammlung für eine Einbehaltung, eine Ausweichhandlung durch Konzernorganisation erlauben[57].

3. *Unvollständigkeit der vorliegenden Argumentationen*

Zusammenfassend kann festgestellt werden, daß die sich meist auf Schädigungshypothesen konzentrierenden juristischen Begründungsansätze für eine Reformierung der Konzernverfassung aus ökonomischer Sicht bisher kaum ausreichen. Wenn die Lösung nicht darin gesehen werden soll, die Unternehmungsverfassung einer unverbundenen Aktiengesellschaft aus rein rechtsdogmatischen Erwägungen auf den Konzern zu übertragen[58], sollte im Rahmen einer ökonomischen Analyse untersucht werden, welche wirtschaftlichen Kon-

---

54 So z.B. in Art. 50 der 5. EG-RL. Vgl. Wagner (Ausschüttungskompetenzen, 1988) S. 210 ff.

55 Vgl. Schüller (Eigentumsrechte, 1979) S. 332; Koch/Schmidt (Anlegerschutzes, 1981) S. 235 f.; Wagner (Ausschüttungskompetenzen, 1988) S. 210 ff.

56 So z.B. auch die Gewinnverwendungsregel in Art. 50 der 5. EG-RL, wonach die Hauptversammlung zwar die Verfügungskompetenz über das gesamte Jahresergebnis und die nicht-haftenden Rücklagen hat, diese vom Management durch Konzernbildung und extensive Thesaurierungspolitik im TU jedoch weitgehend umgangen werden kann. Vgl. zur Gewinnverwendung nach der 5.EG-RL: Wagner (Ausschüttungskompetenzen, 1988) S. 210 ff.

57 Vgl. Pütz/Willgerodt (Beteiligungskapital, 1985) S. 112 ff.

58 Kritisch hierzu: Ordelheide (Konzernerfolgskonzeptionen, 1987) S. 983; Hommelhoff (EG-Konzernrichtlinie, 1988) S. 150; Teubner (Unitas Multiplex, 1991). So aber selbst Lutter (Entwicklung des Konzernrechts, 1987) S. 368.

sequenzen aus einem Übergang von der aktuellen auf die angestrebte Konzernverfassung hinsichtlich der Planungs-, Entscheidungs- und Kontrollabläufe im Konzern zu erwarten sind[59]. Wird die Effizienz der bestehenden Kompetenzaufteilung im Konzern angezweifelt, so müßten die zusätzlichen Konzernregulierungen diese Beeinträchtigungen verringern, ohne gleichzeitig neues Konfliktpotential und damit Unsicherheiten in der Planbarkeit der Mitgliedschaft in einem MU für die Aktionäre zu erzeugen[60]. Diese Prüfung ist für jedes einzelne Element der rechtlichen Vielfalt im Unternehmensverbund, das durch die Reformbestrebungen aufgegeben werden soll, insbesondere unter Berücksichtigung der bisher weitgehend vernachlässigten Wirkungsweise der bestehenden externen Kontrollmärkte, vorzunehmen[61].

So kann die angestrebte Änderung der in der Aktie gebündelten Verfügungsrechte dazu führen, daß sich neben den direkten Auswirkungen auf die Managementkontrolle im MU die Attraktivität der Kapitalanlage in Aktien eines MU im Vergleich zu anderen Kapitalanlageformen verändert. Die möglichen Reaktionen auf Angebot und Nachfrage am Aktienmarkt und den Preisbildungsprozeß beeinflussen die jeweiligen Aktienkurse und damit auch wieder die Wirkungsweise der externen Anteilseignerkontrollmechanismen. Neben diesen Innenwirkungen können die Veränderungen auf dem Aktienmarkt aber auch dazu führen, daß die Funktionsfähigkeit des Kapitalmarktes verbessert und damit seine Kontrolleffizienz gesteigert werden kann[62].

Dabei erscheinen insbesondere Wirkungsanalysen einer modifizierten Konzernverfassung auf Aktienmärkte geboten, weil diese Aspekte bisher in der juristischen Diskussion meist vernachlässigt werden. Hierzu müssen die erwarteten Aktienmarktaufgaben aufgezählt werden und zusätzlich sind die alternativen Verteilungsregeln von Verfügungsrechten im Konzern in Bezug auf die jeweilige Funktionserfüllung gegeneinander abzuwägen. Zu fragen ist dann z.B., welche Konzernverfassung die Funktionsfähigkeit der Aktienmärkte im Vergleich zu den bestehenden Regelungen insgesamt verbessert und damit zu einer effizienteren Kapitalallokation beitragen würde[63]. Für diese noch weit-

---

59 Vgl. so z.B. für alternative Ausschüttungsregelungen: Wagner (Kapitalmarkt, 1982) S. 769.

60 Vgl. zu dieser allgemeinen Forderung für gesetzliche Regulierungen z.B. Krüsselberg (Wohlfahrtsökonomik, 1983) S. 71.

61 Vgl. Ordelheide (Konzernerfolgskonzeptionen, 1987) S. 983.

62 Vgl. zu derart differenzierten Analysen: Gäfgen (Beurteilung, 1981) S. 22 ff.; Schüller (Property Rights, 1983) S. 147 f.; Elschen (Rechtsnormen, 1987) S. 220; Schörner (Insiderhandelsverbot, 1991) S. 142 ff.; Kirchner (Ökonomische Analyse, 1983) S. 154 ff., der noch von weiteren Analysedifferenzierungen ausgeht.

63 Vgl. so allgemein zur Begründung von Regulierungen: Külp (Wohlfahrtsökonomik, 1982) S. 485.

gehend offenen Fragen zur Begründung einer modifizierten Konzernverfassung kann auf verschiedene ökonomische Theorieansätze zurückgegriffen werden.

II. Ökonomische Theorieansätze für eine Analyse des Konzernrechts

Sollen die möglichen Auswirkungen, die von den vorgeschlagenen Reformen zu einer Änderung der Verfügungsrechtsstruktur im Konzern auf die Leistungsfähigkeit der externen Kontrollmärkte wie z.B. die Funktionsfähigkeit des Aktienmarktes ausgehen, im Rahmen einer ökonomischen Analyse untersucht werden, so sind Kriterien erforderlich, an denen die Beurteilung ausgerichtet werden kann[64].

Die vorhandenen ökonomischen Theorieansätze, die sich insbesondere mit Fragen der Ausgestaltung der Wirtschaftsordnung und speziell der Unternehmungsverfassung unter dem Aspekt der Ressourcenallokation auseinandergesetzt haben[65], lassen sich nach den zugrundeliegenden Modellprämissen grob in zwei Richtungen systematisieren[66]:

---

64 Vgl. Schneider (Investition, 1992) S. 645 ff.; ausführlich hierzu Schörner (Insiderhandelsverbot, 1991) S. 138.

65 Damit werden die sich auf die Norm "Wettbewerbsfreiheit" konzentrierenden neuklassischen Wettbewerbskonzepte für die Auswirkungen auf den Aktienmarkt nicht weiter berücksichtigt. Vgl. zur Übersicht: Bartling (Wettbewerbspolitik, 1980) S. 41 ff. Weil sie sich mit Zusammenschlußfragen unabhängig von der rechtlichen Organisationsform vorwiegend aus dem Blickwinkel des Wettbewerbs auf den Gütermärkten und den im GWB und UWG geregelten Tatbeständen beschäftigen und Fragen nach den Auswirkungen der Konzernierung auf die Funktionsfähigkeit des Kapitalmarktes meist ausklammern, liefern diese Konzepte nur wenig Anhaltspunkte für die Begründung der geforderten Regulierungen. Vgl. Schneider (Ausweichhandlungen, 1986) S. 165 ff.; Schörner (Insiderhandelsverbot, 1991) S. 74 ff. Im Gegenteil wäre nach dem Leitbild der Freiheitskonzepte bei der Konzernverfassung wohl eher auf die spontanen Kräfte der Gesellschaft zu hoffen anstatt auf Zwangsmaßnahmen bei einer modifizierten Konzernverfassung.

66 Vgl. ähnlich Koch (Kapitalanlegerschutz, 1981) S. 53 ff.; Schmidtchen (Analyse des Rechts, 1991) S. 316 ff., hierzu ausführlich Schörner (Insiderhandelsverbot, 1991) S. 71 ff.; Schneider (Investition, 1992) S. 646 f., der jedoch von einer Dreiteilung ausgeht.

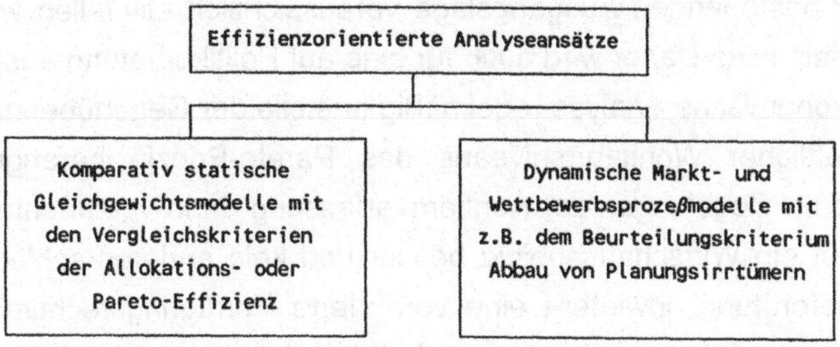

Abb. 16: Effizienzorientierte ökonomische Theorieansätze

Die Entwicklung ökonomischer Kriterien zur normativen "Beurteilung wirtschaftspolitischer Maßnahmen sowie wirtschaftlicher Ordnungssysteme" ist nach traditionellem Verständnis eine Aufgabe der Wohlfahrtsökonomie[67]. Daher könnte die wohlfahrtsökonomische Literatur als Ausgangspunkt bei der Suche nach Kriterien dienen, mit deren Hilfe die vorgeschlagenen Reformen zur Konzernverfassung beurteilt werden können[68].

Von einer mikroökonomischen Betrachtung, nach der jedes Wirtschaftssubjekt selbst entscheidet, was seinen Nutzen steigert und der Vorstellung, daß die Wohlfahrt einer Gemeinschaft von dem aggregierten Nutzen seiner Individuen abhängt[69], wäre eine Umverteilung der Verfügungsrechte im Konzern nach traditionellem wohlfahrtsökonomischem Denken dann vorzunehmen, wenn sie insgesamt zu einer Wohlfahrtssteigerung beitragen würde[70]. Die eindeutige Beurteilung einer gesamtwirtschaftlichen Wohlfahrtssteigerung würde dann neben der Bestimmung der kardinalen Einzelnutzen auch ihre Aggregation zu einer gesellschaftlichen Wohlfahrtsfunktion erfordern[71].

Wegen der unter plausiblen Annahmen nicht immer möglichen Ermittlung einer sozialen Wohlfahrtsfunktion[72] ist zu vermuten, daß ein verändertes Wohlfahrts-

---

67 Külp (Wohlfahrtsökonomik, 1982) S. 469; Krüsselberg (Property Rights-Theorie, 1983) S. 46, der die Wohlfahrtsökonomik als "älteste(n) und umfassendste(n) Versuch, mit Mitteln der Wissenschaft Regeln für die Durchführung praktischer Wirtschaftspolitik zu gewinnen", ansieht.

68 Vgl. zu wohlfahrtsökonomischen Effizienzkriterien: Möschel (Wettbewerbspolitik, 1986) S. 342 ff.

69 Vgl. zu diesen Grundsätzen Külp (Wohlfahrtsökonomik, 1982) S. 471.

70 Bezogen auf die Insiderhandelsproblematik vgl. Schörner (Insiderhandelsverbot, 1991) S. 88 ff.

71 Vgl. zur Frage der erforderlichen Differenziertheit in der Nutzenmessung Külp (Wohlfahrtsökonomik, 1982) S. 472 ff. und zur Annahme homogener Präferenzstrukturen der Individuen Pohmer (Effizienz, 1985) S. 192 ff.

72 Vgl. Arrow (Social Choice, 1963) S. 118 ff.

niveau, das sich bei der Kodifizierung einer veränderten Konzernverfassung gegenüber der bestehenden Ausgangslage voraussichtlich einstellen wird, kaum zu messen sein wird. Daher wird auch für eine auf Politikberatung ausgerichtete wohlfahrtsökonomische Analyse regelmäßig anstelle der Gegenüberstellung gesamtwirtschaftlicher Wohlfahrtsniveaus das Pareto-Prinzip herangezogen[73]. Hiernach wären Regelungen zur Konzernverfassung dann vorzunehmen, wenn sie zumindest ein Wirtschaftssubjekt besser und kein anderes schlechter stellen. Zur Überprüfung, inwiefern eine veränderte Verfügungsrechtsstruktur im Konzern zu einer Pareto-Verbesserung beiträgt, könnte auf Marktmodelle des generellen Konkurrenzgleichgewichts unter Unsicherheit zurückgegriffen werden[74].

Die zentralen Prämissen dieser Gleichgewichtsmodelle zeigen aber bereits, daß eine Übertragung auf die komplexe Konzernproblematik hier wenig geeignet erscheint. Vollständig symmetrische Informationsverteilung zwischen den Marktteilnehmern, die Kenntnis sämtlicher zukünftiger Umweltlagen und fehlende Informations-, Verhandlungs- bzw. Versicherungskosten (Transaktionskosten) sind u.a. zentrale Prämissen des Konkurrenzgleichgewichtsmodells unter Unsicherheit nach Arrow/Debreu[75]. Die Konsequenz derart vollständiger Märkte wäre eine "Versicherbarkeit gegenüber den Folgen eines jeden denkbaren künftigen Zustandes der Welt"[76]. Die hieraus abgeleitete Aussage, daß sich im Konkurrenzgleichgewicht dann zwangsläufig eine pareto-optimale Allokationseffizienz einstellt (1. Hauptsatz der Wohlfahrtsökonomie), ließe unter Berücksichtigung des 2. Hauptsatzes (unterschiedliche Anfangsausstattungen von Verfügungsrechten führen zu unterschiedlichen Pareto-Optima) die Frage der Verteilung von Verfügungsrechten im Konzern nahezu bedeutungslos werden[77]. Weil jede Umverteilung von Verfügungsrechten wiederum zu einem pareto-effizienten Zustand führen könnte, würden z.B. auch unterschiedliche Ausstattungen von Herrschaftsrechten im MU in gesellschaftspolitischen Verteilungsfragen münden, die aber keine Auswirkungen auf die Allokationseffizienz hätten.

---

73 Vgl. Külp (Wohlfahrtsökonomik, 1982) S. 472 ff.; zur Kritik an den weniger restriktiven Kaldor-Hicks-Kompensationskriterien: Möschel (Wettbewerbspolitik, 1986) S. 342 ff.

74 Vgl. Arrow/Debreu (Competitive Economy, 1954) S. 265 ff.

75 Vgl. Arrow/Debreu (Competitive Economy, 1954) S. 265 ff. Kritisch insbesondere zum unterstellten Informationsstand der Wirtschaftssubjekte: von Hayek (Verwertung des Wissens, 1952) S. 103 f.; Kirzner (Wettbewerb, 1978) S. 187 f.

76 Schneider (Betriebswirtschaftslehre, 1987) S. 468.

77 Vgl. Wolff (Wohlfahrtsökonomik, 1987) S. 644.

Nur wenn die aufgezählten Voraussetzungen des Konkurrenzgleichgewichtsmodells und damit die Separationsmöglichkeiten in der Realität nicht vorliegen, kann eine veränderte Konzernverfassung Auswirkungen auf die Allokationseffizienz haben. Speziell im Konzern ist z.B. von einer asymmetrischen Informationsverteilung zwischen Anteilseignern und Management des MU auszugehen, die eine wesentliche Ursache der aufgezeigten Konfliktpotentiale ist. Sofern bereits in jeder Abweichung von den Modellprämissen und den damit verbundenen negativen Auswirkungen auf die Allokationseffizienz ein hinreichender Grund z.B. für staatliche Eingriffe gesehen wird, ließen sich beliebige Regulierungen begründen[78], weil die einzelnen Reformvorschläge mit einer als "optimal" angesehenen Gesamtlösung verglichen würden[79].

Mit dem Abbau der asymmetrischen Informationsverteilung zwischen den Konzernbeteiligten ließen sich z.B. sämtliche zusätzlichen Regulierungen für erweiterte Publizitätsanforderungen leicht rechtfertigen[80]. Weil dynamische Anpassungsprozesse nicht betrachtet werden, bleibt offen, wie sich im Anschluß an die Kodifizierung ein homogener Informationsstand z.B. zwischen Management und Anteilseigner einstellt[81]. Hierzu liefern die komparativ statischen Gleichgewichtsmodelle, in denen sämtliche organisatorischen Probleme innerhalb eines Unternehmens bzw. Unternehmensverbundes und auch Regelungen der bestehenden Unternehmens- bzw. Konzernverfassung aus den Modellüberlegungen ausgeschlossen sind, keine Anhaltspunkte[82].

Von den wohlfahrtstheoretischen Modellansätzen kann damit für die Fragestellung nach einer Modifizierung der Konzernverfassung der Hinweis auf das Pareto-Prinzip als Entscheidungskriterium in Partialmodellen aufgenommen werden. Konkrete Antworten auf die Fragen nach der Ausgestaltung der Konzernverfassung zu liefern, ist aber nicht die Zielsetzung der wohlfahrtsökonomischen Modelle[83]. Hierzu bedarf es Theorieansätzen, die unter Berücksichtigung der asymmetrischen Informationsverteilung zwischen dem Management und den Aktionären des MU institutionelle Rahmenbedingungen zum expliziten Untersuchungsgegenstand haben.

---

78 Vgl. Schörner (Insiderhandelsverbot, 1991) S. 93 f.

79 Vgl. zur Problematik dieser Nirwana-Ansätze im Rahmen der Wohlfahrtsökonomie: Kirzner (Wettbewerb, 1978) S. 186 f.; Külp (Wohlfahrtsökonomik, 1982) S. 483 ff.; Krüsselberg (Wohlfahrtsökonomik, 1983) S. 59 ff.

80 Vgl. Chmielewicz (Forschungskonzeptionen, 1979) S. 135; Schneider (Betriebswirtschaftslehre, 1987) S. 180 ff.

81 Vgl. Schörner (Insiderhandelsverbot, 1991) S. 94 f.

82 Vgl. zu diesen Einwänden ausführlich Koch (Anlegerschutz, 1981) S. 102 ff.

83 Vgl. Elschen (Rechtsnormen, 1987) 223 ff.; Schörner (Insiderhandelsverbot, 1991) S. 91 ff.

1. *Institutionelle mikroökonomische Gleichgewichtsansätze*

Die neuen institutionellen mikroökonomischen Ansätze setzen sich mit der Erklärung, dem Wandel und der Gestaltung von institutionellen Arrangements auseinander[84]. Institutionen lassen sich allgemein als von Menschen bewußt geschaffene bzw. spontan aus menschlichem Handeln entstandene soziale Normengeflechte verstehen[85].

Die institutionellen Ansätze behalten - der Wohlfahrtsökonomie folgend - die Verwendung der Pareto-Effizienz und auch regelmäßig das Denken in Marktgleichgewichtsmodellen bei[86]. Sie versuchen jedoch die - gerade im Konzern - relevanten ungleichen Informationsstände und Interessen der beteiligten Wirtschaftssubjekte als Gestaltungsvariablen explizit in die Modellanalysen aufzunehmen, um Aussagen über die Effizienz alternativ realisierbarer institutioneller Arrangements zu erhalten[87]. Daher ist zu erwarten, daß diese - auch als organisationstheoretische Ansätze bezeichneten - Vorstellungen insbesondere für eine Analyse der Innenwirkung alternativer Unternehmens- und Konzernverfassungen geeignet erscheinen[88].

Die institutionellen mikroökonomischen Ansätzen lassen sich in teilweise überschneidenden, teilweise ergänzenden Kernaussagen in die Property-Rights-Ansätze, die Transaktionskostenansätze, die Chicagoer ökonomische Analyse des Rechts und die Principal-Agent-Ansätze untergliedern[89]. Die stark miteinander verknüpften ersten drei Theorierichtungen werden für die hier relevanten Fragen nach der Modifizierung einer Konzernverfassung im folgenden zusammen untersucht.

---

84 Vgl. Schneider (Betriebswirtschaftslehre, 1987) S. 463, Picot (Ökonomische Theorien, 1991) S. 144; Schmidt (Organisationstheorie, 1992) Sp. 1854 ff. Zur historischen Entwicklung und zur Trennung in älteren und neuen Institutionalismus: Meyer (Nationalökonomie, 1983) S. 1 ff.; Krüsselberg (Wohlfahrtsökonomik, 1983) S. 69 ff.

85 Vgl. zu dieser weiten Begriffsbestimmung: Meyer (Nationalökonomie, 1983) S. 1 f.; von Hayek (Ergebnisse menschlichen Handelns, 1969) S. 97 ff.; Picot (Ökonomische Theorien, 1991) S. 144; Neus (Agency-Theorie, 1989) S. 8 f., der Institutionenbildung unter dem ökonomischen Aspekt einer Annäherung an Monopolstellungen bzw. einer Verbesserung der Ressourcenallokation sieht. Schneider (Betriebswirtschaftslehre, 1987) S. 3 f., der Institutionen "unter dem Blickwinkel, ob und wie sie zur Verringerung von Unsicherheit geeignet sind", untersucht.

86 Vgl. Schneider (Betriebswirtschaftslehre, 1987) S. 463; Schörner (Insiderhandelsverbot, 1991) S. 101; vgl. zu Ansätzen, die sich von Gleichgewichtsmodellen lösen: Schüller (Property Rights, 1983) S. 146 ff.

87 Vgl. so schon Coase (Social Cost, 1960) S. 44.

88 Vgl. Schneider (Betriebswirtschaftslehre, 1987) S. 459 ff.; Gerum (Unternehmensverfassung, 1992) Sp. 2488 ff.; zum Überblick: Picot (Ökonomische Theorien, 1991) S. 145 ff.

89 Vgl. Gerum (Verfügungsrechte, 1988) S. 24; Picot (Ökonomische Theorien, 1991) S. 153 ff.

a) Ansätze zur Verteilung von Verfügungsrechten

aa) Property-Rights- und Transaktionskostenansätze

Mit den Property-Rights-Ansätzen soll u.a. die institutionelle Lücke wohlfahrtstheoretischer Argumentationen geschlossen werden, um z.B. die Existenz von Unternehmen bzw. unterschiedlicher Unternehmensorganisationen erklären und auch beurteilen zu können. So wird der Erklärungsgehalt der Property-Rights-Theorie (Theorie der Verfügungsrechte)[90] auch darin gesehen, bestehende institutionelle Arrangements zu erklären und insbesondere aus alternativen Institutionen die "effizientesten" auswählen zu können[91].

Aufbauend auf den Grundannahmen der Wohlfahrtsökonomie nach einem nutzenmaximierenden Verhalten der Individuen und in Anlehnung an die Rechtstheorie werden die Handlungs- bzw. Verfügungsrechte an Gegenständen bzw. Ressourcen in Nutzungsrechte, Veränderungsrechte (Form- und Substanzänderungen), Residualrechte (Gewinn- und Verlustanteil) und Veräußerungsrechte differenziert[92]. Unterschiedliche, miteinander konkurrierende Verteilungen der einzelnen Teilrechte an einem Gegenstand auf eine oder mehrere Personen (Vertragstypen) beeinflussen das Verhalten der Personen im Umgang mit dieser Ressource und damit deren Wert[93]. Die weitgehende Verfügungsrechtskonzentration an einem Gegenstand auf eine Person führt dazu, daß sich die Konsequenzen der Ressourcennutzung eindeutig dem jeweiligen Inhaber zuschreiben lassen[94]. Dies führt zu einer umfassenden Internalisierung der externen Effekte und trägt damit zur effizienteren Ressourcenallokation bei[95].

Auch Unternehmen werden entsprechend der obigen Klassifikation in mehrere Verfügungsrechtsbündel aufgeteilt[96], so daß auch hier unterschiedliche Vertragsgeflechte (Unternehmungsverfassungen) miteinander konkurrieren kön-

---

90 Vgl. grundlegend: Coase (Social Cost, 1960) S. 1 ff.; Furubotn/Pejovich (Property rights, 1972) S. 1137 ff.; Alchian/Demsetz (economic organization, 1972) S. 777 ff.; zum Überblick: Picot (Verfügungsrechte, 1981) S. 153 ff.; kritisch: Schneider (Betriebswirtschaftslehre, 1987) S. 490 ff., der zwischen älterer und jüngerer Verfügungsrechtslehre differenziert.

91 Vgl. Schüller (Einführung, 1983) S. VIII; Gerum (Verfügungsrechte, 1988) S. 24.

92 Vgl. Alchian/Demsetz (economic organization, 1972) S. 783.

93 Vgl. Kaulmann (Property rights, 1987) S. 15 f.

94 Vgl. Wegehenkel (Coase-Theorem, 1980) S. 33 ff.

95 Vgl. Ridder-Aab (Eigentumsrechte, 1980) S. 40.

96 Vgl. Picot (Verfügungsrechte, 1981) S. 161 f., wobei für Untersuchungen hinsichtlich der Verfügungsrechtsverteilung an einem Unternehmen die ersten beiden Teilrechte (Nutzungs- und Veränderungsrechte) zum Koordinationsrecht (Planung, Organisation und Kontrolle) zusammengefaßt werden. Vgl. so auch die Übersicht bei Gerum (Unternehmungsverfassung, 1992) Sp. 2483 f.

nen[97]. Bei dem Vergleich alternativer Unternehmens- bzw. Konzernverfassungen wird davon ausgegangen, daß der klassischen Eigentümer-Unternehmung, in der noch alle Verfügungsrechtsbündel auf die Unternehmerperson vereinigt sind, grundsätzlich Effizienzvorteile gegenüber alternativen Unternehmensformen zuzusprechen sind[98]. Dies gilt insbesondere für die Gegenüberstellung mit der aktienrechtlichen Publikumsgesellschaft, in der die Handlungsrechte an dem Unternehmensvermögen weitgehend dem Management zugeordnet sind und damit eine ausgeprägte Trennung von Eigentum und Verfügungsgewalt zu beobachten ist[99]. Die Vorteilhaftigkeit alternativer Verteilungen von Verfügungsrechten an den Unternehmensressourcen wird im Rahmen der Property-Rights-Ansätze anhand ihrer wirtschaftlichen Effizienz beurteilt[100].

Damit lassen sich die vorgeschlagenen Reformen zu einer Konzernverfassung aus dem Blickwinkel der Property-Rights-Theorie als eine "Frage nach den wirtschaftlich vorteilhaftesten Arrangements" bei der Verteilung der Verfügungsrechte im Unternehmensverbund ansehen[101]. Ausgehend von der bestehenden, weitgehend noch auf freiwillige Verträge bzw. Marktkräfte vertrauenden Konzernverfassung wären die vorgeschlagenen Umverteilungen in den Verfügungsrechten anhand ihrer Effizienzwirkungen zu beurteilen[102].

Aufbauend auf dem Coase-Theorem, wonach eine eindeutig abgegrenzte Anfangsverteilung der handelbaren Verfügungsrechte regelmäßig zu einer Pareto-optimalen-Ressourcenallokation führt, wenn u.a. der Tausch von Verfügungsrechten auf der Basis einer symmetrischen Informationsverteilung zwischen den Marktteilnehmern[103] und auch nicht mit sonstigen Transaktionskosten verbunden ist, werden Abweichungen der optimalen Ressourcenallokation über die Existenz von Transaktionskosten erklärt[104]. Als Effizienzmaßstab bestimmter institutioneller Vorkehrungen und damit auch für die Auswahl alternativer Rechtszuweisungen im Rahmen der Unternehmungsverfassung könnte folglich

97 Vgl. Kaulmann (Property rights, 1987) S. 31.

98 Vgl. Schüller (Ökonomik, 1988) S. 170 f.; Gerum (Unternehmungsverfassung, 1992) Sp. 2489.

99 Zum Versuch die unterschiedlichen Unternehmensverfassungen mit Hilfe der Property-Rights-Theorie zu erklären vgl. Picot (Verfügungsrechte, 1981) S. 163 ff.

100 Vgl. Picot (Verfügungsrechte, 1981) S. 163 ff.; Kaulmann (Property rights, 1987) S. 31 ff.

101 Schüller (Einführung, 1983) S. IX; Vgl. zu Fragen der Unternehmens- bzw. Betriebsverfassung aus verfügungsrechtstheoretischer Sicht auch Chmielewicz (Betriebsverfassung, 1980) Sp. 374 f.; Gerum (Verfügungsrechte, 1988) S. 25 ff.

102 Zu dieser Vergleichsweise: Picot (Verfügungsrechte, 1981) S. 161.

103 Vgl. Farell (Information, 1987) S. 113 ff.

104 Vgl. Coase (Social Cost, 1978) S. 164; Krüsselberg (Wohlfahrtsökonomik, 1983) S. 67. Ohne Transaktionskosten werden die Verfügungsrechte solange getauscht, bis sich ein Pareto-Optimum einstellt. Vgl. auch Wegehenkel (Coase-Theorem, 1980) S. 27; Schüller (Ökonomik, 1988) S. 165 f.

die Höhe der Transaktionskosten herangezogen werden[105]. Im Rahmen eines Institutionenvergleichs wäre aus den alternativen Konzernverfassungen folglich diejenige auszuwählen, die die geringsten Transaktionskosten verursacht[106].

Dieses Entscheidungskriterium würde es jedoch erfordern, die mit den alternativen Konzernverfassungen verbundenen Transaktionskosten genauer zu spezifizieren[107]. So wäre z.B. hinsichtlich der Konzernbildungskompetenz aufzuzeigen, welche jeweiligen Transaktionskosten entstehen, wenn im Vergleich zur bestehenden Regelung eine generelle Zustimmungsbedürftigkeit der Aktionäre des MU gesetzlich kodifiziert würde, bzw. wenn die Eigenkapitalbeschaffung im Unternehmensverbund ausschließlich über das MU vorzunehmen wäre. Sieht man hierin eine zunehmende Verfügungsrechtskonzentration in den Händen der Aktionäre des MU, so ließe diese Rechtsänderung auf den ersten Blick eine Steigerung der Allokationseffizienz vermuten[108].

In der Diskussion um die Trennung von Eigentum und Verfügungsgewalt in der Publikumsgesellschaft sind jedoch folgende Gegenargumente vorzubringen: Die Transaktionskosten - wie z.B. die Informations- und Verhandlungskosten der Aktionäre bei der Einigung auf eine gemeinsame Akquisitionsstrategie - wären denjenigen gegenüberzustellen, die entstehen, wenn diese Rechte durch ein beauftragtes Management ausgeübt werden. Spezialisierungsvorteile des Managements verbunden mit der Eingrenzung der durch eine Managementkompetenz aufkommenden Shirking- und Consumption on the job-Problemen z.B. durch hohe Wettbewerbsintensität auf den Kontrollmärkten, kann die Übertragung der Verfügungskompetenz zur effizienteren Lösung werden lassen[109]. Die Property-Rights-Ansätze zeigen folglich, daß die Beurteilung alternativer institutioneller Arrangements im Konzern differenziert anzugehen und daß ins-

105 Vgl. Coase (firm, 1937) S. 390 ff. und vor allem Williamson (governance, 1985) S. 196; Schmidt (Transaktionskosten, 1983) S. 184 ff.; Gerum (Verfügungsrechte, 1988) S. 34. Zum engen Zusammenhang der Property-Rights-Ansätze und den Transaktionskostenansätzen vgl. Michaelis (Transaktionskosten, 1985) S. 55 ff.

106 Vgl. Schüller (Einführung, 1983) S. IX f.; Picot (Verfügungsrechte, 1981) S. 162 ff.; so auch für die Regelungsintensität im Börsenrecht: Schmidt (Transaktionskosten, 1983) S. 184 ff.

107 Vgl. Schörner (Insiderhandelsverbot, 1991) S. 103 ff. Zum Überblick über die vielfältigen Spezifizierungsversuche der wohl auf die marketing costs nach Coase (Firm, 1937) S. 386 ff. aufbauenden Transaktionskosten: Wegehenkel (Coase-Theorem, 1980) S. 6 ff.; Bössmann (Transaktionskosten, 1981) S. 664 ff.; Picot (Transaktionskostenansatz, 1982) S. 267 ff.; Michaelis (Transaktionskosten, 1985) S. 78 ff.; Albach (Transaktionen, 1988) S. 1143 ff.

108 Vgl. Ridder-Aab (Eigentumsrechte, 1980) S. 36 ff.; Kaulmann (Property rights, 1987) S. 32 f.

109 Vgl. die Argumentationsketten für die Publikumsgesellschaft bei Ridder-Aab (Eigentumsrechte, 1980) S. 72 f., mit weiteren Effizienzargumenten wie, z.B. Skalenerträge wegen des höheren Spezialisierungsgrades des Managements; kritisch dazu: Schüller (Eigentumsrechte, 1979) S. 328 f.

besondere die Wirkungsweise der unterschiedlichen indirekten Kontrollmärkte (z.B. Kapital- und Managermarkt) explizit zu beachten ist. Damit wäre vor einer Beurteilung der Notwendigkeit von Maßnahmen zum Aktionärsschutz im MU zunächst zu analysieren, ob nicht der Kapitalmarkt, der Markt für Manager und der Markt für Unternehmenskontrolle auch im Fall der Konzernierung ein von den Interessen der Aktionäre des MU abweichendes Managementverhalten verhindern bzw. einengen kann. Solange die Funktionsweise der Kontrollmärkte[110] im Fall der Konzernierung noch unbestimmt ist, erweitert der Hinweis auf die Einbeziehung möglicher Wirkungsmechanismen indirekter Kontrollmärkte zwar den Blickwinkel, eine konkrete Antwort auf einzelne Fragen zur Ausgestaltung der Konzernverfassung ist damit aber noch nicht gefunden.

Ebensowenig konkret sind die allgemeinen Argumentationsketten, daß zwingendes Unternehmens- und Konzernrecht die Rahmenbedingungen für die Kapitalanlage verbessern, weil sie die Transaktionskosten und/oder das Risiko für aktuelle und potentielle Aktionäre vermindern. Hiernach werden die mit der Anlageentscheidung verbundenen Informationsbeschaffungs-, Vertragsabschluß- und Kontrollkosten durch gesetzliche Regulierungen vermindert, so daß die ansonsten hierfür aufgewendeten Auszahlungen nun in zusätzliche Projekte investiert werden können und damit zur Steigerung der Allokationseffizienz beitragen[111].

Warum diese Transaktionskostenargumente zu dem Ergebnis einer zwingenden Rechtssetzung führen sollen, bleibt unklar. Die von Standardisierungen erwarteten Verhandlungskostenersparnisse ließen sich ebenso über dispositives Unternehmensrecht realisieren[112]. Unabdingbare Rechtsregeln, wie sie in den Vorschlägen zu einer veränderten Konzernverfassung vorgesehen sind, verhindern zudem alternative Vertragsgestaltungen zwischen Aktionären und Management. Im Transaktionskostenvergleich wäre den verminderten Verhandlungskosten dann noch der Nutzenentgang gegenüberzustellen, der den aktuellen und potentiellen Vertragspartnern durch nun nicht mehr zulässige Gestaltungsalternativen entsteht.

---

110 Vgl. die Zusammenfassung bei Kaulmann (Property rights, 1987) S. 66 ff.

111 Vgl. zur Begründung des Übergangs vom dispositiven zum zwingenden Unternehmens- und Gesellschaftsrecht: Kübler (Unternehmensstrukturen, 1984) S. 189 ff., der darauf hinweist, daß diese Argumentationsketten in der Literatur häufig vernachlässigt werden. Vgl. auch Posner (Unternehmenskorporationen, 1978) S. 247 f., der die Transaktionskostenersparnis zumindest einzelner Regulierungen stark relativiert.

112 Vgl. Schüller (Property Rights, 1983) S. 153; Schneider (Betriebswirtschaftslehre, 1987) S. 547, der mit dem Argument sinkender Verhandlungskosten lediglich dispositive Rechtssätze begründet.

Darüber hinaus ließen sich mit derartig allgemein gehaltenen Transaktionskostenargumenten vielfältige Regulierungen zur Konzernverfassung rechtfertigen[113]. Dies gilt insbesondere dann, wenn weder eine Präzisierung noch eine Quantifizierung der mit einer zwingenden Rechtssetzung im Vergleich zur Marktlösung verbundenen Transaktionskosten unternommen wird. Auch der Hinweis von Kübler, daß ein "Gleichgewichtszustand" dann erreicht werden kann, wenn die mit zunehmender Regulierungsdichte steigenden Durchsetzungskosten von den ersparten Transaktionskosten nicht kompensiert werden[114], hilft ohne genaue Quantifizierung der jeweiligen Kostenarten nur wenig für eine konkrete Lösung zur Umgestaltung der Konzernverfassung.

Neben der noch weitgehend offenen Präzisierung bzw. Operationalisierung des Transaktionskostenbegriffes[115] wäre es für den Effizienzvergleich alternativer institutioneller Arrangements im Konzern darüber hinaus erforderlich, deren Höhe zu quantifizieren[116]. So wären für die Beurteilung einer Zustimmungsbedürftigkeit der Hauptversammlung des MU bei der Konzernbildung sämtliche alternativen Transaktionskosten zu quantifizieren, um Aussagen über die vorteilhafteste Regulierung treffen zu können. Da sich die Transaktionskosten relativ zur freien Marktlösung bestimmen, würde ein Maßstab gewählt, der das Vergleichsergebnis ex ante beeinflußt[117]. Somit würden aber sämtlichen frei- bzw. marktgestalteten Unternehmungsverfassungen tendenziell geringere Transaktionskosten zugewiesen, als dies bei zwingenden Gesetzesregelungen der Fall wäre[118]. Die Notwendigkeit einer gesetzlichen Zustimmungsbedürftigkeit ließe sich damit generell in Frage stellen. Wenn im Rahmen des Transaktionskostenvergleichs auch Opportunitätskosten berücksichtigt werden[119], erfordert deren

---

113 Vgl. Leipold/Schüller (Wirtschaftsordnung, 1986) S. 24.

114 Vgl. Kübler (Unternehmensstrukturen, 1984) S. 199 f. Ähnlich auch Bössmann (Transaktionskosten, 1982) S. 667 ff.

115 Vgl. Tietzel (Property Rights, 1981) S. 237 ff.; Michaelis (Transaktionskosten, 1985) S. 78 ff.; Windsberger (Transaktionskostenansatzes, 1987) S. 65; Albach (Transaktionskosten, 1988) S. 1160.

116 Vgl. Picot/Dietl (Transaktionskostentheorie, 1990) S. 183, die eine genaue Quantifizierung der Transaktionskosten zumindest für die Bildung einer Rangfolge aus alternativen Rechtsregeln nicht für notwendig halten. Ansatzweise hierzu für den US-amerikanischen Kapitalmarkt: Demsetz (Transacting, 1968) S. 33 ff.

117 Vgl. Schneider (Marktprozeßtheorie, 1986) S. 48 f.

118 Vgl. Gerum (Verfügungsrechte, 1988) S. 36.

119 Vgl. Windsberger (Firma, 1983) S. 889 ff.; Michaelis (Transaktionskosten, 1985) S. 78 ff.; Picot/Dietl (Transaktionskostentheorie, 1990) S. 183.

Quantifizierung zusätzlich die Existenz eines generellen Konkurrenzgleichgewichtes und damit u.a. homogene Erwartungen und eine vollkommene Sicherheit über die Unsicherheit[120].

Diese noch weitgehend offenen Fragen führen zu einer mangelnden Operationalisierung der zu präferierenden Konzernverfassung. So verwundert es auch wenig, daß in der Property-Rights-Literatur bisher kaum konkrete Aussagen zur detaillierten Ausgestaltung von Unternehmungsverfassungen - wie z.B. zur Vorteilhaftigkeit einer weitergehenden Aktionärsdemokratie bei elementaren Unternehmensentscheidungen oder bei der Gewinnverwendung - zu finden sind[121]. Auch die empirischen Untersuchungen zu Effizienzwirkungen der Trennung von Eigentum und Verfügungsgewalt, die bisher keine signifikant unterschiedliche Ressourcenallokation zwischen manager- bzw. eigentümerkontrollierten Unternehmen nachweisen können[122], helfen für die hier vorliegenden Fragen nicht weiter, weil das Konzernproblem in diesen Studien regelmäßig ausgeklammert wird[123].

Trotz der angeführten Probleme sind in der Literatur Versuche unternommen worden, sich auch den Konzernierungsfragen mit Hilfe von Transaktionskostenüberlegungen zu nähern. So hat vor allem Williamson versucht, die Entstehung verschiedener Unternehmensverbindungen (vertikale, horizontale und konglomerate Unternehmenszusammenschlüsse) mit Hilfe von Transaktionskostenargumenten auf dem Kapitalmarkt zu erklären. Williamson sieht die Kapitalmarktaufgabe der effizienten Managementkontrolle wegen der zunehmenden Informationsasymmetrien zwischen Management und den Kapitalmarktteilnehmern nicht mehr erfüllt[124]. Daher sei das Innenfinanzierungspotential z.B. durch eine extensive Gewinnthesaurierung im Konzern zu erhöhen, so daß der externe Kapitalmarkt nur noch selten in Anspruch zu nehmen sei. Für den Aufbau eines den externen Kapitalmarkt effizient substituierenden (konzern-)internen Kapitalmarktes sei jedoch eine zunehmende Unternehmensgröße geboten, die

---

120 Vgl. hierzu Buchanan (Cost and Choice, 1969) S. 5 ff.; Schneider (Marktprozeßtheorie, 1986) S. 49; zur weiteren Kritik vgl. Schneider (Betriebswirtschaftslehre, 1987) S. 321 ff.; Schörner (Insiderhandelsverbot, 1991) S. 105; Schmidt (Organisationstheorie, 1992) Sp. 1856.

121 So sind auch in den die Literatur zusammenfassenden Untersuchungen von Ridder-Aab (Eigentumsrechte, 1980) und Kaulmann (Property rights, 1987) hierzu keine konkreten Aussagen zu finden.

122 Vgl. die Übersicht vorliegender Untersuchungen und zu eigenen Ergebnissen: Kaulmann (Property rights, 1987) S. 95 ff. und S. 162 ff.; andere Ergebnisse bei Bühner (Rendite-Risiko-Effekte, 1984) S. 820 ff.

123 Vgl. zur Konzernproblematik bei dieser Fragestellung ansatzweise: Picot/Michaelis (Unternehmensverfassung, 1984) S. 258 f.

124 Vgl. Williamson (Markets, 1975) S. 145 ff.

sich nur durch eine intensive Akquisitionspolitik realisieren ließe[125]. Unternehmenszusammenschlüsse führen nach Williamson daher zu Effizienzsteigerungen, wenn die internen Entscheidungs- und Kontrollkosten einer effizienten Kapitalallokation deutlich unter den Kommunikations- und Sanktionskosten des externen Kapitalmarktes liegen[126].

In ähnlicher Weise versucht Schmidt mit Hilfe des Transaktionskostenansatzes alternative Anlegerschutzinstitutionen auf dem Aktienmarkt zu beurteilen[127]. Ausgehend von der Vorstellung, daß der Aktienmarkt seine Kapitallenkungsfunktion nur dann effizient wahrnehmen kann, wenn die Höhe der Kapitalkosten des Unternehmens sich weitgehend an die Rendite der Aktionäre annähert, werden alternative Regulierungen darauf hin untersucht, wie sie diese Renditerelation beeinflussen (S. 188 ff.). Unterschiede zwischen diesen Entscheidungsgrößen werden durch die Emissionskosten, Verwahr- und Verwaltungskosten, Kosten fortlaufender Information und durch sonstige Transaktionskosten verursacht (S. 188). Diese Kostenarten werden als marktorganisationsbestimmte Kosten bezeichnet und ihre Höhe vermittelt ein Maß für die Verfahrens- bzw. Allokationseffizienz des Aktienmarktes (S. 189). Für die konkrete Berechnung sind neben den individuellen Kosten von Emittent und Anleger auch die Kosten der anderen Marktteilnehmer (z.B. Kosten der Börsenaufsicht, Effektenbanken und Depotstellen) zu berücksichtigen, soweit sie nicht durch Umlageverfahren vom Unternehmen bzw. Anleger getragen werden. Darüber hinaus ist es notwendig, neben den pagatorischen auch kalkulatorische Kosten bzw. Opportunitätskosten (z.B. alternative Informationskosten) explizit zu berücksichtigen (S. 189 f.).

Wenn nun jedoch konkrete Anlegerschutzmaßnahmen auf dem Sekundärmarkt anhand der verschiedenen Kostenarten beurteilt werden sollen (S. 191 ff.), werden die auftretenden Probleme dieses Ansatzes deutlich. Ohne auf die oben kurz angedeuteten Voraussetzungen einzugehen[128], die notwendig sind, um Opportunitätskosten im Transaktionskostenkalkül aufnehmen zu können, sieht auch Schmidt die teilweise kaum mögliche Quantifizierung der einzelnen Kosten (S. 195). Ob es tatsächlich "nicht unbedingt erforderlich (ist), den Gesamteffekt

---

125 Vgl. Williamson (Antitrust, 1987) S. 49 f.

126 Vgl. Williamson (Markets, 1975) S. 145 ff.

127 Vgl. Schmidt (Transaktionskosten, 1983) S. 185 ff.; die folgenden Seitenangaben im Text beziehen sich auf diese Quelle. Vgl. ähnlich zu Fragen nach der Notwendigkeit einer Regulierung für Unternehmensübernahmen: Eymann/Menichetti (Regulierung, 1991) S. 1077.

128 Vgl. S. 193.

genau zu beziffern", um zumindest Richtungsaussagen treffen zu können[129], kann bezweifelt werden. Daß aber vor allem alternative institutionelle Regelungen, wie z.B. die hier relevante Verteilung der Gewinnverwendungsrechte, abschließend kaum zu vergleichen sind, gesteht auch Schmidt ein (S. 195).

Insgesamt bleibt festzuhalten, daß die Property-Rights-Ansätze zwar dazu beigetragen haben, daß die Trennung von Eigentum und Verfügungsrechten, z.B. in Publikumsgesellschaften und damit weitergehend auch in MU, nicht grundsätzlich abzulehnen ist, sondern daß diese Organisationsformen unter Berücksichtigung der Kontrollwirkung der Eigentumssurrogate, wie z.B. dem Aktienmarkt als Kontrollmarkt, zu einer effizienten Ressourcenallokation führen können. Konkrete Handlungsanweisungen der Property-Rights-Theorie zur Ausgestaltung einer Konzernverfassung oder zur Funktionsweise der Kontrollmärkte liegen aber bisher nicht vor und ein Rückgriff auf den verwendeten Beurteilungsmaßstab "Transaktionskosten" scheint wegen der aufgeführten Unwägbarkeiten auch wenig erfolgversprechend.

bb) Chicagoer ökonomische Analyse des Rechts

Der von Coase angeregten Vorgehensweise, bei der Gestaltung von Rechtsregeln weniger auf die von Rechtswissenschaftlern verwendete Gerechtigkeitsnorm, als vielmehr auf die Veränderungen der gesamtwirtschaftlichen Effizienz zu achten[130], bedient sich insbesondere auch die Chicago School of Law bei ihren ökonomischen Analysen des Rechts[131]. Aufbauend auf der Grundannahme, daß freiwillige Markttransaktionen grundsätzlich zu einer Effizienzverbesserung beitragen, werden folgende Leitlinien für eine Rechtssetzung vorgegeben:

---

129 Schmidt (Transaktionskosten, 1983) S. 195. Ähnlich auch Picot/Dietl (Transaktionskostentheorie, 1990) S. 183.

130 Vgl. Coase (Social Cost, 1983) S. 196 f.

131 Vgl. hierzu Posner (Economic Analysis, 1986), sowie den Sammelband von Assmann/ Kirchner/Schanze (Ökonomische Analyse, 1983). Vgl. zum Überblick über die unterschiedlichen Ausprägungen der ökonomischen Analyse des Rechts u.a. aus dem Blickwinkel der Rechtswissenschaft: Horn (Economic Analysis, 1976) S. 310 ff.; Fezer (Rechtskritik, 1986) S. 817 ff.

- freiwillige Markttransaktionen sollen durch einen weitgehenden Abbau von Transaktionskosten gefördert werden[132];
- kommen bei einzelnen Ressourcen keine Markttransaktionen zustande, so sind diese unter der Prämisse, daß keine Transaktionskosten vorliegen, in einem auf freiwillige Markthandlungen aufbauenden Gedankenmodell zu simulieren. Die sich aufgrund derartiger Simulationsergebnisse einstellende Verfügungsrechtsstruktur ist als Primärverteilung dann regelmäßig vom Gesetzgeber anzustreben.

Weil auf die Problematik der Reduzierung von Transaktionskosten als Maßstab für die Festlegung einer Verfügungsrechtsstruktur bereits oben unter den Property-Rights-Ansätzen eingegangen wurde, soll hier lediglich noch kurz auf die Verwendung von Marktsimulationen eingegangen werden. Bezogen auf die Modifizierung der Konzernverfassung anhand des Entscheidungskriteriums hypothetischer, transaktionskostenfreier Markthandlungen wäre festzustellen, ob die Aktionäre des MU z.B. ein Zustimmungsrecht bei der Konzernierung, ein verlängertes Bezugsrecht auf Anteile von TU oder die Gewinnverwendungsrechte im Konzern auch im Rahmen von simulierten Markthandlungen erworben hätten[133]. Hiervon ist dann auszugehen, wenn sie - im Vergleich zu anderen potentiellen Nachfragern - den höchsten Nutzen aus diesen Verfügungsrechten erzielen, so daß ihnen diese Entscheidungsrechte auch vom Gesetzgeber im Rahmen der Primärverteilung zuzusprechen sind[134].

Wenn Regulierungen zur Konzernierung mit dem Ergebnis von gedachten, im Gleichgewicht befindlichen Marktzuständen begründet werden, so ist im ersten Schritt festzustellen, wer neben den Aktionären des MU als potentieller Nachfrager derartiger Rechte auftreten könnte[135]. Darüber hinaus ist zu klären, welche individuellen Präferenzen der gedachten Nachfrager der Gesetzgeber bei der Marktsimulation zu verwenden hätte, um das "effizienteste Gleichgewichtsergebnis" zu bestimmen und wie sich die Verfügungsrechtsstruktur verändern muß, wenn sich aufgrund neuer Informationen die Präferenzstruktur ändert[136].

---

132 Vgl. so z.B. Schmidt (Transaktionskosten, 1983) S. 184 ff.

133 Vgl. zu einer ähnlichen Forderung für eine getrennte Handelbarkeit aller Teilrechte einer Aktie: Schüller (Eigentumsrechte, 1979) S. 330.

134 Vgl. Posner (Economic Analysis, 1986) S. 43 ff. Bezogen auf den Haftungsverbund im Konzern vgl. Lehmann (ökonomischen Legitimation, 1992) S. 204 f.

135 Vgl. zur folgenden Kritik an der Vorgehensweise der Chicagoer ökonomischen Analyse des Rechts: Schneider (Ausweichhandlungen, 1986) S. 163 ff.; Elschen (Rechtsnormen, 1987) S. 225 ff.; Schwieters (Gläubigerschutz, 1989) S. 93 ff.

136 Vgl. Elschen (Rechtsnormen, 1987) S. 225 ff.

Da die Individuen jederzeit mit einer sich ändernden Rechtszuweisung aufgrund neuer simulierter Marktergebnisse rechnen müssen, wird die aus der Rechtszuweisung resultierende Spezifizierung von Verfügungsrechten hinsichtlich ihrer Sicherheit eingeschränkt[137]. Diese Rechtsunsicherheit erhöht das Informationsrisiko und kann zusammen mit den nicht bedachten Kosten des Anpassungsprozesses an die jeweils neuen Gleichgewichtszustände die im Gedankenmodell ermittelte Verteilungslösung ineffizient werden lassen[138].

Der Rückgriff auf die Ergebnisse gedachter Markttransaktionen kann darüber hinaus zu einer Abkehr vom engen Effizienzkriterium des Pareto-Prinzips führen[139]. Die Verfügungsrechte werden den Nachfragern zugeteilt, von denen erwartet wird, daß sie den höchsten Nutzen aus dem Verfügungsrecht ziehen werden. Obwohl sie folglich die bei der Rechtsverteilung nicht bedachten und damit eventuell "entrechteten" Nachfrager entschädigen könnten, wird eine Entschädigungsleistung regelmäßig nicht verlangt. Damit entspricht das zugrundeliegende Entscheidungskriterium dem von Kaldor und Hicks entwickelten Kompensationskriterium[140], das zwar als Erweiterung des strengen Pareto-Prinzips konzipiert ist, sich aber wegen der auftretenden Widersprüchlichkeiten nicht durchgesetzt hat[141].

Auch wenn der zentralen These der Chicagoer ökonomischen Analyse des Rechts, daß alternative Institutionen nach ihrem Beitrag zur Allokationseffizienz zu beurteilen sind, noch zugestimmt werden kann[142], so scheinen die vorliegenden, auf komparativ statischen Gleichgewichtsmodellen aufbauenden Argumentationsmuster doch zu restriktiv[143]. Daß sich anhand der Ergebnisse simulierter Markthandlungen konkrete Rechtszuweisungen, z.B. für konzernweite Gewinnverwendungs- und Bezugsrechte, begründen lassen, muß bezweifelt werden[144].

---

137 Vgl. Wegehenkel (Coase-Theorem, 1980) S. 34 f.
138 Vgl. Schmidtchen (Analyse des Rechts, 1991) S. 329.
139 Vgl. Elschen (Rechtsnormen, 1987) S. 225.
140 Vgl. Külp (Wohlfahrtsökonomik, 1981) S. 476 ff.
141 Vgl. Külp (Wohlfahrtsökonomik, 1981) S. 479.
142 Vgl. Kirchner (Ökonomische Analyse, 1983) S. 138 f.; Schneider (Ausweichhandlungen, 1986) S. 165.
143 Vgl. zur Kritik Schmidtchen (Analyse des Rechts, 1991) S. 316 ff.
144 Vgl. Schwieters (Gläubigerschutz, 1989) S. 94 ff.; Schörner (Insiderhandelsverbot, 1991) S. 109 f.; vgl. hierzu auch die allgemeinen Aussagen über das Konzernproblem mit Hilfe einer ökonomischen Analyse bei Kirchner (Analyse des Konzernrechts, 1984) S. 223 ff.

b) Principal-Agent-Ansätze

Sieht man die zunehmende Trennung von Eigentum und Verfügungsmacht im Konzern als eine Delegation von Verfügungsrechten an, so kommen neben den Verfügungsrechtsansätzen für die Diskussion um die Kompetenzverteilung zwischen Aktionären und Management im MU auch die Principal-Agent-Ansätze in Betracht[145].

Gegenstand der Principal-Agent-Theorie ist die wirtschaftliche Analyse von Auftragsbeziehungen unter Unsicherheit, ungleicher Wissensverteilung und Anreizproblemen[146]. Der Auftraggeber (Principal) schließt mit einem Beauftragten (Agent) über eine bestimmte Tätigkeit einen Vertrag ab, wobei die Handlungen des Agent das Nutzenniveau beider Parteien beeinflussen[147]. Den Vertragspartnern werden unterschiedliche Zielsetzungen und eigennütziges Verhalten unterstellt und es wird zusätzlich von einem Wissensvorsprung des Beauftragten ausgegangen. Der Informationsvorteil des Agenten, der bereits darin begründet ist, daß er im Auftrag des Principals einzelne Entscheidungen trifft und/ oder durchführt, eröffnet ihm u.a. die Möglichkeit, zum Nachteil des Principals seinen eigenen Nutzen zu steigern. Daher werden im Rahmen der Principal-Agent-Ansätze alternative vertragliche Vereinbarungen daraufhin untersucht, inwiefern sie das Verhalten der Vertragspartner beeinflussen und so zu einer Anreizkompatibilität zwischen Auftraggeber und Beauftragten beitragen können.

Bezogen auf die Unternehmensbeteiligten einer Aktiengesellschaft ist festzulegen, welche Personengruppe als Principal und welche als Agent einzuordnen ist. Wegen der klaren Kompetenzverteilung auf die aktienrechtlichen Organe (Hauptversammlung, Aufsichtsrat und Vorstand) besteht zwischen den Aktionären und dem Vorstand einer Aktiengesellschaft kein unmittelbares Auftragsverhältnis. Unter Berücksichtigung des Aufsichtsrates läßt sich diese Beziehung lediglich als vernetztes bzw. mehrstufiges Principal-Agent-Verhältnis deuten[148]. Nur unter Vernachlässigung von sonstigen Interessen im bestehenden Aktienrecht können folglich die Aktionäre als Principals, der Aufsichtsrat des MU als Agent der Aktionäre und gleichzeitig aber auch als Principal des Vorstands angesehen werden. Aber selbst wenn von einem mittelbaren Auftraggeber-Beauf-

---

145 Vgl. Schneider (Betriebswirtschaftslehre, 1987) S. 26, der das Principal-Agent-Problem als "die Kernfrage einer Lehre von den Innenbeziehungen einer Institution" und damit auch eines Unternehmens bzw. eines Konzerns ansieht.

146 Vgl. hierzu Grossmann/Hart (Principal-Agent, 1983) S. 7ff. sowie den Überblick bei: Pratt/ Zweckhauser (Principals, 1985); Bamberg/Spremann (Agency Theory, 1987); Schörner (Insiderhandelsverbot, 1991) S. 110 ff.

147 Vgl. Arrow (Agency, 1985) S. 37.

148 Vgl. Jaschke (Überwachungsfunktion, 1989) S. 33 ff.

tragten-Verhältnis zwischen Aktionären und Vorstand einer Aktiengesellschaft ausgegangen wird, so sind die Auswirkungen der Konzernbildung auf dieses Principal-Agent-Verhältnis noch weitgehend offen.

Lediglich wenn von einer Einheitsbetrachtung des Konzerns ausgegangen wird, lassen sich die oben beschriebenen Konfliktpotentiale zwischen diesen Unternehmensbeteiligten eines MU mit Hilfe der vorliegenden agency-theoretischen Aussagen diskutieren[149]. Dann wäre der Anstellungsvertrag des Vorstandes des MU so auszugestalten, daß er im Rahmen der bestehenden gesetzlichen Regulierungen den gesamten Konzern mit der gleichen Intensität im Interesse der Aktionäre des MU einheitlich leitet, wie er dies auch in einer unverbundenen Einzelgesellschaft tun sollte[150]. Die Analyse der institutionellen Ausgestaltung der Auftragsbeziehung z.B. zwischen Aktionär und Manager des MU könnte dann im Rahmen der Principal-Agent-Theorie aus zwei methodisch unterschiedlichen Sichtweisen angegangen werden[151].

In der vor allem auf Beschreibungen und Erklärungen ausgerichteten positivistischen Agency-Theorie werden unterschiedliche institutionelle Regelungen meist mit dem Instrumentarium der Agency-Kosten untersucht[152]. Dabei entsprechen die Agency-Kosten der Nutzenminderung aus dem Vergleich eines Idealzustandes mit Gleichgewichtslösung bei vollkommener Information und kostenlosen Vertragsabschlüssen mit dem beobachteten Realzustand von Informationsunterschieden zwischen Auftraggeber und Beauftragten. Die Agency-Kosten lassen sich nach Jensen/Meckling wie folgt untergliedern:

-- Überwachungskosten des Principal,
-- Garantiekosten des Agent und
-- verbleibender Wohlfahrtsverlust (Residualverlust)[153].

Anhand der Höhe der Agency-Kosten werden real existierende Institutionen begründet und Gestaltungsempfehlungen für alternative institutionelle Regeln

---

149 Vgl. kritisch zur Lösung der mehrstufigen aktienrechtlichen Principal-Agent-Beziehungen Schneider (Regulierungen, 1988) S. 200 f.; zur fehlenden allgemeinen Theorie vernetzter Agency-Probleme vgl. Swoboda (Kapitalmarkt, 1987) S. 49.

150 Vgl. so bereits Hommelhoff (Konzernleitungspflicht, 1982) S. 43 ff.

151 Vgl. zu dieser Differenzierung Jensen (Organization, 1983) S. 334 ff.; zu weiteren Unterscheidungsmöglichkeiten vgl. Neus (Agency-Theorie, 1989) S. 11 ff.

152 Vgl. Picot (Ökonomische Theorien, 1991) S. 150 ff.

153 Vgl. dazu Jensen/Meckling (Agency Costs, 1976) S. 308.

abgeleitet[154]. Als Instrumente zur Verringerung von Agency-Kosten werden neben speziellen Anreiz- und Kontrollmechanismen innerhalb der Unternehmung, wie z.B. den hier relevanten Zustimmungsbedürftigkeiten bei der Konzernbildung, auch die bereits genannten Wirkungsmechanismen einzelner indirekter Kontrollmärkte, wie z.B. der Aktienmarkt als Kontrollmarkt, auf den individuellen Nutzenkalkül von Principal und Agent hin untersucht[155].

So ist z.B. auch versucht worden, die Effizienz alternativer Gewinnverwendungskompetenzen in einem unverbundenen Unternehmen mit Hilfe der Höhe der Agency-Kosten zu beurteilen[156]. Wegen der situationsabhängigen Betrachtungsweise und der Vielzahl, die Realität stark vereinfachender Prämissen liegen auch mehrere und vor allem unterschiedliche Ergebnisse vor, die jedoch aufgrund der situativen Modellgestaltung bisher kaum in eine zusammenfassende Aussage überführt werden können. Unter Berücksichtigung des Eigner-Manager-Gläubiger-Konfliktpotentials erlauben sie bisher keine eindeutigen Aussagen über die Ausgestaltung einer pareto-optimalen Gewinnverwendungskompetenz im unverbundenen Unternehmen[157], geschweige denn Aussagen über die effiziente Verteilung der Gewinnverwendungskompetenz im Konzern.

Die Verwendung von Agency-Kosten als quantitative Entscheidungsgrößen zur Bestimmung institutioneller Arrangements im Konzern scheint aber auch wegen der allgemeinen Vorgehensweise fragwürdig. Sie erinnert an die beschriebenen Property-Rights-Ansätze, die mit Hilfe von Transaktionskosten versuchen, alternative institutionelle Regelungen zu beurteilen[158]. Weil auch die Quantifizierung sämtlicher Agency-Kosten die Existenz eines generellen Konkurrenzgleichgewichts voraussetzt, womit die Agency-Probleme wiederum irrelevant wären, unterliegt dieser Ansatz für die Untersuchung alternativer institutioneller Rege-

---

154 Vgl. z.B. Fama/Jensen (Agency Problems, 1983) S. 327 ff.; Barnea/Haugen/Senbet (Financial Contracting, 1985), die über Agency-Kosten unterschiedliche Finanzierungsformen analysieren. Vgl. auch Whittred (Consolidated Financial Reporting, 1987) S. 159 ff., der hierüber die Existenz des Konzernrechnungswesens begründet. Kritisch zur Lösung des Principal-Agent-Problems mit Hilfe von Agency-Kosten vgl. Schneider (Betriebswirtschaftslehre, 1987) S. 555 ff.

155 Vgl. Jensen/Meckling (Agency Costs, 1976) S. 305 ff.; Ouchi (Conceptual Framework, 1979) S. 833 ff. Zu den Kontrollmärkten ausführlich: Ridder-Aab (Eigentumsrechte, 1980) S. 96 ff.; schon beschränkt auf den Kapitalmarkt: Schredelseker (Eigentümerkontrolle, 1975) S. 226 ff.

156 Vgl. John/Kalay (Costly Contracting, 1982) S. 457 ff.; Pfaff (Gewinnverwendungsregelungen, 1989) S. 64 ff.

157 Vgl. die Zusammenfassung bei Pfaff (Gewinnverwendungsregelungen, 1989) S. 206.

158 Vgl. S. 172 ff. Vgl. zu Abgrenzungsversuchen zwischen Agency-Kosten und Transaktionskosten Williamson (Corporate Finance, 1988) S. 570ff.

lungen im Konzern der gleichen Kritik wie der Transaktionskostenansatz[159]. Die kaum mögliche Quantifizierung verhindert damit auch eindeutige Rangordnungsaussagen über alternative gesetzliche Vorschriften.

Im Gegensatz zur positivistischen Agency-Theorie stellt die normative Principal-Agent-Theorie einen meist mathematisch formalisierten Theorieansatz zur konkreten Gestaltung von optimalen Vertragsbedingungen zwischen Principal und Agent dar[160]. Unter expliziter Berücksichtigung der asymmetrischen Informationsverteilung zwischen den Vertragspartnern werden alternative Vertragsformen hinsichtlich ihrer Anreiz- und Risikoteilungswirkungen untersucht. Eine optimale Vertragsgestaltung zwischen Principal und Agent ist dann erreicht, wenn im Sinne der Pareto-Optimalität eine Vertragsänderung einen der Partner schädigen würde[161].

Die normative Principal-Agent-Theorie unterscheidet sich von der positivistischen Agency-Theorie damit in ihrem stärker gestaltenden Charakter[162]. Mit ihr sollen unter Beachtung der möglichen unterschiedlichen Interessen und unter Anwendung der Entscheidungslogik unter Unsicherheit insbesondere Anreiz- und Risikoteilungsprobleme zwischen Principal und Agent untersucht werden. Anhand von Modellaussagen werden Empfehlungen für die Funktionsverbesserung z.B. Verfügungsrechtsgestaltungen auf den Kontrollmärkten gegeben.

Weniger nach dem Analyseziel als vielmehr nach der Art der asymmetrischen Informationsverteilung zwischen den (potentiellen) Vertragspartnern lassen sich die Principal-Agent-Ansätze in zwei Problemebenen einteilen[163]:

- Vor Vertragsabschluß besteht zwischen den potentiellen Vertragspartnern insbesondere eine asymmetrische Informationsverteilung hinsichtlich der Qualitätsmerkmale des Vertragsgegenstandes, wie z.B. der Mitgliedschaftsrechte an einem MU (hidden information) und der Eigenschaften des Mana-

159 Vgl. dazu ausführlich Schneider (Betriebswirtschaftslehre, 1987) S. 480 ff. und S. 555 ff. Einschränkend Neus (Agency Costs, 1989) S. 487 f.; Schmidt (Organisationstheorie, 1992) Sp. 1863 f.

160 Vgl. Strong/Walker (Information, 1987) S. 167; Wenger/Terberger (Organisation, 1988) S. 507.

161 Vgl. Neus (Agency-Theorie, 1989) S. 15.

162 Vgl. Arrow (Agency, 1985) S. 38, der jedoch auf den deskriptiven Charakter hinweist.

163 Vgl. zu dieser Untergliederung Koch (Anlegerschutz, 1981) S. 137 ff.; Schneider (Investition, 1992) S. 615 ff. Zur Differenzierung nach der Art der asymmetrischen Informationsverteilung: Arrow (Agency, 1985) S. 38; Spremann (Informationsverteilung, 1990) S. 563, der zusätzlich noch "Holdup" als Differenzierungsvariante für ein variables Verhalten des Agent, das dem Principal ex post bekannt wird, einführt.

gers (hidden characteristics)[164]. So wird z.B. jede angebotene Managementleistung, deren Vertragskonditionen sich an der durchschnittlichen Arbeitsqualität orientieren, nur von solchen Managern angenommen, deren Arbeitsqualität diesen Standard nicht erreicht. Bei entsprechender Antizipation durch den Auftraggeber kommt ein negativer Ausleseprozeß (adverse selection) in Gang, der bis zu einem Zusammenbruch des Marktes führen kann.
Dieser erstmals von Akerlof für den Gebrauchtwagenmarkt aufgezeigte und als "Lemon-Prinzip" bezeichnete Zusammenhang[165] kann auf nahezu allen Produkt- und auch Verfügungsrechtsmärkten bei einer asymmetrischen Informationsverteilung auftreten[166]. Folglich könnte er auch für die bei den für MU bedeutsamen Kontrollmärkten (Aktien- und Managermarkt und Markt für Unternehmenskontrolle) relevant werden.

Als Instrumente zur Vermeidung eines Adverse-selection-Prozesses werden in der Literatur die kostenlosen Self-selection-Ansätze und die Kosten verursachenden Signalling- und Screening-Ansätze diskutiert[167]. Nach den Self-selection-Ansätzen kann die asymmetrische Informationsverteilung über die Eigenschaften des Managers, z.B. durch dem Anbieter zur Wahl gestellte alternative Vertragsgestaltungen und dessen Auswahlentscheidung, vermindert werden[168]. Das kostenverursachende Screening bezeichnet eine Verhaltensweise, bei der ein weniger gut informierter Nachfrager die Qualitätseigenschaften des Gutes über Tests bzw. Prüfungen feststellt und damit selbst zum Abbau der asymmetrischen Information beiträgt. Im Gegensatz hierzu bedeutet Signalling, daß sich die besser informierten Anbieter z.B. höherwertiger Aktien selbst um den Abbau der asymmetrischen Informationsverteilung bemühen und sich von den Anbietern geringerwertiger Aktien durch erkennbare und von diesen ohne überkompensierende Nachteile nicht imitierbaren Signalen abheben[169].

Die regelmäßig vor Vertragsabschluß relevante Adversee-selection-Problematik könnte dazu herangezogen werden, die Auswirkungen alternativer institutioneller Arrangements auf den indirekten Kontrollmärkten zu untersuchen. Damit käme sie für die Analyse möglicher Außenwirkungen einer

164 Vgl. Spremann (Informationsverteilung, 1990) S. 565 f.; Picot (Ökonomische Theorien, 1991) S. 152, der noch weitergehende "hidden characteristics" differenziert.

165 Vgl. Akerlof (Market, 1970) S. 488 ff.

166 Vgl. z.B. bezogen auf die Emission junger Aktien: Myers/Majluf (Corporate Financing, 1984) S. 187 ff.; bezogen auf die Problematik des Insiderhandels: Schörner (Insiderhandelsverbot, 1991) S. 149 ff.

167 Vgl. Koch (Kapitalanlegerschutz, 1981) S. 143 ff.

168 Vgl. hierzu ausführlich Koch (Kapitalanlegerschutz, 1981) S. 160 ff.

169 Vgl. hierzu ausführlich Spence (Signaling, 1973) S. 355 ff.; Hartmann-Wendels (Dividendenpolitik, 1986) S. 84 ff.

Veränderung der in der Aktie eines MU gebündelten Verfügungsrechte im Vergleich zur bestehenden Regelung im Hinblick auf die Funktionsfähigkeit des Aktienmarktes in Frage. Dies gilt gleichermaßen für die diskutierten Forderungen nach einem Bezugsrecht der Aktionäre des MU bei Kapitalerhöhungen im TU[170], der Gewinnverwendungskompetenz der Aktionäre des MU und der unmittelbaren Zustimmungsbedürftigkeit bei Konzernbildung bzw. -erweiterung.

- Nach Vertragsabschluß besteht zwischen den Vertragspartnern insbesondere eine asymmetrische Informationsverteilung hinsichtlich der vom Agent getroffenen Handlungen (hidden action)[171]. Weil der Aktionär den Arbeitseinsatz des Managements nicht unmittelbar beobachten kann und auch z.B. aus einem beobachtbaren Jahresergebnis nicht eindeutig auf die Handlungen des Agents rückschließen kann, besteht für ihn die Gefahr, daß das Management nach Vertragsabschluß z.B. durch geringen Arbeitseinsatz oder Konsum am Arbeitsplatz seine eigene Nutzenposition zum Nachteil der Aktionäre verbessert (Moral-hazard-Problematik)[172]. Mit dem Rückschluß vom Jahresergebnis des MU auf den Arbeitseinsatz des Managements ist dies nicht sicher festzustellen, weil ein beobachtbares positives (negatives) Jahresergebnis durch günstige (ungünstige) Umweltlagen, durch einen hohen (niedrigen) Arbeitseinsatz des Managements aber insbesondere im Konzern auch durch konzerninterne Gestaltungsspielräume determiniert sein kann. Zwar ließen sich mit dem Übergang auf das Konzernergebnis als Beurteilungsgrundlage die letztgenannten Einwände entkräften; die mit der Konzernbildung jedoch häufig zu beobachtende Diversifizierung kann die Managementbeurteilung aber wiederum beeinträchtigen, weil die über einen Unternehmensvergleich ansonsten mögliche Isolierung von Umweltlagen im Konzern wegen der fehlenden Vergleichsobjekte kaum noch möglich erscheint[173].

Zur Lösung der aus der asymmetrischen Informationsverteilung nach Vertragsabschluß resultierenden Moral-hazard-Problematik für den Aktionär werden vielfältige Vertragsgestaltungen und unterschiedliche Aufsichts- und Kontroll-

---

170 Vgl. zur ähnlichen Problematik bei einer Kapitalerhöhung im ungebundenen Unternehmen: Myers/Majluf (Corporate Financing, 1984) S. 187 ff.

171 Vgl. Spremann (Informationsverteilung, 1990) S. 565 f.; Picot (Ökonomische Theorien, 1991) S. 151.

172 Vgl. Jensen/Meckling (Agency Costs, 1976) S. 312 ff.; Schneider (Investition, 1992) S. 616. Vgl. hierzu auch Ridder-Aab (Eigentumsrechte, 1980) S. 14 ff.; Schüller (Property Rights, 1983) S. 169 f.

173 Vgl. dennoch zur Notwendigkeit von zwingenden Rechnungslegungsvorschriften in Principal-Agent-Beziehungen: Schneider (Betriebswirtschaftslehre, 1987) S. 574 f.; Elschen (Principal-Agent, 1991) S. 434 ff.

mechanismen diskutiert[174]. Die Vorschläge reichen von einer Einschränkung des Handlungsspielraumes des Managers (Auftragsabgrenzung) bei den Koordinations-, Gewinnverwendungs- und Veräußerungsrechten[175] über Entlohnungs- und Anreizkonzepte bis hin zu internen Kontrollen der Aktionäre (interne direkte Kontrolle über Rechnungswesendaten) und bei den hier interessierenden Publikumsgesellschaften insbesondere der externen Kontrolle z.B. über den Aktienmarkt. Hier könnten auch nahezu sämtliche im dritten Kapitel aufgeführten Reformvorschläge für eine Kompetenzänderung im MU aufgezählt werden. Auch sie können in der Terminologie der Principal-Agent-Ansätze zur Lösung der Moral-hazard-Problematik im MU beitragen.

Die Moral-hazard-Problematik wäre damit für die Analyse von Konzernverfassungen insofern relevant, als durch die Reformvorschläge auch Möglichkeiten zur Risikoverlagerung auf einzelne Konzernbeteiligte greifbar werden. So könnte das auf dem Aktienmarkt als indirektem Kontrollmarkt gehandelte Gewinnverwendungsrecht der Aktionäre des MU in Höhe des Konzernergebnisses oder die konzernweite Eigenkapitalveränderungskompetenz zur Lösung der Moral-hazard-Problematik beitragen.

c) Zusammenfassung

Die institutionellen mikroökonomischen Theorieansätze können dazu beitragen, die bisher überwiegend auf der Schädigungshypothese aufbauenden juristischen Begründungsansätze zu erweitern und liefern insgesamt auch mehrere hilfreiche Hinweise auf mögliche Vorgehensweisen für eine ökonomische Beurteilung der Reformvorschläge zur Konzernverfassung. So sind die Verfügungsrechtsansätze schon deswegen ergiebig, weil sie explizit darauf hinweisen, daß die vorgeschlagenen Reformen zur Konzernverfassung mit den Konsequenzen alternativer institutioneller Arrangements, wie z.B. der bestehenden Regelung, verglichen werden sollten und daß die Einbeziehung der meist vernachlässigten externen Kontrollfunktionen des Aktien-, Übernahme- und Managermarktes notwendig ist. Gleiches gilt für die Agency-theoretischen-Ansätze, die viele aus der asymmetrischen Informationsverteilung resultierenden Problemfelder der adverse selection (vor Vertragsabschluß) und der im Konzern besonders relevanten Moral-hazard-Problematik (nach Vertragsabschluß) herausgearbeitet haben. Viele der im dritten Kapitel vorgestellten Reformvorschläge können gerade zur Lösung der Moral-hazard-Problematik relevant sein.

---

174 Vgl. Picot (Ökonomische Theorien, 1991) S. 151 f.
175 Vgl. Kaulmann (Property rights, 1987) S. 31.

Eine Beurteilung der Reformvorschläge mit Hilfe der individuellen Nutzenfunktionen der Auftraggeber und Beauftragten vorzunehmen, erscheint jedoch wenig erfolgversprechend.

Gemeinsam ist diesen institutionellen mikroökonomischen Ansätzen, daß die jeweiligen Lösungsvorschläge zur Beurteilung alternativer institutioneller Arrangements meist über statische Gleichgewichtsmodelle ermittelt werden. Als Diskriminierungsvariable dienen entweder die Höhe der Transaktionskosten (Verfügungsrechtsansätze) oder die individuellen Nutzengrößen von Principal und Agent bzw. die Agency-Kosten (Agency-Ansätze).

Die Verwendung des Beurteilungsmaßstabs "Höhe der Transaktionskosten" erscheint wegen der bisher noch fehlenden eindeutigen Begriffsabgrenzung und der damit kaum noch möglichen eindeutigen Rangordnungsaussagen über die Vorziehenswürdigkeit einzelner institutioneller Arrangements wenig sinnvoll. Die gleiche Kritik trifft die positivistischen Agency-Ansätze, die über die Höhe der Agency-Kosten zu Aussagen über die Vorteilhaftigkeit von institutionellen Arrangements in der Unternehmungsverfassung gelangen wollen.

Neben diesen speziellen Kritikpunkten an den Diskriminierungsvariablen erscheinen diese Ansätze für eine auf Politikberatung ausgerichtete Analyse aber auch deswegen nur eingeschränkt geeignet, weil sie auf komparativ statischen Gleichgewichtsmodellen aufbauen[176]. Für die Beantwortung der komplexen Fragen, wie sich z.B. alternative institutionelle Regelungen in der Konzernverfassung auf die Funktionsfähigkeit des Aktienmarktes als Kontrollmarkt auswirken, erscheint die Gegenüberstellung der Ergebnisse gedanklicher Gleichgewichtssituationen kaum hinreichend, weil Anpassungsprozesse und die damit verbundenen Effekte nicht beachtet werden können[177]. Auch die Versuche zur Messung eines Nettoeffektes unter Berücksichtigung möglicher Übergangskosten sind bisher wenig erfolgversprechend, weil sich Opportunitätskosten als beobachtbare Sachverhalte im Übergangsprozeß nicht eindeutig bestimmen lassen[178]. Damit sind die von den institutionellen mikroökonomischen Ansätzen diskutierten Fragen auch hier relevant, die gewählten Vorgehensweisen zu Lösung dieser Probleme erscheinen jedoch zu restriktiv, als daß hierüber allgemeine Aussagen über die Ausgestaltung einer Konzernverfassung abgeleitet werden können. Es stellt sich dann jedoch erneut die Frage nach einem ver-

176 Vgl. hierzu Schmidtchen (Analyse des Rechts, 1991) S. 329.
177 Vgl. Schmidtchen (Analyse des Rechts, 1991) S. 318 f.
178 Vgl. hierzu Buchanan (Cost and Choice, 1969) S. 5 ff.; Schneider (Marktprozeßtheorie, 1986) S. 49.

wendbaren Beurteilungskriterium, mit dem Aussagen über die Notwendigkeit einer Reform der Aktionärsrechte im MU vorgenommen werden können. Möglicherweise liefern die explizit auf statische Gleichgewichtsmodelle verzichtenden, prozeßorientierten Theorieansätze hierzu weitere Anhaltspunkte.

2. *Institutionelle prozeßorientierte Ansätze*

Gemeinsamer Ausgangspunkt der verschiedenen, auf die ältere österreichische Schule zurückgehenden prozeßorientierten Ansätze ist die kritische Distanz zu den an Marktgleichgewichten orientierten Denkrichtungen[179]. So hat z.B. vor allem von Hayek im Rahmen seiner Auseinandersetzung mit der Gleichgewichtsanalyse die Frage in den Mittelpunkt gerückt, wie die Wirtschaftssubjekte überhaupt zu dem Wissen kommen können, das sie zum Erreichen eines Marktgleichgewichts benötigen[180]. Weil von einem "*Zustand* des Gleichgewichts in einem gegebenen Zeitpunkt" nur dann auszugehen ist, wenn "die verschiedenen Pläne, welche ... (die) Individuen für die Handlungen der Zukunft gemacht haben, miteinander verträglich sind"[181], ist die Auseinandersetzung mit den Gleichgewichtsmodellen für von Hayek nur insofern relevant, als noch nicht übereinstimmende individuelle Pläne zu Erwartungs- und Handlungsänderungen beitragen, die dann dazu führen können, daß "das Wissen und die Absichten der verschiedenen Mitglieder der Gesellschaft einer immer größeren Übereinstimmung entgegengehen"[182]. Sofern sich die Erwartungsbildung zunehmend verbessert, kann es zu einer Tendenz zum Gleichgewicht kommen, ohne daß dieses jedoch jemals erreicht wird[183]. Insofern hat die Wirtschaftswissenschaft vor allem aufzuzeigen, unter welchen Bedingungen diese Tendenz zum Gleichgewicht besteht und wie der hierfür erforderliche individuelle Wissensänderungsprozeß abläuft[184].

Damit rücken die prozeßorientierten Konzepte den Sachverhalt, daß "Wissen, Wollen und Können ... zwischen den Menschen höchst ungleich verteilt" und daß "Unsicherheit beim Erwerb und der Verwendung von Einkommen ... unver-

179 Vgl. Kirzner (Marktdynamik, 1988) S. 13; zu den unterschiedlichen Ausrichtungen und zur Entstehungsgeschichte: Witt (Grundlagen, 1987) S. 31 ff.; Schneider (Betriebswirtschaftslehre, 1987) S. 518 ff.; sowie den Überblick bei Schörner (Insiderhandelsverbot, 1991) S. 116 ff.

180 Vgl. von Hayek (Verwertung des Wissens, 1952) S. 103 f.

181 von Hayek (Wirtschaftstheorie, 1952) S. 59.

182 von Hayek (Wirtschaftstheorie, 1952) S. 63 f.

183 Vgl. von Hayek (Gesetzgebung, 1981) S. 169 f.; kritisch zur empirischen Gültigkeit der Tendenz zum Gleichgewicht vgl. auch Schneider (Ausweichhandlungen, 1986) S. 168 f.; Röpke (Unternehmenswachstum, 1990) S. 151.

184 Vgl. von Hayek (Wirtschaftstheorie, 1952) S. 64; von Hayek (Sinn des Wettbewerbs, 1952) S. 126. Vgl. zu dieser Frage auch Witt (Grundlagen, 1987) S. 127 ff.

meidbar" ist, explizit in den Mittelpunkt ihrer Untersuchungen[185]. Aus diesem Sachverhalt ergeben sich dann Marktprozesse, die zur Aufdeckung von bisher unbekanntem Wissen beitragen können[186]. Die prozeßorientierten Konzepte setzen damit die - insbesondere auch zwischen den Konzernbeteiligten festgestellte - asymmetrische Informationsverteilung zwischen den Wirtschaftssubjekten voraus.

Obwohl von Hayek den Schwerpunkt seiner weiteren Untersuchungen auf die Frage konzentriert, welche volkswirtschaftliche Organisationsform zu einem effizienten Wissensaufdeckungsprozeß beiträgt[187], kommt hierin dennoch zum Ausdruck, daß er insbesondere im Preissystem ein zentrales Informationsinstrument sieht, das die beschriebene Tendenz zum Gleichgewichtszustand herbeiführen kann. So ermöglicht ein freies Preisgefüge es den Wirtschaftssubjekten ihr individuell optimales Verhalten aufeinander abzustimmen und zu realisieren[188]. Damit das Preissystem jedoch seinen Beitrag zur Wissensaufdeckung liefern kann, müssen die Preise "das Ergebnis des Wettbewerbs oder zumindest der Offenheit des Marktes für jeden, der relevante Informationen über irgendeine Nachfrage- oder Angebotsquelle für das fragliche Gut besitzt", sein[189].

Offen bleibt bei den von Hayek'schen Aussagen, wodurch die Individuen motiviert werden, einen Lernprozeß zu initiieren und wie dieser konkret abläuft. Auch die prozeßorientierten Analysen von Kirzner lassen die Frage nach dem Ablauf des Lernprozesses weitgehend unbeantwortet[190] und unterstellen, daß solche Lernprozesse stattfinden und durch die unternehmerischen Eigenschaften aller Individuen ausgelöst werden. Diese - aufbauend auf von Mises[191] - von Kirzner angenommene unternehmerische Eigenschaft eines jeden Wirtschaftssubjektes, das Unzufriedenheiten mit gegebenen Situationen beheben will, und

---

185 Schneider (Betriebswirtschaftslehre, 1987) S. 1.

186 Vgl. zur Wissensaufdeckung durch den Wettbewerb auf einem Markt insbesondere von Hayek (Verwertung des Wissens, 1952) S. 104 f., der in der Sicherung einer effizienten Verwertung des Wissens einer Volkswirtschaft das entscheidende, durch die Wirtschaftsordnung zu lösende Problem sieht. Vgl. ähnlich die Vorstellungen der neueren österreichischen Schule: Kirzner (Marktdynamik, 1988) S. 160 f.

187 Vgl. von Hayek (Verwertung des Wissens, 1952) S. 111 ff.; von Hayek (Sinn des Wettbewerbs, 1952) S. 138 ff. Vgl. so auch Witt (Grundlagen, 1987) S. 73.

188 Vgl. von Hayek (Verwertung des Wissens, 1952) S. 115; von Hayek (Gesetzgebung, 1981) S. 169 f. Vgl. Schneider (Gewinnermittlung, 1983) S. 1063, der auf unvollkommenen und unvollständigen Märkten u.a. auch in Rechnungslegungsinformationen eine Ergänzung zu den nicht ausreichenden Marktpreisinformationen sieht.

189 von Hayek (Gesetzgebung, 1981) S. 161.

190 Vgl. Kirzner (Wettbewerb, 1978) S. 57 ff.

191 Vgl. von Mises (Nationalökonomie, 1940) S. 11 ff.

hierzu wachsam und findig nach neuen Möglichkeiten Ausschau hält[192], läßt Marktprozesse bestehen bzw. initiiert regelmäßig neue. So ergibt sich der "Marktprozeß ... als unvermeidliche Implikation des Umstandes, daß Menschen handeln, dabei auch in ihren Handlungen irren, ihre Irrtümer entdecken und dazu neigen, ihre Handlungen in eine Richtung zu revidieren, die verspricht, weniger fehlerhaft zu sein als zuvor."[193]

Im Rahmen der Analyse von Rechtsregeln gehen auch die prozeßorientierten Ansätze davon aus, daß "die Entwicklung der Rechtsregel stets auf die Verbesserung einer gegebenen Seinsordnung gerichtet" ist, so daß auch die Beurteilung alternativer Regelungen hieran ausgerichtet werden sollte[194]. Damit kann sich auch aus dem Blickwinkel der prozeßorientierten Ansätze "eine Wettbewerbspolitik als nie erreichbares, aber anzustrebendes Endziel *Allokationseffizienz* setzen, wenn damit (abweichend vom strengen Modellsinn) eine Tendenz zur besseren Ausnutzung knapper Faktoren und zum Nach-und-nach-Wegschwemmen von Arbitragegewinnen auf Märkten gemeint ist"[195]. Um normative Aussagen treffen zu können, wird dann auch hier ein Diskriminierungskriterium benötigt, mit dem die Auswirkungen der alternativen Rechtsregeln, wie die Gewinnverwendungskompetenz im MU bzw. die konzernweite Eigenkapitalbeschaffung über das MU, z.B. auf den Aktienmarkt beurteilt werden können.

Wird nach derartigen Beurteilungskriterien in der prozeßorientierten Literatur gesucht, sind meist nur sehr allgemein gehaltene Aussagen zu finden. So richten sich die Formulierungen über das Auswahlkriterium bei von Hayek noch auf das allgemeine Kriterium der Förderung des Wissensaufdeckungsprozesses durch ein wettbewerbliches Preissystem[196]. Auch die Aussagen von Kirzner, wonach "die institutionellen Gegebenheiten ... so ausgerichtet sein (sollten), daß ... (sämtliche) Gelegenheiten" des gesellschaftlichen Fortschritts schneller entdeckt werden können, wovon immer dann auszugehen ist, wenn diese Gelegenheiten den findigsten Individuen zukommen und diese auch einen Vorteil hieraus ziehen können[197], orientieren sich am Wissensaufdeckungsprozeß und

---

192 Vgl. Kirzner (Marktdynamik, 1988) S. 39 ff.
193 Kirzner (Marktdynamik, 1988) S. 43.
194 von Hayek (Rechtsordnung, 1969) S. 182.
195 Schneider (Ausweichhandlungen, 1986) S. 160 f.; von Hayek (Wirtschaftstheorie, 1952) S. 62 ff.
196 Vgl. von Hayek (Rechtsordnung, 1969) S. 181, wo ebenfalls nur allgemeine Aussagen wie z.B. Rechtsregeln sollen nicht beinhalten, "daß die Güter, die auf einen Markt kommen, mit so geringem Aufwand wie möglich hergestellt werden ..., aber sie dienen dazu die Bedingungen zu schaffen, unter denen dies geschehen wird."
197 Kirzner (Marktdynamik, 1988) S. 171 f.; vgl. hierzu bereits früher Kirzner (Wettbewerb, 1978) S. 192.

erscheinen damit ebenso unbestimmt. Nach Schmidtchen ist bei einer dynamischen Analyse für die Ableitung eines Diskriminierungskriteriums auf die mögliche "*equilibrierende* Kraft von Rechtsregeln" zurückzugreifen, die "um so größer, je weniger Planungsirrtümer sie erzeugen, je stärker sie zur Entdeckung von Planungsirrtümern beitragen und je schneller sie die Korrektur von Planungsirrtümern ermöglichen"[198].

Aus diesen allgemeinen Formulierungen der prozeßorientierten Ansätze lassen sich jedoch keine eindeutigen Kriterien zur Beurteilung, wie sich z.B. alternative Regelungen zur Konzernverfassung auf den Aktienmarkt als Kontrollmarkt auswirken, ableiten. Entsprechend liegen bisher auch kaum detaillierte Aussagen zur Gestaltung der Unternehmungsverfassung vor. Lediglich generelle Formulierungen, wie z.B. daß die Rechtsfähigkeit der Kapitalgesellschaften eingeschränkt und die Unternehmungsverfassung wieder stärker an den Gewinninteressen der Aktionäre ausgerichtet werden sollte, sind zu finden[199]. Auf die Konzernverfassung wird nur indirekt eingegangen, wenn z.B. von Hayek vorschlägt, daß es den Kapitalgesellschaften untersagt werden sollte, sich an anderen Unternehmen zu beteiligen bzw. daß ihnen zumindest die Ausübung der Stimmrechte aus der Beteiligung untersagt werden sollte[200]. Diese Lösungsansätze würden die Konzernrechtsfragen insofern lösen, als sie die bestehenden Konzernorganisationen untersagen würden. Die praktische Umsetzbarkeit derartiger Vorschläge in einem von Konzernen dominierten Wirtschaftssystem erscheint jedoch kaum vorstellbar.

Ansonsten beschränken sich die prozeßorientierten Ansätze bisher darauf, anstelle von Einzelprognosen über das Ergebnis derartig komplexer Problemstellungen lediglich Muster- bzw. Strukturvoraussagen vorzunehmen, die mit alternativen Institutionen verbunden sind[201]. Diese könnten für die hier relevanten Fragen nach den Auswirkungen einer Modifizierung der Konzernverfassung auf die Funktionsweise des Aktienmarktes als Kontrollmarkt wie folgt lauten[202]: Die konzernweite Gewinnverwendungskompetenz der Aktionäre des MU würde die

---

198 Schmidtchen (Analyse des Rechts, 1991) S. 331.

199 Vgl. von Hayek (Corporation, 1967) S. 308 ff.; Fehl/Oberender (Unternehmensverfassung, 1986) S. 137 ff.

200 Vgl. von Hayek (Corporation, 1967) S. 308 ff.; ähnlich auch Böhm (Unternehmenszusammenfassung, 1976) S. 149 ff.; Schüller (Property Rights, 1983) S. 182 f.; Fehl/Oberender (Unternehmensverfassung, 1986) S. 144.

201 Vgl. so für Beschreibungen und Prognosen über Preissystemveränderungen: von Hayek (Anmaßung von Wissen, 1975) S. 15; von Hayek (Recht, 1980) S. 41; vgl. hierzu auch Graf (Muster-Voraussagen, 1978) S. 46 ff.

202 Vgl. hierzu allgemein Graf (Muster-Voraussagen, 1978) S. 46 ff.; Schmidtchen (Ordnungstheorie, 1989) S. 161.

in der Aktie gebündelten Verfügungsrechte verändern und damit u.a. den Aktienmarktprozeß beeinflussen. Wenn die veränderten Strukturen auf dem Aktienmarkt dazu beitragen würden, daß sich z.B. die Preisbildung einem wettbewerblichen Preissystem annähert und damit die Signalfunktion der Aktienkurse erhöht werden könnte, so fände durch die modifizierte Rechtsregel ein Wissensaufdeckungungsprozeß statt. Die sich neu bildenden Aktienkurse würden im Vergleich zur bestehenden Situation die Kapitallenkung verbessern und insofern zur effizienteren Kapitalallokation innerhalb der Volkswirtschaft und damit auch zu einer verbesserten Aktienmarktkontrolle beitragen.

Zu fragen ist folglich nach den Auswirkungen, die die Reformvorschläge z.B. auf die Tauschbedingungen der verschiedenen aktienrechtlichen Kontrollmärkte haben, so daß sich Preissysteme bilden können, die zu einer Verbesserung des Wissensaufdeckungsprozesses und damit zu einer Tendenz zum Gleichgewicht beitragen können[203]. Die Effizienz der alternativen Rechtsregeln zur Konzernverfassung wird damit nicht mehr an den mit Hilfe von statischen Gleichgewichtsmodellen ermittelten Ergebnissen beurteilt. Vielmehr soll "vorgelagert" untersucht werden, wie sich die Regulierungen zur Konzernverfassung auf die Marktbedingungen auswirken und ob sie in der Lage sind, ein die Wissensaufdeckung förderndes Wettbewerbssystem z.B. auf dem Aktienmarkt zu initiieren[204]. Damit der Marktpreis seine Wissensaufdeckungsfunktion übernehmen kann, sind an den Marktprozeß verschiedene Voraussetzungen zu knüpfen[205]. Die Wettbewerbsfunktion des Aufdeckens von Wissen kann nur dann erfüllt werden, wenn die als Informationsträger verwendeten "Preise" aufgrund eines Wettbewerbsprozesses zustande gekommen sind und wenn sie darüber hinaus von jedermann beobachtet werden können[206].

Die bisher möglichen Muster-Voraussagen über die Auswirkungen der vorgeschlagenen Reformansätze auf die aktienrechtlichen Kontrollmärkte sind damit im Vergleich zu den Aussagen der institutionellen mikroökonomischen Ansätze zwar weniger eindeutig und erlauben auch kaum eindeutige Hand-

---

203 Vgl. hierzu von Hayek (Wirtschaftstheorie, 1952) S. 60 ff.; Kirzner (Marktdynamik, 1988) S. 170 ff.

204 Vgl. von Hayek (Sinn des Wettbewerbs, 1952) S. 126 ff.; ähnlich auch Schüller (Eigentumsrechte, 1979) S. 327 f.; Schneider (Investition, 1992) S. 646 f.

205 Vgl. zur dominanten Funktion des Preises als Informationsträger: von Hayek (Verwertung des Wissens, 1952) S. 113 ff.; von Hayek (Gesetzgebung, 1981) S. 161.

206 Vgl. so für Beschreibungen und Prognosen über Preissystemveränderungen: von Hayek (Anmaßung von Wissen, 1975) S. 15; von Hayek (Recht, 1980) S. 41; vgl. hierzu auch Graf (Muster-Voraussagen, 1978) S. 46 ff.

lungsempfehlungen an den Gesetzgeber[207]. Sie unterliegen aber auch weniger restriktiven Vorraussetzungen der institutionellen mikroökonomischen Ansätze und scheinen daher gerade für die bisher noch wenig untersuchte Konzernrechtsproblematik angemessen.

3. *Zusammenfassung und Eingrenzung der weiteren Untersuchung*

Mit der bestehenden Verfügungsrechtsstruktur im Konzern erhält das Management des MU im Vergleich zum unverbundenen Unternehmen einen Kompetenzzuwachs, dessen Ausübung über die bestehenden direkten Kontrollinstrumente von den Aktionären des MU, wenn überhaupt, dann nur mit erheblichen Informationskosten nachvollzogen werden kann. Folglich besteht die Möglichkeit, daß die Konfliktpotentiale zwischen den Unternehmensbeteiligten im Anschluß an die Konzernierung an Bedeutung gewinnen.

Werden die Lösungspotentiale dieser Moral-hazard-Probleme in der unverbundenen Publikumsgesellschaft bereits wegen der Free-rider-Problematik und der meist negativen Kosten-Nutzen-Relation einer direkten Aktionärskontrolle vor allem in den Wirkungsmechanismen der sogenannten Kontrollmärkte gesehen[208], so ist dies für ein MU wohl noch eher zu erwarten. Von daher erscheint es geboten, zunächst die Auswirkungen der Konzernierung unter Berücksichtigung des bestehenden Konzernrechts auf die Wirkung der Kontrollmärkte zu untersuchen. Anschließend wäre dann zu prüfen, welche Auswirkungen die Reformvorschläge zur Konzernverfassung gerade auf diese Kontrollmärkte haben können. Weil diese Betrachtungsweise in der vorwiegend unter Rechtswissenschaftlern geführten Diskussion bisher noch weitgehend vernachlässigt wird, könnte sie die bisher meist auf Schädigungsargumente aufbauenden Begründungsansätze zur Notwendigkeit einer Reformierung der Konzernverfassung ergänzen.

Entsprechend der Vorgehensweise in den Property-Rights-Ansätzen könnte hierbei zwischen den Kontrollwirkungen des Aktienmarktes, des Marktes für Unternehmenskontrolle und des Managerarbeitsmarktes differenziert werden. Auf eine Untersuchung der Auswirkungen der Konzernbildung auf den Markt für Manager und den Markt für Unternehmenskontrolle und deren Änderungen im

---

207 Zusätzlich zu möglichen Instabilitäten hinsichtlich der Fristigkeit der Untersuchung: Kirzner (Wettbewerb, 1978) S. 192 ff.

208 Vgl. ausführlich Ridder-Aab (Eigentumsrechte, 1980) S. 96 ff.; beschränkt auf den Kapitalmarkt schon Schredelseker (Eigentümerkontrolle, 1975) S. 226 ff.; Lenel (Unternehmenskontrolle, 1987) S. 147 ff.

Fall der Reform der Konzernverfassung wird hier jedoch nicht weiter eingegangen.

Wegen der für Aktiengesellschaften geltenden rechtlichen Regulierungen zur Bestellung und Abberufung von Vorstandsmitgliedern (§ 84 AktG i.V.m. § 31 MitbestG) und den personellen Verflechtungen in deutschen Aufsichtsräten wird dem externen Managermarkt bisher keine bedeutsame Kontrollwirkung zugesprochen[209]. Entsprechend kann auch die Kontrolleffizienz des internen Arbeitsmarktes angezweifelt werden, da dann kaum noch Anreize für das mittlere und gehobene Management bestehen, den Aktionären ein Fehlverhalten des Vorstandes zu signalisieren.

Obwohl die Wirkungsmechanismen des Marktes für Unternehmenskontrolle und des Aktienmarktes als Kontrollmarkt teilweise voneinander abhängig sind, wird auch der Markt für Unternehmenskontrolle in die weiteren Untersuchungen nicht einbezogen. Wegen der starken personellen und kapitalmäßigen Verflechtungen zwischen Finanz- und Industriekonzernen in der Bundesrepublik Deutschland, der vielfältigen Abwehrmaßnahmen des Managements[210] und der sonstigen institutionellen Hemmnissen bei einer Unternehmensübernahme[211] wird dem Markt für Unternehmenskontrolle bisher nur eine geringe Kontrollbedeutung zugesprochen[212]. Für die hier betrachteten börsennotierten MU könnte daher vor allem der Aktienmarkt als Kontrollinstitution der Aktionäre des MU relevant sein. Auf ihn beschränken sich die weiteren Untersuchungen.

Die möglichen Auswirkungen der vorgeschlagenen Reformen zur Konzernverfassung auf den Aktienmarkt als Kontrollmarkt sollen aber nicht anhand der Ergebnisse komparativ statischer Gleichgewichtsmodelle beurteilt werden. Vielmehr soll mit Hilfe der dargestellten prozeßorientierten Ansätze versucht werden, Muster-Voraussagen über die Aktienmarktprozesse, die sich mit der Kodifizierung der Reformvorschläge ergeben, zu analysieren und den bisherigen Aktienmarktprozessen gegenüberzustellen. Damit lassen sich dann zu-

---

209 Vgl. Jehle (Managementkontrolle, 1982) S. 1071 f.; Wenger (Managementanreize, 1987) S. 230 ff.; Niedernhuber (Ausschüttungsregelungen, 1988) S. 179 ff.; zu empirischen Untersuchungen für die USA: Bonnier/Bruner (Management Change, 1989) S. 95 ff.

210 Vgl. Scheffler (Konzernmanagement, 1992) S. 210 ff., der die alternativen Abwehrmaßnahmen danach differenziert, ob sie vor oder nach der Abgabe eines Übernahmeangebotes eingesetzt werden.

211 Vgl. hierzu Niedernhuber (Ausschüttungsregelungen, 1988) S. 181 ff.

212 Vgl. zu ähnlichen Vorstellungen für die USA: Fruhan (Corporate, 1988) S. 63 ff.; Jensen (Takeovers, 1988) S. 22, der für 1986 feststellt, daß von den 3.300 Unternehmenszusammenschlüssen lediglich 40 Übernahmen mit dem Ziel vorgenommen wurden, ein ineffizientes Management auszuwechseln.

mindest weiter Anhaltspunkte darüber gewinnen, welche Auswirkungen die veränderten "Spielregeln" hinsichtlich der Verteilung der Verfügungsrechte an einem MU auf den Aktienmarkt haben werden, und ob hierdurch aus dem Blickwinkel der Aktionäre eine verbesserte Managementkontrolle im MU möglich wird.

Eine weitere Einengung der Untersuchung wird insofern vorgenommen, als hier lediglich die Reformvorschläge analysiert werden, die sich mit der konzernweiten Gewinnverwendungs- und Eigenkapitalveränderungskompetenz der Aktionäre des MU auseinandersetzen. Sofern ihre Kodifizierung gegenüber dem geltenden Konzernrecht zu einer Steigerung der Kontrolleffizienz des Aktienmarktes führen würde, wäre die Notwendigkeit weiterer Schutzinstrumente fraglich, da die Vermögensrechte der Aktionäre des MU dann bereits konzernweit abgesichert wären. Dies würde insbesondere für die Reformbestrebungen hinsichtlich einer Zustimmungsbedürftigkeit der Hauptversammlung des MU bei der Konzernbildung, -erweiterung und -auflösung gelten.

Die hier vorgenommene Auswahl, das Problem der Gewinnverwendungskompetenz und der Eigenkapitalbeschaffungskompetenz im MU zu untersuchen, erscheint nicht nur wegen der im vierten Kapitel aufgezeigten empirischen Relevanz dieser Reformbestrebungen gerechtfertigt sondern auch deshalb, weil sie den Entwicklungen in Publikumsgesellschaften gerecht wird, wo eine aktive Mitgestaltung an der Unternehmenspolitik für den einzelnen Aktionär wegen der hohen Kontroll- und Informationskosten wenig lukrativ erscheint[213].

Die damit auch hier im folgenden vorgenommene isolierte Untersuchung einzelner Reformvorschläge für eine Modifizierung der Konzernverfassung steht im Einklang mit der Forderung von Ordelheide, daß nur in einem größeren Rahmen überprüft werden sollte, "(w)elche (einzelnen) Elemente der rechtlichen Selbständigkeit der Konzernunternehmen ... erhaltenswert" sind[214].

Obwohl die Wirkungsweisen der einzelnen Reformvorschläge eng miteinander verbunden sind, können sie dennoch unterschiedliche Reaktionen auf den Aktienmarktprozeß auslösen. Von daher werden im folgenden den bestehenden Regelungen die vorgeschlagenen Regulierungen für eine veränderte Gewinnermittlung zum Zwecke der Gewinnverwendung im MU und für eine konzernweite Eigenkapitalveränderungskompetenz der Aktionäre des MU gegenübergestellt.

---

213 Vgl. Jehle (Managementkontrolle, 1982) S. 1075 ff.
214 Ordelheide (Konzernerfolgskonzeptionen, 1987) S. 983.

Sechstes Kapitel

Auswirkungen der Reformvorschläge auf den Aktienmarkt als Kontrollmarkt

I. Funktionsweise des Kontrollmarktes

Auf einem vollkommenen und vollständigen Aktienmarkt[1] würde der Aktienkurs eines Unternehmens unter Berücksichtigung der homogenen Erwartungen aller Marktteilnehmer ein eindeutiges und zuverlässiges Signal für den Wert einer Eigenkapitalanlage in der jeweiligen Gesellschaft bilden. Der Preis für eine Aktie des Unternehmens (i) im Zeitpunkt (t) würde über:

$$P_{it} = EW(P_{it+1} + D_{it} + BR_{it}) \,/\, (1 + R_{it})$$

ermittelt und hinge von den Erwartungswerten (EW) sämtlicher Zahlungen aus der Aktienanlage (Dividenden und Steuergutschriften [D_{it}], Bezugsrechte [BR_{it}] und Verkaufspreis [P_{it+1}]) während der geplanten Halteperiode und dem Konkurrenzgleichgewichtszins [R_{it}] ab[2]. Als Gleichgewichtskurs würde er im Vergleich zu alternativen Kapitalverwendungen einer entsprechenden Risikoklasse dann auch die Preisobergrenze für sämtliche Aktienmarktteilnehmer bilden.

Der sich bildende Aktienkurs eines Unternehmens würde gleichzeitig die finanziellen Bedingungen für weitere Eigenkapitalaufnahmen auf dem Primärmarkt festlegen, womit er eine Kapitallenkungsfunktion übernimmt und damit die Kapitalallokation innerhalb der Volkswirtschaft beeinflußt[3]. Auf einem solchen vollkommenen, aber nur fiktiven Aktienmarkt würde ein von den Interessen der Aktionäre abweichendes Managementverhalten durch entsprechende Kursreaktionen sofort signalisiert, da in den jeweiligen Aktienkursen das "Maximum an Wissen, über das in einem Zeitpunkt die menschliche Gesellschaft verfügt",

---

1 Vgl. zu den Voraussetzungen: Schneider (Betriebswirtschaftslehre, 1987) S. 282 ff.; Brandl (Rechnungslegungsnormen, 1987) S. 68 ff.; Schwieters (Insolvenzrecht, 1989) S. 74 ff.

2 Vgl. Süchting (Finanzmanagement, 1989) S. 436 f. Für den einperiodigen Anlagezeitraum ist unterstellt, daß sämtliche Zahlungen am Periodenende anfallen.

3 Vgl. allgemein zu den Aufgaben der Aktienbörse und des Aktienkurses: Schmidt (Börsenorganisation, 1970) S. 1 ff.; Tuchtfeldt (Kapitalmarkt, 1978) S. 434 f.; Engels (Börsen, 1980) S. 60; Koch/Schmidt (Anlegerschutzes, 1981) S. 236.

enthalten ist[4]. Auf einem im Gleichgewicht befindlichen Aktienmarkt fänden Marktprozesse nicht mehr statt[5].

Im Aktienkurs eines MU wären die wirtschaftlichen Aktivitäten sämtlicher Konzerngesellschaften enthalten, die den Aktionären des MU zuzurechnen sind. Anders als dem handelsrechtlichen Konzernabschluß liegt der Aktienmarktbewertung eines MU damit eine interessentheoretische Sichtweise zugrunde[6]. Die aus der erweiterten Trennung von Eigentum und Verfügungsgewalt im Konzern resultierenden Moral-hazard-Probleme ließen sich damit über den Aktienmarkt vollständig kontrollieren[7].

Auch reale Aktienmärkte, die wegen der ungleich verteilten Informationen und persönlichen Fähigkeiten der Aktienmarktteilnehmer und der anfallenden Transaktionskosten[8] nicht alle Voraussetzungen eines vollkommenen Marktes und wegen der fehlenden Versicherbarkeit auch nicht alle Eigenschaften eines vollständigen Marktes erfüllen, können dennoch als Kontrollinstrumente für die Anteilseigner eines MU dienen[9]. Damit sie jedoch zur Lösung der Moral-hazard-Problematik beitragen können, sind mehrere Bedingungen vorauszusetzen[10]:

So müssen sich die Managementhandlungen äquivalent in der wirtschaftlichen Unternehmensentwicklung und diese sich entsprechend im Aktienkurs niederschlagen[11]. Diese Kausalzusammenhänge erfordern, daß die Marktteilnehmer aus den zur Verfügung stehenden Unternehmensinformationen auch Prognosen über die ihnen aus dem Unternehmen während des Planungszeitraumes zufließenden Zahlungen (Dividenden, Bezugsrechte etc.) bilden können[12] und diese danach differenzieren können, inwiefern sie auf das Managementverhalten zurückzuführen sind. Die aus den jeweiligen Erwartungen abgeleiteten individuellen Pläne werden am Aktienmarkt aggregiert und über die zum aktuellen Aktienkurs führenden Markthandlungen koordiniert. Auf einem informations-

---

4 Schneider (Betriebswirtschaftslehre, 1985) S. 556.

5 Vgl. Kirzner (Wettbewerb, 1978) S. 8.; Hoppmann (Diskussionsbeitrag, 1992) S. 67.

6 Vgl. zur Differenzierung: Busse von Colbe/Ordelheide (Konzernabschlüsse, 1984) S. 37 f.

7 Vgl. Schörner (Insiderhandelsverbot, 1991) S. 201 f.

8 Zu den Transaktionskosten auf dem Aktienmarkt: Schmidt (Transaktionskosten, 1983) S. 184 ff.; Drukarczyk (Finanzierung, 1989) S. 28.

9 Vgl. Manne (Corporate Control, 1965) S. 112 f.; Immenga (Aktionärsinteresse, 1971) S. 23 ff.; Schredelseker (Eigentümerkontrolle, 1975) S. 228 ff.; Ridder-Aab (Eigentumsrechte, 1980) S. 104 ff.; Jehle (Managementkontrolle, 1982) S. 1073 f.; Schörner (Insiderhandelsverbot, 1991) S. 200 ff.

10 Vgl. Schredelseker (Eigentümerkontrolle, 1975) S. 228 ff.; Ridder-Aab (Eigentumsrechte, 1980) S. 104 ff.

11 Vgl. Röpke (Strategie, 1977) S. 401.

12 Bezogen auf die Rechnungslegung vgl. Jehle (Managementkontrolle, 1982) S. 1080 ff.

effizienten Aktienmarkt ist davon auszugehen, daß diese Kausalitätsbeziehungen transparent sind[13].

Geht man davon aus, daß die Kapitalmarktteilnehmer zumindest tendenziell den Zusammenhang zwischen Managementleistung und wirtschaftlicher Entwicklung des Unternehmens anhand der publizierten Daten erkennen werden, so können sie eine ihren Interessen widerstrebende Geschäftspolitik z.B. durch Widerspruch in der Hauptversammlung bzw. Verkauf der Aktien "honorieren"[14]. Dabei sind die Anreize für die aktuellen Aktionäre eine aktive Kontrolle im Rahmen der Hauptversammlung auszuüben wegen der hohen Kontrollkosten und der Free-Rider-Problematik meist nur gering. Auch die Alternative der Abwanderung durch Verkauf der Anteile wird zumindest auf einem effizienten Aktienmarkt wenig sinnvoll sein, weil das Managementverhalten hier bereits in den Aktienkursen reflektiert ist und die Veräußerung der Anteile damit nur mit Vermögenseinbußen möglich wäre. Folglich scheinen die direkten Handlungsmöglichkeiten der aktuellen Aktionäre eines MU gegenüber einem Fehlverhalten des Managements insgesamt wenig wirkungsvoll[15]. Lediglich das mangelnde Kaufinteresse potentieller Aktionäre kann die signalisierenden Kursreaktionen herbeiführen. Die sich im Aktienpreis niederschlagende Einschätzung der Unternehmenspolitik durch die aktuellen und potentiellen Aktionäre eignet sich jedoch nur dann als Disziplinierungsinstrument gegenüber dem Management, wenn die Höhe des Aktienkurses auch für die Handlungsweise des Managements relevant ist.

Weil ein sinkender Aktienkurs jedoch unmittelbar weder das dem Management zur Verfügung stehende Vermögen noch dessen Verfügungsgewalt hierüber einschränkt, liefern Aktienkursänderungen noch keinen direkten Sanktionsmechanismus. Sinkende Aktienkurse werden für das Management erst dann Konsequenzen haben, wenn hierdurch dessen Handlungsspielraum bei anstehenden Entscheidungen eingeschränkt wird oder die Manager aufgrund einer Übernahme der Gesellschaft durch Dritte den Verlust des Arbeitsplatzes zu befürchten haben.

---

13 Vgl. zur erforderlichen Informationseffizienz des Kapitalmarktes: Süchting (Finanzmanagement, 1989) S. 331 ff.; zu empirischen Untersuchungen für den deutschen Aktienmarkt: Möller (Informationseffizienz, 1985) S. 500 ff.; May (Informationsverarbeitung, 1991) S. 313 ff.

14 Vgl. zu den Handlungsalternativen: Hirschman (Abwanderung und Widerspruch, 1974) S. 17 ff.; Schneider (Investition, 1992) S. 639.

15 Vgl. Easterbrook/Fischel (Voting, 1983) S. 420. Vgl. zur Problematik der Abwanderung auf die Vermögensposition der Aktionäre: Löffler (Finanzintermediär, 1991) S. 163 ff.

Das sich bei einer vorgegebenen Aktienanzahl in sinkenden Aktienkursen widerspiegelnde geringe Interesse an dem Unternehmen kann vor allem zu Finanzierungsengpässen führen und hierüber den Handlungsspielraum des Managements bei weiteren Investitionsentscheidungen beeinflussen[16]. Eine geplante Eigenkapitalaufnahme durch Emission neuer Aktien führt - sofern sie von der Hauptversammlung überhaupt genehmigt wird und am Markt durchzusetzen ist - aufgrund des gesunkenen Aktienkurses bei vorgegebenem nominellem Emissionsvolumen zu einem verminderten Finanzmittelzufluß aus der Eigenkapitalerhöhung. Weil der gesunkene Aktienkurs bei gleichbleibenden Dividendenerwartungen je Aktie einer Erhöhung der Rendite der Aktionäre gleichkommt, müssen diese zusätzlichen Mittel - um weitere Kursreaktionen zu vermeiden - eine höhere Verzinsung erreichen. Wenn auch die Gläubiger den gesunkenen Aktienkurs als ein Signal für eine verschlechterte wirtschaftliche Lage der Gesellschaft ansehen, können weitere Fremdfinanzierungsmaßnahmen gefährdet sein[17].

Fließen aus dem externen Eigen- bzw. Fremdkapitalmarkt dem Unternehmen keine zusätzlichen finanziellen Mittel mehr zu, so wird hierdurch der Handlungsspielraum des Managements faktisch auch nur dann eingeschränkt, wenn externe nicht durch interne Finanzierungsquellen substituiert werden können. Insgesamt hängt die Disziplinierungswirkung des Aktienmarktes folglich zum einen von der Informationseffizienz und zum anderen auch wesentlich vom Innenfinanzierungsspielraum und damit vom Umfang des frei verfügbaren Cash-Flow ab[18].

Welchen Einfluß die Konzernbildung auf diese Voraussetzungen einer wirksamen Managementkontrolle durch den Aktienmarktprozeß ausübt, ist bisher nur ansatzweise diskutiert worden[19]. Daher soll zunächst untersucht werden, wie sich die Konzernierungsprozesse der Unternehmen unter Berücksichtigung der bestehenden Verfügungsrechtsstruktur im MU auf die notwendigen Voraus-

---

16 Vgl. zu sonstigen psychologischen und machtpolitischen Konsequenzen des Aktienkurses für das Management: Schredelseker (Eigentümerkontrolle, 1975) S. 230.

17 Vgl. Schredelseker (Eigentümerkontrolle, 1975) S. 231; Jehle (Managementkontrolle, 1981) S. 1073. Zur Kontrollwirkung der Fremdkapitalgeber vgl. Stiglitz (Credit, 1985) S. 140 ff.

18 Vgl. Jensen (cash flow, 1986) S. 323 ff. So fordert Schneider (Investition, 1992) S. 656 f. und 704 ff. bereits durch Änderungen der handels- und steuerlichen Gewinnermittlungsvorschriften für unverbundene Gesellschaften eine Reduzierung der Innenfinanzierungsmöglichkeiten. Vgl. ähnlich auch Fehl/Oberender (Unternehmensverfassung, 1986) S. 139; Monopolkommission (Hauptgutachten, 1988) S. 284 f.

19 Vgl. hierzu Williamson (Markets, 1975) S. 145 ff.; Löffler (Finanzintermediär, 1991) S. 161 ff.

setzungen einer effektiven Aktienmarktkontrolle (Informationseffizienz des Aktienmarktes und Innenfinanzierungspotential) auswirken.

II. Konzernbildung und Aktienmarktkontrolle

1. Einfluß auf die Kapitallenkungsfunktion

Unabhängig von der Frage, ob die Organisationsform des Konzerns aus dem Blickwinkel der Aktionäre des MU mit Rendite-Risiko-Vorteilen verbunden sein kann[20], sind die Auswirkungen der Konzernbildung auf die Informationseffizienz des Aktienmarktes und damit auf die Lenkungsfunktion der Aktienpreise differenziert zu beurteilen. Die möglichen Konsequenzen können ausgehend von einem unverbundenen Unternehmen wie folgt verdeutlicht werden.

Durch die Zusammenfassung mehrerer Investitionsprojekte in einem Unternehmen können unabhängig von einer Konzernierung die aktuellen und potentiellen Aktionäre die Investitionsprojekte nur noch anhand ihrer kumulierten Auswirkungen, z.B. auf die Erfolgszahlen des Jahresabschlusses, beurteilen. Sie werden aus den undifferenzierten Informationen eine gesamte, über alle Investitionsprojekte zusammengefaßte, erwartete Unternehmensrendite ableiten und diese zur Ermittlung ihrer individuellen Preisobergrenzen für die Aktien heranziehen. Der sich ergebende Aktienpreis liefert dann Marktsignale für die im Unternehmen insgesamt gebündelten Investitionsprojekte[21].

Der Aktienpreis ermöglicht aber keine Ausdifferenzierung auf die Einzelwerte der Unternehmensinvestitionen. Werden z.B. in einem Unternehmen zwei Investitionen gleichzeitig durchgeführt, wovon bei isolierter Betrachtung aus dem Blickwinkel der Aktionäre eine mit positivem und eine mit negativem Kapitalwert verbunden ist, beide gemeinsam aber noch einen Beitrag zur Steigerung des Unternehmenswertes liefern, so signalisiert auf einem effizienten Kapitalmarkt die Aktienkursreaktion eine insgesamt erfolgreiche Unternehmenspolitik. Da dem externen Kapitalmarkt eine separate Bewertung der Investitionsprojekte schon wegen der fehlenden Informationen nicht möglich ist, können die Marktteilnehmer mit zunehmender Unternehmensdiversifikation die wirtschaft-

---

20 Vgl. hierzu den umfassenden Literaturüberblick bei Sautter (Unternehmensakquisitionen, 1989) S. 130 ff., wobei jedoch keine Differenzierung hinsichtlich der Organisationsform von Unternehmenszusammenschlüssen, wie z.B. Konzernierungsform bzw. Fusion vorgenommen wird. Vgl. auch S. 70 ff.

21 Vgl. Schüller (Eigentumsrecht, 1979) S. 330, der auf die nicht mögliche Ausdifferenzierung des Aktienpreises hinsichtlich der in einer Aktie gebündelten Verfügungsrechte hinweist.

liche Entwicklung nur noch eingeschränkt beurteilen. Damit steht der Begrenzung des firmenspezifischen wirtschaftlichen Risikos aus der Unternehmensdiversifikation eine zunehmende Unsicherheit in der Unternehmensbeurteilung gegenüber.

Sofern die Aktionäre durch eigene Portefeuillebildung das firmenspezifische Risiko bereits selbst ausgleichen könnten, verbliebe bei einer vom Unternehmen vorgenommenen Diversifikation für die Aktienmarktteilnehmer das zusätzliche Analyserisiko. Die mit zunehmender Unternehmensdiversifizierung steigende Unsicherheit bei der Erwartungsbildung über die wirtschaftliche Entwicklung erfordert von den Aktionären entweder erhöhte Analyseaufwendungen oder spiegelt sich bei vorliegenden quantitativen Wahrscheinlichkeiten in einer steigenden Varianz der erwarteten Einzahlungen aus dem Aktienarrangement wider, die von risikoscheuen bzw. risikoneutralen Kapitalanlegern mit einer Erhöhung ihrer Renditeforderung und folglich mit einem Kursabschlag honoriert würden[22].

Gelten diese Aussagen bereits für ein konzernfreies Unternehmen, das die Diversifikation über internes Wachstum realisiert, so können sich die Risiken in der Erwartungsbildung durch einen externen Wachstumsprozeß in Form der Konzernbildung aufgrund unterschiedlicher Faktoren verändern. Einerseits kann wegen der gem. §§ 325 - 328 HGB weiterhin bestehenden Publizitätspflichten für inländische TU in der Rechtsform einer Kapitalgesellschaft die Versorgung der Aktionäre mit Jahresabschlußdaten möglicherweise verbessert werden. Andererseits können sich die Analyserisiken aber aufgrund der rechtlichen Vielfalt innerhalb eines Konzerns erhöhen und damit den Aktienmarktprozeß bzw. die Lenkungsfunktion der Aktienkurse eines MU zusätzlich beeinträchtigen.

Weil die Konzernierung abgesehen von wenigen Fällen horizontaler Zusammenschlüsse meist auch zu einer Produktprogrammerweiterung beiträgt, könnten sich die Risiken einer fehlerhaften Renditeeinschätzung wegen der nicht möglichen Differenzierung bei der Unternehmensbeurteilung durch den Aktienmarkt gleichermaßen einstellen, wie in einem diversifizierten konzernfreien Unternehmen[23]. Diese Gefahr wird jedoch vermindert, wenn das er-

---

22 Vgl. Keppe/Weber (Ambiguity, 1991) S. 1 ff.; Hartmann-Wendels (Dividendenpolitik, 1986) S. 160. Vgl. in diesem Zusammenhang die Forderung nach zusätzlichen segmentierten Rechnungslegungsdaten und deren Auswirkungen auf Rendite-Risiko-Schätzungen: Collins (Product-Line Reporting, 1975) S. 125 ff.; Ajinkya (Line-of-Business Reporting, 1980) S. 343 ff.

23 Vgl. Mestmäcker (Konzerngewalt, 1958) S. 32 f.

worbene TU aufgrund seiner Rechtsform bzw. seiner Größe auch weiterhin verpflichtet ist, einen Einzelabschluß zu veröffentlichen. Obwohl der Aussagegehalt des Einzelabschlusses eines einheitlich geleiteten TU eingeschränkt sein kann, lassen sich hieraus im Rahmen der Jahresabschlußanalyse zusätzliche Informationen über die isolierte Entwicklung der in diesem TU vorgenommenen Investitionen ableiten.

Wird darüber hinaus eine mehrstufige Konzernstruktur gewählt, in der die TU z.B. nach ihren Tätigkeitsbereichen unter entsprechenden Zwischenholdings angesiedelt werden und diese für ihr jeweiliges Geschäftsfeld einen Teilkonzernabschluß publizieren[24], so kann die Informationsversorgung der Aktienmarktteilnehmer noch zusätzlich ergänzt werden. Obwohl auch der Aussagegehalt von Teilkonzernabschlüssen durch konzerninterne Geschäftsbeziehungen beeinträchtigt sein kann[25], erhielten die Aktienmarktteilnehmer hiermit segmentierte Konzerndaten, die von einem konzernfreien Unternehmen gem. § 285 HGB in dieser Form nicht zu publizieren sind. Insofern könnte die Konzernorganisation im Vergleich zu einem diversifizierten konzernfreien Unternehmen zu einer verbesserten Informationsversorgung der Aktionäre beitragen und die Rendite-Risiko-Erwartungsbildung positiv beeinflussen.

Andere Einschränkungen in der Lenkungsfunktion des Aktienpreises eines MU können aber bereits dann auftreten, wenn die Konzernierung, z.B. durch eine reine Ausgliederung, nicht zu einer Zunahme unterschiedlicher Investitionsprojekte führt[26]. So werden durch die Gründung eines TU die in den Anteilspapieren des MU gebündelten unmittelbaren Verfügungsrechte der Aktionäre des MU mit den nur mittelbaren Verfügungsrechten an dem TU gekoppelt. In Abhängigkeit von der Rechtsform des TU und vom Konzernverhältnis zum MU wird die Aktie des MU für die potentiellen Erwerber hierdurch ein mit unterschiedlichen Verfügungsrechten ausgestattetes Wertpapier.

Eine Differenzierung, inwiefern die wirtschaftliche Entwicklung auf das Managementverhalten bzw. auf hiervon unabhängige sonstige Faktoren zurückzuführen ist, wird anhand der publizierten Daten kaum möglich sein. Das Management kann zur Rechtfertigung der eigenen Handlungsweise hier die - zumindest

---

24 Vgl. so z.B. für den VEBA-Konzern die Teilkonzernabschlüsse der Stinnes, VEBA Glas, VEBA Chemie, Preussen Elektra und der RAAB Karcher.

25 Vgl. Busse von Colbe/Ordelheide (Konzernabschlüsse, 1984) S. 68 f.

26 Vgl. so z.B. im Fall der reinen Ausgliederung wie bei der Umstrukturierung des RWE-Konzerns: Reinhard (Ausgliederung, 1990).

bei faktisch gebundenen TU - nach § 311 HGB gebotene Beachtung des Eigeninteresses des TU vorbringen.

Auswirkungen auf die Lenkungsfunktion des Aktienkurses sind durch eine Konzernierung auch dann zu erwarten, wenn das MU sämtliche Anteile an einem börsennotierten Unternehmen erwirbt. Die vor dem Erwerb getrennt handel- und veräußerbaren Verfügungsrechtsbündel an den unverbundenen Unternehmen können nur noch in einer speziell gepoolten Form (Aktie des MU) erworben werden, so daß sich nur ein gemeinsamer Marktpreis für das gepoolte Papier bilden kann. Aber auch durch den Erwerb einer Mehrheitsbeteiligung an einem börsennotierten Unternehmen und anschließender Einbindung in die Konzernorganisation kann die Aktie des Mutter- und des Tochterunternehmens eine veränderte Rendite-Risiko-Struktur gewinnen, die eine Neubewertung beider Aktien unter Berücksichtigung dieser Verfügungsrechtsstruktur erforderlich machen kann.

Die mögliche Rechtsformvielfalt innerhalb des Konzerns, die verschiedenen Konzernierungsformen, z.B. verbunden mit den unterschiedlichen Haftungskonsequenzen, können die Unsicherheit in der Rendite-Risiko-Schätzung bei den Aktienmarktteilnehmern gegenüber einem unverbundenen Unternehmen erhöhen[27]. Die zur Konzernbeurteilung zur Verfügung stehenden Einzelabschlüsse von Mutter- und Tochterunternehmen und auch der Konzernabschluß des MU liefern dem Aktienmarkt über die Besonderheiten dieser gepoolten Unternehmensanteile nur eingeschränkte Informationen.

So führen die Abbildungsregeln für den Konzernabschluß zu einer Darstellung der wirtschaftlichen Entwicklung des Unternehmensverbundes, als wären die Aktionäre des MU Anteilseigner einer rechtlichen Einheit Konzern. Die konzernspezifischen Verfügungsrechtseinschränkungen der Aktionäre des MU und auch die rechtlichen Schranken der Einflußnahme des Konzernmanagements bei faktisch gebundenen TU kommen hierin nicht zum Ausdruck. Darüber hinaus ist es gem. §§ 285 Nr. 11, 313 (2) HGB bisher auch nicht erforderlich, die bilateralen rechtlichen Konzernverhältnisse zwischen Mutter- und Tochterunternehmen anzugeben.

Die aus der rechtlichen Vielfalt des Konzerns resultierende Komplexitätssteigerung kann das Analyserisiko der Aktionäre steigern, so daß auch die Ge-

---

27 Vgl. zur Möglichkeit einer Risikosteigerung durch Unternehmenskooperationen auch Schneider (Unternehmerfunktionen, 1988) S. 35.

fahr einer Fehlbewertung der MU am Aktienmarkt zunimmt[28]. Dieses Risiko kann durch extensive Diversifikationsstrategien im Konzern zusätzlich verstärkt werden, weil für das MU dann im Rahmen eines Unternehmens- bzw. Branchenvergleichs kaum noch sinnvolle Vergleichsobjekte zu finden sind[29]. Lassen die veröffentlichten Einzel- und Konzernabschlußdaten einen Unternehmens- bzw. Branchenvergleich nicht mehr zu, kann die beobachtbare Konzernentwicklung und damit die Managementleistung nur noch im Zeitablauf oder aber an den Durchschnittswerten aller Unternehmen beurteilt werden. Eine Beurteilung anhand der durchschnittlichen Entwicklung aller Unternehmen vermindert den möglichen Feinheitsgrad der Kontrolle und steigert damit opportunistische Handlungsmöglichkeiten des Managements[30]. Insofern wird selbst in der Unternehmenspraxis bei intensiven Konzernierungsstrategien regelmäßig von einer als Holdingabschlag bezeichneten Aktienkurssenkung ausgegangen[31].

Insgesamt besteht durch die gestiegene Komplexität des zu bewertenden Konzerns und die damit möglicherweise zunehmende Informationsasymmetrie zwischen den Kapitalmarktteilnehmern und dem Konzernmanagement die Gefahr, daß sich die Konzernbildung negativ auf die Informationseffizienz des Aktienmarktes und damit auf die Kapitallenkungsfunktion der Aktienkurse auswirkt.

Diese Hypothese könnte auch mit den Ergebnissen der für den deutschen Aktienmarkt vorliegenden empirischen Untersuchungen zu den Aktienmarktreaktionen auf Unternehmensakquisitionen in Einklang gebracht werden[32]. Die hier regelmäßig festgestellten negativen kumulierten bereinigten Aktienrenditen der erwerbenden Unternehmen könnten dann über die beschriebenen steigenden Unsicherheiten am Aktienmarkt hinsichtlich der Konzernbeurteilung erklärt werden. Die sich mit weiteren Akquisitionen erhöhende Komplexität der Konzernstruktur kann die Informationsasymmetrien zwischen dem Management

---

28 Vgl. zum Informationsgefälle auch Williamson (Markets, 1975) S. 158 f.; Kirchner (Analyse des Konzernrechts, 1984) S. 238 f.

29 Vgl. zu den zunehmenden Problemen einer Branchenzuordnung auch die Zuteilungen der Commerzbank (Wer gehört zu wem, 1989) S. 17 ff.

30 Vgl. Pütz/Willgerodt (Beteiligungskapital, 1985) S. 96, die ebenfalls für stark diversifizierte Konzerne von einer zunehmenden Gefahr eines opportunistischen Managementverhaltens ausgehen.

31 Vgl. Schipper/Smith (Spin-Off, 1984) S. 27; Gomez (Strategieplanung, 1990) S. 561 f. Zur Akzeptanz eines solchen Abschlages, z.B. bei der Festsetzung von Emissionspreisen, aus der Sicht der Unternehmenspraxis vgl. Forster (Börseneinführung, 1991) S. 23.

32 Vgl. hierzu die Zusammenfassung bei Bühner (Reaktionen des Aktienmarktes, 1990) S. 314. Zu einschränkend anderen Untersuchungsergebnissen kommt Grandjean (Unternehmenszusammenschlüsse, 1992) S. 201 ff.

und den sonstigen Konzernbeteiligten steigern[33]. Damit können die Gefahren einer Fehlbewertung des MU durch den Aktienmarkt ebenso wie die eines opportunistischen Verhaltens des Konzernmanagements aus dem Blickwinkel der Aktionäre steigen, worauf die Aktionäre mit stärkerem Verkaufsdruck und damit mit einer Zunahme der geforderten Risikoprämie reagieren werden. Die zunehmende Konzernierung der börsennotierten Unternehmen könnte insofern zu einem Adverse-selection-Prozeß für die Aktien von MU beitragen.

Von daher wäre auch zu erklären, daß die zwischen den Kapitalanlegern und dem Management geschalteten institutionellen Anleger zunehmend an Bedeutung gewinnen[34]. Diese Institutionen können zur Aufrechterhaltung der Informationseffizienz des Aktienmarktes beitragen, weil sie durch ihre Spezialisierungsvorteile eher in der Lage sind, die komplexeren Konzernstrukturen zu durchleuchten und die wirtschaftliche Entwicklung international tätiger Konzerne zu beurteilen. Ein Wettbewerb zwischen den institutionellen Anlegern um das Aktionärskapital liefert für sie Anreize, negative wirtschaftliche Entwicklungen bzw. ein Fehlverhalten des Managements frühzeitig zu erkennen, weil derartige Informationsvorteile sich bei einem rechtzeitigen Verkauf der Anteile im Vergleich zu den sonstigen Anlegern in einer Schadensbegrenzung und damit in Renditevorteilen widerspiegeln[35]. Aber auch eine aktive Kontrolle durch oppositionelles Abstimmungsverhalten im Rahmen der Hauptversammlung bzw. durch direkte Gespräche mit dem Konzernmanagement wird zumindest in den USA von institutionellen Anlegern zunehmend beobachtet[36].

Gegen die Hypothese einer abnehmenden Informationseffizienz des Aktienmarktes aufgrund der Konzernbildung können jedoch die im dritten Kapitel (III. Abschnitt) abgeleiteten Ergebnisse der eigenen Kapitalmarktstudie vorgebracht werden. Hier ließen sich keine signifikanten Unterschiede in den Kapitalmarktreaktionen auf die Veröffentlichung von Jahres- und Konzernabschlüssen der Einzel- und Mutterunternehmen beobachten. Hieraus könnte gefolgert werden, daß die Aktienmarktteilnehmer eine unterschiedliche Informationsversorgung über die wirtschaftliche Entwicklung von Einzel- und Mutterunternehmen und damit auch ein höheres Analyserisiko im Konzern bisher nicht wahrnehmen.

---

33 Vgl. Williamson (Markets, 1975) S. 158 f.

34 Vgl. so Immenga (Aktionärsinteressen, 1971) S. 24 ff.; Schneider (Pensionskassenkorporatismus, 1990) S. 317 ff.

35 Vgl. Löffler (Finanzintermediär, 1991) S. 165 f.

36 Vgl. Heard (Corporate control, 1987) S. 89 ff.

Ob die Konzernierung der börsennotierten Unternehmen damit insgesamt zu einer Verminderung der Informationseffizienz des Aktienmarktes beiträgt, läßt sich unter Berücksichtigung der zunehmenden Bedeutung institutioneller Anleger auf dem deutschen Aktienmarkt bisher kaum nachweisen. Feststellen läßt sich jedoch, daß zur Aufrechterhaltung des bisher erreichten Grades der Informationseffizienz des Aktienmarktes zusätzliche Auszahlungen für Informationsbeschaffung und -auswertung notwendig sind, die nach der Transaktionskostentheorie einer effizienten Aktienmarktkontrolle entgegenstehen würden[37]. Insbesondere die fehlenden Anhangsangaben zur Konzernstruktur und zu den jeweiligen rechtlichen Konzernverhältnissen beeinträchtigen die Konzernanalyse.

2. *Einfluß auf den Innenfinanzierungsspielraum*

Auch die zweite Voraussetzung für die Effizienz der Kontrollfunktion des Aktienmarktes, einen engen Innenfinanzierungsspielraum des Managements zu schaffen, kann durch die bestehende Verfügungsrechtsstruktur im Konzern berührt werden. Weil es dem Management eines MU gegenüber dem einer unverbundenen Aktiengesellschaft im Rahmen der Gewinnverwendung möglich ist, erhebliche zusätzliche Innenfinanzierungsspielräume auszunutzen, kann es sich durch die Konzernbildung auch der Abhängigkeit vom externen Kapitalmarkt entziehen. Durch diese Substitutionsmöglichkeiten des externen durch den internen Kapitalmarkt können die externen Finanzquellen im Konzern an Bedeutung verlieren[38].

Der mit der Konzernbildung einhergehende wachsende Umfang des internen Kapitalmarktes kann näherungsweise aus der Gegenüberstellung der Jahresabschlußdaten der oben untersuchten Unternehmenssamples aufgezeigt werden[39]. Zwischen den beiden Untersuchungsgruppen (unverbundenen Aktiengesellschaften [EU] und Mutterunternehmen anhand der Konzernabschlußzahlen [MU(KA)]) werden deutliche Unterschiede im Umfang des am Netto-Cash-Flow (= Jahresüberschuß + Abschreibungen auf immaterielle Vermögensgegenstände des Anlagevermögens und Sachanlagen sowie auf aktivierte Aufwendungen für die Ingangsetzung und Erweiterung des Geschäftsbetriebes + Abschreibungen auf Vermögensgegenstände des Umlaufvermögens + Abschreibungen

37 Vgl. so zumindest nach dem Ansatz von Schmidt (Transaktionskosten, 1983) S. 189 f.

38 Vgl. Schüller (Eigentumsrechte, 1979) S. 330 f.; explizit auf den Konzern bezogen: Löffler (Konzern, 1991) S. 98 ff.; zur positiven Interpretation der Substitution des externen durch den konzerninternen Kapitalmarkt: Williamson (corporation, 1981) S. 1558; Williamson (Antitrust, 1987) S. 49 f.

39 Vgl. S. 120 ff.

auf Finanzanlagen und Wertpapiere des Umlaufvermögens + Veränderung der langfristigen Rückstellungen und Sonderposten mit Rücklageanteil gegenüber dem Vorjahr - Dividendensumme des Vorjahres) gemessenen Innenfinanzierungspotentials und hiermit verbunden an den Kapitalstrukturen sichtbar. Um die absoluten Mittelwerte beider Untersuchungsgruppen vergleichen zu können, werden die Werte jeweils in Relation zur durchschnittlichen Bilanzsumme (BS) gesetzt.

Mittelwerte (1988-1990)	EU	MU(KA)
Netto-Cash-Flow / BS	12,7 %	14,5 %
Gewinnrücklagen / BS	6,4 %	11,9 %
Rückstellungen / BS	16,7 %	23,2 %

Tab. 10

Die Differenzen in den Netto-Cash-Flow-Relationen lassen ein abweichendes Innenfinanzierungspotential in beiden Untersuchungsgruppen und damit die unterschiedliche Bedeutung des internen Kapitalmarktes vermuten[40]. Diese Unterschiede stehen in unmittelbarem Zusammenhang mit den obigen Ergebnissen hinsichtlich der Gewinnverwendung im Konzern[41]. Die dort festgestellte verringerte Gewinnausschüttungsquote von MU auf Konzernebene im Vergleich zu den unverbundenen Unternehmen schlägt sich entsprechend im Netto-Cash-Flow nieder und wird auch an der Relation Gewinnrücklagen/ Bilanzsumme beider Untersuchungssamples sichtbar.

Neben den abweichenden Gewinnverwendungsrelationen sind als weitere Ursache für die Netto-Cash-Flow-Differenzen die bei den MU(KA) zu beobachtenden höheren Rückstellungsbildungen zu nennen. Die an der Veränderung der bilanziellen Rückstellungen gemessenen Beträge liegen hier regelmäßig über denen der unverbundenen Unternehmen, was auch an den Abweichungen in der Mittelwertrelation Rückstellungen/Bilanzsumme sichtbar wird. Die höheren Rückstellungen bei den MU auf Konzernebene sind überwiegend auf die Bildung sonstiger Rückstellungen zurückzuführen.

---

40 Vgl. zur Problematik derartiger Meßergebnisse aufgrund der bestehenden Bilanzierungsregulierungen: Schneider (Investition, 1992) S. 639.

41 Vgl. S. 128 ff.

Aus den empirischen Daten kann folglich die Hypothese abgeleitet werden, daß die Konzernbildung dazu beiträgt, den Innenfinanzierungsspielraum zu stärken[42]. Inwiefern sich die Unternehmensgruppen hinsichtlich der Innenfinanzierung durch Bildung stiller Rücklagen unterscheiden, kann aus den Jahresabschlußdaten nicht ermittelt werden[43]. Es erscheint aber fraglich, ob die unverbundenen Unternehmen über die Bildung stiller Rücklagen ihren Innenfinanzierungsspielraum auf das Niveau der MU bringen können.

Die empirische Beobachtung eines mit der Konzernbildung einhergehenden Wachstums des internen Kapitalmarktes läuft damit den Vorstellungen einer wirkungsvollen Managementkontrolle über den Aktienmarkt entgegen[44]. Dennoch wird in der Literatur der steigende Innenfinanzierungsspielraum des Managements im Konzern aus dem Blickwinkel der Aktionäre des MU teilweise positiv beurteilt. Wie im fünften Kapitel bereits angedeutet, geht insbesondere Williamson davon aus, daß die Kapitalmarktfunktionen der Kapitalallokation und der effizienten Managementkontrolle wegen der zunehmenden Informationsasymmetrien zwischen den Konzernbeteiligten von den externen Kapitalmärkten nicht mehr effizient erfüllt werden können[45]. Daher sollen diese Funktionen durch den konzerninternen Kapitalmarkt substituiert werden, so daß die hohen Innenfinanzierungsmöglichkeiten der Konzerne für eine effiziente Konzernkontrolle sogar notwendig wären[46].

Bei dieser Argumentation geht Williamson von der Annahme aus, daß die Konzernspitze ausschließlich im Interesse der Aktionäre des MU handelt und damit keine Agency-Probleme zwischen den Aktionären und dem Management im MU existieren[47]. Nur dann wäre zu erwarten, daß die Kapitallenkung auf dem konzerninternen Markt nach äquivalenten Entscheidungskriterien vorgenommen wird wie auf externen Kapitalmärkten. Wenn die Entscheidungen auf dem inter-

---

42 Vgl. so bereits Hannemann (Konzernbilanzen, 1934) S. 27 und Rasch (Maßnahmen, 1957) S. 18 ff.

43 Deutliche Unterschiede in den Abschreibungsrelationen (Summe der bilanziellen Abschreibung/Anlagevermögen) sind in den untersuchten Geschäftsjahren zwischen beiden Unternehmenssamples jedoch nicht zu beobachten.

44 Vgl. zu ähnlichen Ergebnissen Neuber (Kapitalmarkt, 1988) S. 89 f., wonach im Zeitraum von 1976 bis 1982 nur 5 bis 12 % der investierten finanziellen Mittel über den externen Kapitalmarkt aufgenommen wurden. Vgl. so auch Lenel (Unternehmenskontrolle, 1987) S. 155 f.

45 Vgl. Williamson (Antitrust, 1987) S. 49.

46 Vgl. zur positiven Interpretation: Williamson (Markets, 1975) S. 158 f.; Williamson (corporation, 1981) S. 1558; Williamson (Antitrust, 1987) S. 49 f. Vgl. ähnlich auch für Einzelunternehmen und ein Management, das ausschließlich im Interesse der Aktionäre handelt: Myers/Majluf (Corporate Financing, 1984) S. 207 ff.

47 Vgl. Williamson (Corporate control, 1970) S. 140; Williamson (economic organisation, 1988) S. 87 f.

nen Kapitalmarkt für Aktionäre und Manager unterschiedliche Konsequenzen haben, erscheint diese Annahme wenig realistisch.

So werden z.B. die mit einer Fehlinvestition verbundenen sunk costs für die weiteren Anlageentscheidungen der Aktionäre weniger relevant sein als für das Konzernmanagement. Wenn an ihrer Höhe das Ausmaß eines "Mißmanagements" gemessen wird, können steigende sunk costs zu entsprechenden Reputationseinbußen des Managements führen, die mit einer Reduzierung des Marktwertes ihrer Arbeitsleistung verbunden sein können. Von daher ist zu erwarten, daß notwendige Desinvestitionen vom Management erst dann vorgenommen werden, wenn die laufenden Verluste nicht mehr durch sonstige Konzerngewinne zu kompensieren sind. Weil separierte Informationen über einzelne Investitionen dem Aktienmarkt meist nicht zugänglich sind, ist dieses Verhalten aus dem Blickwinkel des Managements naheliegend, da dann die Reputationseinbußen kaum zu erwarten sind.

Hinzu kommt die regelmäßig erwartete Risikoaversion des Managements, die über die geringen Diversifikationsmöglichkeiten ihres Managereinkommens begründet wird und insofern zu einer vorsichtigeren Investitions- und Finanzierungspolitik führen kann, als dies von den Aktionären gewünscht wird[48]. Hier könnte die Konzernorganisation möglicherweise dazu beitragen, daß sich die Risikoeinstellungen von Management und Aktionären einander angleichen[49]. Aber selbst wenn die Kontrolle dieser simulierten Kapitalmarktprozesse vom Konzernmanagement an den Rendite-Risiko-Interessen der Aktionäre ausgerichtet wird, können die Marktprozesse auf dem internen und externen Kapitalmarkt voneinander abweichen.

Die Marktteilnehmer auf dem externen Kapitalmarkt werden sämtliche verfügbaren Informationen dezentral auswerten, in entsprechende Erwartungen transformieren und daraus - unabhängig von persönlichen Präferenzen - ihre Angebots- bzw. Nachfragepläne nach Kapitalanlagen bilden. Die jeweiligen Einzelpläne werden am Kapitalmarkt aggregiert und durch den Marktprozeß koordiniert. Demgegenüber werden die Angebots- und Nachfragepläne auf dem konzerninternen Kapitalmarkt überwiegend auf der Grundlage zentraler und interner Informationssysteme gebildet, wobei auch persönliche Präferenzen und sonstige konzerninterne Abhängigkeiten für den Entscheidungsprozeß von Be-

---

48 Vgl. Ballwieser/Schmidt (Unternehmensverfassung, 1981) S. 669 f.
49 Vgl. Amihud/Lev (Risk, 1981) S. 605 ff., die in der Konzernbildung auch ein Instrument zur Risikobegrenzung des Managements sehen.

deutung sein können[50]. Wo der von Williamson erwartete Allokationsvorteil dieser internen Marktprozesse liegen soll, bleibt damit weitgehend offen.

So kann auch die Annahme von Stützel, daß sich wegen der internen Informationsvorsprünge über Branchenentwicklungen ein Strukturwandel über interne Kapitalmärkte effizienter realisieren läßt[51] als dies durch die Zwischenschaltung der Hauptversammlung bzw. sämtlicher Kapitalmarktteilnehmer möglich wäre, angezweifelt werden[52]. Die mit einem konzerninternen Strukturwandel erforderlichen Kapitalreallokationen zwischen einzelnen Konzernbereichen können - sofern sie bei faktisch gebundenen TU nach § 311 AktG überhaupt möglich sind - zu Kompetenzverschiebungen innerhalb der Konzernspitze führen. Damit sind bei diesen Entscheidungen rechtliche Schranken und insbesondere die persönlichen Präferenzen der davon betroffenen Konzernmanager zu berücksichtigen, die einer Marktlösung zuwiderlaufen können. Die Beachtung der persönlichen Präferenzen bei der Entscheidungsfindung wird dabei in dem Maße zunehmen, in dem eine Zentralisierung der Konzernkompetenzen angestrebt wird[53].

Unternehmensinterne Kapitalmarktentscheidungen verursachen - anders als die Kapitalmarktreaktionen auf dem Aktienmarkt - einen Erklärungszwang z.B. gegenüber den als Kapitalnachfragern fungierenden Bereichsmanagern. Ein sich an den Interessen der Anteilseigner orientierendes Konzernmanagement müßte diese Begründung an deren Rendite-Risiko-Erwartungen vornehmen, was eine isolierte Beurteilung der zu finanzierenden Projekte unter Berücksichtigung der konzern- und projektspezifischen Risiken voraussetzt. Zumindest eine die spezifischen Risiken explizit berücksichtigende Kontrolle von Investitionsobjekten wird in der Konzernpraxis bisher meist nicht vorgenommen[54].

Neben diesen allgemeinen Einwänden gegen die erwartete Effizienz des internen Kapitalmarktes lassen sich weitere, speziell für den aktienrechtlichen Konzern geltende Vorbehalte anbringen. Die für sämtliche Konzernunternehmen geltende Tätigkeitsbeschränkung des MU gem. § 23 (3) Nr. 2 AktG grenzt das zulässige Aufgabenfeld des Managements von Mutter- und Tochterunternehmen ein und soll die aktuellen und potentiellen Aktionäre davor

50 Vgl. Löffler (Finanzintermediär, 1991) S. 111 f.
51 Vgl. Stützel (Konzentration, 1960) S. 920 f.
52 Vgl. Pütz/Willgerodt (Beteiligungskapital, 1985) S. 93 f.
53 Vgl. Löffler (Finanzintermediär, 1991) S. 117 f.
54 Vgl. Kallfass (Konzernbildung, 1991) S. 27; vgl. hierzu auch die empirische Untersuchung von Brigham (capital, 1975) S. 18 f., nach der in US-amerikanischen MU meist konzernweit mit einheitlichen Kalkulationszinssätzen gesteuert und kontrolliert wird.

schützen, daß Investitionen vorgenommen werden, die z.B. deutlich anderen Risikoklassen angehören[55]. Obwohl die Gegenstandsbeschreibung nach § 23 (3) Nr. 2 AktG regelmäßig sehr weit gefaßt wird[56], kann diese Tätigkeitsbeschränkung dazu führen, daß die Kapitalanlagealternativen des Managements auf dem internen Markt gegenüber dem Aktienmarkt eingeschränkt werden[57]. Damit kann der jeweilige interne Kapitalmarkt eines Konzerns gegenüber dem Aktienmarkt als ein begrenztes Marktsegment angesehen werden. Daß die freien Cash-Flows eines Konzerns vom Management - trotz deutlicher Renditeunterschiede zu anderen Marktsegmenten - nicht den Aktionären und damit dem Aktienmarkt in Form von Ausschüttungen zugeführt werden, wird von Jensen u.a. mit eigenem manageriellen Nutzenstreben, z.B. in Form von Diversifikations- und sonstigen Kapitalmarktaktivitäten, erklärt[58].

Selbst wenn von Interessenkonflikten zwischen Management und Aktionären des MU abgesehen wird, erscheint daher eine Verbesserung der Kontrollintensität im MU durch den Ausbau des internen Kapitalmarktes fraglich. Die von Williamson formulierten Erwartungen an die Effizienz der internen Kapitalmarktprozesse im Konzern erinnern an die Vorstellungen der Chicagoer-Analyse des Rechts, nach der mit Hilfe der Ergebnisse simulierter Marktprozesse über die Effizienz von Rechtsnormen bzw. die Verteilung von Verfügungsrechten entschieden werden sollte[59].

Zusammenfassend ist davon auszugehen, daß Aktienmarktprozesse wegen der zusätzlichen Möglichkeiten zur Schaffung neuer Innenfinanzierungsspielräume im Konzern die Handlungsfreiheiten des Konzernmanagements kaum wirkungsvoll einschränken können[60]. Weil nachhaltige negative Konsequenzen für den Handlungsspielraum des Konzernmanagements wohl nur längerfristig und auch erst nach Unterschreiten einer Bandbreite des Aktienkurses zu erwarten sind, kann der Aktienmarkt als Kontrollmarkt bisher zur Lösung der zunehmenden Moral-hazard-Probleme im MU nur eingeschränkt beitragen.

---

55 Vgl. Kraft (Aktiengesetz, 1988) § 23, Rn. 43.

56 Vgl. Kraft (Aktiengesetz, 1988) § 23, Rn. 44 ff.; Ebenroth (Konzernleitungskontrolle, 1987) S. 31 f.

57 So bereits für die unverbundene Aktiengesellschaft Wagner (Ausschüttungskompetenzen, 1988) S. 216, Fußnote 21.

58 Vgl. Jensen (cash flow, 1986) S. 326 ff. Ähnlich auch Adam (Unternehmenskontrolle, 1989) S. 333.

59 Vgl. S. 196 ff.

60 Vgl. so bereits allgemein für Publikumsgesellschaften Stiglitz (Credit, 1985) S. 140 f.; Löffler (Finanzintermediär, 1991) S. 161 ff.

Von daher ist im folgenden zu prüfen, ob bzw. welche Rückwirkungen auf den Aktienmarktprozeß von den angestrebten Ausweitungen der Verfügungsrechte der Aktionäre des MU zu erwarten sind und inwiefern die Kontrolleffizienz des Aktienmarktes hierdurch beeinflußt wird. Von einem derartigen Zusammenhang zwischen der Intensität des kodifizierten Aktionärsschutzes und der Renditeforderung der Aktionäre gehen Kübler/ Schmidt explizit aus, wenn sie für Deutschland im Vergleich zur USA annehmen, "daß in den USA mehr Eigenkapital (über die Aktienmärkte in den Unternehmen) eingesetzt wird, *weil* es billiger für die Unternehmungen ist; und es ist billiger, weil die Anleger *besser* geschützt sind und daher weniger Risikokompensation verlangen"[61]. Wenn dies zuträfe, wäre schon durch eine Steigerung der Informationseffizienz des Aktienmarktes und/oder durch eine Reduktion des konzernweiten Innenfinanzierungsspielraumes eine Effizienzsteigerung der Aktienmarktkontrolle und damit eine Intensivierung des Anlegerschutzes zu erreichen[62]. Im folgenden sollen zunächst die Auswirkungen, die von einer konzernweiten Gewinnermittlung zum Zwecke der Gewinnverwendung im MU auf den Aktienmarktprozeß ausgehen, untersucht werden.

III. Auswirkungen einer konzernweiten Gewinnermittlung und Gewinnverwendung

Auf einem vollkommenen Kapitalmarkt stünden die Aktionäre börsennotierter Gesellschaften bei der Gewinnverwendungsentscheidung einer Ausschüttung im Vergleich zu einer Einbehaltung dann indifferent gegenüber, wenn Investitionen mit vergleichbarem Risiko außerhalb des Unternehmens (Aussenrendite) die gleiche Rendite erwarten lassen wie die vom Management im Unternehmen vorgenommenen Investitionen (Innenrendite)[63]. Die Ausschüttungsentscheidung wäre hier "ein Nebenprodukt optimaler Investitionsentscheidungen"[64].

---

61 Kübler/Schmidt (Konzentration, 1988) S. 169. Vgl. ähnlich bereits Schmidt (Börsenorganisation, 1970) S. 78 f.

62 Vgl. Schneider (Investition, 1992) S. 704 f. der dies als "ordnungspolitische(s) Ziel" ansieht.

63 Vgl. zu diesem Residualprinzip Wenger (Unternehmenserhaltung, 1981) S. 19 ff.; Süchting (Finanzmanagement, 1989) S. 455 ff.; Wagner (Ausschüttungskompetenzen, 1988) S. 213 f. Zum Zusammenhang mit dem ökonomischen Gewinnkonzept vgl. Brandl (Rechnungslegungsnormen, 1987) S. 39 ff.

64 Drukarczyk (Finanzierung, 1989) S. 222.

Die mögliche Irrelevanz der Dividendenpolitik für den Marktwert des Unternehmens haben Miller und Modigliani unter den Annahmen eines im Konkurrenzgleichgewicht befindlichen Kapitalmarktes, rationalen Handelns der Marktteilnehmer und Unabhängigkeit des - gegebenen - Investitionsprogramms von der Dividendenpolitik nachgewiesen[65]. Unter diesen Voraussetzungen würden sämtliche einbehaltenen Jahresergebnisse (JE_t-D_t) zu identischen Markt-wertänderungen der Aktien (P_{t+1}-P_t) führen und eine optimale Dividendenpolitik würde nicht existieren.

Würden die Rahmenbedingungen des Irrelevanztheorems gelten, wäre ein Rechenwerk wie der handelsrechtliche Jahresabschluß für die Ermittlung der Ausschüttungshöhe nicht erforderlich. Da sich in einem Unternehmensverbund gegenüber dem unverbundenen Unternehmen zunächst keine zusätzlichen Probleme hinsichtlich der Dividendenpolitik ergäben, schlügen nicht ausgeschüttete Gewinne sich auch hier in entsprechenden Aktienkurssteigerungen des MU nieder, unabhängig davon, auf welcher Konzernebene die Erfolge erwirtschaftet würden. Insofern wären die angestrebten Reformen für eine konzernweite Gewinnermittlung von MU zum Zwecke der Gewinnverwendung entbehrlich. Sie würden zwar möglicherweise Dividendenänderungen ermöglichen, diese wären für die Aktionäre des MU aber ebenfalls irrelevant.

Weil die wesentlichen Modellvoraussetzungen der von Miller/Modigliani abgeleiteten Thesen zur Irrelevanz der Dividendenpolitik als wenig realistisch angesehen werden, wird auch die Gültigkeit ihrer Ergebnisse in der Literatur stark angezweifelt[66]. So kann die in der Realität u.a. zu beobachtende Existenz von Transaktionskosten[67] und Steuern und insbesondere die unvollkommene und asymmetrisch verteilte Information der Marktteilnehmer[68] die Irrelevanzthese und damit die Identität von einbehaltenen Jahresergebnissen und Marktwertänderungen beeinträchtigen[69].

---

65 Vgl. Miller/Modigliani (Dividend Policy, 1961) S. 411 ff.

66 Vgl. Kruschwitz (Dividendenpolitik, 1990) S. 420 ff.; Süchting (Finanzmanagement, 1989) S. 449 ff. Mit einem Überblick über die empirischen Untersuchungen zu den Kritikpunkten: Zimmermann (Kapitalerhöhungen, 1986) S. 91 ff.

67 Vgl. hierzu Hartmann-Wendels (Dividendenpolitik, 1986) S. 18 ff.

68 Vgl. zu dieser Kritik: Schneider (Investition, 1992) S. 637 ff.; Kruschwitz (Dividendenpolitik, 1990) S. 424 f.

69 So die Argumentation der Gewinnthese. Vgl. Süchting (Finanzmanagement, 1989) S. 449 f. Vgl. hierzu kritisch die empirischen Untersuchungen von Baumol/Heim/Malkiel/ Quandt (Earnings, 1970) S. 345 ff.; Ball (retained earnings, 1987) S. 58 f., die durchweg beobachten, daß (JE_t-D_t) > (P_{t+1}-P_t) ist. Vgl. zu ähnlichen Ergebnissen aber mit einem veränderten Untersuchungsdesign Long (cash dividendes, 1978) S. 235 ff., der nachweist, daß die Aktionäre eine Bar- gegenüber einer Stockdividende präferieren.

Folglich können aus den veränderten Gewinnermittlungsregulierungen im MU eventuell resultierende Dividendenänderungen wegen der fehlenden Identität von (JE_t-D_t) und (P_{t+1}-P_t) auch für den Aktienkurs des MU relevant werden[70]. Wenn von den realistischeren Annahmen einer asymmetrischen Informationsverteilung zwischen Management und Anteilseignern des MU ausgegangen wird, dann ist zu erwarten, daß sowohl die Gewinnermittlungs- als auch die Gewinnverwendungskompetenz auch Auswirkungen auf die Aktienpreisbildung haben werden[71].

Aus der Diskussion um die Irrelevanz der Gewinnverwendungspolitik kann jedoch der Hinweis auf die Residualtheorie als Orientierungshilfe zur Bestimmung einer Dividenpolitik im Interesse der Aktionäre des MU weiter verfolgt werden[72]. Ein im Interesse der Aktionäre des MU handelndes Management würde unter Vernachlässigung von bilanziellen Gewinnermittlungs- und Gewinnverwendungsvorschriften für die Ausschüttung sämtlicher verfügbarer liquider Mittel des insgesamt von ihnen einheitlich geleiteten Konzerns votieren, wenn die Rendite zusätzlicher Investitionen innerhalb des gesamten Konzerns kleiner ist als die von den Aktionären des MU alternativ zu erzielende Außenrendite.

Bei der Festlegung der Außenrendite hätte sich das Konzernmanagement bei der einheitlichen Leitung dann an den Anlagealternativen der Aktionäre des MU zu orientieren. Auf einem unvollkommenen Kapitalmarkt, auf dem von unterschiedlichen Alternativrenditen der Aktionäre auszugehen ist[73], könnte sich das Management an den Interessen eines "Durchschnittsaktionärs" des MU orientieren, für den als "Alternativrendite nur ein marktmäßig objektivierter Zinssatz in Betracht" kommt[74]. Finanzielle Mittel von TU, für die nach dem Residualprinzip keine rentablen Investitionsalternativen bereitstünden, würden über eine Ausschüttung an das MU fließen. Der hieraus resultierende Geldzufluß auf der Ebene des MU führt im Anschluß an die Renditevergleichsprüfung, dann im letzten Schritt zu einer Ausschüttung an die Anteilseigner des MU.

Für die in dieser Weise ermittelten Ausschüttungen wären die bestehenden handelsrechtlichen Gewinnermittlungsregelungen und auch die sonstigen Aus-

---

70 So wird z.B. nach der Dividendenthese der Aktienkurs als Barwert der erwarteten Dividendenzahlungen angesehen. Vgl. Süchting (Finanzmanagement, 1989) S. 451 f.

71 So bereits für die unverbundene Gesellschaft Schneider (Investition, 1992) S. 640 ff.

72 Zur Anwendung der Residualtheorie unter Unsicherheit Brandl (Rechnungslegungsnormen, 1987) S. 135 f.; Drukarczyk (Finanzierung, 1989) S. 222 ff.

73 Vgl. Pütz/Willgeroth (Beteiligungskapital, 1985) S. 88 f.

74 Wenger (Unternehmenserhaltung, 1981) S. 89.

schüttungsbegrenzungen wenig hilfreich[75]. Sie stellten vielmehr aus dem Blickwinkel der Aktionäre des MU eine vom Gesetzgeber erzwungene Nebenbedingung dar, unter deren Einhaltung das Management die Residualtheorie zur Bestimmung der Dividendenpolitik anwenden kann[76]. So ist z.B. bei einer zeitverschobenen Gewinnvereinnahmung im MU zu berücksichtigen, daß die Aktionäre des MU frühestens eine Periode später über die Ausschüttungen aus den TU verfügen können.

Bezogen auf die Diskussion zur Reform der konzernweiten Gewinnermittlung im MU wäre hieraus zu folgern, daß, ausgehend von einem im Interesse der Aktionäre des MU handelnden Konzernmanagement, die bestehenden Gewinnermittlungsvorschriften dem Management wegen der möglichen konzerninternen Sachverhaltsgestaltungen zur Entstehung und Verlagerung von Zwischenerfolgen sogar einen größeren Spielraum gewähren können, eine der Residualtheorie entsprechende Ausschüttungspolitik vorzunehmen, als dies bei einem Einzelunternehmen möglich ist. Einschränkende gesetzliche Regulierungen würden in diesem Fall nicht im Interesse der Aktionäre des MU liegen, sondern dienen insofern vorwiegend dem Gläubigerschutz im Konzern[77]. Der Hinweis von Werner und Goerdeler auf die erforderliche Kapitalerhaltung im Konzern könnte daher gerade für die konzernweite Gewinnermittlung im MU zum Zwecke der Gewinnverwendung sprechen[78].

Weil aber realistisch neben der asymmetrischen Informationsverteilung zugunsten des Managements auch von Interessendivergenzen zwischen Aktionären des MU, dem Management und den Gläubigern sämtlicher Konzernunternehmen auszugehen ist, kann die Konzernleitung die Ausübung der bestehenden Gestaltungsspielräume bei der Gewinnermittlung im MU auch an eigenen Interessen bzw. den Vorstellungen der Gläubiger orientieren. Handelsrechtliche Gewinnermittlungsregeln als Grundlage zur Bestimmung der Ausschüttungshöhe sind insofern weniger Instrumente zur Ermittlung einer aus dem Blickwinkel der Aktionäre "optimalen" Dividendenhöhe[79], sondern dienen vielmehr als Institutionen dazu, eine Risikokoordination zwischen den Aktio

---

75 Vgl. hierzu Ordelheide (Theorie der Rechnungslegung, 1988) S. 274 f.

76 Vgl. Wenger (Unternehmenserhaltung, 1981) S. 79 ff.

77 Vgl. Baysinger/Butler (Corporate Law, 1985) S. 179.

78 Vgl. Werner (Gewinnverwendung, 1985) S. 945 ff. und Goerdeler (Rücklagenbildung, 1986) S. 236, die hiermit jedoch ihre Ablehnung zu einer konzernweiten Gewinnausschüttung begründen.

79 Vgl. zur Unmöglichkeit der Ermittlung einer optimalen Ausschüttung auf unvollkommenen Märkten und bei mehreren Anteilseignern mit Hilfe von Jahresabschlüssen: Pohlmann (Bewertungskonzeptionen, 1981) S. 276 ff.; Moxter (Bilanzlehre, 1984) S. 151 f.

nären des MU, dem Management und den Gläubigern zu erleichtern, indem sie "künftige Handlungsabläufe weniger unsicher machen sollen"[80].

Offen ist hierbei bisher, inwiefern eine konzernweite Gewinnermittlung zur Bemessung der Ausschüttung an die Anteilseigner des MU diese Risikokoordination verändern würde. Weil hiermit die Möglichkeiten des Konzernmanagements zur Sachverhaltsgestaltung hinsichtlich der Höhe des ausschüttungsfähigen Betrages faktisch eingeschränkt werden, sind Rückwirkungen auf das Aktionärsverhalten zu erwarten.

Darüber hinaus wird die Ausweitung der Aktionärskompetenzen bei der Gewinnverwendung auf unvollkommenen Märkten und bei möglichen Interessenkonflikten mit der Hoffnung auf eine Verbesserung der volkswirtschaftlichen Kapitalallokation begründet[81]. Das Eigeninteresse der Aktionäre stelle hierbei den "natürlichen Motor" zur Erreichung dieses volkswirtschaftlich erwünschten Ziels dar und kann zur disziplinierenden Kontrolle des Managements hinsichtlich des Überinvestitionsrisikos beitragen[82]. Sofern die angestrebten konzernweiten Gewinnermittlungsregulierungen planmäßig zu einem höheren Erfolgsausweis im MU beitragen würden, wäre hiermit folglich auch eine stärkere Kapitallenkung über den Aktienmarkt durch Zurückdrängung der Innenfinanzierungsspielräume des Managements verbunden. Damit stellt sich zunächst die Frage, wie sich die alternativen Gewinnermittlungsarrangements auf den Erfolgsausweis und damit auf das Gewinnverwendungspotential der Aktionäre von MU auswirken werden.

1. *Verminderung der Innenfinanzierung durch planmäßige Ausschüttungsänderungen*

a) Änderungen in der ausgewiesenen Erfolgshöhe

Die Anwendung konzernweiter Gewinnermittlungsregeln werden dann zu materiellen Kompetenzänderungen der Hauptversammlung des MU bei der Gewinnverwendung gem. § 58 i.V.m. § 174 AktG beitragen, wenn sich im Vergleich zu den bestehenden Regelungen signifikante Unterschiede in der Höhe des Jah-

80 Schneider (Betriebswirtschaftslehre, 1987) S. 3. Vgl. ähnlich Wenger (Unternehmenserhaltung, 1981) S. 21. Von daher erklärt sich auch, daß Moxter bei den alternativen Kapitalerhaltungsarrangements keine optimale, sondern eine faire Lösung sucht. Vgl. Moxter (Bilanzlehre, 1984) S. 100.

81 Vgl. Wagner (Ausschüttungskompetenzen, 1988) S. 212 ff. Vgl. hierzu auch die Literaturhinweise auf S. 181 f.

82 Vgl. hierzu im Konzern S. 71 ff.

resergebnisses ergeben. So wird sich ein gestiegenes (gesunkenes) Jahresergebnis nur dann zwangsläufig in einem veränderten Bilanzgewinn bzw. -verlust niederschlagen, wenn das Konzernergebnis auch nach Ausschöpfung sämtlicher Gewinnverwendungskompetenzen der Unternehmensleitung gem. § 58 AktG über (unter) dem bisher verwendbaren Ergebnis des MU liegt[83]. In diesen Fällen könnte die Hauptversammlung des MU über einen höheren (niedrigeren) Bilanzgewinn und damit über eine höhere (niedrigere) Dividendenzahlung an die Aktionäre des MU verfügen[84].

Abgesehen von diesen Fällen, in denen die Umgestaltung der Gewinnermittlung zu obligatorischen Änderungen bei der Gewinnverwendung führt, können sich auch bei nur geringfügigen Abweichungen in der Erfolgshöhe schon Auswirkungen auf die Dividendenhöhe ergeben, wenn z.B. vom Vorstand im Zeitablauf eine konstante Dividendenquote angestrebt wird[85]. Immer wenn sich die konzernweiten Gewinnermittlungsregulierungen eines MU auf die Dividendenhöhe und damit auf den Umfang des über den externen Kapitalmarkt gelenkten Kapitals auswirken, sind nach der Dividendenthese Reaktionen auf den Aktienkurs der einzelnen MU zu erwarten[86]. Daher wird zunächst überprüft, ob sich eindeutige Aussagen darüber treffen lassen, wie sich die vorgeschlagenen Modifikationen bei der Gewinnermittlung eines MU im Jahresergebnis niederschlagen. Hierfür ist zunächst aus den alternativ vorgeschlagenen Gewinnermittlungsarrangements eines MU eine Auswahl zu treffen[87].

Die Leitungsfunktion des Vorstands des MU erstreckt sich aufgrund des Kompetenzgefüges gem. § 76 (1) AktG i.V.m. §§ 291 ff. AktG auf das MU und sämtliche TU des Konzerns. Entsprechend kann die Kapitaleinlage der Aktionäre des MU vom Management in den Grenzen des § 23 (3) 2 AktG als Eigen- und/oder Fremdkapital in beliebigen TU des Konzerns zur Finanzierung von Investitionen eingesetzt werden, ohne daß die finanziellen Mittel den Verfügungsbereich des Managements verlassen. Der wirtschaftliche Erfolg des gesamten Aktivitätsniveaus des Managements und damit auch der Residualanspruch der Aktionäre des MU sollte dann an einem Rechenschafts-

---

83 Vgl. hierzu auch die empirischen Ergebnisse im vierten Kapitel, S. 122 ff.

84 Dividendensteigerungen ließen sich dann nur noch vermeiden, wenn die Hauptversammlung z.B. auf Vorschlag des Vorstandes gem. § 58 (4) AktG einer höheren Gewinneinbehaltung zustimmen würde. Vgl. Roth (Herrschaft, 1973) S. 94 f., der beobachtet, daß die Beschlüsse der Hauptversammlungen überwiegend den Vorschlägen des Vorstandes folgen.

85 Vgl. Süchting (Finanzmanagement, 1989) S. 455, der hier von Ausschüttungsrate spricht. Zu einer von der Unternehmenspraxis stärker präferierten, im Zeitablauf konstanten Dividende je Aktie vgl. Hansen (Dividendenpolitik, 1992) S. R 150 ff.

86 Vgl. zur Dividendenthese Süchting (Finanzmanagement, 1989) S. 451 f.

87 Vgl. hierzu S. 95 ff.

instrument gemessen werden, in dem die wirtschaftliche Entwicklung aller Konzernunternehmen zusammengefaßt abgebildet wird[88]. Da die Gewinnermittlungsregeln des handelsrechtlichen Konzernabschlusses gem. §§ 290 - 310 HGB von einer derartigen wirtschaftlichen und rechtlichen Einheit aller Konzernunternehmen explizit ausgehen, werden sie im folgenden - dem Vorschlag von Lehertshuber und Busse von Colbe entsprechend - zugrundegelegt[89].

Aber auch wenn der unmittelbare Rückgriff auf den handelsrechtlichen Konzernabschluß aus rechtstechnischen Gründen vermieden werden soll[90], ließe sich ein materiell identisches Jahresergebnis auch im Einzelabschluß des MU erreichen, wenn hier die Anwendung einer zur Ein-Zeilen-Konsolidierung ausgestalteten Equity-Bewertung aller TU obligatorisch würde[91]. Daher lassen sich die folgenden Aussagen zur Änderung der Erfolgshöhe auch auf einen Einzelabschluß, in dem alle TU nach der Equity-Methode bilanziert werden, übertragen[92].

Damit werden den bestehenden Gewinnermittlungsvorschriften nach §§ 246 - 283 HGB, nach denen TU als rechtlich und wirtschaftlich vom MU unabhängige Gesellschaften angesehen werden, im folgenden Gewinnermittlungsregelungen gegenübergestellt, bei denen alle zum Konzern gehörenden Mutter- und Tochterunternehmen hinsichtlich der Verfügungsrechte der Aktionäre des MU als eine rechtliche Einheit angesehen werden[93]. Vor diesem Hintergrund würde auch der Einwand, die Equity-Bewertung im Jahresabschluß des MU verstieße gegen das Realisationsprinzip, hier nicht mehr greifen, weil aus dem Blickwinkel der Aktionäre des MU auch die Gewinne in den originären Jahresabschlüssen aller TU als realisiert anzusehen sind, unabhängig davon, ob sie an das MU weitergeleitet werden oder nicht. Um steuerliche Konsequenzen dieser veränderten handelsrechtlichen Gewinnermittlungsregeln, die aus der Maßgeblichkeit der handelsrechtlichen GoB für die steuerliche Gewinnermittlung resultieren, zu

---

88 Dabei ist die Intensität der einheitlichen Leitung (zentralistische versus föderative Konzernorganisation) ebenso wenig relevant wie sie es auch bei der Gewinnermittlung im unverbundenen Unternehmen ist. Vgl. so jedoch Beusch (Rücklagenbildung, 1987) S. 40 ff.

89 Vgl. so Lehertshuber (Unternehmensvertragsrecht, 1986) S. 151 ff.; Busse von Colbe (Gewinnverwendung, 1987). Auf das von Lutter entwickelte Anrechnungsmodell wird im folgenden nicht eingegangen. Eine diesbezügliche Änderung der Gewinnverwendungskompetenz würde aufgrund der vielfältigen Ausweichhandlungen des Vorstandes keine eindeutigen Aussagen zur Änderung in der Höhe des verwendbaren Ergebnisses erlauben. Vgl. S. 98 f.

90 Vgl. so z.B. Kohl (Aktienkonzern, 1991) S. 258.

91 Vgl. Pellens (Equity-Methode, 1990) S. 697 f.

92 Hiervon jedoch abweichend der Vorschlag von Pick (Ausschüttungsregelung, 1985) S. 255 ff.

93 Zu der Entscheidung zwischen der Konzernabgrenzung nach § 18 AktG und § 290 HGB vgl. Ulmer (Begriffsvielfalt, 1987) S. 623 ff.; grundsätzlich schon früher Kronstein (juristische Person, 1931).

vermeiden, wären entsprechende Änderungen im Bilanzsteuerrecht und im dritten Buch des HGB erforderlich.

Obwohl die Ergebnisse der empirischen Untersuchung im dritten Kapitel (II. Abschnitt) für einen dreijährigen Zeitraum aufgezeigt haben, daß die Konzernergebnisse durchschnittlich über denen des MU liegen, ist die Frage nach den planmäßigen Zusammenhängen zwischen beiden Ergebnisgrößen noch unbeantwortet[94]. Systematische Unterschiede zwischen den Jahresergebnissen auf der Basis der Einzel- bzw. Konzernabschlußzahlen lassen sich ausgehend von den Bedingungen, die im Zeitablauf zu identischem Ergebnisverlauf führen, wie folgt aufzeigen:

Die Jahresergebnisse des Einzelabschlusses eines MU (JE^{EA}) sind mit den Konzernergebnissen nach Berücksichtigung der Erfolgsanteile von Minderheiten (JE^{KAnM})[95] in jeder Periode identisch, wenn:

- alle TU ihre im Einzelabschluß ermittelten Jahresüberschüsse (Jahresfehlbeträge) anteilig an das MU ausschütten (anteilig vom MU über Verlustausgleich erstattet bekommen),
- die von den TU ausgeschütteten (vom MU übernommenen) Jahresergebnisse, beim MU zeitkongruent erfolgswirksam verrechnet werden[96],
- von allen Konzernunternehmen in ihren jeweiligen Einzelabschlüssen die bestehenden Bilanzansatz- und Bilanzbewertungswahlrechte identisch ausgeübt werden und diese Bilanzierungsregeln auch dem Konzernabschluß zugrunde liegen (§ 308 (1) HGB) und
- keine konzerninternen Geschäftsbeziehungen stattfinden, die erfolgswirksame Konsolidierungsmaßnahmen im Konzernabschluß erfordern und kein erfolgswirksam zu verrechnender Unterschiedsbetrag aus der Erstkonsolidierung vorhanden ist (Kaufpreis = anteiliges Eigenkapital der HB II).

---

94 Vgl. z.B. zu einzelnen Fällen einer negativen Differenz: Linnhoff/Pellens (Ausschüttungspolitik, 1987) S. 1002 f. und besonders deutlich bei der Würzburger Hofbräu AG, Geschäftsbericht 1983/84. Zu einer Untersuchung über den Zusammenhang des Konzernabschlußergebnisses und dem Summen-Ergebnis aller Konzerngesellschaften vgl. Faß (Konzernierung, 1991) S. 121 ff.

95 Die Erfolgsanteile der Minderheiten in TU werden hierbei nicht berücksichtigt, weil der Aktienmarkt bei der Bewertung der Aktien eines MU von einer interessentheoretischen Sichtweise ausgeht.

96 Vgl. Coenenberg (Jahresabschluß, 1991) S. 313 ff. Ergebnisunterschiede zwischen Einzel- und Konzernabschluß, die sich ausschließlich aufgrund latenter Steuern gem. § 306 HGB ergeben, sind hierbei vernachlässigt.

Sobald jedoch eine dieser vier Bedingungen nicht erfüllt ist, können JE^{EA} vom JE^{KAnM} in einem oder mehreren Geschäftsjahren voneinander abweichen. Dies gilt z.B. schon dann, wenn der jeweilige Jahresüberschuß eines TU nur teilweise an das MU ausgeschüttet wird. Lassen sich in diesem Fall noch eindeutige Differenzaussagen vornehmen ($JE^{MU} < JE^{KAnM}$), so werden Richtungsangaben kaum noch möglich, wenn der Konzernabschluß nach anderen bilanzpolitischen Gesichtspunkten aufgestellt wird als der Einzelabschluß des MU[97].

Lassen sich diese Ergebnisdifferenzen vom Management des MU noch weitgehend steuern, so kann der Gleichlauf des Einzel- und Konzernabschlußergebnisses aber auch aufgrund gesetzlicher Regelungen verhindert werden. Dies gilt z.B. dann, wenn ausländische TU ihren Einzelabschluß nach Bilanzierungsmethoden aufstellen, die von den §§ 238 - 283 HGB zwingend abweichen oder darüber hinaus, wenn einzelne Bilanzierungsmethoden im Konzernabschluß gem. §§ 290 - 312 HGB nicht mit den §§ 238 - 283 HGB vereinbar sind. So ist z.B. für die Bewertung von Beteiligungen an assoziierten Unternehmen im Konzernabschluß die Equity-Methode vorgesehen, wogegen im Einzelabschluß die Beteiligungen zu Anschaffungskosten zu bilanzieren sind.

Je nach zugrundeliegendem Sachverhalt sind in einem oder mehreren aufeinanderfolgenden Geschäftsjahren dann unterschiedliche Vorzeichen in den Differenzen zwischen JE^{EA} und JE^{KAnM} möglich. Damit können aber keine eindeutigen Aussagen über das Verhältnis der alternativen Gewinngrößen in einzelnen Perioden getroffen werden. Lediglich über die gesamte Lebensdauer eines MU ist davon auszugehen, daß unter Vernachlässigung steuerlicher Auswirkungen die $\Sigma\, JE^{EA} = \Sigma\, JE^{KAnM}$ ist. Diese Ergebnisgleichheit gilt zumindest immer dann, wenn die im Rahmen der Umrechnung und Konsolidierungsmaßnahmen möglichen, erfolgsneutralen Verrechnungen bei der Entkonsolidierung[98] wieder beseitigt werden, so daß eine Durchbrechung des Kongruenzprinzips im handelsrechtlichen Konzernabschluß ausgeschlossen ist[99].

Für die einzelnen Jahresergebnisse lassen sich je nach zugrundeliegendem Sachverhalt lediglich situationsabhängige Tendenzaussagen über die Ergebnisunterschiede vornehmen. So führen z.B. folgende konzerninternen Sachverhalte dazu, daß eine Tendenz zu $JE^{EA} < JE^{KAnM}$ besteht:

97 Vgl. hierzu die empirische Untersuchung von Hollerbach (Bilanzpolitik, 1991), wonach die Bilanzierungsregeln im Konzernabschluß meist mit denen im Einzelabschluß des MU identisch sind.

98 Vgl. Ordelheide (Endkonsolidierung, 1986) S. 766 ff.

99 Vgl. zu möglichen Durchbrechungen des Kongruenzprinzips bei der Währungsumrechnung: Busse von Colbe (Umrechnung, 1985) S. 155 f.; bei sonstigen Konsolidierungsmaßnahmen: Busse von Colbe (Kongruenzprinzip, 1992) S. 129 ff.

- von TU erwirtschaftete Gewinne, die ganz oder teilweise einbehalten werden;
- Lieferung bzw. Leistung vom MU an TU mit Zwischenverlusten, die im TU noch nicht durch Geschäfte mit Dritten realisiert sind;
- Lieferungen und Leistungen von TU an MU mit Zwischenverlust, die im MU noch nicht durch Geschäfte mit Dritten realisiert sind;
- erfolgserhöhende Konsolidierungsmaßnahmen wie z.B. Auflösung eines passivischen Unterschiedsbetrages aus der Erstkonsolidierung gem. § 309 (2) Nr. 2 HGB, Ansatz aktivischer latenter Steuern gem. § 306 HGB;

Demgegenüber führen z.B. die folgenden konzerninternen Sachverhalte dazu, daß tendenziell $JE^{EA} > JE^{KAnM}$ sein wird:
- TU erwirtschaften Verluste, die vom MU nicht in voller Höhe übernommen und auch nicht durch eine entsprechende Beteiligungsabschreibung im Einzelabschluß berücksichtigt werden;
- Lieferungen und Leistungen von MU an TU mit Zwischengewinn, die im TU noch nicht durch Geschäfte mit Dritten realisiert sind;
- Lieferungen und Leistungen von TU an MU mit Zwischengewinn, die im MU noch nicht durch Geschäfte mit Dritten realisiert sind;
- erfolgsmindernde Konsolidierungsmaßnahmen wie z.B. Abschreibungen auf aufgedeckte stille Rücklagen bzw. des Firmenwertes gem. § 309 (1) HGB.

Weil Jahresfehlbeträge der TU entweder gem. § 253 (2) Satz 2 i.V.m. § 279 (1) HGB über eine Beteiligungsabschreibung oder über einen Verlustausgleich im Einzelabschluß des MU erfolgswirksam berücksichtigt werden können, einbehaltene Jahresüberschüsse der TU im Einzelabschluß des MU regelmäßig aber nicht verrechnet werden dürfen, besteht bei einem auf Dauer angelegten Unternehmen jedoch eine Tendenz zu $JÜ^{EA} \leq JÜ^{KAnM}$, deren Bestätigung wesentlich vom Entscheidungsverhalten des Vorstandes des MU abhängig ist. Für deutsche MU kann diese Tendenzaussage für den Zeitraum von 1988 bis 1990 auch aus der obigen Untersuchung bestätigt werden[100].

Damit lassen sich die Auswirkungen der vorgeschlagenen Modifizierung der Gewinnermittlung zum Zwecke der Gewinnverwendung in einem MU wie folgt zusammenfassen: Die bestehenden als auch die alternativ vorgeschlagenen Gewinnermittlungsverfahren für ein MU führen unter Vernachlässigung steuerlicher Konsequenzen über die gesamte Lebensdauer eines MU zu einem gleich hohen Erfolgsausweis. Damit lassen sich zu planmäßigen Unterschieden in der Höhe der Jahresergebnisse lediglich situationsabhängige Aussagen tref-

100 Vgl. S. 128 ff.

fen. Wegen der imparitätischen handelsrechtlichen Bilanzierungsregeln wird insgesamt tendenziell eine Rangordnung zu $JE^{EA} < JE^{KAnM}$ bestehen, die insbesondere durch entsprechendes Managementverhalten noch verstärkt werden kann.

b) Änderungen in der Gewinnausschüttung

In den Fällen, in denen die Rangordnungsaussagen ($JE^{EA} < JE^{KAnM}$) zutreffen und die Ergebnisunterschiede auch einen derartigen Umfang annehmen, daß den Aktionären des MU auch tatsächlich höhere Dividendenzahlungen angeboten werden müssen[101], können die Aktionäre über zusätzliche finanzielle Mittel verfügen. Die angestrebten Reformen können hier im Vergleich zur bestehenden Regelung auch zu einer Reduzierung der konzerninternen Kapitalmärkte beitragen. Dem steht auch nicht entgegen, daß das Konzernmanagement einen Informationsvorteil bei der Gewinnverwendung besitzt und eine erweiterte Entscheidungsbefugnis der Aktionäre, diese "in der Mehrzahl der Fälle unnötig belasten oder - bei großen Publikumsgesellschaften - ... sogar überfordern" würde[102]. Ob derartige Spezialisierungsvorteile des Konzernmanagements jedoch für sämtliche Anlagealternativen der Aktionäre des MU gelten, erscheint fraglich[103]. Zudem kann die Hauptversammlung des MU auch weiterhin einem Gewinnverwendungsvorschlag des Managements des MU zustimmen und damit den Abzug der Konzerngewinne vermeiden.

Die mit zunehmenden Dividendenzahlungen verbundene konzernweite Einschränkung des Innenfinanzierungsspielraumes könnte auch dazu führen, daß das Konzernmanagement bei weiteren Finanzierungsmaßnahmen stärker auf die externen Kapitalmärkte zurückgreifen muß. Die steigende Abhängigkeit von den externen Kapitalmärkten kann damit auch gleichzeitig zu einer stärkeren Interessenbindung zwischen Aktionären und Konzernmanagement beitragen.

Sofern tatsächlich höhere Dividenden an die Aktionäre des MU gezahlt werden, kann es zu einem steigenden Kapitalangebot auf dem externen Aktienmarkt kommen. Wenn die von erhöhten Gewinnauszahlungen betroffenen Unternehmen hierauf nicht mit einer vermehrten Kapitalnachfrage über den Primärmarkt sondern z.B. mit einem Abbau der frei verfügbaren Cash-Flows reagieren, werden die nicht für Konsumzwecke verwendeten zusätzlichen Mittel von den

101 Vgl. hierzu auch die empirischen Ergebnisse auf S. 122 ff., nach denen das verwendbare Konzernergebnis zwar meist zwischen 50 % und 100 % des Einzelabschlußergebnisses lag, teilweise aber auch höhere Dividendenzahlungen obligatorisch gewesen wären.

102 Beusch (Rücklagenbildung, 1987) S. 43.

103 Vgl. Wenger (Managementanreize, 1987) S. 225.

Aktionären des MU erneut in Wertpapieren auf dem Sekundärmarkt angelegt. Die hiermit zumindest bei erfolgreichen Unternehmen verbundenen Kurssteigerungen können zu sinkenden Eigenkapitalkosten beitragen und folglich bei anstehenden Kapitalerhöhungen auch wiederum positive Rückwirkungen auf die Unternehmensfinanzierung ausüben[104].

Darüber hinaus können insbesondere die Aktionäre, die engen Liquiditätsrestriktionen unterliegen, durch die zusätzlichen Ausschüttungen ihre Diversifikationsmöglichkeiten verbessern[105]. Damit können sich die Aktienmarktteilnehmer bei der Portefeuillebildung wieder stärker an ihren individuellen Vorstellungen orientieren, so daß die unternehmerische Diversifikation nur noch eingeschränkt erforderlich wäre.

Aber auch für die Fälle, in denen keine eindeutigen Aussagen über die tatsächliche Gewinnentwicklung und damit verbunden über die Dividendenhöhe möglich sind, kann eine den Konzernsachverhalt explizit berücksichtigende Erfolgsermittlung zum Zwecke der Gewinnverwendung zu Reaktionen der hiervon betroffenen Personengruppen und damit des Aktienmarktes führen. So resultiert aus einer derartigen Regulierung für den regelmäßig den Jahresabschluß aufstellenden Vorstand des MU eine erhebliche Einschränkung von Gestaltungsspielräumen bei der Gewinnermittlung[106]. Die mit dieser Kompetenzänderung verbundenen Auswirkungen auf die Risikokoordination zwischen dem Konzernmanagement und den Konzernkapitalgebern können Rückwirkungen auf den Aktienmarkt haben[107].

---

104 Vgl. Mestmäcker (Konzerngewalt, 1958) S. 31 ff., der bereits auf mögliche positive Zusammenhänge zwischen höheren Dividenden und marktgelenkten Refinanzierungsmöglichkeiten der Unternehmen hinweist. Vgl. auch Weichert (Probleme des Risikokapitalmarktes, 1987) S. 155 ff.

105 Vgl. hierzu Auerbach (financial policy, 1983) S. 923, der regelmäßige Dividendenzahlungen u.a. damit begründet, daß die Aktionäre durch den Liquiditätszufluß zusätzliche Diversifikationsstrategien in ihrem Portefeuille realisieren können.

106 Vgl. die gegenteilige Ansicht bei Faß (Konzernierung, 1991) S. 146, der dies wegen der vielfältigen Bilanzierungs- und Konsolidierungswahlrechte im Konzernabschluß bezweifelt.

107 Vgl. so z.B. die erwarteten positiven Auswirkungen infolge einer Kompetenzänderung über Art. 50 der 5. EG-RL bei Wagner (Ausschüttungskompetenzen, 1988) S. 238 f., die jedoch anders als die hier diskutierten konzernweiten Gewinnermittlungsregulierungen vom Konzernmanagement durch Ausweichhandlungen umgangen werden können.

2. *Veränderte Risiko- und Informationsposition der Aktienmarktteilnehmer*

Die im handelsrechtlichen Einzelabschluß gesetzten Ausschüttungsgrenzen schließen die explizite Berücksichtigung einer über das Residualprinzip ermittelten Dividendenhöhe regelmäßig aus. Erst wenn die Bruttoüberschüsse die vom Gesetzgeber - in den Grenzen der Bilanzierungs- und Bewertungsspielräume des Managements - standardisierte Risikovorsorge überschreiten, kommt es zum Ausweis eines ausschüttungsfähigen Jahresergebnisses[108]. Die in den §§ 242 bis 283 HGB kodifizierten Gewinnermittlungsvorschriften realisieren eine vom Gesetzgeber vorgegebene Form der Risikoteilung insbesondere zwischen den Eigen- und Fremdkapitalgebern des Konzerns[109]. Diese Regulierungen sollen es den verschiedenen Kapitalgebern erleichtern, das Risiko ihrer Kapitalüberlassungsverträge mit dem Unternehmen kalkulierbarer zu gestalten und sollen insofern zur Plankoordination beitragen[110].

Darüber hinaus beinhalten die Gewinnermittlungsvorschriften für die Anteilseigner gleichzeitig eine Standardisierung ihres Verfügungsrechts hinsichtlich der Aneignung des Gewinns bzw. der Zuordnung eines Verlustes. Insofern verhindern die handelsrechtlichen Gewinnermittlungsregeln zur Festlegung eines für Ausschüttungen frei verwendbaren Jahresergebnisses, daß sich die Aktienmarktteilnehmer über ansonsten unternehmensindividuell festgelegte Gewinnermittlungsregeln informieren oder diese mit den jeweiligen Unternehmen und deren sonstigen Kapitalgebern aushandeln müßten[111]. Damit ersparen die vom Gesetzgeber festgelegten Gewinnermittlungsvorschriften den aktuellen und potentiellen Aktionären entsprechende Informations- und Verhandlungskosten und können so zu einer verbesserten "Koordination von Einzelwirtschaftsplänen über (Aktien-)Märkte" beitragen[112].

---

108 Vgl. Moxter (Bilanzlehre, 1984) S. 100; Ordelheide (Konzernerfolgskonzeptionen, 1987) S. 976.

109 Sofern auch die Vorstandsmitglieder gem. § 86 (2) AktG teilweise über die Ausprägung von Rechnungswesendaten entgolten werden, gilt die Risikoteilungsfunktion auch für ihr Einkommen. Vgl. S. 73 f.

110 Vgl. zum Überblick über die umfangreiche Diskussion alternativer Kapitalerhaltungskonzeptionen: Sieben/Schildbach (Kapitalerhaltung, 1981); Pohlmann (Kapitalerhaltung, 1991). Zu einer an dem Ziel einer weitgehenden Marktlenkung von Kapital orientierten Erfolgsermittlung vgl. Schneider (Investition, 1992) S. 704 ff.

111 Vgl. ähnlich Kübler (Unternehmensstrukturen, 1984) S. 190 f.

112 Schneider (Regulierungen, 1988) S. 199, der über diese Argumentation aber nur vertraglich abdingbare Regulierungen akzeptiert.

a) Reduktion der konzernspezifischen Risiken

Die mit den Gewinnermittlungsvorschriften verbundene Risikoteilung kann mit einer Konzernbildung durch eine Vollausschüttung sämtlicher im Konzern erzielten Gewinne einseitig zugunsten der Aktionäre des MU konkretisiert werden. Das Management kann sie statt dessen durch eine extensive Gewinnthesaurierung in TU zugunsten der Fremdkapitalgeber des Konzerns gestalten. Die mit den Rechnungslegungsregulierungen für ein unverbundenes Unternehmen einhergehende Risikoteilung zwischen den verschiedenen Kapitalgebern kann damit durch eine Konzernbildung beeinflußt werden.

Die im Anschluß an die Konzernbildung für die Risikoteilung zwischen den verschiedenen Kapitalgebern weiterhin relevanten Einzelabschlußergebnisse sind - anders als die Erfolgsgrößen einer unverbundenen Gesellschaft - darüber hinaus auch noch mit den konzerntypischen Vermögensverlagerungs- und Zwischengewinnrisiken versehen[113].

Ein Vermögensverlagerungsrisiko besteht insofern, als nicht auszuschließen ist, daß konzerninterne Lieferungen und Leistungen zu Preisen vorgenommen werden, die über bzw. unter den Marktpreisen liegen. Hierüber können bei den einzelnen Konzerngesellschaften Jahresergebnisse generiert und entsprechende Ausschüttungen an die Anteilseigner des MU beeinflußt werden.

Aber auch wenn konzernintern zu Marktpreisen geliefert wird, unterliegen die ausgewiesenen Jahresergebnisse der jeweiligen Konzerngesellschaften so lange noch einem Zwischenerfolgsrisiko, wie der gelieferte Gegenstand aus Konzernsicht noch mit Absatzrisiken belastet ist. Für das MU konkretisieren sich die Absatzrisiken bei Down-stream-Lieferungen in den Beteiligungsbuchwerten an dem TU, die allerdings bei handelsrechtlichen Gewinnermittlungen nicht zu berücksichtigen sind. Aus der Sicht des Konzerns entfällt das Zwischenerfolgsrisiko erst dann, wenn die konzernintern gelieferten Gegenstände an Dritte veräußert werden.

Die am Einzelabschluß orientierte Risikoteilung wird insofern aus dem Blickwinkel der Aktionäre des MU aber auch der Fremdkapitalgeber des Konzerns "aufgeweicht", zumal die Konkretisierung dieser Vermögens- und Zwischenerfolgsrisiken von den Aktienmarktteilnehmern anhand der Einzelabschlußdaten kaum

113 Vgl. hierzu ausführlich Ordelheide (Konzernerfolgskonzeptionen, 1987) S. 978 ff.

beurteilt werden können[114]. Daher führen die bestehenden handelsrechtlichen Gewinnermittlungsregulierungen eines MU kaum noch zu der erwarteten Unsicherheitsreduzierung der aktuellen und potentiellen Aktionäre[115]. Lediglich "die Sorgfaltspflicht des Vorstandes garantiere (hier) einen gerechten Interessenausgleich"[116]. Wird die im Vergleich zu einem unverbundenen Unternehmen "aufgeweichte" Risikoteilung von den Aktienmarktteilnehmern nicht korrekt antizipiert und durch entsprechende Verhaltensanpassungen berücksichtigt, sind Adverse-Selection-Prozesse auf dem Aktienmarkt nicht auszuschließen[117].

Der Übergang zu einer konzernweiten Gewinnermittlung als Ausgangspunkt der Gewinnverwendung würde zunächst dazu führen, daß die wirtschaftlichen Konsequenzen aller Managementhandlungen in das verwendbare Jahresergebnis einbezogen werden. Damit würde auch wieder eine von Vermögensverlagerungs- und Zwischenerfolgsrisiken weitgehend befreite Risikoteilung zwischen den Kapitalgebern des Konzerns erreicht, da diese hier im Rahmen der Schulden-, Zwischenerfolgs- und Aufwands- und Ertragskonsolidierung eliminiert werden. Der Handlungsspielraum des Konzernmanagements, mit Hilfe konzerninterner Sachverhaltsgestaltungen den Gewinnausweis in den jeweiligen Konzerngesellschaften - z.B. für steuerliche Zwecke - zu gestalten, würde sich hierdurch zwar nicht verringern. Jedoch würden im Vergleich zur geltenden Kompetenzverteilung bei der Gewinnverwendung die Möglichkeiten des Konzernmanagements, TU je nach Belieben als konzerninterne "Spardosen" oder "Gewinnquellen" zu verwenden, insofern eingeschränkt, als derartige Maßnahmen keinen Einfluß auf das den Aktionären des MU zur Gewinnverwendung bereitstehende Konzernergebnis ausübten.

Die Verwendung des Konzernabschlusses als Ausschüttungsbemessungsgrundlage wird das Anlegerverhalten der Aktienmarktteilnehmer beeinflussen, weil nach geltendem Recht nicht ausgeschlossen werden kann, daß das Management durch Vermögens- und Zwischenerfolgsverlagerungen gegen die Ausschüttungsinteressen der Aktionäre des MU gehandelt hat[118]. Hiervon ist z.B. schon insofern auszugehen, als Ergebnisverzerrungen im MU durch den Erwerb eines TU zwangsläufig dann eintreten, wenn die hierfür aufgebrachten

---

114 Für den Gläubigerschutz im Konzern: Schwieters (Insolvenzrecht, 1989) S. 216; Debus (Konzernrecht, 1990) S. 17.
115 Vgl. Schneider (Unternehmerfunktionen, 1988) S. 35.
116 Faß (Konzernierung, 1991) S. 95.
117 Vgl. Ordelheide (Konzernerfolgskonzeptionen, 1987) S. 977.
118 Vgl. Wagner (Ausschüttungskompetenzen, 1988) S. 215. Generell bezogen auf Bilanzierungsspielräume: Schildbach (Steuerbilanz, 1989) S. 127 f.; Schneider (Betriebswirtschaftslehre, 1987) S. 411 ff.

Mittel proportional zur sonstigen Kapitalstruktur des MU mit Eigen- und Fremdkapital finanziert werden. Dann belasten die aus dem Erwerb des TU resultierenden Zinszahlungen das verwendbare Ergebnis der Aktionäre des MU, wogegen die Gewinne des TU ihrem unmittelbaren Verfügungsbereich entzogen sind[119]. Die den Konzernsachverhalt explizit berücksichtigenden Gewinnermittlungs- und Gewinnverwendungsregeln würden hier dazu beisteuern, daß die Spezifizierung der Verfügungsrechte der Aktionäre des MU vom Management nicht mehr durch die Bildung eines Unternehmensverbundes vermindert werden können. Aus dem Blickwinkel der Aktionäre des MU wird der Konzern hinsichtlich der Gewinnverwendung insgesamt stärker zu einem Einheitsunternehmen, in dem konzerntypische Risiken nicht existieren.

Entsprechend ließe sich auch das im Konzern zunehmende Überinvestitionsrisiko der Aktionäre des MU durch die konzernweite Gewinnermittlung zum Zwecke der Gewinnverwendung auf ein vergleichbares Niveau wie in einem unverbundenen Einzelunternehmen reduzieren[120]. Sind die Aktionäre dem zunehmenden Überinvestitionsrisiko bisher durch einen Risikoaufschlag bei der Aktienrendite oder durch Verkauf ihrer Kapitalanteile begegnet, so könnte diese Risikokomponente im Anschluß an die angestrebte Reform entfallen.

Für vertraglich gebundene und qualifiziert faktische TU, deren Geschäfts- und Finanzierungsrisiko die Aktionäre des MU wegen des Haftungsverbundes bereits de lege lata tragen, würde die rechtliche Vielfalt im Konzern aus dem Blickwinkel der Aktionäre des MU an Bedeutung verlieren. Hinsichtlich dieses Konzernteils wäre dann die Beurteilung der einzelnen Erfolgsbeiträge von Investitionen weniger davon abhängig, in welchem Konzernunternehmen die Investitionen vorgenommen werden und welche Sachverhaltsgestaltungen das Konzernmanagement zur Verteilung des Konzernerfolges auf die einzelnen Teileinheiten vornimmt[121]. Die Risikoteilung zwischen den Aktionären des MU und den Gläubigern von Mutter- und Tochterunternehmen würden sich der in einem unverbundenen Unternehmen annähern.

Insbesondere für solche TU, zu denen ein faktisches Konzernverhältnis und damit - zumindest formal - weiterhin eine Haftungsseparation besteht, würde die am Konzernabschluß orientierte Gewinnermittlung zum Zwecke der Gewinnver-

119 Vgl. hierzu Ordelheide (Konzernerfolgskonzeptionen, 1987) S. 984.

120 Vgl. hierzu Wagner (Ausschüttungskompetenzen, 1988); Pfaff (Gewinnverwendungsregelungen, 1988), der gleichzeitig eventuelle negative Sekundärwirkungen berücksichtigt.

121 Vgl. die Forderung einer konzernweiten Gewinnverwendung im MU für vertraglich verbundene TU bei Götz (Konzernobergesellschaft, 1984) S. 85 ff.; Geßler (Rücklagenbildung, 1985) S. 257 ff.

wendung für die Aktionäre des MU zu einer Reduktion der konzerntypischen Risiken beitragen. Einer hiermit möglicherweise verbundenen Verlagerung von konzerntypischen Risiken auf die Gläubiger der TU[122] steht entgegen, daß durch eine am Konzernergebnis angelehnte Gewinnverwendung auch die Höhe des Risikokapitals konzernweit gesetzlich standardisiert wird. Für jedes einzelne TU käme eine Gewinnausschüttung nur in dem Umfang in Frage, in dem es ein - von konzerninternen Zwischenerfolgen befreites - positives Jahresergebnis erwirtschaftet hat. Damit ließe sich durch eine am Konzernergebnis ausgerichtete Gewinnverwendung auch der Bestandteil des Insolvenzrisikos, der auf das Eigenfinanzierungsrisiko zurückzuführen ist, begrenzen[123]. Die Eliminierung der Vermögens- und Zwischenerfolgsrisiken verhindert damit gerade aus dem Blickwinkel der Fremdkapitalgeber von TU, daß im Einzelabschluß ausgewiesene Gewinne ausgeschüttet werden, die aus Konzernsicht nicht realisiert sind.

Das empirisch festgestellte Verhalten der Konzerngläubiger läßt bereits de lege lata vermuten, daß zumindest die Kreditinstitute den vertraglichen und faktischen Konzern bisher schon wegen § 19 Abs. 2 Nr. 1 KWG weitgehend als rechtliche Einheit ansehen und diese Sichtweise im Rahmen von Kreditverhandlungen auch gegenüber dem Management durchsetzen können[124]. Auch im neuen Kreditleitfaden des BAV von 1992 wird die Konzernproblematik bei der Bonitätsprüfung für die Vergabe von Schuldscheindarlehen gesehen[125]. Hier werden MU, deren TU die Kreditaufnahme nicht durch Grundpfandrechte absichern und die mit dem MU einen Gewinnabführungsvertrag abgeschlossen haben bzw. für die das MU eine Patronatserklärung abgegeben hat, dazu verpflichtet, die geforderten Bilanzrelationen auf der Basis eines Inlandskonzernabschlusses einzuhalten.

Folgt man den handelsrechtlichen Konkretisierungsanforderungen, die an einen ausschüttbaren Gewinn gestellt werden, so wäre die Orientierung am Konzernergebnis im Gegensatz zu den bestehenden Gewinnermittlungs- und Gewinnverwendungsvorschriften sogar zwingend geboten. Geht der Gesetzgeber bisher davon aus, daß ein ausschüttbarer Gewinn erst dann vorliegt, wenn dieser von Absatzrisiken befreit ist, so wäre dies für ein konzernverbundenes Unternehmen erst dann gegeben, wenn das Jahresergebnis um die Vermögensverlagerungen und Zwischenerfolge bereinigt ist. Erst dann ist

122 Vgl. so Debus (Konzernrecht, 1990) S. 186.
123 Vgl. zum Eigenfinanzierungsrisiko: Schneider (Unternehmenskontrolle, 1992) S. 51.
124 Vgl. zu der Vermutung einer generell höheren Kontrollwirkung von Fremdkapital: Stiglitz (Credit, 1985) S. 140 ff.
125 Vgl. Bald u.a. (Zeitfaden, 1992) S. 17

sichergestellt, daß die für Dividendenzahlungen verwendeten Beträge auch über Markthandlungen mit Dritten realisiert sind.

Der Übergang auf den Konzernabschluß als Bemessungsgrundlage der Gewinnverwendung würde auch die bisher nicht möglichen Differenzierungen hinsichtlich des Gewinnausweises eines MU im Rahmen der Rechenschaftslegung entbehrlich machen. Die wirtschaftliche Entwicklung eines MU könnte anhand der Konzerndaten beurteilt werden[126]. Sowohl für die Aktionäre des MU als auch für die Fremdkapitalgeber des Konzerns sind damit deutliche Kosteneinsparungen bei der Informationsbeschaffung und Datenauswertung hinsichtlich der Beurteilung des Konzernrisikos verbunden[127].

Die Bindung der Gewinnverwendung im MU an das konsolidierte Jahresergebnis könnte darüber hinaus dazu beitragen, daß der Konzernabschluß gegenüber dem Einzelabschluß stärker in den Mittelpunkt rückt. Damit ließen sich Planungsirrtümer bei den Aktienmarktteilnehmern vermeiden, die bisher für die Beurteilung der wirtschaftlichen Entwicklung des MU vorwiegend noch auf den Einzelabschluß zurückgreifen. Auch für Aktionäre, die bisher beide Jahresabschlüsse verwenden, würde sich die Unsicherheit hinsichtlich der Entscheidung über die zu verwendende Beurteilungsgrundlage zu Gunsten der Konzernabschlußdaten reduzieren. Insbesondere bei einer gegenläufigen Erfolgsentwicklung in beiden Jahresabschlüssen wäre damit gewährleistet, daß ein Informationsinstrument gewählt wird, das gegenüber dem Einzelabschluß eine manipulationsfreiere Rechenschaftslegung garantiert. Von daher könnte der Wechsel in der Bemessungsgrundlage auch dazu beitragen, daß sämtliche Aktienmarktteilnehmer zu einer vergleichbaren Beurteilung alternativer Aktienanlagen gelangen[128].

Insgesamt kann folglich die konzernweite Gewinnermittlung zum Zwecke der Gewinnverwendung aus dem Blickwinkel der Aktionäre eines MU dazu beitragen, daß das Risiko zwischen den Eigen- und Fremdkapitalgebern des Konzerns vom Management geteilt wird. Die gesetzliche Standardisierung des in der Aktie enthaltenen Verfügungsrechtes hinsichtlich Gewinnaneignung kann insbesondere für Kleinanleger mit breit gestreutem Portefeuille von Vorteil sein, weil sie nur geringe Informations- und Verhandlungskosten aufbringen können,

---

126 Vgl. so bereits heute in den USA. Hierzu oben S. 64 ff.

127 Die geringeren Analysekosten gelten auch für die Konzerngläubiger, unabhängig davon, ob es sich bei dem Vertragspartner um ein MU oder TU handelt. Vgl. ähnlich Schwieters (Insolvenzrecht, 1989) S. 237; Debus (Konzernrecht, 1990) S. 125 f.

128 Vgl. Schneider (Gewinnermittlung, 1983) S. 1056 f.

um sich über die ansonsten vom Management individuell gestaltete Risikoteilung zu informieren. Die mit der konzernweiten Gewinnermittlung einhergehende Reduzierung der konzerntypischen Risiken läßt die Anteilspapiere eines MU hinsichtlich der Verfügungsrechte der Gewinnaneignung denen einer unverbundenen Gesellschaft vergleichbar werden. Bestand die Gefahr, daß sich Kapitalanleger aufgrund der beeinflußbaren Risikoteilung in einem MU vom Aktienmarkt zurückziehen, so ließe sich diese folglich durch eine konzernweite Gewinnermittlung zum Zwecke der Gewinnverwendung weitgehend vermeiden und könnte sich damit in einer steigenden Nachfrage nach Aktien von MU niederschlagen.

b) Informationswirkungen und Dividendenkontinuität

Die konzernweite Gewinnermittlung zum Zwecke der Gewinnverwendung im MU kann auch für den Informationsstand der Aktienmarktteilnehmer von Bedeutung sein. In der Finanzierungsliteratur wird im Fall der asymmetrischen Informationsverteilung zwischen Management und Anteilseignern der jeweiligen Dividendenpolitik bzw. Dividendenhöhe eine eigenständige Informationsfunktion zugesprochen[129]. Diese Informationsfunktion wird bereits von Lintner im Rahmen seiner empirischen Untersuchungen herausgearbeitet[130]. Hiernach gehen die Manager von Publikumsgesellschaften davon aus, daß die Aktienmarktteilnehmer eine Dividendenkontinuität bzw. ein kontinuierliches Wachstum der Dividende je Aktie mit Kursaufschlägen honorieren (S. 99). Ein risikoscheuer Aktionär werde die Dividendenkontinuität u.a. wegen der damit verbundenen besseren Planbarkeit der Einkommen gegenüber einer schwankenden, an der konkreten Gewinnentwicklung orientierten Dividende vorziehen und damit sogar in Kauf nehmen, daß auf Dauer wegen des parmanenten Verhaltens eines Dividendenpolsters weniger ausgeschüttet wird. Folglich werden Manager Ausschüttungsänderungen erst dann vornehmen, wenn sie davon ausgehen, daß die veränderte Dividendenhöhe auf absehbare Zeit beibehalten werden kann (102 f.).

Änderungen in der Ausschüttungshöhe werden daher in Abhängigkeit von der langfristig erwarteten Gewinnentwicklung und der angestrebten Ausschüttungsquote (Ausschüttung/Gewinn) vorgenommen (S. 100 ff.). Mit Hilfe eines

129 Vgl. Süchting (Finanzmanagement, 1989) S. 453 ff.; Drukarczyk (Finanzierung, 1989) S. 233 ff.; Spremann (Finanzierung, 1990) S. 311 ff.

130 Vgl. Lintner (Dividends, 1956) S. 97 ff. Die folgenden Seitenangaben im Text beziehen sich auf diese Quelle. Sie wurde später auch von Miller/Modigliani (Dividend Policy, 1961) S. 291 gesehen.

multiplen Regressionsmodells wird der erwartete Zusammenhang, daß die Dividende eines Geschäftsjahres von der Dividende des Vorjahres und dem Gewinn nach Steuern des laufenden Geschäftsjahres determiniert wird, getestet und mit einem R^2 von 0,95 bestätigt (S. 109 ff.)[131].

Von diesen empirischen Beobachtungen ausgehend, sind verschiedene Signalling-Modelle entwickelt worden, mit denen über eine Dividendenankündigung die asymmetrische Informationsverteilung zwischen dem Management und den Aktionären über die Ertragsaussichten des Unternehmens abgebaut werden kann[132]. Damit könnte auch der Vorstand eines MU über die Ankündigung von Dividendenänderungen den Aktionären seinen jeweiligen Informationsstand über die erwartete wirtschaftliche Entwicklung des gesamten Konzerns mitteilen und so zu einer Zunahme der Informationseffizienz des Aktienmarktes beitragen[133]. Eine derartige Signalfunktion der Dividendenankündigung erfordert ein an den Interessen der Aktionäre ausgerichtetes Handeln des Managements, einen Zusammenhang zwischen der Signal- und der zu übermittelnden Informationsausprägung, daß die Signale nicht durch eine asymmetrische Informationsverteilung unter den Aktienmarktteilnehmern bereits im Aktienkurs enthalten sind und insbesondere, daß ein Signal für die Aktionäre glaubwürdig ist[134].

Im Signalling-Modell von Bhattacharya[135] vermittelt das besser informierte Management - bei einer unterstellten konstanten Ausschüttungsquote - über die Ankündigung der Dividendenhöhe für das Folgejahr den Aktionären ihre Erwartungswerte für die freien Cash-Flows aus den bestehenden Investitionsprojek-

---

131 Vgl. den Überblick zu späteren empirischen Arbeiten bei Hort (Dividendenpolitik, 1984) S. 7 ff., der für die Bundesrepublik zu vergleichbaren Ergebnissen (R^2 = 0,73) kommt. Zu einem neuerlichen Versuch mit Gewinndaten aus dem Konzernabschluß aber vergleichbaren Ergebnissen: Linnhoff (Gewinnverwendung, 1992) S. 35 ff.

132 Vgl. zu den Dividendensignalling-Modellen: Ross (signalling, 1977) S. 23 ff.; Bhattacharya (Dividend Policy, 1979) S. 259 ff.; Miller/Rock (Dividend Policy, 1985) S. 1031 ff.; zu den Voraussetzungen Hartmann-Wendels (Dividendenpolitik, 1986) S. 82 f.; kritisch wegen der Täuschungsgefahr: Süchting (Finanzmanagement, 1989) S. 456; wegen anderer, feinerer Informationsquellen Schneider (Investition, 1992) S. 640 f.; Drukarczyk (Finanzierung,1989) S. 233; wegen der Kosten Hakansson (Pay Dividend, 1982) S. 425 ff.; Niedernhuber (Ausschüttungsregelungen, 1988) S. 137 f.

133 Vgl. für ein unverbundenes Unternehmen hierzu die Abbildungen bei Süchting (Finanzmanagement, 1989) S. 455 f.; Hartmann-Wendels (Dividendenpolitik, 1986) S. 33; Milde (Dividendenhöhe, 1990) S. 334 ff.

134 Vgl. ausführlich zu den Voraussetzungen Hartmann-Wendels (Dividendenpolitik, 1986) S. 82 f. Die Nachprüfbarkeit ist vor allem bei vom Management bewußt abgegebenen Signalen von Bedeutung. Vgl. zur Differenzierung zwischen bewußten und unbewußten, allein aus einer effizienten Unternehmenspolitik resultierenden Signalen: Zimmermann (Kapitalerhöhungen, 1986) S. 220 f.

135 Vgl. Bhattacharya (Dividend Policy, 1979) S. 259 ff.

ten und trägt damit zum Abbau der asymmetrischen Informationsverteilung bei. Die Glaubwürdigkeit der übermittelten Information setzt zum einen voraus, daß Signalkosten entstehen, die u.a. an den steuerlichen Nachteilen und an den mit einer Dividendenzahlung verbundenen Transaktionskosten gemessen werden und die von den aktuellen Aktionären zu tragen sind. Zum anderen ist es für die Glaubwürdigkeit notwendig, daß ein eindeutiger Zusammenhang zwischen den Signalkosten und den erwarteten Aktienkurssteigerungen besteht, so daß sich die Abgabe falscher Signale aus dem Blickwinkel des im Interesse der Aktionäre handelnden Managements nicht mehr lohnt.

Die Glaubwürdigkeit des Dividendensignals erscheint jedoch nicht gesichert, da in dem Modell offen bleibt, warum es für das Management nicht sinnvoll sein kann, falsche Signale zu senden[136]. Weiterhin erscheint auch die Überprüfung des Signals schwer möglich, weil es sich hierbei um Erwartungswerte des Managements hinsichtlich der künftigen freien Cash-Flows handelt[137], die noch dem Risiko nicht kalkulierbarer Ex-post-Überraschungen unterliegen. Schwerwiegender erscheint jedoch der Einwand, daß sonstige Informationsinstrumente, wie z.B. die Ad-hoc-Publizität bzw. die Zwischenberichterstattung, über die die Aktienmarktteilnehmer ebenfalls verfügen, nicht in die Modellanalyse einbezogen werden, obwohl sie teilweise ein kostengünstigeres Signalisieren ermöglichen würden[138].

Auch im Dividendenankündigungs-Modell von Miller/Rock[139] wird die Ausschüttungspolitik erst unter der Annahme einer asymmetrischen Informationsverteilung über den ertragsgerechten Unternehmenswert relevant[140]. Infolge einer angenommenen, von den Marktteilnehmern erwarteten positiven Korrelation zwischen aufeinander folgenden Jahresergebnissen kann die Dividendenankündigung als eigenständiges Informationsinstrument ausgestaltet werden. Ein im Interesse der verkaufswilligen Aktionäre handelndes Management kann über die Ankündigung einer Ausschüttungserhöhung den Marktwert der Aktien steigern, so daß die aktuellen Aktionäre ihre Anteilsrechte mit Kursgewinnen veräußern können. Nach der Veröffentlichung, z.B. des folgenden Jahresabschlusses, erkennen die Aktienmarktteilnehmer, daß die höheren Ausschüttungen bei einer angenommenen konstanten Fremdfinanzierung nur zu Lasten

---

136 Zur Integration eines potentielle Interessenunterschiede abbauenden Anreizsytems für das Management vgl. Hartmann-Wendels (Dividendenpolitik, 1986) S. 172 ff.

137 Vgl. ausführlich zur Kritik Hartmann-Wendels (Dividendenpolitik, 1986) S. 154 ff.; Niedernhuber (Ausschüttungsregelungen, 1988) S. 125 f.

138 Vgl. Drukarczyk (Finanzierung, 1989) S. 233.

139 Vgl. Miller/Rock (Dividend Policy, 1985) S. 1031 ff.

140 Vgl. zum Begriff: Schneider (Investition, 1992) S. 637.

weiterer Investitionen finanzierbar sind. Die im Unternehmen verbliebenen Aktionäre müssen nun mit entsprechenden negativen Kurskorrekturen rechnen. Insgesamt wird eine Informationspolitik angestrebt, bei der das Vermögen der ausscheidenden Aktionäre unter der Nebenbedingung, daß den verbleibenden Aktionären ein Mindestvermögenswert zugestanden wird, maximiert wird. Als Signalkosten werden die Marktwertverluste gegenüber einem Investitionsvolumen angesehen, das ohne die Signalgebung möglich gewesen wäre.

Offen bleibt auch hier die Frage, ob nicht genügend Anreize für weniger erfolgreiche Unternehmen bestehen, die Ausschüttungspolitik erfolgreicher Gesellschaften zu imitieren[141] und insbesondere wie auch hier das Management zu einem Verhalten gebracht werden kann, das sich an den Interessen der Aktionäre orientiert.

Trotz der vielfältigen Kritik, die gegenüber derartigen Dividendenankündigungs-Modellen vorgebracht wird, sind in empirischen Tests mit anglo-amerikanischen Daten die Aktienmarktreaktionen auf eine (unerwartete) Änderung der Dividendenhöhe bzw. erstmalige Dividendenzahlungen mehrmals und mit unterschiedlich deutlichen Ergebnissen untersucht worden[142].

Auch für den institutionell unterschiedlichen deutschen Aktienmarkt liegen entsprechende empirische Untersuchungen vor[143]. Aus den Ergebnissen dieser Untersuchungen kann zwar geschlossen werden, daß vom Management eine extensive Gewinnglättungs- und Dividendenkontinuitätspolitik angestrebt wird und die Kapitalmarktteilnehmer auf deutliche Dividendenänderungen mit gleichgerichteten Aktienkursänderungen reagieren. Welcher Stellenwert der Dividendenpolitik als Informationsquelle jedoch vor allem unter Berücksichtigung anderer Informationsinstrumente tatsächlich zukommt, muß für den deutschen Aktienmarkt noch offen bleiben[144].

Selbst wenn von einem Konzernmanagement, das ausschließlich im Interesse der Aktionäre des MU handelt, und von der Informationsfunktion der Dividendenpolitik auszugehen wäre, so ist ihre Effizienz in einem MU mögli-

141 Vgl. zum folgenden Niedernhuber (Ausschüttungsregelungen, 1988) S. 128 f.

142 Vgl. die Beschreibung bei Hartmann-Wendels (Dividendenpolitik, 1986) S. 35 ff.; Zimmermann (Kapitalerhöhungen, 1986) S. 124 f.

143 Vgl. zum Gewinnausweisverhalten des Managements: Schmidt (Bilanzpolitik, 1979) S. 124 ff. Zu Kapitalmarktreaktionen: Brandi (Informationswirkungen, 1977); Sahling (Ausschüttungsänderungen, 1981); Linnhoff (Gewinnverwendung, 1992).

144 Kritisch zu den vorliegenden empirischen Ergebnissen vgl. Niedernhuber (Ausschüttungsregelungen, 1988) S. 136 f. Vgl. zu anderen Informationsquellen Drukarczyk (Finanzierung, 1989) S. 233; Schneider (Investition, 1992) S. 640 f.

cherweise deswegen eingeschränkt, weil hier die sonstigen notwendigen Bedingungen der Signalfunktion nicht erfüllt sind. Da über Gewinnverschiebungen zwischen den Konzernunternehmen und Gewinnthesaurierungen in den TU der im MU auszuweisende Gewinn über einen längeren Zeitraum nach Ermessen des Managements gesteuert werden kann, lassen sich Dividendenhöhe und Ausschüttungsquote in einem Einzelabschluß des MU auch entgegen der tatsächlichen wirtschaftlichen Entwicklung festlegen, ohne daß ein eventueller Substanzverzehr im MU offensichtlich wird[145]. Damit wäre der erforderliche Zusammenhang zwischen Signal- und Informationsausprägung hier kaum noch gegeben.

Wenn aber eine Überprüfung der gegebenen Information dauerhaft kaum möglich wäre und auch sonstige Kostenargumente die Abgabe falscher Signale nicht behindern, könnten die weniger erfolgreichen MU das Ausschüttungsverhalten erfolgreicher MU imitieren. Die Wirksamkeit einer Dividendenankündigung als Informationsinstrument zur Übermittlung der Erwartungen des Managements über die wirtschaftliche Entwicklung erschiene dann fraglich[146]. Unter Berücksichtigung des in den Signalling-Ansätzen angenommenen Aktionärsverhaltens könnten derartige Dividendenankündigungen die Markttransparenz für alternative Aktienanlagen über mögliche Fehlbewertungen des MU sogar beeinträchtigen. Der Einzelabschluß als Bezugsgröße für die Gewinnverwendung eines MU kann es dem Management erleichtern, über falsche Signale ineffiziente Kapitalmarktreaktionen hervorzurufen[147]. Die von Miller/Rock angedeuteten Möglichkeiten mit Hilfe der Dividendenankündigung eine Marktwertsteigerung zu generieren, wären damit gerade im MU gegeben.

Diesen Befürchtungen steht jedoch entgegen, daß die Signalfunktion der Dividendenpolitik schon deshalb angezweifelt wird, weil die Dividendenhöhe nur ein Indikator für die wirtschaftliche Entwicklung darstellt und dem Management mit dem Jahres- bzw. Konzernabschluß, dem Lagebericht und insbesondere mit den innerperiodischen Zwischenberichten bzw. der Ad-hoc-Publizität wesentlich besser geeignete Informationsinstrumente bereitstehen[148].

---

145 So z.B. im Fall des Unternehmenszusammenbruchs der Bleyle KG. Vgl. o.V. (Verstrickte Garne, 1987) S. 48 ff.

146 Vgl. Spremann (Finanzierung, 1990) S. 650.

147 Vgl. ähnlich kritisch für unverbundene Unternehmen Niedernhuber (Ausschüttungsregelungen, 1988) S. 137 f.

148 Vgl. Strömer (Ausschüttungspolitik, 1973) S. 68 f.; Schneider (Investition, 1992) S. 640 f.; Drukarczyk (Finanzierung, 1989) S. 233 ff.

So können die Aktionäre eines MU de lege lata anhand des Erfolgsausweises im Konzernabschluß derartige Gewinn- bzw. Dividendenänderungen auf ihre wirtschaftliche Rechtfertigung hin überprüfen. Wird das Ausschüttungsverhalten des Konzernmanagements und auch die jährliche Ausschüttungsquote des MU an den konsolidierten Erfolgsgrößen beurteilt (Dividendensumme/ Konzernabschlußergebnis nach Minderheiten), ist die Imitation von Dividendensignalen erfolgreicher Unternehmen für weniger rentable Gesellschaften nur noch eingeschränkt möglich[149]. Hiervon ist auch deshalb auszugehen, da von den Aktienmarktteilnehmern für die Beurteilung der Angemessenheit einer Dividendenzahlung des MU zunehmend das Konzernabschlußergebnis zugrunde gelegt wird[150]. Lediglich im Rahmen der bei der Erstellung des Konzernabschlusses dem Management verbleibenden vielfältigen Bewertungs- und Konsolidierungswahlrechte ist eine derartige Imitation noch gegeben.

Unter Einbeziehung der publizierten Konzernabschlußdaten stehen die aktienrechtlichen Gewinnverteilungregelungen der Anwendung der Dividendenankündigungsmodelle damit nur insofern entgegen, als dem Management bei der Erstellung des Konzernabschlusses vielfältige Konsolidierungswahlrechte zur Verfügung stehen, die die Glaubwürdigkeit der gegebenen Dividenden-Signale beeinträchtigen.

Folgt man diesen kritischen Anmerkungen zur Glaubwürdigkeit der Signalfunktion der Dividendenankündigung, so würde dies eine generelle Beschneidung der Ermessensspielräume des Managements im Rahmen der Gewinnermittlung und -verwendung erfordern[151] und damit auch für den Übergang auf das Konzernabschlußergebnis als Ausschüttungsbemessungsgrundlage sprechen. Bei einem Wechsel wären jedoch gleichzeitig deutliche Einschränkungen bei den Konsolidierungswahlrechten, wie z.B. den Einbeziehungswahlrechten gem. § 296 HGB bzw. der erfolgsneutralen Verrechnung des Firmenwertes gem. § 309 Abs. 1 HGB, vorzunehmen[152], damit die Abgabe fehlerhafter Dividenden-Signale vermieden würde.

Auch wenn die Reformbestrebungen zur konzernweiten Gewinnermittlung im MU über eine Signalfunktion insgesamt nur schwer zu begründen wären, kommen möglicherweise noch andere informationsökonomische Argumente in Betracht, die für den Aktienmarkt als Kontrollmarkt von Bedeutung sein können.

---

149 Vgl. Pellens (Anlegerschutzinstrument, 1991) S. 492 f.
150 Vgl. so z.B. auch auf der Hauptversammlung der BMW AG: o.V. (Standorte, 1992) S. 13.
151 Vgl. so auch Hartmann-Wendels (Rechnungslegung, 1991) S. 346 ff.
152 Vgl. die Korrekturgrößen auf S. 131.

Obwohl die Verwendung des Konzernergebnisses als Bemessungsgrundlage der Gewinnverwendung dem Management noch bilanzpolitischen Spielraum für die Festlegung der Dividendenzahlungen läßt, werden im Zeitablauf jedoch Gewinn- und damit auch Dividendenschwankungen wahrscheinlicher. Diese Hypothese läßt sich anhand der empirischen Beobachtungen hinsichtlich einer im Zeitablauf deutlich stärkeren Schwankung von JE^{KAnM} gegenüber JE^{EA} erhärten[153]. Damit könnte die konzernweite Erfolgsermittlung der bisher vom Management präferierten Dividendenkontinuität entgegenlaufen und zu einer im Zeitablauf stärkeren Schwankung der Dividendenhöhe führen[154].

Von einer stärker schwankenden Gewinn- und Dividendenhöhe wird erwartet, daß sie negative Rückwirkungen auf das Verhalten der Aktienmarktteilnehmer hat[155]. Aktionäre würden eine Stabilität im ausgewiesenen Jahresergebnis und in der Dividendenhöhe als vermindertes Risiko der Aktienanlage interpretieren, so daß sie mit steigenden Gewinn- und Dividendenschwankungen einen höheren Risikoaufschlag auf die geforderte Aktienrendite vornehmen würden. Durch den Übergang auf eine am Konzernabschlußergebnis orientierte Dividendenzahlung könnte es folglich dazu kommen, daß die Aktienmarktteilnehmer die Kapitalanlage in einem MU risikoreicher einschätzen und hierdurch eine höhere Renditeforderung erheben.

Inwiefern diese Hypothese, die implizit von der Dividendenthese ausgeht und hinsichtlich bilanzpolitischer Maßnahmen des Managements einen ineffizienten Kapitalmarkt unterstellt, das Aktionärsverhalten im vorliegenden Fall tatsächlich beschreibt, ist offen[156]. Daß sich eine Politik der Dividendenkontinuität generell erhöhend auf die von den Aktionären ermittelte Preisobergrenze einer Aktie auswirkt, erscheint wenig realistisch. Einerseits erfordert eine Politik der Dividendenkontinuität im going concern das Vorhalten eines Dividendenpolsters, so daß hier im Vergleich zur Dividendendiskontinuität auf Dauer weniger ausgeschüttet wird. Andererseits läßt eine im Zeitablauf konstante Dividendenhöhe bei gegebenem Jahresergebnis die Einstellung in die Gewinnrücklagen und

153 Vgl. Linnhoff (Gewinnverwendung, 1992), der für die Konzernergebnisse von MU deutlich höhere Streuungswerte als für die entsprechenden Einzelabschlußergebnisse feststellt.

154 Vgl. die empirische Untersuchung von Schmidt (Bilanzpolitik, 1979) S. 124 ff.; Hockmann (Gewinnverwendungspolitik, 1981) S. 147 ff.; Hansen (Dividendenpolitik, 1992) S. R 150 ff., wonach entgegen der Ansicht von Lintner negative wirtschaftliche Entwicklungen unverzüglich in Dividendenkürzungen; Erfolgssteigerungen aber erst mit mehrjähriger Verzögerung in Dividendenerhöhungen berücksichtigt werden.

155 Vgl. Brealy/Myers (Corporate Finance, 1988) S. 344; Süchting (Finanzmanagement, 1989) S. 455 f.

156 Vgl. so jedoch auch den Ausgangspunkt bei Lintner (Dividends, 1956) S. 99. Kritisch hierzu: Bernau (Dividenden-Diskontinuität, 1992) S. 13.

damit das Innenfinanzierungspotential zur Residualgröße werden. Weil die Höhe der nicht ausgeschütteten Gewinne das Investitionsvolumen und damit den künftig erwarteten Gewinn beeinflußt, sind hierüber Rückwirkungen auf den Aktienkurs zu erwarten. Durch eine erwartete konstante Dividendenhöhe verschiebt sich daher lediglich die Unsicherheit der Aktienrendite von der Dividendenhöhe auf die Höhe des erwarteten Verkaufspreises. Das Anlagerisiko der Aktionäre des MU reduziert sich damit aber nicht.

Wenn zudem davon auszugehen ist, daß die Aktienmarktteilnehmer die Gewinn- und Dividendenglättungspolitik des Managements bereits antizipieren und auch nachvollziehen können, welche bilanzpolitischen Instrumente mit welchen Wirkungen hierfür eingesetzt werden[157], so werden sie die sich aufgrund einer konzernweiten Gewinnermittlung möglicherweise ergebenden Änderungen in der Dividendenhöhe nicht als zunehmendes wirtschaftliches Risiko interpretieren. Eine Veränderung der risikoadjustierten Renditeforderung der Kapitalanleger durch den Übergang auf eine konzernweite Gewinnermittlung zum Zwecke der Gewinnverwendung ist dann wenig wahrscheinlich.

Selbst wenn Umfang und Wirkungsweise des eingesetzten bilanzpolitischen Instrumentariums für die Aktienmarktteilnehmer nicht erkennbar sind, steht dem Risikosteigerungsargument entgegen, daß eine vom Management, z.B. über konzerninterne Sachverhaltsgestaltung, erzeugte Dividendenkontinuität im MU den Informationsstand der Aktionäre eher schmälert. Dies kann insofern gelten, als einer der für die Schaffung von Markttransparenz auf dem Aktienmarkt maßgeblichen Parameter (Dividende je Aktie) nur noch einen eingeschränkten Aussagegehalt erhält[158]. Wenn damit aufgrund der bestehenden Gewinnermittlungsregelungen für ein MU bereits die wirtschaftliche Entwicklung der abgelaufenen Periode aus dem Blickwinkel der Aktienmarktteilnehmer nur eingeschränkt beurteilt werden kann, wird die Unsicherheit über die künftige Lage des MU eher noch zunehmen. Damit kann eine stabile Dividendenpolitik unterschiedliche Entwicklungen ignorieren und spiegelt den Aktienmarktteilnehmern "wenigstens über kürzere Zeitspannen Stabilität vor, wo keine ist."[159]

---

157 Vgl. zur empirischen Überprüfung der Antizipation einer Bilanzpolitik: Coenenberg/ Schmidt/Werhand (Entscheidungswirkungen, 1983) S. 321 ff., die zu dem Ergebnis kommen, daß zumindest teilweise bilanzpolitische Maßnahmen von den Aktionären erkannt werden.

158 Vgl. so auch Schredelseker (Eigentümerkontrolle, 1975) S. 234 f.

159 Drukarczyk (Finanzierung, 1989) S. 235. Ähnlich auch Bernau (Dividenden-Diskontinuität, 1992) S. 13.

Gerade in diesem Fall könnte der Übergang auf eine am Konzernabschluß orientierte Gewinnverwendung und eine hiermit zusammenhängende stärkere Schwankung der Dividendenhöhe sogar positive Auswirkungen auf die Aktienmarktkontrolle haben. Weil die Aktienmarktteilnehmer z.B. durch eine gegenüber dem Vorjahr verminderte Dividende dazu angeleitet werden, die Konzernaktivitäten daraufhin näher zu untersuchen bzw. vom Management hierfür eine Rechtfertigung verlangen werden, kann sich die Transparenz der wirtschaftlichen Entwicklung des Konzerns erhöhen. Damit würden sie aufgrund der stärkeren Schwankungen dieser Größe auch möglicherweise häufiger "aufgefordert", eine Änderung in der Erwartungsbildung vorzunehmen. Eventuell zunehmende Aktienkursschwankungen würden dann die nun kurzfristiger veränderten Erwartungen der Aktienmarktteilnehmer widerspiegeln, die ansonsten erst dann zu erwarten sind, wenn das Management sich zu einer höheren (niedrigeren) Dividendenzahlung entschließt.

Weil davon auszugehen ist, daß über die gesamte Lebensdauer des MU die beiden Ermittlungsverfahren zum nahezu gleichen Gesamtergebnis führen, wäre durch die konzernweite Gewinnermittlung im Vergleich zur bestehenden Regelung zwar eine stärkere Aktienpreisschwankung möglich, diese resultierte jedoch lediglich aus einer schnelleren Kapitalmarktanpassung an veränderte Erfolgsgrößen. Die Lenkungsfunktion des Aktienkurses und damit die Kontrollwirkung des Aktienmarktes könnte sich insofern erhöhen, als sich der Aktienkurs zeitgerechter entwickelt.

An eventuell stärkeren Aktienkursschwankungen können darüber hinaus "grundsätzlich aktuelle und potentielle Anleger als dem Element interessiert sein, das ihre Effektenanlage besonders interessant macht"[160]. So können Aktienpreisschwankungen von einzelnen Anlegern schon deswegen gewünscht werden, weil sie zusätzliche Maßnahmen der Informationsbeschaffung honorieren[161]. Lediglich kurzfristige Schwankungen, z.B. innerhalb eines Börsentages, sollten nach Schmidt dringend abgebaut werden, um bei den Anlegern eine Vertrauensbasis zu dem Börsengeschehen aufzubauen[162].

Insgesamt kann für die hier untersuchten Auswirkungen einer konzernweiten Gewinnermittlung zum Zwecke der Gewinnverwendung durch die Aktionäre des MU auf dem Aktienmarkt als Kontrollmarkt folgendes festgehalten werden: Durch die Equity-Bewertung aller TU im Einzelabschluß eines MU bzw. durch

160 Schmidt (Börsenorganisation, 1970) S. 54.
161 Vgl. Drukarczyk (Finanzierung, 1989) S. 235.
162 Vgl. Schmidt (Börsenorganisation, 1970) S. 54 f.

eine am Konzernabschlußergebnis orientierte Gewinnverwendung könnte sowohl der Innenfinanzierungsspielraum des Konzernmanagements eingeschränkt, als auch eine eindeutigere Risikoteilung der Eigen- und Fremdkapitalgeber der Konzernunternehmen im Vergleich zu den bestehenden Gewinnermittlungsregeln eines MU erreicht werden. Insofern könnte durch den Übergang eine Belebung des Aktienmarktprozesses als Kontrollmarkt erwartet werden.

IV. Auswirkungen einer konzernweiten Eigenkapitalveränderungskompetenz

Von den im zweiten Kapitel aufgezeigten, vielfältigen Möglichkeiten der Änderung der Anteilseignerstruktur im Konzern sind de lege lata lediglich die Eigenkapitaländerungen im MU über §§ 182 - 240 AktG und aufgrund des Holzmüller-Urteils teilweise auch der Kauf eines TU mit Minderheiten über § 119 (2) AktG an die Zustimmung und Beteiligung der Aktionäre des MU gebunden[163]. Sämtliche sonstigen Maßnahmen zur externen Eigenkapitalfinanzierung, wie z.B. die Eigenkapitalerhöhung im TU unter Ausschluß des Bezugsrechts des MU oder der Verkauf einer Beteiligungstranche an einem TU, können aufgrund der Kompetenzverteilung im Unternehmensverbund vom Vorstand des MU - eventuell mit Beteiligung der bestehenden Minderheitsaktionäre des TU - getroffen werden.

1. *Irrelevanz der Zustimmungsbedürftigkeit und des Bezugsrechts*

Anders als der Verkauf eines Vermögensgegenstandes oder eines Teilbetriebes zeichnet sich die Veräußerung einer Beteiligungstranche eines TU an Dritte bzw. eine Eigenkapitalerhöhung im TU unter Ausschluß des Bezugsrechts des MU dadurch aus, daß hierüber die individuelle konzernweite Anteilsquote eines Aktionärs des MU [Nennwert seiner Aktien/ ($Grundkapital_{MU}$+$Grundkapital_{MI}$)] variiert werden kann. Die veränderten Eigentumsstrukturen im Unternehmensverbund können äquivalent einer Eigenkapitalerhöhung im MU unter Ausschluß des Bezugsrechts der Altaktionäre die Herrschafts- und Vermögensrechte der Aktionäre des MU und damit die mit § 186 AktG verbundenen Schutzzwecke

163 Vgl. Abb. 6, S. 63.

tangieren[164]. Insofern kann die Aufnahme neuer Minderheitsgesellschafter in einem TU und die damit verbundene Änderung der Beteiligungsstruktur auch als "Bezugsrechtsausschluß auf zweiter Ebene" bezeichnet werden[165], so daß hierdurch Vermögensverschiebungsrisiken zwischen den verschiedenen Konzerneigentümern begründet werden[166].

Unter den Voraussetzungen eines vollkommenen Kapitalmarktes würden die Aktionäre des MU sämtlichen Eigenkapitalbeschaffungsmaßnahmen im Konzern indifferent gegenüberstehen, weil sich ihre jeweilige Rendite-Risiko-Position hierdurch nicht verändert. Dies läßt sich mit Hilfe des Capital Asset Pricing Model an folgendem Beispiel aufzeigen[167]:

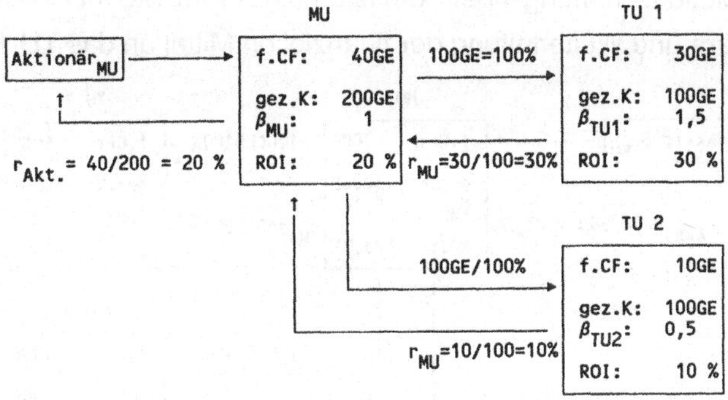

Abb. 17: Ausgangssituation eines einstufigen Konzerns

Ausgangspunkt ist die Aktienbeteiligung eines Anlegers an einer reinen Holding (MU), die das in ihr investierte Kapital in Höhe von 200 GE gleichmäßig auf zwei 100 %-ige, in einem faktischen Konzernverhältnis stehende TU aufteilt. Die TU erwarten aus den geplanten einperiodischen Investitionen eine Rendite [freier Cash-Flow (f.CF) zu investiertem Kapital (gez.K)] von 30 % (TU 1) bzw. 10 % (TU 2). Die Rendite des Aktionärs des MU ermittelt sich damit als Durchschnitt der beiden Einzelrenditen zu 20 %. Sie entspricht der risikoadjustierten Gleichgewichtsrendite am Kapitalmarkt, die sich über

$r_{Akt.} = i_R + (r_M - i_R)\,ß_{MU}$, mit $i_R = 10\ \%$ und $r_M = 20\ \%$

vereinfacht auf 20 % ermittelt. Hierbei resultiert der ß-Faktor des MU ($ß_{MU}$) aus dem über den relativen Marktwert (= Höhe des gez. Kapitals) gewichteten ß-

164 Vgl. Timm (Konzernspitze, 1980) S. 141.
165 Hirte (Bezugsrechtsausschluß, 1986) S. 183.
166 Vgl. Götz (Konzernobergesellschaft, 1984) S. 87 f.; Hirte (Bezugsrechtsausschluß, 1986) S. 182 ff.
167 Vgl. zu einer ähnlichen Argumentation o.V. (Tochtergesellschaften, 1992) S. 21.

Faktoren der beiden TU ($ß_{TU1}$, $ß_{TU2}$)[168].

Um die Irrelevanz der Kompetenzverteilung für Eigenkapitalbeschaffungsmaßnahmen aufzuzeigen, soll abweichend vom Ausgangsbeispiel angenommen werden, daß die in TU 1 geplante Investition zweimal identisch durchgeführt werden kann. Der Finanzbedarf für die zusätzliche Investition in TU 1 von 100 GE soll durch eine Kapitalerhöhung im TU 1 gedeckt werden. Diese kann entweder durch eine gleichzeitige Kapitalerhöhung im MU von den bisherigen Aktionären des MU oder durch Aufnahme neuer Anteilseigner im TU 1 finanziert werden. Je nach Wahl dieser alternativen Maßnahmen der Eigenkapitalbeschaffung sind folgende Ergebnisse zu erwarten:

- Eigenkapitalbeschaffung über Kapitalerhöhung im MU mit Bezugsrecht der Altaktionäre und Weiterleitung der finanziellen Mittel an das TU 1:

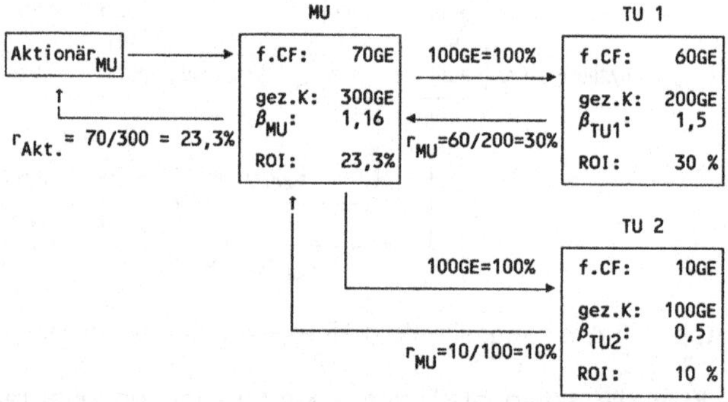

Abb. 18: Kapitalerhöhung im MU mit Beteiligung der Aktionäre des MU

Nach der Kapitalerhöhung durch die Aktionäre des MU betrüge die erwartete Rendite im MU 23,3 %. Diese Renditesteigerung wäre ausschließlich über die im $ß_{MU}$-Faktor zum Vorschein kommende Risikosteigerung zu erklären. Bedingt durch die neue Investition im TU 1 steigt der $ß_{MU}$-Faktor von 1 auf 1,16, so daß auch die Gleichgewichtsrendite auf 23,3 % steigen müßte. Die Aktionäre des MU stünden der Eigenkapitalerhöhung indifferent gegenüber, da sie das zusätzliche Risiko entsprechend honoriert bekämen. Sofern den Aktionären die veränderte Rendite-Risiko-Position nicht zusagt, können sie durch eine entsprechende Portefeuille-Umschichtung wieder zur alten Rendite-Risiko-Kombination gelangen.

168 Notwendige Voraussetzung für die Ermittlung des gewichteten $ß_{MU}$-Faktors ist die Haftungsseparation zwischen sämtlichen Konzernunternehmen und damit ein faktisches Konzernverhältnis.

- Kapitalbeschaffung über Eigenkapitalerhöhung im TU 1 mit Beteiligung von Dritten, wobei der Emissionskurs dem Marktwert und hier auch dem Bilanzkurs entsprechen soll:

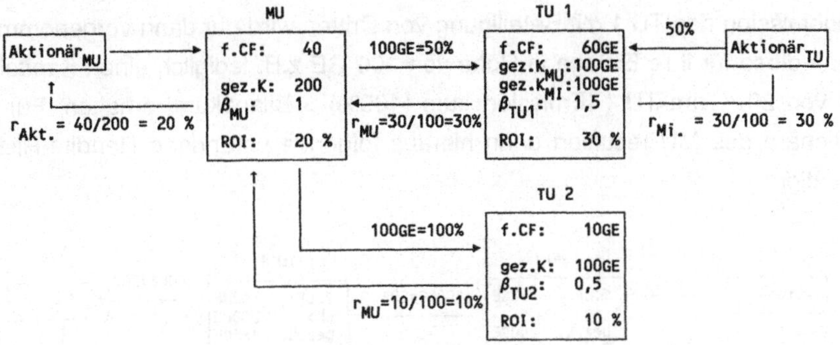

Abb. 19: Kapitalerhöhung im TU mit Beteiligung Dritter

Wird die neue Investition im TU 1 von neu in den Konzern aufgenommenen Minderheiten finanziert, tritt aus dem Blickwinkel der Aktionäre des MU gegenüber der Ausgangssituation keine Veränderung der Rendite-Risiko-Position ein. Weil die dem MU zustehenden Rückflußerwartungen von TU 1 unverändert 30 GE auf das investierte Kapital von 100 GE betragen, bleibt auch der β_{MU}-Faktor weiterhin eins und die geforderte Aktienrendite von 20 % entspricht der erwarteten Gleichgewichtsrendite. Die Aktionäre des MU, die sich im zweiten Fall dennoch an der Investition in TU 1 beteiligen wollen, können dies unmittelbar durch den Kauf der Aktien des TU 1 auf dem Aktienmarkt erreichen.

Insgesamt zeigt sich damit, daß auf einem vollkommenen Kapitalmarkt die Aktionäre des MU der Veränderung des konzernweiten Eigenkapitals indifferent gegenüberstehen, da sie sich entsprechend ihrer individuellen Präferenzen an den Finanzierungsmaßnahmen beteiligen können. Ein verlängertes Bezugsrecht der Aktionäre des MU auf die neuen Aktien des TU, die nicht vom MU übernommen werden, erscheint folglich entbehrlich. Mit der gleichen Argumentation ließe sich dann aber auch die generelle Notwendigkeit des Bezugsrechts gem. § 186 AktG bezweifeln[169].

Sobald jedoch die Prämissen des vollkommenen Kapitalmarktes aufgegeben werden, können die Entscheidungsrechte hinsichtlich der Eigenkapitalveränderung im TU für die Rendite-Risiko-Position der Aktionäre des MU relevant werden. Wird z.B. von einer asymmetrischen Informationsverteilung zwischen

169 Vgl. hierzu auch die Überlegungen von: Kübler/Mendelson/Mundheim (Kosten des Bezugsrechts, 1990) S. 461 ff.

dem Konzernmanagement und den Aktienmarktteilnehmern ausgegangen und ein sich ausschließlich an den Vermögensinteressen der Aktionäre des MU orientierendes Verhalten der Konzernleitung unterstellt, so sind Abweichungen vom Ausgangsbeispiel wie folgt möglich: Die Kapitalbeschaffung über eine Neuemission des TU 1 mit Beteiligung von Dritten wird nur dann vorgenommen, wenn diese für ihre Einlage in Höhe von 100 GE z.B. lediglich einen Kapitalanteil von 20 % am TU 1 [Emissionskurs (400%) > Bilanzkurs] erhalten. Für die Aktionäre des MU resultiert dann hieraus folgende veränderte Rendite-Risiko-Situation:

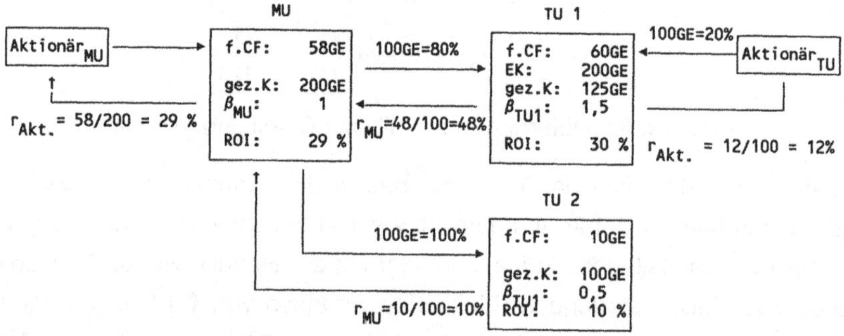

Abb. 20: Kapitalerhöhung im TU mit Beteiligung Dritter

Bei unverändertem Kapitaleinsatz im TU 1 partizipieren die Aktionäre des MU nun zu Lasten der neuen Minderheitsaktionäre im TU auch an der erwarteten Rendite der zusätzlichen Investition. Ihre erwartete Rendite steigt durch die Aufnahme neuer Gesellschafter von 20 % auf 29 %, ohne daß sich ihre Risikoposition verändert hat. Demgegenüber könnten die neuen Anteilseigner des TU 1 auf ihren Kapitaleinsatz von 100 GE lediglich eine Aktienrendite von 12 % erwarten.

Entsprechend ist es jedoch auch möglich, daß z.B. bei versiegenden Refinanzierungsmöglichkeiten im MU von der Konzernleitung versucht wird, die Beteiligung am TU 1 für neue Anteilseigner hinsichtlich der Rendite-Risiko-Struktur besonders attraktiv zu gestalten und ihnen auf Kosten der Aktionäre des MU für den Finanzierungsbeitrag von 100 GE einen Kapitalanteil von mehr als 50 % zuzugestehen. In diesem Fall vermindert sich bei unveränderter Risikoposition die Renditeerwartung der Aktionäre des MU, diese würden durch die Aufnahme neuer Anteilseigner im TU 1 einen Vermögensschaden erleiden.

Folglich gewinnen die Forderungen nach den konzernweiten Eigenkapitalveränderungsrechten der Aktionäre des MU als Instrumente zur Durchsetzung ihrer Vermögensrechte an Bedeutung, sobald z.B. wegen der asymmetrischen Informationsverteilung zwischen Aktionären und Konzernmanagement von der gedanklichen Interessenharmonie zwischen diesen Gruppen abgerückt wird. Die erweiterten Verfügungsrechte der Aktionäre des MU könnten insofern zur Verringerung der Risiken aus der Beteiligung an einem MU beitragen.

Wie im dritten Kapitel gezeigt, liegen zu nahezu sämtlichen Varianten der aufgezeigten konzernweiten Eigenkapitalveränderung entsprechende juristische Literaturvorschläge vor, die eine stärkere Berücksichtigung der Interessen der Aktionäre des MU fordern[170]. Diese Vorschläge unterscheiden sich - ähnlich wie bei den Reformvorschlägen zur konzernweiten Gewinnermittlung zum Zwecke der Gewinnverwendung - hinsichtlich Ausmaß und Umfang der Kompetenzverlagerung.

So wird ausgehend von dem Gedanken der wirtschaftlichen Einheit z.B. vorgeschlagen, sämtliche Rechte der Aktionäre des MU aus den §§ 182 - 240 AktG indirekt auf äquivalente Finanzentscheidungen im TU zu übertragen[171]. Bevor der Vorstand des MU - eventuell unter Beteiligung der Minderheiten - einer Eigenkapitalveränderung in einem Konzernunternehmen zustimmt, hätte er über § 119 (2) AktG immer dann die Zustimmung der Aktionäre des MU einzuholen, wenn hierdurch die individuellen konzernweiten Anteilsquoten der Aktionäre verändert würden. Will der Vorstand des MU in einem TU eine Kapitalerhöhung unter Ausschluß des eigenen Bezugsrechts durchführen (§ 186 (4) AktG), wäre neben der Zustimmungsbedürftigkeit grundsätzlich auch von einem verlängerten Bezugsrecht der Aktionäre des MU auszugehen. Soll ein verlängertes Bezugsrecht nicht gewährt werden, wäre analog zu § 186 (4) AktG neben der Zustimmungsbedürftigkeit der Aktionäre des MU auch eine besondere Rechtfertigung für den Bezugsrechtsausschluß erforderlich. Lediglich eine Kapitalerhöhung bzw. -herabsetzung in einem 100 %-igen TU verbliebe dann - in den Grenzen des Holzmüller-Urteils - im Kompetenzbereich des Vorstandes des MU[172]. Offen bliebe hier, wie z.B. bei der beabsichtigten Teilveräußerung eines TU in der Rechtsform der GmbH oder eines ausländischen TU das Bezugsrecht praktisch durchzuführen wäre[173].

---

170 Vgl. S. 105 ff.

171 Vgl. so z.B. Timm (Hauptversammlungskompetenzen, 1980) S. 183 f.; Hirte (Bezugsrechtsausschluß, 1986) S. 259 f., weitergehend auch auf einzelne Fremdfinanzierungsentscheidungen neuerdings: Vollmer (Finanzierungskompetenzen, 1991) S. 98 ff.

172 Vgl. Lutter (Binnenstruktur, 1974) S. 364 ff.; Timm (Hauptversammlungskompetenzen, 1980) S. 183 f.; Hirte (Bezugsrechtsausschluß, 1986) S. 182 ff.; kritisch: Götz (Konzerngesellschaft, 1984) S. 87 f.

173 Vgl. zum Bezugsrecht in der GmbH: Priester (Bezugsrecht, 1980) S. 1925 ff.

Stattdessen wird aber auch diskutiert, einzelfallorientiert lediglich dann, wenn die Konzerneigenkapitalveränderung eine erhebliche Beeinträchtigung der Herrschafts- und Vermögensrechte der Aktionäre des MU erwarten läßt, die entsprechenden Schutzmechanismen (Zustimmungsbedürftigkeit und/ oder verlängertes Bezugsrecht) zu installieren[174]. Hier wäre es jedoch erforderlich "erhebliche Beeinträchtigung" zu konkretisieren, um eine die Rechtssicherheit gewährleistende Regulierung zu finden.

In der Diskussion um die Notwendigkeit einer konzernweiten Eigenkapitalveränderungskompetenz der Aktionäre des MU werden - abgesehen von den beschriebenen potentiellen Vermögensverlagerungen - die möglichen Auswirkungen, die mit der Aufnahme neuer Minderheiten im TU z.B. für die Konzernkontrolle verbunden sein können, bisher nicht berücksichtigt. Für eine vergleichende Untersuchung der Konsequenzen alternativer gesetzlicher Regulierungen (bestehende gegenüber angestrebter Konzernverfassung) wäre vorab zu klären, welche Auswirkungen die Aufnahme neuer Minderheitsgesellschafter im TU auf die hier im Vordergrund stehende Kontrolleffizienz des Aktienmarktes haben kann.

Die möglichen Auswirkungen sollen anhand der Veränderung der individuellen konzernweiten Anteilsquote des Aktionärs eines MU, die in Folge der Erhöhung des Anteils der außenstehenden Minderheiten im TU im Rahmen einer Börseneinführung des TU auftritt, verdeutlicht werden[175]. Anhand dieser Aussagen und der oben angedeuteten potentiellen Vermögensverschiebungen aufgrund eines nicht dem Marktpreis entsprechenden Emissionspreises wird anschließend überprüft, welche Auswirkungen auf den Aktienmarktprozeß die Zustimmungsbedürftigkeit der Hauptversammlung des MU und insbesondere ein verlängertes Bezugsrecht der Aktionäre des MU bei Eigenkapitalveränderungen im TU voraussichtlich haben könnte.

---

174 Vgl. Lutter (Entwicklung des Konzernrechts, 1987) S. 348 f.; vgl. zu diesem Ansatz auch das Holzmüller-Urteil des BGH (BGHZ, 83) S. 122 ff.

175 Vgl. zu ersten Ansätzen für den US-amerikanischen Markt: Schipper/Smith (Equity Carve-Outs, 1984) S. 153 ff.; Nanda (Equity Carve-Outs, 1991) S. 1717 ff.

2. Börseneinführung eines Tochterunternehmens und Aktienmarkt

Die regelmäßig ohne Zustimmung und Beteiligung der Aktionäre des MU vorgenommene Börseneinführung eines TU wird hier aus mehreren Gründen als Ausgangsfall betrachtet:

- Die Börseneinführung eines TU unter Ausschluß des Bezugsrechts des MU kommt einer Teilveräußerung der Beteiligung gleich und kann als Musterbeispiel einer Veränderung der konzernweiten Anteilsquote eines Aktionärs des MU angesehen werden.
- Bis Anfang der 80-er Jahre ist in der Konzernpraxis der Bundesrepublik Deutschland eine Tendenz zu beobachten, nach der die MU bei den jeweiligen TU eine 100 %-ige Beteiligung anstreben und die Eigenkapitalaufnahme des Konzerns nahezu ausschließlich über Aktienemissionen des MU vornehmen[176]. Wie im vierten Kapitel (Tabelle 6) dargestellt, lassen sich seither Fälle beobachten, in denen das Management eines MU auch Aktienpakete von konzernverbundenen Unternehmen an der Börse einführt und damit den Aktienmarkt auch über TU als Konzernfinanzierungsquelle ausnutzt[177].
- Die Konzernfinanzierung über die Börseneinführung eines TU wird vom Konzernmanagement mit der Verbesserung der konzernweiten Eigenkapitalstruktur, der Sicherung der finanziellen Unabhängigkeit des Konzerns, verbesserten Konditionsgestaltungsmöglichkeiten auf dem Kapital-, Personal- und Absatzmarkt und dem flexibleren Anreiz- und Kontrollsystem für das Management im TU begründet[178]. Sofern zusätzlich noch ein spezielles, innovatives Produkt vorliege, dessen Name mit dem TU eng verbunden sei, ließe sich mit der Börseneinführung dieses TU die potentielle Phantasie des Aktienmarktes über ein hohes Kurs/Gewinn-Verhältnis bzw. Kurs/Cash-Flow-Verhältnis ausnutzen[179]. Diese konzerninterne Begründung deutet darauf hin, daß eine asymmetrische Informationsverteilung zwischen dem Konzern-

---

176 Vgl. o.V. (Siemens Nixdorf, 1991) S. 20, wonach z.B. von allen zum Siemens-Konzern gehörenden Unternehmen nur die Siemens-Aktie an der Börse gehandelt werden soll. Vgl. so auch die geringen Minderheitenanteile der oben (S. 113) untersuchten MU, von denen bisher auch kein TU an einer Börse notiert ist. Vgl. ähnlich für die USA: Schipper/Smith (Equity Carve-Outs, 1986) S. 158.

177 Vgl. Urban (Kurspotential, 1992) S. B8, wonach das Emissionsvolumen der neu an der Börse eingeführten Tochterunternehmen im Zeitraum von 1987 bis 1991 rund 1,3 Mrd. DM und damit 12 % des gesamten Neuemissionsvolumens dieses Zeitraums ausmacht. Zu weiteren Absichten bei der Deutschen Babcock: o.V. (Börse, 1992) S. 15; bei der VIAG: Obermeiter (Konzernunternehmen, 1993) S. 312 und der Metallgesellschaft: o.V. (Spitzenjahr, 1992) S. 19. Insgesamt hierzu jüngst: Karsch (Konzern-Töchter, 1993) S. 22 ff.

178 Vgl. Forster (Börseneinführung, 1991); Urban (Kurspotential, 1992) S. B8; o.V. (Tochtergesellschaften, 1992) S. 21; Obermeier (Konzernunternehmen, 1993), S. 311 f. Für US-amerikanische Fälle vgl. Schipper/Smith (Equity Carve-Outs, 1986) S. 171.

179 Vgl. Forster (Börseneinführung, 1991) S. 6 f.

management und den Aktienmarktteilnehmern vorliegt, die vom Management in der eingangs beschriebenen Weise ausgenutzt werden kann.
- Die Neuemission von Aktien eines TU bietet sich für die hier zu untersuchenden Fragestellungen nach der Neuverteilung der Eigenkapitalveränderungskompetenz im Konzern aber auch deswegen an, weil an den Aktienmarktreaktionen auch eine Beurteilung dieser Maßnahmen durch die Marktteilnehmer empirisch beobachtet werden kann[180]. Damit lassen sich die abzuleitenden Hypothesen gleichzeitig anhand empirischer Daten verifizieren.

Dabei kann das zur Börseneinführung erforderliche Eigenkapital des TU entweder über eine Kapitalerhöhung im TU unter Ausschluß des Bezugsrechts des MU oder durch unmittelbaren Verkauf einer Beteiligungstranche vom MU bereitgestellt werden. In beiden Fällen wird jedoch davon ausgegangen, daß auch nach Börseneinführung das Mutter-Tochter-Verhältnis bestehen bleibt[181]. Dies kann einerseits durch die Ausgabe von Stammaktien an den TU, die insgesamt unter 50 % liegen, oder durch Emittierung von Vorzugsaktien des TU gewährleistet werden[182].

Durch die Möglichkeit der Börseneinführung eines TU kann das Konzernmanagement de lege lata versuchen, ohne Zustimmungserfordernis und sonstige Beteiligung der Aktionäre des MU neue externe Eigenfinanzierungsquellen für den Konzern zu erschließen. Damit kann diese Form der Konzerneigenkapitalbeschaffung aber auch als Ausweichhandlung des Managements auf versiegende Refinanzierungsmöglichkeiten des MU verstanden werden und steht von daher einer effizienten Aktienmarktkontrolle entgegen. So werden von Konzernmanagern u.a. der niedrige Börsenwert des MU bzw. Aktienkursrückgänge auch explizit als Gründe für die Börseneinführung eines TU genannt[183]. Dabei wird der meist an dem Kurs/Gewinn-Verhältnis bzw. Kurs/Cash-Flow-Verhältnis beurteilte niedrige Aktienkurs des MU jedoch ausschließlich über fehlende Kursphantasie bzw. Holdingabschläge erklärt[184]. Auf die Möglichkeit, daß die niedrigen Aktienkurse auch eine Unzufriedenheit der Aktionäre des MU über die Unternehmenspolitik signalisieren, wird verständlicherweise von den Konzernvorständen nicht eingegangen.

---

180 Zur zunehmenden Bedeutung für die Unternehmenspraxis vgl. Forster (Börseneinführung, 1991) S. 28; Urban (Kurspotential, 1992) S. B8.

181 Vgl. Obermeier (Konzernunternehmen, 1993) S. 311, der lediglich danach differenziert, ob nach der Börseneinführung der Anteil über 50 % oder über 75 % liegen soll.

182 Vgl. zur Ausgabe von Vorzugsaktien eines TU: Baums (Vorzugsaktien, 1993) S. 24 ff.

183 Vgl. so z.B. Forster (Börseneinführung, 1991) S. 6 f.; Urban (Kurspotential, 1992) S. B8.

184 Vgl. Schipper/Smith (Spin-off, 1984) S. 27; Gomez (Strategieplanung, 1990) S. 561 f.; Forster (Börseneinführung, 1991) S. 15 ff.

a) Marktvervollständigung durch zusätzliche μ-σ-Elemente

Die Konzerneigenkapitalbeschaffung über die Börseneinführung eines TU kann als Erweiterung der am Aktienmarkt gehandelten Verfügungsrechte angesehen werden, so daß sich auch ein unmittelbarer Zusammenhang derartiger Maßnahmen mit der Kontrolleffizienz des Aktienmarktes herstellen läßt.

So werden im Anschluß an die Börseneinführung eines TU am Aktienmarkt von einem Konzern mehrere unterschiedliche Verfügungsrechtsstrukturen gehandelt. Die mit der Konzernierung einhergehende Bündelung von Verfügungsrechten und die hieraus eventuell resultierenden marktverengenden Auswirkungen auf die Lenkungsfunktion des Aktienkurses können durch die Börseneinführung eines TU damit aufgehoben werden[185]. Das zusätzliche μ-σ-Element auf dem Aktienmarkt könnte die Diversifikationsmöglichkeiten der Marktteilnehmer erhöhen, so daß aus ihrem Blickwinkel eine Vervollständigung der auf dem Aktienmarkt gehandelten Papiere stattfindet. An die Stelle der Diversifikation auf der Ebene des MU tritt nun eine Diversifikation, die sich unmittelbar an den individuellen Risikopräferenzen der Aktienmarktteilnehmer orientiert und die dazu beitragen kann, daß die "Wahl und Kontrolle der günstigsten Verwendungsart (von Kapital)" wieder stärker dem Aktienmarkt überlassen wird[186].

Die über Marktvervollständigungsargumente begründbaren positiven Auswirkungen der Börseneinführung eines TU sind jedoch an mehrere Voraussetzungen gebunden. Wenn gegenüber der Ausgangssituation, daß lediglich die Aktien des MU an der Börse notiert sind, z.B. ein faktisch gebundenes 100 %-iges TU am Aktienmarkt gesondert gehandelt wird und die Börseneinführung nicht mit einer operativen bzw. strategischen Neuorientierung einer der beiden Konzerngesellschaften verbunden ist, teilt sich die bisherige Rendite-Risiko-Kombination der Aktie des MU in zwei separate Anteilspapiere, ohne daß sich der Unternehmenswert insgesamt verändert[187]. Die zwei μ-σ-Elemente (Mutter- und Tochterunternehmen) ließen sich dann aus dem vorherigen μ-σ-Element (MU) eindeutig separieren, so daß sich bezogen auf das Marktportefeuille keine wertmäßigen Änderungen einstellen würden. Für die Aktienmarktteilnehmer die bisher bereits in ihren Wertpapierportefeuilles einen Anteil des effizienten Marktportefeuilles im Sinne des CAPM halten, würden aus der Börseneinführung des TU dann zwar veränderte Diversifikationsmöglichkeiten resultieren, die

185 Vgl. S. 220 ff.

186 Schüller (Eigentumsrechte, 1979) S. 330. Vgl. so auch Obermeier (Konzernunternehmen, 1993) S. 313 ff.

187 Vgl. hierzu die Beispielsrechnung für den Fall einer Akquisition bei Coenenberg/Sautter (Unternehmensakquisitionen, 1988) S. 707 ff.

jedoch nicht zu einer Änderung der Rendite-Risiko-Kombination des effizienten Marktportefeuilles beitragen.

Wenn realistischerweise davon ausgegangen wird, daß nicht alle Anleger, z.B. wegen finanzieller Restriktionen und/oder der fehlenden beliebigen Teilbarkeit der Kapitalanlagen, in ihrem Portefeuille einen Anteil am effizienten Marktportefeuille halten, kann sich durch die Spaltung der Aktien des MU in Aktien des MU und TU für die Anleger eine Vergrößerung des "Opportunity Set" einstellen[188]. Positive Aktienmarktreaktionen sind dann bereits durch die zusätzlichen Wahlmöglichkeiten auch ohne Unternehmenswertänderungen möglich[189]. Die Grenze der Marktvervollständigung durch die Börseneinführung von TU wäre dann erreicht, wenn sich die Aktie des MU vollständig durch die börsennotierten Aktien der jeweiligen TU erklären ließe[190].

Diese positiven Effekte einer Marktvervollständigung werden von Miles/Rosenfeld für den Fall eines Spin-offs an den Aktienmarktreaktionen für das MU mit Hilfe einer Kapitalmarktstudie bestätigt[191]. Dabei werden im Rahmen eines Spin-offs sämtliche, vom MU an einem TU gehaltenen Anteile auf die Aktionäre des MU z.B. in Form einer Sachdividende übertragen. Das TU wird hierdurch zu einer eigenständigen, vom bisherigen MU unabhängigen, börsennotierten Publikumsgesellschaft. Für den Zeitraum von 1963 bis 1980, in dem 55 Spin-offs am US-amerikanischen Aktienmarkt beobachtet werden, kommen Miles/Rosenfeld zu folgenden Resultaten:

Für einen Untersuchungszeitraum von 181 Tagen um den Ankündigungszeitpunkt des Spin-offs (120 Tage vor Ankündigung bis 60 Tage nach Ankündigung) wird eine durchschnittliche marktbereinigte Aktienrenditeänderung des die Beteiligung vorher haltenden MU von 22,1 % festgestellt. Diese positive Aktienmarktbeurteilung eines Spin-offs steigt mit zunehmender Größe des verselbständigten TU[192]. So wird eine durchschnittliche bereinigte Rendite für die 34 Fälle, in denen das TU einen Marktwert des Eigenkapitals von mehr als 10 % des Marktwertes des verbleibenden Konzerneigenkapitals besitzt, von 30,1 % beobachtet, wogegen die kleineren Spin-offs lediglich Renditeänderungen von 9,3 % verursachen. Miles/Rosenfeld begründen diese positiven Reaktionen des Aktienmarktes u.a. auch mit der zunehmenden Vervollständi-

---

188 Vgl. ähnlich bereits zur Trennung von einzelnen in der Aktie gebündelten Verfügungsrechten: Schüller (Eigentumsrechte, 1979) S. 330; Koch/Schmidt (Anlegerschutzes, 1981) S. 237.

189 Vgl. Miles/Rosenfeld (Spin-off, 1983) S. 1598.

190 Vgl. Forster (Börseneinführung, 1991) S. 28.

191 Vgl. zum folgenden Miles/Rosenfeld (Spin-off, 1983) S. 1600 ff.

192 Vgl. Miles/Rosenfeld (Spin-off, 1983) S. 1604.

gung des Kapitalmarktes und den damit verbundenen zusätzlichen Wahlmöglichkeiten der Aktienmarktteilnehmer[193]. Demgegenüber werden in neueren Untersuchungen die positiven Aktienmarktreaktionen vor allem über unternehmensbezogene Auswirkungen wie z.B. die Schaffung flacherer, überschaubarerer und damit flexiblerer Strukturen erklärt[194].

Auch wenn sich diese positiven Kapitalmarktreaktionen eines Spin-off u.a. auf eine Vervollständigung des Aktienmarktes zurückführen lassen, so können die Ergebnisse nicht unbesehen auf die hier untersuchten Börseneinführungen von TU übertragen werden. Anders als bei einem Spin-off werden bei der Börseneinführung eines TU zum einen die an der Börse eingeführten Aktien regelmäßig nicht den Aktionären des MU angeboten und zum anderen bleibt die Konzernbeziehung zwischen MU und TU auch weiterhin bestehen[195]. Von daher kann die Börseneinführung eines TU als Zwischenform eines Spin-offs und der Ausgabe von Aktien, die lediglich einen Gewinn- und Liquidationserlösanspruch an eine Geschäftssparte eines rechtlich einheitlichen Unternehmens verbriefen (Tracking Stocks)[196], angesehen werden.

Die Vervollständigung des Aktienmarktes gilt hier folglich nur insofern, als neben den Anteilen des MU "lediglich" Minderheitenanteile an einem einheitlich geleiteten TU erworben werden können. Dessen Rendite-Risiko-Position kann weiterhin durch konzernspezifische Sachverhaltsgestaltungen des MU beeinflußt werden und ist insofern von der wirtschaftlichen Entwicklung der restlichen Konzernaktivitäten des MU abhängig. Umgekehrt bleibt auch die RenditePosition des den gesamten Konzern repräsentierenden MU von der Entwicklung des börsennotierten TU abhängig. Diese, je nach Größe des TU und Intensität der Konzernbeziehung, verbleibenden Abhängigkeiten zwischen den Unternehmen, stehen den Argumenten der Marktvervollständigung jedoch nicht entgegen.

---

193 Vgl. Miles/Rosenfeld (Spin-off, 1983) S. 1598, ähnlich auch Alexander/Benson/ Kampmeyer (Corporate Selloffs, 1984) S. 507.

194 Vgl. hierzu Wiercks (Sahne, 1993) S. 93 ff., der auch die anhaltende Tendenz von Spin-offs in anglo-amerikanischen Ländern aufzeigt (Großbritannien 1991-1992: 9 Fälle; USA 1991-1992: 86 Fälle).

195 So begründet Forster (Börseneinführung, 1991) S. 5, die Börseneinführung eines TU mit der Idee "ertragreiche Unternehmensteile zu verkaufen, ohne die unternehmerische Führung aufzugeben." Vgl. so auch die Vorstellungen des Finanzvorstandes der Viag: Obermeier (Konzernunternehmen, 1993) S. 311.

196 Vgl. zu den Trackings Stocks Brauer (Zulässigkeit, 1993) S. 324 ff.

So werden die Aktienmarktteilnehmer auch bei einem mit geringer Intensität einheitlich vom MU geleiteten TU (lockeres faktisches Konzernverhältnis) im Anschluß an die Börsennotierung des TU gegenüber der Ausgangssituation eine Rendite-Risiko-Änderung sehen. Insbesondere die Aktionäre des TU werden die konzernspezifischen Risiken, z.B. von Erfolgs- und Vermögensverschiebungen, antizipieren und bei der Rendite-Risiko-Schätzung der Aktie des TU berücksichtigen[197]. Von einer der Wertadditivität entsprechenden Wertspaltung durch die Börseneinführung des TU ist dann bereits nicht mehr auszugehen. Die neuen μ-σ-Elemente (MU und TU) lassen sich folglich nicht durch Separation aus dem vorherigen MU beschreiben, so daß auch durch die Börseneinführung eines TU die positiven Effekte aus der Marktvervollständigung möglich sind.

Sofern zwischen MU und TU vor der Börseneinführung eine weitgehende wirtschaftliche Abhängigkeit (qualifiziert faktisches Konzernverhältnis, Vertragskonzern bzw. Eingliederung) bestand, die im Anschluß an die Börseneinführung zugunsten eines faktischen Konzernverhältnisses aufgegeben wird, kann erst recht nicht mehr von einer reinen Spaltung der Aktie des MU ausgegangen werden. In diesen Fällen beinhaltet die Börseneinführung des TU gleichzeitig eine strategische Neuorientierung des gesamten Konzerns, so daß sich die börsennotierten Titel von MU und TU nicht mehr eindeutig durch die vorherige Aktie des MU erklären lassen[198]. Damit kann die isolierte Aktienmarktbewertung eines Vermögensgegenstandes des MU "Beteiligung an verbundene Unternehmen" ebenso die mit der Vervollständigung des Aktienmarktes erklärten positiven Effekte auslösen. Insgesamt ist durch die Börseneinführung eines TU eine dem Spin-off vergleichbare Vervollständigung der am Aktienmarkt gehandelten Papiere möglich. Sie setzt lediglich voraus, daß das neue μ-σ-Element (TU) nicht durch einfache Separation aus dem MU herausgeschält wird.

Daß die TU im Anschluß an die Börseneinführung weitgehend aus der einheitlichen Leitung zu entlassen sind, ist damit zumindest im Hinblick auf die gewünschte Marktvervollständigung des Aktienmarktes keine notwendige Voraussetzung[199]. So können z.B. auch die Anteilspapiere eines TU, das mit dem MU einen Beherrschungsvertrag geschlossen hat, von einigen Marktteilneh-

197 Vgl. hierzu Kirchner (Analyse des Konzernrechts, 1984) S. 249 f.

198 Vgl. so Blank (Aktienanalyse, 1990) S. 9: "Zusätzliche Phantasie erhält die Aktie (der AGIV) durch die bevorstehende Börseneinführung der Kraftanlagen AG."

199 Vgl. so aber Forster (Börseneinführung, 1991) S. 11, der die wirtschaftliche Verselbständigung des TU als notwendige Voraussetzung für die Börseneinführung ansieht.

mern als lukrative Anlageformen gesehen und daher positiv beurteilt werden[200].

b) Intensivierung der Kapitalmarktkontrolle

Neben den möglichen positiven Auswirkungen aufgrund einer Marktvervollständigung wird von der Börseneinführung eines TU auch eine Effizienzsteigerung der Aktienmarktkontrolle für das MU erwartet[201]. Damit könnte die Börseneinführung eines TU auch dauerhafte Rückwirkungen auf die Kontrollwirkung des Aktienmarktes für das MU haben. Die zusätzlichen Kontrollwirkungen können zum einen aus den erweiterten Publizitätspflichten des Konzerns und zum anderen aus den individuellen Kontrollanreizen der Aktionäre des TU resultieren.

Erweiterte Publizitätspflichten können sowohl durch handelsrechtliche (§§ 325 ff. HGB) als auch durch börsenrechtliche Vorschriften (§ 44 a und § 44 b BörsG) begründet sein. Eine zusätzliche Veröffentlichung des Einzelabschlusses des TU ist jedoch nur dann zu erwarten, wenn das TU vor der Börsenzulassung nicht in der Rechtsform einer Kapitalgesellschaft geführt wurde oder größenabhängige Publizitätserleichterungen in Anspruch genommen hat. Sofern das TU selbst als Konzern organisiert ist (Zwischenholding), wird auch die Veröffentlichung eines Teilkonzernabschlusses erforderlich, wenn gem. § 291 (3) HGB außenstehende Minderheiten mindestens 10 % der Anteile am TU halten und einen Teilkonzernabschluß verlangen, bzw. wenn das MU mindestens 90 % der Anteile am TU hält, die verbleibenden Minderheiten der befreienden Wirkung des Gesamtkonzernabschlusses jedoch nicht zustimmen.

Weil sowohl aus dem Einzel- als auch Teilkonzernabschluß des TU ein "Konzernclearing" hinsichtlich der Vermögens-, Finanz- und Ertragslage, z.B. über konzerninterne Geschäfte, nicht ersichtlich wird, lassen sich die konzernspezifischen Risiken aus dem Blickwinkel der potentiellen Aktionäre des TU kaum abschätzen. Ihre Eignung als Rechenschaftsinstrumente für die Aktionäre des TU sind damit im Vergleich zu den Jahresabschlüssen unverbundener Unternehmen bzw. von MU noch mit dem Risiko behaftet, daß ihre Aussagekraft vom

200 Vgl. so z.B. AEG, die über ein Vertragskonzernverhältnis in den Daimler Benz-Konzern integriert ist und dennoch rund 20 % ihrer Aktien an der Börse breit gestreut hat. Vgl. Commerzbank (Wer gehört zu wem, 1989) S. 27. Zur Forderung nach der Beendigung von Beherrschungs- und Gewinnabführungsverträgen bei der Börseneinführung von TU vgl. Schmitz (Going Public, 1993) S. 844.

201 Vgl. Urban (Kurspotential, 1992) S. B8. Zu den Möglichkeiten einer effizienteren internen Kontrolle durch die Börseneinführung des TU vgl. ausführlich Hertel (Börseneinführung, 1991) S. 42 ff.

Umfang konzerninterner Aktivitäten abhängt[202].

Selbst Informationen über das Ausmaß der Konzernbeziehungen sind aus den publizierten Daten nur eingeschränkt zu entnehmen, da der gem. § 312 AktG vom Vorstand des TU zu erstellende Abhängigkeitsbericht de lege lata den Aktionären nicht zugänglich ist und aus der Angabepflicht nach § 285 Nr. 14 HGB lediglich Informationen über das MU und dessen Konzernabschluß zu entnehmen sind.

Aus dem Blickwinkel der Aktionäre des MU können die Jahresabschlußzahlen des TU als segmentierte Konzerndaten interpretiert werden. Sofern das börsennotierte TU z.B. einen gesamten Produktbereich des Konzerns abdeckt, liefert der Jahres- bzw. Teilkonzernabschluß - unter dem Vorbehalt der weiterhin bestehenden Möglichkeiten konzerninterner Sachverhaltsgestaltungen - weitere Informationen über die wirtschaftliche Entwicklung einzelner Konzernteile[203]. Von daher ist zu erwarten, daß die Jahresabschlußdaten des TU dazu beitragen, daß die Aktionären des MU über ein feineres Informationsinstrumentarium verfügen können, das eine differenzierte Beurteilung der wirtschaftlichen Entwicklung des gesamten Konzerns ermöglicht und unter Vernachlässigung der Kosten damit auch vom Aktienmarkt positiv beurteilt wird[204].

Die börsenrechtlichen Publizitätspflichten beginnen mit dem vom TU und dem emissionsbegleitenden Kreditinstitut gemeinsam gestellten Zulassungsantrag, dessen Kern der Börsenzulassungsprospekt darstellt. Dieser hat gem. § 36 (3) Nr. 2 BörsG i.V.m. §§ 13 ff. BörsZulV insbesondere Angaben über die teilweise nach Tätigkeitsbereichen und Regionen segmentierte Vermögens-, Finanz- und Ertragslage des TU bzw. des Teilkonzerns der letzten drei Geschäftsjahre, umfangreiche Angaben über die Kapital- und Aktionärsstruktur und auch Prognosen über die künftige Geschäfts- und Erfolgsentwicklung etc. zu enthalten[205]. Durch diese Veröffentlichung sollen die potentiellen Aktionäre des TU gem. § 36 (3) Nr. 2 BörsG detaillierte und standardisierte Informationen über das TU erhalten, um sich ein fundiertes Urteil über das TU und die mit dem Wertpapier verbundenen Rechte bilden zu können.

---

202 Vgl. kritisch zu Teilkonzernabschlüssen auch Busse von Colbe/Ordelheide (Konzernabschlüsse, 1984) S. 68 f.

203 Vgl. zur Nützlichkeit segmentierter Daten: Ballwieser (Informationsökonomie, 1985) S. 47 ff. und die dort beschriebenen anglo-amerikanischen empirischen Untersuchungen.

204 Vgl. Ballwieser (Jahresabschlußverbesserungen, 1982) S. 792.

205 Vgl. hierzu Schwark (Kapitalmarktrecht, 1987) S. 2044. Zu den eingeschränkten Publizitätsanforderungen im Zulassungsprospekt bei der Einführung in andere Marktsegmente: Schwark (Kapitalmarktrecht, 1987) S. 2045 ff.

Auch der Börsenzulassungsprospekt enthält damit aus dem Blickwinkel der aktuellen und potentiellen Aktionäre des MU umfangreiches Datenmaterial über einen Konzernbestandteil, über den die Aktienmarktteilnehmer bisher nur im Rahmen des Konzernabschlusses des MU informiert werden. Die strengen inhaltlichen Anforderungen an den Börsenzulassungsprospekt und die mögliche Prospekthaftung sollen den Adressaten eine hohe Glaubwürdigkeit der Informationen sichern. Stichtagsbezogen auf den Emissionszeitpunkt liefert der Börsenzulassungsprospekt damit ein umfangreiches Wertgutachten über ein bisher nur eingeschränkt beurteilbares Teilvermögen des Konzerns. Hiermit läßt sich zumindest die vorherige Unsicherheit, z.B. über den Substanzwert des TU, reduzieren und damit auch die Markttransparenz der Aktie des MU erhöhen. Über den differenzierteren Informationsstand der Aktienmarktteilnehmer wird regelmäßig auch eine Wertsteigerung der Aktie des MU bei der Börseneinführung des TU begründet[206].

Weitere börsenrechtliche Publizitätspflichten des TU nach Zulassung sind aus der Zwischenberichterstattung (§ 44 b BörsG) und der Ad-hoc-Publizität gem. § 44 a BörsG zu erwarten[207]. Die Zwischenberichterstattung kann vor allem dann eine Ergänzung zur Publizität des MU darstellen, wenn die Zwischenberichte des MU sich bisher nicht auf den gesamten Konzern sondern lediglich auf die Entwicklung der Konzernspitze beziehen. Obwohl die hiernach zu veröffentlichenden Informationen teilweise denen des MU entsprechen bzw. diese ergänzen, können sie zu einer erhöhten Transparenz des Konzerns und damit auch des MU am Aktienmarkt beitragen. Hinsichtlich der Ad-hoc-Publizität können sich vielfältige Überschneidungen in der Veröffentlichungspflicht von MU und TU ergeben. Weil jedoch nicht alle zu publizierenden Tatsachen des TU auch gleichzeitig die Tatbestandsvoraussetzungen des § 44 a BörsG im MU erfüllen, wird sich aus dem Blickwinkel der Aktionäre des MU auch hierüber eine erweiterte und differenziertere Transparenz der Konzernaktivitäten einstellen.

Insgesamt liefern folglich sämtliche publizierten Daten des TU nicht nur Informationen für die unmittelbaren Anteilseigner des TU, sondern gleichzeitig auch Informationen über die wirtschaftliche Entwicklung eines Konzernteils und sind insofern auch für die Wertschätzung der Aktien des MU von Bedeutung. Hierbei ist jedoch zu berücksichtigen, daß die beim TU anfallenden Kosten für die Informationsproduktion auch von den Aktionären des MU anteilig über ent-

206 Vgl. Forster (Börseneinführung, 1991) S. 9.
207 Vgl. hierzu Schwark (Kapitalmarktrecht, 1987) S. 2045; Bridts (Zwischenberichtspublizität, 1990) S. 63 ff.

gangene Jahresergebnisse zu tragen sind.

Neben diesen unmittelbaren Informationsinstrumenten könnte im Anschluß an die Börseneinführung eines TU auch der tägliche Börsenkurs des TU den Aktionären des MU ein aktuelles Signal über die am Aktienmarkt koordinierten Erwartungen der Rendite-Risiko-Einschätzung des TU liefern. Weil entsprechend den Kursänderungen der Aktien des TU auch das Beteiligungsvermögen des MU wertmäßig variiert, stehen derartige Erwartungen in direktem Zusammenhang mit der Wertentwicklung der Aktien des MU[208]. Damit verlängert sich die Kontrolle, die die Aktienmarktteilnehmer über das TU ausüben auch auf das MU.

Für die Kursentwicklung der Aktien des TU ist aber auch die Kontrollintensität der außenstehenden Minderheitsaktionäre relevant. Diese kann jedoch durch die Ausgestaltung der Börseneinführung des TU vom Konzernmanagement beeinflußt werden. Mit zunehmender Streuung des neu an der Börse eingeführten Kapitals sinken für die künftigen Aktionäre des TU die Anreize, sich um eine intensive Kontrolle des TU und insbesondere um die kostspielige Überwachung der konzerninternen Transaktionen zu bemühen[209]. Sie werden daher in Abhängigkeit von der erwarteten Kontrollintensität einen Risikoaufschlag speziell für die konzerntypischen Risiken auf ihre geforderte Aktienrendite verlangen. Werden diese risikoadjustierten Renditeforderungen vom Konzernmanagement nicht realisiert, sind Aktienkursreaktionen für das TU zu erwarten, die sich auch auf den Aktienkurs des MU auswirken können.

Interdependenzen zwischen der Höhe des Aktienkurses von TU und MU können auch aus der einheitlichen Leitung des TU resultieren. Weil der Börsenkurs auch einen Maßstab zur Managementbeurteilung liefert, spiegelt sich im Aktienkurs des TU auch eine Marktbewertung der Leistung des Konzernmanagements wider. Hinter den Markterwartungen zurückgebliebene Erfolgsentwicklungen des TU und darauf gründende Kursreaktionen am Aktienmarkt, können wegen der Identität des Managements von TU und MU vergleichbare Reaktionen im MU auslösen[210]. Insofern kann das in der Konzern-Insolvenzdiskussion vorgebrachte "Flächenbrand-Argument"[211] auch auf die Managementbeurteilung im Unternehmensverbund übertragen werden, da eine Separation der unterschied-

---

208 Vgl. sowohl auch Schmitz (Going Public, 1993) S. 842.
209 Vgl. Zimmermann (Kapitalerhöhung, 1986) S. 241 ff.
210 Zu einer Übersicht über die personelle Verflechtung zwischen börsennotierten MU und TU vgl. Hertel (Börseneinführung, 1991) S. 79.
211 Vgl. hierzu Ordelheide (Konzern, 1986) S. 300 f.

lichen Managementleistung innerhalb des Konzerns schwer möglich ist.

Das Konzernmanagement wird sowohl die geringen Kontrollanreize der außenstehenden Minderheitsaktionäre und den hieraus resultierenden latenten Kursdruck auf die Aktien des TU als auch die vom Aktienmarkt möglicherweise nicht vorgenommene Differenzierung der Managementleistung antizipieren. Daher ist zumindest bei kleineren börsennotierten TU zu erwarten, daß es, z.B. wegen der Gefahr des Reputationsverlustes, der durch eine Senkung des Aktienkurses eines TU ausgelöst werden kann, versuchen wird, die Markterwartungen bzw. Renditeforderungen der Minderheiten im TU zu realisieren[212].

Hierzu bieten sich neben einer Erhöhung des Anstrengungsniveaus vor allem Maßnahmen zur Erfolgsverlagerung durch konzerninterne Geschäfte bzw. eine intensive "Kurspflege" im TU an. Letztere Maßnahmen eignen sich insofern bei börsennotierten TU, da konzerninterne Erfolgsverlagerungen zugunsten des TU nicht den Einflußschranken des § 311 AktG unterliegen und auch aus dem Einzelabschluß bzw. Teilkonzernabschluß eines TU nicht zu erkennen sind. Auch die Kurspflege des TU durch gezielten An- bzw. Verkauf von Aktien durch das MU unterliegt - trotz des äquivalenten Sachverhaltes - nicht den gesetzlichen Schranken des Erwerbs eigener Aktien aus den §§ 71 ff. AktG. Wenn die Marktbreite der Anteilspapiere am TU relativ gering ist, lassen sich die Aktienrenditeforderungen der Minderheiten bereits durch gezielte An- bzw. Verkäufe der Aktien des TU durch das MU realisieren. Weil eine veränderte Beteiligungshöhe gem. § 285 Nr. 11 HGB regelmäßig erst im folgenden Jahresabschluß veröffentlicht wird, sind derartige Maßnahmen zur Kurspflege vom Kapitalmarkt, wenn überhaupt, dann nur mit erheblichen Verzögerungen festzustellen. Damit würden die Renditeforderungen der Minderheiten von TU - wie auch im Fall der konzerninternen Erfolgsverlagerungen - teilweise von den Anteilseignern des MU getragen[213].

War die Argumentation im Rahmen der Marktvervollständigung noch weitgehend unabhängig von der Intensität der Konzernverbindung zwischen MU und TU, so gilt dies nicht mehr für die erwartete Intensivierung der Kapitalmarktkontrolle. Eine Verbesserung der Lenkungsfunktion des Aktienpreises ist durch die Börseneinführung eines TU wohl nur dann zu erwarten, wenn eine weitgehende wirtschaftliche Selbständigkeit des TU zum einen von Seiten der Konzernleitung garantiert und zum anderen auch von sämtlichen aktuellen und

212 Vgl. Schredelseker (Eigentümerkontrolle, 1975) S. 233 ff.

213 Vgl. zur möglichen Kurspflege im Rahmen von Neuemissionen durch das Emissionsinstitut: Döhrmann (Underpricing, 1990) S. 388 f.

potentiellen Aktionären vermutet wird. Von einem TU wäre dann jedoch nur noch insofern auszugehen, als gem. § 290 (2) HGB z.B. die Mehrheit der Stimmrechte ausreicht, um ein Mutter-Tochter-Verhältnis zu begründen.

Solange selbst ex post anhand der publizierten Unternehmensdaten nicht festzustellen ist, ob die wirtschaftliche Entwicklung des TU auf konzerninterne Erfolgsverlagerungen oder auf das operative Geschäft und die Managementleistung des TU zurückzuführen ist, wird eine isolierte Marktbewertung von MU und TU nur eingeschränkt möglich sein. Wegen möglicher Interdependenzen in der Managementbeurteilung bestehen für das Management des MU hohe Anreize, z.B. negative wirtschaftliche Entwicklungen im TU im Rahmen eines Konzernclearings auszugleichen.

Die hier für die Börseneinführung eines TU erforderliche Selbständigkeit kann leicht in Konflikt zu der oben diskutierten konzernweiten Gewinnermittlung zum Zwecke der Gewinnverwendung geraten. Eine am Konzernabschlußerfolg orientierte Gewinnverwendungsregel im MU erfordert hinsichtlich der Intensität der einheitlichen Leitung, daß der Konzernvorstand jederzeit in der Lage sein muß, im TU angefallene Jahresergebnisse an das MU zu transferieren. Wegen des Gleichbehandlungsgrundsatzes gem. § 53 a AktG ist dann auch die Ausschüttungspolitik gegenüber den außenstehenden Minderheiten durch die erforderlichen Gewinnabführungen an das MU determiniert und eine eigenständige Gewinnverwendungspolitik im TU nur eingeschränkt möglich.

Die Einführung eines TU an der Börse führt damit zwar - vergleichbar einem Spin-off - auf den ersten Blick über eine Marktvervollständigung und über zusätzliche Kontrollinstrumente zu einer Intensivierung der Kontrollwirkung des Aktienmarktes. Eine Separation der Anteilspapiere erscheint wegen der weiterhin bestehenden Mehrheitsbeteiligung des MU und den damit verbundenen vielfältigen Interdependenzen jedoch nur eingeschränkt möglich und sinnvoll. Die zu erwartende Verbesserung der Marktlenkung von Risikokapital kann insgesamt zumindest solange in Frage gestellt werden, wie das MU nicht weitgehend auf die Ausübung der einheitlichen Leitung verzichtet. Dann würde sich jedoch wiederum die Frage stellen, welche Vorteile die Konzernbildung aus dem Blickwinkel der Aktionäre des MU noch bietet, da sie sich auch im Rahmen der eigenen Portefeuillebildung im TU engagieren könnten.

c) Auswirkungen auf den internen Kapitalmarkt

Die Börseneinführung eines TU kann - unabhängig von den Konsequenzen für die Lenkungsfunktion des Aktienpreises - über mögliche Auswirkungen auf den konzerninternen Kapitalmarkt Folgen für den Aktienmarkt als Kontrollmarkt haben. Die Konsequenzen für die Bedeutung bzw. den Umfang des konzerninternen Kapitalmarktes sind jedoch von den sonstigen Refinanzierungsmöglichkeiten des Konzerns und der Ausgestaltung der Börseneinführung abhängig. Auch wenn die Eigenkapitalaufnahme über das TU lediglich eine ansonsten im MU vorgenommene Kapitalerhöhung mit Weiterleitung der finanziellen Mittel an das TU substituiert und damit konzernweit ein Volumenseffekt mit der Börseneinführung eines TU nicht verbunden wäre, kann die Bedeutung des konzerninternen Kapitalmarktes dennoch durch die Ausgestaltung der Börseneinführung beeinflußt werden.

Werden die für die Börseneinführung erforderlichen Aktien des TU aus dem Finanzanlagevermögen des MU entnommen[214], fließen die liquiden Mittel von den neuen Aktionären des TU unmittelbar an das MU. Wird der Konzern aus der sich im Einzelabschluß widerspiegelnden isolierten Sicht des MU betrachtet, kann diese Vorgehensweise als reiner Aktivtausch (Beteiligungsvermögen und liquide Mittel) und damit als eine Form der internen Finanzierung aus Vermögensumschichtung klassifiziert werden[215]. Wie auch andere Innenfinanzierungsstrategien erhöhen diese Maßnahmen den finanziellen Spielraum des Managements, ohne daß die Aktionäre des MU hierbei beteiligt werden müssen[216]. Anders als bei den sonstigen Maßnahmen der Vermögensumschichtung führt die Börsenplazierung einer Beteiligungstranche an einem TU jedoch für das Konzernmanagement nicht zwingend zu einer Einschränkung der Verfügungsgewalt über die veräußerten Unternehmensanteile.

Bei einer am Konzernabschluß orientierten, konzerneinheitlichen Betrachtungsweise ist der Verkauf einer Beteiligungstranche an einem TU eine Bilanzverlängerung (liquide Mittel und Minderheitenanteile) und damit als eine Außenfinanzierung durch eine spezielle Art von Eigenkapital anzusehen. Sie käme aus dem Blickwinkel der Aktionäre des MU einer Kapitalerhöhung unter Ausschluß des Bezugsrechts nahe, wobei hier jedoch, anders als in § 182 (1) AktG und 186 (3) AktG vorgesehen, weder eine Zustimmungsbedürftigkeit noch eine

---

214 So z.B. im Fall der Börseneinführung der HIT AG, KAH AG und der Barmag. Vgl. Tabelle 6, S. 140 f.

215 Vgl. hierzu Süchting (Finanzmanagement, 1989) S. 19 ff.

216 Vgl. so auch Forster (Börseneinführung, 1991) S. 9; Hertel (Börseneinführung, 1991) S. 13.

Beteiligung der Aktionäre des MU erforderlich ist.

Insgesamt erhält das Management mit dieser Form der Konzernkapitalbeschaffung nach beiden Interpretationen die Möglichkeit einer Ausweichhandlung, z.B. auf versiegende Refinanzierungsmöglichkeiten des MU über externe Kapitalmärkte, die einer effizienten Aktienmarktkontrolle entgegenstehen. Weil der Finanzmittelzufluß von den Aktionären des TU an das MU nicht zweckgebunden ist, können die Mittel vom Konzernmanagement darüber hinaus konzernweit nach den internen Anlagekriterien an beliebigen Stellen eingesetzt werden[217].

Unabhängig von der konkreten Ausgestaltung der Emissionsbedingungen kann die Börsennotierung des TU und die damit verbundene Aktienmarktkontrolle dazu beitragen, daß auch die internen Kapitalverflechtungen zwischen den Konzernunternehmen zumindest hinsichtlich des börsennotierten TU weitgehend unterbleiben bzw. besonders aufmerksam durch den Aktienmarkt kontrolliert werden. Hierdurch werden die Verwendungsmöglichkeiten der finanziellen Mittel des konzerninternen Kapitalmarktes eingeschränkt.

Die Hypothese, daß die Börseneinführung von TU die Vergabeentscheidungen des konzerninternen Kapitalmarktes näher an die Auswahlkriterien des Aktienmarktes heranführt, wird aus Managementsicht häufig formuliert[218]. Weil die jederzeit beobachtbare Aktienrendite des TU eine "objektive Marktgröße" darstellt, signalisiert sie dem Management die auf dem Aktienmarkt vorhandene Werteinschätzung einer Kapitalanlage im jeweiligen TU. Damit würde dem Konzernmanagement ein Steuerungskriterium zur Verfügung stehen, das auf der einen Seite wegen seiner Objektivität eine konzerninterne Akzeptanz erzeugen kann und damit die vorherige Subjektivität der Entscheidungen auf dem internen Kapitalmarkt vermeiden könnte. Auf der anderen Seite stellt der Börsenkurs zudem auch eine Zielgröße der Aktionäre dar, so daß eine hieran orientierte Vergabe von konzerninternen Mitteln zu einer Annäherung der konzerninternen Steuerungsgröße und der Entscheidungsgröße der Aktionäre beitragen könnte. Würden sämtliche Gesellschaften eines Konzerns am Aktienmarkt notiert und die Vergabeentscheidungen auf dem internen Kapitalmarkt sich an der jeweiligen Aktienrendite der Gesellschaft orientieren, ließe sich die von Williamson erwartete Effizienz des internen Kapitalmarktes tatsächlich realisieren[219].

---

217 Vgl. anders Forster (Börseneinführung, 1991) S. 9, der davon ausgeht, daß die zusätzlichen Finanzmittel vornehmlich zur Finanzierung von Investitionsprojekten im TU verwendet werden können.

218 Vgl. Forster (Börseneinführung, 1991) S. 7.

219 Vgl. Williamson (Markets, 1975) S. 145 ff.

Über die mit der Börseneinführung eines TU für den Aktienmarktprozeß und damit auch für die aktuellen und potentiellen Aktionäre des MU verbundenen Konsequenzen können bisher damit zwar Einzelaussagen abgeleitet werden. Eine Gesamthypothese über die Auswirkungen auf den deutschen Aktienmarkt als Kontrollmarkt der Aktionäre zu formulieren, erscheint aber kaum möglich. Möglicherweise liefern jedoch die empirischen Ergebnisse, die Schipper/Smith für den Fall der Börseneinführung eines TU auf dem US-amerikanischen Kapitalmarkt beobachtet haben, hier weitere Anhaltspunkte[220].

Schipper/Smith versuchen mit Hilfe einer empirischen Kapitalmarktstudie Aussagen über die Beurteilung der Börseneinführung eines TU (Equity Carve-Out) abzuleiten. Für insgesamt 76 Börseneinführungen von TU im Zeitraum von 1965 bis 1983 kommen sie zu folgenden Ergebnissen:

Die Neuemission einer Minderheitsbeteiligung an einem TU auf dem Aktienmarkt wirkt sich - unabhängig von der Beteiligung der Aktionäre des MU - insgesamt positiv auf die durchschnittliche marktadjustierte Aktienrendite der jeweiligen MU aus. Über einen Untersuchungszeitraum von 85 Tagen um den Börseneinführungstermin (44 Tage vor bis 40 Tage nach Börseneinführung) ermitteln sie eine durchschnittliche, um allgemeine Markteinflüsse bereinigte Überrendite der MU von 4,45 % (S. 165)[221]. Der von Schipper/Smith gleichzeitig vorgenommene Vergleich mit Kapitalmarktreaktionen auf eine Kapitalerhöhung im MU zeigt, daß die Neuemission eines TU wesentlich positiver vom Kapitalmarkt aufgenommen wird als eine Eigenkapitalerhöhung im MU selbst (S. 166 f.)[222]. Sie begründen die insgesamt positiven Kapitalmarktreaktionen auf die Börseneinführung eines TU mit den oben angeführten Argumenten der zusätzlichen Informationsversorgung der aktuellen und potentiellen Aktionäre des MU, der zunehmenden Managementkontrolle durch die Minderheitsaktionäre des TU und mit Signalwirkungen hinsichtlich der neuen Projekte in den TU (S. 170 ff.).

Daß sich diese positiven Gesamtergebnisse von Schipper/ Smith unbesehen auf den deutschen Aktienmarkt übertragen lassen, kann wegen der vielfältigen

---

220 Vgl. Schipper/Smith (Equity Carve-Outs, 1986) S. 153 ff.; die folgenden Seitenangaben im Text beziehen sich auf diese Quelle.

221 Statistisch signifikante Überrenditen lassen sich jedoch auch hier nur im einwöchigen Zeitraum unmittelbar vor der Veröffentlichung der Börseneinführung beobachten. Vgl. Schipper/Smith (Equity Carve-Outs, 1986) S. 167.

222 Vgl. zur Erklärung dieser Ergebnisse anhand eines Signalling-Ansatzes: Nanda (Equity Carve-Outs, 1991) S. 1717 ff.

institutionellen Unterschiede zwischen dem US-amerikanischen und dem deutschen Aktienmarkt angezweifelt werden. So ist für die USA davon auszugehen, daß z.B. die konzernspezifischen Risiken der Aktionäre von MU und TU schon durch das konzernweite Klagerecht der Aktionäre deutlich eingeschränkt werden können[223] und die Institution eines Bezugsrechtes der Aktionäre analog § 186 AktG in den Unternehmensstatuten ausgeschlossen werden kann[224]. Um Anhaltspunkte darüber zu erhalten, wie die Aktienmarktteilnehmer die Börseneinführung eines TU in der Bundesrepublik Deutschland insgesamt beurteilen, soll anhand der bisher vorliegenden Fälle untersucht werden, welche Reaktionen auf die Aktienrendite der MU während der Börseneinführung des TU tatsächlich zu beobachten sind.

3. *Aktienmarktreaktionen auf die Börseneinführung von Tochterunternehmen*

Im folgenden soll - weitgehend äquivalent zu dem Untersuchungsdesign von Schipper/Smith - mit Hilfe einer Kapitalmarktstudie überprüft werden, ob und gegebenenfalls wie die Aktienmarktteilnehmer auf die Börseneinführung einer Minderheitsbeteiligung an einem TU reagieren[225]. Hierzu wird auf die im vierten Kapitel zusammengestellten Beispielfälle (Tabelle 6) zurückgegriffen[226].

a) Aufbau der Untersuchung

Obwohl die Bezugsangebote und die Emissionsbedingungen der oben beschriebenen deutschen Börseneinführungen von TU teilweise unterschiedlich ausgestaltet sind, erfolgt zunächst eine für alle elf Neuemissionen zusammengefaßte Analyse. Dabei werden die von allgemeinen Markteinflüssen isolierten Kapitalmarktreaktionen auf die Aktienrendite des jeweiligen MU untersucht. Für die Renditebereinigung wird entsprechend der oben beschriebenen Vorgehensweise[227] zunächst für jedes MU der Renditezusammenhang zum F.A.Z.-Aktienindex über eine lineare Regression ermittelt. Diese Beziehung wird aus den wöchentlichen Aktienrenditen des jeweiligen MU und der entsprechen-

---

223 Vgl. hierzu Großfeld (Unternehmenskonzentration, 1968) S. 260 ff.; Bühring-Uhle/Nelle (Konzernklage, 1989) S. 41 ff. Zu den unterschiedlichen börsenrechtlichen Publizitäts- und Aufsichtsvorschriften in den USA: Wiemann (Unternehmenspublizität, 1987) S. 25 ff.

224 Vgl. Kübler/Mendelson/Mundheim (Kosten des Bezugsrechts, 1990) S. 461 ff.

225 Vgl. zum Aufbau von Kapitalmarktstudien S. 132 ff.; vgl. ähnlich Schipper/Smith (Equity Carve-Outs, 1986) S. 153 ff.

226 Vgl. Tabelle 6, S. 140 f. Vgl. o.V. (Eigenkapitalzufuhr, 1984) S. 15.

227 Vgl. S. 148 ff.

den F.A.Z.-Aktienindex-Rendite über einen Zeitraum von 52 Wochen vor der Ankündigung der Börseneinführung des TU berechnet[228].

Nur während des Zeitraums, in dem die Börseneinführung den Kapitalmarktteilnehmern bekannt wird, können die marktbereinigten Aktienrenditen als Reaktion der Aktienmarktteilnehmer auf die Börseneinführung eines TU interpretiert werden[229]. Daher wird der Untersuchungszeitraum anhand der jeweiligen unternehmensindividuellen Emissionsdaten bestimmt. Er soll sowohl den frühesten Zeitpunkt der konkreten Bekanntgabe der Börseneinführung des TU als auch die ersten Wochen der Börsennotierungen des TU umfassen.

Die Börseneinführung eines TU wird meist über einen längeren Zeitraum im MU geplant und ist regelmäßig auch bereits vor der Eröffnung des Börsenzulassungsverfahrens am Kapitalmarkt bekannt[230]. Detaillierte Emissionskonditionen (Ausgabepreis, Emissionsvolumen und Vorzeichnungsrechte) werden aber meist erst unmittelbar im Anschluß an die Genehmigung des Börsenzulassungsantrages durch den Börsenvorstand im Rahmen der offiziellen Bekanntgabe des Verkaufsangebots mit gleichzeitiger Festlegung der Zeichnungsfristen veröffentlicht[231]. Dieser Zeitpunkt wird anhand der jeweiligen Börsenprospekte bzw. Presseberichte ermittelt und bildet in der folgenden Untersuchung den Zeitpunkt t=0.

Weil zwischen Zulassungsantrag und Genehmigung meist ein Zeitraum von ca. drei bis vier Wochen vergeht und nicht auszuschließen ist, daß bereits während des Zulassungsverfahrens einzelne Informationen, z.B. über den Emissionspreis und die Behandlung der Aktionäre des MU, am Aktienmarkt bekannt werden, beginnt der Untersuchungszeitraum fünf Wochen vor Bekanntgabe des Verkaufsangebots (t=-5).

Die vorbörslichen ebenso wie die ersten offiziellen Börsennotierungen der Aktien des TU sind vor allem bei einer Überzeichnung und vorzeitigen Beendigung der Zeichnungsfrist häufig durch spekulative An- und Verkäufe verzerrt[232].

---

228 Das Bestimmtheitsmaß der durchgeführten Regressionen (R^2) liegt durchschnittlich für alle elf Regressionen bei 0,395 und schwankt zwischen 0,73 (Metallgesellschaft AG) und 0,238 (AMB AG). In allen elf Regressionen ist daher bei einer Vertrauenswahrscheinlichkeit von mindestens 0,99 von einem Zusammenhang zwischen der Markt- und Unternehmensrendite auszugehen. Vgl. Backhaus u.a. (Analysemethoden, 1986) S. 27 ff.

229 Vgl. zu den weiter unterstellten Voraussetzungen einer Kapitalmarktstudie S. 132 ff.

230 Vgl. z.B. o.V. (Börse, 1992) S. 15.

231 Vgl. zur technischen Abwicklung bei der Börseneinführung: Dresdner Bank (Börsenwert, 1985) S. 1 ff.

232 Vgl. Döhrmann (Underpricing, 1990) S. 286 ff.

Daher kann davon ausgegangen werden, daß sich ein von diesen außerordentlichen Einflüssen freier Marktpreis des TU erst einige Wochen nach der Börseneinführung einstellt. Folglich sind bis zu diesem Zeitpunkt auch noch Rückwirkungen auf den Aktienkurs des MU denkbar, die in unmittelbarem Zusammenhang mit der Neuemission des TU stehen[233]. Um auch diese möglichen Reaktionen auf die Aktienbewertung des MU noch zu erfassen, endet der Untersuchungszeitraum erst sieben Wochen nach der offiziellen Bekanntgabe des Verkaufsangebots (t=7)[234].

Um die mit der Börseneinführung eines TU einhergehenden Reaktionen der Aktienmarktteilnehmer hinsichtlich der Bewertung der Aktie des jeweiligen MU zu ermitteln, wird für die in Tabelle 6 genannten MU mit Hilfe des Marktmodells ein "Abnormal Performance Index" (API) wie folgt ermittelt[235]:

$$API = \frac{1}{11} \sum_{i=1}^{11} \left[\prod_{t=-5}^{7} (1 + U_{it}) \right], \text{ mit:}$$

U_{it} = Residualrendite; nicht durch die Marktrendite erklärbarer Teil der wöchentlichen Unternehmensrendite;
i = Laufindex über die untersuchten MU, i = 1,...11;
t = Laufindex über die untersuchten Wochen, t = -5,...+7.

Der API mißt für ein Portefeuille, in das die Aktien der jeweiligen MU gleichgewichtet eingehen, die kumulierte bereinigte Aktienrenditeentwicklung über den festgelegten Untersuchungszeitraum von 13 Wochen um den Veröffentlichungszeitraum der Börseneinführung des TU. An seiner Höhe kann festgestellt werden, welche bereinigte Aktienrendite ein potentieller Aktionär erzielt hätte, wenn er vor der jeweiligen Börseneinführung des TU die Aktien des MU gekauft und über 13 Wochen gehalten hätte. Er spiegelt damit die veränderte Rendite-Risiko-Einschätzung des Aktienmarktes wider, die sich aufgrund der Börseneinführung des TU für das MU ergibt.

b) Untersuchungsergebnisse

Betrachtet man in einem ersten Schritt die API-Entwicklung eines aus allen untersuchten MU bestehenden Portefeuilles über den gesamten Zeitraum von 13

233 So können z.B. auch erst im Anschluß an die ersten Börsennotierungen Anhaltspunkte über eine Underpricing-Strategie bei der Börseneinführung gewonnen werden. Vgl. hierzu die Untersuchungen von: Schmidt u.a. (Underpricing, 1988) S. 1193 ff.; Uhlir (Börse, 1989) S. 6 ff.; Wittleder (Going Public, 1989) S. 86 ff.; Döhrmann (Underpricing, 1990) S. 264 ff.
234 Vgl. ähnlich Schipper/Smith (Equity Carve-Outs, 1986) S. 162 f.
235 Vgl. Tabelle 6, S. 140 f.

Wochen um den Veröffentlichungszeitraum der Börseneinführung des jeweiligen TU, so zeigt sich folgender zusammengefaßter Kurvenverlauf (API-Entwicklung) für die bereinigte Renditeentwicklung:

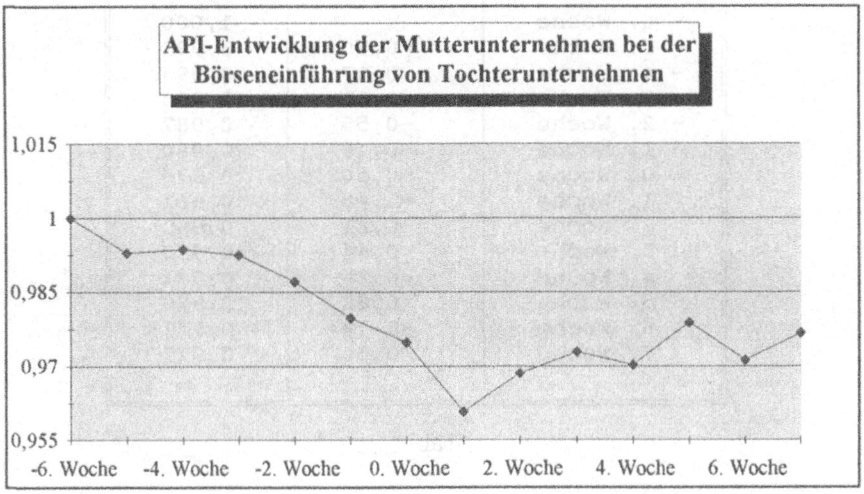

Abb. 21: API-Entwicklung der MU während der Börseneinführung von TU

Der Verlauf der durchschnittlichen, marktbereinigten kumulierten Wochenrenditen aller untersuchten MU zeigt insgesamt eine negative Renditeentwicklung über den Zeitraum der Börseneinführung des jeweiligen TU. Damit reagieren die deutschen Kapitalmarktteilnehmer auf die Börseneinführung eines TU - im Unterschied zu den US-amerikanischen Ergebnissen - mit insgesamt leicht sinkenden Aktienkursen beim MU. An dem Kurvenverlauf wird aber auch sichtbar, daß deutliche Kapitalmarktreaktionen lediglich im Zeitraum von vier Wochen unmittelbar um den Zeitpunkt der offiziellen Bekanntgabe der Emissionsbedingungen zu beobachten sind ($API_{t=-2}$ = 0,987 auf $API_{t=1}$ = 0,961).

Die folgende Tabelle 10, in der neben der API-Entwicklung auch die jeweiligen durchschnittlichen bereinigten Wochenrenditen der untersuchten MU enthalten sind, verdeutlicht, daß die zu beobachtende negative Renditeentwicklung von insgesamt -2,34 % insbesondere durch die negativen Kursentwicklungen unmittelbar um die offizielle Bekanntgabe des konkreten Verkaufsangebots erklärt werden können. Für einen vierwöchigen, unmittelbar um den Veröffentlichungszeitraum liegenden Zeitraum (t=-2 bis t=1) beträgt die bereinigte Wochenrendite durchschnittlich -0,81 %. Die Nullhypothese, daß die durchschnittliche Überrendite gleich Null ist, kann für die untersuchten Wochen mit einem Signifikanzniveau von 5 % abgelehnt werden[236].

Zeitraum	Bereinigte Wochenrendite in %	A P I
- 6. Woche		1,000
- 5. Woche	-0,70	0,993
- 4. Woche	0,07	0,994
- 3. Woche	-0,11	0,993
- 2. Woche	-0,55	0,987
- 1. Woche	-0,75	0,980
0. Woche	-0,50	0,975
1. Woche	-1,45	0,961
2. Woche	0,81	0,968
3. Woche	0,44	0,973
4. Woche	-0,25	0,971
5. Woche	0,88	0,979
6. Woche	-0,78	0,971
7. Woche	0,56	0,977

Tab. 11

Von der zweiten bis zur siebten Woche nach der Börseneinführung ist die durchschnittliche bereinigte Wochenrendite zwar positiv, sie liegt aber nur noch bei durchschnittlich 0,28 %, so daß hier kaum noch von anormalen Kapitalmarktreaktionen auszugehen ist. Vergleichbar sind auch für die ersten drei Wochen des Untersuchungszeitraums nur geringfügig negative durchschnittliche bereinigte Wochenrenditen von -0,25 % zu beobachten. Selbst auf einem Sicherheitsniveau von 10 % kann für beide Teilzeiträume eine von Null signifikant abweichende Rendite für diesen Zeitraum nicht bestätigt werden.

Wegen der insgesamt negativen API-Entwicklung ist auch die über den gesamten Untersuchungszeitraum ermittelte, durchschnittliche bereinigte Wochenrendite negativ. Sie liegt bei -0,18 %, so daß auch für sie nicht davon auszugehen ist, daß sie statistisch signifikant von Null verschieden ist. Damit lassen sich die ersten Untersuchungsergebnisse wie folgt zusammenfassen:

Die Hypothese, die Börseneinführung eines TU wird - vergleichbar den US-amerikanischen Ergebnissen von Schipper/ Smith - vom deutschen Kapitalmarkt insgesamt positiv bewertet und schlägt sich in bereinigten Aktienrendite-

236 Vgl. zum hier verwendeten T-Test: Brown/Warner (Event Studies, 1985) S. 7 ff.

steigerungen bei den jeweiligen MU nieder[237], ist in dieser allgemeinen Form nicht zu bestätigen.

Die in der Bundesrepublik Deutschland insgesamt zwar nur geringfügig unter Null liegenden kumulierten Überrenditen vermitteln ein negatives Gesamturteil der Kapitalanleger, bezogen auf die Aktienmarktbewertung des MU im Anschluß an die Börseneinführung eines TU. Wegen der unterschiedlichen Ausgestaltung der jeweiligen Emissionskonditionen, z.B. hinsichtlich der Behandlung der Aktionäre des MU bzw. der Frage, ob die an der Börse eingeführten Aktien aus dem Verkauf einer Beteiligungstranche des MU oder aus einer Kapitalerhöhung im TU unter Ausschluß des Bezugsrechts des MU stammen, werden die individuellen Überrenditen für die jeweiligen MU vermutlich stark differieren. Um dies festzustellen, werden die Kapitalmarktreaktionen für die einzelnen MU bis zum Zeitpunkt t = 0 und t = 7 untersucht.

Anhand der API-Werte für die jeweiligen Unternehmen in der folgenden Tabelle 11 wird deutlich, daß bei 4 (=36 %) der insgesamt untersuchten elf Neuemissionen eine positive bereinigte Aktienrendite im MU über den 13 Wochen umfassenden Untersuchungszeitraum zu verzeichnen ist [Metallgesellschaft AG (MMC), Herlitz AG, AGIV (C. Schenk AG) und Deutsche Babcock AG]. In den verbleibenden sieben Fällen treten hingegen API-Werte kleiner als eins und damit negative kumulierte Renditen für die jeweiligen MU auf.

237 Vgl. so für den US-amerikanischen Markt: Schipper/Smith (Equity Carve-Outs, 1986) und auch die hierauf mit einem Signalling-Ansatz gerichtete Erklärung von Nanda (Equity Carve-Outs, 1991). Für den deutschen Aktienmarkt auch die Andeutungen von Urban (Kurspotential, 1992) S. B8.

Mutter- und Tochterunternehmen	A P I t = 0	A P I t = +7
Metallgesellschaft=>Kolbenschmidt	0,995	0,940
Rheinmetall => Jagenberg	1,065	0,958
Metallgesellschaft => MMC	1,098	1,033
Kaufhof => Kaufhalle	0,912	0,845
Metallgesellschaft => B.U.S.	0,905	0,898
Herlitz => H.I.T.	1,044	1,261
AGIV => Kraftanlagen (KAH)	0,893	0,940
AM-Beteilg. => AM-Lebensversicherung	0,935	0,851
AGIV => C. Schenk	1,003	1,034
AGIV => Barmag	0,931	0,937
Deutsche Babcock => F. Flender	0,939	1,049

Tab. 12

Um die unterschiedlichen Aktienmarktbeurteilungen nachzuvollziehen, wird im folgenden vor allem für die hier relevante Frage nach dem verlängerten Bezugsrecht der Aktionäre des MU versucht, die Kapitalmarktreaktionen hinsichtlich der unterschiedlichen Ausgestaltungen der Emissionsbedingungen zu differenzieren.

So können die oben aufgezeigten positiven Auswirkungen einer intensiveren Konzernkontrolle und damit einer marktgerechteren Bewertung des Konzerns vor allem dann überkompensiert werden, wenn die aktuellen Aktionäre des MU durch die Börseneinführung des TU einen indirekten Vermögensverlust erleiden. Hiervon kann dann ausgegangen werden, wenn das TU ex post mit einem deutlichen Underpricing an der Börse eingeführt wird, so daß eine Vermögensverlagerung von den Aktionären des MU zu den neuen Anteilseignern des TU stattfindet[238]. Weil in keinem untersuchten Fall die Aktionäre des MU an der Börseneinführung des TU durch ein generelles Vorzeichnungsrecht partizipieren können, werden die Neuemissionen näher untersucht, die mit einem deutlichen ex post Underpricing verbunden sind. Speziell bei derartigen Sachverhaltsgestaltungen kann die Hypothese aufgestellt werden, daß die aktuellen Aktionäre des MU der Börseneinführung negativ gegenüberstehen, so daß auch negative API-Entwicklungen bzw. Kurssenkungen zu erwarten sind.

Können die Informationen über die Zeichnungsbedingungen und damit über eventuelle Vorzeichnungsrechte bzw. erhöhte Zuteilungsquoten der Aktionäre

238 Vgl. so für die Börseneinführung eines unabhängigen Unternehmens Schmidt u.a. (Underpricing, 1988) S. 1193.

des MU noch aus den Zulassungsprospekten bzw. Pressemitteilungen entnommen werden, so ist die Messung einer ex post Vermögensverschiebung in Form eines Underpricing wesentlich problematischer[239]. Um den Untersuchungszeitraum nicht weiter auszudehnen und um das Risiko zu begrenzen, daß neue kursrelevante Konzerninformationen die Ergebnisse verzerren, soll die Beurteilung, ob das TU mit einem Underpricing an den Aktienmarkt gebracht wurde, anhand der marktbereinigten Renditeentwicklung der Aktien des TU für die ersten sieben Wochen nach der Börseneinführung vorgenommen werden[240].

Für diesen Zeitraum läßt sich eine durchschnittliche marktadjustierte Überrendite vereinfacht aus der Emissionsüberrendite {[(erste Börsennotierung - Emissionspreis)/Emissionspreis] - relativer Änderung des F.A.Z.-Aktienindexes} und der Gegenüberstellung der folgenden sieben Wochenrenditen der Aktie des TU mit den entsprechenden Wochenrenditen des F.A.Z.-Aktienindex wie folgt ermitteln[241]:

$$\ddot{U}R_i = \sum_{t=0}^{7} [1 + (R_{it} - R_{mt})] - 1 \text{ , mit:}$$

$\ddot{U}R_i$ = Überrendite der Aktien eines TU i während der Börseneinführung;
R_{it} = Emissions- und Aktienrendite des TU i;
R_{mt} = Rendite des F.A.Z.-Aktienindex;
t = Laufindex über die untersuchten Wochen, t = 0,...+7.

Als Grenzwert zur Klassifikation eines indirekten Vermögensverlustes der Aktionäre des MU werden die empirischen Ergebnisse der marktadjustierten Überrenditen aus den deutschen Untersuchungen herangezogen. Für den hier festgelegten Untersuchungszeitraum von sieben Wochen läßt sich aus diesen Untersuchungen eine durchschnittliche Überrendite aller neu an der Börse eingeführten Aktien im Vergleich zur Kapitalanlage in einem Aktienindex von ca.

239 Vgl. hierzu Schmidt u.a. (Underpricing, 1988) S. 1193; Uhlir (Börse, 1989) S. 8, die die Überrendite der untersuchten Neuemissionen anhand der Renditedifferenz zum F.A.Z.-Aktienindex bzw. zum Aktienindex des statistischen Bundesamtes ermitteln, ebenso Döhrmann (Underpricing, 1990) S. 219 ff., der darüber hinaus auch noch markt- und risikoadjustierte Überrenditen ermittelt.

240 Vgl. zum ähnlichen Vorgehen in den bisher vorliegenden Arbeiten den Literaturüberblick bei Döhrmann (Underpricing, 1990) S. 154 ff., der in seiner eigenen Untersuchung differenziert zwischen Emissionsrendite, Überrendite für die ersten 60 Handelstage und für 102 Wochen nach der Börseneinführung.

241 Die Orientierung am Vergleichsmaßstab F.A.Z.-Aktienindex erfordert eine nahezu identische Rendite-Risiko-Einschätzung von TU und F.A.Z.-Aktienindex, wovon nur unter grob vereinfachenden Prämissen ausgegangen werden kann. Vgl. so aber auch Uhlir (Börse, 1989) S. 8.

20 % ermitteln[242]. Von den elf untersuchten TU wird dieser kritische Wert lediglich von der B.U.S. AG (ÜR = 0,407; MU = Metallgesellschaft AG)[243], der Kaufhalle AG (ÜR = 0,323; MU = Kaufhof AG) und der Kraftanlagen KAH AG (ÜR = 0,373; MU = AIGV) überschritten[244]. Damit könnte bei diesen Neuemissionen ex post von einem überdurchschnittlichen Underpricing und damit von einer indirekten Vermögensverschiebung zwischen den Altaktionären der jeweiligen MU und den neuen Aktionären der TU ausgegangen werden. Die Neuemission der KAH AG ist darüber hinaus auch insofern von Interesse, weil hier die Börseneinführung über den Verkauf einer Beteiligungstranche der AGIV bedient wird, so daß die finanziellen Mittel der AGIV und nicht unmittelbar dem TU zufließen.

Weil in diesen drei Fällen den Aktionären des MU auch kein unmittelbares Bezugsrecht eingeräumt wird, sondern lediglich eine begrenzte Bevorzugung im Rahmen der Zeichnung angekündigt ist[245], kann erwartet werden, daß vor allem die aktuellen Aktionäre dieser MU (Metallgesellschaft AG, Kaufhof AG und AGIV) negativ auf die Börseneinführung reagieren. Daher werden im folgenden die Einzelergebnisse der Kapitalmarktreaktionen für die Metallgesellschaft AG, Kaufhof AG und die AGIV kurz dargestellt.

An den nachfolgenden Abbildungen kann die kumulierte, marktadjustierte Renditeentwicklung (API) der jeweiligen MU über den gesamten Untersuchungszeitraum von 13 Wochen verdeutlicht werden.

242 Ermittelt aus: Schmidt u.a. (Underpricing, 1988) S. 1199; Uhlir (Börse, 1989) S. 9 f.; Wittleder (Going Public, 1989) S. 85 ff.; Döhrmann (Underpricing, 1990) S. 264 ff.
243 Die Angaben beziehen sich auf die Stammaktien der B.U.S.
244 Vgl. die Angaben in Tabelle 10.
245 Vgl. so für die B.U.S.: o.V. (Erste Notiz, 1990) S.18.

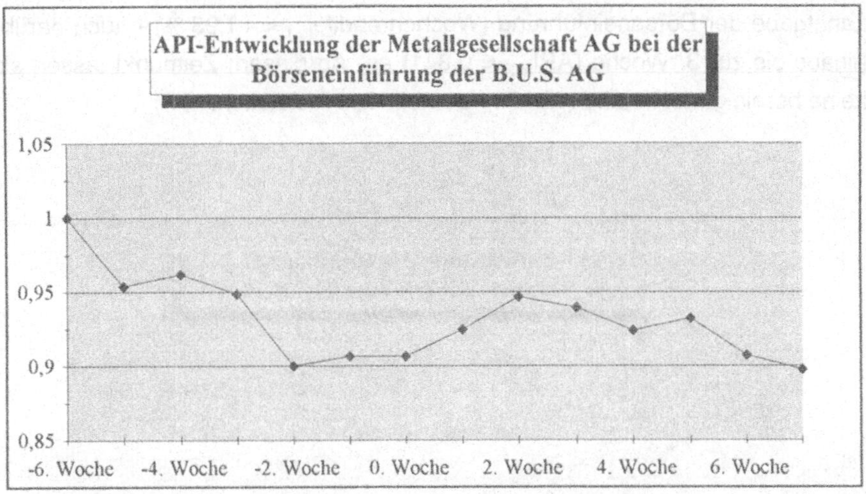

Abb. 22: API-Entwicklung der Metallgesellschaft AG während der Börseneinführung der B.U.S. AG

Über den gesamten Untersuchungszeitraum von 13 Wochen ermittelt sich ein API für die Metallgesellschaft von 0,898 und damit eine um allgemeine Markteinflüsse bereinigte Renditeminderung von 10,2 %. Diese deutlichen Kursabschläge zeigen, daß aus dem Blickwinkel der aktuellen und potentiellen Aktionäre der Metallgesellschaft die Börseneinführung der B.U.S. negativ bewertet wird. Die Kapitalmarktreaktion ist bereits mit der offiziellen Bekanntgabe der Börseneinführung (t=0) weitgehend im Preis der Aktie der Metallgesellschaft enthalten ($API_{t=0}$ = 0,905), so daß nach t=0 auch kaum noch größere marktadjustierte Renditeänderungen beim MU zu beobachten sind.

Bis zum Zeitpunkt t=0 beträgt die durchschnittliche bereinigte Wochenrendite der Metallgesellschaft -1,32 %. Sie weicht damit auch deutlich nach unten von der durchschnittlichen Wochenrendite aller untersuchten Unternehmen (-0,42 %) ab. Die Hypothese, daß insbesondere dann negative Kapitalmarktreaktionen zu beobachten sind, wenn die Börseneinführung mit einer Vermögensverschiebung zu Lasten der Aktionäre des MU verbunden ist, scheint sich im Fall der Metallgesellschaft zu bestätigen.

Ebenso klare Ergebnisse sind bei der Kaufhof AG während der Börseneinführung der Kaufhalle AG zu verzeichnen. Vom Beginn des Untersuchungszeitraumes bis zum Zeitpunkt t=0 fällt der Aktienkurs, womit durchweg negative bereinigte kumulierte Wochenrenditen festzustellen sind ($API_{t=0}$ = 0,912). Der negative Trend hält - abgesehen von der ersten Woche nach offizieller Bekanntgabe der Börseneinführung ($Wochenrendite_{t=1}$ = +1,93 %) - auch darüber hinaus bis zur 3. Woche ($API_{t=3}$ = 0,841) an. Ab diesem Zeitpunkt lassen sich keine bereinigten Renditen für die Kaufhof-Aktie feststellen.

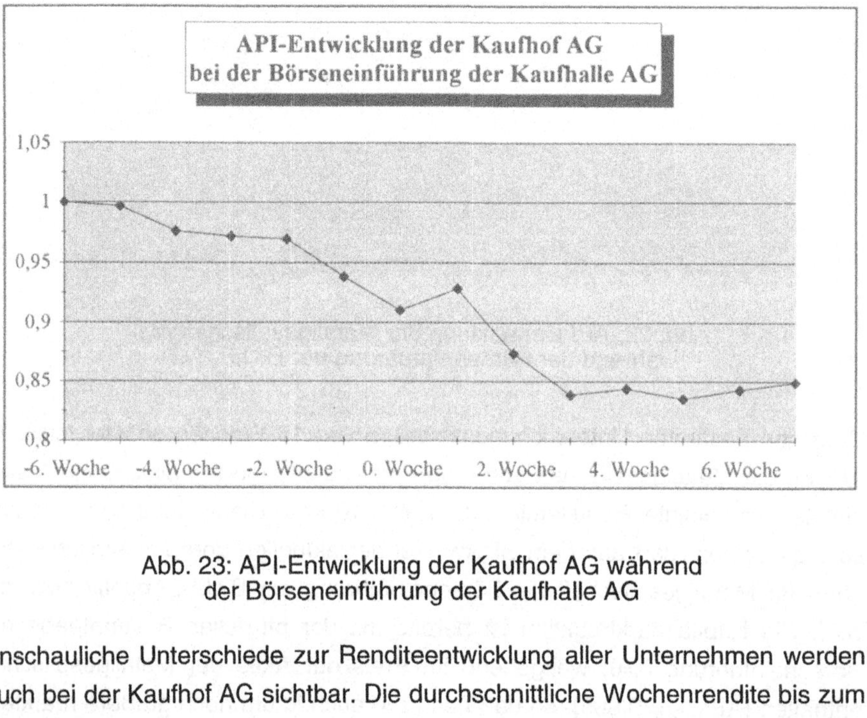

Abb. 23: API-Entwicklung der Kaufhof AG während der Börseneinführung der Kaufhalle AG

Anschauliche Unterschiede zur Renditeentwicklung aller Unternehmen werden auch bei der Kaufhof AG sichtbar. Die durchschnittliche Wochenrendite bis zum Zeitpunkt t=0 (t=7) liegt auch hier mit -1,38 % (-1,24 %) unterhalb der bereinigten Rendite aller untersuchten MU [-0,42 % (t=0); -0,18 % (t= 7)]. Folglich scheint sich auch hier die Hypothese, daß auch unter Berücksichtigung möglicher positiver Effekte die Börseneinführung eines TU von den Kapitalmarktteilnehmern insgesamt für das MU negativ beurteilt wird, zu bestätigen[246].

Bei der Neuemission der KAH AG werden die für die Börseneinführung erforderlichen Aktien durch das MU (AGIV) bereitgestellt, so daß die finanziellen Mittel an das MU fließen. Daher kann diese Börseneinführung als Innenfinanzierung aus Vermögensumschichtung und damit als Desinvestition interpretiert werden, bei der zudem noch die Beteiligungstranche aus dem Blickwinkel der

246 Vgl. zu anderen, durchweg positiven Ergebnissen den Finanzvorstand der Kaufhof AG: Urban (Kurspotential, 1992) S. B8.

Aktionäre des MU ex post zu günstig abgetreten wurde[247].

Von daher verwundert die deutlich negative Renditeentwicklung des MU bis eine Woche nach offizieller Bekanntgabe der Emissionsbedingungen ($API_{t=1}$ = 0,859) wenig. Bezogen auf den Untersuchungszeitraum t=-5 bis t=0 sind für die AGIV mit $API_{t=0}$ = 0,893 im Vergleich mit sämtlichen untersuchten MU die höchsten negativen bereinigten Aktienrenditen zu verzeichnen. Zwar sind im Anschluß hieran bereinigte Renditesteigerungen für die AGIV zu verzeichnen, die jedoch die vorherigen negativen Entwicklungen nicht kompensieren können. Über den gesamten Untersuchungszeitraum erfahren die Aktionäre der AGIV eine marktadjustierte Renditeeinbuße von 6 % ($API_{t=7}$ = 0,940).

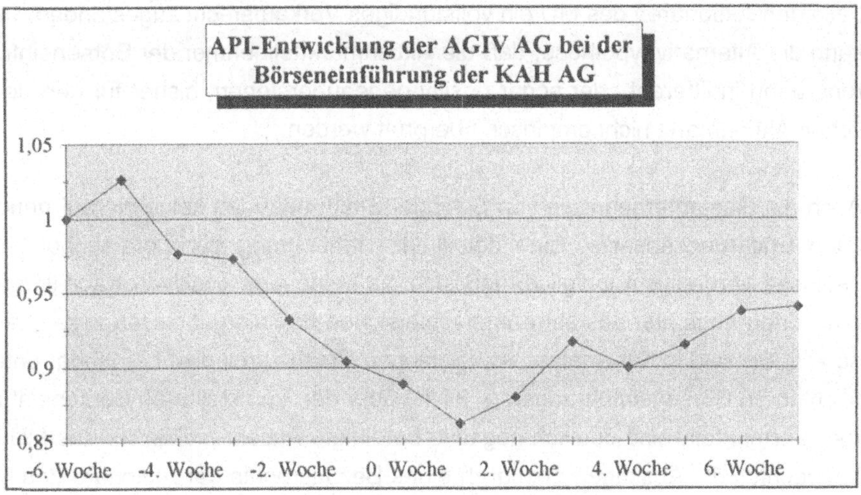

Abb. 24: API-Entwicklung der AGIV während der Börseneinführung der KAH AG

Insgesamt lassen sich die obigen, für alle MU zusammengefaßten durchschnittlichen Untersuchungsergebnisse nun hinsichtlich der konkreten Emissionsbedingungen und des ex post Underpricing differenzieren:

Wenn die Aktionäre des MU an der Neuemission nicht - z.B. durch ein Vorkaufsrecht - beteiligt werden und zusätzlich über ein deutliches ex post Underpricing eine Vermögensverschiebung zu Lasten der Aktionäre des MU stattfindet, sind signifikant negative Aktienmarktreaktionen für das MU zu beobachten. In diesen Fällen signalisieren die Aktienmarktteilnehmer - unabhängig von son-

247 Vgl. zu den möglichen negativen Signalen des Verkaufs einer Beteiligungstranche an einem TU: Forster (Börseneinführung, 1991) S. 9.

stigen positiven Effekten - ein negatives Gesamturteil der Börseneinführung des TU[248]. Auch hinsichtlich der Herkunft der an der Börse eingeführten Aktien des TU wird deutlich, daß insbesondere dann negative Kapitalmarktreaktion zu erwarten sind, wenn es sich aus dem Blickwinkel des MU um eine Innenfinanzierung aus Vermögensumschichtung handelt, die einer effizienten Aktienmarktkontrolle entgegensteht.

Aus diesen Untersuchungsergebnissen kann jedoch nicht der Umkehrschluß abgeleitet werden, daß sich die negative Aktienmarktbeurteilung umkehrt, wenn z.B. den Aktionären des MU ein vollständiges Vorkaufsrecht bzw. ein Bezugsrecht auf die neuen Aktien des TU eingeräumt wird. Für ein solches Urteil sind die oben angeführten unterschiedlichen Auswirkungen der Börseneinführung auf den Aktienmarkt noch zu unbestimmt. Weil in keinem der hier untersuchten Fälle den Aktionären des MU ein vollständiges Vorkaufsrecht zugestanden wird, kann die Alternativhypothese, daß die Aktienmarktteilnehmer der Börseneinführung dann indifferent oder sogar positiv gegenüberstehen, bisher für den deutschen Aktienmarkt nicht empirisch überprüft werden.

Auch die Gesamtergebnisse von Schipper/Smith erlauben keine hierauf gerichteten Erklärungsansätze. Eine detaillierte Betrachtung der Untersuchungsergebnisse verdeutlicht lediglich, daß sich die insgesamt positiven Kapitalmarktreaktionen auch hier aus sehr unterschiedlichen Einzelergebnissen zusammensetzen. So sind in der Analyse von Schipper/ Smith zumindest bei 26 der untersuchten 76 Börseneinführungen (= 34 %) über den unmittelbaren Börseneinführungstermin teilweise deutlich negative bereinigte Aktienrenditen für das MU zu beobachten[249]. Aussagen bezüglich eines Bezugsrechts der Aktionäre des MU auf die an der Börse eingeführten Aktien des TU liefern sie lediglich im Rahmen der Datenbeschreibung. Aus den Ausgangsdaten und dem Untersuchungsaufbau geht hervor, daß in ca. 17 % der Börseneinführungen von TU den Aktionären des MU ein Bezugsrecht (rights offering) gewährt wird[250].

---

248 Vgl. zu sonstigen Erklärungsversuchen für die negative Kursentwicklung, die sich u.a. auf einen Kapitalstruktureffekt (Leverage-Effekt) zurückführen lassen: Zimmermann (Kapitalerhöhung, 1986) S. 201 ff.

249 Vgl. Schipper/Smith (Equity Carve-Outs, 1986) S. 168.

250 Vgl. Schipper/Smith (Equity Carve-Outs, 1986) S. 160. Vgl. zu ähnlichen Ergebnissen für Kapitalerhöhungen in US-amerikanischen MU bereits Smith (Raising Capital, 1977) S. 273 ff., der feststellt, daß die untersuchten Eigenkapitalerhöhungen zu ca. 90 % ohne Bezugsrechte der Aktionäre erfolgt sind. Für deutsche Unternehmen kommen Girgensohn/ Calmbach (Kapitalerhöhungen, 1980) S. 430 ff. zu dem Ergebnis, daß 49 % der untersuchten Eigenkapitalerhöhungen ohne Bezugsrecht der Altaktionäre erfolgt sind.

Damit kann anhand der empirischen Untersuchung zwar aufgezeigt werden, daß auf dem deutschen Aktienmarkt die Börseneinführung eines TU bisher für das MU meist mit geringfügig negativen Konsequenzen verbunden ist, zur Beantwortung der Frage nach der Notwendigkeit eines verlängerten Bezugsrechts der Aktionäre des MU helfen die Ergebnisse jedoch wenig weiter. Welche Konsequenzen mit einem verlängerten Bezugsrecht der Aktionäre des MU verbunden sind und ob sich hierdurch die Auswirkungen der Börseneinführung eines TU auf den Aktienmarkt als Kontrollmarkt verbessern, kann daher im folgenden nur anhand modelltheoretischer Aussagen beurteilt werden.

4. Zustimmungsbedürftigkeit und verlängertes Bezugsrecht der Aktionäre des Mutterunternehmens

Werden die aktienrechtlichen Regelungen zur Eigenkapitalveränderung entsprechend den Vorschlägen von Timm und Hirte auf die konzernweite Anteilseignerquote ausgedehnt, dann wären sämtliche Finanzierungsmaßnahmen im Konzern, die aus einer externen Zuführung von neuem Eigenkapital bestehen, sowohl von der Zustimmungsbedürftigkeit der Hauptversammlung des MU als auch von der generellen Gewährung eines verlängerten Bezugsrechts der Aktionäre des MU, z.B. bei der Börseneinführung eines TU, abhängig[251]. Auswirkungen von einer diesbezüglichen Kompetenzänderung auf den beschriebenen Aktienmarktprozeß sind insofern zu erwarten, als diese Maßnahmen auf der einen Seite die Vermögens- und Einflußverwässerungsrisiken der Aktionäre des MU vermindern können, auf der anderen Seite sich hierdurch aber auch die Konzernkontrolle verändern kann. Ob hierdurch dazu beigetragen wird, daß die möglichen positiven Einflüsse der Börseneinführung eines TU auf den Aktienmarkt als Kontrollinstrument der Aktionäre eintreten, soll im folgenden im Vordergrund stehen. So ist nach Kübler/Schmidt die Vermögensposition der Aktionäre soweit abzusichern, daß ihre Risikoposition nicht so stark beeinträchtigt wird, daß die Aktienanlage im Vergleich zu den sonstigen Anlageformen zu weit ins Hintertreffen gerät, die Aktionäre sich vom Aktienmarkt zurückziehen und damit einen Adverse-selection-Prozeß auslösen[252].

Die Notwendigkeit des Bezugsrechts der Aktionäre in der unverbundenen Aktiengesellschaft wird regelmäßig mit der Gefahr einer Vermögens- und Kapi-

251 Vgl. Timm (Hauptversammlungskompetenzen, 1980) 183 f.; Hirte (Bezugsrechtsausschluß, 1986) S. 259 f. Vgl. zu ähnlichen Forderungen für Vorzugsaktionäre: Baums (Vorzugsaktien, 1993) S. 21 ff.

252 Vgl. Kübler/Schmidt (Konzentration, 1988) S. 164 ff.

talverwässerung der Anteile eines Aktionärs begründet[253]. Das Bezugsrecht wird dabei als eigenständiger Vermögenswert angesehen[254], der den Aktionären des MU bei Eigenkapitalveränderungen im TU möglicherweise entgeht. Sähe man die potentielle Vermögensschädigung der Aktionäre des MU durch einen zu niedrigen Verkaufspreis bei der Börseneinführung des TU oder bei sonstigen Veräußerungen einer Beteiligungstranche als hinreichende Begründung an, so käme man hier zum gleichen Ergebnis wie bei unverbundenen Unternehmen und würde sowohl eine Zustimmungsbedürftigkeit der Hauptversammlung des MU als auch ein verlängertes Bezugsrecht der Aktionäre des MU fordern.

a) Rendite-Risiko-Vorteile der Aktionäre des Mutterunternehmens

Vor der Börseneinführung eines Unternehmens stellt sich dem Management die Aufgabe - in Abstimmung mit der emissionsführenden Bank - einen Emissionspreis für die Aktien zu bestimmen[255]. Wird ein TU an der Börse eingeführt, so ist die Festlegung des Emissionspreises wegen der einheitlichen Leitung auch eine Aufgabe der Konzernleitung. Für die Ermittlung des Ausgabepreises muß das Konzernmanagement die allgemeine Aktienmarktlage und vor allem die künftige Ergebnisentwicklung und die Risikostruktur des TU aus der Sichtweise der potentiellen Aktionäre abschätzen. Aus dem erwarteten Ergebnis bzw. Cash-Flow je Aktie des TU, dem Unternehmensrisiko und den sonstigen Kapitalanlagemöglichkeiten der Aktienmarktteilnehmer ist ein Emissionspreis zu ermitteln, den die potentiellen Anleger zu zahlen bereit sind. Hierfür wird regelmäßig auf das Kurs/Gewinn-Verhältnis bzw. Kurs/Cash-Flow-Verhältnis von Unternehmen, die eine vergleichbare Rendite-Risiko-Kombination wie das TU vorweisen, zurückgegriffen. Die Kurs/Gewinn-Verhältnisse bzw. Kurs/Cash-Flow-Verhältnisse dieser Unternehmen multipliziert mit den erwarteten Gewinnen bzw. Cash-Flows je Aktie für das TU liefern dann Anhaltspunkte über realistische Emissionspreise der Aktien des TU.

Bei diesem Ermittlungsverfahren wird regelmäßig davon ausgegangen, daß sämtliche potentiellen Aktionäre die Rendite-Risiko-Kombination der Aktien des TU ähnlich einschätzen. Die Annahme einer äquivalenten Risikoeinschätzung

253 Vgl. Süchting (Finanzmanagement, 1989) S. 77 ff.
254 Vgl. Kübler (Gesellschaftsrecht, 1981) S. 212, sowie die empirische Untersuchung von Bhagat (pre-emptive right, 1983) S. 289 ff.
255 Vgl. allgemein Link (Aktienmarketing, 1991) S. 237 ff. und speziell zur Emissionspreisermittlung eines TU: Forster (Börseneinführung, 1991) S. 25.

kann jedoch gerade bei der Börseneinführung eines TU bezweifelt werden. Hinsichtlich der Rendite-Risiko-Erwartungen der Aktie eines TU kann es zwischen den Aktionären des MU und konzernfremden Anlegern zu systematischen Unterschieden kommen, so daß beide Gruppen als unterschiedliche Anlegerklientels für Aktien des TU anzusehen sind.

Sofern sich konzernfremde Anleger an der Gesellschaft beteiligen, nehmen sie als Minderheitsaktionäre eines TU im Vergleich zu Aktionären eines unabhängigen Unternehmen eine andere faktische Rechtsstellung hinsichtlich der Informations-, Entscheidungs- und Kontrollrechte ein. Ihre Kapitalanlage in einem TU ist neben den sonstigen Anlagerisiken insbesondere auch noch den konzernspezifischen Risiken ausgesetzt. Für sie sind direkte Reichtumsverschiebungen zwischen dem TU und dem MU, z.B. in Form von Konzernumlagen, konzerninternen Lieferungen und Investitionsverschiebungen, ebenso zu beachten wie indirekte Reichtumsverschiebungen, die z.B. aus einer Angleichung der Risikoeinstellung zwischen Management und Aktionären des MU dann entstehen können, wenn das Management des MU besonders risikoreiche Investitionen in TU vornimmt.

Sofern die konzernfremden Minderheiten diese konzernspezifischen Risiken bei der Rendite-Risiko-Schätzung eines Engagements in Aktien eines TU berücksichtigen, werden sie im Vergleich zu den Aktien eines unabhängigen, ansonsten aber äquivalenten Unternehmens einen Risikoaufschlag auf die geforderte Aktienrendite vornehmen. Dann kommt für sie eine Beteiligung an der Neuemission nur dann in Frage, wenn der Emissionspreis der Aktien des TU unter dem Börsenkurs von selbständigen Unternehmen mit vergleichbarer Rendite-Risiko-Struktur liegt[256].

Die bisherigen Aktionäre des MU werden die konzernspezifischen Risiken in anderem Maße für die Rendite-Risiko-Schätzung der Aktien des TU berücksichtigen. Sofern sie sich an den neuemittierten Aktien des TU in einem ihrer Anteilsquote am MU entsprechenden Verhältnis beteiligen, sind Gewinn- und Vermögensverschiebungen zwischen den einzelnen Konzernteilen für ihre Vermögensposition weitgehend irrelevant. Sie werden daher die Angemessenheit des Emissionspreises wie oben dargestellt überwiegend an der Rendite-Risiko-Struktur des TU und derjenigen vergleichbarer unabhängiger Unternehmen beurteilen. Für die Anteilseigner des MU gewinnen die konzerntypischen Risiken

256 Vgl. Roitzsch (Minderheitenschutz, 1981) S. 155, der von einer Wertminderung der Aktien eines TU im Augenblick der Konzernierung ausgeht. Ähnlich auch Kirchner (Analyse des Konzernrechts, 1984) S. 249 f.

erst durch die Beteiligung von Dritten eine neue Dimension, da ihnen dann Gewinnbestandteile, z.B. durch Zwischengewinnverschiebungen zum TU, endgültig durch Übertragung auf Minderheiten entgehen können.

Die Konsequenzen dieser unterschiedlichen Rendite-Risiko-Einschätzung der beiden Anlegerklientels können an dem zu Beginn des IV. Abschnitts dargestellten Beispielsfall verdeutlicht werden[257]. Die in TU 1 geplante zusätzliche Neuinvestition erwirtschaftete annahmegemäß eine Rendite (ROI) von 30 % (= 30 GE auf das investierte Kapital von 100 GE). Ob die Aktienmarktteilnehmer bereit sind, diese Investition durch den Kauf der Aktien des TU 1 zu finanzieren, soll von der Verzinsung festverzinslicher Kapitalanlagen (i_R) und der geforderten Risikoprämie [$(r_M - i_R)\ ß_{TU1}$] abhängen. Die von den potentiellen Aktionären erwartete Aktienrendite $r_{Akt.}$ ermittelt sich folglich aus [$i_R + (r_M - i_R)\ ß_{TU1}$]. Bei einem i_R von 10 % und einem [$(r_M - i_R)\ ß_{TU1}$] vergleichbarer Unternehmen von 20 % würden die Aktionäre des MU einen Emissionspreis für die neuen Aktien von 100 GE gerade akzeptieren und sie wären bereit, über eine Neuemission die Investition zu finanzieren.

Demgegenüber werden konzernfremde Aktienmarktteilnehmer über die Renditeforderung $r_{Akt.}$ vergleichbarer Unternehmen hinaus noch zusätzlich eine Risikoprämie für das konzernspezifische Risiko der Aktien des TU (r_K) verlangen, bzw. den unternehmensspezifischen Risikofaktor ($ß_{TU1}$) höher einschätzen. Ihre Renditeforderung an die Aktien des TU ermittelt sich folglich zu [$i_R + (r_M - i_R)\ ß_{TU1} + r_K$ =] R_{Mi}. Weil $r_K > 0$ und damit $r_{Mi.} > r_{Akt.}$ ist, werden sie nur einen geringeren Emissionspreis für die Aktien des TU zu zahlen bereit sein als die bisherigen Aktionäre des MU.

Für ein r_K = 10 % und damit ein $R_{Mi.}$ = 40% ermittelt sich aus dem Blickwinkel der konzernfremden Minderheitsaktionäre ein max. Emissionspreis für die Aktien des TU 1 von 75 GE, so daß sie die Investition nur dann finanzieren, wenn sie für ihre 100 GE statt eines Kapitalanteils an TU 1 von 50 % insgesamt 66,66 % der Anteile erhalten. Dies käme einem Vermögensverzicht der Aktionäre des MU gleich, weil sie für ihre indirekte Beteiligung an dem TU in Höhe von 100 GE nun lediglich einen Anspruch auf den verfügbaren Cash Flow des TU in Höhe von 20 GE (= 33,33 % von 60 GE) erhalten und damit gegenüber der Ausgangssituation auf 10 GE zugunsten der Minderheiten verzichten.

---

257 Vgl. S. 258 ff.

Für die Festlegung des Emissionspreises eines TU stellt sich dem Konzernmanagement damit die Aufgabe, wie es die unterschiedliche Risikoschätzung und damit verbunden die abweichenden Renditeforderungen der jeweiligen Aktienmarktteilnehmer berücksichtigen soll. Sofern das Konzernmanagement den Emissionspreis an den Renditevorstellungen der Minderheitsaktionäre ($R_{Mi.}$) orientiert, um eine reibungslose Abwicklung der Börseneinführung zu gewährleisten[258] und den potentiellen Aktionären des TU für die Einlage von 100 GE einen Kapitalanteil von 66,66 % anbietet, werden nicht nur die Anteilseigner des MU sondern auch bisher nicht am Konzern beteiligte Dritte versuchen, die Aktien des TU zu zeichnen. Ein fehlendes Vorkaufsrecht bzw. verlängertes Bezugsrecht bedeutet für die Aktionäre des MU, daß sie - zumindest bei entsprechender Überzeichnung - nur teilweise im Rahmen einer Zuteilung an der Neuemission beteiligt werden.

Ob sie hierdurch einen Vermögensverlust erleiden, ist u.a. vom Anpassungsverhalten der jeweiligen Aktionärsgruppen abhängig. Von einer Vermögensverschiebung zugunsten der neuen Aktionäre des TU wäre dann auszugehen, wenn die bisherigen Aktionäre des MU die Aktien des TU auf dem Sekundärmarkt nur zu einem über dem Emissionspreis liegenden Kurs erwerben können. Sofern die Aktionäre des MU, die an der Neuemission des TU nicht beteiligt werden, ihre Aktien des MU veräußern, werden sie diese aufgrund des geringeren Anteils an dem TU nur mit einem Kursabschlag an Dritte übergeben können. Auch dann wäre von einem Vermögensverlust auszugehen und die Aktionäre des MU würden der Börseneinführung des TU negativ gegenüberstehen.

Weil aber auch die bisher nicht am Konzern beteiligten Minderheitsaktionäre des TU durch den gleichzeitigen Kauf der Aktien des MU die Rendite-Risiko-Position ihrer Aktien am TU verbessern können, sind im Anschluß an die durch die Renditeeinbußen ausgelösten Kursanpassungen wiederum Kurssteigerungen der Aktien des MU möglich, die zu einem potentiellen Vermögensausgleich der Altaktionäre des MU beitragen können.

Sofern das Management aus den Renditeforderungen der Aktionäre des MU ($r_{Akt.}$) und der potentiellen Neuaktionäre ($r_{Mi.}$) einen Mischkurs ermittelt und den konzernfremden Anlegern sämtliche sonstigen Kapitalanlagemöglichkeiten offenstehen, kommt dieser für sie nur dann in Frage, wenn sie zu einem entsprechenden Anteil auch gleichzeitig Aktien des MU erwerben. Diese zusätzliche Nachfrage nach Aktien des MU kann zu entsprechenden Kurssteige-

---

258 Vgl. o.V. (Tochtergesellschaften, 1992) S. 21.

rungen führen und damit die Vermögensposition der Aktionäre des MU verbessern. Erwerben sie nicht gleichzeitig die Aktien des MU, ist aus ihrem Blickwinkel der Ausgabekurs überhöht und sie werden sich nicht an der Neuemission beteiligen. In diesem Fall werden die neuen Aktien des TU lediglich unter den Aktionären des MU verteilt, die eine Order für die Zeichnung der neuen Aktien des TU erteilt haben. Von einem Vorkaufsrecht bzw. einem verlängerten Bezugsrecht unterscheidet sich diese Lösung jedoch hinsichtlich der fehlenden Aufforderung zum Erwerb der Aktien und der nicht sichergestellten quotalen Verteilung.

Die unterschiedliche Risiko-Beurteilung der beiden Anlegergruppen deutet darauf hin, daß die Aktionäre des MU in dem verlängerten Bezugsrecht bzw. in dem Vorkaufsrecht einen eigenständigen Vermögenswert sehen[259]. Der eigenständige Wert des Bezugsrechts für die Aktionäre läßt sich auch für den US-amerikanischen Aktienmarkt, auf dem Kapitalerhöhungen meist unter Ausschluß des Bezugsrechts zum aktuellen Börsenkurs untergebracht werden[260], aus der Untersuchung von Bhagat ermitteln[261]. Für den Zeitraum von 1962 bis 1981 werden u.a. 63 Hauptversammlungsanträge untersucht, die ausschließlich die Aufhebung des Bezugsrechts in den Unternehmensstatuten beinhalteten. Für den Untersuchungszeitraum von jeweils 40 Tagen vor und nach Zustellung des Bezugsrechtsausschlusses kommt Bhagat zu negativen bereinigten Aktienrenditen von durchschnittlich 1,06 % und kann damit schwach negative Preiseffekte auf die Ankündigung eines generellen Bezugsrechtsausschlusses nachweisen. Interessante Ergebnisse zeigen sich in den vier Fällen, in denen die Anträge im Rahmen der Hauptversammlung nicht die erforderliche Mehrheit fanden und damit abgelehnt wurden.

Für diese vier Fälle kommt Bhagat zu einer signifikant positiven bereinigten Renditereaktion des Aktienmarktes unmittelbar nach Ablehnung des generellen Bezugsrechtsausschlusses von 4,88 %. Den hierin zum Ausdruck kommenden eigenständigen Wert des Bezugsrechts begründet Bhagat damit, daß das Management ein Interesse am Bezugsrechtsausschluß hat, das nicht mit den Vermögensinteressen der Aktionäre übereinstimmt. Weil Investmentbanken einen höheren Ertrag aus von ihnen übernommenen und am Markt plazierten Kapitalerhöhungen erzielen[262], geht Bhagat davon aus, daß diese versuchen,

---

259 Vgl. so für das Bezugsrecht generell: Kübler (Gesellschaftsrecht, 1981) S. 212.
260 Vgl. hierzu ausführlich Smith (Raising Capital, 1977) S. 273 ff.; Kübler/Mendelson/ Mundheim (Kosten des Bezugsrechts, 1990) S. 461 ff.
261 Vgl. zum folgenden Bhagat (pre-emptive right, 1983) S. 289 ff.
262 Vgl. so die empirischen Ergebnisse von Smith (Raising Capital, 1977) S. 277.

das Management zur generellen Beseitigung des Bezugsrechts durch entsprechende sonstige Anreize zu verleiten. Diese für die Aktionäre negative Vermögenskonsequenz würde dann die Renditesteigerung bei der Ablehnung des entsprechenden Antrages erklären.

Gegen ein verlängertes Bezugsrecht der Aktionäre des MU wird vom Management vorgebracht, daß die als potentielle Aktionäre für das TU in Betracht kommenden Aktienmarktteilnehmer einem unterschiedlichen Anlegerklientel angehören und daher bei einem verlängerten Bezugsrecht die Neuemissionen weniger sicher bzw. überhaupt nicht am Markt untergebracht werden können[263]. Dies gilt insbesondere für die Börseneinführung an einem ausländischen Aktienmarkt, wie z.B. bei der Metall Mining Corp. an der Börse in Toronto, die mit einem verlängerten Bezugsrecht der Aktionäre der Metallgesellschaft nur eingeschränkt möglich gewesen wäre[264].

Dem wäre jedoch zu entgegnen, daß in derartigen Fällen analog zu § 186 (3) AktG das Bezugsrecht der Aktionäre des MU durch einen Hauptversammlungsbeschluß ausgeschlossen werden könnte. Hier wäre dann jedoch neben der Zustimmungsbedürftigkeit der Aktionäre des MU auch eine sachliche Rechtfertigung erforderlich, mit der ein Bezugsrechtsausschluß zu begründen wäre[265]. Auch wenn vom MU bewußt unterschiedliche Anlegerklientels angesprochen werden sollen, steht dies einem verlängerten Bezugsrecht nicht im Wege, weil über einen Bezugsrechtshandel dann die Differenz zwischen dem Ausgabekurs und den Aktienmarkterwartungen über den Wert der Aktien des TU den Aktionären des MU zukommen würde.

Weil sich mit einem verlängerten Bezugsrecht der Aktionäre des MU die potentiellen Konflikte zwischen Konzernmanagement und Aktionären des MU bei der Ermittlung des risikoadjustierten Emissionskurses weitgehend vermeiden ließen, könnte hierüber die konzernweite Eigenkapitalveränderungskompetenz der Aktionäre des MU analog zu den §§ 182 ff. AktG gerechtfertigt werden.

---

263 Vgl. hierzu und zum Folgenden: Forster (Börseneinführung, 1991) S. 22 ff.
264 Vgl. so auch gegen ein generelles Bezugsrecht: Kübler/Mendelson/Mundheim (Kosten des Bezugsrechts, 1990) S. 461 ff.
265 Vgl. Lutter (Bezugsrechtsausschlusses, 1979) S. 401 ff.

b) Vermögensverluste durch Underpricing

Selbst wenn von der differenzierten Einschätzung der Risiko-Erwartungen zwischen den Aktionären des MU und den konzernfremden Anlegern und der daraus abgeleiteten unterschiedlichen Werteinschätzung der Aktien des TU abgesehen wird, könnte für die Begründung eines verlängerten Bezugsrechts der Aktionäre des MU auch auf Argumente aus der Diskussion um die Notwendigkeit eines Underpricing im Rahmen der Börseneinführung zurückgegriffen werden. Nach den Ergebnissen vielfältiger empirischer Untersuchungen liegt der tatsächlich gewählte Ausgabepreis der Aktien bei der Börseneinführung eines Unternehmens regelmäßig deutlich unter den ersten Börsennotierungen[266], woraus auf ein bewußtes Underpricing bei der Börseneinführung eines Unternehmens geschlossen wird[267]. So ermittelt z.B. Döhrmann für die 83 Neuemissionen aus der Zeit vom 1. Januar 1983 bis zum 30. Oktober 1987 auf dem deutschen Aktienmarkt eine durchschnittliche marktbereinigte Überrendite zwischen Emissionspreis und erster Börsennotierung von 21,2 %[268].

Aus den empirisch beobachteten positiven Überrenditen kann jedoch nur dann auf ein systematisches Underpricing geschlossen werden, wenn von einem vollkommenen Aktienmarkt (Primär- und Sekundärmarkt) ausgegangen wird[269]. Denn dann hätte das Management des Unternehmens den Ausgabepreis auch um die positive Differenz zwischen dem ertragsgerechten Wert der Aktien und dem Emissionspreis erhöhen können, ohne daß der Absatz der neuen Aktien gefährdet gewesen wäre. Das in den vorliegenden empirischen Untersuchungen beobachtete Underpricing wäre dann gleichzeitig auch als Vermögensverlust der Altaktionäre zu interpretieren[270]. Bezogen auf die Börseneinführung eines vormals 100 %-igen TU wäre dies eine unmittelbare Vermögenseinbuße des MU, die jedoch von den Aktionären des MU zu tragen ist.

Wenn von diesen Annahmen ausgegangen wird und das Underpricing damit einer Verschwendung von Unternehmensvermögen des MU gleich käme, ließen sich die strengen aktienrechtlichen Zustimmungs- und Begründungserforder-

---

266 Zu den vorliegenden empirischen Untersuchungen über die Börseneinführung deutscher Unternehmen vgl. Schmidt u.a. (Underpricing, 1988) S. 1193 ff.; Uhlir (Börse, 1989) S. 2 ff.; Wittleder (Going Public, 1989) S. 63 ff.; Döhrmann (Underpricing, 1990) S. 214 ff. Zu einem Überblick über anglo-amerikanische Untersuchungen vgl. Döhrmann (Underpricing, 1990) S. 64 ff.

267 Vgl. so auch die Ansicht von Schmitz (Going Public, 1993) S. 844.

268 Vgl. Döhrmann (Underpricing, 1990) S. 265. Zu ähnlichen Ergebnissen vgl. Schmidt u.a. (Underpricing, 1988) S. 1199 (Überrendite = 20,6 %); Uhlir (Börse, 1989) S. 10 (Überrendite = 21,5 %); Wittleder (Going Public, 1989) S. 86 ff. (Überrendite = 17,6 %).

269 Vgl. Döhrmann (Underpricing, 1990) S. 298 ff.

270 Vgl. Schmidt u.a. (Underpricing, 1988) S. 1193.

nisse für die mit der Börseneinführung erforderliche Kapitalerhöhung unter Ausschluß des Bezugsrechts der Altaktionäre leicht nachvollziehen. Eine analoge Anwendung dieser Vorschriften auf die Börseneinführung eines TU wäre dann auch mit der Schädigungsvermutung zu begründen. Möglicherweise wäre hier bereits eine Schadensersatzpflicht des Vorstandes des MU aus § 93 (2) AktG anzuerkennen, weil der Vorstand des MU an der Emissionspreisfestsetzung der Aktien des TU im Rahmen der einheitlichen Leitung maßgeblich beteiligt ist. Alternativ käme ein Anfechtungsrecht der Aktionäre des MU gegen die Kapitalerhöhung im TU aus § 255 (2) AktG in Betracht.

Wird jedoch vom realistischen Fall eines unvollkommenen Aktienmarktes ausgegangen, so kann aus den beobachteten marktbereinigten Überrenditen zwischen Emissions- und ersten Börsenpreisen des TU nicht zwangsläufig auf die Vermögensschädigung der Aktionäre des MU geschlossen werden. Die positiven Überrenditen lassen sich über vielfältige ökonomische Modellansätze erklären, ohne daß von einer Schädigung der Altaktionäre bzw. der Aktionäre des MU auszugehen ist. Abgesehen von Vorsichtsargumenten der Emissionsbanken bzw. Reputationsmotiven des Managements[271] wird das empirisch beobachtete Underpricing vor allem über eine asymmetrische Informationsverteilung zwischen Emittent und Aktienmarktteilnehmern bzw. durch heterogene Erwartungen der Investoren über den Wert der neuen Anteilspapiere begründet[272].

Dabei erscheint für die Fragen nach der Börseneinführung eines TU insbesondere der Erklärungsansatz von Rock von Interesse, der von einer asymmetrischen Informationsverteilung zwischen den verschiedenen potentiellen Anlegern auf dem Aktienmarkt ausgeht[273]. Nach Rock entspricht der vom Management festgelegte Emissionspreis dem von ihm erwarteten Gleichgewichtskurs des Aktienmarktes, so daß nicht von einem bewußten Underpricing auszugehen ist und damit auch eine Vermögensschädigung der Altaktionäre ex ante nicht beabsichtigt wird. Bei unverzerrten Managementerwartungen würden die Emissionspreise im Durchschnitt daher auch den ersten Börsennotierungen entsprechen.

---

271 Vgl. so z.B. bei der Börseneinführung der AM-Leben auch den Vorstand der AM-Beteiligungsgesellschaft: o.V. (AM-Leben-Aktie, 1991) S. 7, der das Underpricing als Investition in den Aufbau einer Vertrauensbasis zu den neuen Aktionären ansieht. Ähnlich Schmitz (Going Public, 1993) S. 844.

272 Vgl. zu den vielfältigen Erklärungsansätzen eines Underpricing: Wittleder (Going Public, 1989) S. 157 ff.; Döhrmann (Underpricing, 1990) S. 304 ff.

273 Vgl. zum folgenden: Rock (underpriced, 1986) S. 187 ff. Zur weiten Verbreitung dieses Erklärungsansatzes vgl. Brealey/Myers (Corporate Finance, 1988) S. 331 f.; Uhlir (Börse, 1989) S. 5 f.

Die asymmetrische Informationsverteilung über den Wert der neuen Aktien zwischen den potentiellen Anlegern auf dem Aktienmarkt kommt durch eine unterschiedlich ausgeprägte Informationsbeschaffung hinsichtlich des neu an der Börse eingeführten Unternehmens zustande[274]. Die "gut informierten Anleger" werden lediglich die unterbewerteten Neuemissionen (Emissionspreis < erster Börsenwert) zeichnen, wogegen "schlecht informierte Investoren" aus Diversifikationsgründen sich an sämtlichen Neuemissionen beteiligen. Diese Nachfragekonstellation kann dazu führen, daß weniger gut informierte Investoren bei den überbewerteten Aktien mit einer vollen und bei den unterbewerteten Anteilen mit einer quotalen Zuteilung rechnen können. Bei einem fehlenden systematischen Underpricing würden sie dann insgesamt eine negative Emissionsrendite erzielen, die sie dazu veranlassen wird, sich vom Markt für Neuemissionen zurückzuziehen.

Das fehlende Nachfragepotential der weniger gut informierten Anleger kann dazu führen, daß sich nicht mehr sämtliche Neuemissionen auf dem Aktienmarkt absetzen lassen. Die Unternehmen können versuchen, dieser Gefahr u.a. durch eine Senkung des Emissionspreises entgegenzutreten. Ein Gleichgewichtszustand wäre nach dem Ansatz von Rock dann erreicht, wenn die aus den Renditen der Neuemissionen gewichtet mit den jeweiligen Zuteilungsquoten ermittelten durchschnittlichen Renditen der wenig informierten Anleger der risikoadjustierten Gleichgewichtsrendite auf dem Aktienmarkt entspricht[275]. Die Überrendite, die dann ein besser informierter Investor erzielt, kann als Entgelt für dessen höhere Informationskosten angesehen werden.

Mit diesem Ansatz von Rock läßt sich folglich ein durchschnittliches Underpricing auf dem Markt für Neuemissionen und damit auch für die Börseneinführung eines TU erklären, ohne daß hierbei eine Vermögensschädigung der Aktionäre des MU zu unterstellen ist. Für die Börseneinführung eines TU könnte davon ausgegangen werden, daß die bisherigen Aktionäre des MU durch ihre Mitgliedschaft im MU bereits einen besseren Informationsstand über das Konzernmanagement und auch über das TU besitzen als die sonstigen potentiellen Anteilseigner des TU. Als "gut informierte Anleger" werden sie sich folglich nur dann an der Börseneinführung des TU beteiligen, wenn der Emissionspreis unter dem Wert der Aktien liegt, den sie ihnen durchschnittlich beimessen. Im Umfang der ihnen zugeteilten Aktien des TU erzielen sie nach dem Modell von Rock dann eine Überrendite, die hier jedoch als Prämie für ihre bisherige

274 Vgl. zu den Motiven der unterschiedlichen Informationsbeschaffung der Anleger Smith (Investment Banking, 1986) S. 21.
275 Vgl. Rock (underpriced, 1986) S. 205.

Mitgliedschaft im MU angesehen werden könnte.

Liegt demgegenüber der Emissionspreis der Aktien eines einzelnen TU über dem ertragsgerechten Wert, so würden sich die Aktionäre des MU nicht an der Börseneinführung des TU beteiligen und die Anteilspapiere würden unter den konzernfremden Aktienmarktteilnehmern verteilt. In diesem Fall würden die Aktionäre des MU jedoch ebenfalls keinen Vermögensverlust erleiden.

Mit dem allgemeinen Erklärungsansatz von Rock läßt sich zwar die Existenz eines Underpricing ökonomisch erklären, eine Differenzierung hinsichtlich der Höhe des Underpricing bei unterschiedlichen Neuemissionen ist damit aber nicht möglich. Diese kann jedoch mit dem Modell von Beatty/Ritter durch die Einbeziehung einer unternehmensspezifischen Ex-ante-Unsicherheit, die aus der Spannbreite der möglichen Gleichgewichtskurse auf dem Aktienmarkt abgeleitet wird, erklärt werden[276].

In ihrer Erweiterung des Erklärungsansatzes von Rock gehen sie zusätzlich davon aus, daß sämtliche Anleger die Ex-ante-Unsicherheit bei der Börseneinführung kennen, so daß auch die weniger gut informierten Anleger antizipieren, daß ihre negative Emissionsrendite mit zunehmender Ex-ante-Unsicherheit steigen wird. Damit dennoch auch Neuemissionen mit hoher Ex-ante-Unsicherheit am Aktienmarkt untergebracht werden können, gehen Beatty/Ritter von einem positiven Zusammenhang zwischen Ex-ante-Unsicherheit und der Höhe des Underpricing aus[277]. Die Höhe des Underpricing wäre hiernach als eine Risikoprämie zu interpretieren, die mit steigender Ex-ante-Unsicherheit zunimmt[278].

Wegen der Börsenerfahrungen des Managements des MU und der Gefahr eines Reputationsverlustes, der mit zu hohen Gewinnprognosen und hierauf gestützten Emissionspreisen der Aktien des TU für das Management des MU selbst verbunden sein kann[279], kann davon ausgegangen werden, daß die Aktienmarktteilnehmer die Ex-ante-Unsicherheit hinsichtlich der ersten Aktienkurse bei der Neuemission eines TU tendenziell geringer einschätzen als bei den

---

276 Vgl. zum folgenden Beatty/Ritter (Underpricing, 1986) S. 213 ff.

277 Vgl. zur Diskussion weiterer Erklärungsansätze: Döhrmann (Underpricing, 1990) S. 304 ff.

278 Vgl. zur empirischen Bestätigung: Ritter (Cost, 1987) S. 269 ff.; Wittleder (Going Public, 1989) S. 250 f.

279 Vgl. zur notwendigen Berücksichtigung dieses Zusammenhangs Schmitz (Going Public, 1993) S. 844.

sonstigen Börseneinführungen[280]. Das Ex-ante-Risiko kann zusätzlich noch vermindert werden, wenn die Aktienemission von TU von Banken mit hoher Reputation begleitet wird[281]. Verglichen mit dem Durchschnitt aller Neuemissionen, könnten die Neuemissionen von TU, sofern das MU und/oder das begleitende Kreditinstitut eine hohe Reputation vorweisen können, mit einem geringeren Underpricing am Aktienmarkt plaziert werden[282].

Die Hypothese, daß die Börseneinführung eines TU wegen der geringeren Ex-ante-Unsicherheit auch mit einem niedrigeren Underpricing möglich ist als die einer unabhängigen Gesellschaft, könnte dann zumindest die Notwendigkeit eines verlängerten Bezugsrechts der Aktionäre des MU in Frage stellen. Dies kann anhand der vorliegenden Börseneinführungen von TU empirisch überprüft werden.

Ausgehend vom Emissionspreis der Aktien wird die Aktienrenditeentwicklung der bisher neu an der Börse eingeführten TU über einen Zeitraum von sieben Wochen nach der ersten Börsennotierung mit der äquivalenten durchschnittlichen Aktienrendite aller Neuemissionen verglichen[283]. Entsprechend der oben dargestellten Berechnungsweise wird die durchschnittliche Überrendite (DÜR) für die elf TU wie folgt ermittelt[284]:

$$\text{DÜR} = \frac{1}{11} \sum_{i=1}^{11} \left(\prod_{t=0}^{7} [1 + R_{it} - R_{mt}] - 1 \right), \quad \text{mit:}$$

DÜR = Überrendite der Aktien während der Börseneinführung;
R_{it} = Emissions- und Aktienrendite des TU i;
R_{mt} = Rendite des F.A.Z.-Aktienindex;
t = Laufindex über die untersuchten Wochen, t = 0,...+7;
i = Laufindex über die untersuchten TU, i = 1,...11.

Insbesondere für den Zeitraum von der Zuteilung der neuen Aktien der TU bis zur ersten Börsennotierung (Emissionsrendite in t = 0) kann für die elf neu an der Börse eingeführten TU eine durchschnittliche marktadjustierte Überrendite

280 Vgl. z.B. zu den überhöhten Gewinnprognosen von einzelnen Börsenneulingen: Landgraf (Gewinnschätzungen, 1992) S. 35.

281 Vgl. hierzu Neus (Reputationseffekte, 1993) S. 205 f.

282 Vgl. ähnlich Wittleder (Going Public, 1989) S. 192 ff., der eine negative Korrelation zwischen Underpricing und Unternehmensgröße beobachtet.

283 Für die Ermittlung der Überrendite aller Neuemissionen wird im folgenden auf die vorliegenden empirischen Untersuchungen von Schmidt u.a. (Underpricing, 1988) S. 1193 ff.; Uhlir (Börse, 1989) S. 2 ff.; Wittleder (Going Public, 1989) S. 86 ff. und Döhrmann (Underpricing, 1990) S. 214 ff. zurückgegriffen.

284 Vgl. S. 287.

von 5,32 % beobachtet werden. Diesem Wert steht eine durchschnittliche marktbereinigte Überrendite in den vorliegenden deutschen Untersuchungen von 17,6 % bis 21,2 % gegenüber. Auf vergleichbar deutliche Unterschiede in den marktadjustierten Überrenditen weisen auch Schipper/Smith für US-amerikanische Börseneinführungen von TU im Vergleich zur Neuemission von sonstigen Gesellschaften hin[285].

Obwohl oben für drei TU (B.U.S., Kaufhalle und Kraftanlagen KAH) bereits ein überdurchschnittliches Underpricing für den Zeitraum der Börseneinführung festgestellt wurde[286], liegt für das hier untersuchte Sample der TU der Streuungswert der marktadjustierten Überrenditen lediglich bei 8,94 und damit deutlich unter dem von Döhrmann für alle 83 Börseneinführungen beobachteten Wert von 35,25[287]. Ein Vergleich der Variationskoeffizienten zeigt, daß die relative Streuung um den Mittelwert für die hier untersuchten TU (0,595) nahezu identisch mit dem Wert in der Untersuchung von Döhrmann (0,601) ist.

Während der folgenden Wochen nach der erstmaligen Börsennotierung (t = 1 bis t = 7) zeigen sich vergleichbare marktadjustierte Aktienrenditeentwicklungen der hier untersuchten TU und der aller Börsenneulinge. So liegt z.B. für die ersten 35 Handelstage in der Untersuchung von Döhrmann die durchschnittliche marktbereinigte Aktienrendite der 83 Neuemissionen bei ca. 1,0 %, wogegen für die untersuchten elf TU ein durchschnittlicher Renditewert von 0,8 % zu verzeichnen ist[288]. Beide Renditewerte spiegeln keine signifikanten marktadjustierten Überrenditen im Anschluß an die Börseneinführung mehr wider. Werden die beiden empirischen Teilergebnisse zusammengefaßt und gegenübergestellt, so zeigt sich insgesamt eine deutlich geringere marktadjustierte Überrendite für die Neuaktionäre eines TU, die Ergebnisse gleichen sich auch im Zeitablauf nicht mehr aus.

Die unterschiedliche Höhe des Underpricing von TU und allen Börsenneulingen scheint damit die Hypothese eines geringeren Underpricing bei der Börseneinführung eines TU zu bestätigen. Bei dieser Interpretation der Untersuchungs-

---

285 Vgl. Schipper/Smith (Equity Carve-Outs, 1986) S. 161 f., die für die 41 Börseneinführungen von TU eine unbereinigte Überrendite zwischen Emissionspreis und erstem Börsenkurs von durchschnittlich 4,9 % feststellen und damit im Vergleich zu den ansonsten vorliegenden Untersuchungsergebnissen, die ein durchschnittliches Underpricing von 11,4 % bis 26,4 % ermitteln, einen deutlich geringeren Renditewert beobachten.

286 Vgl. S. 287 ff.

287 Vgl. Döhrmann (Underpricing, 1990) S. 265; zu ähnlichen Werten vgl. Uhlir (Börse, 1989) S. 10.

288 Vgl. Döhrmann (Underpricing, 1990) S. 265 ff. Zu ähnlichen Ergebnissen vgl. Schmidt u.a. (Underpricing, 1988) S. 1199; Uhlir (Börse, 1989) S. 9.

ergebnisse ist jedoch zu berücksichtigen, daß auch bereits die zu beobachtende durchschnittliche Überrendite der an der Börse eingeführten TU von den jeweiligen MU beeinflußt werden kann. So ist nicht auszuschließen, daß die im Vergleich zu allen Börseneinführungen insgesamt geringere Überrendite der TU durch Verkäufe bzw. "Stützungskäufe" der jeweiligen MU bei den TU zu erklären ist, die ansonsten eine überdurchschnittlich hohe positive bzw. negative Emissionsrendite erzielt hätten. Ein solches Verhalten des Managements des MU ließe sich über die negativen Rückwirkungen, die mit einer hohen positiven bzw. negativen Emissionsrendite eines TU auch auf den Kurs der Aktien des MU verbunden sein können, erklären[289]. Weil derartige Maßnahmen aus den veröffentlichten Nachrichten der Mutter- und Tochterunternehmen nicht zu entnehmen sind, stehen die obigen Untersuchungsergebnisse unter dem Vorbehalt, daß eine "Kurspflege" vom MU bei der Börseneinführung der TU nicht vorgenommen wurde.

Im folgenden soll noch getestet werden, ob sich die unterschiedliche Höhe des Underpricing auch durch eine differenzierte Ex-ante-Ungewißheit der an der Neuemission beteiligten Personengruppen über die künftige Wertentwicklung des Unternehmens nach dem Modell von Beatty/Ritter erklären läßt[290].

Die Streuung der jeweiligen Aktienrenditen der TU in den ersten sieben Wochen nach der Börseneinführung kann als Ersatzgröße für die Ex-ante-Unsicherheit am Aktienmarkt über den ertragsgerechten Wert angesehen werden[291]. Sofern für die Aktien der TU verglichen mit den sonstigen Börseneinführungen eine geringere Streuung zu beobachten ist, könnte dies als Indiz für eine verminderte Ex-ante-Unsicherheit bei den Aktienmarktteilnehmern angesehen werden. Weil aus den vorliegenden empirischen Untersuchungen zur Börseneinführung auf dem deutschen Aktienmarkt die Streuungen der Aktienrenditen während der ersten Börsennotierungen nicht zu entnehmen sind, wird hier als Referenzgröße auf die Standardabweichung einer aus dem F.A.Z.-Aktienindex während der jeweiligen Einführungsphase abgeleiteten durchschnittlichen Aktienrendite zurückgegriffen. Damit ist ein unmittelbarer Vergleich mit der Renditestreuung der sonstigen Neuemissionen zwar nicht möglich, die gewählte Referenzgröße kann jedoch insofern sogar als strengerer Maßstab angesehen werden, als für die im F.A.Z.-Aktienindex enthaltenen Unternehmen nicht mehr von einer Ex-ante-Unsicherheit im Sinne von Beatty/Ritter auszugehen ist.

---

289 Vgl. S. 274.
290 Vgl. zum folgenden Beatty/Ritter (Underpricing, 1986) S. 213 ff.
291 Vgl. Schmidt u.a. (Underpricing, 1988) S. 1199 f.

Liegt die durchschnittliche Streuung der Aktienrendite der TU während der ersten sieben Wochen bei 2,29, so steht dem ein Wert für die durchschnittliche Schwankung der im F.A.Z.-Aktienindex enthaltenen Unternehmensanteile von 2,07 gegenüber. Diese Streuungsdifferenz von 10,6 % signalisiert, daß die Renditen der an der Börse eingeführten Aktien von TU während der ersten sieben Wochen durchschnittlich nur geringfügig stärker schwanken als der jeweilige F.A.Z.-Aktienindex. Sofern diese Streuungsunterschiede als zusätzliche Ex-ante-Unsicherheit interpretiert werden[292], ist diese bei den neu an der Börse eingeführten TU wohl in der Tat nicht sehr hoch und könnte das nur geringe beobachtbare Underpricing dieser Gesellschaften erklären.

Die Schädigungsvermutungen der Aktionäre des MU aufgrund eines Underpricing lassen sich daher insgesamt sowohl mit Hilfe der vorliegenden Modellaussagen als auch über die empirischen Ergebnisse relativieren. Die empirisch beobachteten positiven Überrenditen bei der Börseneinführung von TU resultieren eher aus der asymmetrischen Informationsverteilung zwischen den potentiellen Anlegern des Aktienmarktes als aus einer Schädigung der Aktionäre des MU. Werden die Aktionäre des MU hierbei als "gut informierte Anleger" angesehen, können sie bei der Börseneinführung eines zum Konzern gehörenden TU sogar eine Überrendite erzielen.

Die potentiellen Vermögensverlagerungen, die mit der Börseneinführung eines TU aber auch mit sonstigen Maßnahmen der Konzerneigenkapitalbeschaffung zu Lasten der Aktionäre des MU verbunden sein können, ließen sich jedoch gänzlich vermeiden, wenn die Aktionäre des MU ein verlängertes Bezugsrecht auf die Aktien des TU erhielten. Dann könnte jeder Aktionär des MU individuell entscheiden, ob und gegebenenfalls in welchem Umfang er sich an der Börseneinführung des TU beteiligt. Insbesondere wenn von den oben beschriebenen unterschiedlichen Risikopositionen auszugehen ist und das Management einen an der Risikoposition von konzernfremden Aktienmarktteilnehmern orientierten Emissions- bzw. Verkaufspreis festgelegt hat, könnte jeder Aktionär des MU über ein Bezugsrecht der Gefahr einer Vermögensverschiebung vorbeugen. Die Unsicherheit der Aktionäre des MU, daß derartigen Maßnahmen zur Kapital- und Vermögensverwässerung im Konzern vom Management getroffen werden, würde entfallen, ohne daß Effizienzeinbußen erkennbar werden.

Gegen diese Lösung könnten wie bereits gegen das generelle Bezugsrecht verschiedene Transaktionskostenaspekte vorgebracht werden. So wird das aktien-

292 Hierbei wäre zusätzlich erforderlich, daß ein aus den Aktien der TU gebildetes Portefeuille die gleiche Rendite-Risiko-Kombination wie der F.A.Z.-Aktienindex aufweist.

rechtliche Bezugsrecht der Aktionäre unter explizitem Rückgriff auf Kostenaspekte und auf die US-amerikanischen Verhältnisse von Kübler/Mendelson/Mundheim als nicht mehr zeitgemäß in Frage gestellt[293]. Die von ihnen vorgebrachte Kritik am Bezugsrecht der Aktionäre, daß es z.B.:

- gegenüber einer freien Marktplazierung mit höheren Transaktionskosten (Emissions- und Abwicklungskosten) verbunden ist oder
- wegen der geringeren Flexibilität (Zeitpunkt, Abwicklung) höhere Zinskosten verursacht,

könnte auch für die Frage nach der Notwendigkeit eines Bezugsrechts der Aktionäre des MU auf die Aktien des TU vorgebracht werden. Letzterem steht jedoch einerseits entgegen, daß der Entscheidung ein TU an die Börsen zu führen, meist längerfristige, von strategischen Argumenten geprägte Überlegungen zugrunde liegen[294], so daß die aus der Börseneinführung eines TU fließenden finanziellen Mittel kaum für kurzfristige Investitionen benötigt werden. Andererseits könnte gerade die Gewährung eines Bezugsrechtes die Flexibilität der Kapitalbeschaffung erhöhen, da durch die Wahl des Bezugskurses das Plazierungsrisiko nahezu ausgeschlossen werden kann.

Darüber hinaus wird die von Kübler/Mendelson/Mundheim formulierte These, daß die Gewährung eines Bezugsrechts an die Altaktionäre höhere Transaktionskosten verursacht als eine freie Marktplazierung, weder hinreichend begründet noch empirisch bestätigt[295]. So hat Smith in einer empirischen Untersuchung für den US-amerikanischen Aktienmarkt sogar nachgewiesen, daß bei Bezugsrechtsemissionen regelmäßig geringere direkte Transaktionskosten angefallen sind als dies bei einer freien Marktplazierung der Fall war[296]. Zu ähnlichen Ergebnissen für den deutschen Aktienmarkt kommt jüngst auch Brakmann, der neben den Transaktionskosten auch die mit einer Bezugsrechtsemission möglichen positiven Signalwirkungen berücksichtigt[297].

Die mit einem verlängerten Bezugsrecht für die Aktionäre des MU verbundenen Transaktionskosten ließen sich jedoch eventuell noch zusätzlich senken, wenn die Aktionäre des MU, die den Zeitpunkt der Börseneinführung aufgrund der Zustimmungsbedürftigkeit bereits kennen würden, zumindest durch eine bevorzugte Zuteilung bei der Vergabe der neuen Aktien des TU bedacht werden.

---

293 Vgl. Kübler/Mendelson/Mundheim (Kosten des Bezugsrechts, 1990) S. 461 ff.; kritisch dazu: Hirte (Entwicklung des Bezugsrechts, 1991) S. 166 ff.

294 Vgl. so auch Forster (Börseneinführung, 1991) S. 10 ff.

295 Vgl. zur Systematisierung der Transaktionskosten von Emittenten und Aktionären Brakmann (Aktenemissionen, 1993) S. 27 ff.

296 Vgl. Smith (Raising Capital, 1977) S. 277 ff.

297 Vgl. Brakmann (Aktienemissionen, 1993) S. 340 f.

Hierdurch ließen sich gegenüber dem verlängerten Bezugsrecht möglicherweise die Abwicklungskosten reduzieren, da die Aktionäre des MU nicht mehr zum Bezug der neuen Aktien des TU aufgefordert werden müßten und auch der Bezugsrechtshandel entfallen könnte.

Jeder Aktionär des MU hätte dann individuell zu entscheiden, in welchem Umfang er sich an der Neuemission beteiligt und müßte bei der Abgabe seiner Kauforder lediglich seinen Bestand an Aktien des MU angeben. Entsprechend seiner Anteilsquote am MU könnte er von einer Zuteilungsgarantie für die frei verfügbaren Aktien des TU ausgehen und damit der Gefahr einer Vermögensverschiebung vorbeugen. Im Vergleich zum verlängerten Bezugsrecht hätte er sich jedoch selbst um die fristgerechte Abgabe der Kauforder zu bemühen und könnte auch im Fall der Nichtzeichnung kein Entgelt hierfür bekommen.

c) Auswirkungen auf die Kontrollwirkungen

Galt die Vermutung der steigenden Markttransparenz durch die Börseneinführung eines TU noch weitgehend unabhängig davon, ob die aktuellen Aktionäre des MU oder Dritte die Minderheitenanteile im TU übernehmen, so können sich je nach Anteilseigner jedoch unterschiedliche Kontrollniveaus im gesamten Konzern ergeben.

Werden die an der Börse eingeführten Aktien des TU ausschließlich unter den Anteilseignern des MU entsprechend ihren Beteiligungsverhältnissen am MU aufgeteilt, so gewinnen die konzerntypischen Risiken in Form von direkten und indirekten Reichtumsverschiebungen gegenüber der Ausgangssituation keine Bedeutung. Weil jeder Aktionär des MU einen unveränderten Anteil am Konzernvermögen hält, haben konzerninterne Vermögensverlagerungen keine unmittelbaren Auswirkungen auf die Reichtumsposition der jeweiligen Aktionäre[298]. Zusätzliche Anreize für die Aktionäre des MU, die Konzernbeziehungen zwischen Mutter- und Tochterunternehmen intensiv zu kontrollieren, sind von daher kaum zu erwarten.

Darüber hinaus würde sich bei der direkten Kontrolle des Managements aus dem Blickwinkel eines Aktionärs, der nun sowohl am MU als auch am TU beteiligt ist, die Frage nach dem Beurteilungsmaßstab stellen. Wenn eine Leitungsmaßnahme des Vorstandes des TU aus dem isolierten Blickwinkel der Aktio-

298 Vgl. Hirte (Bezugsrechtsausschluß, 1986) S. 187 f.

näre des TU ineffizient, aus der konzernweiten Sichtweise der Aktionäre des MU aber durchaus effizient erscheint, ließe sich eine differenzierte Kontrolle auch nur schwer vornehmen. In diesem Fall käme aus dem Blickwinkel der Aktionäre des MU und TU nur eine Gesamtbetrachtung in Frage, die sich an den zusammengefaßten Rendite-Risiko-Positionen beider Aktien orientiert. Gewinnverschiebungen von dem Mutter- auf das Tochterunternehmen könnten aus dem Blickwinkel der Aktionäre sogar sinnvoll erscheinen, wenn z.B. für das TU am Aktienmarkt ein höheres Kurs/Gewinn-Verhältnis zu beobachten ist. Die aus den Gewinnverschiebungen für das MU resultierenden Kursverluste könnten durch entsprechende Kurssteigerungen des TU überkompensiert werden[299].

Indirekte Kontrollwirkungen können jedoch auch dann entstehen, wenn die Börseneinführung eines TU mit einem verlängerten Bezugsrecht der Aktionäre des MU erfolgt. Weil die Konzernleitung auch bei einem verlängerten Bezugsrecht der Aktionäre des MU ex ante nicht davon ausgehen kann, daß die Anteilseigner beider Unternehmen dauerhaft identisch sind, wird sie sich auch in diesem Fall einer verstärkten Aktienmarktkontrolle ausgesetzt sehen.

Sie werden diese Aktienmarktkontrolle für das Mutter- und Tochterunternehmen bei ihrem Konzernleitungsverhalten berücksichtigen müssen, wenn die Anteilspapiere des TU auch für bisher nicht am MU beteiligte Aktienmarktteilnehmer interessant werden sollen[300]. Ob die möglichen positiven Kontrollwirkungen, die mit der Börseneinführung eines TU für den gesamten Konzern verbunden sein können, daher durch die Gewährung eines verlängerten Bezugsrechts an die Aktionäre eines MU gegenüber der gegenwärtigen Rechtslage beeinträchtigt werden, kann bezweifelt werden. Sie könnten lediglich über direkte Kontrollmaßnahmen der konzernfremden Minderheitsaktionäre im TU gerechtfertigt sein.

Werden die Minderheitenanteile im Rahmen der Börseneinführung des TU an Dritte veräußert, so werden diese die ihnen entstehenden konzernspezifischen Risiken antizipieren. Lediglich wenn die konzernfremden Minderheiten ihren konzernspezifischen Risiken über verstärkte direkte Kontrollmaßnahmen zu begegnen versuchen[301], können sich gegenüber einer Beteiligung der Aktionäre des MU veränderte Kontrollaktivitäten ergeben. Sofern die Minderheiten von TU

---

299 So offenbar o.V. (Tochtergesellschaften, 1992) S. 21.

300 Vgl. Forster (Börseneinführung, 1991) S. 6 f., der darauf hinweist, daß mit der Börseneinführung eines TU gerade auch weitere, bisher nicht am Konzern beteiligte Aktionäre angesprochen werden sollen.

301 Vgl. Kirchner (Analyse des Konzernrechts, 1984) S. 249 f.

ein Fehlverhalten des gesamten Konzernmanagements aufdecken[302], verhalten sich die Aktionäre des MU hier als free-rider und erhielten die zusätzlichen Kontrollmaßnahmen im Konzern, ohne daß ihnen zusätzliche Kontrollkosten entstehen. Wird im Rahmen von direkten Kontrollmaßnahmen der konzernfremden Minderheiten ein Fehlverhalten des Managements des TU bekannt, so kann sich dies auch gegen die Interessen der Aktionäre richten, wenn z.B. Gewinnverschiebungen vom Tochter- an das Mutterunternehmen hierdurch bekannt werden.

Sofern im Rahmen der Börseneinführung die Minderheitenanteile am TU unter den sonstigen Aktienmarktteilnehmern breit gestreut werden, erscheint eine intensive direkte Kontrolle im TU durch die konzernfremden Minderheitsaktionäre aufgrund der geringen Anreize jedoch fraglich. Weil aus den ihnen für Kontrollzwecke zur Verfügung gestellten aktien- und börsenrechtlichen Rechenschaftsberichten der TU die konzerninternen Transaktionen und damit auch eventuelle Vermögensverlagerungen kaum deutlich werden und auch die Glaubwürdigkeit des Abhängigkeitsberichts gem. §§ 312 - 314 AktG faktisch nur eingeschränkt nachvollzogen werden kann, ist eine aktive Managementkontrolle mit hohen Kosten verbunden[303]. Darüber hinaus kann davon ausgegangen werden, daß das Konzernmanagement die direkten Kontrollmaßnahmen der konzernfremden Minderheiten antizipiert und z.B. auf Kosten der Jahresergebnisse sonstiger Konzernunternehmen die Renditeforderungen der konzernfremden Minderheiten trotz negativer wirtschaftlicher Entwicklung im TU erfüllt. Von daher ist zusammenfassend nicht zu erwarten, daß sich die Konzernkontrolle durch Börseneinführung eines TU mit Gewährung eines verlängerten Bezugsrechts der Aktionäre des MU negativ auswirken wird.

d) Auswirkungen auf den Innenfinanzierungsspielraum

Die Ausdehnung der aktienrechtlichen Regelungen zur Eigenkapitalveränderung auf äquivalente Finanzentscheidungen in allen Konzernunternehmen würde dazu führen, daß die Aktionäre des MU der Börseneinführung eines TU und auch sonstigen Maßnahmen der externen Zuführung von Eigenkapital in TU mit qualifizierter Mehrheit zustimmen müßten. Damit hätte der Vorstand des MU bevor er sich als Vertreter des MU an der Abstimmung im TU über dessen

302 Vgl. zum Zusammenhang zwischen Anteilseignerstruktur und Kontrollniveau Demsetz/Lehn (Corporate Ownership, 1985) S. 1158 ff.

303 Die in Art. 7 (5) des Entwurfs der 9. EG-RL vorgesehene Veröffentlichung des Abhängigkeitsberichts könnte die Kontrollintensität der Minderheitsaktionäre des TU erhöhen. Vgl. hierzu Hommelhoff (EG-Konzernrichtlinie, 1988) S. 125 ff.

Börseneinführung (analog § 182 (2) AktG) und über die Festlegung der Untergrenze des Emissionspreises (analog § 183 (3) AktG) beteiligt, über § 119 (2) AktG das Hauptversammlungsvotum seiner Aktionäre einzuholen. Soll das Bezugsrecht des MU und auch ein verlängertes Bezugsrecht der Aktionäre des MU ausgeschlossen werden (analog § 186 (3) AktG), so wäre neben der Zustimmungsbedürftigkeit auch eine sachliche Rechtfertigung vom Vorstand des MU abzugeben. Diese konzernweite Eigenkapitalveränderungskompetenz der Aktionäre des MU würde der oben beschriebenen Interpretation, daß die Börseneinführung eines TU aus der Sichtweise des Konzerns einer Maßnahme der externen Eigenkapitalfinanzierung gleichkommt, entsprechen.

Das Konzernmanagement hätte sich dann bei der Begründung für die Eigenkapitalveränderung eines TU vorwiegend an den Interessen der Aktionäre des MU auszurichten, weil es ansonsten nicht deren Zustimmung erwarten kann. Die Aktionäre des MU würden z.B. der Börseneinführung eines TU unter Ausschluß eines eigenen Bezugsrechts nur dann zustimmen, wenn der Emissionspreis unter Vernachlässigung der konzernspezifischen Risiken mindestens dem von ihnen erwarteten ertragsgerechten Wert der Aktien des TU entspricht[304].

Die vom Konzernmanagement häufig genannten Gründe für die Börseneinführung eines TU, daß der Börsenkurs des MU zu wenig Kursphantasie enthält bzw. zu hohe Kapitalkosten verursacht und die konzernweite Eigenkapitalbasis sich über TU zu günstigeren Konditionen realisieren läßt[305], wären gegenüber den Aktionären des MU zu rechtfertigen und zu begründen. Für einen verlängerten Bezugsrechtsausschluß der Aktionäre des MU wären diese Argumente aber kaum hinreichend. Auch das Argument einer verbesserten Eigenkapitalausstattung im Konzern ließe sich wohl kaum vorbringen, da diese ebenso über eine Eigenkapitalerhöhung im MU realisiert werden könnte.

Die Effizienz des Aktienmarktes als Kontrollmarkt für die Aktionäre ließe sich durch die Zustimmungsbedürftigkeit der Hauptversammlung des MU insofern verbessern, als der finanzielle Handlungsspielraum des Managements des MU hierdurch eingeschränkt wird. Diese Form der Konzernfinanzierung mit neuem, externem Eigenkapital ließe sich nicht mehr als Ausweichhandlung des Konzernmanagements auf versiegende Finanzierungsquellen im MU verwenden. So könnte das Management des MU dann z.B. einen die Unzufriedenheit der Aktionäre reflektierenden, niedrigeren Aktienkurs des MU nicht mehr ignorieren

304 Vgl. die Beispielsrechnung auf S. 258 ff.
305 Vgl. Forster (Börseneinführung, 1991) S. 6 f.; Urban (Kurspotential, 1992) S. B 8.

und weitere Investitionsprojekte durch die Börseneinführung eines besonders ertrags- und wachstumsträchtigen TU finanzieren[306]. Damit könnte die Zustimmungsbedürftigkeit der Hauptversammlung dazu beitragen, daß sich die Konzernpolitik stärker an den Zielen der Aktionäre des MU orientiert.

Wenn hiervon auszugehen ist und das MU selbst Refinanzierungsmöglichkeiten am Aktienmarkt hätte, stellt sich die Frage, warum die externe Eigenkapitalfinanzierung über TU erfolgen sollte[307]. Daß die Aktionäre des MU die Kapitalerhöhung im MU mit gleichzeitiger Weiterleitung des Emissionserlöses an das TU gegenüber der Börseneinführung eines TU generell präferieren, wird aufgrund von möglichen Signalling-Effekten bezweifelt[308]. So könnte eine Kapitalerhöhung eines TU verbunden mit dessen Börseneinführung aus dem Blickwinkel der Aktionäre des MU insofern positiv beurteilt werden, als die Konzernleitung hiermit den Aktionären signalisieren kann, in welches TU sie die zusätzlichen finanziellen Mittel investieren möchte, bzw. daß hiermit risikoreichere Projekte finanziert werden sollen[309].

Wenn z.B. davon ausgegangen wird, daß das Konzernmanagement wegen der Verminderung des eigenen Arbeitsplatzrisikos die risikoreichen Investitionen in faktisch gebundene TU vornehmen möchte, so könnte die Ankündigung der Börseneinführung eines TU ein Signal für die Aktionäre des MU hinsichtlich der Verwendung der finanziellen Mittel darstellen. Derartige Signale könnten jedoch auch durch eine Kapitalerhöhung im MU mit der Ankündigung, die Mittel im TU zu investieren, erreicht werden. Die Glaubwürdigkeit des Signals könnte hiermit sogar erhöht werden, da diese Angaben gem. § 33 BörsZulV einerseits im Zulassungsprospekt bei einer Kapitalerhöhung des MU enthalten sein müssen und andererseits sich besonders risikoreiche Investitionen leichter in 100 %-igen TU realisieren lassen, da Minderheitsinteressen hier nicht zu berücksichtigen sind.

---

306 Vgl. so Forster (Börseneinführung, 1991) S. 19 und für die Deutsche Babcock: o.V. (Tochtergesellschaften, 1992) S. 21.

307 Vgl. so auch die Vorstellungen im Siemens-Vorstand: o.V. (Siemens Nixdorf, 1991) S. 20.

308 Vgl. Nanda (Equity Carve-Outs, 1991) S. 1720 ff.

309 Vgl. Nanda (Equity Carve-Outs, 1991) S. 1722 ff. In der Bundesrepublik Deutschland ist der vorgesehene Verwendungszweck für die aus der Börseneinführung zufließenden finanziellen Mittel nach § 15 BörsZulVO bereits im Zulassungprospekt anzugeben.

Siebentes Kapitel

Zusammenfassung und rechtspolitische Schlußfolgerungen

I. Zusammenfassung der Ergebnisse

Ausgangspunkt der vorliegenden Untersuchung war die unter Rechtswissenschaftlern zur Zeit intensiv geführte Diskussion über die Notwendigkeit und Ausgestaltung einer stärker an den Aktionärsinteressen orientierten Reform der Konzernverfassung. Die praktische Relevanz dieser Diskussion kann daran verdeutlicht werden, daß von den insgesamt 362 deutschen börsennotierten Industrie-, Verkehrs- und Handelsgesellschaften 78 Gesellschaften als wirtschaftlich unabhängige MU (= 21,6 %) und 256 Gesellschaften als TU entweder in- oder ausländischer MU (= 70,7 %) geführt werden. Damit sind insgesamt 92,3 % dieser börsennotierten Gesellschaften in Konzernen eingebunden. Lediglich noch 28 Unternehmen (= 7,7 %) sind als wirtschaftlich und rechtlich selbständige Einzelgesellschaften organisiert (S. 120 f.).

Vor diesem Hintergrund wird mit Hilfe ökonomischer Überlegungen eine kritische Überprüfung vorgenommen, inwiefern die bestehenden gesetzlichen Regulierungen zum Anlegerschutz im Konzern einer Modifizierung bedürfen. Im Mittelpunkt stehen hierbei die Fragen nach der Notwendigkeit weiterer Maßnahmen zum Anlegerschutz für die Aktionäre eines börsennotierten MU.

Bevor auf die rechtspolitischen Schlußfolgerungen der Untersuchung eingegangen wird, sollen die Ergebnisse thesenartig zusammengefaßt werden:

Die 100-jährige deutsche Konzernrechtsgeschichte läßt sich nach der Stellung, die dem Aktionär im Rahmen der Unternehmungsverfassung zukommen soll, in vier Entwicklungsphasen unterteilen. Die Schwerpunkte des ersten (1870 bis 1929) und vierten (1966 bis 1989) Entwicklungsabschnitts (S. 21 ff., S. 37 ff.) liegen in der Ausgangsforderung, ein stärker an den Interessen der Aktionäre des MU orientiertes Konzernrecht zu schaffen. Offene Rechtsfragen bei den Unternehmenszusammenschlüssen sollten durch eine "Konzernverfassung von oben" beantwortet werden, bei der die Sicherung der Vermögensrechte der Aktionäre des MU durch eine Ausweitung ihrer Herrschaftsrechte angestrebt wird. In der zweiten (1930 bis 1936) und dritten (1937 bis 1965) Entwicklungsphase (S. 26 ff., S. 31 ff.) wird demgegenüber die Dominanz des Aktionärsschutzes bezweifelt. Hier rückt die Schutzbedürftigkeit des "Unternehmens an sich" in den Vordergrund und damit die Forderung nach einer von den Aktionärsinteressen unabhängigeren Unternehmensleitung. Durch eine "Konzernverfassung von unten" soll vor allem die Existenzfähigkeit des TU gewährleistet werden.

Diese Entwicklung des Konzernrechts hat dazu geführt, daß der Konzern de lege lata je nach Rechtsgebiet entweder als fiktives Einheitsunternehmen oder als rechtliche Vielfalt angesehen wird. So bleibt hinsichtlich der Verfügungsrechte der Aktionäre des MU die rechtliche Selbständigkeit der Konzernunternehmen weitgehend bestehen, womit ihre Herrschaftsrechte in den TU meist nicht greifen. Treten Interessenkonflikte zwischen den Aktionären und dem Management des MU auf, so können die Vermögensrechte der Aktionäre des MU durch eine Konzernbildung beeinträchtigt werden (S. 70 ff.).

Diese Ausgangslage macht die Forderungen nach der Entwicklung eines geschlossenen Systems konzernrechtlicher Normen verständlich, die unter den Rechtswissenschaftlern in den letzten Jahren intensiv diskutiert wird. Hierbei haben sich zwei entgegengesetzte Meinungsbilder herauskristallisiert (S. 82 f.):

- Auf der einen Seite wird den zusätzlichen Konfliktpotentialen im MU keine große praktische Bedeutung beigemessen, so daß die Notwendigkeit einer Reform der Konzernverfassung nicht gesehen wird. Die Sorgfaltspflicht des Vorstandes eines MU garantiere hiernach einen "gerechten" Ausgleich der unterschiedlichen Interessen der Konzernbeteiligten.
- Auf der anderen Seite wird von einer aus den Verfügungsrechtsänderungen resultierenden Möglichkeit der Verletzung der Vermögensinteressen der Aktionäre des MU ausgegangen. Durch verschiedene Einzelregelungen wird versucht, den Individualschutz der Anteilseigner des MU - i.d.R. über Analogieschlüsse aus der Unternehmungsverfassung der unverbundenen Aktiengesellschaft - zu verbessern.

Die vielfältigen, bisher nur isoliert vorgebrachten Vorschläge für eine Vereinheitlichung der rechtlichen Sichtweise zum Aktionärsschutz im MU, können danach differenziert werden, ob einzelne Herrschaftsrechte der Aktionäre des MU auch auf äquivalente Entscheidungen im TU ausgedehnt werden sollen (S. 85 ff.) oder ob nicht bereits durch veränderte bzw. zusätzliche Informationsinstrumente eine hinreichende Intensivierung des Aktionärsschutzes im MU erreicht werden kann (S. 110 ff.).

Anhand der Gegenüberstellung der Unternehmensdaten von 18 MU und 18 unverbundenen Gesellschaften für die Geschäftsjahre 1988 bis 1990 wird zunächst die empirische Relevanz der verschiedenen Reformvorschläge für eine

Änderung der Aktionärskompetenz im MU anhand einer Status-quo-Betrachtung überprüft. Hieraus lassen sich folgende Aussagen über das Leitungsverhalten des Konzernmanagements im MU ableiten:

- Die geforderte Beteiligung der Hauptversammlung des MU beim Erwerb bzw. bei der Ausgründung von TU ist bisher kaum zu beobachten. Derartige Entscheidungen werden in den untersuchten Gesellschaften ausschließlich vom Vorstand des MU - gegebenenfalls unter Mitwirkung des Aufsichtsrates - getroffen (S. 127 f.).
- In gleicher Weise wird der Forderung, den Aktionären des MU ein Verfügungsrecht über die in TU erwirtschafteten Gewinne zuzugestehen, von den untersuchten Konzernen regelmäßig nicht entsprochen. In ca. 50 % der betrachteten MU betreibt das Konzernmanagement eine extensive Rücklagenpolitik in den TU, die für den Konzern als Ganzes teilweise weit über den in § 58 (2) AktG genannten Schwellenwert von 50 % hinausgeht (S. 128 ff.).
- Die praktische Relevanz der Reformvorschläge zur konzernweiten Eigenkapitalveränderungskompetenz der Aktionäre des MU zeigt sich daran, daß in den letzten Jahren einige MU über die Börseneinführung von TU dem Konzern zusätzliches Eigenkapital beschaffen, ohne daß die Aktionäre des MU an der Eigenkapitalveränderung beteiligt werden. Dabei erreicht die Eigenkapitalzufuhr über TU in einigen Fällen bis zu 20 % des vorherigen Konzerneigenkapitals (S. 137 ff.).

Die empirische Relevanz der Reformvorschläge für eine Verbesserung der Informationsversorgung der Aktionäre eines MU wird mit Hilfe einer Kapitalmarktstudie überprüft. Unter den restriktiven Prämissen eines derartigen Untersuchungsdesigns und dem Vorbehalt der nur eingeschränkten statistischen Signifikanz lassen sich die folgenden Aussagen über die Informationsversorgung der Anteilseigner von MU mit Unternehmensdaten ableiten:

- Die Relevanz von Rechnungslegungsdaten für die Erwartungsbildung der Aktionäre zeigt sich anhand der um allgemeine Markteinflüsse bereinigten Aktienpreisänderungen während des Veröffentlichungszeitraumes der Jahresabschlüsse. Vergleicht man die Aktienrenditewirkungen auf Jahresabschlußzahlen von Einzelunternehmen mit denen der Konzernabschlüsse von MU, so sind weder signifikante Unterschiede in der Länge des Anpassungsprozesses noch in der absoluten Höhe der Renditeänderungen festzustellen. Eine Aktienpreisbildungsrelevanz der Einzelabschlußzahlen eines MU ist hier - anders als in den sonstigen deutschen Kapitalmarktstudien - kaum noch festzustellen. Als erste Tendenzaussagen lassen die Ergebnisse vermuten, daß sich die Aktionäre von MU durch die zusätzlich publizierten Konzernabschlußdaten ähnlich gut über ihre Beteiligungsarrangements informiert sehen wie die Aktionäre von Einzelunternehmen (S. 156 ff.).

- Die empirische Analyse der Jahresabschlußdaten zeigt weiterhin, daß die Schaffung einer Eigenkapital-Pyramide im Konzern und die damit mögliche Risikoverlagerung zwischen den Aktionären des MU und den Konzerngläubigern sich nicht beobachten läßt. Vielmehr bestätigt sich, daß die Konzerngläubiger - wie auch in § 19 Abs. 2 Nr. 1 KWG für Kreditinstitute gefordert - bereits alle zum Konzern gehörenden Gesellschaften als ein einheitliches Unternehmen betrachten. So ermittelt sich z.B. für MU anhand der Konzernabschlußdaten - anders als in der Literatur vermutet - ein Verschuldungsgrad, der mit dem von konzernfreien Einzelgesellschaften nahezu identisch ist (S. 162 ff.). Ähnliche Werte sind auch bei den Fremdkapitalkosten der beiden Untersuchungssamples festzustellen (S. 167 f.).

Auch wenn die empirischen Ergebnisse die rechtstatsächliche Relevanz der Forderungen nach einer konzernweiten Gewinnverwendungskompetenz bzw. Eigenkapitalveränderungskompetenz der Anteilseigner des MU aufzeigen, lassen sich hierüber - unter Berücksichtigung der bereits vorhandenen konzernweiten Rechenschaftsinstrumente - gesetzliche Regulierungen zum Aktionärsschutz im MU nicht rechtfertigen. Die Suche nach Begründungsansätzen für eine Modifizierung der Konzernverfassung beginnt in der juristischen Literatur. Diese sich überwiegend auf potentielle Vermögensschädigungen der Aktionäre des MU konzentrierenden Begründungsansätze für eine Reform der Konzernverfassung sind aus ökonomischer Sicht kaum ausreichend (S. 172 ff.). Wenn die Lösung nicht darin gesehen werden soll, die Unternehmungsverfassung einer unverbundenen Aktiengesellschaft aus rein rechtsdogmatischen Erwägungen auf den Konzern zu übertragen, sollte im Rahmen einer ökonomischen Analyse untersucht werden, welche wirtschaftlichen Konsequenzen aus einem Übergang von der aktuellen auf die angestrebte Konzernverfassung hinsichtlich der Planungs-, Entscheidungs- und Kontrollabläufe im MU zu erwarten sind. Wird die Effizienz der bestehenden Kompetenzaufteilung im Konzern angezweifelt, so müßten die zusätzlichen Konzernregulierungen diese Beeinträchtigungen verringern, ohne gleichzeitig neues Konfliktpotential und damit Unsicherheiten in der Planbarkeit der Mitgliedschaft in einem MU für die Aktionäre zu erzeugen (S. 182 ff.). Für eine diesbezügliche Überprüfung kann auf verschiedene ökonomische Theorieansätze zurückgegriffen werden (S. 184 ff.).

Die Idee der Wohlfahrtsökonomik, gesetzliche Regulierungen anhand ihrer Auswirkungen auf die gesamtwirtschaftliche Nutzenmaximierung zu überprüfen, erscheint für die Beurteilung von Konzernrechtsänderungen wenig ergiebig, weil die hier u.a. angenommenen homogenen Erwartungen zwischen den Aktionären und dem Management eines MU gerade nicht gegeben sind (S. 186 f.).

Die institutionellen mikroökonomischen Theorieansätze können die juristischen Begründungsansätze erweitern, da sie potentielle Interessenkonflikte und asymmetrische Informationsverteilung zwischen dem Management und den Aktionären einbeziehen und institutionelle Vorkehrungen zu deren Abbau bedenken:

- So weisen die Verfügungsrechtsansätze explizit darauf hin, daß für Publikumsgesellschaften die Einbeziehung der Kontrollwirkungen des Aktienmarktes, des Marktes für Unternehmenskontrolle und des Managerarbeitsmarktes notwendig ist, um Regulierungen zur Änderung des Kompetenzgefüges zu rechtfertigen. Für deutsche börsennotierte MU erscheint insbesondere der Aktienmarkt als Kontrollinstitution für die Aktionäre relevant (S. 189 ff.).
- Ebenso können die Agency-theoretischen-Ansätze, die die aus der asymmetrischen Informationsverteilung zwischen Management und Aktionären resultierenden Problemfelder der adverse selection (vor Aktienerwerb) und der im Konzern besonders relevanten moral-hazard-Problematik (nach Aktienerwerb) herausgearbeitet haben, die juristischen Argumentationen ergänzen. Institutionen werden hier auf ihre Eignung zur Lösung dieser Probleme analysiert (S. 199 ff.).

Gemeinsam ist den institutionellen mikroökonomischen Ansätzen, daß zur Beurteilung alternativer institutioneller Arrangements meist auf Gleichgewichtsmodelle zurückgegriffen wird. Als Diskriminierungsvariable dienen entweder die Höhe der Transaktionskosten (Verfügungsrechtsansätze) oder die individuellen Nutzengrößen von Principal und Agent bzw. die Agency-Kosten (Agency-Ansätze).

Die Verwendung des Beurteilungsmaßstabs "Höhe der Transaktionskosten" erscheint wegen der bisher noch fehlenden eindeutigen Operationalisierung und der damit kaum noch möglichen eindeutigen Rangordnungsaussagen über die Vorziehenswürdigkeit einzelner gesetzlicher Regelungen wenig sinnvoll. Die gleiche Kritik trifft die positivistischen Agency-Ansätze, die über die Höhe der Agency-Kosten zu Aussagen über die Ausgestaltung der Unternehmungsverfassung gelangen wollen. Diese Theorieansätze scheinen für eine auf Politikberatung ausgerichtete Analyse aber auch deswegen nur eingeschränkt geeignet, weil sie auf komparativ statischen Gleichgewichtsmodellen aufbauen. Für die Beantwortung der komplexen Frage, wie sich z.B. alternative institutionelle Regelungen in der Konzernverfassung auf die Funktionsfähigkeit des Aktienmarktes als Kontrollmarkt auswirken, ist die Gegenüberstellung der Ergebnisse gedanklicher Gleichgewichtssituationen kaum hinreichend, weil Anpassungsprozesse und die damit verbundenen Effekte nicht beachtet werden können (S. 205 ff.).

Von den institutionellen mikroökonomischen Ansätzen wird jedoch der Hinweis, Wirkungsanalysen einer modifizierten Konzernverfassung auf Aktienmärkte als Kontrollmärkte vorzunehmen, weiter verfolgt. Sie stehen in der folgenden Untersuchung im Vordergrund. Hierzu müssen die erwarteten Aktienmarktaufgaben aufgezählt und zusätzlich die alternativen Verteilungsregeln von Verfügungsrechten im Konzern in Bezug auf die jeweilige Funktionserfüllung gegeneinander abgewogen werden. Zu fragen ist dann z.B., welche Konzernverfassung die Funktionsfähigkeit der Aktienmärkte im Vergleich zu den bestehenden Regelungen insgesamt verbessert und damit zu einer effizienteren Managementkontrolle im MU beitragen würde.

Die möglichen Auswirkungen der vorgeschlagenen Reformen zur Konzernverfassung auf den Aktienmarkt als Kontrollmarkt werden mit Hilfe prozeßorientierter Ansätze untersucht (S. 207 ff.). Sie vermeiden explizit den Rückgriff auf Gleichgewichtsmodelle, können sich dafür aber "lediglich" auf Muster-Voraussagen über die Aktienmarktprozesse beschränken, die sich mit der Kodifizierung der Reformvorschläge gegenüber den bisherigen Aktienmarktprozessen ergeben können. Damit sind Anhaltspunkte darüber zu gewinnen, wie sich die veränderten "Spielregeln" hinsichtlich der Verfügungsrechte auf den Aktienmarktprozeß auswirken, so daß hiermit die vorliegenden juristischen Argumentationsketten ergänzt werden können.

Weil für jedes Element der rechtlichen Vielfalt im Unternehmensverbund, das durch die Reformbestrebungen aufgegeben werden soll, eine verknüpfte Prüfung vorzunehmen wäre, wird eine Eingrenzung der Untersuchung vorgenommen. Hier werden nur die Reformvorschläge weiter analysiert, die sich mit der Forderung nach einer konzernweiten Gewinnverwendungs- und Eigenkapitalveränderungskompetenz der Aktionäre des MU auseinandersetzen. Sofern ihre Kodifizierung gegenüber dem geltenden Konzernrecht zu einer Steigerung der Kontrolleffizienz des Aktienmarktes führen würde, könnte die Notwendigkeit der sonstigen dargestellten Schutzinstrumente angezweifelt werden, da die Vermögensrechte der Aktionäre des MU bereits konzernweit abgesichert wären. Dies würde insbesondere hinsichtlich der geforderten Zustimmungsbedürftigkeit der Hauptversammlung des MU bei der Konzernbildung, -erweiterung und -auflösung gelten. Darüber hinaus erscheint die hier vorgenommene Auswahl aber auch wegen der aufgezeigten empirischen Relevanz sinnvoll (S. 212 ff.).

Die Untersuchung über die Auswirkungen derartiger Änderungen in der Verfügungsrechtsstruktur eines MU auf den Aktienmarkt als Kontrollmarkt beginnt mit der Prüfung, wie sich die Konzernierung einer börsennotierten Gesellschaft bei der bestehenden Konzernverfassung auf den Aktienmarktprozeß niederschlagen kann (S. 219 ff.). Die Disziplinierungswirkung des Aktienmarktes gegen ein opportunistisches Managementverhalten setzt u.a. voraus, daß sich die Effizienz der Managementtätigkeit im Aktienkurs widerspiegelt und Ausweichhandlungen des Managements durch Ausweitung der Innenfinanzierung beschränkt sind. Weil durch eine Konzernbildung sowohl die Informationseffizienz des Aktienmarktes beeinträchtigt als auch der Innenfinanzierungsspielraum erhöht werden kann, sind Einbußen in der Managementkontrolle möglich. Von daher stehen die Fragen, wie sich die konzernweiten Verfügungsrechte der Aktionäre des MU auf die Informationseffizienz des Aktienmarktes und auf die Innenfinanzierungsmöglichkeiten im Konzern auswirken, in der weiteren Untersuchung im Vordergrund. Die Ergebnisse dieser Analyse werden zusammen mit den rechtspolitischen Schlußfolgerungen diskutiert.

II. Rechtspolitische Schlußfolgerungen zur konzernweiten Gewinnverwendungskompetenz der Aktionäre des Mutterunternehmens

Die Ausdehnung des Gewinnverwendungsrechts der Aktionäre des MU auf sämtliche im Konzern erwirtschafteten Gewinne wird in der Literatur über unterschiedliche Institutionen angestrebt.

- Das durch Rechtsauslegung von Lutter entwickelte Anrechnungsmodell modifiziert bei unveränderter Gewinnermittlung die Gewinnverwendungskompetenz des Vorstandes des MU gem. § 58 AktG. Es liefert dem Management jedoch weiterhin vielfältige Ausweichhandlungen, um die angestrebte Gewinnverwendungskompetenz der Aktionäre des MU zu beschneiden (S. 97 ff.).
- Eine konzernweite Gewinnermittlung zum Zwecke der Gewinnverwendung gem. § 58 AktG würde diese Ausweichhandlungen vermeiden. Hierzu könnte der Konzernabschluß als Ausschüttungsbemessungsgrundlage herangezogen werden. Alternativ könnte aber auch eine zur Ein-Zeilen-Konsolidierung ausgestaltete Equity-Bewertung für alle Beteiligungen an TU im Einzelabschluß des MU erwogen werden (S. 101 ff.). In diesem Fall könnte der Konzernabschluß weiterhin zur Vermittlung sonstiger Informationen genutzt werden.

Die mit der konzernweiten Gewinnermittlung zum Zwecke der Gewinnverwendung aus dem Blickwinkel der Aktienmarktteilnehmer verbundenen Konsequenzen lassen sich unter der Prämisse, daß steuerliche Konsequenzen durch entsprechende Änderungen im Bilanzsteuerrecht und im dritten Buch des HGB vermieden werden, wie folgt zusammenfassen:

- Obwohl durch die Verwendung des Konzernabschlusses als Ausschüttungsbemessungsgrundlage bzw. die Equity-Bewertung im Einzelabschluß für die Aktionäre des MU keine planbaren Dividendensteigerungen für das MU zu erwarten sind, würde der Innenfinanzierungsspielraum des Konzernmanagements eingeschränkt. Insofern gewänne der Aktienmarkt als Refinanzierungsquelle auch für MU vermutlich an Bedeutung. Das Management sähe sich damit wohl zu einer stärkeren Beachtung der Aktionärsinteressen genötigt (S. 235 ff.).
- Die mit der Konzernbildung bisher verbundenen Vermögensverlagerungs- und Zwischengewinnrisiken verlören für die Risikoteilung zwischen den Eigen- und Fremdkapitalgebern des Konzerns an Bedeutung. Insofern könnte die veränderte Gewinnermittlung zum Zwecke der Gewinnverwendung zur Risikoreduzierung einer Aktienanlage im MU beitragen. Die Risikoposition der Aktionäre würde annähernd der in einem unverbundenen Unternehmen vergleichbar (S. 243 ff.).
- Durch die Bindung der Dividendenhöhe an das konsolidierte Ergebnis steigt die Relevanz des Konzernabschlusses als Rechenschaftsinstrument. Planungsirrtümer bei den Aktienmarktteilnehmern, die hierfür bisher überwiegend auf den Einzelabschluß zurückgegriffen haben, könnten eingeschränkt bzw. vermieden werden. Gleichzeitig ließen sich Informationskosten durch die nur noch eingeschränkt notwendige Auswertung des Einzelabschlusses reduzieren (S. 248 ff.).
- Ein Begründungsversuch der Reformbestrebungen zur Gewinnermittlung zum Zwecke der Gewinnverwendung im MU über Dividenden-Signalling-Ansätze erscheint wenig fruchtbar (S. 249 ff.).
- Eine konzernweite Gewinnermittlung zum Zwecke der Gewinnverwendung kann eventuell häufiger Dividendenänderungen in einem MU erforderlich machen. Wird von einer Relevanz der Dividendenhöhe für den Aktienkurs ausgegangen, würden die Aktienmarktteilnehmer hierdurch aufgefordert, öfter eine Neubewertung der Aktien vorzunehmen. Die Kapitallenkungsfunktion des Aktienkurses könnte hierdurch positiv beeinflußt werden (S. 255 ff.).

Insgesamt läßt eine diesbezügliche Ausweitung der Aktionärsrechte die Aktienanlage im MU im Vergleich zu den alternativen Kapitalmarkttiteln weniger risikoreich erscheinen, so daß eine zunehmende Nachfrage und damit eine steigende Bedeutung des Aktienmarktes zu erwarten ist. Die zunehmende Marktbreite kann sich wiederum positiv über eine Objektivierung der Aktienkurse auf die Kontrolleffizienz des Aktienmarktes auswirken.

Die bisher meist vom Management formulierte Kritik gegen die Verwendung des Konzernabschlusses bzw. eines unter Anwendung der Equity-Bewertung ermittelten Einzelabschlußergebnisses als Ausschüttungsbemessungsgrundlage überzeugt wenig[1]; es sei denn, die Konzernbildung wäre bisher weniger aus Effizienz- als vielmehr aus Verteilungsgründen zwischen den Konzernbeteiligten vorgenommen worden. Solange nicht aufgezeigt wird, welche mit der Konzernbildung verbundenen Effizienzvorteile durch die modifizierte Gewinnermittlung und Gewinnverwendung verloren gehen, sollte diesen Einwänden eine Absage erteilt werden.

So überzeugt das von Piltz gegen eine Verwendung des Konzernabschlusses für Ausschüttungszwecke vorgebrachte Argument[2], daß die vielfältigen Bewertungs- und Konsolidierungswahlrechte im Konzernabschluß vom Management bisher überwiegend im Sinne des true and fair view ausgeübt werden, um die Aktienmarktteilnehmer über die ertragsgerechte wirtschaftliche Entwicklung des MU zu informieren, ohne daß hiervon gleichzeitig Dividendenzahlungen abhängig sind, wenig. Es ließe sich durch eine Anwendung der Equity-Bewertung auf alle TU im Einzelabschluß des MU bereits entkräften, da der Konzernabschluß vom Management dann auch weiterhin als reines Informationssystem genutzt werden könnte. Darüber hinaus werden die vielfältigen Konsolidierungswahlrechte und die Möglichkeiten der erfolgsneutralen Verrechnung von Unterschiedsbeträgen aus der Kapitalkonsolidierung bzw. der Währungsumrechnung auch gerade vor dem Hintergrund einer Änderung der Gewinnverwendungskompetenz im MU diskutiert[3].

In gleicher Weise erscheint auch der Einwand von Beusch, daß in anderen Ländern (z.B. USA, Japan) die Manager befugt seien, über den gesamten Jahresüberschuß zu verfügen, wenig hilfreich[4]. Wie im fünften Kapitel verdeutlicht, lassen sich Rechtsregeln nur im Zusammenspiel mit dem bestehenden Ordnungsrahmen beurteilen. Die isolierte Übertragung einer als effizient angenommenen Regulierung aus einem anderen Land erscheint unter Vernachlässigung der sonstigen dort geltenden Rechtssysteme und -regeln äußerst bedenklich.

---

1 Vgl. den Überblick bei Faß (Konzernierung, 1991) S. 95 f.
2 Vgl. Piltz (Gewinnverwendungspolitik, 1988) S. 650 f.; Piltz (Erfahrungen, 1989) S. 233 ff.
3 Vgl. Ordelheide (Konzernerfolgskonzeptionen, 1987) S. 986; Busse von Colbe (Gewinnverwendung, 1987) S. 72 ff.
4 Vgl. Beusch (Rücklagenbildung, 1987) S. 37 f.

Dies gilt insbesondere für den von Beusch vorgenommenen Vergleich mit den USA, wo die Aktionäre regelmäßig bereits über konzernweite Eingriffs- und Klagerechte verfügen.

Auch wenn die Ergebnisse der vorliegenden Untersuchung insgesamt mehr für die angestrebte Änderung der Gewinnermittlung zum Zwecke der Gewinnverwendung im MU sprechen, lassen sich eindeutige Handlungsempfehlungen an den Gesetzgeber hieraus zur Zeit noch nicht ableiten. Vor einer Reform der Gewinnermittlung im MU wäre u.a. noch zu untersuchen, welche sonstigen Konsequenzen mit dem Übergang gegenüber dem bisherigen Konzernrecht verbunden sein können.

- So wären z.B. die mit der angestrebten Reform gegenüber den bisherigen Regelungen verbundenen Auswirkungen auf den Markt für Unternehmenskontrolle zu analysieren.
- Ebenso müßten die hier nur ansatzweise diskutierten Auswirkungen derartiger Änderungen bei der Gewinnverwendungskompetenz auf die Risikoposition der Konzerngläubiger noch detaillierter untersucht werden[5].
- Auch die Rückwirkungen, die mit einer Ausdehnung der Gewinnverwendungskompetenz der Aktionäre des MU auf das Managementverhalten verbunden sein können, sind bisher noch offen.
- Besondere Probleme könnten sich bei einer derartigen Reform der Gewinnverwendungskompetenz hinsichtlich der von deutschen MU in ausländischen TU erwirtschafteten Gewinne ergeben. Liegt zwischen dem Sitzland des TU und der Bundesrepublik Deutschland ein entsprechendes Doppelbesteuerungsabkommen vor, können diese Gewinne nach Abzug der ausländischen Steuern von dem die Beteiligung haltenden Konzernunternehmen steuerfrei in EK_{01} vereinnahmt und nach dem Standortsicherungsgesetz[6] innerhalb eines Konzerns auch steuerfrei weitergeleitet werden. Sollen diese im EK_{01} befindlichen Gewinne jedoch über das MU an unbeschränkt steuerpflichtige und steuerehrliche deutsche Aktionäre ausgeschüttet werden, müssen diese die Ausschüttungen als Einkommen aus Kapitalvermögen erneut versteuern[7]. Bei der Anwendung der Residualtheorie, nach der Gewinne an die Anteilseigner auszuschütten sind, wenn unter Berücksichtigung der Transaktionskosten der Gewinnausschüttung die Innenrendite unter der Außenren-

5 Vgl. hierzu bezogen auf ein unverbundenes Unternehmen: Pfaff (Gewinnverwendungsregelungen, 1989) S. 168 ff.

6 Vgl. zu den steuerrechtlichen Änderungen durch das Standortsicherungsgesetz: Schneider (Hochsteuerland, 1994) S. 1 ff.

7 Steuerunehrliche Aktionäre können nach dem Standortsicherungsgesetz diese Doppelbesteuerung auf Ausschüttungen aus ausländischen TU über das MU vermeiden, indem sie die Beträge bei ihrer Einkommensteuererklärung verschweigen. Vgl. Ketterer/Pumbo (Ausschüttungseffekte, 1993) S. 290 f.

dite liegt, auf die konzernweit ermittelten Gewinne eines MU ist nach der Herkunft der für Ausschüttungszwecke verfügbaren Beträge zu differenzieren. Der durch die fehlende Anrechnung der vom TU im Ausland gezahlten Steuern auf die inländische Einkommensteuer der Aktionäre des MU entstehende Kapitalmarktsteuerkeil wird wohl dazu führen, daß auch weiterhin ein "faktische(r) Thesaurierungszwang für die ausländischen Einkünfte"[8] eines MU bestehen bleibt. Obwohl dieser Kapitalmarktsteuerkeil, der durch die Doppelbesteuerung von in ausländischen TU erzielten und über das MU an die Aktionäre weitergeleiteten Gewinne entsteht, intensiv diskutiert wird und auch bereits unterschiedliche Reformvorschläge zu seiner Beseitigung vorliegen[9], ist die Umsetzung einer vollen Anrechnung der vom TU im Ausland gezahlten Ertragsteuern bei der Einkommensteuerveranlagung der Aktionäre des MU wenig realistisch[10]. Sie könnte dazu führen, daß der deutsche Fiskus an die Aktionäre des MU Steuern zu erstatten hätte, die von ausländischen Staaten vereinnahmt wurden. Soll die internationale Konzernbildung nicht steuerlich gefördert werden, müßten auch deutsche Aktionäre, die sich z.B. durch Aktienerwerb direkt an einer ausländischen Gesellschaft beteiligen, die bei einer Gewinnausschüttung dieses Unternehmens im Ausland gezahlten Steuern auf ihre in Deutschland zu entrichtende Einkommensteuer anrechnen lassen können.

- In diesem Zusammenhang könnte - wie z.B. in der Schweiz in Form der CoTO (**C**ash **o**der **T**itel **O**ption) - erwogen werden, daß der einzelne Aktionär selbst zwischen einer Dividendenauszahlung oder einem entsprechenden handelbaren Titel wählen kann[11]. Die hiermit verbundenen Probleme der Ausgestaltung und insbesondere die steuerliche Frage, ob die CoTO das zu versteuernde Einkommen erhöhen, wären jedoch ebenfalls noch zu klären.

Sofern auch die Untersuchung dieser noch offenen Fragen dazu führt, daß eine Gesetzesreform ökonomisch begründbar ist und auch keine sonstigen Argumente hiergegen vorgebracht werden könnten, wären für die praktische Umsetzung noch weitere Detailfragen zu beantworten.

Wenn die in den handelsrechtlichen Grundsätzen ordnungsmäßiger Buchführung für den Einzelabschluß manifestierten Anforderungen an ein für Dividen-

---

8 Jacobs (Unternehmensbesteuerung, 1991) S. 363.

9 Vgl. die Darstellung bei: Haase/Roßmayer (Auslandseinkünfte, 1991) S. 1126 ff.; Pumbo (Steuerbelastung ausländischer Einkünfte, 1992) S. 1993 ff.; Schneider (Hochsteuerland, 1994) S. 11.

10 Vgl. hierzu: Pumbo (Steuerbelastung ausländischer Einkünfte, 1992) S.1999. Kritisch zu diesen Vorschlägen: Schneider (Hochsteuerland, 1994) S.11.

11 Vgl. so für die Schweiz: Herzog (Bezugsrecht, 1990) S. 374 ff. Zur Idee vgl. bereits Schneider (Investition, 1992) S. 657.

denzahlungen verwendbares Ergebnis unverändert gelten sollen, wären die Konsolidierungsmethoden gem. §§ 290 ff. HGB bzw. die Equity-Bewertungsgrundsätze gem. § 312 HGB teilweise zu modifizieren. So wären insbesondere die

- Abgrenzung des Konsolidierungskreises (§§ 290 bis 296 HGB);
- Ausgestaltung der Währungsumrechnung ausländischer Jahresabschlüsse;
- Möglichkeit der erfolgsneutralen Verrechnung des Unterschiedsbetrages aus der Kapitalkonsolidierung gem. § 309 (1) HGB und die
- unterschiedliche Behandlung der latenten Steuern im Einzel- und Konzernabschluß

vor dem Hintergrund einer Ausschüttungsbemessungsfunktion des Konzernergebnisses zu überdenken bzw. auch zu modifizieren[12].

12 Vgl. hierzu Busse von Colbe (Gewinnverwendung, 1987) S. 72 ff.; Kretschik (Gewinnverwendung, 1991) S. 47 ff.

III. Rechtspolitische Schlußfolgerungen zur konzernweiten Eigenkapitalveränderungskompetenz der Aktionäre des Mutterunternehmens

Die Eigenkapitalveränderungskompetenz der Aktionäre des MU auf sämtliche im Konzern vorgenommenen externen Eigenkapitaländerungen wird über unterschiedliche Institutionen angestrebt.

- Ausgehend von dem Gedanken der wirtschaftlichen Einheit sollen die Herrschaftsrechte der Aktionäre des MU aus den §§ 182 - 240 AktG auf äquivalente Finanzentscheidungen im TU übertragen werden, sobald hierdurch die individuellen konzernweiten Anteilsquoten der Aktionäre des MU verändert werden. Bevor der Vorstand des MU z.B. der Kapitalerhöhung in einem TU zustimmen dürfte, hätte er über § 119 (2) AktG das Einverständnis seiner Aktionäre analog § 182 (1) AktG einzuholen. Soll die Kapitalerhöhung im TU unter Ausschluß des Bezugsrechts des MU erfolgen, wäre den Aktionären des MU ein verlängertes Bezugsrecht zu gewähren. Alternativ wären die formellen und materiellen Erfordernisse einer Kapitalerhöhung im MU unter Ausschluß des Bezugsrechts analog § 186 (3) und (4) AktG zu erfüllen. Lediglich eine Kapitalerhöhung bzw. -herabsetzung in einem 100 %-igen TU, die vom MU in vollem Umfang übernommen wird, verbliebe dann im Kompetenzbereich des Vorstandes des MU (S. 105 ff.).
- Statt dessen wird gefordert, einzelfallorientiert lediglich dann, wenn z.B. die Konzerneigenkapitalveränderung eine erhebliche Beeinträchtigung der Vermögensrechte der Aktionäre des MU erwarten läßt, die entsprechenden Schutzmechanismen (Zustimmungsbedürftigkeit und/oder verlängertes Bezugsrecht) zu installieren. Um eine die Rechtssicherheit gewährleistende Regulierung zu finden, könnte als Kriterium für "erhebliche Beeinträchtigung" auf die Schwellenwerte des DEUmwG zurückgegriffen werden (S. 105 ff.).

Die Auswirkungen einer analogen Anwendung der §§ 182 bis 240 AktG auf externe Eigenkapitaländerungen im Konzern wurden anhand des Musterbeispiels einer Eigenkapitalerhöhung im TU unter Ausschluß des Bezugsrechts des MU mit gleichzeitiger Börseneinführung des TU überprüft. Sie lassen sich jedoch auch auf die Vielzahl der Fälle übertragen, in denen die von einem MU an einem bereits an der Bröse notierten TU gehaltenen Anteile vermindert werden. Die Konsequenzen dieser in den letzten Jahren häufiger zu beobachtenden konzernspezifischen Finanzierungsmaßnahme auf den Aktienmarkt als Kontrollmarkt lassen sich - unter Berücksichtigung des geltenden Konzernrechts - wie folgt thesenartig zusammenfassen:

- Die Handelbarkeit von Minderheitenanteilen an TU auf dem Aktienmarkt führt zu einer Marktvervollständigung und kann damit die Diversifikationsmöglichkeiten aller Aktienmarktteilnehmer erhöhen (S. 267 ff.).
- Durch die zusätzliche Konzernpublizität kann einerseits die Rendite-Risiko-Erwartungsbildung bei den Aktienmarktteilnehmern für die Aktien des MU verbessert werden (S 271 ff.). Wird jedoch nach der Börseneinführung des TU die einheitliche Leitung vom MU intensiv ausgeübt, kann die Lenkungsfunktion des Aktienpreises aufgrund der dann bestehenden Interdependenzen in der wirtschaftlichen Entwicklung von Mutter- und Tochterunternehmen und deren Steuerung durch das Konzernmanagement des MU andererseits auch beeinträchtigt werden (S. 274 ff.).
- Wird die Börseneinführung eines TU aus dem isolierten Blickwinkel des MU betrachtet, käme sie einer Innenfinanzierung aus Vermögensumschichtung nahe. Sie liefert dem Management insofern eine Ausweichhandlung auf versiegende externe Refinanzierungsquellen des MU und kann der Wirksamkeit des Aktienmarktes als Kontrollmarkt entgegenstehen (S. 277 ff.).
- Eine empirische Untersuchung der Aktienmarktreaktionen zeigt, daß die um allgemeine Markteinflüsse bereinigten Aktienrenditen der jeweiligen MU während der Börseneinführung eines TU in der Bundesrepublik Deutschland - anders als in vergleichbaren Untersuchungen für den US-amerikanischen Aktienmarkt - im Durchschnitt geringfügig negativ ausfallen. Deutlich negative Aktienrenditeänderungen für das MU sind dann zu verzeichnen, wenn die Emissionsrendite des TU überdurchschnittlich hoch ausfällt und die Aktionäre des MU nicht an der Börseneinführung des TU beteiligt werden (S. 282 ff.). Aussagen zu einer Beurteilung derartiger konzernspezifischer Finanzierungsmaßnahmen aus dem Blickwinkel der aktuellen und potentiellen Aktionäre des MU sind folglich nur unter Berücksichtigung der speziellen Emissionsbedingungen möglich (S. 286 ff.).

Die Auswirkungen auf den Aktienmarkt als Kontrollmarkt, die von einer Eigenkapitalveränderungskompetenz der Aktionäre des MU auf sämtliche im Konzern vorgenommenen externen Eigenkapitalveränderungen analog zu den §§ 182 bis 240 AktG ausgehen, können thesenartig wie folgt zusammengefaßt werden:

- Mit der konzernweiten Eigenkapitalveränderungskompetenz der Aktionäre des MU sind dem Management vielfältige Ausweichhandlungen auf versiegende Refinanzierungsquellen im MU genommen (S. 293 ff.).
- Die mit der Börseneinführung eines TU mögliche Zunahme der Aktienmarktkontrolle würde durch eine Beteiligung der Aktionäre des MU an TU kaum beeinträchtigt (S. 309 ff.).

- Ein Bezugsrecht der Aktionäre des MU auf die Aktien des TU könnte bereits über die systematisch unterschiedliche Bewertung der Rendite-Risiko-Kombination eines Minderheitenanteils an einem TU zwischen den Aktionären des MU und konzernfremden Aktienanlegern gerechtfertigt werden. Eine Orientierung des Verkaufspreises an den Rendite-Risiko-Vorstellungen der konzernfremden Aktionäre kann ohne verlängertes Bezugsrecht der Aktionäre des MU Vermögensverschiebungen zu ihren Lasten verursachen (S. 294 ff.).
- Die Argumente aus der Underpricing-Diskussion treffen bei der Börseneinführung eines TU nur eingeschränkt zu. Dem Restrisiko eines Underpricing könnte jedoch durch ein verlängertes Bezugsrecht wirksam begegnet werden (S. 300 ff.).
- Die Transaktionskostenargumente, die generell gegen ein Bezugsrecht der Aktionäre vorgebracht werden, sind bisher weder quantifiziert noch empirisch belegt worden. Sie könnten zudem durch ein Vorzeichnungsrecht bzw. eine bevorzugte Zuteilung an die Aktionäre des MU an Bedeutung verlieren (S. 307 ff.).

Die bisher gegen ein generelles Bezugsrecht der Aktionäre des MU vorgebrachten Argumente, daß hierdurch z.B. die Aktien eines TU - aufgrund der unterschiedlichen Anlegerklientel - nicht mehr sicher abzusetzen sind[13], überzeugen kaum. Auch wenn den Aktionären des MU ein Vorzeichnungsrecht bzw. eine bevorzugte Zuteilung eingeräumt würde, stünde es sämtlichen sonstigen Aktienmarktteilnehmern frei, sich an der Zeichnung der Aktien eines TU zu beteiligen. Darüber hinaus wäre z.B. bei Kapitalerhöhungen in ausländischen TU auch weiterhin in den Grenzen des § 186 (3) und (4) AktG ein Bezugsrechtsausschluß möglich.

Über die materiellen und förmlichen Erfordernisse eines Bezugsrechtsausschlusses im MU könnten dann auch die Fälle gelöst werden, in denen das Management des MU z.B. Beteiligungstranchen an TU in der Rechtsform einer GmbH bzw. an nicht börsennotierten Aktiengesellschaften an Konzernfremde veräußern möchte.

Obwohl - vergleichbar der Untersuchung zur Änderung der Gewinnverwendungskompetenz im MU - auch hier die Ergebnisse der Analyse insgesamt mehr für die angestrebte Kompetenzänderung bei der externen Eigenkapitalveränderung im Konzern sprechen, erscheint eine eindeutige Handlungsempfehlung an den Gesetzgeber derzeit noch nicht möglich. Vor einer Reform wäre u.a. noch zu untersuchen, welche sonstigen ökonomischen Konsequen-

13 Vgl. Forster (Börseneinführung, 1991) S. 6 f.

zen mit dem Übergang auf eine konzernweite Eigenkapitalveränderungskompetenz der Aktionäre des MU gegenüber dem bisherigen Konzernrecht verbunden sein können.

- So wären auch hier die Auswirkungen einer derartigen Änderung der Konzernverfassung auf den Markt für Unternehmenskontrolle zu analysieren. Wird die Kapitalerhöhung im MU unter Ausschluß des Bezugsrechts der Aktionäre als eine geeignete Maßnahme zur Abwehr von Übernahmegefahren gesehen[14], so gilt dies gleichermaßen für die Börseneinführung eines TU bzw. den Verkauf einer Beteiligungstranche an einem TU. Hiermit könnte das Management des MU z.B. Kapitalanteile an für potentielle Übernehmer besonders lukrativen TU an befreundete Unternehmen veräußern bzw. sie durch eine Börseneinführung einem breiten Anlegerkreis anbieten, ohne daß die bisherigen Aktionäre des MU an diesen Maßnahmen beteiligt werden müßten. Weil diese Möglichkeiten zur Änderung der Eigenkapitalstruktur im Konzern auch nicht unter den in Art. 8 des Entwurfs einer 13. EG-RL aufgeführten, dem Management einer Zielgesellschaft untersagten Abwehrmaßnahmen aufgeführt sind, würde sich dem Management hiermit auch künftig ein wirksames Instrument zur Abwehr feindlicher Übernahmen bieten[15].
- Damit wären auch die Rückwirkungen, die mit einer Ausdehnung der Eigenkapitalveränderungskompetenz der Aktionäre des MU auf das Managementverhalten verbunden sein können, noch näher zu untersuchen.
- Ungeklärt blieb, welche Rechte die Aktionäre des MU bei eigenkapitalähnlichen Finanzierungsmaßnahmen im TU, wie z.B. der Ausgabe von Genußrechten in Konzernunternehmen, erhalten sollen[16].
- Weil die individuelle konzernweite Anteilseignerquote der Aktionäre des MU äquivalent auch durch den Erwerb einer Mehrheitsbeteiligung verändert werden kann, würde auch der Beteiligungserwerb an einem TU in den Kompetenzbereich der Aktionäre des MU fallen. Ob eine diesbezügliche Ausweitung der Aktionärskompetenz sinnvoll ist, wird in der Literatur stark angezweifelt[17].
- Vor einer Kodifizierung der Kompetenzänderungen hinsichtlich der Eigenkapitalveränderung im Konzern wäre auch der ähnliche Vorschlag von Löffler zu prüfen, nach dem die Aktionäre des MU das Recht erhalten sollen,

---

14 Vgl. Otto (Übernahmeversuche, 1988) S. 8 f.; Assmann/Bozenhardt (Übernahmeangebote, 1990) S. 126 ff.

15 Vgl. zu den Regelungen der 13. EG-RL (Übernahmeangebote): Hommelhoff/Kleindiek (Takeover-Richtlinie, 1990) S. 106 ff.; Eymann/Menichetti (Regulierung, 1991) S. 1077 ff.

16 Vgl. hierzu erste Ansätze bei Schneider (Genußrechte, 1987) S. 511 ff.

17 Vgl. den Überblick bei Ebenroth (Konzernleitungskontrolle, 1987) S. 31 ff.; Grunewald (Entscheidungskompetenzen, 1990) S. 133 ff.

jederzeit ihre Aktien des MU in entsprechende Aktien- bzw. Gesellschaftsanteile von TU umzutauschen[18].

Insgesamt wird an den Untersuchungsergebnissen deutlich, daß nahezu jede zu einem gesellschaftsrechtlichen Problem bisher entwickelte Lösung im Konzernfall einer kritischen Überprüfung bedarf[19]. Ein geschlossenes System konzernrechtlicher Normen zum Aktionärsschutz im MU kann für den Konzern als "multistabiles" und "differenziertes System"[20] auf der Basis des bestehenden Kenntnisstandes jedoch noch nicht formuliert werden.

---

18 Vgl. Löffler (Finanzintermediär, 1991) S. 180 ff.
19 Vgl. so auch Wiedemann (Unternehmensgruppe, 1988) S. 8.
20 Pausenberger (Konzerne, 1974) Sp. 2243.

Anhang

Nr.	Unternehmensnahme	Gez.Kap.	Umsatz
1	Bau-Verein zu Hamburg	17	31,4
2	BEWAG	560	2411,7
3	Boge	26,7	610,7
4	Bremer Woll-Kämmerei	26,4	413,3
5	Einhell	18	139
6	Fernheizwerk Neukölln	11,5	23,4
7	GMN	31,6	178,5
8	Honsel-Werke	21,4	486
9	Hutschenreuther	21,3	418,7
10	INFO	15	142,4
11	Leonische Drahtwerke	18	318,9
12	Mauser Waldeck	15	121,2
13	Oberland Glas	40	325,3
14	Otavi Minen	14	87,4
15	Sixt	15	297,2
16	Stumpf	18	445,1
17	Südchemie	40,6	357,7
18	Joseph Vögele	10	111,3
1	Agrob	19,5	205,8
2	Hugo Boss	22,5	596,1
3	Computer 2000	9	164,7
4	F. Deckel	70,3	527,1
5	Drägerwerke	53,9	685
6	Felten & Guilleaume Energie	50	792,2
7	Gelsenwasser	137,5	462,6
8	Gildemeister	56	552,4
9	Th. Goldschmidt	65	1067,6
10	Heidelberger Zement	150	767,6
11	Kampa Haus	20	111,9
12	Koenig & Bauer	40	810,4
13	MAHO	44	401,7
14	Markt- und Kühlhallen	29,8	110,6
15	Phoenix	50	885
16	Pittler Maschinen	45	127,7
17	Stöhr & Co	18	240,6
18	Traub	37	401,2

Literaturverzeichnis*

I. Monographien, Kommentare, Beiträge in Zeitschriften und Sammelwerken und Arbeitspapiere

Adams, M.: Der Markt für **Unternehmenskontrolle** und sein Mißbrauch, in: AG, 1989, S. 333 ff.

Adams, M.: **Eigentum**, Kontrolle und Beschränkte Haftung, 1991.

Adams, M.: **Höchststimmrechte**, Mehrfachstimmrechte und sonstige wundersame Hindernisse auf dem Markt für Unternehmenskontrolle, in: AG, 1990, S. 63 ff.

Adams, M.: Was spricht gegen eine unbehinderte Übertragbarkeit der im Unternehmen gebundenen Ressourcen durch ihre **Eigentümer**?, in: AG, 1990, S. 243 ff.

Adler, H./Düring, W./Schmaltz, K.: **Rechnungslegung** und Prüfung der Aktiengesellschaft, Bd. 3, 4. Aufl., 1971.

Ajinkya, B.B.: An Empirical Evaluation of **Line-of-Business Reporting**, in: Journal of Accounting Research, 1980, S. 343 ff.

Akerlof, G.A.: The **Market** for "Lemons": Quality Uncertainty and the Market Mechanism, in: Quarterly Journal of Economics, 1970, S. 488 ff.

Albach, H./Kless, H.-P.: **Personelle Verflechtungen**, in: ZfB, 1982, S. 959 ff.

Albach, H./Corte, C./Firdwald, R./Lutter, M./Richter, W. (Hrsg.): Deregulierung des Aktienrechts: Das **Drei-Stufen-Modell**, 1988.

Albach, H.: Kosten, **Transaktionen** und externe Effekte im betrieblichen Rechnungswesen, in: ZfB, 1988, S. 1143 ff.

Alchian, A.A.: Corporate **Management** and Property Rights, in: Manne (Hrsg.): Economic Policy and the Regulation of Corporate Securities, 1969, S. 337 ff.

Alchian, A.A./Demsetz, H.: Production, information costs and **economic organization**, in: American Economic Review, 1972, S. 777 ff.

Alexander, G.J./Benson, P.G./Kampmeyer, J.M.: Investigating the Valuation Effects of Announcements of Voluntary **Corporate Selloffs**, in: JoF, Vol. 39, 1984, S. 503 ff.

Amihud, Y./Lev, B.:**Risk** reduction as a managerial motive for conglomerate mergers, in: Bell Journal of Economics, 1981, S. 605 ff.

Apelt, T.M.:Der Konzern im englischen **Company Law**, 1984.

Arrow, K.J./Debreu, G.: Existence of an Equilibrium for a **Competitive Economy**, in: Econometrica, 1954, S. 265 ff.

---

* Die in den Fußnoten verwendeten Stichworte sind im Literaturverzeichnis fett gedruckt.

Arrow, K.J.: **Social Choice** and Individual Values, 2. Aufl., 1963.

Arrow, K.J.: The Economics of **Agency**, in: Pratt/Zeckhauser (Hrsg.): Principals and Agents: The Structure of Business, 1985, S. 37 ff.

Assmann, H.-D.: Konzeptionelle Grundlagen des **Anlegerschutzes**, in: ZBB, 1989, S. 49 ff.

Assmann, H.-D./Bozenhardt, F.: **Übernahmeangebote** als Regelungsproblem zwischen gesellschaftsrechtlichen Normen und zivilrechtlich begründeten Verhaltensgeboten, in: Assmann/Basaldua/Bozenhardt/Peltzer (Hrsg.): Übernahmeangebote, ZGR Sonderheft Nr. 9, 1990, S. 1 ff.

Auerbach, A.: Taxation, corporate **financial policy** and the cost of capital, in: Journal of Economic Literature, 1983, S. 905 ff.

Backhaus, K./Erichson, B./Plinke, W./Schuchard-Ficher, Chr./Weiber, R.: Multivariate **Analysemethoden**, 4. Aufl. 1987.

Baetge, J./Fischer, T./Paskert, D.: Der **Lagebericht**, 1989.

Baetge, J./Schlösser, J.: **Zwischenberichterstattung** in Theorie und Praxis, in: Fritsch/Liener/Schmidt (Hrsg.): Die deutsche Aktie, 1993, S. 226 ff.

Bald, E.-J. u.a. (Hrsg.): **Leitfaden** für die Vergabe von Unternehmenskrediten - Schuldscheindarlehen -, 1992.

Ball, B.C. Jr.: The mysterious disappearance of **retained earnings**, in: HBR, Nr. 4, S. 56 ff.

Ball, R./Brown, P.: An Empirical Evaluation of **Accounting** Income Numbers, in: JoAR, 1968, S. 159 ff.

Ballwieser, W./Schmidt, R.H.: **Unternehmensverfassung**, Unternehmensziele und Finanztheorie, in: Bohr/Drukarczyk/Drumm/Scherrer (Hrsg.): Unternehmensverfassung als Problem der Betriebswirtschaftslehre, 1981, S. 645 ff.

Ballwieser, W.: **Informationsökonomie**, Rechnungslegungstheorie und Bilanzrichtlinien-Gesetz, in: ZfbF, 1985, S. 47 ff.

Ballwieser, W.: Zur Begründetheit informationsorientierter **Jahresabschlußverbesserungen**, in: ZfbF, 1982, S. 772 ff.

Bamberg, G./Spremann, K. (Hrsg.): **Agency Theory**, Information and Incentives, 1987.

Barnea, A./Haugen, R.A./Senbet, L.W.: Agency Problems and **Financial Contracting**, 1985.

Bartling, H.: Leitbilder der **Wettbewerbspolitik**, 1980.

Bartholomew, E.G./Brown, A./Muis, J.W.: **Konzernabschlüsse** in Europa, 1981.

Barz, C.H.: Die durch die **Aktienrechtsreform** 1965 veranlaßten Satzungsänderungen, in: AG, 1966, S. 39 ff.

Barz, C.H.: § 23, in: Geßler/Hefermehl/Eckardt/Kropff (Hrsg.): **Aktiengesetz**, 1973 ff.

Basaldua, N.: Der Vorschlag für eine dreizehnte Richtlinie des Rates auf dem Gebiet des Gesellschaftsrechts über öffentliche **Übernahmeangebote**, in: Assmann/Basaldua/Bozenhardt/Peltzer (Hrsg.): Übernahmeangebote, ZGR, Sonderheft Nr. 9, 1990, S. 157 ff.

Bauer, W.: Die Bewegungsbilanz und ihre Anwendbarkeit als **Konzernbilanz**, in: ZfhF, 1926, S. 485 ff.

Baumbach, A./Duden, K./Hopt, K.J: Handelsgesetzbuch, Kommentar, 28. Aufl., 1989.

Baumol, W.J./Heim, P./Malkiel, B./Quandt, R.E.: **Earnings** Retention, New Capital, and the Growth of the Firm, in: Review of Economic Studies, 1970, S. 345 ff.

Baumol, W.J.: The **Stock Market** and Economic Efficiency, 1965.

Baums, T.: **Vorzugsaktien**, Ausgliederung und Konzernfinanzierung, Arbeitspapier 6/1993 des Instituts für Handels- und Wirtschaftsrecht der Universität Osnabrück, 1993.

Bayer, W.: Der grenzüberschreitende **Beherrschungsvertrag**, 1988.

Bayerische Hypotheken- und Wechsel- Bank AG (Hrsg.): **Wegweiser** durch die Wirtschaft, 1988 ff.

Baysinger, B.D./Butler, H.N.: The Role of **Corporate Law** in the Theory of the Firm, in: Journal of Law and Economics, 1985, S. 179 ff.

Beatty, R.P./Ritter, J.R.: Investment Banking, Reputation and the **Underpricing** of Initial Public Offerings, in: JoFE, Vol. 15, 1986, S. 213 ff.

Beaver, W.H.: Zur Effizienz des **Kapitalmarkts**: Gegenwärtiger Stand der Forschung, in: BFuP, 1983, S. 356 ff.

Beckmann, R.: Zur **Rücklagenbildung** im Konzern, in: DB, 1989, S. 940 ff.

Behrens, B./ Fischer, M.: **Tiger und Löwen**, in: WiWo, 25.3.1988, S. 38 ff.

Behrens, P.: Rechtspolitische Grundsatzfragen zu einer Europäischen Regelung für **Übernahmeangebote**, in: ZGR, 1975, S. 433 ff.

Bentler, M.: Grundsätze ordnungsmäßiger Bilanzierung für die **Equitymethode**, 1991.

Benzler, G.: Der **Zwischenbericht** gem. BörsZulV - Eine empirische Untersuchung -, unveröffentlichte Diplomarbeit am Seminar für Theoretische Betriebswirtschaftslehre der Ruhr-Universität Bochum, 1990.

Berg, K.: Konsolidierte **Bilanzen** in Amerika, in: ZfhF, 1927, S. 508 ff.

Berle, A.A./Means, G.C.: The Modern **Corporation** and Private Property, 1. Aufl., 1932; 2. Aufl., 1968.

Berle, A.A.: The 20th Century Capitalist **Revolution**, 1954.

Bernau, M.R.: Für **Dividenden-Diskontinuität**, in: Börsen-Zeitung, 12.2.1992, S. 13.

Berndsen, H.P.: **Unternehmenspublizität** - Eine empirische Untersuchung zur Messung des Publizitätsverhaltens großer börsennotierter Aktiengesellschaften und der Auswirkungen auf die Anlageentscheidungen am Aktienmarkt, 1979.

Bernhard, U.: **Vorstandsstrukturen** im Konzern, in: Handelsblatt, 22.7.1986, S. 8.

Beusch, K.: Die **Aktiengesellschaft** - eine Kommanditgesellschaft in der Gestalt einer juristischen Person?, in: Hadding (Hrsg.): Festschrift für Winfried Werner, 1984, S. 1 ff.

Beusch, K.: **Rücklagenbildung** im Konzern, in: Havermann (Hrsg.): Bilanz- und Konzernrecht, Festschrift für R. Goerdeler, 1987, S. 25 ff.

Bhagat, S.: The effect of **pre-emptive right** amendments on shareholder wealth, in: JoFE, Vol. 12, 1983, S. 289 ff.

Bhattacharya, S.: Imperfect Information, **Dividend Policy**, and the "Bird in the Hand" Fallacy, in: Bell Journal of Economics, 1979, S. 259 ff.

Biener, H.: Die Überwachung der Geschäftsführung durch den **Aufsichtsrat**, in: BFuP, 1977, S. 489 ff.

Biermann, K.: **Versicherungsunternehmen**, in: Busse von Colbe (Hrsg.): Lexikon des Rechnungswesens, 2. Aufl., 1991, S. 569 ff.

Blank, G.: Die **Aktienanalyse**: AGIV, in: Blick durch die Wirtschaft, 29.8.1990, S. 9.

Blumberg, P.I.: **Amerikanisches Konzernrecht**, in: ZGR, 1991, S. 327 ff.

Böhm, F.: Privatrechtsgesellschaft und **Marktwirtschaft**, in: ORDO, 1966, S. 75 ff.

Böhm, F.: Die Kapitalgesellschaft als Instrument der **Unternehmenszusammenfassung**, in: Gutzler/Herion/Kaiser (Hrsg.): Wettbewerb im Wandel, 1976, S. 149 ff.

Böhm, S.: Der **Konzerngewinn** als Grundlage für Dividendenausschüttung und Steuerbemessung, 1979.

Bohr, K./Drukarczyk, J./Drumm, H.-J./Scherrer, G. (Hrsg.): **Unternehmensverfassung** als Problem der Betriebswirtschaftslehre, 1981.

Bonnier, K.-A./Brunner, R.F.: An Analysis of Stock Price Reaction to **Management Change** in Distressed Firms, in: JoAE, 1989, S. 95 ff.

Bores, W.: Geschichtliche Entwicklung der konsolidierten **Bilanz**, in: ZfhF, 1934, S. 113 ff.

Bores, W.: **Konsolidierte Erfolgsbilanzen** und andere Bilanzierungsmethoden für Konzerne und Kontrollgesellschaften, 1935.

Bössmann, E.: Volkswirtschaftliche Probleme der **Transaktionskosten**, in: ZgS, 1982, S. 664 ff.

Bovermann, B.: Die **Umrechnung** der Jahresabschlüsse ausländischer Tochterunternehmen für den Weltabschluß in der EG unter dem Aspekt seiner Informationsfunktion, 1988.

Bowman, R.G.: **Understanding** and Conducting Event Studies, in: JoBF&A, 1983, S. 562 ff.

Brakmann, H.: **Aktienemissionen** und Kurseffekte, 1993.

Brandi, E.: **Informationswirkungen** der Jahresabschlußveröffentlichung auf Entscheidungen am Aktienmarkt, Diss., Augsburg, 1977.

Brandl, R.: Zur Begründbarkeit handelsrechtlicher **Rechnungslegungsnormen**, 1987.

Brauer, U.G.H.: Die **Zulässigkeit** der Ausgabe von sog. "Tracking Stocks" durch Aktiengesellschaften nach deutschem Aktienrecht, in: AG, 1993, S. 324 ff.

Brealy, R./Myers, S.: Principles of **Corporate Finance**, 3. Aufl., 1988.

Bremer, H.: Grundzüge des deutschen und ausländischen **Börsenrechts**, 1969.

Bremer, H.: Vier Jahre Tätigkeit der **Börsensachverständigenkommission**, in: WM, 1972, S. 898 ff.

Bridts, Ch.: **Zwischenberichtspublizität**, 1990.

Brigham, E.F.: Hurdles rates for screening **capital** expenditure proposals, in: Financial Management, 1975, S. 17 ff.

Brown, S.J./Warner, J.B.: Measuring Security Price **Performance**, JoFE, Vol. 8, 1980, S. 205 ff.

Brown, S.J./Warner, J.B.: Using Daily Stock Returns, The Case of **Event Studies**, in: JoFE, Vol. 14, 1985, S. 3 ff.

Buchanan, J.M.: **Cost and Choice**, 1969.

Buchanan, J.M.: Die Grenzen der **Freiheit**, 1977.

Büchner, R.: Der Bericht des Vorstandes über Beziehungen zu **verbundenen Unternehmen** nach dem neuen deutschen Aktienrecht und seine betriebswirtschaftliche Problematik, in: ZfbF, 1967, S. 32 ff.

Bühler, O.: Das Steuerrecht der Gesellschaften und **Konzerne**, 3. Aufl., 1956.

Bühner, R.: Portfolio-Risikoanalyse der **Unternehmensdiversifikation** von Industrieaktiengesellschaften, in: ZfB, 1983, S. 1023 ff.

Bühner, R.: **Marktreaktionen** auf den Unternehmenszusammenschluß von VEBA und Gelsenberg, in: AG, 1983, S. 330 ff.

Bühner, R.: **Rendite-Risiko-Effekte** der Trennung von Eigentum und Leitung in diversifizierten Großunternehmen, in: ZfbF, 1984, S. 812 ff.

Bühner, R.: Strategische Führung im Bereich der Hochtechnologie durch rechtliche Verselbständigung von **Unternehmensteilbereichen**, in: DB, 1986, S. 2341 ff.

Bühner, R.: **Reaktionen des Aktienmarktes** auf Unternehmenszusammenschlüsse, in: ZfbF, 1990, S. 295 ff.

Bühner, R.: **Unternehmenszusammenschlüsse**, 1990.

Bühner, R./Spindler, H.-J.: **Synergieerwartungen** bei Unternehmenszusammenschlüssen, in: DB, 1986, S. 601 ff.

Bühring-Uhle, C./Nelle, A.: Aktionärsklage und **Konzernklage** im amerikanischen Recht - ein Modell?, in: AG, 1989, S. 41 ff.

Bundesaufsichtsamt für das Versicherungswesen: Veröffentlichungen des Bundesaufsichtsamtes für das **Versicherungswesen**, 31. März 1975, S. 102 ff.

Bundesministerium der Finanzen: **Diskussionsentwurf** und Hintergrundinformationen zum Diskussionsentwurf eines zweiten Finanzmarktförderungsgesetzes, 29. Juni 1993.

Bundesministerium der Justiz: Bericht über die Verhandlungen der **Unternehmensrechtskommission**, 1980.

Bundesministerium der Justiz: Diskussionsentwurf für ein Gesetz zur Bereinigung des Umwandlungsrechts (**DEUmwG**), in: Bundesanzeiger, 1988, Nr. 214 a.

Bundesminister der Wirtschaft: **Referentenentwurf** eines BörsG, in: Blick durch die Wirtschaft, 16.1.1968.

Bungeroth, E.: § 58, in: Geßler/Hefermehl/Eckardt/Kropff (Hrsg.): **Aktiengesetz**, 1973 ff.

Busse von Colbe, W.: Der **Konzernabschluß** nach neuem Aktienrecht, in: AG, 1966, S. 269 ff., S. 308 ff., S. 350 ff.

Busse von Colbe, W.: Zum **Informationswert von Konzernabschlüssen**, in: Busse von Colbe/Sieben (Hrsg.): Betriebswirtschaftliche Information, Entscheidung und Kontrolle, 1969, S. 87 ff.

Busse von Colbe, W.: Betriebsgröße, **Unternehmensgröße**, in: HWB, Bd. 1, 1974, Sp. 566 ff.

Busse von Colbe, W.: Der **Konzernabschluß** im Rahmen des Bilanzrichtlinien-Gesetzes, in: ZfbF, 1985, S. 761 ff.

Busse von Colbe, W.: Entsprechen die neueren Regelungen für die **Umrechnung** ausländischer Abschlüsse zur Aufstellung von Weltbilanzen den Grundsätzen ordnungsmäßiger Buchführung? in: Groß (Hrsg.): Der Wirtschaftsprüfer im Schnittpunkt nationaler und internationaler Entwicklungen - Festschrift für K. von Wysocky, 1985, S. 143 ff.

Busse von Colbe, W.: Die **Equitymethode** zur Bewertung von Beteiligungen im Konzernabschluß, in: Gaugler/Meissner/Thom (Hrsg.): Zukunftsaspekte der anwendungsorientierten Betriebswirtschaftslehre, 1986, S. 249 ff.

Busse von Colbe, W.: **Meinungsspiegel**, in: BFuP, 1986, S. 357 ff.

Busse von Colbe, W.: Die neuen **Rechnungslegungsvorschriften** aus betriebswirtschaftlicher Sicht, in: WPg, 1987, S. 117 ff.

Busse von Colbe, W.: Der Konzernabschluß als Bemessungsgrundlage für die **Gewinnverwendung**, in: Havermann (Hrsg.): Bilanz- und Konzernrecht - Festschrift für R. Goerdeler, 1987, S. 61 ff.

Busse von Colbe, W.: Aktuelle Fragen der **Konzernverfassung** aus betriebswirtschaftlicher Sicht, in: Helbling/Boemle/Glaus (Hrsg.): Revision und Rechnungslegung im Wandel - Festschrift für A. Zünd, 1988, S. 245 ff.

Busse von Colbe, W.: Gefährdung des **Kongruenzprinzips** durch erfolgsneutrale Verrechnung von Aufwendungen im Konzernabschluß, in: Moxter/Müller/Windmöller/von Wysocki (Hrsg.): Rechnungslegung - Entwicklungen bei der Bilanzierung und Prüfung von Kapitalgesellschaften, Festschrift für K.-H. Forster, 1992, S. 125 ff.

Busse von Colbe, W./Chmielewicz, K.: Das neue **Bilanzrichtlinien-Gesetz**, in: DBW, 1986, S. 289 ff.

Busse von Colbe, W./Laßmann, G.: **Betriebswirtschaftstheorie**, Bd. 3, 3. Aufl., 1990.

Busse von Colbe, W./Ordelheide, D.: **Konzernabschlüsse**, 5. Aufl., 1984; 6. Aufl., 1993.

Busse von Colbe, W./Müller, E. (Hrsg.): **Planungs- und Kontrollrechnung** im internationalen Konzern, in: ZfbF, Sonderheft Nr. 17, 1984.

Busse von Colbe, W./Müller, E./Reinhardt, H. (Hrsg.): Aufstellung von **Konzernabschlüssen**, 2. Aufl., in: ZfbF, Sonderheft Nr. 21, 1987.

Busse von Colbe, W./Reinhardt, H. (Hrsg.): **Ergebnis je Aktie**, in: ZfbF, 1988, S. 138 ff.

Busse von Colbe, W./Reinhardt, H. (Hrsg.): **Zwischenberichterstattung** nach neuem Recht für börsennotierte Unternehmen, 1989.

Buxbaum, R.M.: Institutional **Ownership** and the Restructuring of Corporations, in: Bauer/Hopt/Mailänder (Hrsg.): Festschrift für E. Steindorff zum 70. Geburtstag, 1990, S. 7 ff.

Castan, E.: **Rechnungslegung** der Unternehmung, 3. Aufl., 1990.

Chmielewicz, K.: **Arbeitnehmerinteressen** und Kapitalismuskritik in der Betriebswirtschaftslehre, 1975.

Chmielewicz, K.: **Forschungskonzeptionen** der Wirtschaftswissenschaft, 2. Aufl., 1979.

Chmielewicz, K.: **Betriebsverfassung**, in: HWO, 2. Aufl., 1980, Sp. 370 ff.

Chmielewicz, K.: **Unternehmensverfassung**, Gremien der, in: HWO, 2. Aufl., 1980, Sp. 2272 ff.

Chmielewicz, K.: Aktuelle Probleme der **Unternehmensverfassung** aus betriebswirtschaftlicher Sicht, in: DBW, 1984, S. 11 ff.

Chmielewicz, K.: Der Neuentwurf einer **5. EG-Richtlinie** (Struktur der AG) - Darstellung und Kritik, in: DBW, 1984, S. 393 ff.

Chmielewicz, K.: **Forschungsschwerpunkte** und Forschungsdefizite in der deutschen Betriebswirtschaftslehre, in: ZfbF, 1984, S. 148 ff.

Chmielewicz, K.: **Führung und Überwachung** der deutschen Unternehmung, in: Fischer (Hrsg.): Währungsreform und Soziale Marktwirtschaft, 1989, S. 567 ff.

Chiemlewicz, K.: **Gewinnverwendung**, in: Busse von Colbe (Hrsg.): Lexikon des Rechnungswesens, 2. Aufl., 1991, S. 229 ff.

Chmielewicz, K.: **Harmonisierung** der europäischen Unternehmensverfassung aus betriebswirtschaftstheoretischer Sicht, in: Chmielewicz/Forster (Hrsg.): Unternehmensverfassung und Rechnungslegung in der EG, in: ZfbF Sonderheft Nr. 29, 1991, S. 15 ff.

Chmielewicz, K./Großmann, A./Inhoffen, A.O./Lutter, M.: Die **Mitbestimmung** im Aufsichtsrat und Vorstand, in: Chmielewicz u.a. (Hrsg.): Unternehmensverfassung, 1981, S. 136 ff.

Christians, F.W.: Der **Aktionär** und sein Stimmrecht, in: AG, 1990, S. 47 ff.

Coase, R.H.: The Problem of **Social Cost**, in: The Journal of Law and Economics, 1960, S. 1 ff.; Deutsche Übersetzung: Das Problem der **sozialen Kosten**, in: Assmann/Kirchner/Schanze (Hrsg.:) Ökonomische Analyse des Rechts, 1978, S. 146 ff.

Coase, R.H.: The Nature of the **Firm**, in: Economica, 1937, S. 386 ff.

Coenenberg, A.G.: **Jahresabschlußinformation** und Aktienkursentwicklung, in: Blum/Steiner (Hrsg.): Aktuelle Probleme der Marktwirtschaft in gesamt- und einzelwirtschaftlicher Sicht, 1984, S. 307 ff.

Coenenberg, A.G.: **Jahresabschluß** und Jahresabschlußanalyse, 12. Aufl., 1991.

Coenenberg, A.G./Berndsen, H.P.: **Empirische Forschung**, und Rechnungswesen, in: HWR, 2. Aufl., 1981, Sp. 569 ff.

Coenenberg, A.G./Bridts, C.: **Zwischenberichtspublizität** in der Bundesrepublik Deutschland - Konzeption und Umsetzung -, in: Moxter/Müller/Windmöller/von Wysocki (Hrsg.): Rechnungslegung - Entwicklungen bei der Bilanzierung und Prüfung von Kapitalgesellschaften, Festschrift für K.-H. Forster, 1992, S. 174 ff.

Coenenberg, A.G./Möller, H.P.: Entscheidungswirkungen von Jahresabschlußinformationen vor und nach der **Aktienrechtsreform** von 1965, in: BFuP, 1979, S. 438 ff.

Coenenberg, A.G./Sautter, M.T.: Strategische und finanzielle Bewertung von **Unternehmensakquisitionen**, in: DBW, 1988, S. 691 ff.

Coenenberg, A.G./Schmidt, F./Werhand, M.: Bilanzpolitische Entscheidungen und **Entscheidungswirkungen** in manager- und eigentümerkontrollierten Unternehmen, in: BFuP, 1983, S. 321 ff.

Coffee, J.C.: Regulating the Market for **Corporate Control**: A Critical Assessment of the Tender Offer's Role in Corporate Governance, in: Columbia Law Review, 1984, S. 1146 ff.

Collins, D.W.: SEC **Product-Line Reporting** and Market Efficiency, in: JoFE, Vol. 2, 1975, S. 125 ff.

Commerzbank AG: **Wer gehört zu wem**, 15. Aufl., 1989.

Copeland, T.E./Weston, J.F.: **Financial Theory** and Corporate Policy, 2. Aufl., 1983.

Crisolli, J.: Die neue Regelung des **Umwandlungsrechts** der Kapitalgesellschaften, in: JW, 1935, S. 172 ff.

Daehn, G.: **Konzernbilanzen**, 1934.

Debus, Ch.: Haftungsregelungen im **Konzernrecht**, 1990.

Decher, Ch. E.: **Personelle Verflechtung** im Aktienkonzern: Loyalitätskonflikt und qualifizierter faktischer Konzern, 1990.

Deilmann, B.: Die **Entstehung des qualifiziert faktischen Konzerns**, 1988.

Demsetz, H.: The Cost of **Transacting**, in: Quarterly Journal of Economics, Vol. 82, 1968, S. 33 ff.

Demsetz, H./Lehn, K.: The Structure of **Corporate Ownership**: Causes and Consequences, in: Journal of Political Economy, 1985, S. 1155 ff.

Deutsche Bundesbank: Deutsches Geld- und **Bankwesen** in Zahlen, 1876-1975, 1976.

Deutsche Bundesbank: **Monatsberichte** der Deutschen Bundesbank, Nr. 11, 1991.

Deutscher Anwaltverein: Zur Reform des **Aktienrechts**, 1929.

Diehl, J.M./Kohr, H.-U.: **Durchführungsanleitung** für statistische Tests, 1977.

Döhrmann, A.: **Underpricing** oder Fair Value, 1990.

Downes, D.H./Heinkel, R.: **Signaling** and the Valuation of Unseasoned New Issues, in: JoF, 1982, S. 1 ff.

Dreger, K.-M.: Der **Konzernabschluß**, 1969.

Dresdner Bank (Hrsg.): Ihr Unternehmen: ein neuer **Börsenwert**, 1985.

Dresdner Bank (Hrsg.): **Neuemission** B.U.S., 1990.

Drücke, H.: Die **Haftung** der Muttergesellschaft für Schulden der Tochtergesellschaft, 1990.

Drukarczyk, J.: **Verschuldung**, Konkursrisiko, Kreditverträge und Marktwert von Aktiengesellschaften, in: KuK, 1981, S. 287 ff.

Drukarczyk, J.: Korrekturen in der **Kapitalstruktur** und Eigentümerinteressen, in: Staehle/Stoll (Hrsg.): Betriebswirtschaftstheorie und ökonomische Krise, 1984, S. 41 ff.

Drukarczyk, J.: **Finanzierung**, 4. Aufl., 1989.

DVFA: **Arbeitsschema** und Erläuterungen zur Ermittlung des Ergebnisses nach DVFA, Beiträge zur Wertpapieranalyse Nr. 24/II, 1988.

Easterbrook, F.H./Fischel, D.R.: **Voting** in corporate law, in: Journal of Law and Economics, 1983, S. 395 ff.

Ebenroth, C.-T.: Die Erweiterung des **Auskunftsgegenstandes** im Recht der verbundenen Unternehmen, in: AG, 1970, S. 104 ff.

Ebenroth, C.-T.: Konzernbildungs- und **Konzernleitungskontrolle**, 1987.

Ebenroth, C.-T.: Die Kompetenzen des Vorstands und der Aktionärsschutz in der **Konzernobergesellschaft**, in: AG, 1988, S. 1 ff.

Ebenroth, C.T./Parche, U.: Konzernrechtliche Beschränkungen der Umstrukturierung des **Vertragskonzerns**, in: BB, 1989, S. 637 ff.

Ebenroth, C.T./Wilken, O.: Zum **Auskunftsrecht** des Aktionärs im Konzern, in: BB, 1993, S. 1818 ff.

Eckardt, U.: § 118 - § 138, in: Geßler/Hefermehl/Eckardt/Kropff (Hrsg.): **Aktiengesetz**, 1973 ff.

Egner, H.: **Bilanzen**, 1981.

Ehlermann, C.-D.: Die europäische **Fusionskontrolle** - erste Erfahrungen, in: WuW, 1991, S. 535 ff.

Eickhoff, N.: **Wettbewerb**, Wettbewerbsfreiheit und Wettbewerbsbeschränkungen, Ruhr-Universität Bochum, Seminar für Wirtschafts- und Finanzpolitik, Diskussionsbeitrag Nr. 15, 1990.

Eisenberg, M.A.: The Legal Roles of **Shareholders** and Management in the Modern Corporate Decision-Making, in: CaliflRev, 1969, S. 1 ff.

Eisenberg, M.A.: The Structure of the **Corporation** - A Legal Analysis, 1976.

Elschen, R.: Die Kritik von **Rechtsnormen** durch modellgestützte Analyse ökonomischer Sachgerüste, in: Schmidt/Schor (Hrsg.): Modelle in der Betriebswirtschaftslehre, 1987, S. 215 ff.

Elschen, R.: Steuerbedingte Agency-Probleme und **Gesellschafterklientels**, in: Schneider (Hrsg.): Kapitalmarkt und Finanzierung, 1987, S. 362 ff.

Elschen, R.: Die getrennte Handelbarkeit von **Aktienstimmrechten**, in: ZfbF, 1988, S. 1009 ff.

Elschen, R.: **Principal-Agent**, in: Busse von Colbe (Hrsg.): Lexikon des Rechnungswesens, 2. Aufl., 1991, S. 434 ff.

Emmerich, V.: Konzernrecht, in: Scholz (Hrsg.): Kommentar zum **GmbH-Gesetz**, Bd. 1, 7. Aufl., 1986.

Emmerich, V.: Nachlese zum **Autokran-Urteil** des BGH zum GmbH-Konzernrecht, in: GmbH-Rundschau, 1987, S. 213 ff.

Emmerich, V.: **Konzernbildungskontrolle**, in: AG, 1991, 303 ff.

Emmerich, V./Sonnenschein, J.: **Konzernrecht**, 3. Aufl. 1989.

Engels, W.: **Börsen** und Börsengeschäfte, in: HdWW, Bd. 2, 1980, S. 56 ff.

Engels, W.: Arbeitsorientierte **Unternehmensverfassung** und Risikomechanik, in: Bohr/Drukarczyk/Drumm/Scherrer (Hrsg.): Unternehmensverfassung als Problem der Betriebswirtschaftslehre, 1981, S. 199 ff.

Erichson, B.: **MARFO** - ein interaktives Programm zur Durchführung von Regressions- und Prognoserechnungen, in: Engelhardt/ Hammann (Hrsg.): Arbeitspapiere zum Marketing, Nr. 11, 1982.

Erlenbach, E.: **F.A.Z.-Aktienindex** aktualisiert, in: Sonderdruck der Frankfurter Allgemeinen Zeitung vom 5.1.1982.

Easterbrook, F.H.: Two Agency-Cost Explanations of **Dividends**, in: American Economic Review, 1984, S. 650 ff.

Eucken, W.: Grundsätze der **Wirtschaftspolitik**, 1952.

Ewert, R.: **Rechnungslegung**, Gläubigerschutz und Agency-Probleme, 1986.

Eymann, A./Menichetti, M.J.: Die **Regulierung** des Marktes für Unternehmen in der Europäischen Gemeinschaft, in: ZfbF, 1991, S. 1070 ff.

Fama, E.F.: Foundations of **Finance**. Portfolio Decisions and Securities Prices, 1976.

Fama, E.F.: **Agency** Problems and the Theory of the Firm, in: Journal of Political Economy, 1980, S. 288 ff.

Fama, E.F./Fisher, L./Jensen, M. C./ Roll, R.: The Adjustment of Stock Prices to New **Information**, in: International Economic Review, 1969, S. 3 ff.;

Fama, E.F./Jensen, M.C.: **Agency Problems** and Residual Claims, in: Journal of Law and Economics, 1983, S. 327 ff.

Farell, J.: **Information** and the Coase Theorem, in: Economic Perspectives, 1987, S. 113 ff.

Faß, J.: **Konzernierung** und konsolidierte Rechnungslegung, Diss., Würzburg, 1991.

Fehl, U./Oberender, P.: **Unternehmensverfassung**, Kapitalmarktordnung und Wettbewerb: Zum Einfluß gesellschaftsrechtlicher Dimensionen der Kapitalmarktordnung auf den Wettbewerbsprozeß, in: Leipold/Schüller (Hrsg.): Zur Interdependenz von Unternehmens- und Wirtschaftsordnung, 1986, S. 137 ff.

Fezer, K.-H.: Aspekte einer **Rechtskritik** an der economic analysis of law und am property rights approach, in: JZ, 1986, S. 817 ff.

Filbinger, H.: Die Schranken der Mehrheitsherrschaft im Aktienrecht und **Konzernrecht**, 1942.

Finken, M./Weitbrecht, A.: Zum gegenwärtigen **Entwicklungsstand** des Europäischen Gesellschaftsrechts, in: ZIP, 1990, S. 959 ff.

Fischer, C.E.: **Rechtsschein** und Wirklichkeit im Aktienrecht, in: AcP, 1955, S. 85 ff.

Fischer, C.E.: Die Reform des **Aktiengesetzes**, in: AcP, 1955, S. 181 ff.

Fischer, C.E.: Die **Unternehmens-Konzentration** als Gegenstand wirtschaftsordnender, gesellschaftsrechtlicher und steuerlicher Gesetzgebung, 1960.

Fischer, H.E.: Die **Kapitalstruktur** im verschachtelten Konzern - Eine Analyse ihrer Bestimmungsfaktoren sowie ihrer Abbildung in konsolidierten Bilanzen, 1989.

Flume, W.: Die **Mißachtung** der Aktionäre, in: Handelsblatt, 25./26.1.1957, S. 2.

Flume, W.: **Diskussionsbeitrag**, in: 42. Deutscher Juristentag (Hrsg.): Verhandlungen, Band II, 1959.

Flume, W.: Das **Video-Urteil** und das GmbH-Recht, in: DB, 1992, S. 25 ff.

Forster, K.H.: Vom Gläubigerschutz zum **Aktionärsschutz** - der Wandel in den Bewertungsvorschriften des Aktienrechts, in: WPg, 1964, S. 242 ff.

Forster, M.: Eigenkapitalbeschaffung im Wege der **Börseneinführung** von Tochterunternehmen, unveröffentlichtes Vortragsmanuskript, Erftstadt, 1991.

Foster, G.: Security Price Revaluation Implications of **Sub-Earnings** Disclosure, in: JoAR, 1975, S. 283 ff.

Foster, G.: **Accounting** Policy Decisions and Capital Market Research, in: JoAE, 1980, S. 29 ff.

Foster, G.: **Capital Market** Efficiency: Definitions, Testing Issues and Anomalies, in: Gaffikin (Hrsg.): Contemporary Accounting Thought, 1984, S. 151 ff.

Foster, G.: Financial Statement **Analysis**, 2. Aufl., 1986.

Francfort, A.J./Rudolph, B.: Zur Entwicklung der **Kapitalstrukturen** in Deutschland und in den Vereinigten Staaten von Amerika, in: ZfbF, 1992, S. 1059 ff.

Franke, G./Hax, H.: Finanzwirtschaft des Unternehmens und **Kapitalmarkt**, 1988.

Frantzmann, H.-J.: Zur Messung des **Marktrisikos** deutscher Aktien, in: ZfbF, 1990, S. 67 ff.

Friedländer, H.: **Konzernrecht**: Das Recht der Betriebs- und Unternehmenszusammenschlüsse, 1927, 2. Aufl., 1954.

Frizen, J.K.: Der Einfluß der Hauptversammlung in der **Publikums-Aktiengesellschaft**, in: DB, 1981, S. 277 ff.

Fruhan, W.E.Jr.: **Corporate** raiders: head'em off at value gap, in: Harvard Business Review, Nr. 4, 1988, S. 63 ff.

Fuchs, H./Gerloff, O.: Die konsolidierte **Bilanz**, 1954.

Furubotn, E.G.:/Pejovich, S.: Property rights and economic theory: a survey of recent literature, in: Journal of Economic Literature, 1972, S. 1137 ff.

Gäfgen, G.: Zur volkswirtschaftlichen **Beurteilung** der Entscheidungsteilnahme in Unternehmungen: Die deutsche Mitbestimmungsregelung als Beispiel, in: Steinmann/Gäfgen/Blomeyer (Hrsg.): Die Kosten der Mitbestimmung, 1981, S. 9 ff.

Ganske, J.: Gesetz zur Bereinigung des Umwandlungsrechts, **Referentenentwurf** vom 15. April 1992, in: Bundesanzeiger 1992, Nr. 112 a.

Ganske, J.: Der Weg vom Diskussionsentwurf zum Referentenentwurf eines Gesetzes zur **Bereinigung des Unwandlungsrechts**, in: IDW (Hrsg.): Reform des Umwandlungsrechts, 1993, S. 15 ff.

Gareis, K.: Das deutsche **Handelsrecht**, 8. Aufl., 1909.

Gebhardt, G.: **Insolvenzprognosen** aus aktienrechtlichen Jahresabschlüssen, 1980.

Gebhardt, G./Entrup, U.: Kapitalmarktreaktionen auf die Ausgabe von **Optionsanleihen**, in: Bühler/Hax/Schmidt (Hrsg.): Empirische Kapitalmarktforschung, ZfbF, Sonderheft Nr. 31, 1993, S. 1 ff.

Gerum, E.: Unternehmensverfassung und Theorie der **Verfügungsrechte**, in: Budäus/Gerum/Zimmermann (Hrsg.): Betriebswirtschaftslehre und Theorie der Verfügungsrechte, 1988, S. 21 ff.

Gerum, E.: **Unternehmungsverfassung**, in: HWO, 3. Aufl., 1992, Sp. 2480 ff.

Gerum, E./Richter, B./Steinmann, H.: **Unternehmenspolitik** im mitbestimmten Konzern, in: DBW, 1981, S. 345 ff.

Geßler, E.: § 291 in: Geßler/Hefermehl/Eckardt/Kropff (Hrsg.): **Aktiengesetz**, 1973 ff.

Geßler, E.: **Bestandsschutz** der beherrschten Gesellschaft im Vertragskonzern?, in: ZHR, 1976, S. 433 ff.

Geßler, E.: Atypische **Beherrschungsverträge**, in: Sandrock (Hrsg.): Festschrift für Günter Beitzke, 1979, S. 925 ff.

Geßler, E.: **Rücklagenbildung** im Konzern, in: AG, 1985, S. 257 ff.

Geßler, E.: Einberufung und ungeschriebene **Hauptversammlungszuständigkeiten**, in: Lutter/Mertens/Ulmer (Hrsg.): Festschrift für Walter Stimpel, 1985, S. 771 ff.

Geßler, E.: Rücklagenbildung bei **Gewinnabführungsverträgen**, in: Fachinstitut der Steuerberater (Hrsg.): Beiträge zum Zivil-, Steuer- und Unternehmensrecht - Festschrift für H. Meilicke, 1985, S. 18 ff.

Girgensohn, T./Calmbach, J.: Der Einfluß der Aktionärsstruktur auf die **Kapitalerhöhungen** deutscher Industrieaktiengesellschaften, in: ZfB, 1980, S. 426 ff.

Goerdeler, R.: **Rücklagenbildung** nach § 58 Abs. 2 AktG 1965 im Konzern, in: WPg, 1986, S. 229 ff.

Gollnick, A.: **Gewinnverwendung** im Konzern, 1991.

Gomez, P.: Wertorientierte **Strategieplanung**, in: Der Schweizer Treuhänder, 1990, S. 557 ff.

Götz, H.: Die Sicherung der Rechte der Aktionäre der **Konzernobergesellschaft** bei der Konzernbildung und Konzernleitung, in: AG, 1984, S. 85 ff.

Götz, H.: **Zustimmungsvorbehalte** des Aufsichtsrates der Aktiengesellschaft, in: ZGR, 1990, S. 633 ff.

Graf, H.-G.: "**Muster-Voraussagen**" und "Erklärung des Prinzips" bei F.A. von Hayek, 1978.

Grandjean, B.: **Unternehmenszusammenschlüsse** und die Verteilung der abnormalen Aktienrenditen zwischen den Aktionären der übernehmenden und übernommenen Gesellschaften, 1992.

Grossman, S.J./Hart, O.D.: An Analysis of the **Principal-Agent** Problem, in: Econometrica, Vol. 51, 1983, S. 7 ff.

Großfeld, B.: Aktiengesellschaft, **Unternehmenskonzentration** und Kleinaktionär, 1968.

Großfeld, B.: Zur Stellung des **Kleinaktionärs** im Wirtschaftssystem, in: AG, 1985, S. 1 ff.

Großmann, A.: **Unternehmensziele** im Aktienrecht, 1980.

Grunewald, B.: Was bringt der Vorschlag einer 13. Richtlinie über **Übernahmeangebote** für das deutsche Recht, in: Zeitschrift für Wirtschafts- und Bankrecht, 1989, S. 1233 ff.

Grunewald, B.: Rückverlagerung von **Entscheidungskompetenzen** der Hauptversammlung auf den Vorstand, in: AG, 1990, S. 133 ff.

Gschrei, M.J.: Die **Berichterstattung** über den Anteilsbesitz im Jahresabschluß, in: BB, 1990, S. 1587 ff.

Gutenberg, E.: Grundlagen der **Betriebswirtschaft**, Bd. 3, Die Finanzen, 7. Aufl., 1975.

Guyon, Y.: Das Recht der Gesellschaftsgruppe in **Frankreich**, in: ZGR, 1991, S. 218 ff.

Haase, K.D./Roßmayer, K.: Körperschaftsteuer auf **Auslandseinkünfte**, in: DStR, 1991, S. 1126 ff.

Haindl, G.: Zur **Vergleichbarmachung** der Datenbasis zur finanzwirtschaftlichen Analyse der Bilanzen nach AktG 1965 und dem Bilanzrichtlinien - Gesetz, in: DB, 1986, S. 1686 ff.

Hakansson, N.H.: To Pay or not to **Pay Dividend**, in: JoF, 1982, S. 415 ff.

Hannemann, W.: Das Bewertungsproblem in den **Konzernbilanzen** vom Standpunkt der Aktienrechtsreform, 1934.

Hansen, H.: Die **Gesellschafter größerer GmbH**, in: GmbH-Rundschau, 1980, S. 99 ff.

Hansen, H.: Zur **Dividendenpolitik**, in: AG, 1992, S. R150 ff.

Hanssen, R.A.: **Aktienkursverlauf** und Börsenzwang, 1976.

Harms, J.E./Küting, K.: Perspektiven der **Konzernbesteuerung**, in: BB, 1982, S. 445 ff.

Hartmann-Wendels, T.: **Dividendenpolitik** bei asymmetrischer Informationsverteilung, 1986.

Hartmann-Wendels, T.: **Principal-Agent-Theorie** und asymmetrische Informationsverteilung, in: ZfB, 1989, S. 714 ff.

Hartmann-Wendels, T.: Zur **Integration** von Moral Hazard und Signalling in finanzierungstheoretischen Ansätzen, in: KuK, 1990, S. 228 ff.

Hartmann-Wendels, T.: **Rechnungslegung** der Unternehmung und Kapitalmarkt aus informationsökonomischer Sicht, 1991.

Hasenack, W.: Das Rechnungswesen der **Unternehmung**, 1934.

Haussman, F.: Grundlegung des Rechts der **Unternehmenszusammenfassung**, 1926.

Haussmann, F.: Vom **Aktienwesen** und vom Aktienrecht, 1928.

Hax, H.: **Rechnungslegungsvorschriften** - Notwendige Rahmenbedingungen für den Kapitalmarkt?, in: Domsch/Eisenführ/Ordelheide/Perlitz (Hrsg.): Unternehmungserfolg - Festschrift für W. Busse von Colbe, 1988, S. 187 ff.

Hax, H.: Theorie der Unternehmung - Information, Anreize und **Vertragsgestaltung**, in: Ordelheide/Rudolph/Büsselmann (Hrsg.): Betriebswirtschaftslehre und ökonomische Theorie, 1991, S. 51 ff.

Hayek, F.A. von: **Wirtschaftstheorie** und Wissen, in: von Hayek (Hrsg.): Individualismus und wirtschaftliche Ordnung, 1952, S. 49 ff.

Hayek, F.A. von: Die **Verwertung des Wissens** in der Gesellschaft, in: von Hayek (Hrsg.): Individualismus und wirtschaftliche Ordnung, 1952, S. 103 ff.

Hayek, F.A. von: Der **Sinn des Wettbewerbs**, in: von Hayek (Hrsg.): Individualismus und wirtschaftliche Ordnung, 1952, S. 122 ff.

Hayek, F.A. von: "Freie Wirtschaft" und **Wettbewerbsordnung**, in: von Hayek (Hrsg.): Individualismus und wirtschaftliche Ordnung, 1952, S. 141 ff.

Hayek, F.A.: The **Corporation** in a Democratic Society: In whose Interest ought it to and will it be run?, in: von Hayek: Studies in Philosophy, Politics and Economics, 1967, S. 300 ff.

Hayek, F.A. von: Arten der **Ordnung**, in: Freiburger Studien - Gesammelte Aufsätze von F.A. von Hayek, 1969, S. 32 ff.

Hayek, F.A. von: Die **Ergebnisse menschlichen Handelns**, aber nicht menschlichen Entwurfs, in: Freiburger Studien - Gesammelte Aufsätze von F.A. von Hayek, 1969, S. 97 ff.

Hayek, F.A. von: **Rechtsordnung** und Handelnsordnung, in: Freiburger Studien - Gesammelte Aufsätze von F.A. von Hayek, 1969, S. 161 ff.

Hayek, F.A. von: Die **Anmaßung von Wissen**, in: ORDO, 1975, S. 12 ff.

Hayek, F.A. von: **Recht**, Gesetzgebung und Freiheit, Bd. 1: Regeln und Ordnung, 1980.

Hayek, F.A. von: Recht, **Gesetzgebung** und Freiheit, Bd. 2: Die Illusion der sozialen Gerechtigkeit, 1981.

Heard, J.E.: Pension funds and contests for **corporate control**, in: California Management Review, Vol. 29, 1987, S. 89 ff.

Heckschen, H.: Probleme des **Unternehmensvertrages** zwischen AG und GmbH, in: DB, 1989, S. 1273 ff.

Heidmeier, H.: Die **Ad-hoc-Publizität** gemäß § 44 a BörsG im System der Berichtspflichten für börsennotierte Aktiengesellschaften, in: AG, 1992, S. 110 ff.

Heinen, E.: **Handelsbilanzen**, 12. Aufl., 1986.

Henn, G.: Die **Rechte** des Aktionärs, 1984.

Henn, G.: Handbuch des **Aktienrechts**, 3. Aufl., 1987.

Hertel, C.: **Börseneinführung** von Tochterunternehmen, unveröffentlichte Diplomarbeit am Lehrstuhl Prof. Dr. Wolfgang Gerke, Universität Mannheim, 1991.

Herzig, N./Dautzenberg, N.: **Steuergestaltung** und Steuerharmonisierung im Binnenmarkt, Teil 1, in: DB, 1992, S. 1 ff.

Herzog, H.R.: COTO: **Bezugsrecht** oder Dividende?, in: Der Schweizer Treuhänder, 1990, S. 374 ff.

Hirn, W.: Hohe **Temperatur**, in: WiWo, 5.1.1990, S. 104 ff.

Hirschman, A.O.: **Abwanderung und Widerspruch**, 1974.

Hirte, H.: **Bezugsrechtsausschluß** und Konzernbildung, 1986.

Hirte, H.: Mißbrauch von **Aktionärsklagen** - allgemeine Abwägung oder konkrete Definition, in: DB, 1989, S. 267 ff.

Hirte, H.: **Gesellschaftsinteresse** und Gleichbehandlung beim Bezugsrechtsausschluß, in: ZHR, 1990, S. 374 ff.

Hirte, H.: Beteiligungserwerb und Sacheinlage im Entwurf des **Umwandlungsgesetzes**, in: AG, 1990, S. 373 ff.

Hirte, H.: Einige Gedanken zur **Entwicklung des Bezugsrechts** in den Vereinigten Staaten, in: AG, 1991, S. 166 ff.

Hite, G./Owers, J.: Security price reactions around corporate **spinoff** announcements, in: JoFE, Vol. 12, 1983, S. 409 ff.

Hockmann, H.: **Gewinnverwendungspolitik**, Grundlagen und Praxis des Steuerrechts, 1981.

Hoffmann, A.: Der Gewinn der kaufmännischen **Unternehmung**, 1929.

Hoffmann, A.: Die **Konzernbilanz**, 1930.

Hoffmann-Becking, M.: Der materielle **Gesellschafterschutz**: Abfindung und Spruchverfahren, in: ZGR, 1990, S. 482 ff.

Hoffmann-Becking, M.: **Vorstands-Doppelmandate** im Konzern, in: ZHR, 1986, S. 570 ff.

Hollerbach, S.: Unterschiede in der **Bilanzpolitik** zwischen Einzel- und Konzernabschluß - Eine empirische Untersuchung -, unveröffentlichte Diplomarbeit am Seminar für Theoretische Betriebswirtschaftslehre der Ruhr-Universität Bochum, 1991.

Holtmann, M.: **Personelle Verflechtungen** auf Konzernführungsebene, 1989.

Hommelhoff, P.: Die **Konzernleitungspflicht**, 1982.

Hommelhoff, P.: Zum revidierten Vorschlag für eine **EG-Konzernrichtlinie**, in: ZGR, Sonderheft Nr. 7, 1988, S. 125 ff.

Hommelhoff, P.: Zur Kontrolle strukturändernder **Gesellschafterbeschlüsse**, in: ZGR, 1990, S. 447 ff.;

Hommelhoff, P.: **Konzernpraxis** nach "Video", in: DB, 1992, S. 309 ff.

Hommelhoff, P.: Minderheitenschutz bei **Umstrukturierungen**, in ZGR, 1993, S. 452 ff.

Hommelhoff, P./Semmler, J./Doralt, P./Roth, G.H. (Hrsg.): Entwicklungen im **GmbH-Konzernrecht**, ZGR Sonderheft Nr. 6, 1986.

Hommelhoff, P./Kleindiek, D.: **Takeover-Richtlinie** und europäisches Konzernrecht, in: AG, 1990, S. 106 ff.

Hoppenstedt (Hrsg.): Handbuch der deutschen **Aktiengesellschaften**, 1989.

Hoppmann, E.: **Diskussionsbeitrag**, in: Gröner (Hrsg.): Der Markt für Unternehmenskontrolle, 1992, S. 67 ff.

Hopt, K.J.: Der **Kapitalanlegerschutz** im Recht der Banken, 1975.

Hopt, K.J.: Inwieweit empfiehlt sich eine allgemeine gesetzliche **Regelung des Anlegerschutzes**? Gutachten G zum 51. DJT, 1976.

Hopt, K.J.: Vom Aktien- und Börsenrecht zum **Kapitalmarktrecht**?, Teil 1, in: ZHR, 1976, S. 201 ff.

Hopt, K.J.: Vom Aktien- und **Börsenrecht** zum Kapitalmarktrecht?, Teil 2, in: ZHR, 1977, S. 389 ff.

Hopt, K.J.: **Europäisches** und deutsches Insiderrecht, in: ZGR, 1991, S. 17 ff.

Hopt, K.J./Will, M.B.: Europäisches **Insiderrecht**, 1973.

Horn, N.: **Aktienrecht** und Entwicklung der Großunternehmen (1869-1920), in: ORDO, 1979, S. 313 ff.

Horn, N.: Zur ökonomischen Rationalität des Privatrechts - Die privatrechtstheoretische Verwertbarkeit der ‚**Economic Analysis** of Law', in: AcP, 1976, S. 310 ff.

Horst, M./ Schmidt, R.H./Terberger, E.: **Risikoaufteilung** durch Prämiensysteme, in: ZfB, 1982, S. 942 ff.

Hort, H.: Zur **Dividendenpolitik** der Aktiengesellschaften des verarbeitenden Gewerbes der Bundesrepublik Deutschland, Diss., Saarbrücken, 1984.

Hüffer, U.: § 241 - 277, in: Geßler/Hefermehl/Eckardt/Kropff (Hrsg.): **Aktiengesetz**, 1973 ff.

IASC: Statement of Intent: Comparability of **Financial** Statements, 1990.

Iber, B.: Entwicklung der **Aktionärsstruktur** börsennotierter deutscher Aktiengesellschaften, 1987.

Ihering, R. von: Der **Zweck im Recht**, Bd. 1, 1877.

Immenga, U.: Aktiengesellschaft, **Aktionärsinteresse** und institutionelle Anleger, Walter Eucken Institut: Vorträge und Aufsätze, Nr. 28, 1971.

Immenga, U.: Der Preis der **Konzernierung**, in: Sauermann/Mestmäcker (Hrsg.): Wirtschaftsordnung und Staatsverfassung, Festschrift für Franz Böhm, 1975, S. 253 ff.

Immenga, U.: Schutz abhängiger **Gesellschaften** durch Bindung oder Unterbindung beherrschenden Einflusses? in: ZGR, 1978, S. 269 ff.

Irujo, J.M.: Die Rechtslage der **Konzerne** im spanischen Recht, in: ZGR, 1991, S. 289 ff.

Isay, R.: Das Recht am **Unternehmen**, 1910.

Jacobs, O.H.: Internationale **Unternehmensbesteuerung**, 2. Aufl., 1991.

Jagenberg AG: **Börsenprospekt**, in: Handelsblatt, 24.6.1987, S. 22 ff.

James, C.: An Analysis of the Effect of State Acquisition Laws on **Managerial Efficiency**, in: Journal of Law and Economics, 1984, S. 211 ff.

Jarrel, G.A./Brickley, J.A./Netter, J.M.: The **market** for corporate control: the empirical evidence since 1980, in: Journal of Economic Perspectives, Nr. 2, 1988, S. 49 ff.

Jaschke, T.: Die betriebswirtschaftliche **Überwachungsfunktion** aktienrechtlicher Aufsichtsräte, 1989.

Jehle, E.: Reformvorschläge zur Stärkung der eigentümerbezogenen **Managementkontrolle** in Publikumsgesellschaften, in: ZfbF, 1982, S. 1065 ff.

Jensen, M.C.: **Organization**, Theory and Methodology, in: AR, 1983, S. 319 ff.

Jensen, M.C.: Agency costs of free **cash flow**, corporate finance, and takeovers, in: The American Economic Review, Papers and Proceedings, Vol. 76, 1986, S. 323 ff.

Jensen, M.C.: **Takeovers**: Their Causes and Consequences, in: Journal of Economic Perspectives, 1988, S. 21 ff.

Jensen, M.C./Meckling, W.H.: Theory of the Firm: Managerial Behavior, **Agency Costs** and Ownership Structure, in: JoFE, Vol. 3, 1976, S. 305 ff.

Jensen, M.C./Smith, C.W.: **Stockholder**, Manager and Creditor Interests: Applications of Agency Theory, in: Altman/Subrahmanyam (Hrsg.): Recent Advances in Corporate Finance, 1985, S. 95 ff.

Käfer, K./Münstermann, H.: **Konzernbilanzen**, 1958.

Kahneman, D./Tversy, A.: **Prospect** theory: an analysis of decision under risk, in: Econometrica, 1979, S. 263 ff.

Kalay, A./Shimrat, A.: **Firm Value** and Seasoned Equity Issues, Price Pressure, Wealth Redistribution, or Negative Information, in: JoFE, Vol. 19, 1987, S. 109 ff.

Kallfass, H.H.: **Großunternehmen** und Effizienz, 1989.

Kallfass, H.H.: Ökonomische Analyse der **Konzernbildung**, in: Mestmäcker/ Behrens (Hrsg.): Das Gesellschaftsrecht der Konzerne im internationalen Vergleich, 1991, S. 19 ff.

Karsch, W.: Börsenkandidaten: **Konzern-Töchter** debütieren, in: Die Bank, 1993, S. 22 ff.

Kartte, W.: Doping für **Giganten**, in: FAZ, 22.4.1989, S. 15.

Kaulmann, T.: **Property rights** und Unternehmenstheorie, 1987.

Keller, E./Möller, H.P.: Die Auswirkungen der **Zwischenberichterstattung** auf den Informationswert von Jahresabschlüssen am Kapitalmarkt, in: Bühler/Hax/Schmidt (Hrsg.): Empirische Kapitalmarktforschung, ZfbF, Sonderheft Nr. 31, 1993, S. 35 ff.

Keppe, H.J./Weber, M.: Judged Knowledge and **Ambiguity** Aversion, in: Manuskripte aus den Instituten für Betriebswirtschaftslehre der Universität Kiel, Nr. 277, Oktober 1991.

Ketterer, T./Pumbo, M.: **Ausschüttungseffekte** des Standortsicherungsgesetzes, in: Internationales Steuerrecht, 1993, S. 289 ff.

Kienbaum Vergütungsberatung (Hrsg.): **Vergütungsstudie**: Vorstands- und Aufsichtsratsmitglieder 1986/87, 1987.

Kirchner, C.: Ökonomische Analyse des Rechts, Interdisziplinäre Zusammenarbeit von **Ökonomie und Rechtswissenschaft**, in: Assmann/Kirchner/Schanze (Hrsg.): Ökonomische Analyse des Rechts, 1978, S. 75 ff.

Kirchner, C.: **Ökonomische Analyse** des Unternehmensrechts: Ein Forschungsansatz, in: Boettcher/Herder-Dornreich/Schenk (Hrsg).: Jahrbuch für Neue Politische Ökonomie, 1983, S. 137 ff.

Kirchner, C.: Ansätze zu einer ökonomischen **Analyse des Konzernrechts**, in: Boettcher/Herder-Dornreich/Schenk (Hrsg.): Jahrbuch für Neue Politische Ökonomie, 1984, S. 223 ff.;

Kirchner, C.: Ökonomische **Überlegungen zum Konzernrecht**, in: ZGR, 1985, S. 214 ff.

Kirzner, I.M.: **Wettbewerb** und Unternehmertum, 1978.

Kirzner, I.M.: Unternehmer und **Marktdynamik**, 1988.

Kiser, B.: Die Gründung von **Tochtergesellschaften**, in: ZfO, 1987, S. 39 ff.

Klausing, F.: **Aktien-Gesetz**, 1937.

Klein, F.: Die wirtschaftlichen und sozialen Grundlagen des Rechts der **Erwerbsgesellschaft**, 1914.

Klein, H.-D.: **Konzernbilanzpolitik**, 1989.

Kleine-Doepke, R.: Informationsökonomische Analyse der externen **Rechnungslegung**, Diss., Augsburg, 1978.

Knobbe-Keuk, B.: Bilanz- und **Unternehmenssteuerrecht**, 8. Aufl., 1991.

Koch, H.-D.: Die historische Entwicklung des **Anlegerschutzgedankens**, in: Bankhistorisches Archiv, 1980, S. 3 ff.

Koch, H.-D.: Konzeptionelle Grundlagen der Diskussion über **Kapitalanlegerschutz** unter besonderer Berücksichtigung des Nebenkapitalmarktes, 1981.

Koch, H.-D./Schmidt, R.H.: Ziele und Instrumente des **Anlegerschutzes**, in: BFuP, 1981, S. 231 ff.

Kohl, R.: Die Kompetenz zur Bildung von Gewinnrücklagen im **Aktienkonzern** - Eine Untersuchung unter Einschluß methodologischer und rechtshistorischer Aspekte -, 1991.

Kohler, E.L.: Some Tentative Propositions Underlying **Consolidated** Reports, in: AR, 1938, S. 64 ff.

Konzen, H.: **Arbeitsverhältnisse** im Konzern, in: ZHR, 1987, S. 566 ff.

Koppensteiner, H.-G.: Buchbesprechung von Hommelhoff, P.: Die **Konzernleitungspflicht**, in: AG, 1983, S. 230 ff.

Koppensteiner, H.-G.: §§ 15 -21, §§ 291 - 328, in: Zöllner (Hrsg.): Kölner Kommentar zum **Aktiengesetz**, 2. Aufl., 1987 ff.

Körbich, M.: Die Erstellung und Veröffentlichung von **Zwischenberichten** nach bisheriger Regelung und nach neuem Recht, in: DB, 1989, S. 1477 ff.

Kort, M.: Das **Informationsrecht** des Gesellschafters der Konzernobergesellschaft, in: ZGR, 1987, S. 46 ff.

Kraft, A.: §§ 1 - 11, §§ 23 - 53, in: Zöllner (Hrsg.): Kölner Kommentar zum **Aktiengesetz**, 2. Aufl., 1987 ff.

Krehl, J.: Möglichkeiten der **Konzernbilanzanalyse**, in: HdK, 1989, S. 83 ff.

Kretschik, K.: Die **Gewinnverwendung** im Konzern unter Berücksichtigung konzernhaftungsrechtlicher Rahmenbedingungen, Diss., Bochum, 1991.

Kreyszig, E.: **Statistische Methoden** und ihre Anwendungen, 7. Aufl., 1979.

Krieger, G.: Der **Konzern** in Fusion und Umwandlung, in: ZGR, 1990, S. 517 ff.

Kronstein, K.: Die abhängige **juristische Person**, 1931.

Kropff, B.: **Aktiengesetz**, 1965.

Kropff, B.: Der "faktische Konzern" als **Rechtsverhältnis**, in: DB, 1967, S. 2148 ff., S. 2204 ff.

Kropff, B.: Zur **Konzernleitungspflicht**, in: ZGR, 1984, S. 112 ff.

Krumnow, J.: **Bilanzanalyse** auf der Basis der neuen Rechnungslegungsvorschriften, in: ZfbF, 1985, S. 803 ff.

Krumnow, J.: **Kreditinstitute**, Rechnungswesen der, in: Busse von Colbe (Hrsg.): Lexikon des Rechnungswesens, 2. Aufl., 1991, S. 360 ff.

Kruschwitz, L.: Irrelevanz der **Dividendenpolitik**, in: WISU, 1990, S. 420 ff.

Krüsselberg, H.-G.: **Property Rights-Theorie** und Wohlfahrtsökonomik, in: Schüller (Hrsg.): Property Rights und ökonomische Theorie, 1983, S. 45 ff.

Kübler, F.: **Transparenz** am Kapitalmarkt, in: AG, 1977, S. 85 ff.

Kübler, F.: **Gesellschaftsrecht**, 1981.

Kübler, F.: Verrechtlichung von **Unternehmensstrukturen**, in: Kübler (Hrsg.): Verrechtlichung von Wirtschaft, Arbeit und sozialer Solidarität, 1984, S. 167 ff.

Kübler, F.: Sind zwingende **Bezugsrechte** wirtschaftlich sinnvoll?, in: ZBB, 1993, S. 1 ff.

Kübler, F./Schmidt, R.H.: Gesellschaftsrecht und **Konzentration**, 1988.

Kübler, F./Mendelson, M./Mundheim, R.H.: Die **Kosten des Bezugsrechts**, in: AG, 1990, S. 461 ff.

Külp, B.: **Wohlfahrtsökonomik** I: Grundlagen, in: HdWW, Bd. 9, 1982, S. 469 ff.

Küting, K.: **Unternehmenspolitische Aspekte** bei der Wahl zwischen einem faktischen und einem Vertragskonzern, in: DBW, 1980, S. 375 ff.

Küting, K.: Ein erneutes Plädoyer für eine **Einheitsbesteuerung**, in: DB, 1990, S. 489 ff.

Küting, K./Zündorf, H.: **§ 312**, in: HdK, 1989, S. 1517 ff.

Landau, L.: Die **Aktiengesellschaft** als Aktionär, 1906.

Landesberger, K.: Welche Maßregeln empfehlen sich für die rechtliche Behandlung der **Industrie-Kartelle**?, in: Verhandlungen des 26. DJT, Bd. 2, 1902, S. 264 ff.

Landgraf, R.: "**Gewinnschätzungen** in den Prospekt aufnehmen", in: Handelsblatt, 11.6.1992, S. 35.

Lanfermann, J.: **Konzernabschluß**, in: Busse von Colbe (Hrsg.): Lexikon des Rechnungswesens, 2. Aufl., 1991, S. 330 ff.

Langenbucher, G.: **Umrechnung** von Valutaposten, in: Busse von Colbe (Hrsg.): Lexikon des Rechnungswesens, 2. Aufl., 1991, S. 545 ff.

Laske, S.: **Unternehmensinteresse** und Mitbestimmung, in: ZGR, 1979, S. 173 ff.

Laux, H.: Grundfragen der **Organisation**, 1979.

Laux, H.: **Tantiemesysteme** für die Investitionssteuerung, in: ZfB, 1975, S. 597 ff.

Laux, H.: **Grundprobleme** der Ermittlung optimaler erfolgsabhängiger Anreizsysteme, in: ZfB, 1988, S. 24 ff.

Lehertshuber, B.: **Unternehmensvertragsrecht** und Konzernhandelsbilanz, 1986.

Lehmann, J.: Die gesetzlichen **Minderheitenrechte** in Aktiengesellschaften, in: AG, 1983, S. 113 ff.

Lehmann, K.: Die geschichtliche **Entwicklung** des Aktienrechts bis zum Code de Commerce, 1885.

Lehmann, M.: Schranken der beschränkten Haftung - Zur **ökonomischen Legitimation** des Durchgriffs bei der GmbH, in: GmbHR, 1992, S. 200 ff.

Leipold, H./Schüller, A.: Unternehmen und **Wirtschaftsordnung**: Zu einem integrierenden dynamischen Erklärungsansatz, in: Leipolt/ Schüller (Hrsg.): Zur Interdependenz von Unternehmens- und Wirtschaftsordnung, 1986, S. 3 ff.

Lenel, H.O.: Ursachen der **Konzentration**, 2. Aufl., 1968.

Lenel, H.O.: Über die Märkte für **Unternehmenskontrolle**, in: Borchert/Fehl/Oberender (Hrsg.): Markt und Wettbewerb, 1987, S. 143 ff.

Lenel, H.O.: Über den **Markt** für Unternehmenskontrolle, in: Gröner (Hrsg.): Der Markt für Unternehmenskontrolle, 1992, S. 9 ff.

Lev, B.: Financial Statement **Analysis** - A New Approach, 1974.

Levy, R.A.: On the Short Term **Stationarity** of Beta Coefficient, in: Financial Analysts Journal, 1971, S. 55 ff.

Lewellen, W.G.: A Pure Financial Rationale for the **Conglomerate Merger**, in: JoF, 1971, S. 521 ff.

Liefmann, R.: **Kartelle** und Trusts und die Weiterentwicklung der volkswirtschaftlichen Diskussion, 5. Aufl., 1922.

Liefmann, R.: Kartelle, **Konzerne** und Trusts, 8. Aufl., 1930.

Link, R.: **Aktienmarketing** in deutschen Publikumsgesellschaften, 1991.

Linnhoff, U.: Gewinnermittlung und **Gewinnverwendung** im Konzern, unveröffentlichter Arbeitsbericht, Erftstadt/Liblar, 1992.

Linnhoff, U./Pellens, B.: **Ausschüttungspolitik** deutscher Konzerne, in: ZfbF, 1987, S. 987 ff.

Lintner, J.: Distribution of Income of Corporations among **Dividends**, Retained Earnings, and Taxes, in: The American Economic Review, Vol. 46, 1956, S. 97 ff.

Löffler, E.: Der Konzern als **Finanzintermediär**, 1991.

Lohse, G.: Aufstellung und **Analyse** von Weltabschlüssen in der Bundesrepublik Deutschland, Diss., Kiel, 1977.

Long, J.: The market valuation of **cash dividends**: A case to consider, in: JoFE, Vol. 6, 1978, S. 235 ff.

Luchterhand, H.F.: **Leitungsmacht** und Verantwortlichkeit im faktischen Konzern, in: ZHR, 1970, S. 1 ff.

Lutter, M.: Die Rechte der Gesellschafter bei Abschluß fusionsähnlicher **Unternehmensverbindungen**, 1974.

Lutter, M.: Zur **Binnenstruktur** des Konzerns, in: Hefermehl/Gmür/Brox (Hrsg.): Festschrift für Harry Westermann, 1974, S. 347 ff.

Lutter, M.: **Mitbestimmung** im Konzern, 1975.

Lutter, M.: Das **Konzernrecht der Bundesrepublik** Deutschland: Ziele, Wirklichkeit und Bewährung, in: Schweizerische Aktiengesellschaft, 1976, S. 152 ff.

Lutter, M.: Materielle und förmliche Erfordernisse eines **Bezugsrechtsausschlusses**, in: ZGR, 1979, S. 401 ff.

Lutter, M.: **Theorie der Mitgliedschaft**, in: AcP, 1980, S. 84 ff.

Lutter, M.: **Holdingprobleme**. Bemerkungen zu einem Urteil des schweizerischen Bundesgerichts, in: JZ, 1981, S. 216 ff.

Lutter, M.: **Europäisches Gesellschaftsrecht**, in: ZGR, Sonderheft Nr. 1, 1984.

Lutter, M.: Information und Vertraulichkeit im **Aufsichtsrat**, 2. Aufl., 1984.

Lutter, M.: Der Konzern in der **Insolvenz**, in: ZfB, 1984, S. 781 ff.

Lutter, M.: **Organzuständigkeiten** im Konzern, in: Lutter/Mertens/Ulmer (Hrsg.): Festschrift für W. Stimpel, 1985, S. 825 ff.

Lutter, M.: **Rücklagenbildung** im Konzern, in: Havermann (Hrsg.): Bilanz- und Konzernrecht - Festschrift für R. Goerdeler, 1987, S. 327 ff.

Lutter, M.: Stand und **Entwicklung des Konzernrechts** in Europa, in: ZGR, 1987, S. 324 ff.

Lutter, M.: 100 Bände **BGHZ**: Konzernrecht, in: ZHR, 1987, S. 444 ff.

Lutter, M.: §§ 53a - 75, §§ 182 - 240, in: Zöllner (Hrsg.): Kölner Kommentar zum **Aktiengesetz**, 2. Aufl., 1987 ff.

Lutter, M.: Zur Reform von **Umwandlung** und Fusion, in: ZGR, 1990, S. 392 ff.

Lutter, M.: Der **qualifizierte faktische Konzern**, in: AG, 1990, S. 179 ff.

Lutter, M./Krieger, G.: Rechte und Pflichten des **Aufsichtsrats**, 2. Aufl., 1989.

Mag, W.: Einführung in die betriebliche **Personalplanung**, 1986.

Manne, H.G.: Mergers and the Market for **Corporate Control**, in: Journal of Political Economics, 1965, S. 110 ff.

Marshall, R.M.: Interpreting the **API**, in: AR, 1975, S. 103 ff.

Martens, K.-P.: Die **Entscheidungsautonomie** des Vorstandes und die "Basisdemokratie" in der Aktiengesellschaft, in: ZHR, 1983, S. 377 ff.

Maul, K.-H.: Der **Abhängigkeitsbericht** im künftigen Konzernrecht - Ein Vergleich zwischen der Regelung des Vorentwurfs zur 9. EG-Richtlinie und der des geltenden Aktienrechts, in: DB, 1985, S. 1749 ff.

May, A.: Zum Stand der empirischen Forschung über **Informationsverarbeitung** am Aktienmarkt, in: ZfbF, 1991, S. 313 ff.

Meier-Schatz, C.J.: **Managermacht** und Marktkontrolle, in: ZHR, 1985, S. 76 ff.

Merkt, H.: **US-amerikanisches Gesellschaftsrecht**, 1991.

Mertens, H.-J.: §§ 76 - 117, §§ 278 - 290, in: Zöllner (Hrsg.): Kölner Kommentar zum **Aktiengesetz**, 2. Aufl., 1987 ff.

Mertens, H.-J.: Der **Aktionär** als Wahrer des Rechts?, in: AG, 1990, S. 49 ff.

Mertens, H.-J.: Förderung von, Schutz vor, Zwang zu **Übernahmegeboten**, in: AG, 1990, S. 252 ff.

Mestmäcker, E.-J.: Verwaltung, **Konzerngewalt** und Rechte der Aktionäre, 1958.

Meyer, W.: Entwicklung und Bedeutung des Property Rights-Ansatzes in der **Nationalökonomie**, in: Schüller (Hrsg.): Property Rights und ökonomische Theorie, 1983, S. 1 ff.

Michaelis, E.: Organisation unternehmerischer Aufgaben - **Transaktionskosten** als Beurteilungskriterium, 1985.

Milde, H.: **Dividendenhöhe** als Signal, in: WiSt, 1990, S. 334 ff.

Miles, J.A./Rosenfeld, J.D.: The Effect of Voluntary **Spin-off** Announcements on Shareholder Wealth, in: JoF, 1983, S. 1597 ff.

Miller, M./Modigliani, F.: **Dividend Policy**, Growth and the Valuation of Shares, in: Journal of Business, 1961, S. 411 ff.

Miller, M./Rock, K.: **Dividend Policy** under Asymmetric Information, in: JoF, 1985, S. 1031 ff.

Mises, L. von: **Nationalökonomie**: Theorie des Handelns und Wirtschaftens, 1940.

Mohnfeld, J.: Externe Analyse von **Konzernbilanzen**, Diss., Bonn, 1975.

Möller, H.P.: **Bilanzkennzahlen** und Ertragsrisiken des Kapitalmarktes, 1986.

Möller, H.P.: Die **Informationseffizienz** des deutschen Kapitalmarktes - Eine Zusammenfassung und Analyse empirischer Untersuchungen, in: ZfbF, 1985, S. 500 ff.

Möller, H.P.: Probleme und Ergebnisse kapitalmarktorientierter empirischer **Bilanzforschung** in Deutschland, in: BFuP, 1983, S. 285 ff.

Monopolkommission: VII. **Hauptgutachten** 1986/87, in: BT-Drucksache 11/2677 vom 19.7.1988.

Moonitz, M.: The Entity Theory of **Consolidated Statements**, 1944.

Möschel, W.: Effizienz und **Wettbewerbspolitik**, in: WiSt, 1986, S. 341 ff.

Moxter, A.: Der Einfluß von **Publizitätsvorschriften** auf das unternehmerische Verhalten, 1962.

Moxter, A.: **Präferenzstruktur** und Aktivitätsfunktion des Unternehmens, in: ZfbF, 1964, S. 6 ff.

Moxter, A.: **Bilanzlehre**, Bd. 1, 3. Aufl., 1984.

Mrotzek, R.: Bewertung direkter **Auslandsinvestitionen**, 1989.

Mühlbradt, F.W.: Chancen und Risiken der **Aktienanlage**, 2. Aufl., 1978.

Müller, H.: **Konzernabschluß** nach neuem Bilanzrecht aus der Sicht des Analysten, in: Die Bank, 1988, S. 35 ff.

Müller, R.H.: Der **Mißbrauch** der Verwaltungsrechte des Aktionärs, 1973.

Müller-Erzbach, R.: Recht der **Mitgliedschaft**, 1948.

Münstermann, H.: **Konsolidierte Bilanzen** deutscher Konzerne, in: ZfhF, 1957, S. 348 ff.

Myers, S.C./Majulf, N.S.: **Corporate Financing** and Investment Decision when Firms have Information that Investors do not have, in: JoFE, Vol. 13, 1984, S. 187 ff.

Nanda, V.: On the Good News in **Equity Carve-Outs**, in: JoF, 1991, S. 1717 ff.

Neuber, F.: **Kapitalmarkt** und Effektenbörse, in: Christians (Hrsg.): Finanzierungshandbuch, 2. Aufl., 1988, S. 61 ff.

Neus, W.: Die Aussagekraft von **Agency Costs**, in: ZfbF, 1989, S. 472 ff.

Neus, W.: Ökonomische **Agency-Theorie** und Kapitalmarktgleichgewicht, 1989.

Neus, W.: Emissionskredit und **Reputationseffekte**, in: ZfB, 1993, S. 897 ff.

Nicklisch, H.: Wichtige Fragen der **konsolidierten Bilanz** und der konsolidierten Gewinn- und Verlustrechnung, in: Der Wirtschaftsprüfer, 1932, S. 363 ff.

Niedernhuber, G.: **Ausschüttungsregelungen** für Aktiengesellschaften - Eine ökonomische Analyse -, 1988.

Niedernhuber, G.: Zur Reform der Gewinnverwendung von Aktiengesellschaften im Entwurf der **5. EG-Richtlinie**, in: WPg, 1985, S. 6 ff.

Nienhaus, V.: Externe Effekte, **Transaktionskosten**, Verfügungsrechte und wirtschaftspolitischer Handlungsbedarf, in: List-Forum, 1983/84, S. 258 ff.

Nörr, K.W.: Zur **Entwicklung** des Aktien- und Konzernrechts während der Weimarer Republik, in: ZHR, 1986, S. 155 ff.

Obermeier, G.: Die Bereicherung der Börsenlandschaft durch Verselbständigung von **Konzernunternehmen**, in Fritsch/Liener/Schmidt (Hrsg.): Die deutsche Aktie, 1993, S. 309 ff.

o.V.: **Konzernbilanzen**, in: Wirtschaftstreuhänder, 1935, S. 326 ff.

o.V.: Tendenzen zur **Konzentration**, in: Volkswirt, 1957, S. 296.

o.V.: **Eigenkapitalzufuhr** zur Bewältigung des anstehenden Investitionsschubs, in: Handelsblatt, 6.4.1984, S. 15.

o.V.: **Geteilte Töchter**, in: Das Wertpapier, 1984, S. 457.

o.V.: **Verstrickte Garne**, in: Wirtschaftswoche, Nr. 6, 1987, S. 48 ff.

o.V.: **Bezugsrecht**: Mit oder ohne?, in: Wirtschaftswoche, Nr. 21, 1989, S. 118.

o.V.: Kaufhofs "**Billigtochter**" in guter Form an die Börse, in: Handelsblatt, 23.1.1990, S. 16.

o.V.: **B.U.S.** Berzelius Umwelt-Service Aktiengesellschaft, in: Börsen-Zeitung, 25.1.1990, S. 13 ff.

o.V.: **Erste Notiz** am 5. Februar, in: Handelsblatt, 26.1.1990, S. 18.

o.V.: Viel Zuversicht im **Papierhandel**, in: Frankfurter Allgemeine Zeitung, 6.4.1990, S. 23.

o.V.: Die **Agiv** trennt sich von einem Teil ihres Besitzes, in: Handelsblatt, 11.9.1990, S. 17.

o.V.: Diskussionsbeitrag zum **EUmwG**, in: ZGR, 1990, S. 545 f.

o.V.: Gezielte Strukturierung des **Aktionärskreises**, in: Handelsblatt, 23.01.1991, S. 16.

o.V.: Brauchen **Konzerne** eine Heimatbasis?, in: Handelsblatt, 6.2.1991, S. 15.

o.V.: Die **Verluste** ausländischer Töchter sollen künftig berücksichtigt werden können, in: Handelsblatt, 6.3.1991, S. 4.

o.V.: Die **AM-Leben-Aktie** soll Kaufanreize bieten, in: Börsen-Zeitung, 6.8.1991, S. 7.

o.V.: Die Einbindung von **Siemens Nixdorf** in den Konzern ist das erklärte Ziel, in: Handelsblatt, 23.10.1991, S. 20.

o.V.: Die Aktie der A. Friedr. **Flender** kostet 330 DM, in: Börsen-Zeitung, 6.12.1991, S. 7.

o.V.: **Börsengang**, in: AG, 1992, S. R 54.

o.V.: Balcke-Dürr, Schumag und BSH werden an die **Börse** gebracht, in: Handelsblatt, 12.3.1992, S. 15.

o.V.: Die attraktiven **Tochtergesellschaften** werden ins rechte Licht gerückt, in: Handelsblatt, 6.4.1992, S. 21.

o.V.: Zusätzliche **Standorte** in Asien und Amerika werden geprüft, in: Handelsblatt, 13.5.1992, S. 13.

o.V.: Nach einem **Spitzenjahr** "fit für die Börse", in: Handelsblatt, 25.5.1992, S. 19.

Oberdiek, E./Windisch, R.: Staatseingriffe in **Unternehmensverfassungen**: Sicherung oder Gefährdung externer Haftungsansprüche?, in: Boettcher/Herder-Dorneich/Schenk (Hrsg.): Jahrbuch für Neue Politische Ökonomie, 1987, S. 196 ff.

Oberst, O.: Beitrag zur Frage der **Konzernbilanz**, in: ZfhF, 1930, S. 209 ff.

Ordelheide, D.: **Externes Rechnungswesen**, in: Vahlens Kompendium der Betriebswirtschaftslehre, Bd. 2, 1984, S. 201 ff.

Ordelheide, D.: Der **Konzern** als Gegenstand betriebswirtschaftlicher Forschung, in: BFuP, 1986, S. 293 ff.

Ordelheide, D.: **Endkonsolidierung** bei Ausscheiden eines Unternehmens aus dem Konsolidierungskreis, in: BB, 1986, S. 766 ff.

Ordelheide, D.: **Kapitalkonsolidierung** und Konzernerfolg, in: ZfbF, 1987, S. 292 ff.

Ordelheide, D.: **Konzernerfolgskonzeptionen** und Risikokoordination, in: ZfbF, 1987, S. 975 ff.

Ordelheide, D.: Zu einer neoinstitutionalistischen **Theorie der Rechnungslegung**, in: Budäus/Gerum/Zimmermann (Hrsg.): Betriebswirtschaftslehre und Theorie der Verfügungsrechte, 1988, S. 269 ff.

Ott, C./Schäfer, H.-B.: Lehrbuch der ökonomischen **Analyse des Zivilrechts**, 1986.

Ott, C./Schäfer, H.-B.: Ökonomische Auswirkungen der **EG-Insider-Regulierung** in Deutschland, in: ZBB, 1991, S. 226 ff.

Otto, H.J.: **Übernahmeversuche** bei Aktiengesellschaften und Strategien der Abwehr, in: DB, 1988, Beilage Nr. 12/88.

Ouchi, W.G.: A **Conceptual Framework** for the Design of Organizational Control Mechanisms, in: Management Science, 1979, S. 833 ff.

Ouchi, W.G.: **Markets**, bureaucraties, and clans, in: Administrative Science Quarterly, Vol. 25, 1980, S. 121 ff.

Pahlke, K.: Der vertragliche und faktische **Konzern**: Strukturanalyse und Diskussion der konzernrechtlichen Schutzvorschriften, Diss., Frankfurt, 1986.

Passow, R.: Betrieb, Unternehmung, **Konzern**, 1925.

Passow, R.: Der **Strukturwandel** der Aktiengesellschaft im Lichte der Wirtschaftsenquete, 1930.

Passow, R.: Die **Aktiengesellschaft**, 2. Aufl., 1922.

Pausenberger, E.: **Konzerne**, in: HWB, Bd. 1, 1974, Sp. 2234 ff.

Pausenberger, E.: **Meinungsspiegel**, in: BFuP, 1986, S. 357 ff.

Pausenberger, E.: Zur **Systematik von Unternehmenszusammenschlüssen**, in: WISU, 1989, S. 621 ff.

Peiner, W.: **Konzernstrukturen** von Versicherungen auf Gegenseitigkeit, in: Versicherungswirtschaft, 1992, S. 920 ff.

Pellens, B.: Der **Informationswert** von Konzernabschlüssen, 1989.

Pellens, B.: Die Anwendung der **Equity-Methode** auf ausländische assoziierte Mutterunternehmen, in: DB, 1990, S. 697 ff.; S. 747 ff.

Pellens, B.: **Ad-hoc-Publizitätspflicht** des Managements börsennotierter Unternehmen nach § 44 a BörsG, in: AG, 1991, S. 62 ff.

Pellens, B.: Die Spaltung von Konzernabschlüssen als **Anlegerschutzinstrument** im Konzern, in: ZfbF, 1991, S. 490 ff.

Pellens, B./Linnhoff, U.: Auswirkungen der neuen Rechnungslegungsvorschriften auf die **Unternehmensbeurteilung**, in: WPg, 1989, S. 128 ff.

Perlitz, M.: Die **Prognose des Unternehmenswachstums** aus Jahresabschlüssen deutscher Aktiengesellschaften, 1973.

Pfaff, D.: **Gewinnverwendungsregelungen** als Instrument zur Lösung von Agency-Problemen, 1989.

Pfleger, G.: **Sachverhaltsgestaltung** zwischen inländischen verbundenen Unternehmen als Mittel zur Bilanzpolitik, in: DB, 1982, S. 2145 ff.

Pick, J.J.: **Ausschüttungsregelung** bei Konzernverflechtung, 1985.

Picot, A.: Der Beitrag der Theorie der **Verfügungsrechte** zur ökonomischen Analyse von Unternehmensverfassungen, in: Bohr/Drukarczyk/Drumm/ Scherrer (Hrsg.): Unternehmensverfassung als Problem der Betriebswirtschaftslehre, 1981, S. 153 ff.

Picot, A.: **Transaktionskostenansatz** in der Organisationstheorie: Stand der Diskussion und Aussagewert, in: DBW, 1982, S. 267 ff.

Picot, A.: **Ökonomische Theorien** der Organisation - Ein Überblick über neuere Ansätze und deren betriebswirtschaftliches Anwendungspotential, in: Ordelheide/Rudolph/Büsselmann (Hrsg.): Betriebswirtschaftslehre und ökonomische Theorie, 1991, S. 143 ff.

Picot, A./Dietl, H.: **Transaktionskostentheorie**, in: WiSt, 1990, S. 178 ff.

Picot, A./Michaelis, E.: Verteilung von Verfügungsrechten in Großunternehmungen und **Unternehmensverfassung**, in: ZfB, 1984, S. 252 ff.

Piltz, K.: **Gewinnverwendungspolitik** der Aktiengesellschaft, in: Christians (Hrsg.): Finanzierungshandbuch, 2. Aufl., 1988, S. 627 ff.

Piltz, K.: Weltmarktstrategien und **Erfahrungen** mit dem neuen Bilanzrecht, in: DB, 1989, S. 233 ff.

Planitz, K.: Die **Stimmrechtsaktie**, 1922.

Pohlmann, P.: Die Wahl von **Bewertungskonzeptionen** im externen Jahresabschluß unter besonderer Berücksichtigung von Preisänderungen, 1981.

Pohlmann, P.: Substanz- und **Kapitalerhaltung**, in: Busse von Colbe (Hrsg.): Lexikon des Rechnungswesens, 2. Aufl., 1991, S. 527 ff.

Pohmer, D.: Das Verhältnis der Wirtschaftswissenschaft zur Rechtswissenschaft dargestellt am Beispiel der **Konzerngestaltungen**, in: Raiser/Sauer-mann/Schneider (Hrsg.): Das Verhältnis der Wirtschaftswissenschaft zur Rechtswissenschaft, Soziologie und Statistik, 1964, S. 57 ff.

Pohmer, D.: Redistribution und **Effizienz**, in: Cansier/Kath (Hrsg.): Öffentliche Finanzen, Kredit und Kapital, 1985, S. 187 ff.

Posner, R.A.: The Rights of Creditors of Affiliated **Corporations**, in: The Univer-sity of Chicago Law Review, 1976, S. 499 ff.

Posner, R.A.: **Unternehmenskorporationen**, in: Assmann/Kirchner/ Schanzes (Hrsg.): Ökonomische Analyse des Rechts, 1978, S. 241 ff.

Posner, R.A.: **Economic Analysis** of Law, 3. Aufl., 1986.

Priester, H.-J.: Das gesetzliche **Bezugsrecht** in der GmbH, in: DB, 1980, S. 1925 ff.

Pratt, J.W./Zweckhauser, R.J. (Hrsg.): **Principals** and Agents: The Structure of Business, 1985.

Pumbo, M.: **Steuerbelastung ausländischer Einkünfte** bei Weiterausschüttung - Eine vergleichende Analyse der Reformvorschläge -, in: DB, 1992, S. 1993 ff.

Pütz, P./Willgerodt, H.: Gleiches Recht für **Beteiligungskapital**: Vorschläge zur Reform von Unternehmensrecht und Kapitalmarkt, 1985.

Quassowski, F.: Die Vorschriften der **Aktienrechtsnovelle** über Publizität, eigene Aktien und Einziehung von Aktien, in: JW, 1931, S. 2914 ff.

Raisch, P.: Unternehmensrecht, Bd. II, Aktien- und **Konzernrecht**, Mitbestimmung und Fusionskontrolle, 1974.

Raiser, L.: Die **Konzernbildung** als Gegenstand rechts- und wirtschaftswissenschaftlicher Untersuchung, in: Raiser/Sauermann/ Schneider (Hrsg.): Das Verhältnis der Wirtschaftswissenschaft zur Rechtswissenschaft, Soziologie und Statistik, 1964, S. 51 ff.

Rasch, H.: Deutsches **Konzernrecht**, 1944, 2. Aufl., 1955.

Rasch, H.: Neuere **Entwicklungen** im Konzernrecht, in: Wirtschaft und Wettbe-werb, 1955, S. 534 ff.

Rasch, H.: Neuere **Entwicklungen im Konzernrecht**, in: BB, 1976, S. 1104 ff.

Rasch, H.: Sind auf dem Gebiet des Konzernrechts gesetzgeberische **Maßnahmen** gesellschaftsrechtlich erforderlich?, in: Verhandlungen des 42. DJT, Band I, 1957, S. 5 ff.

Rasner, H.: Der **Abhängigkeitsbericht** des § 312 Aktiengesetz, BB, 1968, S. 1043 ff.

Rathenau, W.: Vom **Aktienwesen** - eine geschäftliche Betrachtung, 1917.

Ratjen, K.G.: Die externe **Eigenfinanzierung** bei Kapitalgesellschaften, in: Christians (Hrsg.): Finanzierungshandbuch, 1980, S. 67 ff.

Rehbinder, E.: Buchbesprechung zu Hommelhoff, P., Die **Konzernleitungspflicht**, in: ZHR, 1983, S. 464 ff.

Rehbinder, E.: Gesellschaftsrechtliche Probleme mehrstufiger **Unternehmensverbindungen**, in: ZGR, 1977, S. 581 ff.

Rehbinder, E.: **Konzernaußenrecht** und allgemeines Privatrecht, 1969.

Rehbinder, E.: **Minderheiten- und Gläubigerschutz** im faktischen GmbH - Konzern, in: AG, 1986, S. 85 ff.

Rehbinder, E.: Zum konzernrechtlichen Schutz der Aktionäre einer **Obergesellschaft**, in: ZGR, 1983, S. 92 ff.

Reinhard, H.: **Ausgliederung** und Einbringung eines Unternehmensbereichs, unveröffentlichtes Vortragsmanuskript, Ruhr-Universität Bochum, 1990.

Reischauer, F./Kleinhans, J.: **Kreditwesengesetz**, Bd. 1, 1963 ff.

Reuter, A.: Das **Auskunftsrecht** des Aktionärs - neuere Rechtsprechung zu § 131 AktG, in: DB, 1988, S. 2615 ff.

Reuter, E.: **Analyse** von Weltabschlüssen nach Bilanzrichtlinien-Gesetz, in: ZfB, 1988, S. 285 ff.

Ridder-Aab, C.-M.: Die moderne Aktiengesellschaft im Licht der Theorie der **Eigentumsrechte**, 1980.

Ritter, J.R.: The **Cost** of Going Public, in: JoFE, Vol. 19, 1987, S. 269 ff.

Rittner, F.: **Konzernorganisation** und Privatautonomie, in: AcP, 1983, S. 295 ff.

Rock, K.: Why new Issues are **underpriced**, in: JoFE, Vol. 15, 1986, S. 187 ff.

Rodewald, B.: Die Portfolio-Selection Theorie als Entscheidungshilfe für die **Wertpapierplanung**, 1974.

Roitzsch, K.: Der **Minderheitenschutz** im Verbandsrecht, 1981.

Roll, R.A.: A Critique of the Asset **Pricing** Theory's Tests, in: JoFE, Vol. 4, 1977, S. 129 ff.

Röpke, J.: Die **Strategie** der Innovation, 1977.

Röpke, J.: Externes **Unternehmenswachstum** im ökonomischen Evolutionsprozeß, in: ORDO, 1990, S. 151 ff.

Ross, S.A.: The determination of financial structure: the incentive-**signalling** approach, in: The Bell Journal of Economics, Vol. 8, 1977, S. 23 ff.

Roth, G.H.: Die **Herrschaft** der Aktionäre in der Publikums-AG als Gegenstand rechtssoziologischer Betrachtung, in: Kruse (Hrsg.): Festschrift für Heinz Paulick, 1973.

Roth, G.H.: **Unternehmensverfassung**, Vermögensbeteiligung und Anlegerschutz, in: AG, 1976, S. 176 ff.

Rudolph, B.: **Kreditsicherheiten** als Instrument zur Umverteilung und Begrenzung von Kreditrisiken, in: ZfbF, 1984, S. 16 ff.

Säcker, F.J.: Die Rechte der **Aktionäre** bei konzerninternen Umstrukturierungen gemäß §§ 304 f. AktG, in: DB, 1988, S. 271 ff.;

Säcker, F.J.: Zur Problematik von **Mehrfachfunktionen** im Konzern, in: ZHR, 1987, S. 59 ff.

Sahling, C.: Die Reaktion des Aktienmarktes auf wesentliche **Ausschüttungsän-derungen**, 1981.

Sautter, M.T.: Strategische Analyse von **Unternehmensakquisitionen**, 1989.

Schacht, G.: Die deutsche **Kapitalmarktaufsicht** im internationalen Vergleich, 1980.

Schäfer, A.F.: Grundzüge des neuen **Börsenrechts**, in: ZIP, 1987, S. 953 ff.

Scheffler, E.: Der qualifizierte faktische **Konzern**, in: AG, 1990, S. 173 ff.

Scheffler, E.: **Konzernmanagement** - Betriebswirtschaftliche und rechtliche Grundlagen der Konzernführungspraxis, 1992.

Scheffler, W.: Grundzüge zur **Besteuerung** von inländischen Konzernen, in: DBW, 1991, S. 701 ff.

Schierenbeck, H.: Der **Pyramiden-Effekt** im verschachtelten Konzern, in: DBW, 1980, S. 249 ff.

Schildbach, T.: **Jahresabschluß** und Markt, 1986.

Schildbach, T.: Überlegungen zu Grundlagen einer **Konzernrechnungslegung**, in: WPg, 1989, S. 157 ff.; S. 199 ff.

Schildbach, T.: Überlegungen zur Zukunft des Verhältnisses von Handels- und **Steuerbilanz**, in: BfuP, 1989, S. 123 ff.

Schipper, K./Smith, A.: The Corporate **Spin-off** Phenomenon, in: Midland Corporate Finance Journal, 1984, S. 27 ff.

Schipper, K./Smith, A.: A Comparison of **Equity Carve-Outs** and Seasoned Equity Offerings, in: JoFE, Vol. 15, 1986, S. 153 ff.

Schlegelberger, F.: Die Erneuerung des deutschen **Aktienrechts**, 1935.

Schlegelberger, F./Quassowski, L./Schmölder, K.: Verordnung über **Aktienrecht**, 1933.

Schmalenbach, E.: Die **Aktiengesellschaft**, 7. Aufl., 1950.

Schmalenbach-Gesellschaft, Arbeitskreis Finanzierung: Analyse der für die Entwicklung eines **Buy-out-Marktes** notwendigen Bedingungen in der Bundesrepublik Deutschland unter besonderer Berücksichtigung von MBOs, in: ZfbF, 1990, S. 830 ff.

Schmidt, F.: **Bilanzpolitik** deutscher Aktiengesellschaften, 1979.

Schmidt, H.: **Börsenorganisation** zum Schutz der Anleger, 1970.

Schmidt, H.: Marktorganisationsbestimmte Kosten und **Transaktionskosten** als börsenpolitische Kategorien, in: Kredit und Kapital, 1983, S. 184 ff.

Schmidt, K.: **Gesellschaftsrecht**, 1986.

Schmidt, R.H.: Anlegerschutz und die rechtliche Regelung von **Übernahmeangeboten**, in: Boettcher/Herder-Dorneich/Schenk (Hrsg.): Jahrbuch für Neue Politische Ökonomie, 1987, S. 180 ff.

Schmidt, R.H.: **Organisationstheorie**, transaktionskostenorientierte, in: HWO, 3. Aufl., 1992, Sp. 1854 ff.

Schmidt, R.H.: **Rechnungslegung** als Informationsproduktion auf nahezu effizienten Kapitalmärkten, in: ZfbF, 1982, S. 728 ff.

Schmidt, R.H./Dietz, F./Fellermann, S./Hellmann, N./Schommer, K.-P./Tyrell, M./Wilwerding, G.: Underpricing bei deutschen Erstemissionen 1984/85, in: ZfB, 1988, S. 1193 ff.

Schmidtchen, D.: Evolutorische **Ordnungstheorie** oder: Die Transaktionskosten und das Unternehmen, in: ORDO, 1989, S. 161 ff.

Schmidtchen, D.: Jenseits von Maximierung, Gleichgewicht und Effizienz: Neuland für die ökonomische **Analyse des Rechts**, in: Ott/Schäfer (Hrsg.): Ökonomische Probleme des Zivilrechts, 1991, S. 316 ff.

Schmitz, R.: **Going Public** von Tochtergesellschaften deutscher Konzerne, in: ZfgK, 1993, S. 842 ff.

Schneider, D.: **Steuerbilanzen**, 1978.

Schneider, D.: **Kapitalanlagevorschriften** und Verbraucherschutz, in: ZfbF, Sonderheft Nr. 16, 1983, S. 5 ff.

Schneider, D.: Betriebswirtschaftliche **Gewinnermittlung** oder ökonomische Analyse des Bilanzrechts?, in: ZfbF, 1983, S. 1040 ff.

Schneider, D.: Die Unhaltbarkeit des Transaktionskostenansatzes für die "Markt oder Unternehmung"-Diskussion, in: ZfB, 1985, S. 1237 ff.

Schneider, D.: **Ausweichhandlungen** vor Regulierungen auf Finanzmärkten als Prüfstein wettbewerbspolitischer Konzepte, in: ORDO, 1986, S. 155 ff.

Schneider, D.: Die Erklärung hierarchischer Unternehmensorganisationen aus der Unternehmerfunktion im Wettbewerb: Anfänge einer institutionellen **Marktprozeßtheorie**?, in: Leipolt/Schüller (Hrsg.): Zur Interdependenz von Unternehmens- und Wirtschaftsordnung, 1986, S. 41 ff.

Schneider, D.: Mindestnormen zur Eigenkapitalausstattung als Beispiel unbegründeter **Kapitalmarktregulierung**?, in: Schneider (Hrsg.): Kapitalmarkt und Finanzierung, 1987, S. 85 ff.

Schneider, D.: Allgemeine **Betriebswirtschaftslehre**, 2. Aufl., 1985, 3. Aufl., 1987.

Schneider, D.: **Regulierungen** zur Gewaltenteilung in Unternehmensverfassungen als Teil einer Ordnungspolitik unter Unsicherheit?, in: Cassel/ Ramb/Thieme (Hrsg.): Ordnungspolitik, 1988, S. 185 ff.

Schneider, D.: Neubegründung der Betriebswirtschaftslehre aus **Unternehmerfunktionen**, in: Kobe University (Hrsg.): The Annals of the School of Business Administration, 1988, S. 31 ff.

Schneider, D.: Erste Schritte zu einer Theorie der **Bilanzanalyse**, in: WPg, 1989, S. 633 ff.

Schneider, D.: Unternehmerfunktionen oder **Transaktionskostenökonomie** als Grundlage für die Erklärung von Institutionen?, in: ZfB, 1991, S. 371 ff.

Schneider, D.: Märkte zur **Unternehmenskontrolle** und Kapitalstrukturrisiko, in: Gröner (Hrsg.): Der Markt für Unternehmenskontrolle, 1992, S. 39 ff.

Schneider, D.: **Investition**, Finanzierung und Besteuerung, 7. Aufl., 1992.

Schneider, D.: **Hochsteuerland** Bundesrepublik Deutschland 1994/95, in: DB, März 1994, im Druck.

Schneider, U.H.: Die **Mitverwaltungsrechte** der Gesellschafter in der verbundenen GmbH - Überlegungen zu einer Binnenordnung im Konzern, in: Centrale für GmbH (Hrsg.): Der GmbH-Konzern, 1976.

Schneider, U.H.: **Konzernleitung** als Rechtsproblem, in: BB, 1981, S. 249 ff.

Schneider, U.H.: Das Recht der **Konzernfinanzierung**, in: ZGR, 1984, S. 511 ff.

Schneider, U.H.:Die Gründung von faktischen **GmbH-Konzernen** - Zuständigkeiten und Finanzierung -, in: Hommelhoff/Semmler/Doralt/Roth (Hrsg.): Entwicklungen im GmbH-Konzernrecht, ZGR Sonderheft Nr. 6, 1986, S. 121 ff.

Schneider, U.H.: Die vertragliche Ausgestaltung der **Konzernverfassung**, in: BB, 1986, S. 1994 ff.

Schneider, U.H.: **Genußrechte** an Konzernunternehmen, in: Havermann (Hrsg.): Bilanz- und Konzernrecht - Festschrift für R. Goerdeler, 1987, S. 511 ff.

Schneider, U.H.: Auf dem Weg in den **Pensionskassenkorporatismus?**, in: AG, 1990, S. 317 ff.

Schockenhoff, M.: **Gesellschaftsinteresse** und Gleichbehandlung beim Bezugsrechtsausschluß, 1988.

Schörner, P.: Gesetzliches **Insiderhandelsverbot** - eine ordnungspolitische Analyse -, 1991.

Schredelseker, K.: **Eigentümerkontrolle** in der großen Aktiengesellschaft, 1975.

Schreib, H.P.: **Schnell und flexibel** anpassen!, in: Wertpapier, 1987, S. 221 ff.

Schüller, A.: Property Rights, unternehmerische Legitimation und **Wirtschaftsordnung**, in: Schenk (Hrsg.): Ökonomische Verfügungsrechte und Allokationsmechanismen in Wirtschaftssystemen, 1978, S. 29 ff.

Schüller, A.: **Eigentumsrechte**, Unternehmenskontrolle und Wettbewerbsordnung, in: ORDO, 1979, S. 325 ff.

Schüller, A. (Hrsg.): Property Rights und **ökonomische Theorie**, 1983.

Schüller, A.: **Einführung**, in: Schüller (Hrsg.): Property Rights und ökonomische Theorie, 1983, S. VII ff.

Schüller, A.: **Property Rights**, Theorie der Firma und wettbewerbliches Marktsystem, in: Schüller (Hrsg): Property Rights und ökonomische Theorie, 1983, S. 145 ff.

Schüller, A.: **Ökonomik** der Eigentumsrechte in ordnungstheoretischer Sicht, in: Cassel/Ramb/Thieme (Hrsg.): Ordnungspolitik, 1988, S. 155 ff.

Schwalbach, J.: Principal/Agent-Problem, **Managervergütung** und Unternehmenserfolg, Forschungsbericht des Instituts für Allgemeine Betriebswirtschaftslehre der FU Berlin, 1990, Nr. 90-4.

Schwark, E.: **Börsengesetz**, 1976.

Schwark, E.: **Anlegerschutz** durch Wirtschaftsrecht, 1979.

Schwark, E.: Das neue **Kapitalmarktrecht**, in: NJW, 1987, S. 2041 ff.

Schwark, E.: **Reform** des Börsengesetzes, in: IdW (Hrsg.): Börse und Börsenmaklerprüfung, 1990, S. 12 ff.

Schweers, U.: Internationaler **Vergleich von Ausschüttungsquoten** auf der Basis der Konzernergebnisse, unveröffentlichte Diplomarbeit am Seminar für Theoretische Betriebswirtschaftslehre der Ruhr-Universität Bochum, 1990.

Schweizer, U.: Externalities and the **Coase Theorem**: Hypothesis or Result?, in: JITE, 1988, S. 245 ff.

Schwieters, N.: Gläubigerschutz durch **Insolvenzrecht** als Problem der Wettbewerbsordnung, 1989.

Semler, J.: Die Überwachungsaufgabe des **Aufsichtsrates**, 1980.

Semler, J.: Einschränkung der **Verwaltungsbefugnis** in einer Aktiengesellschaft, in: BB, 1983, S. 1566 ff.

Sharpe, W.F.: A Simplified Model for **Portfolio Analysis**, in: Management Science, 1963, S. 277 ff.

Sieben, G./Schildbach, T.: Substanz- und **Kapitalerhaltung**, in: HWR, 2. Aufl., 1981, Sp. 1511 ff.

Sigle, H.: **Konzerngestaltungspolitik**, in: BFuP, 1986, S. 313 ff.

Simon, F.A: **Rationality** as a Process and as a Product of Thought, in: American Economic Review, 1977, S. 6 f.

Slagter, W.J.: Der heutige Stand des Konzernrechts in den **Niederlanden**, in: ZGR, 1992, S. 1 ff.

Smith, C.W.: Alternative Methods For **Raising Capital** - Rights versus Underwritten Offerings, in: JoFE, Vol. 5, 1977, S. 273 ff.

Smith, C.W.: **Investment Banking** and the Capital Acquisition Process, in: JoFE, Vol. 15, 1986, S. 3 ff.

Smith, C.W./Warner, J.B.: On **Financial Contracting**: An Analysis of Bond Covenants, in: JoFE, Vol. 7, 1979, S. 117 ff.

Smith, C.W./Watts, R.L.: **Incentive** and Tax Effects of Executive Compensation Plans, in: Australian Journal of Management, 1982, S. 139 ff.

Spence, M.: Job Market Signalling, in: The Quarterly Journal of Economics, 1973, S. 355 ff.

Spindler, H.-J.: **Kapitalmarktrisiko** und Performance mehrdimensionaler diversifizierter Unternehmen, 1985.

Spremann, K.: Asymmetrische **Informationsverteilung**, in: ZfB, 1990, S. 561 ff.

Spremann, K.: Investition und **Finanzierung**, 3. Aufl., 1990.

Statistisches Bundesamt: **Unternehmen und Arbeitsstätten**, Fachserie 2, 1951 ff.

Statistisches Bundesamt: **Wirtschaft und Statistik**, 1951 ff.

Statistisches Bundesamt: **Geld und Kredit,** Fachserie 9, Reihe 2, Aktienmärkte, 1988.

Statistisches Reichsamt: **Statistisches Jahrbuch**, 1906 ff.

Statistisches Reichsamt: **Wirtschaft und Statistik**, 1924 ff.

Steinmann, H./Schreyögg, G./Dütthorn, C.: **Managerkontrolle** in deutschen Großunternehmen - 1972 und 1979 im Vergleich, in: ZfB, 1983, S. 4 ff.

Stevenson, F.L.: New Evidence on **LIFO** Adoptions: The Effects of More Precise Event Dates, in: JoAR, 1987, S. 306 ff.

Stiglitz, J.E.: **Credit** markets and the control of capital, in: Journal of Money, Credit and Banking, 1985, S. 133 ff.

Streim, H.: Grundzüge der handels- und steuerrechtlichen **Bilanzierung**, 1987.

Strömer, J.: **Ausschüttungspolitik** und Unternehmenswert von Publikumsgesellschaften, Diss., Frankfurt, 1973.

Strong, J.S./Meyer, J.R.: **Asset** Writedowns: Managerial Incentives and Security-Returns, in: JoF, 1987, S. 643 ff.

Strong, N./Walker, M.: **Information** and Capital Markets, 1987.

Stuhrmann, G.: Anrechnung von **Konzernvordienstzeiten** bei Pensionsrückstellungen nach § 6a EstG, in: BB, 1988, S. 2348 ff.

Stützel, W.: Aktienrechtsreform und **Konzentration**, in: Arndt (Hrsg.): Die Konzentration in der Wirtschaft, Bd. 2, 1960, S. 907 ff.

Stützel, W.: Bemerkungen zur **Bilanztheorie**, in: ZfB, 1967, S. 314 ff.

Stützel, W.: Die Aktie und die volkswirtschaftliche **Risikoallokation**, in: Jung u.a. (Hrsg.): Geld und Versicherung, 1981, S. 193 ff.

Süchting, J.: Zur Problematik von **Kapitalkosten-Funktionen** in Finanzierungsmodellen, in: ZfB, 1979, S. 329 ff.

Süchting, J.: **Bankbetriebe**, Rechnungswesen der, in: HWR, 2. Aufl., 1981, Sp. 109 ff.

Süchting, J.: **Finanzmarketing** auf den Aktienmärkten, in: ZfgK, 1986, S. 654 ff.

Süchting, J.: **Finanzmanagement**, 5. Aufl., 1989.

Süchting, J.: Zur **Funktionsfähigkeit** des deutschen Kapitalmarktes, in: Bruns/ Häuser (Hrsg.): Strukturwandel am deutschen Kapitalmarkt, 1989, S. 155 ff.

Sünner, E.: **Take-overs**, made in USA, in: AG, 1987, 276 ff.

Swoboda, P.: **Kapitalmarkt** und Unternehmensfinanzierung - Zur Kapitalstruktur der Unternehmung, in: Schneider (Hrsg.): Kapitalmarkt und Finanzierung, 1987, S. 49 ff.

Swoboda, P.: Betriebliche **Finanzierung**, 2. Aufl., 1991.

Teichmann, A.: Die **Spaltung** von Rechtsträgern als Akt der Vermögensübertragung, in: ZGR, 1993, S. 396 ff.

Teubner, G.: **Unitas Multiplex** - Das Konzernrecht in der neuen Dezentralität der Unternehmensgruppen, in: ZGR, 1991, S. 189 ff.

Theisen, M.R.: Vorüberlegungen zu einer **Konzernunternehmungslehre**, in: DBW, 1988, S. 279 ff.

Theisen, M.R.: Der **Konzern** - Betriebswirtschaftliche und rechtliche Grundlagen der Konzernunternehmung, 1991.

Thomas, J.: **Rücklagenbildung** im Konzern, in: ZGR, 1985, S. 365 ff.

Tichy, G.: Die wissenschaftliche Aufarbeitung der **Merger-Mania**. Neue Erkenntnisse für die Wettbewerbspolitik?, in: KYKLOS, 1990, S. 437 ff.

Tietzel, M.: Die Ökonomie der **Property Rights**: Ein Überblick, in: Zeitschrift für Wirtschaftspolitik, 1981, S. 207 ff.

Timm, W.: Die Aktiengesellschaft als **Konzernspitze**, 1980.

Timm, W.: **Hauptversammlungskompetenzen** und Aktionärsrechte in der Konzernspitze, in: AG, 1980, S. 172 ff.

Timm, W.: Neuere **Entwicklungen** im GmbH-(Vertrags-) Konzernrecht, in: GmbHR, 1992, S. 213 ff.

Töpfer, A.: **Euro-Audit**: Erfolgreiche Vorbereitung mittelständischer Unternehmen auf den europäischen Binnenmarkt, in: ZfO, 1990, S. 29.

Trescher, K.: **Unternehmensverfassung** im Konzern, in: Eichhorn (Hrsg.): Unternehmensverfassung in der privaten und öffentlichen Wirtschaft, 1989, S. 61 ff.

Tuchtfeldt, E.: **Kapitalmarkt**, in: HdWW, Bd. 4, 1978, S. 432 ff.

Uhlir, H.: Der Gang an die **Börse** und das Underpricing-Phänomen, in: ZBB, 1989, S. 2 ff.

Ulmer, P.: **Begriffsvielfalt** im Recht der verbundenen Unternehmen als Folge des Bilanzrichtlinien-Gesetzes, in: Havermann (Hrsg.): Bilanz- und Konzernrecht, Festschrift für R. Goerdeler, 1987, S. 623 ff.

Urban, W.: Anleger profitieren vom **Kurspotential** der neuen Werte, in: Handelsblatt, 2.4.1992, S. B8.

Vanetti, C.B.: Die Diskussion über die **Konzerne** und ihre Regelung in Italien, in: ZGR, 1989, S. 396 ff.

Veith, H.-J./Börnstein, U.: **Umwandlungsgesetz** und Umwandlungs-Steuergesetz, 1958.

Vogt, J.: Zur Theorie der **Handelsgesellschaften**, insbesondere der Actiengesellschaft, in: ZHR, 1858, S. 477 ff.

Vollmer, L.: Die Verteilung der **Finanzierungskompetenzen** bei der Aktiengesellschaft, in: AG, 1991, S. 94 ff.

Wagenhofer, A.: Informations-Politik im **Jahresabschluß**, 1991.

Wagner, F.W.: Zur Informations- und Ausschüttungsbemessungsfunktion des Jahresabschlusses auf einem organisierten **Kapitalmarkt**, in: ZfbF, 1982, S. 749 ff.

Wagner, F.W.: Manager mißachten die Interessen der **Aktionäre**, in: Handelsblatt, 13.11.1986, S. 24 f.

Wagner, F.W.: Allokative und distributive Wirkungen der **Ausschüttungskompetenzen** von Hauptversammlung und Verwaltung einer Aktiengesellschaft - Eine ökonomische Analyse des Art. 50 des Entwurfs einer 5. EG-Richtlinie, in: ZGR, 1988, S. 210 ff.

Walsh, J.P./Ellwood, J.W.: **Mergers**, acquisition and the pruning of managerial deadwood: An examination of the market for corporate control, Manuskript, Washington, 1989.

Walsh, J.P.: Top management turnover following mergers and **acquisitions**, in: Strategic Management Journal, 1988, S. 173 ff.

Weber, M./Camerer, C.: Ein Experiment zum **Anlegerverhalten**, in: ZfbF, 1992, S. 131 ff.

Wegehenkel, L.: **Coase-Theorem** und Marktsystem, 1980.

Weichart, R.: **Probleme des Risikokapitalmarktes** in der Bundesrepublik - Ursachen, Auswirkungen, Lösungsmöglichkeiten, 1987.

Wenger, E.: **Unternehmenserhaltung** und Gewinnbegriff, 1981.

Wenger, E.: **Managementanreize** und Kapitalallokation, in: Boettcher/ Herder-Dornreich/Schenk (Hrsg).: Jahrbuch für Neue Politische Ökonomie, 1987, S. 215 ff.

Wenger, E.: Der Einfluß von "**Schutzrechten**" für Arbeitnehmer auf die Allokation nichtsystematischer Risiken, in: Fischer (Hrsg.): Währungsreform und Soziale Marktwirtschaft, 1989, S. 451 ff.

Wenger, E./Terberger, E.: Die Beziehung zwischen Agent und Prinzipal als Baustein einer ökonomischen Theorie der **Organisation**, in: WiSt, 1988, S. 506 ff.

Werder, A. von: **Organisationsstruktur** und Rechtsnorm, 1986.

Werder, A. von: **Vorstands-Doppelmandate** im Konzern, in: DBW, 1989, S. 37 ff.

Werner, W.: **Gewinnverwendung** im Konzern, in: Lutter/Mertens/Ulmer (Hrsg.): Festschrift für Walter Stimpel, 1985, S. 935 ff.

Werner, W.: Ausgewählte Fragen zum **Aktienrecht**, in: AG, 1990, S. 1 ff.

Westermann, H.P.: **Zweck der Gesellschaft** und Gegenstand des Unternehmens im Aktien- und Genossenschaftsrecht, in: Hubmann/Hübner (Hrsg.): Festschrift für Ludwig Schnorr v. Carolsfeld, 1972, S. 517 ff.

Westermann, H. P.: **Organzuständigkeiten** bei Bildung, Erweiterung und Umorganisation des Konzerns, in: ZGR, 1984, S. 352 ff.

Westermann, H. P.: Grundfragen der Rechtsfortbildung im **Aktienkonzernrecht**, in: Hofmann/ Meyer-Cording/ Wiedemann (Hrsg.): Festschrift für Klemens Pleyer, 1986, S. 421 ff.

Wiedemann, H.: **Minderheitenschutz** und Aktienhandel, 1968.

Wiedemann, H.: Der **Kapitalanlegerschutz** im deutschen Gesellschaftsrecht, in: BB, 1975, S. 1591 ff.

Wiedemann, H.: Das **Abfindungsrecht** - ein gesellschaftsrechtlicher Interessenausgleich, in: ZGR, 1978, S. 477 ff.

Wiedemann, H.: **Gesellschaftsrecht**, Bd. 1, 1980.

Wiedemann, H.: Die **Unternehmensgruppe** im Privatrecht, 1988.

Wieland, K.: **Handelsrecht**, II. Band, 1931.

Wiemann, H.-U.: **Unternehmenspublizität** nach amerikanischem Kapitalmarktrecht, 1987.

Wienke, D.F.: Mitbestimmung und **Konzernrecht**, in: Der Arbeitgeber, 1985, S. 888 f.

Wierks, F.: Aber bitte mit **Sahne**, in: Top-Business, Nr. 10, S. 92 ff.

Wiesner, P.M.: EG-Kommission plant Verbot des **Höchststimmrechts**, in: AG, 1991, S. R55 ff.

Wiethölter, R.: **Interessen** und Organisation der Aktiengesellschaft im amerikanischen und deutschen Recht, 1961.

Williamson, O.E.: **Corporate control** and business behaviour, 1970.

Williamson, O.E.: **Markets** and hierarchies analysis and antitrust implications, 1975, S. 145 ff.

Williamson, O.E.: The modern **corporation**: Origins, evolutions, attributes, in: Journal of Economic Literature, 1981, S. 1537 ff.

Williamson, O.E.: The economics of **governance** of constructual regulations, in: ZfgSt, 1985, S. 195 ff.

Williamson, O.E.: The **Economic** Institutions of Capitalism. Firms, markets, relational contracting, 1985.

Williamson, O.E.: **Antitrust** economics: mergers, contracting, and strategic behavior, 1987.

Williamson, O.E.: The logic of **economic organization**, in: Journal of Law, Economics, and Organization, 1988, S. 65 ff.

Williamson, O.E.: **Corporate Finance** and Corporate Governance, in: JoF, 1988, S. 567 ff.

Winkelmann, M.: **Aktienbewertung** in Deutschland, 1984.

Windbichler, Ch.: **Arbeitsrecht** im Konzern, 1989.

Windsberger, J.: Transaktionskosten in der Theorie der **Firma**, in: ZfB, 1983, S. 889 ff.

Windsberger, J.: Zur Methode des **Transaktionskostenansatzes**, in: ZfB, 1987, S. 59 ff.

Witt, U.: Individualistische **Grundlagen** der evolutorischen Ökonomik, 1987.

Wittleder, C.: **Going Public** - Die Publikumsöffnung deutscher Aktiengesellschaften, 1989.

Whittred, G.: The derived Demand for **Consolidated Financial Reporting**, in: JoAE, 1987, S. 259 ff.

Wolff, R.: **Wohlfahrtsökonomik**, in: Woll (Hrsg.): Wirtschaftslexikon, 2. Aufl., 1987.

Wosnitza, M.: Das **Unterinvestitionsproblem** in der Publikumsgesellschaft, in: ZfbF, 1990, S. 947 ff.

Wright, C.J./Groff, J.E.: Uses of Indexes and Data Bases for **Information** Release Analysis, in: AR, 1986, S. 92 ff.

Würdinger, H.: Aktien- und **Konzernrecht**, 2. Aufl., 1966.

Würdinger, H.: **Aktienrecht** und das Recht der verbundenen Unternehmen, 4. Aufl., 1981.

Würzburger Hofbräu AG: **Geschäftsbericht** 1982.

Wysocki, K. von/Halbinger, J.: **Bilanz**, handelsrechtliche, in: HWR, 2. Aufl., 1981, Sp. 161 ff.

Wysocki, K. von: **Konzernrechnungslegung** in Deutschland, 1969.

Zankl, P.: **Minderheitsrechte** von Aktionären, in: BB, 1978, S. 1755 f.

Ziemann, W.: **Dividendenpolitik** International, in: Fritsch/Liener/Schmidt (Hrsg.): Die deutsche Aktie, 1993, S. 137 ff.

Zimmermann, H.: **Kapitalerhöhung** und Aktienmarkt, 1986.

Zimmermann, J.L.: The Costs and Benefits of Costs **Allocations**, in: AR, 1979, S. 504 ff.

Zöllner, W.: §§ 118 - 147, in: Zöllner (Hrsg.): Kölner Kommentar zum **Aktiengesetz**, 2. Aufl., 1987 ff.

Zöllner, W.: **Bemerkungen** zu allgemeinen Fragen des Referentenentwurfs eines Umwandlungsgesetzes, in: ZGR, 1993, S. 334 ff.

II. Gesetzestexte, EG-Richtlinien und Gerichtsurteile

BGH: **BGHZ**, Bd. 82, S. 188 ff.

BGH: **BGHZ**, Bd. 71, S. 40 ff.; wiederabgedruckt in: DB, 1978, S. 974 ff.

BGH: **Holzmann-Urteil**, in: BB, 1982, S. 1134 ff.

BGH: **BGHZ**, Bd. 83, S. 122 ff.; wiederabgedruckt in: AG, 1982, S. 158 ff.

BGH: **BGHZ**, Bd. 95, S. 330 ff.; wiederabgedruckt in: AG, 1986, S. 15 ff.

BGH: **BGHZ**, Bd. 107, S. 7 ff.; wiederabgedruckt in: DB, 1989, S. 816 ff.

BGH: **Video-Urteil**, in: DB, 1991, S. 2176 ff.

Europäische Gemeinschaften: **6. EG-Richtlinie** (Spaltung von Unternehmen), in: ABlEG, Nr. L 378 v. 27.9.1972.

Europäische Gemeinschaften: **4. EG-Richtlinie** (Einzelabschluß von Unternehmen), in: ABlEG, Nr. L 222 v. 14.8.1978.

Europäische Gemeinschaften: **15. EG-Richtlinie** (Börsenzulassung), in: ABlEG, Nr. L 66 v. 16.3.1979.

Europäische Gemeinschaften: **14. EG-Richtlinie** (Börsenprospekt), in: ABlEG, Nr. L 100 v. 17.4.1980.

Europäische Gemeinschaften: **16. EG-Richtlinie** (Zwischenberichte), in: ABlEG, Nr. L 48 v. 20.2.1982.

Europäische Gemeinschaften: **7. EG-Richtlinie** (Konzernabschluß von Unternehmen), in: ABlEG, Nr. L 193/1 v. 18.7.1983.

Europäische Gemeinschaften: Entwurf einer **5. EG-Richtlinie** (Struktur der Aktiengesellschaft), in: ABlEG, Nr. C 240 v. 9.9.1983.

Europäische Gemeinschaften: Entwurf einer **9. EG-Richtlinie** (Konzernrecht), in: ZGR, 1985, S. 446 ff.

Europäische Gemeinschaften: Entwurf einer **13. EG-Richtlinie** (Übernahmeangebote), in: ABlEG, Nr. C 240/7 v. 26.9.1990.

Gesetz betreffend die Kommanditgesellschaften auf Aktien und die Aktiengesellschaften vom 11.6.1870. BGBl des Norddeutschen Bundes, Nr. 12, 1870.

Gesetzentwurf der Bundesregierung: Entwurf eines Gesetzes zur Einführung eines neuen Marktabschnitts an den Wertpapierbörsen und zur Durchführung der Richtlinien des Rates der Europäischen Gemeinschaften vom 5. März 1979, vom 17. März 1980 und vom 15. Februar 1982 zur Koordination börsenrechtlicher Vorschriften (**Börsenzulassungs-Gesetz**), in: BT-Drucksache 10/4296.

Rechtsausschuß des Deutschen Bundestages: Beschlußempfehlung und Bericht zur 13. EG-Richtlinie über **Übernahmeangebote**, in: BT-Drucksache 12/1465.

Reichsjustizministerium: Entwurf eines Gesetzes über **Aktiengesellschaften** und Kommanditgesellschaften auf Aktien, 1930.

RG: **RGZ**, Bd. 83, S. 172 ff.

RG: **RGZ**, Bd. 3, S. 123 ff.

RG: **RGZ**, Bd. 108, S. 41 ff.

RG: **RGZ**, Bd. 115, S. 332 ff.

RG: **RGZ**, Bd. 118, S. 330 ff.

ROHG: **ROHGE**, Bd. 22, S. 277 ff.

Bisher sind in der Schriftenreihe **Bochumer Beiträge zur Unternehmungsführung und Unternehmensforschung** folgende Bände erschienen:

Band 1 Walther Busse von Colbe und Richard V. Mattessich (Hrsg.)
Der Computer im Dienste der Unternehmungsführung

Band 2 Walther Busse von Colbe und Peter Meyer-Dohm (Hrsg.)
Unternehmerische Planung und Entscheidung

Band 3 Robert N. Anthony
Harvard-Fälle aus der Praxis des betrieblichen Rechnungswesens

Band 4 Richard V. Mattessich
Die wissenschaftlichen Grundlagen des Rechnungswesens

Band 5 Joachim Schweim
Integrierte Unternehmungsplanung

Band 6 Walther Busse von Colbe (Hrsg.)
Das Rechnungswesen als Instrument der Unternehmungsführung

Band 7 Michel Domsch
Simultane Personal- und Investitionsplanung im Produktionsbereich

Band 8 Manfred Leunig
Die Bilanzierung von Beteiligungen

Band 9 Reimund Franke
Betriebsmodelle

Band 11 Marcus Lutter (Hrsg.)
Recht und Steuer der internationalen Unternehmensverbindungen

Band 12 Helmut Niebling
Kurzfristige Finanzrechnung auf der Grundlage von Kosten- und Erlösmodellen

Band 13 Manfred Perlitz
Die Prognose des Unternehmenswachstums aus Jahresabschlüssen deutscher Aktiengesellschaften

Band 14 Walter Niggemann
Optimale Informationsprozesse in betriebswirtschaftlichen Entscheidungssituationen

Band 15 Harald Richardt
Der aktienrechtliche Abhängigkeitsbericht unter ökonomischen Aspekten

Band 16 Klaus Backhaus
Direktvertrieb in der Investitionsgüterindustrie

Band 17 Wulff Plinke
Kapitalsteuerung in Filialbanken

Band 18 Reiner Steffen
Produktionsplanung bei Fließbandfertigung

Band 19 Jürgen Kolb
Industrielle Erlösrechnung

Band 20 Walther Busse von Colbe/Marcus Lutter
Wirtschaftsprüfung heute: Entwicklung oder Reform?

Band 21 Uphues
Unternehmerische Anpassung in der Rezession?

Fortsetzung

Made in the USA
Las Vegas, NV
11 November 2024

11549564R00221